TEORIA GERAL DO DIREITO TRIBUTÁRIO

CIP-BRASIL. CATALOGAÇÃO NA PUBLICAÇÃO
SINDICATO NACIONAL DOS EDITORES DE LIVROS, RJ

B355t
7. ed.

Becker, Alfredo Augusto

Teoria geral do direito tributário / Alfredo Augusto Becker. - 7. ed. - São Paulo: Noeses, 2018.

768 p. : il. ; 23 cm.

Inclui bibliografia

ISBN 978-85-8310-100-0

1. Processo civil - Brasil. 2. Direito processual civil - Brasil. I. Título.

18-48651 CDU: 347.91/.95(81)

ALFREDO AUGUSTO BECKER

TEORIA GERAL DO DIREITO TRIBUTÁRIO

7ª edição

editora e livraria
NOESES

2018

Copyright © Editora Noeses 2018
Fundador e Editor-chefe: Paulo de Barros Carvalho
Gerente de Produção Editorial: Rosangela Santos
Arte e Diagramação: Renato Castro
Revisão: Semíramis Oliveira
Designer de Capa: Aliá3 - Marcos Duarte

2018

editora e livraria
NOESES

Editora Noeses Ltda.
Tel/fax: 55 11 3666 6055
www.editoranoeses.com.br

SUMÁRIO

Capítulo II

TERAPÊUTICA DA ATITUDE MENTAL JURÍDICA TRIBUTÁRIA

§ 1º Juridicidade do Direito Tributário

§ 2º O fato em rebelião no Direito Tributário

Capítulo III
INTERPRETAÇÃO DAS LEIS TRIBUTÁRIAS

§ 1º Perspectiva Geral

§ 2º Linguagem Jurídica Tributária

§ 3º Fraude e Evasão Fiscal

Terceira Parte

FUNDAMENTOS JURÍDICOS DO DIREITO TRIBUTÁRIO

Capítulo I
EMBRIOGENIA DO ESTADO

Capítulo II
FONTE DO DIREITO

Capítulo III

ORÇAMENTO PÚBLICO – NATUREZA JURÍDICA

Capítulo IV

CONCEITUAÇÃO DO DIREITO TRIBUTÁRIO

§ 1º Natureza da Regra Jurídica Tributária

§ 2º Conceito Jurídico de Tributo

Quarta Parte

ESTRUTURA LÓGICA E ATUAÇÃO DINÂMICA DA REGRA JURÍDICA TRIBUTÁRIA

§ 1º Mundo Jurídico

§ 2º Incidência

§ 3º Hipótese de incidência ("fato gerador", suporte fáctico, "fattispecie", "tatbestand")

§ 4º Relação Jurídica

§ 5º Natureza Jurídica dos Tributos

§ 6º Inexistência, nulidade, anulabilidade e ineficácia do ato jurídico

Quinta Parte

METAMORFOSE JURÍDICA DO DIREITO TRIBUTÁRIO

Capítulo I

CADUCIDADE PRECOCE DO DIREITO TRIBUTÁRIO

Capítulo II

JURIDICIZAÇÃO DO PRINCÍPIO DA CAPACIDADE CONTRIBUTIVA

Capítulo III

CONSEQUÊNCIAS LÓGICO-JURÍDICAS DA PRESUNÇÃO OU FICÇÃO QUE SERVIU AO LEGISLADOR DE ELEMENTO APENAS INTELECTUAL

CAPÍTULO IV

SUBSTITUTO LEGAL TRIBUTÁRIO

CAPÍTULO V

TRIBUTAÇÃO EXTRAFISCAL

§ 1º Revolução Social e Direito Tributário

§ 2º Finalismo extrafiscal do Tributo

§ 3º Tributação dos atos ilícitos

CAPÍTULO VI

TRIBUTOS *IN NATURA* E *IN LABORE*

ANOTAÇÕES SOBRE A NOVA EDIÇÃO DE BECKER

Novamente pela intervenção eficaz de Antônio Correa Meyer, representando Vera Becker, sua prima, autorizou-se a nova edição deste livro, muitas vezes reconhecido como "revolucionário" entre os "clássicos" de seu tempo. Tanto se falou a respeito dele, de seu papel alentador para quem se dispunha a pensar a matéria, que a proposta foi adquirindo foros de necessidade premente, consolidando-se a convicção de que chegara o momento de refletir sobre as premissas do Direito Tributário, revendo categorias e reexaminando os fundamentos estruturais da própria forma de síntese (dever-ser) que edifica e organiza o fenômeno jurídico.

A Editora Noeses, sempre atenta aos anseios desse setor especialíssimo da comunidade jurídica, não poderia deixar de atender a seus leitores, ciente de que um livro dessa envergadura, portador de conteúdo tão expressivo e significante para a história da dogmática brasileira, pleno de mensagens sutis que dizem, diretamente, com a primeira aproximação do estudioso com os temas principais desse importante setor da experiência, não poderia ficar ausente das bibliotecas jurídicas.

Trata-se de obra a ser lida, até várias vezes, se for o caso, refletida e, sobretudo, anotada, para que se possa acompanhar, adequadamente, o raciocínio e a exuberante contribuição do Autor.

São Paulo, 16 de abril de 2018

Paulo de Barros Carvalho

Professor Emérito e Titular de Direito Tributário da PUC/SP e da USP.
Membro titular da Academia Brasileira de Filosofia.

NOTAS À 6ª EDIÇÃO

Sai a 6ª edição da Teoria Geral do Direito Tributário, preservada, como nas anteriores, a autenticidade daquele que, no meu entender, é um monumento do patrimônio jurídico-tributário dos nossos tempos. Lê-lo, repetidas vezes, é fonte constante de novas e inesperadas reflexões, assim para o setor jurídico próprio ao objeto do trabalho como, sobretudo, para a compreensão dos elementos filosóficos que estiveram presentes na concepção da obra.

Volto a dizer que Alfredo Augusto era, antes de tudo, um pensador com enérgica capacidade de fazer associações entre o abstrato mundo das categorias teóricas e a concreta realidade do ambiente social em que vivemos. Quem sabe, por isso, seu texto estimule tanto a meditação, convidando o leitor a tecer novas e fecundas estruturas de raciocínio, tendo em vista o processo de compreensão das relações práticas que nos envolvem. O silêncio que se seguiu ao advento do livro abriu espaço à produção de metalinguagens críticas, hoje, de certo modo, uniformizadas num excelso reconhecimento de seu talento e da preciosa contribuição que representou para as letras jurídicas brasileiras.

Não me parece excessivo afirmar que este volume está longe de assumir a feição de texto científico. Muito mais do que isso, se aproxima mesmo de um tecido de proposições epistemológicas sobre como e em que condições o estudioso do Direito há de movimentar seu intelecto nos domínios do jurídico.

Nesse âmbito de análise, o Direito Tributário ingressa no conteúdo da obra, não diria como mero pretexto, todavia como a plataforma a partir da qual Becker pensa e repensa o fenômeno das regulações normativas a propósito das condutas interpessoais.

A presente edição confirma a tese segundo a qual haverá sempre a necessidade de não circunscrever nossos estudos apenas aos aspectos técnicos da Dogmática, mas de transcender a ela, na busca de escalas mais profundas e pretensiosas a propósito do Direito.

São Paulo, 18 de outubro de 2013.

Paulo de Barros Carvalho

Professor Emérito e Titular de Direito Tributário da PUC/SP e da USP

SOBRE A 5ª EDIÇÃO DESTA OBRA

Texto clássico é assim: atravessa os tempos e vai instalar-se nos espaços da memória, até que nosso espírito reúna seus fragmentos e os recolha para reapresentá-los com a vivacidade e o esplendor de ideias "originais". É justamente nesse sentido que se diz que a *repetição gera o novo*.

A Editora Noeses e Marcial Pons oferecem ao público leitor de obras jurídicas este livro precioso no seu conteúdo, que assinala o momento decisivo do impacto que o pensamento de Alfredo Augusto Becker provocou na doutrina tradicional do Direito Tributário.

São Paulo, 01 de setembro de 2010.

Paulo de Barros Carvalho

Professor Emérito e Titular de Direito Tributário da PUC-SP e da USP

PREFÁCIO À 4ª EDIÇÃO

Há obras que assinalam de modo incisivo a marcha do pensamento humano, conduzindo-o para certas direções que fatores históricos vão consolidando como conquistas da cultura, nos vários segmentos do saber. Está entre elas, sem dúvida alguma, esta 4ª edição da *Teoria Geral do Direito Tributário*, de autoria de ALFREDO AUGUSTO BECKER, livro que as Editoras Marcial Pons e Noeses, em boa hora, reeditam para a comunidade jurídica, em geral, e para o setor tributário de forma especialíssima.

O Teoria Geral do Direito Tributário é, antes de tudo, um clássico. Porém, um clássico sempre novo, novíssimo diria eu, em face de sua proposta fundamental de estruturar a mente do jurista que lida com a matéria tributária, ensinando-o a pensar com o *senso jurídico*, muitas vezes distante do tão proclamado "bom senso".

Tendo sido poeta, ALFREDO AUGUSTO pôde imprimir no seu trabalho aquele toque de intemporalidade e de interespacialidade que caracterizam a linguagem expressiva de situações subjetivas, buscando a mística que anuncia a fronteira entre o homem e o anjo, como diria o grande autor da *Invenção do Mar*.[1] A verdade é que, usando estilo de grande força retórica, soube o autor impressionar vivamente os leitores, transmitindo sua mensagem com enorme vigor e eloquência.

1. Gerardo de Mello Mourão.

Chegara o tempo, para o ilustre jurista gaúcho, de os tributaristas, envolvidos até então com a trama cada vez mais complexa dos atos normativos editados sobre o assunto, passar a refletir sobre ele, construindo pensamentos coerentes e aptos para a solução dos problemas práticos do dia a dia. Isso, contudo, implicaria inevitável revisão acerca dos fundamentos, dos pontos de partida do raciocínio jurídico, plasmado em cima de tradicionais e vetustos preconceitos. Daí o declarado propósito de promover a reeducação da atitude mental dos juristas, em face do Direito Tributário, modificação cuja tônica apontava para o retorno aos princípios da Filosofia e da Teoria Geral do Direito, justamente porque o Direito Tributário, antes de ser tributário, era e é Direito.

Becker, ainda em vida, teve clara noção da importância extraordinária de sua obra e do papel que ela significou como fonte de inspiração para uma grande mudança no rumo dos estudos daquele setor do conhecimento jurídico, como se pode verificar da leitura do *Carnaval tributário* que, até certo ponto revela a consciência autobiográfica do autor.

Mas é importante consignar que a Faculdade de Direito da Pontifícia Universidade Católica de São Paulo foi um marco histórico, decisivo na trajetória do reconhecimento do Teoria Geral, de Becker. Os cursos de especialização, que coordenamos sob a liderança inconteste de Geraldo Ataliba, precipitaram a difusão do livro numa camada elitizada do meio jurídico-tributário, percorrendo os tópicos que representavam a grande "reviravolta mental" no modo de pensar de todos aqueles que lidavam com esse ramo do Direito, em qualquer de seus campos de atuação.

De todos os atributos que possam ser conferidos à Teoria Geral do Direito Tributário, uma, certamente, bastará para lhe outorgar caráter inestimável: é o de ter feito escola, o de haver influenciado gerações, o de ter fixado com tintas fortes um marco efetivo no tempo, tornando-se ponto de referência obrigatório para a produção jurídica subsequente.

É precisamente aqui que cabe dizer do livro de BECKER ter sido ele escrito com tanto sentimento, animado com tão elevado calor humano, que seus pensamentos ficariam mais bem expressos se declamados, expostos cadenciadamente em ritmo de poesia, como se predica das grandes produções do homem. Recomendam os sábios que, ao encontrarmos obras como esta, subamos os montes, deixemo-nos embebedar das sensações admiráveis que proporciona, convidando a própria montanha para que nos acompanhe na leitura.

Com efeito, a eloquência utilizada pelo autor se serve de uma linguagem carregada de termos e de locuções tomadas das ciências médicas, tudo para mexer nas consciências e sacudir as vontades dos mais indiferentes leitores, orações que não foram construídas singelamente pelo espírito, mas por sentidos atilados de quem vibra de emoção perante as possibilidades da mente humana.

Foi assim que BECKER logrou inserir-se, por inteiro, nessa obra, fazendo com que haja nela uma perfeita integração, de tal sorte que o enunciado nos conduza, de imediato, ao ato de enunciação, sem intermediários que possam desviar a direção da mensagem. Quando lhe perguntei o que havia sentido ao escrever o capítulo "Sistema dos fundamentos óbvios", respondeu-me que o escrevera com tanta emoção que, algumas vezes, chegara a entortar a pena da caneta.

Mas, é bom que se diga, quando ALFREDO AUGUSTO escreveu este livro já dominava noções de Linguística, tendo entrado em contacto com os clássicos da Semiótica. Lembro-me de que, por volta de 1975, ao escrever-lhe dando conta da aquisição de volumes tradicionais de autores italianos sobre Direito Tributário, enviou-me, a título de resposta, uma breve correspondência, na qual dizia: PAULO, deixe de lado esses livros, pois você já conhece o pensamento da doutrina tradicional. Estou convencido de que o jurista é o semântico da linguagem do Direito e, se assim é, você precisa saber bem o que é "linguagem" e o que é "semântica". Leia, portanto, esses três livros que aproveito para mandar-lhe. Tratava-se do *Curso de Linguística Geral*, de FERDINAND DE SAUSSURE; do *Semântica*, de STEPHEN ULMANN; e do *Relações entre a Ciência da linguagem e as outras ciências*, de ROMAN JAKOBSON.

Confesso que somente cinco anos depois vim acordar para a sutil, se bem que clara e franca lição daquele que sempre esteve avançado com referência aos maiores de sua geração. E, por volta de 1980, agora sensibilizado por aquela advertência, redirecionei completamente meus estudos, no sentido de poder aprofundar-me no conhecimento do Direito, o que muito lhe agradou. Confortava-me, dizendo: Você perdeu apenas cinco anos. Vai recuperá-los rapidamente. Não desista!

Pelo que tudo isso representa, como memória de um intervalo cheio de encantamento da história do Direito Tributário no Brasil, creio que uma produção intelectual como esta, levada com tanto empenho pessoal e seriedade de propósitos, desenvolvida por alguém dotado de enorme sensibilidade e de grande cultura humanística, marca um momento superior da cultura jurídica brasileira e não poderia ficar longe dos estudiosos, como algo de dificílimo acesso, a ser encontrado apenas em bibliotecas especializadas ou no acaso dos sebos.

Nada mais natural, portanto, que haja justificada satisfação no meio jurídico, aplaudindo-se efusivamente a iniciativa dessas duas Editoras, em recente parceria – Marcial Pons e Noeses –, ao propiciar, com entusiasmo esse reencontro da Teoria Geral do Direito Tributário com seus legítimos destinatários, vale dizer, com seus leitores.

São Paulo, 28 de março de 2007.

Paulo de Barros Carvalho
Professor Titular de Direito Tributário da PUC/SP e da USP

APRESENTAÇÃO
A gênese próxima desta edição

Das realizações humanas, muitas são frutos do acaso ou da necessidade. A presente edição da Teoria Geral do Direito Tributário é fruto do acaso. Com efeito, foi num encontro de amigos que nasceu a ideia da republicação desta obra clássica do nosso Direito. Almoçávamos no Figueira Rubayat, em São Paulo, os Professores Ferreiro Lapatza e Paulo de Barros Carvalho, eu e nossas respectivas mulheres. Nessa ocasião, o Paulo mencionou a minha ligação familiar com o Alfredo Becker, fato que despertou o interesse do Ferreiro Lapatza em saber quem detinha os direitos de edição da obra. Por obra do acaso, a Vera Becker, viúva do Alfredo, havia me consultado naqueles dias sobre um projeto de reedição do Teoria Geral. A simples menção do fato e o aceno da possibilidade de re-editar a obra, fizeram brilhar os olhos do Ferreiro Lapatza e do Paulo. O entusiasmo de ambos foi imediato e contagiante, fazendo com que eu partisse imediatamente para a ação, negociando a extinção do contrato então existente. Nesse momento, contei com a ajuda imprescindível do próprio Paulo e do meu colega de escritório, o Eduardo Turkienicz, que pacientemente me ajudou a conduzir a negociação. Também não posso deixar de mencionar a confiança inabalável da Vera no nosso trabalho e na excelente qualidade do produto final, ou seja, essa magnífica edição que ora nos é dada a lume.

E todo esse trabalho, que se originou de um feliz encontro fortuito, vem agora coroado para a felicidade dos cultores e estudiosos do Direito, numa edição impecável e refinada, fruto da auspiciosa união de duas das mais renomadas e exigentes editoras: a Noeses e a Marcial Pons, que inauguram assim um novo padrão de excelência na edição das obras clássicas do nosso Direito.

Antonio Corrêa Meyer

Primeira Parte

INTRODUÇÃO

1. Manicômio jurídico-tributário

Durante muitos séculos, os tributos foram manipulados por príncipes e assembleias sem qualquer conhecimento científico sobre estas questões, simplesmente porque a Ciência das Finanças Públicas ainda não havia surgido. Em épocas mais próximas, no século XVIII, já se pode considerar existente um núcleo de princípios sobre as finanças públicas. Porém esses princípios eram de natureza econômica e a ordenação *jurídica* das finanças públicas continuava rudimentar até o fim do século XVII.[1]

No século XIX, os estudiosos dedicaram mais atenção ao fenômeno jurídico da tributação.[2] Contudo, ao terminar esse século, a Ciência das Finanças Públicas e o Direito Tributário ainda permaneciam rudimentares. Luigi Einaudi, queixava-se:

"Me dejaba um sabor amargo aquel ir cogiendo flor a flor en los campos más diversos de la Economia política (traslación de los impuestos), del Derecho (leyes tributarias), de la Historia (precedentes de las instituciones tributarias actuales) y de la Legislación comparada (income tax, Eikommensteuer y otras maravillas análogas que sólo se ven en el extranjero), como se observa en una sinopsis anterior de mis lecciones, hecha también con suma diligencia por el ilustre doctor Cesare Jarach (Casale, 1907). Tenia la sensación de que aquello no era una construcción científica, sino un batiborrillo incoherente, una especie de diccionario de doctrinas y hechos unidos por un hilo sumamente

1. F. Sáinz de Bujanda, *Hacienda y Derecho*, vol. I, Madrid, 1955, p. 450.

2. Idem, ibidem.

sutil y tenue, consistente nada más en referir todas esas doctrinas y todos esos hechos a los ingresos y gastos del estado".[3]

Com o decorrer dos anos, a confusão doutrinária foi ficando cada vez pior, a tal ponto que, 45 anos depois, em 1959, o mesmo Luigi Einaudi (porém, agora, com a experiência de Professor, Reitor de Universidade, Ministro da Fazenda do Estado, Senador e Presidente da República Italiana) declara: "Os doutrinadores são uma das sete pragas do Egito e, na escala da perniciosidade pública, somente estão abaixo daquela outra pestilência que em língua italiana se diz *periti* e mais conhecida na linguagem internacional genebrina sob o nome de *esperti*.[4]

"Com a finalidade de alcançar o estado de graça antidoutrinarista, fechei, enquanto escrevo e também algum tempo antes de iniciar a escrever, todos os livros de Ciência financeira, evitando de consultá-los para citações e referências, exceto quando precisei recordar algum nome a titulo de honra".[5]

Em 1955, F. Sáinz de Bujanda, o atual Professor Catedrático da Faculdade de Direito da Universidade de Madrid, procedeu ao magnífico e exaustivo levantamento, no espaço e no tempo, do Direito Tributário, e concluiu que *el pavoroso desconcierto* que hoje domina o Direito Tributário é devido, em grande parte, à falta de distinção entre o Direito Tributário e a Ciência das Finanças Públicas.[6] A. D. Giannini e Antonio Berliri manifestam, em 1956-57, conclusão análoga.[7]

---

3. L. Einaudi, *Princípios de Hacienda Pública*. Madrid, 1955 (trad. da ed. italiana, 1940), p. 440. Essa observação de Einaudi surgiu pela primeira vez na 2ª edição de 1914 do *Corso di Scienza delle Finanze*, editado em colaboração com A. Necco.

4. Idem, *Miti e Paradossi della Giustizia Tributaria*. Torino, 1959, p. 4.

5. Idem, ibidem, p. 7.

6. F. Sáinz de Bujanda, *Haciendã y Derecho*, vol. I, Madrid, 1955, p. 450.

7. A. D. Giannini (Professor Catedrático da Universidade de Bari). *I Concetti Fondamentali di Diritto Tributário*. Torino, 1956, pp. 7-15; A. Berliri (Professor da Universidade de Bologna), *Principi di Diritto Tributário*, vol. II (tomo I), Milano, 1957, pp. 116, 118.

Além da infeliz mancebia do Direito Tributário com a Ciência das Finanças Públicas que o desviriliza – pois exaure toda a juridicidade da regra jurídica tributária – sucede que a maior parte das obras tributárias que pretendem ser jurídicas, quando não padecem daquela hibridez, é simples coletâneas de leis fiscais singelamente comentadas à base de acórdãos contraditórios e paupérrimos de argumentação cientificamente jurídica, cuja utilização prática está condicionada à curta vigência da lei fiscal, por natureza a mais mutável das leis. O consulente sente-se orientado mais pela quantidade física e autoridade hierárquica dos acórdãos que pela análise verdadeiramente jurídica do problema. A adição dos acórdãos determina a soma dos dinheiros para a satisfação do débito fiscal e a Ciência Jurídica Tributária converte-se numa operação aritmética de nível primário.

A propósito, observa Enrico Allorio, no ano de 1959: "Embora nossa literatura jurídica inclua, agora, trabalhos egrégios de Direito Financeiro, entretanto aquele ramo do Direito ainda não se libertou inteiramente da vexatória hipoteca de um método empírico (seria mais apropriado dizer: de um vício) que ainda domina em inumeráveis obras de caráter mediocremente comentarístico, puras e simples coletâneas ocasionais, que podem fornecer, talvez ao prático, um útil subsídio informativo, mas não servirão de base para uma interpretação verdadeiramente racional sustentada por fundamento objetivo".[8]

Também em Portugal, reina a mesma patologia tributária. Em 1953, Pedro Soares Martinez, Professor Catedrático da Faculdade de Direito da Universidade de Lisboa, reconhece que o Direito Tributário "se reduz a uma desgraciosa e contraditória combinação de princípios velhos e de preceitos práticos"; no seu livro *Estudos de Direito Financeiro – Da personalidade tributária*, vol. I, Lisboa, 1953, p. 33.

8. Enrico Aliario (Professor Catedrático da Universidade Católica de Milano), no prefácio que escreveu ao livro de E. Antonini, *Studi di Diritto Tributário*. Milano, 1959.

Por outro lado, a maioria dos especializados em Ciência das Finanças Públicas, quando decidem invadir o campo do Direito Tributário, confundem o momento da *criação* da lei tributária com o momento de sua *interpretação*, de modo que "acabamos muchas veces por malentendernos mucho más que si, mudos, procurásemos adivinarnos".[9]

Por isto não é estranhável que, ainda no recente ano de 1959, Lello Gangemi, Professor Catedrático da Universidade de Nápoles, analisando o sistema tributário italiano, escolheu para seu trabalho um título que diz tudo: "Manicômio tributário italiano".[10] O estudo do sistema tributário italiano atual deu a Lello Gangemi a seguinte visão: "a infelicíssima situação do nosso ordenamento tributário: um caos de leis contraditórias e em antítese aos mais elementares princípios de racionalidade, justiça e socialidade".[11]

Em outubro de 1961, Jaimme Garcia Añoveros, Professor Catedrático da Faculdade de Direito da Universidade de Sevilla, também demonstra que a presente situação jurídico-tributária é de confusão total e orgia. A segurança jurídica perdeu-se dentro da "*maraña* legislativa" e, hoje um impulso fanático caracteriza a proliferação das leis tributárias, nunca se sabendo "asta qué punto se trata de buena fé o de fariseísmo".[12]

No Brasil, como em qualquer outro país, ocorre o mesmo fenômeno patológico-tributário. E mais testemunhas são desnecessárias, porque todos os juristas que vivem a época atual – se refletirem sem orgulho e preconceito – dar-se-ão conta que circulam nos corredores dum manicômio jurídico-tributário.

---

9. A expressão é de J. Ortega y Gasset, *La Rebelión de las Masas*, *in Obras Completas*, 4ª ed., vol. IV. Madrid, 1957, p. 114.

10. L. Gangemi. *Studi in Memoria di Benvenuto Griziotti*. Milano, 1959, pp. 127-194.

11. Idem, ibidem, p. 131.

12. J. G. Añoveros, "Desarrollo económico y ordenamiento jurídico", *Revista de Derecho Financiero y de Hacienda Pública*, Madrid, dezembro 1961, vol. XI, nº 44, pp. 1.223-26, 1.231-33.

"No debe extrañar, por otra parte, la preponderancia de esa opinión confusa y ridícula sobre el derecho, porque una de las máximas desdichas del tiempo es que, al topar las gentes de Occidente con los terribles conflictos públicos del presente, se han encontrado pertrechados con un utillaje arcaico y torpísimo de nociones sobre lo que es sociedad, colectividad, indivíduo, usos, ley, justicia, revolución, etc. Buena parte del azoramiento actual proviene de la incongruencia entre la perfección de nuestras ideas sobre los fenómenos físicos y el retraso escandaloso de las 'ciencias morales'. El ministro, el profesor, el físico ilustre y el novelista, suelen tener de esas cosas conceptos dignos de un barbero suburbano."[13]

E a mais confusa e ridícula das mentalidades pseudojurídicas é a que predomina no Direito Tributário; neste campo "há burrices que, de tão humildes, chegam a ser pureza e têm algo de franciscano. Outras há, porém, tão vigorosas e entusiásticas, que conseguem imobilizar por completo o nosso espírito para a contemplação do espetáculo".[14]

2. Efeitos da demência

Frequentemente, a balbúrdia que acabou de ser apontada, conduz o legislador, a autoridade administrativa, o juiz e o advogado ao estado de exasperação angustiante do qual resulta a terapêutica e a cirurgia do desespero: o *cocktail* de antibióticos ou a castração. Receita-se o remédio ou amputa-se o membro, embora se continue a ignorar a doença. Dá-se uma solução sem se saber qual era o problema.

"Muitos juristas", deplora Gilberto de Ulhoa Canto, "se obstinam em assimilar o novo ramo da árvore jurídica a outros mais

13. J. Ortega y Gasset, "La Rebelión de las Masas", in *Obras Completas*, 4ª ed., vol. IV, Madrid, 1957, p. 118.

14. Anibal Machado, *Cadernos de João*. Rio de Janeiro de Janeiro, 1957, p. 150, referindo-se à burrice em geral.

provectos, como o Direito Civil, o Comercial ou o Administrativo, enquanto que uns tantos o imaginam solto no espaço, como o túmulo de Maomé, comandado apenas pelas arbitrárias conveniências do erário público." Mais adiante diz o mesmo autor: "Conflitos de competência impositiva são deslindados em juízo, de modo que não convencem a vencedores nem a vencidos nos pleitos em que se suscitam; incoerências e erros incompreensíveis constituem a moldura do tratamento de questões fundamentais, como a distinção entre impostos e taxas. E isso tudo acontece diariamente, para estarrecimento dos especialistas, que nunca podem antecipar em que medidas coincidirão a certeza científica do que afirmam, e a certeza pragmática do que os tribunais decidem".[15]

Pode-se formular novamente a desencantada conclusão de Guicciardini: "no creo que puedan ser tan malas las sentencias de los Turcos, que se expiden inmediatamente y casi al acaso... y se auspiciase el éxito del rabelaisiano juez Brid' oye, que decidia las litis consultando, no las leyes, sino los dados".[16]

Muito a propósito das modernas questões litigiosas tributárias é interessante lembrar que, na Antiguidade, o critério da sorte foi adotado, frequentemente, como elemento de decisão a fim de se obter, a todo o custo, a certeza jurídica que não se atingia de outro modo.[17]

São os sociólogos e os economistas os especializados na aceleração da História. Eles traduzem, imediatamente, o ritmo da evolução do homem. Mas esta evolução se introduz no Direito somente depois duma *mise en forme* subordinada à função

---

15. Gilberto de Ulhoa Canto, no prefácio (pp. 9-10) que escreveu para o livro de Amilcar de Araújo Falcão, *Direito Tributário brasileiro (Aspectos concretos)*. Rio de Janeiro, 1960.

16. L. Oñate, *La Certeza del Derecho*, trad. esp. Buenos Aires, 1953, pp. 99 e 104 (ed. original italiana, Roma, 1942).

17. Idem, ibidem, p. 104; Cf. a respeito A. Biscardi, *Il Dogma della Coliicione alla Lace del Diritto Romano*, 1935, p. 159 e ss., apud L. Oñate, op. loco cit.

moderadora, coordenadora e retificadora do método jurídico.[18] Noutras palavras, aquela evolução só emerge no mundo jurídico depois de transfigurada pela atividade jurídica do homem que – moldando, retificando e coordenando os "dados" sociais e econômicos – constrói um instrumento de ação social praticável: a regra jurídica (o Direito Positivo).[19]

No Brasil, desde 1926 até 1955, portanto em 29 anos, cerca de cem leis, decretos-leis e regulamentos alteraram a legislação do imposto de renda.[20] E depois de 1955, mais uma vintena de leis e decretos continuaram a alterar a referida legislação. Quando o Direito é modificado com frequência "le juriste a le sentiment qu'on les livre alors à l'imprévu et au hasard. Il ne se trompe pas".[21]

Se fossem integralmente aplicadas as leis tributárias, todos os contribuintes seriam passíveis de sanções, inclusive de cárcere e isto não tanto em virtude da fraude, mas principalmente pela desorientação que o caos da legislação tributária provoca no contribuinte.[22] Tão defeituosas costumam ser as leis tributárias que o contribuinte nunca está seguro das obrigações a cumprir e necessita manter uma dispendiosa equipe de técnicos especializados, para simplesmente saber quais as exigências do Fisco.[23]

"En rigor", diz Fernando Sáinz de Bujanda, "no se acierta bien a comprender por qué la acción administrativa ha de ser

18. R. Savatier, *Les Métamorphoses Economiques et Sociales du Droit Civil d'Aujourd'hui*, 2ª ed. Paris, 1952, pp. 12-14; e na 2ª série das *Métamorphoses,* Paris, 1959, dedicada ao "L'universalisme renouvelé des disciplines juridiques", pp.71-73.

19. Ver ns. 21, 23, 26-28.

20. Aliomar Baleeiro, *Introdução à Ciência das Finanças,* 1ª ed. Rio de Janeiro, 1955, p. 431.

21. R. Savatier, op. loco cit.

22. R. Liguori, *La Riforma Tributaria*. Padova, 1951, p. 11.

23. Soares Martinez, *Estudos de Direito Financeiro – Da personalidade tributária,* vol. I. Lisboa, 1953, p. 35.

más rápida cuando se desenvuelve a espáldas de la ley qué cuando se ajusta a sus mandatos – sin contar con que, en la práctica, la liberación de las trabas legales no se traduce casi nunca en una mayor rapidez de gestión –; no se adivina, tampoco, por qué una decisión ultrarrápida, pero mal orientada, há de ser mejor qué otra revestida de mayores garantias de acierto, aunque hayá de adoptarse con algo más de parsimonia; no se concibe, por fin, cómo al considerar lo qué conviene a la vida económica del país se prescinde de algo qué es, sia duda, tanto o más importante qué lá rapidez: la seguridad" (*Hacienda y Derecho*, vol. II, Madrid, 1962, p. 166).

"A finalidade de um bom ordenamento tributário não é a de fazer pagar o imposto com o máximo rendimento para o Estado e com o mínimo incômodo para os contribuintes. Um imposto não é 'moderno', não participa dos tempos novos e nem da moda mundial, se não é engendrado de modo a fazer o contribuinte preencher grandes formulários; a fazê-lo correr, a cada momento, o risco de pagar alguma multa, tornando-lhe a vida infeliz com minuciosos aborrecimentos e com a privação da comodidade que não faz mal a ninguém e que ele procurou através de uma longa experiência."

E conclui Luigi Einaudi: "A finalidade do imposto não é a de buscar fundos para o erário, mas a de provocar repugnância ao contribuinte".[24]

As leis devem ser modificadas a fim de que os novos problemas sociais e econômicos que proliferam vertiginosamente na aceleração da História recebam as respectivas soluções pela criação de novas leis. O instrumental jurídico que se toma antiquado deve ser imediatamente substituído e são as regras jurídicas tributárias as que mais rapidamente envelhecem, de tal modo que hoje se assiste à caducidade precoce de um Direito Tributário recém-nascido.[25]

24. Luigi Einaudi, *Mito e Paradossi della Giustizia Tributaria*. Torino, 1959, p. 13.

25. Caducidade precoce do Direito Tributário e necessidade de sua metamorfose jurídica, ver nº 127.

A regra jurídica é um instrumento, e a sua criação, uma Arte.[26] Hoje, ou o Estado quebra o instrumental jurídico que se tomou impraticável, ou é este instrumental obsoleto que fere as mãos do Estado. Para fugir a esta alternativa, o Estado constrói, atabalhoadamente, quantidade enorme de novas leis de tão péssima qualidade que revela ignorância de troglodita na arte de criar o instrumento apropriado. Em construção de regras jurídicas tributárias, apenas se começou a sair da idade da pedra lascada... O sofrimento dos contribuintes não é tanto pela amputação em sua economia; o tipo de instrumento cirúrgico é que os faz soltar berros pré-históricos.

"La abundancia de las leyes... No es más que un alivio para la ignorancia de los ministros, quienes, no sabiendo penetrar en la razón íntima de las cosas, quisieran encontrar para cada caso una ley expresa, y son como un caminante que marcha en tinieblas y no teniendo ninguna idea del camino que recorre, mira a cada paso dónde debe poner el pie."[27]

Para consolo de todos é bom recordar uma confissão de F. Carnelutti: "la verdad que el número de las leyes ha llegado a ser tal, que no es posible siquiera alos expertos conocerlas todas. Los más consumados entre nosotros ignoran una gran parte de las disposiciones legislativas que nos gobiernan. Esto quiere decir que, en una buena parte, las máquinas legislativas no actúan o actúan mal".[28]

---

26. Ver ns. 19-20.

27. P. M. Daria, apud, L. Oñate, *La Certeza del Derecho*, trad. esp. Buenos Aires, 1953, p. 103. Em sentido análogo: J. G. Añoveros, "Desarrollo económico y ordenamiento jurídico", in *Revista de Derecho Financiero y de Hacienda Pública*, vol. XI, Madrid, dezembro 1961, nº 44, pp. 1.223-26, 1.231-33.

28. F. Carnelutti, apud, L. Oñate, *La Certeza del Derecho,* trad. esp., Buenos Aires, 1953, p. 103. Em sentido análogo: R. Savatier, *Les Métamorphoses Economiques et Sociales du Droit Privé d'Aujourd'hui*, 2ª série, Paris, 1959, dedicada a "L'universalisme renauvelé des disciplines juridiques", pp. 63-64.

3. Sistema dos fundamentos óbvios

O Direito Tributário está em desgraça[29] e a razão deve buscar-se não na superestrutura – mas precisamente naqueles seus fundamentos que costumam ser aceitos como demasiado "óbvios" para merecerem a análise crítica.[30]

Esclarecer é explicitar as premissas. O conflito entre as teorias jurídicas do Direito Tributário tem sua principal origem naquilo que se presume conhecido porque se supõe óbvio. De modo que de premissas iguais em sua aparência (a obviedade confere uma identidade falsa às premissas) deduzem-se conclusões diferentes porque cada contendedor atribuiu um diferente conceito às premissas "óbvias". Esta dualidade de conclusões deixa ambos os contendedores surpresos e perplexos (pois partiram das "mesmas" premissas "óbvias"), sem que um possa convencer o outro da veracidade de sua respectiva conclusão.[31]

---

29. Na verdade, o jurista ou o financista que, atualmente, analisar o sistema do Direito Tributário de qualquer país, sentirá a esquisita impressão de ingressar num Manicômio Tributário; ver ns. 1-2.

30. O que em 1936, J. M. Keynes escreveu no prefácio de seu célebre livro: *The General Theory of Employment, Interest and Money*, sobre as doutrinas ortodoxas em Economia Política e Finanças Públicas, aplica-se, hoje, às doutrinas do Direito Tributário: "(...) porque si la economia ortodoxa está en desgracia, la razón debe buscarse no en la superstructura, que ha sido elaborada con gran cuidado por lo que respecta a su consistencia lógica, sino en la falta de claridad y generalidad de sus premisas. Por tal motivo no podré cumplir mi deseo de persuadir a los economistas que estudien otra vez, con intención crítica, algunos de los supuestos básicos de la teoria, más que, por medio de argumentos sumamente abstractos, asi como valiéndome a menudo de la controversia. Quisiera abreviar ésta; pero he creido importante no sólo explicar mi propio punto de vista, sino también mostrar en que aspectos se aparta de la teoría habitual.

Supongo que quienes se aferran demasiado a lo que llamaré 'la teoria clásica', vacilarán entre la creencia de que estoy completamente equivocado y la de que no estoy díciendo nada nuevo" (México, 1958, *Fondo de Cultura Económica*, p. 7).

31. Ver, a este respeito, as agudas e interessantes observações de N. Bobbio, *Teoria della Scienza Giuridica*, Torino, 1950, pp. 200-36, principalmente

Nesta perigosa atitude mental, incorrem muitos daqueles que põem o fundamento do tributo (e consequentemente do Direito Tributário) na soberania do Estado e cujo raciocínio em síntese é este: o Estado tem necessidade de meios financeiros para custear suas atividades e com tal finalidade (aí surge o problema da natureza da tributação extrafiscal) tributa e tributa (inclusive extra fiscalmente) porque é soberano; destas premissas se conclui, obviamente, que o tributo é uma obrigação *ex lege*.

Nesta inadvertência esterelizante incorreu, infelizmente, A. D. Giannini, desde 1937 até 1956[32] e muitos dos autores por ele ali referidos.

Diz A. D. Giannini: "L'idea fondamentale, espressa nel la definizione, che l'imposta ha per *unico* fondamento giuridico il potere dello Stato, fu posta piú specialmente in evídenza, come carattere *distintivo* dell'istituto (la generica affermazione che l'obbligo dell'imposta ha la sua base nefla soggezione allo Stato é un antico assioma della dottrina del diritto pubblico".[33]

Note-se que o grifo em "único" e "distintivo" é do próprio A. D. Giannini que, lamentavelmente, em 1937 incorreu na inadvertência de aceitar como coisa óbvia aquele único fundamento e que ainda em 1956 não achou necessário o reexame das premissas.

A atitude mental de A. D. Giannini em aceitar o referido fundamento como coisa óbvia, transparece na sua exposição:

---

pp. 220-30. Compare-se em sentido análogo, porém dirigido às Finanças Públicas, Earl R. Rolph, *Teoria de economia fiscal*, Madrid, 1958 (trad. do *The Theory of Fiscal Economies*, California, 1954), pp. 7-12.

32. A. D. Giannini, *Il Rapporto Giuridico d'imposta*. Milano, 1937, nº 1, especialmente nota 1, à p. 1; *I Concetti Fondamentali di Diritto Tributário*, Torino, 1956, nº 27.

33. A. D. Giannini, *I Concetti Fondamentali di Diritto Tributário*, Torino, 1956, p. 71, nota 1; exatamente igual em 1937, *Il Rapporto Giuridico d'imposta*, Milano, 1937, p. 1, nota 1.

"antico assioma"; "senza dubbio la ragione prima dell'imposizione"; "queste premesse, della cui esatezza nessun giurista potrebbe dubitare, pongono in evidenza come gli elementi indicati nella definizione siano i soli rilevanti per la determinazione del concetto giuridico d'imposta".[34]

Ora, partindo daquele "único fondamento giuridico" aceito como óbvio, A. D. Giannini fatalmente acabaria incorrendo em conclusões dogmáticas como esta "perchê anche al piú iniquo o antieconomico del tributi non si potrebbe negare il carattere giuridico d'imposta, quando avesse la sua base nella potestà d'impero dello Stato e lo scopo di procurare ad esso um'entrata".[35]

Com efeito, a primeira parte desta conclusão de A. D. Giannini é insustentável perante a Constituição italiana de 1947 que dispõe em seu "Art. 53: *Tutti sono tenuti a concorrere alle spese pubbliche in ragione della loro capacità contributiva.* Il sistema tributàrio è informato a criteri di progressività". E a última parte da conclusão daquele autor ("*lo scopo di procurare ad esso um'entrata*") é incapaz de explicar a natureza jurídica tributária do tributo extrafiscal.

Aqueles que fundamentam o tributo na soberania do Estado estão certos, mas (embora o fundamento não seja errado) eles constroem a teoria jurídica do tributo apenas sobre um fragmento das bases jurídicas integrais (note-se que não se está fazendo referência à *causa-impositionis* ética ou ao Direito Tributário natural); eles edificam todo o Direito Tributário sobre um fundamento considerado óbvio que, como será demonstrado, nada tem de óbvio.

Construir o Direito Tributário sobre a obviedade deste fundamento fatalmente levará o artífice à perplexidade de

34. Idem, *Il Rapporto Giuridico d'imposta,* Milano, 1937, nº 1 e *I Concetti Fondamentali di Diritto Tributário*, Torino, 1956, nº 27.

35. Idem, ibidem, p. 4, e repetido sem modificações em *I Concetti Fondamentali di Diritto Tributário*, Torino, 1956, p. 73.

muros intransponíveis ou a levitações místicas; ultrapassáveis aqueles e atingíveis estas, somente graças à onipotência de afirmações dogmáticas ou mediante explicações que se fundam numa misteriosa e sacrossanta *autonomia* do Direito Tributário; ("autonomia" que, ou é lançada como coisa óbvia, ou é explicada confusa e supersticiosamente).[36]

Certas teorias mostram-se facilmente inteligíveis e simples precisamente porque são edificadas sobre apenas um fragmento das bases integrais; e, quando destruídas pela análise, resta sempre um truncamento de coluna indestrutível (aquele fragmento) a lançar entre as ruínas a sua sombra enigmática de meia-verdade.

"En matière de théorie juridique, il n'est pas de Roma locuta est. Les Romains n'ont pas tout découvert, et ce qu'íls ont découvert n'est pas toujours la vérité pure et parfaite, même si l'on tient compte du monde limité, techniquement primitif, dont ils avaient l'expérience. Apres eux, comme aprés leurs successeurs du moyen áge et des temps modernes, il reste place pour un effort critique personnel d'élucidation de points obscurs ou même de remisse en question de concepts reçus."[37]

Com profunda gratidão, temos sempre presente o inestimável auxílio dos mestres. Se, por desventura, parecermos originais, isto sucedeu – não visando a glória de contradizê-los – mas por simples decorrência daquele mesmo princípio de absoluta honestidade intelectual que também aos mestres conferiu originalidade e que no-lo transmitiram, ensinando-nos a evitar a cômoda docilidade servil.

"El que descubre una nueva verdad científica tuvo antes que triturar casi todo lo que habia aprendido y llega a esa nueva

36. Ortega y Gasset, "Los lugares comunes son los tranvias del transporte intelectual", *La Rebelión de las Masas*, *in Obras Completas*, 4ª ed., vol. IV. Madrid, 1957, p. 237.

37. Jean Dabin, "Une Nouvelle Définition du Droit Réel", Paris, 1961 (separata do nº 1 de 1962 da *Revue Trimestrille de Droit Civil*, Paris, Sírey), p. 43.

verdad con las manos sangrientas por haber yugulado innumerables lugares comunes."[38]

4. Objetivo do livro

Como todo o Direito Positivo, o Direito Tributário tem natureza instrumental[39] e manejá-lo é Ciência[40] que requer sensibilidade específica: atitude mental *jurídica*.

Este livro tem por finalidade desenvolver os dotes jurídicos do leitor, de modo a conferir-lhe aquela sensibilidade específica: a *atitude mental jurídica tributária* que lhe será útil para manejar – em qualquer tempo e lugar – o Direito Tributário.

Por isso, esta Teoria Geral do Direito Tributário não se refere a um ordenamento jurídico determinado (ex.: brasileiro ou italiano ou hispânico), mas estuda o fenômeno jurídico tributário "en soi, degagé des contingences de temps et de lieu".[41]

A falta da supra indicada sensibilidade específica (atitude mental jurídica) em manejar o instrumento delicado que é Direito Positivo, em especial o Direito Tributário, tem – no passado e no presente – produzido cacofonias doutrinárias que dilaceram os tímpanos do jurista.

No passado, chegou-se ao extremo de considerar o Direito Tributário como um Direito "excepcional",[42] e, não faz muito

---

38. Ortega y Gasset, "La Rebelión de las Masas", in *Obras Completas*, 4ª ed., vol. IV. Madrid, 1957, p. 255.

39. Ver nº 19.

40. Ver ns. 16, 20.

41. J. Haesaert, *Théorie Générale du Droit*. Bruxelles, 1948, p. 19; F. Somlò, *luristische Grundlehre*, 1927, p. 8.

42. As teses hermenêuticas *in dubio contra fiscum* ou *in dubio pro fisco* e a da interpretação rígida ou restritiva das leis tributárias, originam-se do pressuposto (consciente ou não) de que as leis tributárias são leis de natureza "excepcional". Para a exposição e crítica destas teses, vide E. Vanoni, *Natureza e interpretação das leis tributárias*, Rio de Janeiro, 1952 (trad. de Rubens Gomes de Sousa, do original italiano, ed. Padova, 1932), §§ 2-7.

tempo, consideraram-no um aparato de leis de natureza apenas "formal".[43] É tranquilizante sabermos que estes dois equívocos já foram esclarecidos.[44] Hoje, aquelas teses ecoam esquisitamente com a sonoridade bárbara e rudimentar de cantos guerreiros predatórios.

No presente, a ausência da indicada sensibilidade específica continua a engendrar, com catedrática gravidade, teses tributárias pseudojurídicas cujo empirismo larvar confrange o jurista.

Exemplo de carência de atitude mental jurídica é a divulgadíssima tese (aceita como coisa óbvia) que afirma ser a hipótese de incidência ("fato gerador", "fato imponível", "suporte factício") sempre um fato *econômico*. Outro exemplo atual é a muito propagada doutrina da interpretação e aplicação do Direito Tributário segundo a "realidade *econômica* do fenômeno social". Como se demonstrará, ambas teorias têm como resultado a demolição da *juridicidade* do Direito Tributário e a gestação de um ser híbrido e teratológico: o Direito Tributário invertebrado.[45]

Outro exemplo atualíssimo e da mais fundamental importância, que desde há muito tempo continua, cada vez mais, a

43. V. E. Orlando, "Studi giurídici sul governo parlamentario", in *Archivio Giuridico*, vol. XXXVI, 1986, p. 553 e ss.; E. Lolini, "La norma di Diritto Tributário nello Stato Moderno", *Rivista di Diritto Pubblico*, 1912, I, p. 466 e ss., e, *L'Attività Finanziaria nella Dottrina e nella Realtà*, Roma, 1920, p. 427 e ss.; Otto Mayer, *Deutsches Verwaltungsrecht*, 3ª ed., vol. I, München, 1924, vol. I, p. 104 e ss.

44. E. Vanoni, *Natureza e interpretação das leis tributárias*, Rio de Janeiro, 1952 (trad. de Rubens Gomes de Sousa, do original italiano, ed. Padova, 1932), §§ 20-22; Amilcar de Araújo Falcão, *Introdução ao Direito Tributário*, Rio de Janeiro, 1959, pp. 47-52.

45. Para a refutação da doutrina que afirma ser a hipótese de incidência sempre um fato econômico, ver ns. 87, 89, 184.

Para a refutação da doutrina da interpretação e aplicação das leis tributárias segundo a "realidade econômica do fenômeno social", ver ns. 32-36.

merecer especial atenção dos estudiosos de todos os países, é o problema da natureza *jurídica* do orçamento público.[46]

Como se verá, a lei orçamentária é justamente aquela lei que apresenta "o maior grau de positividade",[47] pois mediante a incidência da regra jurídica específica (a lei que aprova o orçamento), juridiciza-se o orçamento, transfigurando-se na própria *relação jurídica constitucional* do Estado que é uma perpétua (continuada) reafirmação da própria existência.[48]

"Creio de acertar no ponto certo", diz A. D. Giannini, "observando que aquela *faixa de mistério* que tem circundado até agora o Tributário, pela escassa consideração a ela dedicada pelos juristas, induziu a fantasiá-lo de uma particular natureza, que o colocaria em uma zona apartada, quase que inacessível aos princípios gerais e à comum dogmática jurídica. Não será fácil alcançar progressos na elaboração do Direito Tributário, *se primeiro não se desentulhar o terreno destas tenazes superstições*."[49]

Escrevendo em 1959, o Professor da Universidade de Bari, Benedetto Cocivera, lamenta que o Direito Tributário ainda pareça uma Cinderela.[50]

Realmente, sempre que a juridicidade do Direito Tributário é desvirtuada, ele veste-se de andrajos jurídicos e como

---

46. Sobre o problema na Espanha, vide o excelente e judicioso estudo de F. Sáinz de Bujanda, *Revista de Derecho Financiero y de Hacienda Pública*, Madrid, 1958, nº 29, pp. 235-66, publicado também no seu *Hacienda y Derecho*, vol. II. Madrid, 1962, p. 141 e ss.

Para a análise deste interessante caso espanhol e do brasileiro, sob o ângulo da Teoria Geral do Direito Tributário, ver nossos ns. 61-63,28.

Sobre a natureza jurídica do orçamento público, ver nossos ns. 64-68.

47. A expressão é de Giorgio Del Vecchio que a usou, não para definir a lei orçamentária, mas para definir o Estado; in *Teoria do Estado*, São Paulo, 1951, trad., p. 160.

48. Ver ns. 64-68.

49. A. D. Giannini, *I Concetti Fondamentali di Diritto Tributario*, Torino, 1956, p. 18 (grifou-se).

50. B. Cocivera, *Principi di Diritto Tributario*, vol. I. Milano, 1959, p. 13.

Cinderela – envolta num halo de mistério e superstição – foge ao Palácio da Justiça, quando a despesa ultrapassa a Receita, na meia-noite dos orçamentos deficitários.

Não se condena o *deficit* no orçamento público. Ele é excelente terapêutica quando provocado, consciente e inteligentemente, pela Política Fiscal, em determinadas conjunturas econômicas e *mediante a utilização de instrumental jurídico adequado.*

Entretanto, o *deficit* orçamentário ainda costuma surgir – não por obra de instrumental jurídico apropriado – mas como acidente ou calamidade pública destruidora do instrumental jurídico clássico, porém obsoleto. Por isto o orçamento deficitário estabelece uma escuridão pânica dentro da qual a Cinderela do Direito Positivo sente desnudar-se do Jurídico.[51]

5. Plano do livro

Para atingir o já apontado objetivo deste livro,[52] adotou-se o plano adiante indicado e que resultou da seguinte experiência:

Para se compreender integralmente o Direito Tributário é indispensável que antes se tenha analisado a natureza jurídica do orçamento público. Por sua vez, o estudo da natureza jurídica do orçamento público pressupõe a investigação da embriogenia do Estado.

"Il faut admettre, en effet, que l'effort en vue de définir l'Etat n'a pas sa fin en lui-même, car sa définition, loin d'être un fin, *est un point de départ.* C'est elle que est à la base de l'agencement juridique à l'emprise duquel est soumise toute

51. Sobre o princípio do equilíbrio econômico-social do orçamento público (em substituição ao do equilíbrio financeiro-contábil) e o da periodicidade cíclica (em lugar da anual) e a consequente metamorfose jurídica do orçamento público, ver ns. 61-63.

52. Ver nº 4.

notre vie sociale. Or, nous ne comprendrons ni le pourquoi, ni le comment de ce formidable appareil régulateur de la vie commune, ni son objet, ni sa iégitimité, *si naus ignorons ce qu'est l'Etat.*"[53]

Pretender falar cientificamente sobre a Teoria Geral do Direito Tributário, sem o acurado e refletido exame da embriogenia do Estado e da natureza jurídica do orçamento público, é enveredar pelo cômodo sistema dos fundamentos óbvios, com a consequente esteira de erros, contradições e ambiguidades.[54] "Los hombres propenden a descubrir lo que llaman el 'lado práctico' de las cuestiones y no aciertan, por lo general, a comprender *que lo más práctico, en materia de impuestos, consiste precisamente en elaborar una teoria jurídica de la imposición.*"[55]

Porém, como no prefácio de seu célebre livro, J. M. Keynes concluiu – com toda a razão – que *a dificuldade não reside no compreender as ideias novas, mas no abandonar as antigas*,[56] adotou-se o seguinte plano para a investigação e análise da Teoria Geral do Direito Tributário:

Primeira Parte – Introduz o leitor no mundo jurídico-tributário.

Segunda Parte – Reeduca a atitude mental jurídica tributária.

Terceira Parte – Estuda os fundamentos jurídicos do Direito Tributário, mediante a investigação e análise da embriogenia do Estado e da natureza do orçamento público.

---

53. G. Burdeau, *Traité de Science Politique*, vol. II. Paris, 1949, "L'Etat", p. 130 (grifou-se).

54. Ver nº 3.

55. Fernando Sáinz de Bujanda, *Hacienda y Derecho*, vol. II, Madrid, 1962, p. 477 (grifou-se).

56. J. M. Keynes, *The General Theory of Employment Interest, and Money*, ed. 1936, parte final do prefácio; no mesmo sentido, A. Angelopoulos *Planisme et Progrès Social*, Paris, 1953, pp. 36-37.

Quarta Parte – Investiga e analisa a estrutura lógica e a atuação dinâmica da regra jurídica tributária.

Quinta Parte – Investiga e analisa a metamorfose jurídica do Direito Tributário.

6. Conceituação do Direito

A Justiça nada tem de haver com a Teoria Geral do Direito, mas é precisamente o objeto da Filosofia do Direito.[57] Cada Estado professa uma diferente Filosofia do Direito; entretanto, embora a respectiva organização seja "estatal ou de ladrões, ou seja, como tem acontecido em todos os tempos, um organismo estatal governado por ladrões", o instrumento que eles criarem será sempre *jurídico*: a regra jurídica.[58]

Antes de o leitor iniciar a sua própria crítica sobre a conceituação do Direito feita no final desta exposição, será útil que reflita na sábia observação de Gilberto de Ulhoa Canto sobre o calvário das definições: "Logo que ouvimos uma definição procuramos ver no que é deficiente, no que é incompleta e entramos numa ginástica dialética, que não constrói, não produz os resultados que corresponderiam logicamente ao esforço despendido".[59]

---

57. N. Bobbio, *Studi sulta Teoría Generale del Diritto*, Torino, 1955, pp. 8, 79-85; para um maior desenvolvimento da distinção entre *Filosofia do Direito* e *Teoría Geral do Direito*, ver seus referidos *Studi* pp. 27-52 e sua *Teoria della Scienza Giuridica*, Torino, 1950, pp. 341. Também no sentido de que a Justiça nada tem de haver com a *Teoria Geral do Direito*, ver: E. Weil, *Philosophie Politique*, Paris, 1956, pp. 84-85; Henri de Page, *L'Obligation Abstraite en Droit Interne et en Droit Comparé*, Bruxelles, 1957, pp. 229, 236-37.

Validade e justiça da regra jurídica, ver nosso nº 25.

58. N. Bobbio, *Studi sulla Teoría Generale del Diritto*, Torino, 1955, pp. 8, 79-85.

59. Gilberto de Ulhoa Canto, *Curso de Direito Financeiro*, Rio de Janeiro, 1958 (obra coletiva publicada pelo "Instituto Brasileiro de Direito Financeiro"), p. 99.

"A atitude do crítico que tem interesse no progresso da Ciência do Direito", pondera N. Bobbio, "não é a de buscar apoio para o triunfo das próprias ideias e ideologias, mas o crítico deve, antes de tudo, compreender a obra e depois livrá-la dos erros a fim de purificá-la e, com isto, continuar a tarefa de purificação da Ciência Jurídica. Caso contrário a anarquia das doutrinas jurídicas aumentará e tais críticos serão simples 'tiranetes prepotentes e faciosos, cada um dos quais predica e impõe a três ou quatro ouvintes as suas próprias e pequenas descobertas.'"[60]

Finalmente, não deve o leitor estranhar que esta Teoria Geral do Direito Tributário estruture suas conclusões, fazendo-as decorrer de premissas fornecidas por múltiplos autores das mais diversas ideologias. "É incrível quão difícil é convencer um estudioso, seguidor de um determinado método de trabalho, que outros estudiosos, seguidores de outros métodos, não são inimigos para exterminar, mas quase sempre aliados com os quais seria muito vantajoso procurar um acordo para se auxiliarem reciprocamente."[61]

Tendo-se sempre presente o que acima foi dito, a conceituação do direito é a seguinte:

Momento pré-jurídico: O fim do Direito não é atingir a verdade (a realidade); a busca da verdade (a realidade) é o objeto das ciências. A Ciência faz a *colheita* e a *análise* dos fatos (a realidade) físicos, biológicos, psicológicos, econômicos, financeiros, sociais e morais.[62]

Momento jurídico: Com o auxílio ou contra aqueles fatos colhidos e analisados pelas ciências pré-jurídicas,[63] o Estado age, utilizando como instrumento o Direito.[64]

60. N. Bobbio, *Studi sulla Teoría Generale del Diritto*, Torino, 1955, p. 106.

61. Idem, ibidem, p. 131.

62. Ver nº 17.

63. Ver ns. 22-23.

64. Ver nº 19.

O Estado age a fim de *proteger* e *desenvolver* o bem comum (*autêntico ou falso*).[65]

O ordenamento jurídico (as regras jurídicas) é um instrumento *criado pelo Estado.*[66] O Estado é a *única fonte* do Direito.[67]

Criar este instrumento (as regras jurídicas) é genuína *Arte*[68] e utilizá-lo é verdadeira *Ciência.*[69]

A *atividade do jurista* consiste precisamente:

a) em analisar o fenômeno da *criação* do instrumento (regra jurídica), a fim de orientar o criador (Estado) sobre a arte de construí-lo e torná-lo praticável.[70]

b) em analisar a consistência do instrumento (regra jurídica) e o fenômeno de sua *atuação.* Isto significa: investigar a estrutura lógica da regra jurídica; constatar a sua *atuação dinâmica* e esclarecer os *efeitos jurídicos* resultantes desta atuação.[71]

A Ciência do momento jurídico é a *Teoria Geral do Direito.*[72]

Momento post-jurídico: A atividade desenvolvida neste terceiro momento é de natureza essencialmente *filosófica* e consiste no trabalho desenvolvido pelo *filósofo* para responder as seguintes perguntas:

O bem comum de um determinado Estado é autêntico ou falso?

O que é a Justiça?

---

65. Ver nº 49.

66. Ao se utilizar a expressão "Estado", não há referência exclusiva ao tipo de sociedade chamada "Estado de Direito", ver ns. 46-48.

67. Ver nº 59.

68. Ver nº 20.

69. Ver nº 20.

70. Ver ns. 16, 20, 21, 22, 46-60.

71. Ver ns. 16, 81-100.

72. Ver nº 16.

O instrumento (determinada regra jurídica) é justo ou injusto?[73]

A Ciência do momento post-jurídico (que procura responder estas perguntas) é a *Filosofia do Direito*.[74]

7. Ciência das Finanças Públicas e Direito Tributário

Alguns poucos doutrinadores ainda continuam a negar a possibilidade lógica ou a oportunidade prática de separar o Direito Tributário da Ciência das Finanças Públicas.[75] Entretanto, hoje, tanto juristas quanto financistas estão de pleno acordo em recomendar a rigorosa e nítida separação entre a agência das Finanças Públicas e o Direito Tributário, quer no estudo científico, quer na exposição didática.[76]

---

73. Não confundir a validade e a justiça da regra jurídica, ver nº 25.

74. Ver a bibliografia citada na nota 1, supra.

75. B. Griziotti, "Studi di Scienza delle Finanze e Diritto Finanziario", vol. II, Milano, 1956, p. 123; *Rivista di Diritto Finanziario e Scienza delle Finanze*, 1954, nº 2, parte primeira, p. 134 e ss.; *Rivista di Diritto Finanziario e Scienza delle Finanze*, 1942, parte primeira, p. 201 e ss.; M. Pugliese, "Pressupposti teoríci e metodologici di un corso di Diritto Finanziario e Scienza delle Finanze", *Studi Senesi*, 1936, p. 1; G. Zingali, "L'insegnamento universitario della Scienza delle Finanze", *Rivista Pubblica Contemporanea*, Bari, 1950, p. 425 e ss.

76. Ver principalmente: Fernando Sáinz de Bujanda, *Hacienda y Derecho*, vol. II, Madrid, 1962, pp. 47-137; Rubens Gomes de Sousa, *Revista Forense*, Rio de Janeiro, 1956, vol. 165, pp. 401-06; e Romanelli-Grimaldi "Metodología del Derecho Financiero", *Revista de Derecho Financiero y de Hacienda Pública*, Madrid, junho de 1961, vol. XI, fasc. 42, pp. 731-80.

É importante lembrar que a separação didática entre Direito Tributário e Ciência das Finanças foi uma das recomendações aprovadas nas *Primeiras Jornadas Latino-americanas de Direito Tributário*, realizadas em Montevideo, 1956; os signatários desta recomendação foram: Rubens Gomes de Sousa, Amilcar de Araújo Falcão, Giuliani Fonrouge, Peirano Facio, García Belsunce, E. F. Zavala, Giampietro Borras (Ver: Aliomar Baleeiro, *Introdução à Ciência das Finanças*, 2ª ed., vol. I, Rio de Janeiro, 1958, nota 4ª, pp. 56-57).

Também no mesmo sentido da referida separação entre Direito Tributário e Ciência das Finanças, ver: Amilcar de Araújo Falcão, *Introdução ao*

O ensino da Ciência das Finanças Públicas e do Direito Tributário reunidos em única cátedra é uma situação empírica que perdura há quase um século – ressalta ROMANELLI-GRIMALDI – pois se originou no ano acadêmico de 1886-1887 quando a lei de organização universitária criou a cátedra "Ciência das Finanças e Direito Financeiro". O Professor Catedrático da Universidade de Nápoles demonstra que esta união didática "representa uma cristalização injustificada de posições científicas definitivamente superadas" e que provocou uma irracional deformação nos

---

Direito Tributário, Rio de Janeiro, 1959, p. 15, nº 5; Ruy Barbosa Nogueira, "Problemática do Direito Tributário no Brasil", *Revista Fiscal e de Legislação de Fazenda*, Rio de Janeiro, 1961, nº 1, pp. 1-2; Soares Martinez, *Estudos de Direito Financeiro – Da personalidade tributária*, vol. I, Lisboa, 1953, p. 114. Dino Jarach, *Curso Superior de Derecho Tributario*, vol. I, Buenos Aires, 1957, pp. 5-6. A. D. Giannini, *Istituzioni di Diritto Tributario*, 7ª ed., vol. I, Milano, 1956, nº 5, pp. 68; e *I Concetti Fondamentali di Diritto Tributário*, Torino, 1956, nº 4, pp. 7-15; A. Berliri, *Principi di Diritto Tributário*, vol. I, Milano, 1952, pp. 15-16; G. Zanobini, *Corso di Diritto Administrativo*, 4ª ed., vol. IV, Milano, 1955, p. 334; B. Cocivera, *Principi di Diritto Tributario*, vol. I, Milano, 1959, p. 8 e ss., D'Amati, *Il Discorso sul Metodo nel Diritto Finanziario*, separata de JUS, Milano, 1958; Udina, *Il Diritto lnternazionale Tributário*, Padova, 1949, p. 33; Luigi Einaudi, "In difesa della Scienza delle Finanze", in *La Reforma Sociale*, 1934; D'Alessio, *Corso di Diritto Finanziario*, Napoli, 1938, p. 8; G. Tesoro, *Principi di Diritto Tributário*, Bari, 1938, pp. 8 e 9; A. D'Angelillo, *Le Frodi Fiscali*, vol. II, Milano, 1952, pp. 350-3; Victor Uckmar, *La Tassazione degli Stranieri in Italia*, Padova, 1955, p. 9; Aster Rotondi, *Archivio Finanziario*, vol. II, 1951, pp. 465-66; L. Gangemi, *Elementi di Scienza delle Finanze*, vol. I, Napoli, 1948, p. 8, nota 1ª; E. D'Albergo, *Economia della Finanza Pubblica*, vol. I, Bologna, 1952, pp. 19-46; C. Cosciani, *Principi di Scienza delle Finanze*, Torino, 1953, pp. 6-11; C. Arena, *Rivista di Diritto Finanziario e Scienza delle Finanze*, 1940, nº 1, primeira parte, p. 3 e ss. e p. 142 e ss.; Gustavo Del Vecchio, *Lezioni di Economia Política – Introduzione alla Finanza*, Padova, 1954, p. 10; G. Ingrosso, *Diritto Finanziario*, Napoli, 1956, pp. 10-16; J. M. de Jaime Rodriguez, *Revista de Economia Política*, Madrid, 1959, X (1), pp. 122-29, resumo in *Cuadernos Bibliográficos de Hacienda Pública*, Bilbao, 1959, nº 6, p. 323; Fritz Neumark (Professor da Universidade de Frankfurt) e Günther Schmölders (Professor da Universidade de Colônia), apud Fernando Sáinz de Bujanda, *Hacienda y Derecho*, Madrid, 1962, vol. II, p. 84.

métodos de trabalho de cada Ciência, cujo resultado foi a confusão e o retrocesso nas investigações de ambas ciências.[77]

"El Derecho Tributário", observa DINO JARACH, "se enseña en las Facultades de Derecho y de Ciencias Económicas, pero en ambas de manera distinta y en forma que podríamos considerar casi *paradógica*. En las Facultades de Derecho, que por su destino natural deberian formar juristas, la materia financiera se ha enseñado, tradicionalmente, en un curso de Finanzas donde, por la particular formación mental de los docentes, se aprendia todo, *menos el aspecto jurídico de las finanzas públicas*."[78]

FERNANDO SÁINZ DE BUJANDA, Professor Catedrático da Faculdade de Direito da Universidade de Madrid, denuncia esta híbrida e irracional mancebia didática:

"A lo largo de muchos decenios, ha debido conformarse con ser un apéndice, a veces incómodo, y casi siempre incomprendido, de cátedras consagradas e la exposición de materias fronterizas. En los años en que la savia universitaria robustecia el cuerpo científico del Derecho Civil y del Mercantil, del Penal y del Procesal, del Administrativo y del Político, la pobre legislación de Hacienda fue objeto de exposiciones jurídicas superficiales, y siempre fragmentarias, por parte de quienes, por vocación y temperamento, dedicaban su esfuerzo a otro gênero de investigaciones, y alcanzaban en ellas, en no pocas ocasiones, amplia y merecida gloria.

La vitalidad creciente de la legislación financiera y tributaria demanda ya, sin embargo, com fuerza incontenible, una renovación profunda en los métodos universitarios de investigación y de exposición de las materias hacendistícas".[79]

---

77. Romanelli-Grimaldi, *Metodologia del Derecho Financiero, Revista de Derecho Financiero y de Hacienda Pública*, Madrid, junho de 1961, vol. XI, fasc. 42, especialmente pp. 736-737, 774, 780.

78. Dino Jarach, *Curso Superior de Derecho Tributário*, vol. I, Buenos Aires, 1957, p. 5 (grifou-se).

79. Fernando Sáinz de Bujanda, *Hacienda y Derecho*. vol. II, Madrid, 1962, pp. 28, 47-137

E conclui:

"La enseñanza seguirá adoleciendo inevitablemente de la misma laguna si el profesorado universitario no se decide definitivamente a reconocer sus limitaciones y a confesar su incapacidad para ahondar simultáneamente en el estudio de la Economia financiera y del Derecho financiero. Si ese reconocimiento se produce, se habrá dado un paso importante para que el Poder público se decida a organizar sobre nuevas bases las cátedras de Hacienda pública".[80]

Várias universidades da Alemanha, há quinze anos, compreenderam a necessidade da separação didática e científica entre o Direito Tributário e a Ciência das Finanças Públicas e, em consequência, já criaram cátedras consagradas exclusivamente ao ensino do Direito Tributário.[81]

O problema da separação rigorosa entre a Ciência das Finanças e o Direito Tributário é de importância vital, pois o conúbio do Direito Tributário com a Ciência das Finanças (como o festejado por Benvenuto Griziotti e seus discípulos), provoca a gestação de um ser híbrido e teratológico: o Direito Tributário invertebrado.[82]

Exatamente observa A. D. Giannini que os filiados à doutrina de Griziotti partem de uma premissa exata: a Ciência das Finanças, a Política e o Direito Tributário trabalham sobre a mesma matéria; entretanto o erro está em que eles, partindo de uma premissa exata, deduzem uma conclusão arbitrária porque não se pode e nem jamais se pensou numa classificação das ciências, segundo o objeto material ao qual se referem.[83]

Por um princípio de "estrema coerenza" – como gostam de dizer os discípulos de Griziotti – eles deveriam lutar para

80. Idem, ibidem, pp. 130-31.

81. Idem, ibidem, pp. 86-90.

82. Ver ns. 26, 29.

83. A. D. Giannini, *I Concetti Fondamentali di Diritto Tributário*, Torino, 1956, p. 11.

reunirem numa única Ciência (caso fossem médicos) a anatomia, a fisiologia, a patologia, a psicologia e a ética, porque todas elas têm o mesmo objeto: o homem. Ou, ficando dentro do Direito, deveriam reunir a Economia com o Direito Agrário; a Merceologia com a Economia Política e com o Direito Comercial; a Hidráulica com o Direito das Águas, etc.[84]

A fim de que o Estado tenha um instrumento (o Direito Tributário) eficiente de ação, é importantíssimo e indispensável do auxílio da Ciência das Finanças Públicas para se conhecerem (ela dá a *Ciência* – conhecimento – dos fatos sociais) os fenômenos financeiros.[85] Aliás, os conceitos e princípios que estruturam a Ciência das Finanças Públicas nem poderiam jamais serem concebidos se eles não fornecessem indicações para uma ação política. Toda a Ciência Social propõe, ainda que inconscientemente, uma ação política; as ciências sociais trabalham na investigação e análise dos "dados" sociais com o *auxílio* dos quais ou *contra* os quais o Estado age.[86]

Entretanto, a *atividade do jurista* consiste precisamente:

a) em analisar o fenômeno da *criação* de um *instrumento* (ex.: regra jurídica tributária) de ação social, a fim de orientar o criador (o Estado) sobre a Arte de moldar aquele "dado" constatado ou previsto pelas ciências sociais, ao melhor rendimento humano, porque a regra jurídica somente existe (como *jurídica*) na medida de sua praticabilidade;[87]

b) em analisar a *consistência* daquele instrumento (regra jurídica) e o fenômeno de sua atuação, isto é, investigar a estrutura

84. Idem, ibidem, p. 12.

85. Ver ns. 6, 23.

86. E. Weil, *Philosophie Politique*, Paris, 1956, p. 13; Fernando Sáinz de Bujanda, *Hacienda y Derecho*, vol. II. Madrid, 1962, "En torno a la naturaleza de la actividad financiera", pp. 5-24; *Derecho Financiero y Política Fiscal*, pp. 27-44.

87. Ver ns. 16, 20, 21, 22, 46-60.

lógica da regra jurídica, constatar a sua atuação dinâmica e esclarecer os efeitos jurídicos resultantes desta atuação.[88]

Na análise da metamorfose do orçamento público e do Direito Tributário encontram-se os melhores exemplos do oferecimento pela Economia Política, Ciência das Finanças Públicas e Política Fiscal, dos "dados" indispensáveis ao trabalho construtivo do jurista.[89] Porém, na tremenda balbúrdia, ambiguidade e contradição do Direito Tributário,[90] encontra-se o melhor exemplo dos malefícios resultantes da falta de uma nítida e radical distinção entre a Ciência das Finanças Públicas e o Direito Tributário. É precisamente esta falta de distinção científica e didática que provoca a perda da fundamentalíssima *atitude mental jurídica*, sem a qual não há Direito, nem há jurista.[91]

Testemunhando a necessidade de haver, nas Faculdades de Direito, a separação didática e o ensino muito mais desenvolvido do Direito Tributário, o preclaro mestre e experiente advogado Rubens Gomes de Sousa presta magnífico depoimento no seu estudo "O Ensino do Direito Tributário nos cursos jurídicos", do qual transcrevem-se estas sugestivas observações: "A verdadeira missão do advogado, a que lhe permite contribuir para uma sociedade mais pacífica, onde as atividades produtivas melhor se desenvolvam e frutifiquem, é muito mais de orientação e prevenção que de defesa ou ataque. A barra do tribunal deve ser para o advogado o que a sala de operações é para o médico: o último reduto de seus esforços, não o panorama normal de suas atividades".

Entretanto, chamado a exercer em matéria fiscal essa atividade construtiva e, de certa forma, bem mais difícil que

88. Ver ns. 16, 81-100.

89. Ver ns. 61-63, 127.

90. Ver ns. 1-2.

91. Ver ns. 10-15.

a simples técnica forense, o advogado, que não possui aquela familiaridade do assunto, aquela espécie de sexto sentido que só se adquire vivendo com a matéria desde os bancos da escola, sentir-se-á postergado a um segundo plano, vegetando na sombra dos "especialistas" e dos "técnicos" que proliferam à margem do regulamento da ordem, restrito à prática forense, e que se arrogam às funções de orientadores e de consultores. Confrontando com esses "peritos", as mais das vezes improvisados, sem competência técnica ou responsabilidade profissional, o advogado, hesitante em face de questões para ele estranhas e misteriosas, tolhido pela consciência da inadequação do seu preparo e da honorabilidade do seu título, resigna-se à abstenção e ao silêncio; e muitas vezes recebe afinal, das mãos do "perito", o caso irremediavelmente comprometido, para então arcar sozinho com o peso do fracasso.

Deste libelo contra os que fazem ao advogado concorrência desleal no campo tributário, cumpre excluir, para colocá-los em posição honrosa, os bacharéis em ciências econômicas e contábeis. A estes toca, por força do atual estado de coisas, uma responsabilidade mais pesada que a que lhes compete. Também eles fazem concorrência profissional ao advogado, mas não deslealmente, nem por vontade própria, senão pela deficiência em que se encontram os próprios advogados para tomarem a sua parte do encargo comum e com eles trabalharem em colaboração, cada qual no seu campo próprio de atribuições e de responsabilidade.[92]

8. Direito Financeiro e Direito Administrativo

O Direito Tributário é disciplina com "autonomia" didática,[93] porém não o Direito Financeiro, porque os ins-

92. Rubens Gomes de Sousa, *Revista Forense*, Rio de Janeiro, 1956, pp. 405-6.

93. A expressão "autonomia" é equívoca e perturbadora como se demonstra no nº 9; onde também se dá o conceito de "autonomia didática".

titutos, categorias e regras jurídicas que comporiam o Direito Financeiro continuam conservando, cada uma delas, a sua própria natureza jurídica original, *verbi gratia*: de Direito Administrativo, de Direito Constitucional, etc. As regras jurídicas que, no suposto Direito Financeiro revestem-se de uma especificidade que permite reuni-las em um grupo ou concatenação lógica, *são justamente aquelas que estruturam o Direito Tributário como disciplina com "autonomia didática"*.[94]

O Direito Financeiro, como ramo de Direito com natureza específica, não existe e sua "autonomia", ainda que para fins didáticos, é sumamente prejudicial, pois confundirá o estudo científico das regras jurídicas que o comporiam, convertendo-o num *cocktail*.

Por outro lado, alguns – como A. D. GIANNINI e G. ZANOBINI – ressaltando a "autonomia" apenas didática do Direito Tributário, para considerá-la um ramo do Direito Administrativo do qual deve ser destacado, para fins didáticos e de trabalho científico,[95] esquecem-se que *também* o Direito Administrativo goza de uma "autonomia" apenas didática.[96]

---

94. Muitos autores entendem que a autonomia do Direito Tributário seria também *jurídica*. Entretanto não oferecem uma explicação convincente do que seria esta "autonomia jurídica". Aliás, tal explicação jamais poderia ser convincente, pelas razões expostas em nosso nº 9.

No sentido da "autonomia jurídica": Amilcar de Araújo Falcão, *Introdução ao Direito Tributário*, Rio de Janeiro, 1959, p. 17 e ss., principalmente p. 20, nº 13; H. García Belsunce, *La Autonomia de Derecho Tributario*, Buenos Aires, 1957, principalmente p. 8, *in fine*; D. Jarach, *Curso Superior de Derecho Tributario*, vol. I, Buenos Aires, 1957, p. 7 e ss., especialmente pp. 11 e 12; B. Cocivera, *Principi di Diritto Tributário*, vol. I, Milano, 1959, p. 6; A. Berliri, *Principi di Díritto Tributario*, vol. I, Milano, 1952, p. 3 e ss., especialmente p. 6.

95. A. D. Giannini, *Istituzioni di Diritto Tributário*, 7ª ed., Milano, 1956, p. 5, e, principalmente, *I Concetti Fondamentali di Diritto Tributário*, Torino, 1956, pp. 15-20; no mesmo sentido, G. Zanobini, *Corso di Diritto Amministrativo*, 4ª ed., vol. IV, Milano, 1955, pp. 333-335.

96. Ver nº 9.

9. Autonomia de qualquer ramo do Direito é problema falso

A autonomia do Direito Tributário é um problema falso[97] e falsa é a autonomia de qualquer outro ramo do Direito Positivo.

O vocábulo *autonomia* não é próprio do mundo jurídico. O jurista moderno usa e abusa da palavra "autonomia", empregando-a nos significados mais disparatados, de modo que ela se converteu numa expressão equívoca e perturbadora, sugerindo zonas apartadas e inacessíveis à Teoria Geral do Direito e atribuindo virtualidades misteriosas àquilo que é considerado "autônomo".[98]

Muitos estudiosos do Direito Tributário utilizam a palavra "autonomia" como fundamento e explicação óbvia de toda e qualquer doutrina tributária pseudojurídica; e assim fazendo, propagam a demência tributária e cometem, com catedrática gravidade, erros jurídicos de um empirismo larvar.[99]

Na moderna Teoria Geral do Direito, a expressão "autonomia" é uma daquelas que exige prévia análise etimológica. Como vocábulo de origem filosófica, transitado na Ciência e doutrina política, e depois introduzido na doutrina jurídica, assumiu, nesta última, inúmeras significações, muitas das quais contraditórias.[100]

"Autonomia" é palavra gasta pela erosão das ciências sociais, que deverá ser evitada, pois em lugar de conferir limpidez

---

97. Rubens Gomes de Sousa, *Curso de Direito Financeiro*. Rio de Janeiro, 1958 (obra coletiva publicada pelo "Instituto Brasileiro de Direito Financeiro"), pp. 64-65, 69.

98. Francesco Calasso, *Enciclopedia del Diritto*, vol. IV, Milano, 1959, verbete "autonomia", pp. 349, 354, nº 7, 335, nº 8 *in fine*; Massimo Severo Giannini, *Enciclopedia del Diritto,* vol. cit., p. 356, nº 1; *Achille Donato Giannini, I Concetti Fondamentali di Diritto Tributario*, Torino, 1956, pp. 15-20.

99. Sobre o manicômio jurídico tributário, ver ns. 1-2. Sobre o sistema dos fundamentos "óbvios", ver nº 3.

100. Massimo Severo Giannini, in *Enciclopedia del Diritto*, vol. IV. Milano, 1959, verbete "autonomia", p. 356, nº 1.

e pureza à ideia, veste-a com andrajos dissimuladores. O jurista só ficará imune às contaminações quando tiver bem nítida a história da penetração do vocábulo "autonomia" no mundo jurídico, porque este é o único modo de reduzir "os abusos e riscos de uma expressão que não tendo nascido no mundo jurídico, todavia foi incumbida de vestir um dos mais altos princípios da fenomenologia jurídica."[101]

O verdadeiro e genuíno sentido da expressão "autonomia" é o poder (capacidade de agir) de o ser social impor uma disciplina aos indivíduos (que o estão, continuamente, criando) e a si próprio numa autolimitação. Este é o genuíno conteúdo *jurídico* da expressão "autonomia" conforme demonstra FRANCESCO CALASSO, Professor de História do Direito na Universidade de Roma, em belíssima exposição, concluindo que a expressão "autonomia" concebida no seu verdadeiro sentido jurídico é o mais fundamental princípio da fenomenologia do Direito porque designa a capacidade de criar o Direito Positivo.[102]

Por isso o Direito Tributário pode ou não pode fazer certas coisas (não porque é um ramo "autônomo" do Direito), mas, pura e simplesmente, porque é Direito Positivo. Para que o Direito Tributário possa criar princípios e conceitos próprios e específicos, não é necessário recorrer a uma "autonomia", basta continuar a ser o que sempre foi: *jurídico*, pois a criação e incidência de toda e qualquer regra jurídica necessariamente deforma a realidade (esta realidade pode ser fato econômico ou fato jurídico) e impõe um determinismo artificial à conduta humana.[103] Talvez fosse melhor dizer "o que deveria ter sido", pois uma forte corrente doutrinária

---

101. Francesco Calasso, *Enciclopedia del Diritto*, vol. IV. Milano, 1959, verbete "autonomia", p. 355, nº 8 *infine*.

102. Francesco Calasso, *Enciclopedia del Diritto*, vol. IV. Milano, 1959, verbete "autonomia", p. 355, nº 8 *in fine*, combinado com o nº 7, pp. 353-54. Poder (capacidade de agir) do Estado, ver nosso nº 54. Fenomenologia da criação do Direito Positivo, ver nosso nº 59.

Subordinação do Estado às regras jurídicas por ele mesmo criadas, ver nosso nº 69.

103. Ver nº 22.

moderna – sob a ilusão de defender e contribuir para o progresso do Direito Tributário – insiste, precisamente, em destruir o que nele há de jurídico. Em nome da defesa do Direito Tributário, eles matam o "Direito" e ficam apenas com o "Tributário".[104]

Pela simples razão de não poder existir regra jurídica independente da totalidade do sistema jurídico,[105] a *autonomia* (no sentido de independência relativa) *de qualquer ramo do Direito Positivo é sempre e unicamente didática para, investigando-se os efeitos jurídicos resultantes da incidência de determinado número de regras jurídicas, descobrir a concatenação lógica que as reúne num grupo orgânico e que une este grupo à totalidade do sistema jurídico.*

"Autonomia didática" pode ter até uma *única* regra jurídica, se e enquanto são investigados os efeitos jurídicos decorrentes de sua incidência, para encontrar o fundamento lógico que revelará estar a regra jurídica ligada a este ou aquele grupo de regras jurídicas.

Com a evolução do Direito e o aperfeiçoamento da Ciência jurídica, torna-se cada vez mais difícil apontar um fundamento seguro que ainda possa sustentar a sacrossanta divisão do Direito Positivo em: público e privado.[106] Os modernos juristas

---

104. Ver nº 36.

105. Ver nº 31.

106. Pontes de Miranda, *Tratado de Direito Privado*, Rio de Janeiro, 1954, vol. I, § 21, nº 1; R. Savatier, *Les Métamorphoses Economiques et Sociales du Droit Privé d'Aujourd'hui*, 2ª série, Paris, 1959 – "L'universalisme renouvelé des disciplines juridiques", p. 43, nº 25 e pp. 62-65; ver também do mesmo autor: *Du Droit Privé du Droit Public*, 2ª ed., 1950; G. Scelle, "Le droit public et la théorie de l'Etat", na obra coletiva *Introduction à l'Etude du Droit*, vol. I, Paris, 1951, pp. 23-28; N. Bobbio, *Diritto e Stato nel Pensiero di Emanuele Kant*, Torino, 1957, pp. 137-38; Kelsen, *Teoria General del Estado*, Madrid, 1934, pp. 105-6 e também posteriormente, *Teoria General del Derecho y del Estado*, 2ª ed. da tradução, México, 1958 (ed. original Berkeley, 1944), pp. 239-46; Rivero, "Droit public et droit privé: conquête ou *statu quo*", in *Chroniques Dalloz*, 1947, p. 45; Eisenman, "Droit public, droit privé", in *Revue du Droit Public*, 1952, p. 903; Chevrier, "Remarques sur l'introduction et les vicissitudes de la distinction du *jus privatum* e du *jus publicum* dans les oeuvres des anciens juristes français", in *Archives de la Philosophie du Droit*, 1952.

estão chegando à conclusão de que até a clássica distinção entre *Direito Público* e *Direito Privado* repousa numa simples "autonomia" para fins meramente didáticos *baseada em critério meramente histórico cujo artificialismo e falta de lógica são denunciados pelo progresso da Ciência jurídica.*[107]

Já em 1925, KELSEN demonstrara o artificialismo e o subjetivismo da divisão do Direito em público e privado:

"Esta irrupción de la Política en la Teoria del Derecho, hállase favorecida por una *funestísima* distinción que constituye ya hoy uno de los principios más fundamentales de la moderna ciencia jurídica. Se trata de la distinción entre Derecho público y privado. Si bien esta antítesis constituye la médula de toda la sistemática teórico-jurídica, es sencillamente *imposible* determinar con cierta fijeza lo que quiere decirse en concreto cuando se distingue entre el Derecho público y el privado. Ciertamente, cabe señalar determinados dominios jurídicos, cualificados por su especial contenido, que se contraponen convencionalmente en calidad de 'Derecho público' al 'Derecho privado'. Asi, en el Derecho público se incluyen el Derecho político, el administrativo, el procesal, el penal, el internacional y el canónico (este último sólo en tanto que se refiere predominantemente a los anteriores dominios); todo el restante Derecho es Derecho privado. *Pero si se pregunta por el fundamento de esta división, se entra de lleno en un caos de opiniones contradictorias.*

Por de pronto, no hay seguridad en el objeto de la división: la cualidad de público y privado se atribuye indistintamente al

---

107. Pontes de Miranda, *Tratado de Direito Privado,* Rio de Janeiro, 1954, vol. I, § 21, nº 1; N. Bobbio, *Diritto e Stato nel Pensiero di Emanuele Kant*, Torino, 1957, pp. 137-138; Kelsen, *Teoría General del Estado*, Madrid, 1934, pp. 105-106 e também posteriormente em *Teoría General del Derecho y del Estado*, 2ª ed. da tradução, México, 1958 (ed. original Berkeley, 1944), pp. 239-246; R. Savatier, *Les Métamorphoses Economiques et sociales du Droit Privé d'Aujourd'hui*, 2ª série, Paris, 1959 – "L'universalisme renouvelé des disciplines juridiques", pp. 63-64; G. Scelle, "Le droit public et la théorie de l'Etat", na obra coletiva *Introduction à l'Etude du Droit*, Paris, 1951, vol. I, pp. 23-28.

Derecho objetivo, a las normas, al derecho subjetivo, a las facultades y deberes que constituyen la relación jurídica. Si se reduce el derecho subjetivo al objetivo, una división del primero tiene que ser, al propio tiempo, una división del último. Añádase a esto que, con la dualidad del objeto de la división, va unida una antítesis de los criterios con arreglo a los cuales se lleva a cabo. De éstos podriamos escoger más de una docena. Para dividir el Derecho en público y privado se recurre por los diversos tratadistas a los criterios más variados y aun opuestos; no es raro encontrar en un mismo escritor esta diversidad u oposición de criterios".[108]

E em 1944, Kelsen novamente faz a análise crítica das teorias que ainda pretendem sustentar aquela divisão, e conclui:

"Consecuentemente, la distinción entre derecho privado y derecho público, cambia de significado según que lo que se pretenda distinguir del derecho privado sea el derecho penal o el derecho administrativo. La distinción es *inutilizable* como fundamento común para una sistematización general del derecho".[109]

"Tanto é relativa e mutável a distinção entre direito privado e público", conclui em 1957 Norberto Bobbio, "que, em última análise, se nós adotamos em lugar dos referidos critérios (*ratione personae e ratione materiae*) um terceiro critério de distinção, como o *da fonte*, a distinção entre direito privado e direito público, assim como é elaborado pelo jurista moderno que se baseia sobre um ordenamento positivo, não há mais alguma razão de subsistir."[110]

"Portanto, pode-se bem compreender quão pouca importância deve-se atribuir a uma distinção como aquela entre

---

108. Kelsen, *Teoría General del Estado*, Madrid, 1934, pp. 105-6 (grifou-se).

109. Kelsen, *Teoría General del Derecho y del Estado*, 2ª ed. da tradução, México, 1958 (ed. original Berkeley, 1944), p. 246 (grifou-se). Para a análise dos diversos critérios, ver pp. 239-46.

110. N. Bobbio, *Diritto e Stato nel Pensiero di Emanuele Kant*, Torino, 1957, pp. 137-38.

direito privado e público, a qual, adotando-se pontos de vista diversos, não apenas se modifica, mas pode até diretamente se desvanecer."[111]

"Il est, en effet", reconhece R. SAVATIER, "dans la nature du progrès des techniques de tendre à une spécialisation de plus en plus poussée, en vertu de laquelle l'honnête homme d'autrefois, qui réunissait en lui l' ensemble des connaissances, humaines, appartient à un type aujourd'hui disparu.

Car la masse des comaissances et des moyens de les mettre en oeuvre est aujourd'hui trop grande pour pouvoir, dans son ensemble, être assimilée par un seul homme. Les techniques se spécialisent donc. Et le droit, parce qu'il se sert de techniques spécialisées pour l' exécution de chacune des tâches que le monde social d'aujourd'hui lui assigne, est obligé de se spécialiser lui-même.

Dans le droit antique, les juristes étaient universels. Et l'on peut presque en dire autant soit des juristes du Moyen Âge, soit des juristes humanistes de la Renaissance. Cependant, avec l'apparition des sociétés modernes s'esquissait déjà la distinction générale du droit public et du droit privé. Tandis que Bodin, dans son 'Traité de la République', se consacrait au premier, le grand ouvrage de Domat sur les 'Lois civiles' formulait systématiquement, dès ses premières pages, la distinction, déjà classique, du droit public et du droit privé, auquel il s'attachait principalement.

Mais qu'était cette première et élémenfaire spécialisation suprès de celles que le progrès des techniques impose du Droit *d'aujourd'hui?*"[112]

Depois daquela primeira "autonomia didática" que dividiu o Direito em Público e Privado, surgiram e continuam a se

111. Idem, ibidem, p. 138.

112. R. Savatier, "L'universalisme renouvelé des disciplines juridiques", *Les Métamorphoses Economiques et Sociales du Droit Prive d'Aujourd'hui,* 2ª série, Paris, 1959, pp. 63-64.

impor outras e novas divisões com finalidade dedicada: Direito Comercial, Processual, Penal, Constitucional, Internacional, Administrativo, Marítimo, Industrial, Societário, Trabalhista, Rural, Tributário, etc.

De tal modo é sentida a necessidade racional destes novos ramos do Direito que "c'est à un véritable éclatement de l'enseignement du droit que nous assistons maintenant. La spécialisation des techniques s'y multiplie depuis l'aurore du XX Siècle. Des chaires nouvelles s'imposent sous l'empire de cette spécialisation. Des livres nouveaux et spécialisés accompagnent, suivent ou devancent la création de ces chaires".[113]

A evolução econômica e social da humanidade dentro do ritmo vertiginoso da aceleração da História, quebrou todos os ramos clássicos do Direito, de modo que uma das grandes tarefas do jurista contemporâneo é estabelecer a nova e racional divisão ("autonomia") didática do Direito.[114]

---

113. R. Savatier, op. cit., p. 64; G. Scelle, "Le droit public et la théorie de l'Etat", na obra coletiva *Introduction à l'Etude du Droit*, vol. I, Paris, 1951, p. 28.

114. Para o exame da aceleração da História e seu reflexo nas metamorfoses do Direito Positivo, ver R. Savatier, *Les Métamorphoses Economiques et Sociales du Droit Civil d'Aujourd'hui*, 2ª ed., Paris, 1952, especialmente pp. 5-18; a segunda série das *Métamorphoses*, Paris, 1959, dedicada ao "Universalisme renouvelé des disciplines juridiques" e a terceira série das *Métamorphoses*, Paris, 1959, consagrada ao "Approfondissement d'un droit renouvelé"; A. Marchal, "Les rapports du droit et de l'économie politique", na obra coletiva *Introduction à l'Etude du Droit*, vol. II, Paris, 1953, pp. 236-37.

Sobre o reflexo da aceleração da História na economia, ver A. Angelopoulos, *Planisme et Progres Social*, Paris, 1953, pp. 28-31.

Segunda Parte

REEDUCAÇÃO DA ATITUDE MENTAL JURÍDICA TRIBUTÁRIA

Capítulo I

DIAGNÓSTICO DA DEMÊNCIA

10. O maior equívoco

Há juristas – adverte F. CARNELUTTI – que quase sempre cometem o erro de aceitar e utilizar empiricamente os conceitos das ciências pré-jurídicas, sem cuidarem de pesquisar o novo e diferente conteúdo (significado) que elas passam a vestir no momento em que entram no mundo jurídico. Este mau costume – lamenta F. CARNELUTTI – tem gerado dentro do Direito dificuldades numerosas e graves.[115]

Ora, em nenhum outro ramo do Direito estas dificuldades são tão numerosas e tão graves quanto as que este mau hábito

---

115. F. Carnelutti, *Teoría General del Derecho*, Madrid, 1955 (trad. da 3ª ed. italiana, Roma, 1951), nº 80, p. 245. No mesmo sentido: N. Bobbio, *Teoria della Scienza Giuridica*, Torino, 1950, pp. 221-22, 225. E. Betti, *Teoría Generale della Interpretazione*, vol. II, Milano, 1955, pp. 812-13; Aster Rotondi, *Introduzione alla Técnica Tributaria*, Padova, 1957, pp. 67-68; T. Ascarelli, *Saggi Giuridici*, Milano, 1949, p. 73, nota 126; e mais recentemente nos seus *Problemi Giuridici*, vol. I, Milano, 1959, p. 63, nota 4; C. Cosciani, *Principi di Scienza delle Finanze*, Torino, 1953, p. 9; Fernando Sáinz de Bujanda, *Hadienda y Derecho,* vol. II, Madrid, 1962, pp. 49, 76; A. Berliri, *Principi di Diritto Tributario,* vol. II (tomo I), Milano, 1957, pp. 116, 118; Francesco Calasso, *Enciclopedia del Diritto*, vol. IV, Milano, 1959, p. 349, nº 1, p. 354, nº 7 *in fine*, p. 355, nº 8 *in fine*; Romanelli-Grimaldi, "Metodología del Derecho Financiero", *Revista de Derecho Financiero y de Hacienda Pública*, vol. XI. Madrid, junho de 1961, fasc. 42, p. 774.

tem gerado dentro do Direito Tributário. O maior equívoco no Direito Tributário é a contaminação entre princípios e conceitos *jurídicos* e princípios e conceitos *pré-jurídicos* (econômicos, financeiros, políticos, sociais, etc.).

Esta contaminação prostitui a *atitude mental jurídica*, fazendo com que o juiz, a autoridade pública, o jurista, o advogado e o contribuinte desenvolvam (sem disto se aperceberem) um raciocínio pseudojurídico. Deste raciocínio pseudojurídico resulta, fatalmente, a conclusão invertebrada e de borracha que se molda e adapta ao caso concreto segundo o critério pessoal (arbítrio) do intérprete do Direito Positivo (regra jurídica). Em síntese: aquele tipo de raciocínio introduz clandestinamente a *incerteza* e a *contradição* para dentro do mundo jurídico; incertezas e contradições que conduzem todos ao manicômio jurídico tributário e à terapêutica e à cirurgia do desespero.[116]

O rigoroso cuidado na terminologia não é exigência ditada pela gramática para a beleza do estilo, *mas é uma exigência fundamental* – como aguda e exaustivamente demonstrou Norberto Bobbio – *para se construir qualquer Ciência*. Deve-se distinguir entre Veracidade e Cientificidade. Veracidade é o objetivo. Cientificidade é o meio para alcançar aquele objetivo. A natureza essencial de toda e qualquer Ciência é a natureza *instrumental*. Ciência é um instrumento mediante o qual se apreende a veracidade.

Construir uma Ciência – demonstra Norberto Bobbio – significa construir uma *linguagem rigorosa*, de tal modo que será "*cientificamente*" verdadeira não já qualquer proposição adequada a uma verdade objetiva, mas, antes de tudo, a proposição que estiver expressa com uma terminologia que respeite as regras válidas no âmbito do sistema dentro do qual é emitida aquela proposição. Não se trata de reduzir a Ciência a um puro e simples fato linguístico – adverte Norberto Bobbio

116. Ver ns. 1-2.

– porém trata-se de reconhecer que aquela mais alta forma de conhecimento objetivo na qual consiste a Ciência, somente se realiza quando a minha observação (que é um fato preceptivo) for expressa com sinais (convencionais) que possam comunicar a minha observação a *outros* sujeitos, com o menor número possível, de desentendimentos. Toda e qualquer Ciência inicia-se com a formação de sua própria linguagem científica, isto é, com aquela linguagem que faz de um conhecimento puramente subjetivo (a minha percepção) um conhecimento de máximo grau intersubjetivo (a percepção pelos outros).[117]

11. Diagnóstico da demência e a terapêutica

O processo gerador da demência no Direito Tributário é o seguinte: os atuais reflexos condicionados na atitude mental jurídica (da autoridade pública, do juiz, do advogado e do contribuinte), embora provocados por estimulantes *jurídicos* (princípios e conceitos jurídicos), *continuam a ser os mesmos reflexos* condicionados aos estimulantes *econômicos* (princípios e conceitos da Ciência das Finanças Públicas e demais ciências pré-jurídicas) que ofereceram o "dado" (matéria-prima) para a elaboração da regra jurídica tributária.

Ora, os estimulantes jurídicos (princípios e conceitos jurídicos) devem necessariamente provocar, na atitude mental jurídica, um outro (diferente) reflexo e não o mesmo reflexo que era provocado quando aquele princípio ou conceito era da Ciência das Finanças Públicas, portanto, de natureza apenas econômica, em síntese: quando era pré-jurídico.

Portanto, o único remédio – para curar a atual demência jurídica tributária e sair do manicômio onde todos se encontram – é sujeitar-se ao trabalho de *reeducar os reflexos condicionados, na atitude mental jurídica tributária.*

---

117. N. Bobbio, *Teori della Scienza Giuridica*, Torino, 1950, especialmente pp. 200-36.

Esta reeducação só será possível, sujeitando-se ao incômodo de *dissecar* e *reexaminar*, sistematicamente, todos os conceitos e princípios de Direito Tributário, principalmente aqueles considerados "óbvios".

O diagnóstico que se acabou de fazer poderá parecer outra loucura e o remédio receitado significar convite para sair de um manicômio e entrar noutro. Entretanto, tudo ficará esclarecido e demonstrado se o leitor tiver um pouco de paciência e ler os parágrafos seguintes.[118]

12. A doutrina do Direito Tributário *a des raisons que la raison ne connaît pas*

As mesmas palavras ou fórmulas (frases) da Ciência das Finanças Públicas e demais ciências pré-jurídicas que costumam originalmente – dentro de seus respectivos campos – provocar nos hemisférios cerebrais o reflexo condicionado específico e correto, são utilizadas para expressar uma ideia *diferente*: princípio ou conceito *jurídico* tributário.

Por este motivo, elas (palavras ou fórmulas) muito facilmente continuam a provocar aquele *mesmo* reflexo condicionado à ideia original (princípio ou conceito da Ciência das Finanças Públicas e demais ciências pré-jurídicas) em lugar do *diferente* reflexo que deveria ser condicionado à diferente ideia (princípio ou conceito *jurídico* tributário). Exemplos de tais palavras ou fórmulas: incidência, fato gerador, contribuinte, tributo, imposto, taxa, contribuição, capacidade contributiva, responsável do imposto, obrigação tributária, base imponível, lançamento, causa do tributo, autonomia, imposto de consumo, imposto de produção, imposto de vendas, etc.[119]

---

118. Ver ns. 12-45.

119. Para maior esclarecimento deste fenômeno psicojurídico tributário, ver ns. 13-15.

Esta é a verdadeira e principal razão porque com tanta frequência, no Direito Tributário, surgem doutrinas cujas razões "*la raison ne connaît pas*". A mais nociva destas doutrinas é a da interpretação do Direito Tributário "segundo a realidade econômica dos fenômenos sociais".[120]

Com efeito, os atuais reflexos na atitude mental jurídica do estudioso do Direito Tributário, embora provocados por estimulantes condicionados *jurídicos* (princípios e conceitos jurídicos) *continuam a ser os mesmos* reflexos condicionados aos estimulantes condicionadores *econômicos* (princípios e conceitos da Ciência das Finanças Públicas e demais ciências pré-jurídicas) que ofereceram o "dado" (matéria-prima) para a elaboração da regra jurídica do Direito Tributário.

Ora, o estimulante condicionador *jurídico* (a regra jurídica) deve, necessariamente, provocar, na atitude mental jurídica, um *diferente* reflexo condicionado e não o mesmo reflexo condicionado ao princípio ou conceito *econômico*. Infelizmente, em muitíssimos casos, continuam a surgir (sem que o jurista estudioso do Direito Tributário tenha consciência de tal fenômeno) o *mesmo* e *antigo* reflexo condicionado ao princípio ou conceito *econômico* de modo que, em última análise, o problema jurídico foi resolvido por uma "lei" da Ciência das Finanças Públicas (ou de outra Ciência pré-jurídica)[121] cuja escolha depende da cultura e preferência pessoal (arbítrio) do

---

120. Para a análise crítica desta doutrina, ver nº 36.

121. As chamadas "leis" sociológicas, científicas e naturais são leis de *comprovação* de fatos sociais, econômicos, psicológicos, morais, jurídicos (o fato jurídico como fato histórico); ditas "leis" não devem ser confundidas com as leis do Direito que são leis de direção (regras de conduta obrigatória), vide J. Dabin, *Théorie Générale du Droit,* 2ª ed., Bruxelles, 1953, nº 43. As leis do Direito outorgam um direito e impõem um dever e isto significa disciplinar; consequentemente, não tem natureza jurídica a "lei" que é simples afirmação ou constatação de um fato ou recomendação de uma diretriz, vide G. Del Vecchio, *Philosophie du Droit*, Paris, 1953, p. 285.

Para maior clareza da distinção entre lei científica e lei jurídica, entre *causação e normatividade,* ver nosso nº 17.

intérprete da lei positiva (que ele erroneamente imagina estar aplicando)[122] e não pela lei do Direito Tributário (a *regra jurídica* contida na fórmula legislativa) que é a *única solução admissível e obrigatória* para aquele problema jurídico porque imposta pela fonte constitucional do Direito Positivo.[123]

Portanto, a terapêutica é sujeitar-se ao trabalho de *reeducar* os reflexos condicionados em nossa atitude mental jurídica tributária.

Esta reeducação só será possível dando-se ao incômodo de, sistematicamente, dissecar e reexaminar todos os conceitos e princípios do Direito Tributário, principalmente aqueles considerados "óbvios" e que costumam não ser analisados ou apenas analisados superficialmente, no pressuposto de serem coisas demasiado evidentes para merecerem uma análise crítica profunda.[124]

13. Reflexo condicionado e estimulante condicionador

A atitude mental jurídica é, exatamente, um reflexo condicionado à incidência da regra jurídica.[125] A regra jurídica (transmitida pela linguagem oral ou escrita) é o *estimulante*

---

122. As valorações dos interesses em conflito num problema prático e o critério de preferência que inspiraram a *solução* legislativa (a regra jurídica positiva) participam da *objetividade* desta e não podem ser *reexaminados* pelo jurista intérprete sob o pretexto de uma melhor adequação à realidade histórica; ver nosso nº 139.

123. Miguel Reale, *Filosofia do Direito*, 2ª ed., vol. II, São Paulo, 1957, p. 312; E. Betti, *lnterpretazione della Lege e degli Atti Giuridici*, Milano, 1949, § 52, p. 186; e sua *Teoría Generale delle Interpretazione*, vol. II, Milano, 1955, pp. 812-816; J. Dabin, *Théorie Générale du Droit*, 2ª ed., Bruxelles, 1953, ns. 42, 43, 45,52; C. du Pasquier, *Introduction à la Théorie Generale et a la Philosophie du Droit*, 3ª ed., Neuchâtel, 1948, ns. 112, 116; G. Del Vecchio, *Philosophie du Droit*, Paris, 1953, p. 285.

124. Sobre o sistema dos fundamentos "óbvios", ver nº 3.

125. Ver ns. 14-15.

condicionador. Por sua vez o *reflexo condicionado* é a *atitude mental* condicionada à *incidência* daquela regra jurídica, isto é, a *atitude mental* do sujeito ativo e do sujeito passivo da relação jurídica, *em se sujeitarem aos efeitos jurídicos* resultantes da incidência daquela regra jurídica sobre sua hipótese de incidência ("fato gerador").

Entretanto, o que vem a ser exatamente um reflexo condicionado a estimulante condicionador?

Cada indivíduo humano possui dezenas de *mecanismos nervosos* sempre prontos a se destravarem sob a ação de seus respectivos excitantes naturais. Por exemplo: aproximando-se a mão do fogo, destrava-se um mecanismo nervoso específico provocando o retraimento da mão (temos aqui um reflexo motor defensivo; reflexo este condicionado a seu excitante natural, a saber, o fogo). Outro exemplo: a introdução do alimento na boca provoca a salivação e isto é um reflexo secretor. E assim tantos outros exemplos. Mas o que no momento interessa fixar é o seguinte: depois de algumas experiências, basta que, *visão* do fogo (ou a *audição* da palavra "fogo") provoque o retraimento da mão; e a visão do alimento (ou a *audição* da palavra "alimento") desencadeie a secreção da saliva.[126]

Verifica-se, pois, que se está obtendo o *mesmo* reflexo; porém, desta vez, condicionado a um *outro* excitante ou estimulante condicionador.

Ora, a *palavra* (a linguagem oral ou escrita), por sua natureza, entra em relação com todos aqueles estimulantes condicionadores. E esta relação da palavra com todos aqueles estimulantes condicionadores internos e externos é tão permanente e tão natural, que a linguagem oral ou escrita *terminará por substituir todos aqueles estimulantes condicionadores*.[127]

---

126. Drabovitch, apud J. Haesaert, *Théorie Générale du Droit*, Bruxelles, 1948, p. 125.

127. J. Haesaert, *Théorie Générale du Droit*, Bruxelles, 1948, p. 125.

Desta substituição resulta o seguinte: a palavra chegando aos hemisférios cerebrais provocará *as mesmas reações*; isto é, *os mesmos reflexos* que eram provocados por aquele estimulante ou excitante que foi substituído pela palavra.[128]

Pede-se a atenção para a aguda observação de J. Haesaert a respeito do fenômeno comum da *substituição* de um estimulante condicionador (aquele excitante que provoca o reflexo condicionado) por *outro* estimulante que continuará a determinar o *mesmo* reflexo condicionado (isto é, que era provocado pelo antigo estimulante).

A aguda observação daquele jurista e professor belga é, em síntese, a seguinte:

a) a palavra (a linguagem oral ou escrita) que, por sua natureza, entra em contato com todos os estimulantes (os provocadores de reflexos condicionados),

b) poderá ela (a palavra) substituir todos aqueles estimulantes,

c) e provocar as *mesmas* reações, isto é, os mesmos reflexos.

14. Reflexo condicionado à regra jurídica tributária

A atitude mental *jurídica* é um reflexo condicionado à regra jurídica. O *estimulante condicionador* é a regra jurídica transmitida pela linguagem (palavra oral ou escrita). O *reflexo condicionado* é a atitude mental condicionada à incidência da regra jurídica, isto é, a atitude mental do sujeito ativo e a do sujeito passivo em se sujeitarem aos efeitos jurídicos (relação jurídica e seu conteúdo de direito e dever, de pretensão e obrigação, de ação e sujeição) resultantes da incidência da regra jurídica sobre sua hipótese de incidência ("fato gerador").[129]

---

128. J. Haesaert, *Théorie Générale du Droit*, Bruxelles, 1948, p. 125.

129. Ver ns. 13, 15.

Em determinadas circunstâncias favoráveis, a *palavra* (oral ou escrita) pode substituir todo e qualquer estimulante condicionador e, após a substituição, pode continuar a provocar o *mesmo* reflexo condicionado àquele estimulante condicionador que foi substituído.[130]

E agora pede-se a atenção para este importantíssimo fenômeno psíquico: se as mesmas palavras ou frases (que continuavam originalmente a provocar um reflexo condicionado específico) são utilizadas para expressar uma ideia de *conteúdo diferente*, então, muito facilmente elas poderão continuar a provocar aquele *mesmo* reflexo condicionado (condicionado à ideia original) e não o *diferente* reflexo que deveria ser condicionado à *diferente* ideia.

"Quando se examinam os problemas dos juristas, é necessário que sejam examinados pelos juristas, com os seus respectivos métodos e princípios; quando os de economistas, deve-se fazê-lo com a mentalidade de economistas. Os instrumentos teóricos, o significado da palavra e o método de análise são profundamente diversos."[131]

A atitude mental jurídica tributária é um reflexo condicionado à incidência da regra jurídica tributária (estimulante condicionador) transmitida pela linguagem (palavra oral ou escrita).

Quando a linguagem (palavras) transmite uma regra jurídica, utilizando as mesmas palavras de Ciência pré-jurídica (por exemplo: quando aparentemente aceita princípio ou conceito ou diretriz da Ciência das Finanças Públicas), todavia e sempre e necessariamente houve uma transfiguração naquele princípio (ou conceito ou categoria ou diretriz) que, ao entrar no mundo jurídico, passa a ter um *conteúdo* jurídico que não é e nem pode mais ser aquele

130. Ver nº 13.

131. C. Cosciani, *Principi di Scienza delle Finanze*, Torino, 1953, p. 9.

conteúdo original e peculiar à Ciência pré-jurídica (ex.: finanças públicas).[132]

Ora, as circunstâncias foram favorabilíssimas, até inevitáveis, para a utilização, pelo Direito Tributário, das palavras (linguagem) da Economia Política e Ciência das Finanças Públicas.[133] Exemplos de tais palavras: incidência, contribuinte, tributo, fato gerador, taxa, imposto, contribuição, capacidade contributiva, responsável do imposto, obrigação tributária, base imponível, lançamento, e tantas outras. Infelizmente o Direito Tributário alimentou-se delas até à indigestão – disto não tem culpa sua natureza voraz – mas a circunstância favorabilíssima (uma espécie de permanente ocasião próxima de pecado de gula) que há vários séculos existe e que muitos doutrinadores do Direito Tributário insistem em manter e estimular.[134]

Esta, precisamente esta, é a *causa* da contaminação da atitude mental jurídica que conduz ao manicômio jurídico-tributário.[135]

Os riscos da contaminação aqui diagnosticada são inevitáveis.[136] Entretanto, o jurista, que deseja continuar jurista, deve e pode alcançar a imunização, procedendo a higienização de sua atitude mental jurídica tributária pela *reeducação* de seus reflexos condicionados.[137]

---

132. N. Bobbio, *Teoria della Scienza Giuridica*, Torino, 1950, pp. 217-30; C. Cosciani, *Principi di Scienza delle Finanze,* Torino, 1953, p. 9; Fernando Sáinz de Bujanda, *Hacienda y Derecho,* vol. II, Madrid, 1962, p. 76; T. Ascarelli, *Saggi Giuridici*, Milano, 1949, p. 73, nota 126; e mais recentemente nos seus *Problemi Giuridici*, vol. I, Milano, 1959, p. 63, nota 4; F. Carnelutti, *Teoría General del Derecho*, Madrid, 1955 (trad. da 3ª ed. italiana, Roma, 1951), nº 80, p. 245; E. Betti, *Teoría Generale della Interpretazione*, vol. II, Milano, 1955, pp. 812-13.

133. Ver ns. 32-33; 1.

134. Ver nº 29.

135. Extensão e natureza dos efeitos desta contaminação, ver ns. 1-2.

136. Inevitabilidade do risco, ver ns. 32-33.

137. Método de reeducação dos reflexos condicionados jurídicos tributários, ver ns. 15-45.

15. Atitude mental no fenômeno jurídico

O Professor da Universidade belga de Gand, J. HAESAERT, publicou em 1948 sua *Théorie Générale du Droit* onde dedicou extensa parte ao estudo preciso do seguinte problema: a atitude mental no fenômeno jurídico.[138]

Reconhecendo que a obra de J. HAESAERT é "merecedora da mais sincera admiração",[139] NORBERTO BOBBIO, Professor de Filosofia do Direito na Universidade de Torino, dedica-lhe excelente crítica construtiva.[140]

Refletindo-se sobre as investigações de J. HAESAERT e tendo-se presente a crítica construtiva de N. BOBBIO, chega-se às seguintes conclusões:

Primeira conclusão: O agir juridicamente (do sujeito ativo e do sujeito passivo da relação jurídica) consiste numa maneira (ou modo) de executar uma técnica predeterminada, obedecendo a uma disposição de espírito (a atitude mental jurídica) que a concebe ser incondicionalmente obrigatória e devendo ser executada naquela maneira (ou modo) específica.[141]

Segunda conclusão: E esta disposição para sujeitar-se a uma coação é reflexiva – não como jurídica – mas como disposição congênita. Tal disposição é um mecanismo nervoso inato e que está sempre pronto a se destravar e a pôr-se em funcionamento sob a ação de um estimulante (provocador) específico. Em cada homem existe esta disposição, este mecanismo nervoso congênito, mais ou menos inibido, mais ou menos marcante, e oferecendo uma graduação específica a cada indivíduo.[142]

---

138. J. Haesaert, *Théorie Générale du Droit*, Bruxelles, 1948, pp. 121-95.

139. N. Bobbio, *Studi sulla Teoría Generale del Diritto*, Torino, 1955, p. 140, nº 10.

140. Idem, ibidem, pp. 127-44.

141. Compare-se J. Haesaert, op. cit., p. 121, combinado com N. Bobbio, op. cit., pp. 139-40.

142. J. Haesaert, op. cit., pp. 124-25 e apoiando-se em Pawlow, "Derniers résultats des recherches sur le travail des hémisphères cérébraux", in *Journal*

Terceira conclusão: A atitude mental jurídica é exatamente um reflexo condicionado à incidência da regra jurídica.[143]

Estimulante condicionador: a regra jurídica transmitida pela linguagem (palavra oral ou escrita).

Reflexo condicionado: a atitude mental condicionada à incidência daquela regra jurídica, isto é, a atitude mental do sujeito ativo e do sujeito passivo *em se sujeitarem aos efeitos jurídicos* (eficácia jurídica: relação jurídica e seu conteúdo de direito e dever; de pretensão e obrigação; de coação e sujeição) *resultantes da incidência daquela regra jurídica sobre sua hipótese de incidência* ("fato gerador").[144]

Contra estas conclusões podem ser levantadas diversas objeções, à primeira vista, impressionantes, mas todas elas improcedentes, pois são frutos de visão superficial da experiência jurídica e da confusão dos fenômenos jurídicos seguintes: *validade* da regra jurídica; *infalibilidade* da incidência da regra jurídica; *respeitabilidade* da incidência; *coercibilidade*; *coação e sanção*.[145] Depois de se ter uma exata noção sobre a intimidade desta fenomenologia jurídica, pode-se compreender que a ausência da atitude mental jurídica (inexistência do reflexo condicionado no cérebro do sujeito passivo ou no do sujeito ativo) não significa inocorrência da incidência de regra jurídica e nem enfraquece a coercibilidade da eficácia (efeitos) jurídica.

A) *Inexistência* de atitude mental jurídica. Esta inexistência pode resultar:

---

de Psychologie, 1926, citado por Drabovitch, *Fragilité de la Liberté et Séduction des Dictatures*, 1934, p. 42, nota 1; Piéron, *Revue de Paris*, 1932, p. 359 e ss.

143. Compare-se J. Haesaert, op. cit., pp. 124-26, 153 *in fine*; combinado com N. Bobbio, op. cit., pp. 139-140.

144. Sobre a relação jurídica e seu conteúdo como eficácia jurídica (efeitos jurídicos) resultantes depois da incidência da regra jurídica sobre sua hipótese de incidência ("fato gerador"), ver ns. 81, 92, 95.

145. Ver ns. 25; 84-86.

a) da ignorância *total* da regra jurídica ou da realização de sua hipótese de incidência;

b) da ignorância *parcial* da regra jurídica ou da realização de sua hipótese de incidência. Noutras palavras, tem-se conhecimento da regra jurídica e de sua hipótese de incidência, mas é um conhecimento defeituoso. Há um *erro de interpretação* jurídica e este erro hermenêutico provoca na atitude mental do indivíduo um reflexo condicionado ao *erro* jurídico e não à regra jurídica.

B) *Não sujeição* à eficácia jurídica:

No caso *a* e *b* supra indicados, inexiste a atitude mental jurídica. Não ocorrendo nem o caso *a* nem o caso *b*, verifica-se, então, a *existência* de atitude mental jurídica, e, neste caso, o indivíduo só tem uma alternativa: ou se sujeita aos efeitos jurídicos; ou, por *um ato de vontade*, se recusa a tal sujeição.

Porém em todos os casos acima apontados a fenomenologia jurídica foi a mesma. A ausência da atitude mental jurídica (por ignorância total ou parcial) ou a não-sujeição aos efeitos jurídicos *não alteraram a validade da regra jurídica, nem a infalibilidade de sua incidência, nem a coercibilidade da eficácia jurídica.*

A ignorância total ou parcial do indivíduo quanto à existência de regra jurídica válida, ou no tocante à realização de sua hipótese de incidência, não é obstáculo à incidência da regra jurídica, nem dispensa a sujeição à eficácia jurídica. A regra jurídica (realizando-se sua hipótese de incidência) incide e a eficácia jurídica é coercível, ainda que os sujeitos (ativo e ou passivo) da relação jurídica permaneçam na referida ignorância ou insubordinação.

Se o sujeito da relação jurídica ignora a regra jurídica ou a conhece defeituosamente (ou ignora o acontecimento dos fatos que realizaram a hipótese de incidência), então, simplesmente não há atitude mental jurídica no cérebro daquele indivíduo. E justamente porque *houve* a incidência da regra jurídica e a irradiação da eficácia jurídica (efeitos jurídicos), *sem que tenha havido* (no cérebro daquele indivíduo) a correspondente atitude mental jurídica, é que existe a doutrina jurídica, o advogado, o órgão judiciário e a intervenção do órgão executivo mediante regulamentos e portarias e coações. Tudo isto existe para provocar a atitude mental jurídica que não ocorreu, mas que deveria ter ocorrido pela simples incidência da regra jurídica sobre sua hipótese de incidência que se realizou.

A incidência é infalível, o que falha é a sujeição à eficácia jurídica. Entretanto, a não-sujeição não altera, nem enfraquece a *fenomenologia jurídica*: a infalibilidade da incidência da regra jurídica sobre a sua hipótese de incidência realizada e, em consequência, a irradiação da eficácia jurídica (efeitos jurídicos). Estes efeitos jurídicos são: relação jurídica e seu conteúdo jurídico que pode ser mínimo (direito e correlativo dever) ou médio (direito, pretensão e correlativos dever e obrigação) ou máximo (direito, pretensão, coação e correlativos dever, obrigação e sujeição).[146] Justamente porque houve a incidência da regra jurídica e porque na eficácia jurídica irradiada há o efeito jurídico da coação e correlativa sujeição (quando se trata relação jurídica de conteúdo máximo) é que, ocorrendo a não sujeição (por ignorância ou por ato de vontade contrário à existente atitude mental jurídica), torna-se necessário o *exercício* da coação, hoje monopólio do Estado, salvo raras exceções.

O órgão judiciário não "aplica" a lei; ele apenas investiga se houve (ou não) a incidência da regra jurídica e analisa (esclarece) os efeitos jurídicos (eficácia jurídica) dela decorrentes. E, se depois deste trabalho de prudente investigação e análise, o sujeito passivo (ou o sujeito ativo) ainda continuam a ignorar ou a não se sujeitar à eficácia jurídica, então intervém o órgão executivo agindo, física e psicologicamente, para obter a sujeição à eficácia jurídica, mediante o *exercício* da coação.[147]

---

146. Relação jurídica de conteúdo mínimo ou médio ou máximo, ver ns. 95, 99.

147. Distinção entre o efeito jurídico denominado *coação* e o *exercício* da coação, ver nº 86.

Capítulo II

TERAPÊUTICA DA ATITUDE MENTAL JURÍDICA TRIBUTÁRIA

§ 1º JURIDICIDADE DO DIREITO TRIBUTÁRIO

16. Ciência do Direito

A elaboração do Direito Positivo é uma atividade *artística*[148] e a obra construída e manejada é um *instrumento* (a regra jurídica).[149] Ora, quando se trata de estudar a *consistência* e a *atuação* deste instrumento, surge a Ciência do Direito: a Teoria Geral do Direito.[150]

O Direito converte-se em Ciência somente *depois* de elaborado, isto é, quando se trata de investigar sua consistência

---

148. Ver nº 20.

149. Ver nº 19.

150. Sobre a Teoria Geral do Direito como a *Ciência do Direito* perfeitamente distinta da Filosofia do Direito, veja-se N. Bobbio, *Studi sulla Teoría Generale del Diritto*, Torino, 1955, pp. 27-52, e sua *Teoría della Scienza Giuridica*, Torino, 1950, pp. 3-41.

Sobre a distinção entre aquela ciência e filosofia, ver também nosso nº 6.

Para ampla e minuciosa demonstração de que a atividade jurídica consiste numa genuína ciência, leia-se toda a monografia de N. Bobbio: *Teoria della Scienza Giuridica*, Torino, 1950.

(estrutura lógica da regra jurídica) e analisar o modo e resultados (efeitos jurídicos) de seu funcionamento (atuação dinâmica da regra jurídica), como a *experiência* social do homem em prever e impor um determinismo artificial ao comportamento (fazer e não fazer) dos homens.[151]

Contra a velha e tradicional objeção segundo a qual não se poderia intentar uma investigação sem que, antes, se tenha um conceito de Direito que permita distinguir a experiência jurídica daquela não-jurídica, responde N. Bobbio que aquilo que se chama experiência jurídica representa simplesmente um certo número de eventos aos quais foi aplicado o nome "Direito" e que poderiam ter recebido qualquer outra denominação, pois "Direito" *não é uma entidade absoluta*, mas apenas um certo número de experiências sociais que demonstraram uma utilidade específica.[152]

A experiência jurídica é um complexo de *regras de conduta humana*; estas condutas humanas têm uma característica: são condutas predeterminadas por uma regra de conduta, consistente na *regra jurídica*, que impõe à atividade humana um determinismo artificial.[153] A regra jurídica, pois, é um instrumento que o homem construiu utilizando os "dados" (matéria-prima) fornecidos pelas ciências sociais (inclusive a Ciência do Direito) e todos os elementos constitutivos desta definição geral de regra jurídica são empíricos porque resultantes daquela experiência social.[154]

A tarefa do jurista que faz desta experiência o objeto de seu estudo, é a de investigar e analisar:

---

151. N. Bobbio, *Studi sulla Teoría Generale del Diritto*, Torino, 1955. pp. 37,47.

152. Idem, ibidem, p. 47.

153. Idem, ibidem, p. 34 e sua *Teoría della Norma Giuridica*, Torino, 1958, pp. 3-34.

154. N. Bobbio, *Studi sulla Teoría Generale del Diritto*, Torino, 1955, p. 42. Para a conceituação do Direito, ver nosso nº 6.

a) no plano estático, a *estrutura lógica* de cada regra jurídica (a regra de conduta e sua respectiva hipótese de incidência, também chamada fato gerador, suporte fáctico, "tatbestand", "fattispecie"); depois, distinguir uma das outras; reagrupá-las; classificá-las por grupos e harmonizá-las na totalidade de um único sistema jurídico;

b) no plano dinâmico, a *atuação dinâmica* da regra jurídica singular (incidência da regra jurídica, irradiação dos efeitos jurídicos e respeitabilidade a estes efeitos).

Com razão, Norberto Bobbio conclui sua monografia sobre a *Teoria della Scienza Giuridica*, advertindo que *Monsieur Jourdain* fazia prosa sem o saber e o jurista faz, sem o saber, Ciência; ainda mesmo quando ele imagina que os cientistas são os outros e ele apenas um dogmático ou técnico. O jurista, para fazer Ciência, não necessita afastar-se do Direito Positivo e procurar, como já foi tentado uma vez, a Ciência Jurídica no Direito Natural, como substitutivo da pouca ou nenhuma Ciência que supunha existir na interpretação das leis. A história do Direito Natural é a história de uma grande evasão. A história da verdadeira Ciência Jurídica começa quando o cansaço daquela fuga induziu o jurista a voltar e a compreender que, aquilo que ele procurava fazer fora de casa, podia fazê-lo dentro de seus próprios muros, onde, pelo longo abandono, existe angustiante desordem e muitíssima coisa ainda por fazer.[155]

17. Lei científica e lei jurídica – Ser e dever ser – Causação e normatividade

Diferente da lei *científica* (que é comprovação de um fato), a lei *jurídica* é regra de conduta: *princípio rector de conduta*.[156]

---

155. N. Bobbio *Teoria della Scienza Giuridica*, Torino, 1950, p. 235.

156. J. Dabin, *Théorie Générale du Droit*, 2ª ed., Bruxelles, 1953, nº 43; Giorgio Del Vecchio, *Philosophie du Droit*, Paris, 1953, pp. 262, 285; N. Bobbio, *Teoria della Norma Giuridica*, Torino, 1958, pp. 3-34; Fernando Arche-Domingo, "Consideraciones sobre el Hecho Imponible", *Revista de Derecho Financiero y de Hacienda Pública*, vol. X, Madrid, setembro, 1960, nº 39, p. 544.

A lei jurídica (a regra jurídica) não é um fim em si mesma (não é uma realidade metafísica existindo em si e por si), mas um instrumento que torna possível a convivência social, nos moldes desejados pelo Estado. A regra jurídica é diferente das regras que enunciam um saber (lei científica) e são um fim, em si mesmas, como conhecimento de verdades (de realidade: o SER).[157]

As leis jurídicas (regras jurídicas) não são comparáveis às leis da natureza (regras científicas); a natureza não "obedece" à lei científica como o indivíduo humano "obedece" à lei jurídica.[158]

"Les choses matérielles dont l'ensemble compose la nature sont ce qu'elles sont; elles ont des causes et produisent des effets qui, eux aussi, sont ce qu'ils sont, dont la séquence plus ou moins réguliere, c'est-à-dire constante, prend le nom de 'lois' naturelles ou, en tant qu'elles sont dégagées par le travail de constatation, d'expérimentation et d'interprétation du savant, de 'lois' scientifiques. Mais il est clair que ces lois n'imposent rien à la nature, qu'au contraire elles sont l'expression plus ou moin adéquate de son être et des manifestations de son être. Seul l'homme, qui est esprit, est soumis à des lois proposées à sa volonté et qui lui dictent sa conduite (sollen).

Ne confondons pas, d'ailleurs, les lois dites sociologiques qui, comme les lois naturelles, sont des lois de constatation de faits (faits sociaux d'ordres divers, économiques, psychologiques, moraux, juridiques...), avec les lois du droit et de la morale, qui sont des lois de direction, distinctes en soi des comportements effectifs des hommes en société."[159]

---

157. E. Betti, *Teoría Generale della Interpretazione,* vol. II, Milano, 1955, p. 817; J. Haesaert, *Théorie Générale du Droit*, Bruxelles, 1948, p. 407; J. Dabin, *Théorie Générale du Droit*, 2ª ed., Bruxelles, 1953, nº 43 *e La Technique de l'Elaboration du Droit Positif*, Bruxelles, 1935, pp. 16-17; N. Bobbio, *Studi sulla Teoría Generale del Diritto*, Torino, 1955, pp. 34 e 47; N. Bobbio, *Teoria della Scienza Giuridica*, Torino, 1958, pp. 3-34.

158. J. Dabin, *Théorie Générale du Droit*, 2ª ed., Bruxelles, 1953, nº 43.

159. Idem, ibidem.

Com razão, se diz que a lei jurídica (a regra jurídica) não exprime um *ser*, mas um *dever ser*.[160]

A confrontação entre a lei científica (ou lei natural) e a lei jurídica (regra jurídica) muito ajuda a perfeita compreensão do que é a "normatividade" (regramento de conduta) da regra jurídica; isto é, o *dever ser*.

Dissecada em sua *estrutura lógica*, a regra jurídica se decompõe em duas partes:

a) a *hipótese de incidência* ("fato gerador", suporte fáctico, "tatbestand", "fattispecie").

b) *a regra* (a norma, a regra de conduta, o preceito).

Filmada a regra jurídica em sua *atuação dinâmica*, verifica-se que acontece, em síntese, o seguinte:

a) *a realização* da hipótese de incidência, isto é, a hipótese deixa de ser hipótese, porque se realizou, porque aconteceu;

b) *a incidência* da regra jurídica sobre a hipótese de incidência *realizada*, juridizando-a pela incidência;

c) a *irradiação da eficácia jurídica* (os efeitos jurídicos; as consequências da incidência).[161]

Por isto, diz KELSEN que a regra jurídica é um "juízo hipotético" (solução preestabelecida) que impõe certas consequências (efeitos jurídicos) a determinadas condições (hipótese de incidência).[162]

---

160. Giorgio Del Vecchio, *Philosophie du Droit*, Paris, 1953, p. 262; N. Bobbio, *Teoria della Scienza Giuridica*, Torino, 1950, pp. 168-75.

161. A estrutura lógica e a atuação dinâmica da regra jurídica são, agora, oferecidas reduzidas à sua expressão mais simples e abreviada. Para mais amplo e minucioso exame do assunto, ver ns. 81-82.

162. Kelsen, *Teoría General del Derecho y del Estado*, 2ª ed. da tradução, México, 1958 (ed. original Berkeley, 1944), p. 53; Fernando Arche-Domingo, "Consideraciones sobre el Hecho Imponible", *Revista de Derecho Financiero y de Hacienda Pública*, vol. X, Madrid, setembro, 1960, nº 39, p. 534.

Poderia ser alegado que o mesmo fenômeno ocorreria na natureza; pois também as leis científicas são "juízos hipotéticos" (previsões) que preveem certas consequências (*efeitos*: físicos, químicos, biológicos, etc.) se determinadas condições (*causas*: físicas, químicas, biológicas, etc.) se realizarem (acontecerem). Entretanto, a causação do mundo da natureza não é a "causação" do mundo jurídico. A *normatividade* é precisamente a "causação" do mundo jurídico.

"La regla de derecho y la lei natural – esclarece KELSEN – difieren no tanto en los elementos que enlazan sino en la forma de tales enlaces. La lei *natural* establece que si A *es*, B *es* (*o será*). La regla de *derecho* dice: si A es, B debe ser. La regla de derecho es una norma (en el sentido descriptivo del vocablo). El significado de la conexión establecida por la ley natural entre los dos elementos queda expresado en la palabra 'es', mientras que el significado de la establecida por la regla de Derecho queda expresado mediante las palabras 'debe ser'. El principio de acuerdo con el cualla ciencia natural describe su objeto, es la *causalidad*; el principio de acuerdo con el cualla ciencia del derecho describe el suyo, es la *normatividad*."[163]

"A causalidade, no jurídico", com muita agudeza diz PONTES DE MIRANDA, "prende-se à estrutura do pensamento humano e à sua descoberta de poder adotar, para os fatos, regras *que incidam*. Não é a lei que 'ordena' incidirem as suas regras; as regras jurídicas incidem, a lei incide, porque a lei e as demais regras jurídicas foram concebidas para esse *processo de adaptação* social."[164]

---

163. Kelsen, *Teoría General del Derecho y del Estado*, 2ª ed. da tradução, México, 1958 (ed. original Berkeley, 1944), p. 54; J. Haesaert, *Théorie Générale du Droit*, Bruxelles, 1948, pp. 403-404.

A "normatividade" da regra jurídica ficará ainda melhor esclarecida quando se examinar o "determinismo artificial" que a regra jurídica impõe ao mundo da natureza; ver nº 22.

164. Pontes de Miranda, *Tratado de Direito Privado*, vol. I, 1954, § 6º, nº 1.

A regra jurídica é o instrumento criado pelo Estado para dominar e reger os fatos do ambiente social: forças econômicas, ideais, interesses, necessidades, etc., sempre em movimento e frequentemente antagônicas. Toda a regra jurídica supõe uma tensão ou possibilidade de tensão entre a conduta que ela impõe e a realidade social. A regra jurídica transforma o determinismo *natural* (espontâneo ou ao arbítrio do indivíduo) dos fatos sociais, em um determinismo *artificial*, porque impõe aqueles fatos sociais uma distorção específica e um comportamento prefixado cuja estrutura e direção se apresentaram ao legislador como necessárias ao bem comum autêntico ou falso.[165]

Sem o conteúdo *normativo* (regra de conduta), a regra jurídica seria apenas uma proposição gramatical,[166] porque ela não é a narração de um acontecimento, nem a advertência de um efeito cientificamente (lei natural) presumível, mas norma (regra, disciplina) de um Dever Ser.[167]

Não se deve, pois, confundir as denominadas "leis" da Ciência das Finanças Públicas que, como as leis naturais, são leis de comprovação de fatos (fatos sociais de diversas ordens: econômicos, psicológicos, morais, etc.) com as leis do Direito Tributário que são leis de direção (regras de conduta). Ainda que se admitisse que o estudo científico no campo das Finanças Públicas pudesse fornecer regras jurídicas pré-fabricadas (*verbi gratia*: considerando-se – o que adiante se mostrará errado – que o Direito Tributário possa, sem deformação, consagrar integralmente uma diretriz da Ciência das Finanças) ainda que, erroneamente se admita esta hipótese; subsiste, porém a distinção entre a conduta ou diretriz *enquanto fato* e a conduta ou diretriz *enquanto regra* (princípio rector de conduta). De modo que, no primeiro caso, teremos um estudioso

165. Certeza do direito e determinismo artificial, ver nº 22.

166. J. Haesaert, *Théorie Générale du Droit*, Bruxelles, 1948, p. 405.

167. E. Betti, *Teoría Generale della Interpretazione*, vol. II, Milano, 1955, p. 813.

da Ciência das Finanças e, no segundo caso, o contribuinte. É evidente que esta dupla angulação do problema deverá necessariamente provocar na *atitude mental*, daquele mesmo indivíduo, reflexos condicionados totalmente *diferentes*. A confusão num só dos dois ângulos, provocará naquele mesmo indivíduo uma reação anômala, uma conduta errada: ou teremos um estudioso da Ciência das Finanças Públicas agindo e reagindo ante a lei científica (diretriz ou princípio financeiro econômico) como se fosse um contribuinte; ou teremos um contribuinte, agindo e reagindo ante a lei tributária (regra jurídica) como se fosse um cientista.

Em conclusão:

a) A finalidade do Direito não é atingir a verdade (a realidade: o *ser*); a busca da verdade (da realidade do *ser*) é o objeto das ciências.[168]

b) A Ciência faz a colheita e a análise dos fatos (do *ser*) metafísicos, físicos, biológicos, psicológicos,[169] econômicos, financeiros, sociais, morais,[170] e inclusive dos fatos jurídicos.[171]

---

168. Rubens Gomes de Sousa, *Curso de Direito Financeiro*, Rio de Janeiro, 1958 (obra coletiva publicada pelo "Instituto Brasileiro de Direito Financeiro"), p. 58. E. Betti, *Teoría Generale della Interpretazione*, vol. II, Milano, 1955, p. 817; N. Bobbio, *Studi sulla Teoría Generale del Diritto*, Torino, 1955, pp. 50 e 47, *in fine*; J. Haesaert, *Théorie Générale du Droit*, Bruxelles, 1948, p. 407; J. Dabin, *La Techniaue de l'Elaboration du Droit Positif*, Bruxelles, 1935, pp. 16-17; Giorgio Del Vecchio, *Philosophie du Droit*, Paris, 1953, pp. 262 e 285; P. Roubier, *Théorie Générale du Droit*, 2ª ed., Paris, 1951, p. 192 e ss.

169. Sobre a importante contribuição da psicologia para o estudo do fenômeno jurídico, ver ns. 13-15.

Sobre a crescente importância dos estudos psicológicos para a política fiscal, vide os interessantes estudos de L. Mehl, *Science et Technique Fiscales*, vol. I, Paris, 1959, pp. 333-42; M. Lauré, *Traité de Politique Fiscale*, Paris, 1956, p. 281 e ss.

170. A moral e o Direito Natural são também ciências *pré-jurídicas* e não oferecem ao Direito Positivo nenhuma regra jurídica pré-fabricada; ver nº 24.

171. A existência do fato jurídico é uma *realidade* objetiva como a existência do fato físico; ver nº 82.

c) Com o auxílio destes fatos (colhidos e analisados pelas ciências, inclusive pela Ciência jurídica)[172] ou *contra* estes fatos o Estado *age*,[173] construindo um *instrumento*: o Direito (a regra jurídica: *dever ser*).[174]

18. Crítica aos críticos da teoria normativa do Direito (Kelsen)

Viu-se que a experiência jurídica é uma experiência normativa: o Direito é formado por regras jurídicas e estas consistem em regras de conduta (normas) com aquela estrutura lógica e atuação dinâmica já indicadas.[175] Ora, quando se fala na "normatividade" do Direito, imediatamente se pensa em KELSEN, pois o progresso da teoria normativa do Direito muito deve a este jurista. E como é costume envolver KELSEN num halo de desconfiança, cumpre desde logo advertir que a teoria jurídica normativa de KELSEN não é aquilo que o leitor está pensando ("vazio e árido formalismo"), nem aquilo que ele tem ouvido da maioria dos críticos de KELSEN.

Hoje, a melhor e a maior parte dos juristas professa a teoria normativa do Direito,[176] e o curioso é que a maioria dos juristas o faz sem disto se dar conta e até mesmo sem ter lido KELSEN[177] ou, então (o que é ainda mais curioso), KELSEN é

---

172. Existência da Ciência Jurídica, ver nº 16.

173. Toda a Ciência Social (ex.: Economia Política, Ciência das Finanças) propõe, ainda que inconscientemente, uma ação política; as ciências sociais trabalham na análise dos "dados" políticos, com o *auxílio* dos quais ou *contra* os quais o Estado age; in E. Weil, *Philosophie Politique*, Paris, 1956, p. 13. Fernando Sáinz de Bujanda, *Hacienda y Derecho*, vol. II, Madrid, 1962, "En torno a la naturaleza de la actividad financiera", pp. 5-24; "Derecho Financiero y Política Fiscal", pp. 27-44.

174. Para uma visão global e resumida, ver nº 81. Para o exame da natureza instrumental do Direito, ver nº 19.

175. Ver ns. 16-17.

176. N. Bobbio, *Teoria della Scienza Giuridica*, Torino, 1950, pp. 142-43, 146-47, e *Studi sulla Teoría Generali del Diritto*, Torino, 1955, "Introduzione", p. V.

aceito implicitamente por aqueles que se esforçam para não o aceitarem, como F. Carnelutti, e por aqueles que o criticam de um modo radical e áspero, como J. Haesaert.[178]

E isto acontece – adverte N. Bobbio – porque os juristas se avizinham de Kelsen com preconceitos e desconfianças, ora pondo-o de parte, após um exame superficial, como um autor prejudicial, ora hostilizando-o com acridez e muita retórica. Por isto, para dissipar suspeitas, para eliminar incompreensões preconcebidas, para restabelecer a escala de valores subvertida, para contrapor o muito que ainda é vivo ao que está morto, nada melhor que "una onesta e franca rilettura" da obra de Kelsen, especialmente sua *Teoría General del Derecho y del Estado*.[179]

Depois de fazer uma cuidadosa e penetrante "crítica aos críticos" de Kelsen, mostra N. Bobbio que, embora a obra de Kelsen contenha vários erros e seja passível de crítica, a maior parte da crítica é fruto de confusão mental.[180] Diante da obra de Kelsen – conclui N. Bobbio – a atitude do crítico que tenha interesse no progresso da Ciência e da Arte do Direito, não é a de buscar apoio para o triunfo das próprias ideias e ideologias, mas o crítico deve, antes de tudo, compreender a obra de Kelsen

177. Como agudamente observou Michel Villey, *Leçons d'Histoire de la Philosophie du Droit*, Paris, 1957, p. 337.

178. "Contudo, entre o esforço de Carnelutti e aquele da escola normativa, é de ficar estupefato que o jurista italiano não se tenha avizinhado dela com maior confiança, ou pelo menos sem aquela antipatia preconcebida que torna impossível a compreensão e o recíproco auxílio" (N. Bobbio, *Studi sulla Teoría Generale del Diritto*, Torino, 1955, p. 22).

"Também Haesaert é, neste sentido, embora a seu modo, talvez sem o querer, um normativista..." (N. Bobbio, op. cit., pp. 132 nº 5, 133, 134; também p. 131).

179. Idem, ibidem, pp. 76-77. A citada obra de Kelsen é de 1944 (Berkeley) e nela o autor dá uma nova formulação às suas anteriores ideias; a ed. referida é a 2ª ed. da tradução espanhola, México, 1958.

180. Idem, ibidem, pp. 20-25, pp. 75-107, ver, também, no mesmo livro, "Introduzione", pp. V-VIII.

e, depois, libertá-la das confusões e erros que também ali existem; porém não gritar e escandalizar-se a cada momento. O crítico deve continuar a obra de purificação do Direito iniciada por KELSEN, prosseguindo no trabalho de esclarecimentos dos conceitos fundamentais e de identificação, diferenciação e solução dos problemas, sem o que a república universal da Ciência do Direito converter-se-á numa sociedade anárquica de tiranetes prepotentes e facciosos, cada um dos quais predica e impõe a três ou quatro discípulos as próprias e pequenas descobertas.[181]

Incrivelmente difícil é convencer o jurista adepto de um determinado método de trabalho, que os outros juristas, adeptos de outros métodos, não são inimigos que se devam exterminar, mas quase sempre aliados com os quais seria muito vantajoso procurar um ajuste para reciprocamente se auxiliarem.[182]

19. Direito é instrumento

O Direito é uma realidade, mas não metafísica que existiria em si e por si. A finalidade do Direito não é atingir a realidade ou alcançar a verdade. A procura da realidade ou da verdade é o objeto das ciências. A Ciência faz a *colheita* e a *análise* dos fatos metafísicos, físicos, biológicos, psicológicos, econômicos, financeiros, sociais, morais e inclusive fatos jurídicos. Com o *auxílio* destes fatos (colhidos e analisados pelas ciências) ou *contra* estes fatos o Estado *age*.[183]

Por que age o Estado?

O Estado age para obter, manter e desenvolver o bem comum (autêntico ou falso) e o *conteúdo* deste depende da *filosofia* moral e social adotada por cada Estado. Em síntese:

---

181. Idem, ibidem, p. 106.

182. Idem, ibidem, p. 131.

183. Ver ns. 17, 22.

a *resposta* a esta pergunta cabe à Ciência Política e o *valor* da resposta será medido pela Filosofia do Direito. O problema desta resposta e do seu valor estão completamente *fora* do campo da Teoria Geral do Direito.[184]

Com o que age o Estado?

O Estado age com um *instrumento:* o Direito (a regra jurídica); a natureza essencial do Direito é a natureza *instrumental.*[185]

A natureza essencial do Direito – não está nos comandos e proibições – mas está no *instrumento* que atua mediante *regras de conduta* (regras jurídicas), segundo as quais o fazer ou o não fazer do homem deve sujeitar-se.[186]

---

184. Ver ns. 6, 25.

185. Todos os autores, a seguir indicados, concordam em que o Direito tem natureza *instrumental*: Rubens Gomes de Sousa, *Revista Forense*, vol. 165, Rio de Janeiro de Janeiro, 1956, pp. 401, 402 e também no *Curso de Direito Financeiro*, Rio de Janeiro, 1958, p. 58; Pontes de Miranda, *Tratado de Direito Privado*, vol. I, Rio de Janeiro, 1954, § 3º, nº 1; F. Sáinz de Bujanda, *Revista de Derecho Financiero y de Hacienda Pública*, Madrid, 1958, nº 29, pp. 242, 250, 258, 260; e também em sua *Hacienda y Derecho*, vol. II, Madrid, 1962, p. 141 e ss.; A. Marchal, "Les rapports du droit et de l'économie politique", na obra coletiva *Introduction à l'Etude du Droit*, vol. II, Paris, 1953, pp. 232, 234, 235; N. Bobbio, *Teoria della Norma Giuridica*, Torino, 1958, pp. 3-70; J. Dabin, *Théorie Générale du Droit*, 2ª ed., Bruxelles, 1953, ns. 131 e 132; *La Technique de l'Elaboration du Droit Positif*, Bruxelles, 1935, pp. 16-17; *L'Etat ou le Politique*, Paris, 1957, nº 81; G. Burdeau, *Traité de Science Politique*, vol. I, Paris, 1949, nº 116, pp. 139-41; E. Betti, *Teoría Generale della Interpretazione*, vol. II, Milano, 1955, p. 817; F. Carnelutti, *Teoría General del Derecho*, Madrid, 1955 (trad. da 3ª ed. italiana, Roma, 1951), nº 9, p. 38 combinado com nº 2, p. 27; R. Savatier. *Le Droit Privé Français au Milieu du XXº Siècle*, vol. I, Paris, 1950, pp. 75-92, especialmente pp. 82-84; J. Haesaert, *Théorie Générale du Droit*, Bruxelles, 1948, p. 195, ns. I e II; p. 454 combinado com pp. 154, 403-407; E. Weil, *Philosophie Politique*, Paris, 1956, pp. 82-85; Kelsen, *Teoría General del Derecho y del Estado,* 2ª ed. da tradução, México, 1958 (ed. original Berkeley, 1944), pp. 17, 22.

186. Rubens Gomes de Sousa, *Curso de Direito Financeiro*, Rio de Janeiro, 1958 (obra coletiva publicada pelo "Instituto Brasileiro de Direito Financeiro"), p. 58.

O Direito apenas fornece, elucida RUBENS GOMES DE SOUSA, "mecanismos práticos de atuação a uma *conclusão predeterminada* e não atingida por ele próprio, mas recebida de uma das outras ciências sociais, que são todas, por definição, pré-jurídicas; por exemplo, a Sociologia, a Finanças, a Economia.

Em primeiro lugar, é preciso determinar o que se quer fazer, definir o resultado que se pretende obter. Este é o trabalho próprio da política, no seu sentido pleno de arte de governar, inspirada pela Economia, pela Ciência das Finanças, pela Sociologia e pela observação dos fatos que podem, ou que devem, influenciar a orientação governamental, até mesmo sob o aspecto ético. Só depois de definido o objetivo da ação é que se procuram os meios para conseguir esse resultado. E a função do Direito é, simplesmente, a de fornecer aqueles *meios de atuação* para obtenção de um resultado predeterminado que não é, *por si mesmo*, jurídico".[187]

Depois de investigar e analisar experiências sociais, o homem concebeu construir este *instrumento* de ação social: a regra jurídica.[188]

A regra jurídica é a utilização da linguagem (oral ou escrita) como estimulante (excitante) condicionador que provoca, na *atitude mental* do homem, um *reflexo condicionado* à incidência daquela regra jurídica sobre sua hipótese de incidência.[189]

A concepção imperativa do Direito (que vê a sua natureza essencial nos comandos e nas proibições) está hoje, decisivamente, em declínio, como observou N. Bobbio, *Studi sulla Teoría Generale del Diritto*, Torino, 1955, p. 2; para a crítica desta concepção imperativa (comandos e proibições) do Direito, ver sua *Teoria della Norma Giuridica*, Torino, 1958, pp. 123-76, e para a demonstração de que a regra jurídica é essencialmente regra de conduta, ver pp. 3-34.

187. Rubens Gomes de Sousa, *Curso de Direito Financeiro*, Rio de Janeiro, 1958 (obra coletiva publicada pelo "Instituto Brasileiro de Direito Financeiro"), p. 58. No mesmo sentido, J. Haesaert, *Théorie Générale du Droit*, Bruxelles, 1948, pp. 114-16.

188. Ver ns. 16, 81.

189. Ver ns. 13-15.

Dissecada em sua *estrutura lógica,* a regra jurídica se decompõe em duas partes:

a) a *hipótese de incidência* ("fato gerador", suporte factício, "fattispecie", "Tatbestand");

b) *a regra* (a norma, a regra de conduta, o preceito).

Filmada a regra jurídica em sua *atuação dinâmica*, verifica-se que acontece o seguinte:

a) *realização* da hipótese de incidência; isto é, a hipótese deixa de ser hipótese porque se realizou pelo acontecimento de todos os fatos nela previstos;

b) *incidência* da regra jurídica sobre a hipótese de incidência *realizada*;

c) *juridicização* da hipótese de incidência (em virtude da incidência a hipótese de incidência se juridiciza);

d) *irradiação da eficácia jurídica* (dos efeitos jurídicos ou consequências jurídicas da incidência);

   da) *irradiação da relação jurídica,* vinculando o polo positivo (sujeito ativo) ao polo negativo (sujeito passivo);

   db) *irradiação do conteúdo* jurídico da relação jurídica: direito à prestação e correlativo *dever* de prestá-la; *pretensão* à prestação e correlativa *obrigação* de prestá-la, *coação* e correlativa *sujeição.*

É importante observar que, muitas vezes, a hipótese de incidência já é um fato jurídico com sua respectiva relação jurídica (ex.: contrato locação) e a incidência de uma *segunda* regra jurídica (cuja hipótese de incidência é aquele fato jurídico) desencadeia a irradiação de mais *outra* relação jurídica (ex.: tributária).

Outras vezes, a incidência de segunda regra jurídica (cuja hipótese de incidência já é fato jurídico) não irradia nova relação jurídica, mas, conservando a relação jurídica anterior, produz *alterações* no conteúdo jurídico desta relação jurídica preexistente (acrescenta ou reduz efeitos jurídicos).

Fixados os dois elementos da estrutura lógica da regra jurídica e tendo presente a atuação dinâmica da regra jurídica, compreende-se, com exatidão científica, porque a *atitude mental jurídica* é um reflexo condicionado à incidência da regra jurídica sobre sua hipótese de incidência.

Estimulante (ou excitante) condicionador: a regra jurídica.

Reflexo condicionado: a atitude mental do sujeito passivo (e a do sujeito ativo) em se sujeitar à eficácia (efeitos) jurídica resultante da incidência da regra jurídica sobre sua hipótese de incidência.[190]

Com que matéria-prima o legislador elabora a hipótese de incidência e predetermina a regra de conduta?

O legislador constrói o instrumento utilizando como matéria-prima os "dados" fornecidos pelas ciências e tendo presente um determinado objetivo escolhido pelo Estado (não pelo jurista).[191]

Noutra parte deste livro, é feito o desenvolvimento da estrutura lógica da regra jurídica e de sua atuação dinâmica, principalmente sob o ângulo do Direito Tributário.[192]

20. Construir o Direito é Arte – sua interpretação é Ciência

O Direito (regra jurídica) tem natureza essencialmente instrumental.[193] A atividade jurídica que estuda a consistência e a atuação deste instrumento é atividade científica; noutras palavras, o estudo da estrutura lógica e da atuação dinâmica da regra jurídica é Ciência.[194] Porém, o construir este

190. Ver ns. 13-15.

191. Ver nº 6.

192. Ver ns. 81-126.

193. Ver nº 19.

194. Ver nº 16.

instrumento é atividade *artística*. Em síntese, a criação da regra jurídica é *Arte*, sua interpretação, *Ciência*.

Alguns atribuem natureza artística à atividade criadora do Direito; entretanto incorrem no equívoco de qualificar como arte também a interpretação jurídica.[195] Por sua vez, outros preferem qualificar de científica (ou técnica) não somente a interpretação jurídica, mas também a própria criação da regra jurídica.[196]

"De plus en plus, en nos temps de réalisme et de 'rationalisation', l' expression de 'technique juridique' revient sous la plume des juristes. Mais, comme il arrive souvent pour le concepts fondamentaux de méthodologie juridique, la notion reste indécise, non seulement chez les auteurs que l'utilisent en passant, mais même parfois chez ceux qui ont entrepris d'en faire la théorie. Tout le monde se rend compte, sans doute, que la notion de 'technique' évoque les idées de spécialité et de métier, de procédé et d'artífice. Mais ce qu'il faudrait savoir, c'est en quoi consiste le métier propre du juriste et de quel côté, au jus te, réside l'artífice dans le droit. Or, à cet égard, les avis (ou les points de vue) sont loins de concorder."[197]

Ciência é a interpretação do Direito – a interpretação jurídica é *Ciência* porque o órgão de função judiciária nada cria e nem "aplica" a lei. O órgão judiciário, apenas:

a) analisa a estrutura lógica (regra e hipótese de incidência) da regra jurídica;

195. F. Carnelutti, *Enciclopedia del Diritto*, vol. III, Milano, 1958, pp. 130-31; P. Roubier, *Théorie Générale du Droit Positif*, 2ª ed., Paris, 1951, pp. 192-93, 196-98; J. Dabin, *La Technique de l'Elaboration du Droit*, Bruxelles, 1935, pp. 1-2, combinado com pp. 27-28, 39, 40, 57 e com *Théorie Générale du Droit*, 2ª ed., Bruxelles, 1953, ns. 99.192 e 134, nota 2ª.

196. Aster Rotondi, *Introduzione alla Tecnica Tributaria*, Padova, 1957, pp. 8-10, 16-18.

197. J. Dabin, *La Technique de l'Elaboration du Droit Positif*, Bruxelles, 1935, pp. 1-2.

b) investiga os fatos acontecidos a fim de saber se houve (ou não) a realização da hipótese de incidência;

c) constata a incidência infalível (automática) da regra jurídica sobre sua hipótese de incidência realizada;

d) constata e analisa as consequências (os efeitos jurídicos) daquela incidência;

e) constata se houve (ou não) respeitabilidade àqueles efeitos jurídicos.

Tanto a incidência da regra jurídica quanto a irradiação dos efeitos jurídicos independem da atividade do órgão judiciário; o que pode depender desta atividade é a *respeitabilidade* aos efeitos jurídicos.

Se, depois desta atividade científica de constatação de fenômenos jurídicos, o sujeito passivo (ou ativo) da relação jurídica continua a ignorar ou a não se sujeitar aos efeitos jurídicos constatados pelo órgão de função judiciária, então, intervém o órgão de função executiva, agindo física e psicologicamente, para obter a sujeição aos efeitos jurídicos, mediante o exercício da coação.[198]

Quando, excepcionalmente, o órgão judiciário exerce atividade artística (ex.: empregando a analogia na interpretação da lei), ele não está interpretando a lei, mas criando regra jurídica nova; portanto, naquele momento é um verdadeiro órgão de função *legislativa*.[199]

Arte é a *criação do Direito* – atribuir à atividade *criadora* do Direito a natureza de Ciência ou técnica (e não a de Arte), é fruto da injustificada restrição do conceito de Arte (situando-a exclusivamente dentro dos limites das Belas Artes) e também

---

198. Para se compreender porque a atividade judiciária é científica (não cria e nem aplica a regra jurídica), cumpre conhecer a fenomenologia da *incidência* da regra jurídica; ver nossos ns. 84-85.

199. Ver nº 37.

do errôneo pressuposto que vê no *útil* uma finalidade extrínseca e acessória ao finalismo da atividade artística.[200]

É interessante notar que – conforme demonstra JACQUES MARITAIN – a poesia e a beleza não são objetivos exclusivos e próprios das Belas Artes, mas uma propriedade (modo de ser) de *toda* a obra de Arte no seu sentido amplo e *genuíno*.[201]

Com muita agudez, lembra JACQUES MARITAIN que somente "en los períodos de *perversión* (academicistas), el arte y el artista buscaban la *belleza* como si tratara de una cosa que había de ser producida. En las épocas de genuino florecimiento, arte y artista, con plena conciencia y deliberadamente, buscaban la belleza como algo infinito que habia de *reflejarse* en la obra o algo infinito de lo que se participaba en ella".[202]

Só ultimamente, começaram os estudiosos a analisar a atividade jurídica, como atividade essencialmente artística.[203]

A importância fundamental e decisiva desta nova visão (que vê na atividade criadora do Direito uma genuína Arte) para a evolução e aperfeiçoamento do Direito, percebe-se, com toda clareza, tendo-se presente que no tocante ao "desarrollo natural de sus pontecialidades, el arte no se inicia en plena libertad y buscando la belleza por la belleza misma, sino que comienza Produciendo Instrumentos Útiles para la vida del hombre; canoas, vasos, flechas, lazos o pinturas murales *destinadas a someter*, en virtud del poder de sus signos, mágicos o no, lo que circundaba al hombre *al dominio de éste*. El arte

---

200. Esta dupla *causa* do equívoco foi acertadamente diagnosticada por F. Carnelutti, in *Enciclopédia del Diritto*, vol. III, Milano, 1958, p. 130; porém este autor erra quando considera artística a atividade *interpretativa* do órgão judiciário.

201. Jacques Maritain, *La Poesía y el Arte*, trad. esp., Buenos Aires, 1955 (original inglês: *Creative lntuition* in *Art and Poetry*), pp. 211-12 (Cap. V, nº 7), combinado com pp. 61-85 (todo o Cap. II) (grifou-se).

202. Jacques Maritain, op. cit., p. 213 (Cap. V, nº 7) (grifou-se).

203. F. Carnelutti, *Enciclopedia del Diritto*, vol. III, Milano, 1958, p. 130; onde se declara um dos pioneiros neste sentido.

no puede olvidar sus orígenes. Es en las artes útiles donde podemos descubrir los caracteres más típicos y evidentes del arte en cuanto arte y su signifícación más universal en cuanto actividad originaria o radical del gênero humano".[204]

"Autant dans son fond que dans sa forme, le droit positif prend l'aspect d'une oeuvre construite par le génie humain en vue de collaborer, de la maniere la plus utile, la plus efficace et la plus économique, au maintien et au progres de la vie sociale."[205]

"Quand il s' agit de l' élaborer ('de lege ferenda') et, par après, quand il s'agit de l'interpréter et de l'appliquer aux espèces concretes (aqui J. Dabin se equivocou ao qualificar de arte também a interpretação e a 'aplicação' da regra jurídica; como já se viu, o órgão judiciário não 'aplica' a lei e a sua interpretação é Ciência), *te droit est un art*, non pas même 'l'ars boni et aequi' de Celse et d'Ulpien – cette définition ne convient qu'a l'art humain de la morale – mais un art pius *immédiatement utilitaire* rentrant dans la catégorie spéciale, professionnelle, technique, des arts sociaux et politiques. La règle de droit n'existe nulle part à l'état de donnée; par tout et toujours elle est 'fabriquée' par l'homme".[206]

21. Praticabilidade do Direito

Como já se viu, o Direito Positivo é um instrumento; construí-lo é Arte; estudar a consistência e a atuação deste

---

204. Jacques Maritain, *La Poesía y el Arte*, trad. esp., Buenos Aires, 1955 (original inglês: *Creative lntuition in Art and Poetry*), pp. 62 e 61 (Cap. 11, nº 1) (grifou-se). Para melhor compreensão do assunto, vide na indicada obra, o luminoso capítulo II: "El Arte como una virtud del intelecto práctico", pp. 61-85.

205. J. Dabin, *La Technique de l'Elaboration du Droit Positif*, Bruxelles, 1935, p. 23.

206. J. Dabin, *La Technique de l'Elaboration du Droit Positif*, Bruxelles, 1935, pp. 27-28 (grifou sc).

instrumento é Ciência.[207] Ora, "aun en las artes útiles los preceptos non son fórmulas ya hechas, enseñadas por profesores en escuelas y museos, sino modos vitales de operar, descubiertos por ojos creadores del intelecto en su labor misma de invención. Cierto es que una vez descubiertos tienden tales preceptos a convertirse en fórmulas que luego, empero, llegan a ser tanto obstáculos, como ayudas en la vida del arte".

"Otra verdad fundamental es la que por refinadas e ingeniosas que sean las regras descubiertas por el artífice, la *obrigación primaria* de éste sigue siendo siempre subordinarse al precepto primario, esto es, *a la satisfación de ia necesidad* hacia la cual, desde el comienzo mismo, tiende fundamentalmente su voluntad".[208]

A necessidade que deve ser satisfeita é um determinado objetivo escolhido pelo Estado;[209] o *instrumento* criado pelo artífice humano para satisfazer esta necessidade é a regra jurídica.[210]

Por isto, "indépendamment d'un contenu quelconque, c'est parce qu'il est *règle de discipline sociale* que le droit doit être praticable et, par conséquent, *construit en vue de cette praticabilité*".[211]

O Direito Positivo não é uma realidade metafísica existindo em si e por si; a regra jurídica não é um fim em si mesma, mas um *instrumento de convivência social*.[212]

Todo o esforço do legislador consiste precisamente em criar este instrumento de ação social, *moldando* (transfigurando

207. Ver nº 20.

208. Jacques Maritain, *La Poesía y el Arte*, trad. esp., Buenos Aires, 1955 (original inglês: *Creative Intuition in Art and Poetry*), pp. 71-72 (Cap. II, nº 6) (grifou-se).

209. Ver nº 6.

210. Ver nº 19.

211. J. Dabin, *Théorie Générale du Droit*, 2ª ed., Bruxelles, 1953, nº 167 (grifou-se).

212. Ver nº 19.

e deformando) a matéria-prima ("dados" e diretrizes), oferecida pelas ciências (inclusive pela Ciência Jurídica), ao melhor rendimento humano,[213] *porquanto a regra jurídica somente existe (com natureza jurídica) na medida de sua praticabilidade.*[214]

Os chamados "princípios constitucionais programáticos", que a doutrina reconhece não terem natureza jurídica, são exemplos de ausência de juridicidade por *impraticabilidade.*[215]

O Direito Positivo não se mantém em estado de "ideal descarnado", pois o Direito Positivo só existe referindo-se à realidade social.[216] A regra jurídica nasce na oportunidade de conflitos e situações sociais em que o Estado quer intervir. A regra jurídica deve ser construída não para um mundo ideal, mas para agir sobre a *realidade* social.[217] Não se pode conceber

---

213. R. Salvatier, in *Le Droit Privé Français au Milieu du XX° Siècle,* vol. I, Paris, 1950, p. 84; J. Dabin, *Théorie Générale du Droit,* 2ª ed., Bruxelles, 1953, nº 167; P. Roubier, *Théorie Générale du Droit,* 2ª ed., Paris, 1951, pp. 192-99 e 203 e ss. Em sentido análogo, e fazendo o estudo precisamente sob o ângulo do Direito Tributário, F. Carnelutti, "Introduzione allo Studio dei Diritto Processuale Tributario", *Rivista di Diritto Processuale Civile,* 1932, p. 107.

Sobre a necessidade da especialização no Direito, ver nosso nº 9.

214. J. Haesaert, *Théorie Générale du Droit,* Bruxelles, 1948, pp. 407, 462; J. Dabin, *Théorie Générale du Droit,* 2ª ed., Bruxelles, 1953, nº 24.

Conforme São Tomás de Aquino, o Direito deve ser "aplicável" do mesmo modo que uma obra teatral deve ser "representável" ou uma peça musical "executável", *apud* J. Dabin, op. cit., nº 167, nota 1.

O Direito – diz Kelsen – é o Direito real e possível, não o Direito ideal e perfeito; in *Teoría General del Derecho y del Estado,* 2ª ed. da tradução, México, 1958 (ed. original Berkeley, 1944), pp. 15 *in fine* e 16; também ver pp. 13-15.

Sobre a humanidade do direito que deve ser adaptado ao homem médio, ver H. *Coing, Grundzüge del Rechtsphilosophie,* Berlin, 1950, pp. 172-73, apud J. Dabin, *Théorie Générale du Droit,* 2ª ed., Bruxelles, 1953, nº 24, nota 3ª.

215. Giorgio Del Vecchio, *Philosophie du Droit,* Paris, 1953, p. 285 e nota 1ª; J. Dabin, *Théorie Générale du Droit,* 2ª ed., Bruxelles, 1953, nº 47; E. Betti, *Teoría Generale della lnterpretazione,* vol. II, Milano, 1955, pp. 847-48 e *Interpretazione della Legge e degli Atti Giuridici,* Milano, 1949, pp. 208-9.

216. J. Dabin, *Théorie Générale du Droit,* 2ª ed., Bruxelles, 1953, nº 167.

217. J. Haesaert, *Théorie Générale du Droit,* Bruxelles, 1948, pp. 406-7.

outro Direito Positivo a não ser aquele destinado para este mundo onde nós vivemos.[218]

Se for desejado e concebido um Direito Positivo para um mundo imaginário ideal, o resultado será – é verdade – um Direito Positivo do outro mundo, mas também será para aquele outro mundo.

O Direito Positivo foi elaborado para este mundo habitado pelo Homem, o qual se "n'est pas le loup qu'Hobbes avait vu en lui, il n'est pas aussi bon que d'autres l'ont supposé".[219]

"La paix est, peut-être, l'état de choses dans lequel l'hostilité naturelle des hommes entre eux se manifeste par des créations, au lieu de se traduire par destructions comme fait la guerre."[220]

Esta visão do Direito Positivo não resulta da maldade ou deficiência dos legisladores; foi a maldade e deficiência dos homens que tornou necessário criar o Direito Positivo.[221] O esquecimento deste simples fato conduz a erros teóricos e práticos muito graves.[222]

---

218. Idem, ibidem, p. 89; J. G. Añoveros, "Desarrollo económico y ordenamiento jurídico", *Revista de Derecho Financiero y de Hacienda Pública*, vol. XI, Madrid, dezembro 1961, nº 44, pp. 1.232-33.

"El dualismo", diz Kelsen, "entre este mundo y el otro, resultado de la imperfección del hombre, desaparecería. Lo ideal sería lo real. Si se pudiera conocer el orden absolutamente justo cuya existencia es afirmada por la doctrina del derecho natural, el derecho positivo resultaria superfluo, es más, no tendria ningún sentido"; in *Teoría General del Derecho y del Estado*, 2ª ed. da tradução, México, 1958 (ed. original Berkeley, 1944), pp. 14-15.

219. P. Esmein, "Le régime d'Etat de Droit", in *Introduction à l'Etude du Droit*, vol. I, Paris, 1951, p. 155.

220. Paul Valery, carta publicada em abril de 1919 pelo *Atheneoeum* de Londres, *Variété*, vol. I, Gallimiard, 1953, vol. I, p. 21.

221. E. Weil, *Philosophie Politique*, Paris, 1956, p. 83; F. Carnelutti, *Teoría General del Derecho*, Madrid, 1955 (trad. da 3ª ed. italiana, Roma, 1951), nº 9 *in fine*.

222. E. Weil, op. cit., p. 83.

Com efeito, deste esquecimento resultará um Direito Positivo destinado exclusivamente a uma sociedade formada por indivíduos santos e geniais ou onde, ao menos aqueles incumbidos de interpretá-lo e defender sua eficácia, reúnam estas duas virtudes integrais.

Ora, quando os homens, em sua maioria, forem geniais e santos, todo o Direito Positivo não terá mais razão de existir.[223]

Por isto, esta Teoria Geral do Direito Tributário não se destina àqueles raros e privilegiados indivíduos que já atingiram o grau de santidade e genialidade, mas ao homem que – como nós mesmos – ainda participa das servidões e grandezas da condição humana.

22. Certeza imposta pelo Direito e determinismo artificial

O verdadeiro sentido da expressão *Ex facto oritur jus* não é o de que o Direito Positivo deva subordinar-se aos fatos, mas o de que estes fatos podem e devem exercer uma influência sobre a decisão a adotar pelo *legislador.* O Direito Positivo é o *instrumento para dominar e reger* os fatos constitutivos do ambiente social – forças, ideais, interesses e necessidades sempre em movimento e frequentemente antagônicas –, por isto o legislador, antes de tomar uma decisão a respeito deles, deverá esforçar-se para compreendê-los e para tal é imprescindível a *Ciência* e a *experiência* do meio social considerado.[224] A propósito, é interessante lembrar que o Direito Positivo divorciado da verdade não morre; frequentemente este divórcio é a única possibilidade de sobrevivência do Direito: *a ficção,* a qual constitui um dos mais característicos processos do conceitualismo jurídico.[225]

---

223. Em sentido análogo, compare-se F. Carnelutti, op. cit., nº 9 *in fine*; E. Weil, op. cit., pp. 82-83; Kelsen, *Teoría General del Derecho y del Estado*, 2ª ed. da trad., México, 1958 (ed. original Berkeley, 1944), p. 14, *in fine* e 15.

224. J. Dabin, *Théorie Générale du Droit,* 2ª ed., Bruxelles, 1953, ns. 126, 128.

225. J. Dabin, *La Technique de l'Elaboration du Droit Positif*, Bruxelles, 1935, pp. 231-34 e, principalmente, pp. 275-345. Ver também nosso nº 135.

Seria obra vã e supérflua criar regra jurídica visando a confirmação dos fenômenos *naturais* e *espontâneos*. A lei *natural* (científica) traduz, por si, um determinismo *real*; enquanto que a lei *jurídica* impõe um determinismo *artificial*.[226]

Sob o ângulo do Direito Positivo, todo o indivíduo é um violento, ou melhor, possui uma *violência virtual* que – não importa quando – pode tornar-se atual; é esta violência virtual que torna necessária a regra jurídica.[227] A regra jurídica existe para modificar o curso espontâneo dos atos humanos, de modo que *toda a regra jurídica supõe uma tensão ou, ao menos, a possibilidade de uma tensão* entre a conduta que ela impõe e a realidade social.[228]

Dentro da sociedade, os indivíduos vivem em permanente competição de interesses (a rigor, o indivíduo desinteressado seria perigoso para a sociedade); porém, o indivíduo não deverá empregar a força e a violência natural para lutar contra seus competidores. O comportamento do indivíduo deverá ser tal que os *outros* membros da sociedade possam contar com uma certa regularidade no seu modo de agir, nas suas intenções pacíficas e na veracidade de seus assuntos privados e públicos; a *função do Direito Positivo é obter de tais indivíduos um tal comportamento*.[229]

A fim de que a ação de cada indivíduo tenha o seu desenvolvimento *garantido*, é necessário que cada indivíduo saiba (com relação a sua ação e às ações dos outros indivíduos) qual será o seu resultado histórico, ou melhor, *como* será qualificada

226. Distinção entre "lei" científica e lei jurídica, ver nº 17.

227. E. Weil, *Philosophie Politique*, Paris, 1956, p. 83, letra c; em sentido análogo, ver Giorgio Del Vecchio, *Philosophie du Droit*, Paris, 1953, p. 296; F. Carnelutti, *Teoría General del Derecho*, Madrid, 1955 (trad. da 3ª ed. italiana, Roma, 1951), p. 30.

228. J. Haesaert, *Théorie Générale du Droit*, Bruxelles, 1948, p. 404.

229. E. Weil, *Philosophie Politique*, Paris, 1956, p. 83; N. Bobbio, *Teoria della Norma Giuridica*, Torino, 1958, p. 234.

e *como* será incluída na vida *histórica* da sociedade e isto ele obtém graças ao Direito Positivo.[230]

A regra jurídica transforma o determinismo *natural* (espontâneo ou ao arbítrio do indivíduo) dos atos e fatos sociais, em um determinismo *artificial* porque impõe àqueles atos e fatos sociais uma distorção específica e um comportamento cuja estrutura e direção se apresentaram ao legislador como necessárias ao bem comum (autêntico ou falso).[231]

A elaboração do Direito Positivo pressupõe e faz necessária a liberdade para deformar os fenômenos da realidade social e isto decorre da própria lógica do procedimento normativo (criação da regra jurídica que é regra de conduta social). Sem a referida liberdade de deformação, o Direito Positivo não poderia *dominar* a fluida matéria da vida social sobre a qual ele se sobrepõe para disciplinar, nem *adquirir* a necessária transparência e inteligibilidade.[232]

---

230. L. Onâte, *La Certeza del Derecho*, trad. esp., Buenos Aires, 1953, pp. 74-76. No mesmo sentido: Fernando Sáinz de Bujanda, *Hacienda y Derecho*, vol. II, 1962, Madrid, p. 167; R. Savatier, *Les Métamorphoses Economiques et Sociales du Droit Civil d'Aujourd'hui*, 2ª ed., Paris, 1952, p. 14; na 2ª série das *Métamorphoses*, Paris, 1959, dedicada ao "Universalisme renouvelé des disciplines juridiques", p. 72; J. G. Añoveros, "Desarrollo económico y ordenamiento jurídico, *Revista de Derecho Financiero y de Hacienda Pública*, vol. XI, Madrid, dezembro 1961, nº 44, pp. 1.223-26.

231. Haesaert, *Théorie Générale du Droit*, Bruxelles, 1948, pp. 404-5, 453; Pontes de Miranda, *Tratado de Direito Privado*, vol. I, Rio de Janeiro, 1954, § 2º, nº 1, letra *b* e § 6º, nº 3. Em sentido análogo: G. Burdeau, *Traité de Science Politique*, vol. I, Paris, 1949, nº 270, pp. 321-23; Kelsen, *Teoría General del Derecho y del Estado*, 2ª ed. da trad., México, 1958 (ed. original Berkeley, 1944), pp. 53-54.

Muito a propósito das querelas entre a Ciência das Finanças Públicas e o Direito Tributário, diz, acertadamente, B. Cocivera, apoiado em Capograssi, que não é a Economia que domina o Direito Tributário, mas é este que domina àquela, constringindo os fenômenos econômicos a direções diversas daquelas às quais as "leis" econômicas os conduziriam; (B. Cocivera, *Principî di Diritto Tributario*, vol. I, Milano, 1959, p. 13; Capograssi, "Pensieri su economia e diritto", in *Scritti Giuridici in Onore di Santi Romano*, vol. I, Padova, 1940, p. 202).

232. E. Betti, *Teoría Generale della Interpretazione*, vol. II, Milano, 1955, pp. 812-813. Para o exame resumido desta interessante e fundamental

Embora soe paradoxal, este poder de dominação do Direito Positivo é justamente o instrumento da liberdade do homem, pois lhe confere a *certeza* naquelas suas relações sociais porventura disciplinadas por regra jurídica, permitindo-lhe construir sua vida dentro da violenta competição de interesses dos outros indivíduos.[233]

Tendo-se presente o que foi exposto, nota-se o acerto da curiosa observação de J. Haesaert: a relação jurídica é *a priori anormal.*[234]

Conclui-se, portanto, que uma das funções do Direito Positivo é precisamente *conferir certeza à incerteza das relações sociais;* certeza que Aliomar Baleeiro, L. Baudin, N. Bobbio e Kelsen mostram não existir nem nas ciências sociais, nem nas ciências físicas. Estes autores observam que a mais precisa das leis científicas *naturais* nunca será mais que uma extrema probabilidade; e advertem que esta natureza presuntiva não lhes rouba a utilização prática.[235]

---

fenomenologia do Direito Positivo, ver nossos ns. 23, 139 e também R. Savatier, in *Le Droit Privé Français au Milieu du XXº Siècle*, vol. I, Paris, 1950, pp. 75-92.

233. R. Savatier, "L'universalisme renouvelé des disciplines juridiques", *Les Métamorphoses Economiques et Sociales du Droit Privé d'Aujourd'hui*, 2ª série, Paris, 1959, p. 72.

234. J. Haesaert, *Théorie Générale du Droit*, Bruxelles, 1948, pp. 154, 382. Implicitamente no mesmo sentido, F. Carnelutti, *Teoría General del Derecho*, Madrid, 1955 (trad. da 3ª ed. italiana, Roma, 1951), nº 9, p. 38, onde conclui que o Direito Positivo tem a função de um aparelho ortopédico.

235. Aliomar Baleeiro, *Introdução à Ciência das Finanças*, 2ª ed., Rio de Janeiro, 1958, pp. 62-63, e *Cinco aulas de finanças e política fiscal*, São Salvador, 1959, p. 36; L. Baudin, na obra coletiva *Traité d'Economie Politique*, vol. I, Paris, 1951, p. 19 e ss.; A. Marchal, "Les rapports du droit et de l'économie politique", na obra coletiva *Introduction à l'Etude du Droit*, vol. II, Paris, 1953, pp. 202-3. Ver também no mesmo sentido, as interessantes observações de Kelsen, *Teoría General del Derecho y del Estado*, 2ª ed. da trad., México, 1958 (ed. original Berkeley, 1944), pp. 54-55; N. Bobbio, *Teoria della Scienza Giuridica*, Torino, 1950, pp. 14, 209-10.

Demonstrar-se-á que (naqueles sistemas jurídicos cuja Constituição converteu, em regra jurídica constitucional, o princípio da capacidade contributiva) a lei *jurídica* tributária criadora e conceituadora da *hipótese de incidência* (*fato gerador*) *estabelece uma presunção jurídica de capacidade contributiva e seu modo de incidir sobre a hipótese de incidência é idêntico ao da incidência das regras jurídicas que criam presunções* "*'juris et de jure*" (que não admitem prova em contrário), *pois ambas têm idêntica embriogenia jurídica.*[236]

É justamente isto que atribui *praticabilidade* às leis do Direito Tributário Positivo e *certeza* nas relações entre o Estado e o particular.

E esta certeza e praticabilidade são dissolvidas, convertendo-se o Direito Tributário num aparato inútil, quando se adota a teoria de que – também no plano jurídico – a hipótese de incidência (fato gerador) seria sempre um fato econômico e a teoria da interpretação da regra jurídica tributária segundo a realidade econômica do fenômeno social.[237]

23. Criação da regra jurídica e necessidade de formação da matéria-prima ("dados") oferecida pelas ciências (ex: finanças públicas)

Os valores humanos considerados relevantes para o bem comum (autêntico ou falso), relacionados uns com os outros, revelam categorias diferentes, o que obriga o legislador, em cada caso, a proceder a *uma escolha*. Esta escolha seria supérflua se fosse possível dar satisfação ao mesmo tempo e plenamente a todos valores econômicos e morais, espirituais e corporais, individuais e coletivos, especificadamente, políticos e

236. Ver ns. 128-132; 133-140.

237. Análise da hipótese de incidência no Direito Tributário, ver ns. 87-91. Exposição e crítica da doutrina que defende a hermenêutica do Direito Tributário "segundo a realidade econômica do fenômeno social", ver ns. 35 36.

sociais. Porém, na prática, esses valores são com muita frequência antagônicos.[238]

A vida social é complexíssima. O ideal seria adaptar o Direito Positivo a esta matéria diversa, de um tal modo que cada caso de cada espécie poderia encontrar sua solução específica previamente preparada e perfeitamente adequada aos caracteres próprios e únicos do caso individual. Mas não existe autoridade pública, nem mesmo inteligência humana, capaz de prever e de resolver o número infinito de casos gerados pela fecundidade da vida social.[239]

O legislador, dando preferência a um ou outro elemento, não exclui a possibilidade de soluções de equilíbrio, dosando (o *legislador;* não o juiz) o sacrifício segundo as contingências, segundo o tempo e o lugar.[240]

A regra jurídica é o *instrumento* para obter-se a *solução* que o legislador impõe ao problema prático gerado pelo conflito de interesses de diversas categorias, socialmente relevantes, porém de múltiplas categorias.[241]

Seja no organizar funções de interesse social – esclarece Emilio Betti – seja no compor conflitos de interesses de diversas categorias, o legislador parte de uma valoração comparativa dos interesses em jogo, valoração que inspira e determina o critério da correspondente enunciação normativa: a regra jurídica. E visto que a regra jurídica não é a enunciação *narrativa* de um acontecimento, mas *normativa* de um dever-ser, surge a necessidade de descrever, determinar e delimitar, com

238. J. Dabin, *Théorie Générale du Droit*, 2ª ed., Bruxelles, 1953, nº 141; *La Technique de l'Elaboration du Droit Positif*, Bruxelles, 1935, pp. 17-18; G. Burdeau, *Traité de Science Politique*, vol. I, Paris, 1949, ns. 80 e 279.

239. J. Dabin, *La Technique de l'Elaboration du Droit Positif*, Bruxelles, 1935, pp. 104-5.

240. Idem, ibidem, p. 18, nota 2.

241. E. Betti, *Interpretazione della Legge e degli Atti Giuridici*, Milano, 1949, p. 186, § 52; *Teoría Generale della Interpretazione*, vol. II, Milano, 1955, pp. 814, 817-18.

a maior precisão possível, os tipos ou esquemas de situações previstas (hipóteses de incidência, "fattispecie", "fato gerador") e de qualificações ou relações correlativamente dispostas (norma, regra de conduta). Desta fundamental exigência de síntese e inteligibilidade nascem os processos abstrativos e construtivos de conceitos dos quais nenhuma disciplina legislativa pode dispensar. A elaboração do Direito Positivo – conclui EMILIO BETTI – pressupõe e faz necessária uma *liberdade para deformar e transfigurar* os fenômenos da realidade social e isto decorre da própria lógica do procedimento normativo (criação da regra jurídica que é regra de *conduta*). Sem a referida liberdade de deformação e transfiguração do fenômeno da realidade, o Direito Positivo (a regra jurídica) – cuja natureza é essencialmente instrumental – não poderia *dominar* a fluida matéria da vida social sobre a qual ele se sobrepõe, nem adquirir a necessária *transparência* e *intelegibilidade*.[242]

A construção da regra jurídica importará sempre em maior ou menor deformação e transfiguração do fenômeno real, gerando consequentemente uma *tensão* entre a regra jurídica (construído) e a realidade social ("dado").[243] A natureza essencial do Direito Positivo é ser *instrumento*; como instrumento deverá ser *praticável*; sem aquela maior ou menor (conforme o caso) deformação e transfiguração do fenômeno real ("dado"), a regra jurídica ("construído") será impraticável e consequentemente não será regra jurídica. A regra jurídica é o instrumento para resolver um problema *deste mundo* que, num determinado tempo e lugar, salta à frente do legislador, pedindo uma solução mediante um instrumento *praticável*. Toda e qualquer regra jurídica nunca é a simples consagração ou "canonização" de uma diretriz fornecida pelas ciências

---

242. E. Betti, *Teoría Generale della Interpretazione*, vol. II, Milano, 1955, pp. 812-813; R. Savatier, in *Le Droit Privé Français au Milieu du XX° Siècle*, vol. I, Paris, 1950, pp. 75-92, especialmente, pp. 82-83, 91-92.

243. Tensão ou possibilidade de tensão, ver nº 22.

pré-jurídicas, porém é sempre o resultado de uma escolha premeditada, de um equilíbrio e de uma verdadeira *construção*.[244]

A *praticabilidade* e a *certeza* do Direito Positivo[245] exigem que na construção da regra jurídica, seja deformada e transfigurada a matéria-prima (as diretrizes, resultados, etc.) fornecida pelas ciências pré-jurídicas. *E esta deformação e transfiguração é obtida mediante o emprego de múltiplos e interessantíssimos processos que, em seu conjunto, formam a Arte ("técnica") de elaboração do Direito Positivo.*[246]

Na elaboração da regra jurídica, o legislador poderá, com referência ao "dado" (matéria-prima ou diretriz fornecida pelas ciências pré-jurídicas):

a) deformá-lo;

b) contrariá-lo;

c) e, mesmo que na aparência não tenha havido deformação (quando parece consagrar integralmente ou "canonizar" a diretriz oferecida pela Ciência pré-jurídica), ainda, nesta hipótese, há sempre maior ou menor deformação naquela diretriz.

As valorações dos interesses em conflito num problema prático e o critério de preferência que inspiraram a *solução* legislativa (mediante a criação de determinada regra jurídica) *participam da objetividade desta* (da regra jurídica) e não podem ser reexaminados pelo intérprete sob o pretexto de uma melhor

244. J. Dabin, *La Techniqne de l'Elaboration du Droit Positif*, Bruxelles, 1935, pp. 22-24.

245. Ver ns. 21-22.

246. Sobre a natureza genuinamente *artística* da criação do Direito Positivo, ver nº 20. Para uma resumida, porém excelente, completa e atualizada análise da arte de elaboração do Direito Positivo, veja-se J. Dabin, *Théorie Générale du Droit*, 2ª ed., Bruxelles, 1953, ns. 166-198. Para um estudo mais desenvolvido, ver a notável e brilhante obra de J. Dabin, *La Techniqne de l'Elaboration du Droit Positif*, Bruxelles, 1935.

adequação à realidade histórica.[247] Por este motivo, é importantíssimo conhecer-se aquela arte ("técnica") de elaboração do Direito Positivo, pois *sabendo-se qual o processo adotado na construção de determinada regra jurídica*, melhor se capta a sua estrutura lógica: o significado da regra (norma, preceito, regra de conduta) e a composição de sua hipótese de incidência ("fato gerador", suporte fáctico, "fattispecie", "Tatbestand").[248]

Alguns exemplos, no campo do Direito Tributário de deformação e transfiguração da matéria-prima ou diretriz oferecida pelas ciências pré-jurídicas:

a) Deformação, pelo Direito Tributário, do "dado" (matéria-prima ou diretriz) oferecido pela Ciência das Finanças Públicas.

Com muito mais frequência do que se imagina, o legislador, na elaboração do Direito Tributário, despreza o dado *econômico* oferecido pela Ciência das Finanças Públicas e, em substituição do mesmo, toma um fato *jurídico* presuntivo daquele fato *econômico* e sobre este fato jurídico constrói a estrutura lógica da regra jurídica tributária. Desejando tributar determinada operação *econômica*, escolhe um determinado fato *jurídico* (que é um signo *presuntivo* da existência daquela operação econômica) para constituir a *hipótese de incidência* ("fato gerador") da regra jurídica tributária. Em consequência, a regra jurídica somente poderá *incidir* quando realizar-se (acontecer) aquele fato *jurídico* (incidirá mesmo no caso de não se ter realizado o fato *econômico*) e não haverá incidência quando se tiver realizado apenas o fato *econômico*.[249]

---

247. Ver nº 139.

248. Ver nº139.

249. Esta fenomenologia jurídica tributária é melhor compreendida depois de estudadas:

a) estrutura lógica e atuação dinâmica da regra jurídica, ver ns. 81-82.

b) composição da hipótese de incidência ("fato gerador"), ver ns. 87-91.

c) incidência dos tributos sobre o prolongamento da realidade econômica da renda ou do capital, ver ns. 133-134.

b) Contradição, pelo Direito Tributário, do "dado" oferecido pela Ciência das Finanças Públicas.

Outras vezes, em lugar de deformar, o Direito Tributário deliberadamente entra em *contradição* com o dado oferecido pela Ciência das Finanças Públicas. Um exemplo típico é o do *substituto legal tributário.* O dado oferecido pela Ciência das Finanças Públicas mostra que, com toda a probabilidade, determinada pessoa *não* suportará o ônus econômico do tributo. Vem o legislador e, atendendo o critério de *praticabilidade* e *certeza* do Direito Tributário, toma exatamente aquela pessoa (que ele sabe não ser a que suportará o ônus *econômico* do tributo) como *sujeito passivo da relação jurídica tributária*, criando assim o substituto legal tributário.[250]

c) Aceitação, pelo Direito Tributário, do "dado" oferecido pela Ciência das Finanças Públicas, importa sempre em sua deformação.

Sem desconhecer o que pode haver de "finalidade natural" em certas diretrizes da Ciência das Finanças Públicas e demais ciências pré-jurídicas, e as consequências daquelas diretrizes sobre o plano da conduta moral e econômica dos indivíduos, a questão – sempre a mesma – é a de saber se aquela diretriz é transportada integralmente ao plano jurídico, de modo que o Direito Tributário estaria recebendo aquela diretriz, sem deformá-la.[251]

Aquela diretriz, na verdade, será o elemento mais importante entre os que compõem a matéria-prima com a qual o legislador construirá a regra jurídica positiva. Entretanto, o jurista, ante aquela diretriz, tem a liberdade de aceitá-la ou recusá-la. Já esta simples possibilidade de rejeitar aquela diretriz converte a regra jurídica (que, na aparência, aceitou integralmente aquela diretriz) numa construção, porque, ao

250. A gênese jurídica do substituto legal tributário é estudada nos ns. 141-151.

251. J. Dabin, *Théorie Générale du Droit*, 2ª ed., Bruxelles, 1953, nº 128.

receber aquela diretriz – que poderia ter rejeitado – o legislador sai do indeterminado, *cria uma decisão* e, consequentemente, impõe uma *solução predeterminada.*[252]

Esta decisão do legislador é a conclusão de um juízo emitido *sob o duplo ângulo*: *a) critério da oportunidade de política fiscal* e *b) do critério da praticabilidade e certeza do Direito Positivo.* Esta diferença de ângulo de visão necessariamente faz com que – entre o conteúdo da regra jurídica tributária e o conteúdo daquela diretriz da Ciência das Finanças Públicas (ou outra Ciência pré-jurídica) exista sempre uma maior ou menor diferença.[253]

Atribuir pouca importância a esse juízo do legislador e desprezá-lo, por pensar que a regra jurídica tributária positiva estaria, em certos casos, *dada* pela realidade social (ex.: Ciência das Finanças Públicas) *é privar o sistema jurídico de toda existência e de toda a sua especificidade*: *a juridicidade.*[254]

Mesmo no caso de o Direito Tributário ter, aparentemente, aceito e consagrado um princípio (ou conceito ou categoria ou instituto ou diretriz) da Ciência das Finanças Públicas ou de outra Ciência pré-jurídica, todavia e sempre e necessariamente, *houve uma deformação e transfiguração* naquele princípio (ou conceito ou categoria ou instituição ou diretriz) quando entrou no mundo jurídico, passando a ter um conteúdo jurídico que não é e nem pode mais ser aquele conteúdo

---

252. J. Dabin, *Théorie Générale du Droit*, 2ª ed., Bruxelles, 1953, nº 115.

253. Idem, ibidem, nº 119.

Ver também a distinção entre "lei" científica e lei jurídica, em nosso nº 17.

254. J. Dabin, *Théorie Générale du Droit*, 2ª ed., Bruxelles, 1953, nº 128.

No mesmo sentido, ver o brilhante e agudo estudo de R. Savatier, in *Le Droit Privé Français au Milieu du XXº Siècle,* Paris, 1950, vol. I, pp. 75-92, especialmente pp. 82-83 e 91-92.

Ver também "O Fato em rebelião contra o Jurídico", em nossos ns. 26-29.

original e peculiar da Ciência das Finanças Públicas ou de outra Ciência pré-jurídica.[255]

Porém, quando a aceitação pelo Direito Tributário foi de princípio (ou conceito ou categoria ou instituto) de *outro ramo do Direito* (ex.: Direito Civil, Comercial; compra e venda, locação, empreitada, etc.), então (*salvo existindo regra jurídica expressa transfiguradora e deformadora*), o Direito Tributário ao aceitá-lo *não* o deformou e transfigurou. Esta deformação ocorreu em momento bem *anterior*: quando aquele princípio jurídico (ou conceito jurídico, etc.) criou-se (entrou no mundo jurídico) *naquele outro* ramo do Direito.[256]

A seguir, alguns exemplos de aceitação, *aparentemente* sem deformidade pelo Direito Tributário, de conceitos da Ciência das Finanças Públicas (na verdade, como já foi dito, também nestes casos houve sempre uma deformação transfiguradora).

Incidência do tributo: quando o Direito Tributário usa esta expressão, ela significa *incidência da regra jurídica* sobre sua hipótese de incidência realizada ("fato gerador"), juridicizando-a, e a consequente irradiação, pela hipótese de incidência juridicizada, da eficácia jurídica – a relação jurídica tributária e seu *conteúdo jurídico*: *direito* (do Estado) *à prestação* (cujo objeto é o tributo) e o correlativo *dever* (do sujeito passivo: o contribuinte) de prestá-la; *pretensão* e correlativa *obrigação*; *coação* e correlativa *sujeição*.[257]

---

255. N. Bobbio, *Teoria della Scienza Giuridica*, Torino, 1950, pp. 217-30; C. Cosciani, *Principi di Scienza delle Finanze*, Torino, 1953, p. 9; Fernando Sáinz de Bujanda, *Hacienda y Derecho*, vol. 11, Madrid, 1962, p. 76; T. Ascarelli, *Saggi Giuridici*, Milano, 1949, p. 73, nota 126; e mais recentemente seus: *Problemi Giuridici*; vol. I, Milano, 1959, p. 63, nota 4; F. Carnelutti, *Teoría General del Derecho*, Madrid, 1955 (trad. da 3ª ed. italiana, Roma, 1951), nº 80, p. 245; E. Betti, *Teoría Generale della Interpretazione*, vol. II, Milano, 1955, pp. 812-13; J. Dabin, *Théorie Générale du Droit*, 2ª ed., Bruxelles, 1953, ns. 115, 119, 128; G. Burdeau, *Traité de Science Politique*, vol. I, Paris, 1949, nº 80, nota 1ª.

256. Ver nº 34.

257. Ver nº 81.

Contribuinte: no plano jurídico, é *exclusivamente* a pessoa (o sujeito passivo) situada no polo negativo da relação jurídica tributária, em cujo polo positivo o *Estado* assumiu a posição do sujeito ativo; as posteriores relações jurídicas (ou apenas econômicas) entre o contribuinte e outra pessoa, não são relações jurídicas de natureza tributária (e se apenas econômicas, evidentemente nem são jurídicas) e esta outra pessoa não é "contribuinte" (sujeito passivo na relação jurídica tributária), embora seja ela que, afinal, venha a suportar o ônus econômico do tributo.[258]

Tributo: no plano jurídico, é o *objeto* da prestação à qual o sujeito ativo, *na relação jurídica tributária*, tem o direito e que o sujeito passivo tem o dever de prestá-la.[259]

Fato gerador: esta é uma expressão que os cientistas das finanças públicas construíram, aglutinando vocábulos por eles mal compreendidos e catados na Teoria Geral do Direito, o que explica o perfume de santidade jurídica que envolve dita expressão e que torna sua falsidade ainda mais perigosa. "Fato gerador" não gera coisa alguma. A embriogenia jurídica do tributo, em síntese, e a seguinte: a) regra jurídica; b) realização da hipótese de incidência ("fato gerador") específica àquela regra jurídica; c) incidência da regra jurídica sobre sua hipótese imponível realizada; d) recebendo a incidência, a hipótese imponível se juridiciza, e) a hipótese imponível juridicizada irradia a eficácia jurídica: a relação jurídica e seu conteúdo jurídico (direito à prestação e dever de prestá-la, pretensão e obrigação, coação e sujeição); o objeto da prestação é o tributo.[260]

Imposto sobre vendas: no plano jurídico, quando a composição da hipótese de incidência tem como *núcleo* um contrato de compra e venda (fato *jurídico*), realizando-se esta hipótese de incidência (portanto, existindo, *juridicamente*, um contrato

258. Ver nº 141.

259. Ver ns. 71, 141.

260. Ver ns. 87, 141.

de compra e venda), sobre ela incide a regra jurídica e juridicizada ela irradia a relação jurídica e seu conteúdo jurídico de direito à prestação, etc.; o objeto desta prestação e o imposto sobre vendas.[261]

24. Moral e Direito Natural

O Direito não existe para moralizar o homem, mas para ser o instrumento praticável que promova um bem comum (autêntico ou falso) *realizável* (não apenas ideal ou utópico).[262]

A moral e o Direito Natural são também ciências *pré-jurídicas* que não oferecem ao Direito nenhuma regra "jurídica" pré-fabricada.[263]

A regra da moral ou a diretriz do Direito Natural não devem ser "canonizadas" pelo legislador que apenas constataria a existência de sua juridicidade espontaneamente gerada pelas sinergias sociais. Na verdade, o legislador recebe aquela regra moral ou aquela diretriz jusnaturalista como "dados" *pré-jurídicos* que harmonizados com outros "dados" de outras ciências (ex.: finanças públicas, política fiscal) o auxiliará na construção da regra jurídica.[264]

---

261. Ver ns. 89-90.

262. J. Dabin, *Théorie Générale du Droit*, 2ª ed., Bruxelles, 1953, nº 249; J. Haesaert, *Théorie Générale du Droit*, Bruxelles, 1948, pp. 88-89.

Sobre o conceito de bem comum (autêntico ou falso), ver nosso nº 49.

Para compreender a realização do bem comum, vide nossos ns. 6, 19, 21; 46-55.

263. Emilio Betti, *Teoría Generale della Interpretazione*, 1955, vol. II, Milano, pp. 846-56; 812-16; N. Bobbio, *Teoria della Norma Giuridica*, Torino, 1958, pp. 49-54 e *Teoria della Scienza Giuridica*, Torino, 1950, pp. 29-34; J. Dabin, *Théorie Générale du Droit*, 2ª ed., Bruxelles, 1953, ns. 127, 128; G. Burdeau, *Traité de Science Politique*, vol. I, Paris, 1949, nº 256 (p. 305) até nº 279 (p. 334).

264. Para o exame da distinção entre a moral e o jurídico, vide J. Haesaert, *Théorie Générale du Droit*, Bruxelles, 1948, pp. 84-90; J. Dabin, *Théorie Générale du Droit*, 2ª ed., Bruxelles, 1953, ns. 132, 133, 145, 165, 248.

"Resumidamente", diz EMILIO BETTI, "em uma sociedade, cuja sensibilidade moral esteja orientada em direção a determinados ideais éticos, políticos ou econômicos-sociais, de modo mais acentuado que em relação a outros determinados ideais, então, as relações da vida vêm contempladas e valorizadas de modo necessariamente diverso que noutra sociedade, cuja sensibilidade comporte uma diversa acentuação comparativa entre aqueles dois grupos de ideais. *Por isso é fruto de uma ilusão ingenuamente objetiva crer que:* 'as relações da vida, quando sejam perscrutadas atentamente e analisadas minuciosamente em todos os seus elementos, entre os quais têm particular importância a sua finalidade, as exigências econômicas e sociais e os interesses em jogo, descubram, ou seja, revelem por si mesmos à razão humana a norma mais adequada a sua disciplina'. *Não é*", acentua EMILIO BETTI, "*nem pode ser assim, porque não se trata de registrar 'ab extra' dados naturais, mas de apreciar exigências da vida social* e, aqui, é certamente verdadeiro que cada sociedade historicamente determinada ve aquilo que tem no coração, ou seja, aquilo que mais lhe oprime e exige em seu íntimo, Também, cada época histórica vê a *mesma* coisa com olhos *diferentes*."[265]

Toda e qualquer diretriz do Direito Natural concentra no seu âmago um *excesso* de conteúdo deontológico que provoca

---

Alguns consideram o Direito Natural um simples capítulo da moral, dela não se distinguindo, pois o Direito Natural é de natureza essencialmente *ética;* neste sentido ver: J. Dabin, op. cit., nº 216; E. Weil, *Philosophie Politique*, Paris, 1956, p. 34.

Para a análise da distinção entre o Direito Natural e o Direito, vide: N. Bobbio, *Teoria della Norma Giuridica*, Torino, 1958, pp. 49-54 e *Teoria della Scienza Giuridica*, Torino, 1950, pp. 29-34; G. Burdeau, *Traité de Science Politique*, vol. I, Paris, 1949, nº 256 (p. 305) até nº 279 (p. 334); J. Dabin, op. cit, ns. 201-16; 244-62 e Emilio Betti, *Teoría Generale della Interpretazione*, Milano, 1955, vol. 11, pp. 844-64.

A moderna doutrina identifica os "princípios gerais de direito" com o Direito Natural, vide E. Betti, op. cit., pp. 848, 850, 853, 854.

265. Emilio Betti, *Teoría Generale della Interpretazione*, vol. II, Milano, 1955, pp. 855-56 (grifou-se).

uma natural e necessária "*ripugnanza*" à sua consagração *integral* pelo Direito Positivo. Noutras palavras, a diretriz oferecida pelo Direito Natural sofre *necessariamente uma deformação restringidora no plano jurídico.*[266]

Esta deformação:

a) *ocorre* no momento da construção da regra jurídica cuja ideia germinal ou fecundante foi a diretriz jusnaturalista;

b) e *permanece* no momento hermenêutico quando se investiga a incidência da regra jurídica.

Sem a indicada deformação no momento *a* (criação da regra jurídica) resultaria um Direito *impraticável.*[267] E se no momento *b* (interpretação da regra jurídica) a diretriz jusnaturalista fosse libertada da constrição positiva, resultaria um Direito *imprestável* porque estaria perdida sua certeza.[268]

O esquecimento desta fenomenologia do Direito é a principal causa da proliferação cancerosa no *corpus-juris* das teorias da causa da obrigação tributária.[269]

---

266. Lembramos que a moderna doutrina tem um modo diferente de conceber os "princípios gerais de direito" e que, por isto, os *identifica com o Direito Natural*; vide: Emilio Betti, *Teoría Generale della Interpretazione*, vol. II, Milano, 1955, pp. 848, 850, 853, 854.

Sobre a referida "*ripugnanza*" natural e necessária, vide Emilio Betti, op. cit., pp. 846, 850.

A respeito da deformação restringidora, vide Emilio Betti, op. cit., pp. 846, 849, 850, combinados com pp. 812-816.

Entretanto, fazemos uma ressalva (ver, logo adiante, no texto) quanto à doutrina exposta por Emilio Betti.

267. Ver nº 21.

268. Ver nº 22.

269. Para a análise e exposição das múltiplas teorias que procuram explicar a causa da obrigação tributária, vide Gilberto de Ulhoa Canto, *Temas de Direito Tributário*, Rio de Janeiro, 1955, p. 330 e ss. e R. Pomini, *La "Causa Impositionis" nello Svolgimento Storico della Dottrina Finanziaria*, Milano, 1951.

Embora com relação ao momento *a* (construção da regra jurídica) Emilio Betti se mostre bem claro quanto à necessidade e à natureza da deformação;[270] a mesma clareza já não lhe assiste quando se refere à dinâmica deformadora no momento *b* (hermenêutica na fase da aplicação – incidência – da regra jurídica). Neste momento *b*, Emilio Betti, às vezes, parece inclinado a admitir um afrouxamento da constrição deformadora, a fim de "melhor" adaptação (incidência) da regra jurídica à realidade histórica.[271]

Percebendo que sua tese no momento *b* contradiz a sua tese no momento *a*, Emilio Betti procura demonstrar que esta contradição não existe ou é apenas aparente, mas nesta brilhante tentativa ele, implicitamente, oferece os mais agudos e decisivos argumentos que demonstram estar perdida a *certeza* e *utilidade* do Direito Positivo, se aquela deformação restringidora for libertada no momento *b* (hermenêutica na fase da "aplicação" – incidência – da regra jurídica).[272]

25. Validade e justiça da regra jurídica

O jurista deve cuidar para não confundir o problema da *justiça* da regra jurídica (sua conformidade com a moral ou o direito natural) com o problema da *validade* da regra jurídica, isto é, *sua juridicidade* e o consequente poder de *incidir* infalivelmente sobre a hipótese de incidência, juridicizando-a e a consequente irradiação dos efeitos jurídicos.[273] E o jurista deve estar sempre consciente desta distinção, porque o problema que lhe cabe investigar e analisar é o da *validade*. Nada tem de haver o jurista (Teoria Geral do Direito) com o problema da

270. Emilio Betti, *Teoría Generale della Interpretazione*, vol. II, Milano, 1955, pp. 846, 849, 850, 812-16.

271. Idem, ibidem, pp. 851-52; 857-58.

272.Idem, ibidem, pp. 863-864; 815-816.

273. Sobre a incidência da regra jurídica, irradiação da eficácia jurídica, etc., ver nº 81.

justiça; esta é uma questão que diz respeito ao *filósofo* (Filosofia do Direito).[274]

A justiça da regra jurídica não lhe aumenta, nem lhe diminui a *validade*, esta independe daquela. A *validade* da regra jurídica decorre da natureza do órgão que a criou (se este órgão é portador do *poder* de criá-la)[275] e a validade está condicionada à *harmonia* (não contraditoriedade) com a totalidade do sistema jurídico do qual passa a fazer parte.[276]

Note-se que a alegação de que o princípio de *justiça* estaria implícito na totalidade do sistema jurídico improcede porque o sistema jurídico compõe-se exclusivamente de regras jurídicas cuja estrutura lógica e atuação dinâmica independem da justiça, de modo que a *soma* (a totalidade do sistema jurídico) das partes (as regras jurídicas) não pode estar subordinada a um princípio (a justiça) ao qual as *partes* (as regras jurídicas) não estão condicionadas.

A diferença entre o juízo sobre a *justiça* de uma regra jurídica e o juízo sobre a sua *validade* está no seguinte: o primeiro é juízo de *valor* e o segundo é juízo de *fato*. Ora, fazer depender a validade (juridicidade) da regra jurídica de sua maior ou menor conformidade a um ideal de justiça, equivale a subordinar o juízo que deve ser dado sobre a *existência* de um fato (portanto, juízo *histórico*) ao *valor* que se atribui (juízo *filosófico*) àquele fato. Que Bruto assassinou César é um juízo de fato; que o assassinato de César é ação boa ou má, é um juízo de valor. Qual o historiador que diria não ser *verdadeiro* o assassinato de César por Bruto, porque não é *justo* que ele o tenha morto?[277]

---

274. Esta distinção torna-se mais clara, lendo-se antes o nº 6, onde se faz a síntese da conceituação do direito positivo.

275. Natureza e origem desse poder, ver ns. 54, 59.

276. Cânone hermenêutico da totalidade do sistema jurídico, ver nº 31.

277. N. Bobbio, *Studi sulla Teoría Generale del Diritto*, Torino, 1955, p. 82; para maior desenvolvimento da distinção entre justiça, validade e respeitabilidade

Diante da regra jurídica, o jurista, ao interpretá-la, emite um juízo de fato (histórico). Primeiro: constata se ela é válida; note-se que a regra jurídica não foi, nem está sendo criada por este jurista que a interpreta, portanto sua existência (com ou sem validade) é um *fato preexistente* a este jurista. Segundo: se o jurista constatou a existência da validade (juridicidade), então, passa a investigar se houve, ou não, a *incidência* da regra jurídica; e se ocorreu a incidência, verifica se existe, ou não, a irradiação da eficácia jurídica (efeitos jurídicos); e se há a eficácia jurídica, procede à análise de seu conteúdo jurídico. Tudo isso aconteceu sem subordinação à ação, à vontade e ao juízo de valor do jurista que está interpretando a regra jurídica. Uma vez criada a estrutura lógica da regra jurídica, a sua *atuação dinâmica* se desencadeia com *independência* do juiz (órgão judiciário), da administração pública (órgão executivo), do jurista que a interpreta, do sujeito ativo e do sujeito passivo vinculados pela relação jurídica que se irradiou após a incidência da regra jurídica sobre a hipótese de incidência realizada.[278]

Diante de uma regra jurídica, o jurista não toma *posição* (juízo de *valor*: é justa ou injusta), mas toma *conhecimento* (juízo de *validade*: há, ou não, juridicidade); e se o jurista sente-se indignado e revoltado diante da regra jurídica injusta, reage como homem *filósofo* que, bem ou mal, tem o seu próprio sistema de *valores*, mas não como homem *jurista*.[279]

---

da regra jurídica ver sua *Teoria della Norma Giuridica*, Torino, 1958, pp. 35-70. Na leitura de sua exposição deve-se ter sempre presente que N. Bobbio utiliza o vocábulo "*eficacia*" no sentido de *respeitabilidade* aos efeitos jurídicos decorrentes da incidência da regra jurídica.

278. Essa independência ou autonomia da regra jurídica é melhor compreendida depois de estudada a *atuação* dinâmica da regra jurídica, principalmente a fenomenologia jurídica da incidência e da infalibilidade da incidência; a respeitabilidade da eficácia jurídica; a distinção entre coação e sanção; ver ns. 84-86.

279. N. Bobbio, *Studi sulla Teoría Generale del Diritto*, Torino, 1955, p. 8.

Imagine-se o efeito ridículo que produziria, hoje, o filósofo ou o teólogo ou o moralista que condenasse o cientista por ele não se ter indignado pelo iníquo e pérfido comportamento da aranha contra a mosca. O mesmo sucede no mundo jurídico; embora uma regra jurídica tenha sido *injusta* (ex.: leis favoráveis à discriminação racial), este seu valor não impediu a sua existência e validade (juridicidade). Por isto, a experiência histórica mostra que aquela regra jurídica – apesar de injusta – sempre incidiu sobre a sua hipótese de incidência realizada, juridicizando-a; e a hipótese de incidência juridicizada, pela incidência, sempre irradiou a eficácia jurídica: a relação jurídica e seu conteúdo. Aquelas regras jurídicas a favor da discriminação racial existiram e o problema de sua validade (juridicidade) ou interpretação era, no sistema jurídico ao qual pertenciam, um problema *diverso* do de sua valorização.[280]

A regra jurídica, por si mesma, não é justa, nem injusta; ela é válida ou não-válida e, se válida, ela constitui o instrumento para a realização de uma injustiça ou justiça que a transcende.[281]

O jurista, se quer continuar jurista e não converter-se em pregador moralista ou filósofo, deve saber distinguir entre a regra jurídica válida e a não-válida, independentemente da repugnância que tal regra jurídica provoca em sua própria consciência ou na dos outros.[282]

Sem dúvida, a "moralização do Direito" pela criação de novas regras jurídicas justas em substituição das injustas, é obra meritória e indispensável para o aperfeiçoamento do homem e da sociedade. Entretanto, esta ação moralizadora cabe *exclusivamente* ao órgão Legislativo (criador das regras jurídicas) e não ao órgão Executivo e nem ao órgão Judiciário; "a force de 'moralise' le droit, de 'l'humaniser', et de ne faire

280. Idem, ibidem, p. 80.

281. E. Weil, *Philosophie Politique*, Paris, 1956, pp. 84-85.

282. N. Bobbio, *Studi sulla Teoría Generale del Diritto*, Torino, 1955, p. 81.

que cela, on finit par l'affaiblir, l'émollier, l'énerver, le vider sa substance".[283] Em síntese, se diante de uma regra jurídica injusta, o órgão Executivo ou o órgão Judiciário intenta a sua moralização ou humanização mediante uma "interpretação" que, moldando-a e adaptando-a ao caso concreto, afaste ou reduza a injustiça de sua eficácia (efeitos) jurídica; então, o que se está fazendo, na verdade, é subordinar a regra jurídica à regra moral; *é extrair da regra jurídica precisamente aquilo que a faz jurídica*, esquecendo-se que a regra *jurídica* foi e é a única solução que o homem encontrou para regrar uma sociedade formada por indivíduos que obedecem as mais diversas, e até contraditórias, regras *morais*.

Que um ordenamento jurídico "sia un ordinamento statuale o di ladroni, o sia, com'è accaduto in tutti i tempi, un ordinamento statuale governato da ladroni" as respectivas regras jurídicas serão sempre jurídicas[284] e, em consequência, não deixarão de incidir, toda a vez que se realizarem as suas hipóteses de incidência e a eficácia jurídica (efeitos jurídicos) irradiada vinculará o sujeito passivo ao sujeito ativo, na relação jurídica, quer esta vinculação seja justa, quer ela seja injusta, pois basta ser *legal* (jurídica).

§ 2º O FATO EM REBELIÃO NO DIREITO TRIBUTÁRIO

26. Idolatria ao fato e sua suposta virtualidade jurídica

Em todos os ramos do Direito e principalmente no Direito Tributário, o *fato* está em rebelião contra o *jurídico* e o linguajar jurídico atual multicoloriu-se de expressões que denunciam a homenagem que os juristas, hoje, rendem ao fato: fato

283. Henri de Page, *L'Obligation Abstraite en Droit Interne et en Droit Comparé*, Bruxelles, 1957, p. 229; ver também pp. 236-37.

284. N. Bobbio, *Studi sulla Teoría Generale del Diritto*, Torino, 1955, p. 8

gerador, contribuinte de fato, domicílio de fato, tutela de fato, separação de fato, sociedade de fato, filiação de fato, etc.[285]

À *estrutura de fato* parece absorver ou anestesiar a eficácia jurídica em prejuízo da *estrutura jurídica*. Grande parte da doutrina jurídica assiste impassível ou até coopera ativamente para esta *inversão* irracional da fenomenologia jurídica: o fato subjugando o jurídico, esquecendo-se que o jurídico existe justamente para dominar o fato.[286]

Os juristas estão permitindo que o "dado" (o fato) dispa-se e lance fora o "construído" (o jurídico) como um luxo que se converteu num lixo da civilização burguesa ultrapassada.

Este desembaraçar-se do jurídico importa em atribuir ao fato bruto (fato social), por si mesmo, uma virtualidade jurídica: a eficácia jurídica (os efeitos jurídicos; ex.: Direito subjetivo) irradiar-se-ia *espontaneamente* do fato bruto, dispensando a *prévia* incidência da regra jurídica.[287]

Sublinha SAVATIER a amplitude que hoje parece assumir a degradação da estrutura jurídica, em proveito da estrutura do fato. Considerando-se o progresso da união sexual livre, o reconhecimento de direito aos filhos naturais, o desenvolvimento das relações de trabalho, surge visivelmente acelerada a invasão das estruturas de fato *como fonte direta e espontânea* do Direito subjetivo.[288]

---

285. R. Savatier, "Réalisme et idéalisme en Droit Civil d'aujourd'hui", na obra coletiva *Le Droit Privé Français au Milieu du XXe Siècle*, vol. I, Paris, 1950, pp. 75 e ss.

286. Ver ns. 22-23.

287. No mesmo sentido, R. Savatier, "Réalisme et idéalisme en Droit Civil d'aujourd'hui", na obra coletiva *Le Droit Privé Français au Milieu du XXe Siècle*, vol. I, Paris, 1950, pp. 76, 78-9; Pontes de Miranda, *Tratado de Direito Privado*, vol. I, Rio de Janeiro, 1954, § 7º, nº 2; Fernando Arche-Domingo, "Consideraciones sobre el Hecho Imponible", *Revista de Derecho Financiero y de Hacienda Pública*, vol. X, Madrid, setembro 1960, nº 39, pp. 544-48.

288. R. Savatier, "Réalisme et idéalisme en Droit Civil d'aujourd'hui", na obra coletiva *Le Droit Privé Français au Milieu du XXº Siècle*, vol. I, Paris, 1950, p. 78.

"O mesmo culto", adverte Ruy Cirne Lima, "que votamos ao Direito, e nos impele a esta revisão *crítica*, faz, entretanto, que consideremos com apreensão alguns dos traços da evolução jurídica contemporânea. Algumas das diretivas do progresso jurídico, em nossos dias, levam-nos à convicção de que se processa diante de nossos olhos uma revolução: a revolta do objeto contra o sujeito de Direito; a rebelião das cousas contra os homens. Esta revolução não é nova. Nova é, talvez, apenas a sua extensão, a extensão dos seus efeitos, e, particularmente, dos seus triunfos."[289]

"Mais la tendance présente *est de trouver, dans ta structure de fait*, non seulement un principe d'obligation, mais une *source de droit subjectif* pour ceux qui l'ont créée et en profitent. Le phénomène est particulièrement sensible pour l'union de fait des amants. Les juristes de droit civil n'ont jamais ignoré qu'il y avait des couples vivant en concubinage. Mais il n'avaient d'abord considéré le concubinage que pour en faire sortir des incapacités, et une responsabilité éventuelle, envers les enfants. *L'avenement du concubinat* consiste à rattacher à cette union de fait des droits subjectifs au profit des concubins."[290]

Outro exemplo notável do fato em rebelião contra o jurídico é a pretendida relevância "jurídica" do contribuinte *de fato* defendida pelos filiados a Benvenuto Griziotti e que exposta e desenvolvida por Antonio Pesenti. E note-se que a tese revolucionária de Antonio Pesenti não ficou restrita ao plano acadêmico das elucubrações teóricas, mas foi aceita pela quase unanimidade da Comissão de Finanças e Tesouro do Senado Italiano, em parecer de 17/3/1956.[291]

---

289. Ruy Cirne Lima, "Rebelião das cousas", *Revista Jurídica*, Porto Alegre, 1956, nº 21, p. 50.

290. R. Savatier, "Réalisme et idéalisme en Droit Civil d'aujourd'hui", na obra coletiva *Le Droit Privé Français au Milieu du XXº Siècle*, vol. I, Paris, 1950, p. 79.

291. O grave equívoco jurídico de Antonio Pesenti está demonstrado, minuciosamente, no nosso nº 150.

Análoga à exaltação do concubinato é a exaltação pela doutrina do Direito Tributário da *realidade econômica* da hipótese de incidência ("fato gerador"); é a canonização do *contribuinte de fato*; é a consagração da *interpretação segundo a realidade econômica*. Esta idolatria mística ao *fato*, por grande parte da doutrina do Direito Tributário, lhe tem causado larga, profunda e nefastíssima repercussão, agravando o ambiente de manicômio jurídico tributário e atrasando o desenvolvimento da Ciência Jurídica Tributária (Teoria Geral do Direito Tributário).

O jurista estudioso do Direito Tributário, se quiser continuar jurista, deve ter bem presente que a fenomenologia do "fato gerador" não é originalidade específica do Direito Tributário, mas fenomenologia *comum a todo* o *Direito* (hipótese de incidência, suporte fáctico, "fattispecie", "*Tatbestand*", são sinônimos de "fato gerador")[292] e deverá esforçar-se para compreendê-la e aceitar todas as suas decorrências lógico-jurídicas, pois o estudo da fenomenologia jurídica da hipótese de incidência ("fato gerador", suporte fáctico, etc.) é indispensável a quem deseja criar regras jurídicas ou interpretá-las, emitindo julgamentos e pareceres.[293]

Também é de fundamental importância, nunca esquecer que o *fato jurídico* (ex.: contrato de compra e venda), quando

292. Pontes de Miranda. *Tratado de Direito Privado*, vol. I, Rio de Janeiro, 1954, § 32, nº 1 e § 70 até § 13; no mesmo sentido: Fernando Arche-Domingo, "Consideraciones sobre el Hecho Imponible", in *Revista de Derecho Financiero y de Hacienda Pública*, vol. X, Madrid, setembro 1960, nº 39, pp. 530, 532-50; J. Dabin, *Théorie Générale du Droit*, 28 ed., Bruxelles, 1953, nº 42; C. du Pasquier, *Introduction à la Théorie Générale et à la Philosophie du Droit*, 3ª ed., Neuchâtel, 1948, ns. 112-116. Ver também nosso nº 87.

293. Pontes de Miranda, *Tratado de Direito Privado*, vol. I, Rio de Janeiro, 1954, Prefácio, p. XI e § 1º, nº 1: Fernando Arche-Domingo, "Consideraciones sobre el Hecho Imponible", *Revista de Derecho Financiero y de Hacienda Pública*, vol. X, Madrid, setembro 1960, nº 39, pp. 530, 532-50.

Para o exame da teoria geral da hipótese de incidência, sob o ângulo do Direito Tributário, ver nossos ns. 87-91.

integra a hipótese de incidência, *não perde a juridicidade*, pois é justamente com a sua *natureza jurídica específica* que ele entra na composição da hipótese de incidência,[294] de tal modo que, se o fato não se juridicizou (permanecendo apenas fato *econômico*), ou juridicizou-se com *diferente* natureza jurídica (ex.: contrato de empreitada), então não se terá realizado a hipótese de incidência em foco e, em consequência, não houve incidência da respectiva regra jurídica; e porque não houve incidência, também inexistiu a relação jurídica tributária.[295]

27. Primeira causa da rebelião do fato: simplificação do Direito Positivo – a experiência soviética

A rebelião do fato contra o jurídico é impulsionada por diversos fatores. R. SAVATIER os resume em três: primeiro, o desejo por uma simplificação do Direito Positivo; segundo, o prodigioso desenvolvimento das ciências consagradas ao estudo dos fatos sociais; terceiro, o realismo degenerado em mística.[296]

Neste número é analisado o primeiro fator da rebelião: o desejo por uma simplificação do Direito Positivo.

Este anseio por uma simplificação do Direito, evidentemente, é justo, sadio, e necessário; entretanto, a ilusão e o erro estão em se pensar que a simplificação se obterá permitindo

294. Pontes de Miranda, *Tratado de Direito Privado*, vol. I, Rio de Janeiro, 1954, § 13, 4; no mesmo sentido: J. Dabin, *Théorie Généraie du Droit*, 2ª ed., Bruxelles, 1953, nº 42; C. du Pasquier, *Introduction à la Théoria Générale et à la Philosophie du Droit*, 3ª ed., Neuchâtel, 1948, ns. 112-113; A. Berliri, *Principi di Diritto Tributario*, vol. II, tomo I, Milano, 1957, p. 224; Luigi Vittorio Berliri, *L'Imposta di Ricchezza Mobile*, Milano, 1949, p. 325. Ver também nosso nº 89.

295. Para o exame da incidência da regra jurídica, irradiação da eficácia jurídica, etc., ver nº 81.

296. R. Savatier, "Réalisme et idéalisme en Droit Civil d'aujourd'hui", na obra coletiva *Le Droit Privé Français au Milieu du XXe Siècle*, vol. I, Paris, 1950, pp. 80-91.

que as estruturas *de fato* subjuguem as estruturas *jurídicas*. Não há maior equívoco do que pensar que as coisas nuas, em sua verdade natural, seriam mais simples que as estruturas jurídicas que as envolvem e vestem.[297]

A inextrincável complexidade das estruturas de fato é demonstrada por J. Haesaert, jurista especializado em Teoria Geral do Direito, com rápidos e vigorosos traços, pinta uma visão verdadeiramente genial que se poderia intitular "O nascimento do fato":

"La réalité historique est un complexe inextricable de faits de nature – phénoménes physiques, biologiques, psychologiques – de choses et d'activités humaines, diversement disposées, dirigées et rythmées. A la fois mouvante et stable, elle se déroule dans une durée propre, où le déterminisme de l'inanimé est constamment dévié par la finalité des énergies volontaires, que traverse sans cesse la poussée des causes objectives. Dans les combinaisons en cours, fixées sur un donné considéré comme ferme, *le fait surgit*, les resserrant, les déliant, les brisant net, pliant leurs fragments dans des conjugaisons imprévues, d'où repartiront de nouveaux enchaînements.

Une mort, une naîssance, une inondation, et le cours des événements change, comme le feront s'incurver la division inopinée d'ensembles et la jonction inattendue d'éléments épars. Car continuellement, des réseaux d'activités se démaillent et se réforment avec des résidus anciens, des structures inédites, promises à d'inimaginables subversions. Tout cela se croise et s'entremêle, s'entre-choque et se ruine, se sépare et se confond dans un mouvement dont la complexité est telle qu'elle ne paraît plus relever que du hasard".[298]

---

297. R. Savatier, "Réalisme et idéalisme en Droit Civil d'aujourd'hui", na obra coletiva *Le Droit Privé Français au Miliu du XXe*, Siècle, vol. I, Paris, 1950, pp. 80-84; Fernando Sáinz de Bujanda, *Hacienda y Derecho*, Madrid, 1962, vol. II, pp. 165-167; E. Weil, *Philosophie Politíque*, Paris, 1956, p. 84.

298. J. Haesaert, *Théorie Générale du Droit*, Bruxelles, 1948, p. 129.

Ora, as estruturas jurídicas têm por finalidade – não complicar – mas justamente simplificar os fatos sociais e, coercitivamente, disciplina-los e conduzi-los; isto só é possível mediante a dominação e a deformação do fato social pelo *instrumento* de ação social: a *regra jurídica*.[299]

A praticabilidade do Direito não significa simplificá-lo mediante sua redução a um conjunto de regras de conduta embrionárias; noutras palavras, a melhor praticabilidade de um instrumento não exige sua involução à forma rudimentar, bem mais simples, mas também menos útil, e, pois, pouco praticável. Nesta confusão entre praticabilidade e simplificação rudimentar incorre o homem comum que considera a arte jurídica impenetrável, embora aceite sem relutância instrumentos, artes e ciências muito mais complexas, como os da medicina. O jurista ainda não recebeu a mesma consideração que a do médico, porque a consciência das necessidades do corpo humano (o indivíduo humano enquanto ser singular) é muito mais imediata que a consciência das necessidades do corpo social (a sociedade como ser social real e aquele mesmo indivíduo enquanto membro da sociedade).[300]

No subconsciente de muitos modernos estudiosos do Direito Tributário existe enraizada, germinando e lançando frutos, a ideia errada de que o Direito Tributário só poderá atuar se os fatos econômicos forem desembaraçados da sobrecarga adventícia e artificial da estrutura jurídica que lhes estaria tolhendo sua simplicidade natural ou constringindo sua genuína potencialidade ou deformando sua realidade. Nos frutos desta falsa ideia, eles veem uma evolução do Direito Tributário. Entretanto, na verdade, há uma involução; em nome do Direito Tributário, eles matam o *Direito* e ficam apenas com o Tributário (a Ciência das Finanças Públicas).

---

299. Ver nº 19.

300. R. Savatier, "Réalisme et idéalisme en Droit Civil d'aujourd'hui", na obra coletiva *Le Droit Privé Français au Milieu du XXe Siècle*, vol. I, Paris, 1950, p. 80.

Esta cândida e temível ilusão – recorda R. Savatier – foi a esperança do Direito soviético. Por uma grandiosa e maciça operação cirúrgica ele começou por amputar o povo russo de todo o seu Direito Positivo anterior, considerado como meio de opressão do proletariado. Toda aquela construção jurídica foi substituída por materiais virgens, visando reduzir o direito a alguns princípios enunciados em língua comum e com abstração de toda a concepção técnica.[301]

O tempo das ilusões passou e o Direito soviético foi se desenvolvendo seguindo a Arte ("técnica") inerente a toda a disciplina jurídica. Hoje, vemos também o Direito soviético tomar os fatos sociais para os revestir de uma construção jurídica. Evidentemente esta construção é sistematicamente marxista-leninista, mas isto não importa em reduzi-la a uma elementar simplicidade, ao contrário, a aspiração do Direito soviético é se desenvolver da maneira mais científica, *moldando* os fatos sociais à forma do ideal socialista segundo a concepção soviética.[302]

A esse respeito, exata e penetrante é a observação de Jean Dabin ao dizer que toda a política (e consequentemente todo o Direito Positivo por ela construído) está subordinada a uma "mística", a saber, a um "*absoluto*"; absoluto autêntico ou falso.[303] O Estado pratica uma política materialista ou uma política espiritualista, uma política coletivista ou uma política personalista; inclusive no caso em que, pretextando neutralidade entre as doutrinas, o Estado afirma sua negativa em escolher o "absoluto", a sua neutralidade é apenas aparente, pois na verdade ele é logicamente obrigado a escolher um "absoluto" sob pena de condenar-se à inércia e a negar-se a si mesmo.[304]

301. R. Savatier, "Réalisme et idéalisme en Droit Civil d'aujourd'hui", na obra coletiva *Le Droit Privé Français au Milieu du XX$^{\underline{o}}$ Siècle*, Paris, 1950, vol. I, pp. 81-82.

302. Idem, ibidem, p. 82.

303. J. Dabin, *Théorie Générale du Droit*, 2ª ed., Bruxelles, 1953, nº 143.

304. Idem, ibidem, 1953, nº 141.

E como, na elaboração do Direito Positivo, o jurista constrói a regra jurídica para servir de *instrumento praticável* nas mãos de uma política materialista ou espiritualista, coletivista ou individualista, consequentemente o Direito Positivo construído será materializante ou espiritualizante, será coletivizante ou individualizante. Contudo, nem por isso o jurídico deixará de ser um "plus" no mundo;[305] nem por isto o jurídico deixará de ser "construído"; nem por isto as estruturas jurídicas deixarão de dominar e deformar as estruturas de fato.[306]

A propósito, com aguda ironia, observa N. Bobbio que os juristas soviéticos ainda se recusam a admitir que a regra jurídica soviética tenha a mesma estrutura lógica e a mesma atuação dinâmica; tenha, em síntese, natureza idêntica à da regra jurídica que serve à política capitalista. O Direito Positivo para aqueles juristas soviéticos seria um fenômeno burguês que desapareceria com o advento do socialismo. Ora, diz N. Bobbio, os juristas soviéticos não têm outra alternativa: ou declaram que o Direito soviético não é Direito ou que a sociedade soviética não é socialista ou que a sociedade socialista utiliza-se do instrumento burguês.[307]

Todo o esforço construtivo do jurista consiste precisamente em, deformando os fatos, criar um instrumento de ação social praticável com o qual o Estado agirá, disciplinando e conduzindo os fatos sociais. Querer, *no momento da interpretação da lei*, libertar o fato econômico ou social da constrição jurídica, que o transfigura, importa em destruir a *praticabilidade* e a *utilidade* do Direito.[308]

---

305. Pontes de Miranda, *Tratado de Direito Privado*, vol. I, Rio de Janeiro, 1954, § 1º, nº 2; § 2º, nº 1; § 5º, nº 8.

306. Sobre a sempre necessária dominação e deformação do fato econômico-social pelo Direito Positivo, ver também ns. 22-23.

307. N. Bobbio, *Studi sulla Teoría Generale del Diritto*, Torino, 1955. p. 51.

308. Para maior clareza, ver ns. 21, 22, 23; 133-140.

28. Segunda causa da rebelião do fato: progresso das ciências – envelhecimento e renovação das estruturas jurídicas

O segundo fator que impulsiona o fato a rebelar-se contra o jurídico é o prodigioso desenvolvimento das ciências que se dedicam ao estudo daquele fato.[309] No caso do Direito Tributário, as principais ciências são: Economia Política, Finanças Públicas e Política Fiscal.

Aliás, os conceitos e princípios que estruturam a Ciência das Finanças Públicas (e demais ciências sociais pré-jurídicas) nem poderiam jamais ser concebidos se eles não fornecessem indicações para uma ação política. Toda a Ciência Social propõe, ainda que inconscientemente, uma ação política; as ciências sociais trabalham na investigação e análise dos "dados" sociais com o *auxílio* dos quais ou *contra* os quais o Estado age.[310]

Desde que há juristas e enquanto houver juristas, todo o esforço construtivo do legislador consistirá precisamente em, moldando e deformando aqueles "dados", criar este instrumento praticável de ação social (a regra jurídica), com o qual o Estado agirá, disciplinando e conduzindo os fatos sociais.[311]

Tendo-se presente que a construção da regra jurídica tem como matéria-prima "dados" físicos, biológicos e psicológicos, econômicos, etc., é evidente que as estruturas jurídicas não podem e nem deverão ficar indiferentes ao progresso das ciências cujo objeto é a investigação e análise daqueles "dados". Por exemplo, o desenvolvimento da Ciência das Finanças

---

309. R. Savatier, in *Le Droit Privé Français au Milieu du XXe Siècle*, vol. I, Paris, 1950, pp. 84-87.

310. E. Weil, *Philosophie Politique*, Paris, 1956, p. 13. Fernando Sáinz de Bujanda, *Hacienda y Derecho*, vol. II, Madrid, 1962, "En torno a la naturaleza de la actividad financiera", pp. 5-24; *Derecho Financiero y Política Fiscal*, pp. 27-44.

311. Ver ns. 19-22.

Públicas, trazendo algo de novo em determinado setor, impõe ao *legislador* a obrigação de examinar se determinadas leis tributárias (elaboradas com matéria-prima extraída daquele setor) deverão ser substituídas ou mantidas ou modificadas ou adaptadas.

Porém, inclusive no caso de substituição integral, dita substituição não é pura e simplesmente o ostracismo do jurídico, a expulsão do jurídico em benefício do fato social *novo*. Mas o que deverá suceder é este fato novo ser a matéria-prima de elaboração de uma *nova* estrutura *jurídica* que substituirá parcial ou integralmente a antiga.[312]

A rebelião do fato (determinada realidade social) contra o jurídico seria destituída de qualquer sentido para a sociedade, se ela (a rebelião), ao visar a eliminação ou modificação de determinada regra jurídica, *simultaneamente*, não visasse a imposição de *outra* regra jurídica.[313]

O esquecimento de que o fato, um momento desnudado, deve ser de *novo* revestido da estrutura jurídica, o esquecimento

---

312. R. Savatier, "Réalisme et idéalisme en Droit Civil d'aujourd'hui", na obra coletiva *Le Droit Privé Français au Milieu du XXe Siècle*, vol. I, Paris, 1950, p. 92; e também a sua interessante e aguda reflexão sobre a aceleração da História e a mutabilidade do Direito, exposta em suas *Les Métamorphoses Economiques et Sociales du Droit Civil d'Aujourd'hui*, 2ª ed., Paris, 1952, pp. 5-18.

Esta é a razão por que os juristas costumam acentuar que o Direito Positivo é, essencialmente, *mutável* (*verbi gratia*, L. Oñate, *La Certeza del Derecho*, trad. esp., Buenos Aires, 1953, pp. 96-97; J. Leclercq, *Leçons du Droit Naturel – I – Le Fondement du Droit et de la Société*, 4ª ed., Nammur, 1957, p. 72).

Aliás, pelos motivos indicados no texto, entre os ramos do Direito, *o mais mutável por natureza é o Direito Tributário*; neste sentido: Antonio Uckmar, *Scritti Vari di Diritto Tributario*, Padova, 1932, p. 3; E. Vanoni, *Natureza e interpretação das leis tributárias*, Rio de Janeiro, 1952 (trad. de Rubens Gomes de Sousa, do original italiano, ed. Padova, 1932), p. 224.

313. E. Weil, *Philosophie Politique*, Paris, 1956, p. 84; Fernando Sáinz de Bujanda, *Hacienda y Derecho*, vol. II, Madrid, 1962, pp. 165-57; R. Savatier, "Réalisme et idéalisme en Droit Civil d'aujourd'hui", na obra coletiva *Le Droit Privé Français au Milieu du XXe Siècle*, vol. I, Paris, 1950, pp. 80-84.

de que esse desnudamento é um fenômeno patológico e transitório, tem origem na irracional confusão entre o momento *político* e o momento *jurídico*, como adverte CALAMANDREI: "Este é, segundo me parece, o sintoma mais significativo da crise atual: o desaparecimento da diferença que deve existir (a fim de qualquer transformação social possa consolidar-se em Direito), entre o momento político e o momento jurídico, e a progressiva submersão do segundo no primeiro, considerada, não mais como um fenômeno patológico e transitório, mas como a instauração de uma norma e estável ordem nova. Nesta desatinada e irracional confusão entre o problema político do conteúdo e o problema jurídico da forma, a função social do direito, que é antes de tudo nivelamento e pacificação, se obscurece: abolida a forma da legalidade, que significa tranquilizadora consciência preventiva dos limites individuais impostos a todos e a cada um, a justiça do caso singular se reduz a ser inquietude e incerteza, temor de arbítrio, sede de privilégio, riso perpétuo e perpétua escravidão. O sistema do "direito livre", na realidade, não merece esta denominação senão por ironia: porque ele é a negação simultânea de todo o direito e de toda a liberdade".[314]

Os tribunais superiores brasileiros, atualmente permitindo que se cobre tributos elevados ou criados *após* a remessa do orçamento à sanção do Poder Executivo (Constituição Federal Brasileira, art. 141, § 34 combinado com o art. 74), oferecem um interessantíssimo exemplo daquilo que J. HAESAERT qualifica de *fadiga da tensão jurídica*.

Recorda-se que toda a regra jurídica pressupõe a existência, ou a possibilidade de existência, de uma tensão entre a regra jurídica e a realidade.[315]

---

314. Calamandrei, "La certezza del diritto e la responsabilità della dottrina", *Rivista di Diritto Commerciale*, 1942, I, p. 342, *apud* A. D. Giannini, *I Concetti Fondamentali del Diritto Tributario*, Torino, 1956, p. 14, nota 1.

315. Ver nº 22.

Atrás da estrutura jurídica – observa J. Haesaert – os fatos sociais fazem o seu jogo, tirando e fazendo uso de sua posição real (utilizando a força virtual do fato bruto), e exercem o seu peso fazendo desviar a organização jurídica no sentido de seus interesses. Entre os elementos que agem, atrás da organização constitucional dos poderes, está a máquina dos partidos políticos, a influência das forças econômicas, dos grupos sociais, da opinião pública e do próprio poder estatal que – tripartido – possibilita o conflito de interesses. Muitas vezes alega-se a mudança das circunstâncias: o Direito não está mais apropriado e começa-se, então, por adaptá-lo e posteriormente finda-se por abandoná-lo. *Mas sobre tudo, trata-se da lassitude resultante da fadiga da tensão que a regra jurídica impôs à realidade social.* A relação jurídica em equilíbrio tencional, pouco a pouco se relaxa sob o efeito do desgaste interno. As exceções começam a pulular, depois surgem as simples tolerâncias e o resultado é que a pressão do jurídico primeiro diminui e depois se volatiza. Então, pelo efeito da dessuetude (desrespeito à eficácia jurídica), cuja ação constante inutiliza a regra jurídica, a obra do Direito periclita, e o que era jurídico *volta ao estado de pré-jurídico.* As legislações estão, assim, cheias de *resíduos* sem atuação.[316]

"Les choses et les faits affleurent presque nus, sous les lambeaux de cet habillage juridique démodé, en attendant qu'un droit nouveau, répondant aux besoins et aux appels de l'humanité de demain, les revêtisse à neuf."[317]

Tanto no Brasil como nos demais países, o orçamento público desnudou-se do jurídico; a estrutura jurídica clássica e tradicional do orçamento público converteu-se numa legislação residual; a aceleração da História e os progressos da

316. J. Haesaert, *Théorie Générale du Droit*, Bruxelles, 1948, pp. 395-94.

317. R. Savatier, "Réalisme et idéalisme en Droit Civil d'aujourd'hui", na obra coletiva *Le Droit Privé Français au Milieu du XXe Siècle*, vol. I, Paris, 1950, p. 80. 10.

Economia Política, das Finanças Públicas e da Política Fiscal demonstraram que o instrumental jurídico clássico para disciplinar o orçamento público tornou-se radicalmente obsoleto. Certamente, esta estrutura jurídica inservível deve ser abandonada; porém esta modificação não pode consistir – como infelizmente, hoje, é a atitude – na renúncia do jurídico, mas na construção imediata de um *outro* e *novo* instrumental jurídico para o Estado manejar na sua atividade financeira.[318]

29. Terceira causa da rebelião do fato: realismo degenerado em mística – doutrina pseudojurídica de Griziotti

O terceiro fator que tem impulsionado o fato social a rebelar-se contra o jurídico é o realismo degenerado em mística. Quando um homem faz do realismo uma mística, é necessário olhá-lo com desconfiança porque a realidade que ele pretende servir e defender dá-lhe uma visão apaixonada da verdade; dá-lhe uma visão da verdade que não é a própria verdade e que o deixa cego a todas as *outras* verdades estranhas a sua seita. A defesa do realismo torna-se para ele, essencialmente, *um meio de eliminar* os idealismos concorrentes.[319]

A doutrina jurídico-tributária fundada por Benvenuto Griziotti é um exemplo típico de realismo degenerado em mística.

Antes de tudo, um importante esclarecimento: esta crítica a Benvenuto Griziotti e a seus discípulos é dirigida *exclusivamente* à sua doutrina *jurídica*. No que se refere à sua doutrina de natureza *econômica* (Política Fiscal e Ciência das Finanças) nenhuma crítica se lhe faz e este livro a considera útil e fecunda.

---

318. Ver "Metamorfose jurídica do orçamento público", em nossos ns. 61-63.

319. R. Savatier, in *Le Droit Privé Français au Milieu du XXe Siècle*, vol. I, Paris, 1950, pp. 87-91.

Muitos autores há que defendem BENVENUTO GRIZIOTTI e sua doutrina, principalmente no tocante à doutrina de natureza *econômica*.[320]

Advertência ao leitor – Antes de se conceituar o "credo" *jurídico* daquela doutrina (o que se fará com as palavras textuais dos próprios líderes), fica o leitor-jurista advertido de que se lhe parecer obscuro, confuso, misterioso e impenetrável dito "credo", não deverá preocupar-se, pois esta impenetrabilidade não será de seu cérebro, mas sim qualidade essencial daquele "credo" pseudojurídico. Entretanto, se o leitor perceber que está entendendo... cuidado, desconfie de si mesmo.

Exposição da doutrina jurídica de Griziotti – A interpenetração do Direito Tributário na Ciência das Finanças Públicas, num matrimônio indissolúvel, é estimulada e defendida por BENVENUTO GRIZIOTTI e seus discípulos. Esta escola tem uma

---

320. Para a defesa de Benvenuto Griziotti e sua "Escola de Pádua" indicamos *Studi in Memoria di Benvenuto Grizziotti*, Milano, 1959, especialmente: pp. 211 e ss., onde se encontram os estudos seguintes: Dino Jarach, "La teoria fínanziaria di Benvenuto Griziotti", pp. 195 e ss.; A. G. Canina, "L' opera scientifica di Benvenuto Griziotti", pp. 333 e ss.; G. Parravicini, "L'imposizíone delle rendite nel Griziotti e in altri e la ripartizione dei carico tributário", p. 501 e ss.; G. Zingali: "L'art. 23 della Costituzione nel pensiero di Benvenuto Griziotti".

Os supra referidos estudos de Dino Jarach e A. G. Canina também se encontram publicados na *Rivista di Diritto Finanziario e Scienza delle Finanze*, 1957, nº 4, parte primeira, pp. 376 e ss., e pp. 388 e ss.

Também indicamos para defesa da "Escola de Pádua", o próprio B. Griziotti, especialmente suas seguintes obras: *Saggi sul Rinnovamento dello Studio della Scienza delle Finanze e del Diritto Finanziario*, Milano, 1953, e, os dois volumes de *Studi di Scienza delle Finanze e Diritto Finanziario*, Milano, 1956. Veja-se também o Prefácio de L. Einaudi ao primeiro volume dos referidos *Studi* e o prefácio de Ezio Vanoni ao segundo volume dos referidos *Studi*; também publicados na *Rivista di Diritto Finanziario e Scienza delle Finanze*, 1955, nº 3, parte primeira, p. 211 e nº 4, parte primeira, p. 317.

Também em defesa de B. Griziotti, vide Luigi Einaudi, Plínio Fraccaso, A. Pesenti, R. de Nova, in *Rivista di Diritto Finanziario e Scienza delle Finanze*, 1956, nº 4, parte primeira, pp. 339-44; e a direção da própria revista, a pp. 333-38.

visão "realística e funcional" do Direito Tributário que se resume no seguinte:

Aquilo que caracteriza esta doutrina – diz ANTONIO PESENTI, um de seus discípulos – é precisamente a sua "visão realística e funcional" do Direito Tributário; e prossegue aquele autor: "Esta escola segue, como é conhecida, uma via lógica de extrema coerência, que procura estar sempre aderente ao fenômeno econômico-financeiro, que vem regulado pela lei. Por isso parte do conceito de 'causa' ligado ao princípio da capacidade contributiva; interpreta as leis segundo as suas relações causais ou funcionais e procede de modo que a norma jurídica seja adequada ao elemento econômico e político (de escolha fiscal) que é o seu real conteúdo".[321]

BENVENUTO GRIZIOTTI, fundador e líder desta escola, decompõe o fenômeno financeiro (ex.: imposto) em quatro elementos constitutivos, a saber: "o elemento *político* que lhe indica a diretriz; o *jurídico*, que lhe indica o fundamento e a manifestação concreta; o *econômico*, que lhe ilustra as condições, o conteúdo e os efeitos, e o elemento *técnico operativo*, que explica a operação, a qual procura a receita". E conclui BENVENUTO GRIZIOTTI:

"Aqui nos encontramos frente aos quatro verdadeiros elementos constitutivos de um todo orgânico, que somente a análise abstrata da Ciência das Finanças pode decompor nos seus componentes, para estudá-los como parte sistemática, uma por uma, isoladamente, para aprofundar-lhe o conhecimento, sob a condição, porém, de coordená-los e recompô-los com a *síntese final* para alcançar o satisfatório conhecimento do ato financeiro segundo a sua efetiva e completa natureza".[322]

---

321. A. Pesenti, *Rivista di Diritto Finanziario e Scienza delle Finanze*, 1956, nº 1, parte primeira, p. 60.

322. B. Griziotti, "La Scuola Italiana di Diritto Finanziario e Scienza delle Finanze", *Rivista di Politica Economica*, 1937, pp. 968 e 969-70; *apud* A. D. Giannini, *I Concetti Fondamentali di Diritto Tributario*, Torino, 1956, p. 10.

"Griziotti, de fato, concebia esta (a Ciência das Finanças Públicas) – declara A. G. Canina – como a *síntese* em um determinado campo, de muitas ciências, com método e objeto, porém, próprio; de fato julgava que os elementos políticos, econômicos, jurídicos e técnicos deveriam ser juntamente fundidos."[323]

A *interpretação funcional* do Direito Tributário pregada pela escola doutrinária fundada por Griziotti, na exposição de um de seus próprios discípulos, R. Pomini:

"Significa isto: ver qual é a natureza e a função de cada tributo, previsto pela norma da lei, seja este um imposto, uma taxa, ou uma contribuição e, à luz de tal noção, aplicar a norma aos casos concretos. Os momentos da interpretação funcional, portanto, são essencialmente três: 1) exame da natureza e função do tributo que se trata de aplicar (exame que tem por resultado conhecimento do pressuposto e da causa jurídica do tributo); 2) exame do caso concreto (que leva,a concluir se e em que limites nele se reaproximam os extremos previstos pela norma tributária); 3) processo de submissão do caso concreto – também por via lógica e analógica – à norma".[324]

"A interpretação funcional – diz B. Griziotti – representa um progresso em relação aos outros métodos. Na verdade, ela significa uma investigação mais exata e segura que aquela voltada à indagação da *ratio legis* e da intenção do legislador. De fato é fundada sobre preciso conhecimento das respectivas funções dos elementos *político*, *econômico-social*, *jurídico* e *técnico* componentes da receita. A *ratio legis* e a intenção do legislador deveriam compreender tudo isto, mas não o circunscrevem e permanece por isto um ponto de referência ainda indeterminado e, em consequência, insuficiente como orientação. Porém, com a interpretação funcional, que se refere à *quádrupla* série de princípio de cada receita,

---

323. A. G. Canina, *Studi in Memoria di Benvenuto Griziotti*, Milano, 1959, p. 197 (grifamos).

324. R. Pomini, in *Mon. Trib.*, 1949, I; *apud* A. D'Angelillo, *Le Frodi Fiscali*, vol. II, Milano, 1952, p. 347.

pontualiza-se onde está o *focus* da questão a resolver, qual seja: se na natureza da operação econômico-social e jurídica da receita ou no princípio político que resulte decisivo para determinar os limites do objeto imponível".[325]

Crítica à doutrina jurídica de GRIZIOTTI – De que modo e com que resultado poderão ser coordenados "os quatro elementos constitutivos do ato financeiro" de BENVENUTO GRIZIOTTI e recompô-los em sua famosa *sintesi finale*, é coisa que o preclaro e lúcido A. D. GIANNINI confessa não compreender, nem atingir seu significado: "Que coisa isto precisamente signifique não conseguimos compreender. E, para fugir ao vago e ao abstrato, perguntamos: como se recompõe em uma síntese as teorias jurídicas sobre os caracteres da obrigação tributária, o seu nascimento e extinção, os sujeitos entre as quais intervêm, com as teorias econômicas sobre a incidência e sobre a translação do imposto? Ou a determinação da natureza jurídica e dos efeitos da relação de empréstimo público com as indagações econômicas ou econômico-políticas a respeito da conveniência do empréstimo perante o imposto ou as condições de mercado que permitem-lhe a conversão? Se cada Ciência é um complexo orgânico de noções homogêneas, um sistema de conceitos gerais e particulares, logicamente coordenados entre si, como se pode construir uma Ciência com elementos assim heterogêneos e profundamente distintos pela sua *origem*, pela sua *intrínseca natureza*, pela sua característica, pelo campo nos quais atuam – a saber, os elementos econômicos e jurídicos – *permanece um mistério*, ao menos para nós, impenetrável".[326]

A *sintesi finale* coordenaria e recomporia os quatro elementos que constituiriam o ato ou fenômeno financeiro (uma variante

325. B. Griziotti, in *Rivista di Diritto Finanziario e Scienza delle Finanze*, 1949, nº 4, parte primeira, p. 355.

326. A. D. Giannini, *I Concetti Fondamentali di Diritto Tributario*, Torino, 1956, pp. 10-11. Fernando Sáinz de Bujanda, *Hacienda y Derecho*, vol. II, Madrid, 1962, p. 47.

da quadratura do círculo) e isto seria – segundo BENVENUTO GRIZIOTTI – a verdadeira tradição clássica italiana que deveria inspirar e orientar o estudo dos jovens. Porém... "Não soe ofensa à memória do saudoso mestre, se, para o progresso da Ciência, nós aconselhemos aos jovens não seguirem este ensinamento".[327]

O estudo simultâneo dos aspectos político, econômico e jurídico do fenômeno financeiro não ajudaria o desenvolvimento da Ciência das Finanças Públicas, nem da política fiscal, nem do Direito Tributário, "mas seria fonte somente – como de fato se encontra na maior parte destes híbridos tratamentos – de obscurantismos e de equívocos".[328]

Muito sugestiva é a observação de A. D. GIANNINI ao dizer que a ação, a coordenação e a recomposição na *sintesi finale* dos quatro elementos constitutivos do ato ou fenômeno financeiro é um mistério impenetrável.

Interpretando palavras proféticas de GINO GORLA, pergunta ANTONIO D'ANGELILLO se a interpretação funcional da Escola de GRIZIOTTI não constituirá o "pericolo pubblico nº 1".[329]

ANTONIO D'ANGELILLO não exagerou. BENVENUTO GRIZIOTTI e seus discípulos, consciente ou inconscientemente, professam a "idolatria do Realismo".[330]

"Quand l'homme déclare faire sa mystique du réalisme, *ilfaut le regarder avec méfiance*. Car il fait, en réalité, son réalisme d'une mystique. La réalité qu'il prétend servir et que, pour cela, il veut sans concurrence, vaut bientôt moins que ce qu'elle a de réel, que comme une arme semant la mystique jalouse que le prétendu réaliste construit autour d'elle. Il n'est guère d'idéaliste plus fermé à toutes les réalités étrangères que

---

327. B. Cocivera, *Principi di Diritto Tributario*, vol. I, Milano, 1959, p. 10.

328. A. D. Giannini, *I Concetti Fandamentali di Diritta Tributário*, Torino, 1956, p. 12.

329. A. D'Angelillo, *Le Fradi Fiscali*, vol. II, Milano, 1952, p. 350.

330. A expressão é de G. Burdeau, *Traité de Science Politique*, vol. I, Paris, 1949, p. 307.

le prétendu réaliste puro. A plus forte raison en veut-il aux transpositions idéales de toutes les réalités étrangères à sa secte.

La recherche de la structure de fait devient alors pour lui, essentiellement, le moyen d' éliminer des idéalismes concurrents. Quand il fait apparaître, sous une structure juridique traditionnelle, les faits matériels qu'elle avait d'abord mis en oeuvre, c'est pour torpiller cette structure, c'est pour se débarrasser de ce qui, en elle, heurte sa mystique propre."[331]

"Pareillement, les biologistes n'auraient rien présenté de dangereux pour les structures juridiques, s'ils s'étaient cantonnés aux données de fait de la biologie. Bien au contraire, en éclairant les connaissances de l'homme sur la vie, ils eussent continué à rendre au droit les plus précieux services. Le péril naît seulement quand ils enfourchent l'idéal eugéniste. Alors, si leur prétendu réalisme, borné au secteur limité de leur science, prétend s'ériger en mystique, ils peuvent causer des désastres."[332]

Os quatro elementos constitutivos do ato financeiro de Griziotti são os Quatro Cavaleiros do Apocalipse que se coordenam e recompõem na *sintesi finale*: a destruição do Direito Tributário (destruição precisamente do que há de *jurídico* dentro do Direito Tributário) restando apenas o Tributário.[333]

---

331. R. Savatier, in *Le Droit Privé Français au Milieu du XXe Siècle*, vol. I, Paris, 1950, pp. 87-88 (grifou-se).

332. R. Savatier, in *Le Droit Privé Français au Milieu du XXe Siècle*, vol. I, Paris, 1950, p. 89 (grifou-se).

333. Para a crítica da doutrina pseudojurídica de Griziotti, ver também: Fernando Sáinz de Bujanda, *Hacienda y Derecho*, vol. II, Madrid, 1962, pp. 47-137; Romanelli-Grimaldi, *Metodologia del Derecho Financiero*, in *Revista de Derecho Financiero y de Hacienda Pública*, Madrid, junho de 1961, vol. XI, fasc. 42, pp. 731-80; Emilio Giardina, *Le Basi Teoriche del Principio delta Capacità Contributiva*, Milano, 1961, pp. 395 e ss; A. D. Giannini, *I Concetti Fondamentali di Diritto Tributario*, Torino, 1956, pp. 7-15; A. D'Angelillo, *Le Frodi Fiscali*, vol. II, Milano, 1952, pp. 20 e ss. e pp. 347 e ss.

Para uma crítica da *interpretação funcional* que "ha fattos corre i tradizionali fiumi di inchiostro", veja-se A. Berliri, *Principi di Diritto Tributario*, vol. I, Milano, 1952, pp. 80-83.

Capítulo III

INTERPRETAÇÃO DAS LEIS TRIBUTÁRIAS

§ 1º PERSPECTIVA GERAL

30. Mitos e supertições na interpretação das leis tributárias

O problema jurídico tributário que, no passado, mais apaixonou os estudiosos do Direito Tributário, foi o da interpretação das leis tributárias. Por imaginarem que as leis tributárias deveriam ser interpretadas de modo diferente e com método especial, correram rios de tinta, pró e contra o Fisco, inundando bibliotecas e afogando advogados e juízes num remoinho de teorias e sutilezas muito belas e sonoras, no plano filosófico, político, financeiro e retórico, porém sem densidade jurídica.

Modernamente, para a tranquilidade de todos, chegou-se à conclusão, tão verdadeira quanto simples, que as leis tributárias são regras jurídicas com estrutura lógica e atuação dinâmica *idênticas* às das demais regras jurídicas e, portanto, interpretam-se como qualquer outra lei, admitem todos os métodos de interpretação jurídica e não existe qualquer peculiar princípio de interpretação das leis tributárias.[334]

---

334. B. Cocivera, *Principi di Diritto Tributario*, vol. I, Milano, 1959, p. 64; A. Berliri, *Principi di Diritto Tributario*, vol. I, Milano, 1952, pp. 61-62; Luigi Vittorio Berliri, *L'Imposta di Ricchezza Mobile*, Milano, 1949, p. 327.

Quase todos os modernos doutrinadores do Direito Tributário chegaram à conclusão supra indicada; entretanto, a maior parte ainda o faz com certas ressalvas e adaptações que revelam a permanência prejudicial de alguns efeitos da tremenda e exasperante querela fradesca que, no passado, submergiu a interpretação das leis tributárias.[335]

O referido atavismo hermenêutico denuncia-se ainda muito forte (forte na influência sobre a doutrina especializada em Direito Tributário, contudo cada vez mais fraco nos fundamentos jurídicos que inutilmente ela procura oferecer para sustentar uma tese insustentável no plano jurídico) quando se trata de interpretar regras jurídicas tributárias que escolheram fatos jurídicos (atos jurídicos, negócios jurídicos, etc.) para a composição de suas respectivas hipóteses de incidência ("fato gerador", "fattispecie"). Este é um ponto decisivo e de fundamental importância para a manipulação de todo o instrumental jurídico-tributário; da investigação e análise desta questão, no plano jurídico, decorrem as soluções para os problemas de

---

335. Mesmo entre a melhor doutrina, ainda se encontram autores nos quais se percebe a maior ou menor permanência destes efeitos nocivos. Por exemplo: A. D. Giannini ainda mostra-se inclinado a admitir que as leis tributárias que criam os tributos (que predeterminam os "fatos geradores") não teriam a mesma "elasticidade" das demais leis, noutras palavras, ele ainda é favorável a uma interpretação de certo modo "restritiva" das leis tributárias que estabelecem as hipóteses de incidência ("fatos geradores", "fattispecie"); ver *I Concetti Fondamentali di Diritto Tributário*, Torino, 1956, pp. 39-40; para a crítica desta tese de A. D. Giannini ver B. Cocivera, *Principi di Diritto Tributário*, vol. I, Milano, 1959, pp. 69-71.

Outros exemplos: Rubens Gomes de Sousa (*Compêndio de Legislação Tributária*, 2ª ed., Rio de Janeiro, 1954, p. 44, letras A, D, E) e Amilcar de Araújo Falcão (*Introdução ao Direito Tributário*, Rio de Janeiro, 1959, pp. 99-106), embora reconheçam que as leis tributárias devam ser interpretadas como as demais leis, ainda procuram sustentar a tese de que os fatos *jurídicos* previstos na regra jurídica como elementos integrantes de sua hipótese de incidência ("fato gerador", "fattispecie") devem ser interpretados de acordo com os seus efeitos *econômicos* e não segundo sua natureza jurídica e efeitos jurídicos. A improcedência desta tese está demonstrada em nossos ns. 32-37.

interpretação que assaltam o juiz, o parecerista e o advogado, por exemplo:

a) quando o Direito Tributário utilizou-se de conceitos e institutos de outros ramos do Direito;

b) quando se procura distinguir a *fraude* da *evasão* fiscal, para admitir esta e recusar aquela;

c) quando se investiga a natureza *jurídica* específica a cada tributo para, distinguindo-a da natureza econômica, deslindar questões de competência tributária e discriminação constitucional de rendas tributárias entre os Estados-membros do Estado federado;

d) a velha e constante dor de cabeça do jurista; a *analogia* na interpretação das regras jurídicas tributárias.

Em virtude da relevância destas questões e da balbúrdia doutrinária que as envolve,[336] dedicou-se a cada uma delas, neste livro, uma análise na qual procurou-se aliar a clareza à síntese, sem prejuízo da juridicidade.[337]

Quanto aos demais problemas e métodos de interpretação jurídica, remete-se o leitor às obras dos especialistas em interpretação das leis, pois as leis tributárias interpretam-se como qualquer outra regra jurídica.

Ao enviar o leitor àquelas obras dos especialistas em interpretação jurídica, lembra-se que, para consultá-las com proveito, *é indispensável que, antes de tudo, o estudioso tenha reeducado a sua atitude mental jurídica tributária*; o Direito

336. Ver ns. 1 e 2.

337. Utilização pelo Direito Tributário de conceitos e institutos dos demais ramos de Direito Positivo, ver nº 34.

Analogia na interpretação das leis tributárias, ver nº 37.

Fraude e evasão fiscal, ver ns. 38-45.

Natureza jurídica dos tributos, ver ns. 101-119.

Discriminação constitucional da competência tributária, ver nº 119.

Tributário, como todo o Direito Positivo, tem natureza instrumental; manejá-lo é uma Ciência que exige sensibilidade específica: atitude mental jurídica. Caso contrário, as *conclusões* que emergirem do esforço interpretativo serão filosóficas ou financeiras ou políticas e até convincentes naqueles respectivos planos, porém nunca *jurídicas*.[338]

Ao defrontar-se com a regra jurídica, o seu intérprete deve ter em mente, com extrema nitidez, a *estrutura lógica* e a *atuação dinâmica* de toda e qualquer regra jurídica. Isto posto, ele pode dividir a tarefa hermenêutica em quatro momentos:[339]

Primeiro momento: dissecar a estrutura lógica daquela determinada regra jurídica a interpretar. Desta dissecação, ele obterá a *regra* (a regra de conduta) e a *composição* da hipótese de incidência ("fato gerador", suporte fáctico "fattispecie") específica àquela regra jurídica. É neste primeiro momento que assume capital importância o *cânone hermenêutico da totalidade do sistema jurídico* que tanto pode revelar a existência da regra jurídica, como pode denunciar a sua inexistência (lei não-válida, sem juridicidade).[340]

Segundo momento: investigar e analisar os fatos jurídicos e não-jurídicos que constituem o problema prático a resolver. Na investigação e análise destes fatos o intérprete vai "pinçando e guardando unicamente aqueles fatos que são elementos integrantes da hipótese de incidência cuja composição, no primeiro momento, foi prefixada. Depois de analisados e investigados todos aqueles fatos jurídicos e não-jurídicos, tomar os fatos "pinçados e guardados" e *confrontá-los* com a composição da hipótese de incidência cujos fatos integrantes foram preestabelecidos no primeiro momento; se desta confrontação resultar a identificação do conjunto de fatos *hipotéticos* (hipótese de incidência) com o conjunto de fatos *realizados*, o

338. Reeducação da atitude mental jurídica tributária, ver toda a Parte Segunda deste livro, ns. 10-29.

339. Ver nº 81.

340. Ver nº 31.

intérprete conclui que tem diante de si uma hipótese que deixou de ser hipótese porque se realizou: constatou a *realização* da hipótese de incidência.

Terceiro momento: diante da hipótese de incidência *realizada*, o intérprete conclui ter havido a incidência da regra jurídica, porque esta é *infalível*.[341] Depois de se ter certificado que houve, na verdade, a realização da hipótese de incidência, o intérprete investiga e analisa os *efeitos* jurídicos (ex.: relação jurídica e seu conteúdo jurídico) resultantes da *incidência* da regra jurídica. A natureza destes efeitos já era conhecida, pois fora *predeterminada* pela *regra* (regra de conduta, preceito) quando, no primeiro momento, analisou-se a estrutura lógica da regra jurídica; entretanto, estes efeitos somente se irradiaram (começaram a ter existência jurídica real) *depois* da *incidência* da regra jurídica sobre sua hipótese de incidência *realizada*.

Quarto momento: o intérprete observa se foram respeitados os efeitos jurídicos que resultaram da incidência da regra jurídica. Neste momento, deve-se distinguir entre *infalibilidade* da incidência da regra jurídica e *respeitabilidade* aos efeitos jurídicos decorrentes desta incidência.[342]

31. Cânone hermenêutico da totalidade do sistema jurídico

A lei considerada em si mesma, como um ser isolado, não existe como regra jurídica. Isolada em si mesma, a lei existe apenas como fórmula literal legislativa *sem conteúdo jurídico* ou como simples fenômeno histórico. A lei não é um pássaro que o legislador solta abrindo as portas do Congresso. A lei tributária não é um falcão real que do punho do Executivo alça vôo para ir à caça do "fato gerador". A regra jurídica contida na lei (fórmula literal legislativa) é a *resultante*

341. Ver nº 85.

342. Ver nº 85.

lógica de um complexo de *ações* e *reações* que se processam no sistema jurídico onde foi promulgada. A lei age sobre as demais leis do sistema, estas, por sua vez, reagem; a *resultante* lógica é a verdadeira regra jurídica da lei que provocou o impacto inicial.[343]

Estas ações e reações se processam tanto no plano *vertical* (interpretação histórica) quanto no plano *horizontal* (interpretação sistemática). Esta fenomenologia da regra jurídica é observada à luz do *cânone hermenêutico da totalidade do sistema jurídico* e que consiste em síntese: extrair a regra jurídica contida na lei, relacionando esta com as demais leis do sistema jurídico vigente (plano horizontal) e sistemas jurídicos antecedentes (plano vertical).[344]

A regra jurídica embute-se no sistema jurídico e tal inserção não é sem consequências para o conteúdo da regra jurídica, nem sem consequências para o sistema jurídico. "Daí, quando se lê a lei, em verdade se ter na mente o sistema jurídico, em que ela entra, e se ler na *história*, no *texto* e na *exposição sistemática*. Os erros de expressão da lei são corrigidos facilmente porque o texto fica entre esses dois componentes do material para a fixação do verdadeiro sentido."[345]

---

343. Ver principalmente: N. Bobbio, *Teoria della Scienza Giuridica*, Torino, 1950, pp. 217-30 e *Studi sulla Teoria Gellerale del Diritto*, Torino, 1955, pp. 152-55. Ver também: E. Vanoni, *Natureza e interpretação das leis tributárias*, Rio de Janeiro, 1952 (tradução Rubens Gomes de Sousa, do original italiano, ed. Padova, 1932), nº 47, p. 257; R. Schmidt, *Allgemeine Staatslehre*, Leipzig, 1901, p. 170, nota 1ª; F. Somlò, *Juristische Grundlehre*, 1927, p. 381; E. Betti, *Teoria Generale della Interpretazione*, vol. II, Milano, 1955, pp. 828, 831; Pontes de Miranda, *Tratado de Direito Privado*, vol. I, Rio de Janeiro, 1954, Prefácio, pp. XIII-XIV; Santi Romano, *Frammenti di um Dizionario Giuridico*, Milano, 1947, p. 136; Kelsen, *Teoria General del Derecho y del Estado*, 2ª ed. da tradução, México, 1958 (ed. original Berkeley, 1944), pp. 3, 129, 146.

344. E. Betti, *Teoria Generate della Interpretazione*, vol. II, Milano, 1955, pp. 828, 831.

345. Pontes de Miranda, *Tratado de Direito Privado*, vol. I, Rio de Janeiro, 1954, Prefácio, pp. XIII-XIV.

"O preceito de lei", esclarece Ezio Vanoni, "deve ser posto em relação com as normas das leis correlatas, e, de modo geral, com os de todas as leis vigentes no ordenamento jurídico de que se trate.

Toda norma é, com efeito, parte integrante do sistema jurídico a que pertence. Desde o momento da sua criação, entre todas as normas de um mesmo sistema se exerce um complexo de ações e reações, que decorrem da necessária amalgamação das normas no ordenamento vigente. Já foi exatamente observado que a norma jurídica isolada não existe como tal na realidade da vida jurídica. Toda norma é válida e obrigatória, unicamente em uma *relação* necessária de influências recíprocas com um número ilimitado de outras normas, que a determinam mais expressamente, que a limitam, que a completam de modo mais ou menos imediato".[346]

"Na verdade, constitui, agora, uma definitiva conquista o conceito da unidade e imanência de toda a lei vigente. Não existe um legislador tributário, distinto e contraponível a um legislador civil ou penal ou processual."[347]

O cânone hermenêutico da totalidade do sistema jurídico tanto serve para revelar a existência da regra jurídica (lei válida), como também pode acusar a *inexistência* da regra jurídica (lei não-válida). O intérprete constata a inexistência de regra jurídica, quando o referido cânone hermenêutico conduz o intérprete à *antinomia* (contradição entre duas ou mais leis) ou à *inconstitucionalidade* (lei violadora de regra jurídica criada por outro órgão legislativo de grau superior).[348]

Finalmente, cumpre lembrar que *não é a interpretação que invalida a lei*; na verdade, o que o intérprete faz é a necropsia

346. E. Vanoni, *Natureza e interpretação das leis tributárias*, Rio de Janeiro, 1952 (tradução de Rubens Gomes de Sousa, do original italiano, ed. Padova, 1932), nº 47, p. 257.

347. Luigi Vittorio Berliri, *L'Imposta di Ricchezza Mobile*, Milano, 1949, p. 318.

348. Distinção entre antinomia e inconstitucionalidade, ver nº 60.

da lei morta.[349] Morte da lei antiga pelo impacto da nova lei ao se embutir no sistema jurídico; ou morte da nova lei pela reação do sistema jurídico ou morte de ambas em virtude daquela ação e reação.[350]

§ 2º LINGUAGEM JURÍDICA TRIBUTÁRIA

32. Fontes da linguagem jurídica

A linguagem intervém necessariamente para transmitir o conhecimento das regras de conduta – regra jurídica – na vida social, porque, em última análise, as referidas regras de conduta só poderão ser transmitidas através de palavras e frases.[351]

"Le langage intervient, comme instrument technique essentiel, dans la mise en oeuvre du droit positif, par cette raison que celui-ci, tendant, avant tout, à faire passer certaines règles de conduite extérieure dans la vie pratique de l'humanité, doit avoir prise sur les volontés, par le moyen de l'intelligence, seule capable de diriger les mouvements de celles-ci, en suggérant les motifs que les puissent détermine. Or, ces motifs eux-mêmes se traduisent nécessairement en concepts; et les concepts se communiquent normalement d'esprit à esprit, par le moyen des mots et des phrases, qui les incorporent et les rendent assimilables suivant les lois naturelles de la langue."[352]

"Mais, voyant dans la langue ce qu'elle est, un simple instrument de communication de faits *psychologiques* par signes

---

349. Bellavista, *Interpretazione della Legge Penale*, Roma, 1936, p. 91, *apud* Massimo Severo Giannini, *Rivista di Diritto Finanziario e Scienza delle Finanze*, ano 1941, parte I, p. 196, nota 2ª.

350. Critério para distinguir, dentre as três hipóteses, qual a que se realizou, ver nº 60.

351. P. Raubier, *Théorie Générale* du *Droit*, 2ª ed., Paris, 1951, p. 113.

352. F. Gény, *Science et Technique* en *Droit Privé Positit*, vol. III, Paris, 1921, p. 454, nº 255.

échangés entre êtres intelligents, il s'agit seulement de l'utiliser au mieux, en vue du but que nous poursuivons, et que se ramène essentiellement à faire passer certaines injonctions dans la vie pratique de l'humanité.

Aussi bien, le droit *ne peut-il-prétendre, ici, à un rôle entiérement créateur*. Príncipalement et nécessairement, il puisera dans lê langage courant, qui nous offre le fonds commun, ou s'alimentent tous les canaux faisant circuler les idées à travers la vie sociale. Le juriste s'applique à tirer de ce fonds commun les expressions et agencements nécessaires, pour rendre les sens, profond et *spécifique*, des préceptes du droit. – De là surgit, comme en tout ordre d'activité propre, une *langue technique*, s'appuyant à la langue commune, mais en précisant les temes ou les formes, parfois les *dénaturant*, au besoin même *en changeant tout* à fait l'applícation, de façon à obtenir un idiome spécialement adapté au but poursuivi, et qui finalement lui marque sa place distincte au milieu des confusions, des obscurités et des équivoques de la langue vulgaire."[353]

33. Função e natureza elíptica da linguagem jurídica

Tanto o jurista que procura palavras e frases apropriadas para criar a regra jurídica, quanto o jurista que analisa a incidência daquela regra jurídica, devem sempre ter presente que a linguagem, embora indispensável, é um instrumento insuficiente para transmitir a ideia em toda a sua integridade.

A linguagem não é um *meio de transporte* da ideia, mas é um instrumento *fecundador* pelo qual o cérebro portador de uma ideia faz com que, no cérebro de outro indivíduo germine e se desenvolva uma ideia análoga.[354]

353. F. Gény, *Science et Technique en Droit Privé Positif*, vol. III, Paris, 1921, pp. 459-60 (grifamos); N. Bobbio, *Teoria della Scienza Giuridica*, Torino, 1950, pp. 217-30.

354. Compare-se F. Gény, *Science et Tecnique en Droit Privé Posatil*, vol. III, Paris, 1921, p. 459.

Não somente a fórmula e a linguagem das regras jurídicas, mas qualquer expressão de linguagem sofre – sempre e necessariamente – deste defeito de insuficiência com relação à ideia que procura exprimir e que, consequentemente, sempre impõe ao interlocutor (intérprete) a exigência de *integrar* e *completar* aquela ideia.[355]

E quando o interlocutor (intérprete) é um jurista de Direito Tributário, então, *precisamente naquele momento em que cumpre com a exigência de integrar e completar a ideia* (a ideia é a regra jurídica) expressa pela linguagem legislativa, repetimos, precisamente naquele momento deve lembrar-se que mesmo no caso de o Direito Tributário, aparentemente, ter aceito e consagrado um princípio (ou conceito ou categoria ou instituição ou diretriz) da Ciência das Finanças Públicas ou de outra Ciência pré-jurídica, todavia e sempre e necessariamente, *houve uma deformação e transfiguração* naquele princípio (ou conceito ou categoria ou instituição ou diretriz) quando entrou no mundo jurídico, passando a ter um conteúdo jurídico que não é e nem pode mais ser aquele conteúdo original e peculiar da Ciência das Finanças Públicas ou de outra Ciência pré-jurídica.[356]

A fim de afastar a acusação de que o que se acabou de dizer estaria em contradição com a crítica à doutrina da interpretação do Direito Tributário segundo a realidade econômica,[357] *é*

355. E. Betti, *Teoria Generale della Interpretazione*, vol. II, Milano, 1955, p. 835; Urban, "language and reality" *apud*. E. Betti, loc. cit., nota 71; E. Betti, op. cit., p. 850; W. Humboldt, *apud* E. Betti, loc. cit., nota 35.

356. Principalmente ver: N. Bobbio, *Teoria della Scienza Giuridica*, Torino, 1950, pp. 217-30. Neste sentido: C. Cosciani, *Principi di Scienza delle Finanze*, Torino, 1953, p. 9; Fernando Sáinz de Bujanda, *Hacienda y Derecho*, vol. II, Madrid, 1962, p. 76; T. Ascarelli, *Saggi Giuridici*, Milano, 1949, p. 73, nota 126; e mais recentemente *Problemi Giuridici*, vol. I, Milano, 1959, p. 63, nota 4; F. Carnelutti, *Teoria General del Derecho*, Madrid, 1955 (trad. da 3ª ed. italiana, Roma, 1951), nº 80, p. 245; E. Betti, *Teoria Generale della Interpretazione*, vol. II, Milano, 1955, pp. 812-13.

357. Para a crítica desta doutrina, ver nº 36.

preciso que o leitor tenha sempre presente a seguinte fundamental distinção: tudo o que foi dito refere-se *exclusivamente* aos casos de aceitação pelo Direito Tributário de conceito ou princípio ou categoria ou diretriz da Ciência das Finanças Públicas ou de outra *Ciência pré-jurídica.*

Quando a aceitação pelo Direito Tributário foi de conceito ou princípio ou categoria ou instituto de *outro ramo do Direito* (ex.: Direito Civil, Comercial; compra e venda, locação, empreitada, etc.) então (*salvo existindo regra jurídica transfiguradora*) o Direito Tributário ao aceitá-lo não o transfigurou, *nem* o modificou. Esta transfiguração ou deformação ocorreu em momento bem anterior: quando aquele princípio, conceito ou categoria criou-se (entrou no mundo jurídico) *naquele outro* ramo do Direito. De modo que na interpretação de lei tributária que tenha aceitado princípio, conceito, categoria ou instituição, de outro ramo do Direito (portanto, já jurídico), no momento em que o intérprete cumpre com a exigência de integrar e completar a ideia deverá lembrar-se (salvo expressa disposição legal) que a ideia resultante é *idêntica* àquela ideia que resultou quando, *no outro ramo do Direito*, também se fez a integração e complementação da ideia contida na linguagem (fórmula legislativa); por exemplo: venda, locação, empreitada, incorporação, propriedade, usufruto, fruto, empréstimo, móvel, imóvel, condomínio, título ao portador, herdeiro, sucessão comercial, dividendo, etc.

"A formação histórica do conceito de *autonomia*", diz Francesco Calasso, Professor da Universidade de Roma, "põe *um problema de método* que interessa de modo particular e direto ao *jurista moderno*, que daquele vocábulo usa nas acepções mais disparatadas. Tal conceito, como *qualquer outro conceito* da Ciência jurídica, é a um tempo, o fruto de uma experiência histórica e um instrumento de trabalho. O teórico do Direito, ao servir-se dele, não pensa mais nesta experiência, assim como não reflete mais sobre o étimo grego da palavra que veste tradicionalmente o conceito.

Ora, se esta indiferença gramatical é inócua e, talvez, pode ser um bem enquanto evita as falsas miragens que o fixar-se sobre a palavra grega poderia criar,[358] entretanto o mesmo não se poderá dizer com respeito ao problema mais propriamente histórico: porque só sobre terreno histórico o jurista teórico pode encontrar os critérios de valorização intrínseca do conceito do qual ele se serve, controlados pela experiência da qual este (o conceito) é o fruto e não arbitrariamente subordinado aos mutáveis interesses das próprias construções, que acabaram por fragmentar a *unidade do conceito*, com a consequência inevitável de limitar-lhe a utilidade específica de *instrumento de trabalho*".[359] "Esta preliminar metodológica, endereçada ao jurista teórico, serve por outro lado ao histórico do direito para uma mais correta implantação de sua tarefa que se deseja coordenada (não subordinada) aos interesses de conhecimento pelo teórico do direito atual. Peculiar porque aqui nos encontramos defronte a um instrumento de trabalho representado por um conceito *não próprio do mundo jurídico*, recebido, como se sabe, da linguagem especulativa, e da qual por isso o *jurista* moderno usa, e às vezes *abusa*, o histórico do direito tem o dever de recolhê-lo nas suas fontes originais, *no momento do seu nascimento*".[360]

---

358. Sobre o pequeno valor da etimologia na hermenêutica jurídica, vide também François Gény: "Aussi, convient-il notamment de ne pas exagérer ici l'importance des étymologies. Assurément, l'étymologie, quand elle fait bien exactement découvrir l'origine certaine d'un vocable, peut nous aider grandement à en fixer le sens, et à préciser ses limites. *Mais elle ne fourmit jamais qu'un point de départ*. Et, sa valeur *simplement indicatrice* ne peut trouver un contrôle et un critère décisifs, que dans les résultats de l'usage, que a pu, par sa pression continue et dominatrice, tantôt en confirmer, tantôt, au contraire, en infirmer les suggestions" (*Science et Technique en Droit Privé Positif*, vol. III, Paris, 1921, pp. 460-61).

359. Com razão F. Calasso considera os conceitos jurídicos como instrumentos de trabalho; ver nosso nº 19, onde se expõe a natureza instrumental do Direito.

360. Francesco Calasso, *Enciclopedia del Diritto*, vol. IV, Milano, 1959, p. 349 (grifamos).

34. A utilização pelo Direito Tributário de conceitos e institutos de outros ramos do Direito

Não existe um legislador tributário distinto e contraponível a um legislador civil ou comercial. Os vários ramos do Direito não constituem compartimentos estanques, mas são partes de um *único* sistema jurídico, de modo que qualquer regra jurídica exprimirá sempre uma *única regra* (conceito ou categoria ou instituto jurídico) válida para a *totalidade* daquele *único* sistema jurídico. Esta interessante fenomenologia jurídica recebeu a denominação de *cânone hermenêutico da totalidade do sistema jurídico.*[361]

Com toda razão, o Professor da Universidade de Roma, Emilio Betti, especialista em hermenêutica, roga atenção para o deplorável fato de grande parte dos juristas ainda não terem demonstrado o mínimo indício de conhecer e compreender este fundamental cânone hermenêutico da totalidade do sistema jurídico.[362]

Da fenomenologia jurídica acima indicada decorre o seguinte: uma definição, qualquer que seja a lei que a tenha

---

361. A. Berliri, *Principio di Diritto Tributário*, vol. I, Milano, 1952, p. 64; Luigi Vittorio Berliri, *L'Imposta di Ricchezza Mobile*, Milano, 1949, p. 318; E. Betti, *Teoria Generale della Interpretazione*, vol. II, Milano, 1955, pp. 828, 831; N. Bobbio, *Teoria della Norma Giuridica*, Torino, 1958, pp. 217-30; *Studi sulla Teoria Generale del Diritto*, Torino, 1955, pp. 152-55. Sobre a conceituação e exposição resumida do cânone da totalidade hermenêutica, ver nosso nº 31.

362. E. Betti, *Teoria Generale della Interpretazione*, vol. II, Milano, 1955, p. 828. Eméritos especialistas em Direito Tributário, como L. Trotabas, lamentavelmente devem ser incluídos entre aqueles que não demonstraram compreender o verdadeiro sentido do cânone hermenêutico da totalidade do sistema jurídico. Denunciador de tal desconhecimento, é o titulo que em sua *Science et Technique Fiscales*, Paris, 1958, L. Trotabas escolheu para o parágrafo nº 242: "L'antinomie du droit fiscal et du droit privé". É verdade que o *texto* do nº 242 está em certa antinomia com o respectivo título; mas o exame do texto do seguinte nº 243 – que responde à pergunta feita no fim do nº 242 – revela que a tese que L. Trotabas procura defender é "L'antinomie du droit fiscal et du droit privé".

enunciado, deve valer para todo o Direito; salvo se o legislador expressamente limitou, estendeu ou alterou aquela definição ou excluiu sua aplicação num determinado setor do Direito; mas para que tal alteração ou limitação ou exclusão aconteça é indispensável a existência de regra jurídica que tenha disciplinado tal limitação, extensão, alteração ou exclusão. Portanto, quando o legislador tributário fala de venda, de mútuo, de empreitada, de locação, de sociedade, de comunhão, e incorporação, de comerciante, de empréstimo, etc.,[363] deve-se aceitar que tais expressões têm dentro do Direito Tributário *o mesmo significado* que possuem no outro ramo do Direito, onde *originalmente* entraram no mundo jurídico. Lá, por ocasião de sua entrada no mundo jurídico, é que houve uma deformação ou transfiguração de uma realidade *pré-jurídica* (exemplo: conceito de Economia Política; instituto da Ciência das Finanças Públicas).[364]

Recomenda Luigi Vittorio Berliri o abandono, de uma vez para sempre, do arbitrário expediente de atribuir ao legislador *tributário* (como se fosse um *outro* legislador e ainda por cúmulo, ignorante de Direito) uma linguagem sua própria que atribuiria a palavra ou expressão que tem um bem preciso e conhecido significado *jurídico*, um esquisito significado *novo* de Direito Tributário.[365]

O "marido" de Direito Tributário – com razão adverte Luigi Vittorio Berliri – não pode ser outro que o marido do Direito Civil e canônico, isto é, aquele que é unido à mulher pelo vínculo do matrimônio. O "grau de oficial" ao qual se refere o artigo 7º da lei do imposto de renda, não pode ser outro que aquele resultante dos regulamentos militares. Exatamente como a "maltose", o "tártaro" e o "cróton" aos quais as

363. Para mais exemplos, vide Luigi Vittorio Berliri, *L'Imposta di Ricchezza Mobile*, Milano, 1949, p. 319.

364. Ver nº 23.

365. Luigi Vittorio Berliri, *L'Imposta di Ricchezza Mobile*, Milano, 1949, p. 322.

normas tributárias fazem referência (a propósito do imposto de fabricação sobre glicose e sobre óleos de sementes), não podem ser senão a maltose, o tártaro e o cróton da merceologia. Tanto não é possível pensar em um marido ("de Direito Tributário"), em uma enfiteuse, em uma servidão, em uma hipoteca ("de Direito Tributário"), em um oficial, em um domínio útil, em um débito quirografário ("de Direito Tributário"), quanto impossível seria pensar em uma maltose, em um tártaro, em um cróton ("de Direito Tributário").[366]

"Mas dizer *a priori* e como regra geral, que – só porque a justificação do imposto é a existência de uma determinada capacidade contributiva – uma *empreitada* que produza efeitos econômicos análogos aos da *venda* deve, só por tal circunstância, ser tributada como venda porque demonstra uma igual capacidade contributiva, seria quase como dizer que um *gato* soriano deve ser considerado como um *cão,* para os efeitos da aplicação do imposto sobre cães, unicamente porque o imposto sobre cães é um imposto direto que percute a capacidade contributiva, e a posse de um gato soriano demonstra uma capacidade contributiva não menor que a demonstrada pela posse de um cão felpudo. É claro que um tal esquema lógico de raciocínio pode ser autorizado e concludente *no plano econômico-financeiro*, contudo é *inadmissível no plano jurídico*."[367]

O intérprete da lei tributária precisamente naquele momento em que cumpre com a exigência de integrar e completar a ideia (a regra jurídica) expressa na linguagem legislativa, precisamente neste momento deve lembrar-se que o Direito Tributário (salvo expressa disposição legal em contrário) aceitou e consagrou, *sem* deformação ou transfiguração, um princípio ou conceito *já jurídico* (a transfiguração ou deformação ocorreu quando, naquele outro ramo de Direito, dito princípio ou conceito, *entrou* num mundo jurídico).[368]

366. Idem, ibidem, p. 323.

367. Idem, ibidem, p. 326.

368. Ver nº 33.

O costume de aceitar como coisa "óbvia" o pseudoprincípio de que a regra jurídica tributária teria finalidade diversa das regras jurídicas do Direito privado, tem gerado múltiplas confusões e doutrinas contraditórias. A "obviedade", com que costuma ser aceito este pseudoprincípio, vê o finalismo da regra jurídica tributária como se fosse uma espécie de divisor de águas: a incidência da regra jurídica tributária cairia de um lado; a incidência da regra jurídica do Direito privado cairia do outro lado; e o incidir deste lado seria diferente do incidir naquele outro lado.

Ora, toda e qualquer regra jurídica tem o mesmo modo de incidir, ou melhor, *tem a mesma estrutura lógica e atuação dinâmica*: regra jurídica e sua hipótese de incidência ("fato gerador"); realizando-se a hipótese de incidência sobrevém a incidência da regra jurídica; em virtude desta incidência há a irradiação da eficácia jurídica (os efeitos jurídicos): a relação jurídica e seu conteúdo jurídico (direito e correlativo dever, pretensão e correlativa obrigação, ação e correlativa sujeição).[369]

Em resumo: as regras jurídicas que geram as relações jurídicas tributárias são regras jurídicas organicamente enquadradas num *único* sistema que constitui o ordenamento jurídico emanado de um Estado. Desta homogeneidade sistemática (homogeneidade essencial para o funcionamento de qualquer organismo e, portanto, essencial para a certeza *do direito* que deve derivar do organismo jurídico),[370] decorre a consequência de que a regra de Direito Tributátio ao fazer referência a conceito ou instituto de outro ramo de Direito, assim o faz, aceitando o mesmo significado jurídico que emergiu daquela: expressão (fórmula ou linguagem literal legislativa), *quando ela entrou para o mundo jurídico* naquele outro

369. Ver nº 81.

370. Sobre a certeza como atributo essencial do direito para impor a certeza nas relações sociais, ver nº 22.

ramo do Direito. Somente há deformação ou transfiguração pelo Direito Tributário, quando este, *mediante regra jurídica*, deforma ou transfigura aquele conceito ou instituto; ou melhor, quando o Direito Tributário cria uma nova *regra jurídica*, tomando como "dado" (matéria-prima para elaboração da nova regra jurídica) o "construído" (o conceito ou instituto jurídico de outro ramo do Direito).[371]

35. Interpretação do Direito Tributário segundo a realidade econômica

O florescer de estudos sobre o Direito Tributário, primeiro na Alemanha, depois na Itália, França e agora no Brasil, originou numerosa corrente doutrinária, segundo a qual, dever-se-ia ter como *princípio geral dominante* (e não como regra jurídica excepcional) o princípio de que o Direito Tributário, ao fazer referência a institutos e conceitos de Direito privado, desejaria transmitir ao intérprete aplicador da lei tributária

371. No mesmo sentido, Luigi Vittorio Berliri, *L'Imposta di Ricchezza Mobile, Milano,* 1949, pp. 317-28; Gilberto de Ulhoa Canto, *Temas de Direito Tributário*, Rio de Janeiro, 1955, ns. 263-285; Bilac Pinto, *Estudos de Direito Público*, Rio de Janeiro, 1953, pp. 72-84; A. Berliri, *Principi di Diritto Tributaria*, vol. I, Milano, 1952, pp. 63-75, entretanto Antonio Berliri faz certas concessões com as quais não se pode concordar; G. Guglielmi & G. Azzariti, *Lê Imposte di Registro*, Torino, 1959, pp. 5, 6, 91.

Também no mesmo sentido e particularmente interessante por se tratar de manifestação expressa por Tribunal Superior brasileiro, é o acórdão unânime de 23-12-1952 proferido pela 5ª Câmara Cível do Tribunal de Justiça do Distrito Federal, no agravo de petição nº 3.700, agravada: Prefeitura do Distrito Federal, publicado integralmente no "Diário da Justiça", ed. de 10-6-1954, apenso ao nº 131, p. 1.858.

Também em sentido análogo ao referido acórdão do Tribunal de Justiça do Distrito Federal, são os acórdãos a seguir enumerados, proferidos pelo mais alto Tribunal Judiciário Italiano, a Suprema Corte de Cassação, a seguir indicados: acórdão de 27-2-1941, acórdão de 28-5-1941, acórdão, de 4-8-1941, todos citados e abreviadamente transcritos in Luigi Vittorio Berliri, *L'Imposta di Ricchezza Mobile*, Milano, 1949, pp. 317, 318, 327 e 328; o acórdão de 197-1950, in A. D'Angelillo, *Le Frodi Fiscali*, vol. II, Milano, 1952, p. 29.

não a peculiar estrutura jurídica daquele instituto ou conceito – mas o fato *econômico* que lhe corresponde.[372]

Esta doutrina, com algumas restrições e peculiaridades, é esposada por AMILCAR DE ARAÚJO FALCÃO que foi quem, até hoje, com melhor precisão e clareza, mostrou os cânones fundamentais desta doutrina.

"O *que interessa ao direito tributário* – ensina AMILCAR DE ARAÚJO FALCÃO – *é a relação econômica*. Um mesmo fenômeno da vida pode apresentar aspectos diversos, conforme o modo de encará-lo e a finalidade que, ao considerá-lo, se tem em vista. Assim, em Direito Civil, interessam os efeitos dos atos e as condições de validade exigidas para a sua constituição ou formação. A conformação externa do ato, pois, é que importa

---

372. *No Brasil*: Amilcar de Araújo Falcão, *Introdução ao Direito Tributário*, Rio de Janeiro, 1959, pp. 95-106, especialmente pp. 99, 101 *in fine* e 103.

Na Itália: E. Vanoni, "Natureza e interpretação das leis tributárias", Rio de Janeiro, 1952 (tradução de Rubens Gomes de Sousa, do original italiano, ed. Padova, 1932), nº 32, in *Lezioni di Scienza delle Fínanze e Diritto Finanziaria*, parte I. *Elementi di Diritto Tributario*, Padova, 1937, p. 9 e ss.; B. Griziotti, *Rivista di Diritto Finanziario e Scienza delle Finanze*, 1938, parte segunda, p. 241 e ss., in *Saggi sul Rinnovamento dello Soudio delta Scienza delte Finanze e del Diritto Finanziario*, Milano, 1953, p. 417 e ss., in *Studi di Scienza delle Finanze e Diritto Finanziario*, vol. II, Milano, 1956, p. 158 e ss.; D. Jarach, El Hecho Imponible, Buenos Aires, 1945, pp. 65-69, 101, 110 e ss.; in *Principi per L'Applicazione delle Tasse di Registro*, Padova, 1937, pp. 34-40; *Curso Superior de Derecho Tributário*, vol. I, Buenos Aires, 1957, pp. 258-277; A. Pesenti, *Rivista di Diritto Finanziario e Scienza delle Finanze*, 1956; nº 1, parte primeira, pp. 60-61.

Na França: L. Trotabas, *Science et Teclique Fiscales*, Paris, 1958, nº 242 e principalmente nº 243; L. Mehl, *Science et Technique Fiscales*, Paris, 1959, pp. 651-53, 702-3, 707, 733, mostra-se ambeguo e vacilante entre as duas correntes doutrinarias.

Na Alemanha: K. Ball, *Steuerrecht und Privatrecht*, 1924, p. 121 e ss. J. Hein, *Die Zusammenhäange zwischen Steuerrecht und Handelsrecht und ihro Entwicklung*, 1928, pp. 17-20; W. Merk, *Steuerschuldrechts*, 1926, p. 46 e ss. (os dois últimos apud Amilcar de Araújo Falcão, *Introdução ao Direito Tributário*, Rio de Janeiro, 1949, p. 95, nota 14).

Na Suíça: Com referência à posição doutrinária de Ernst Blumenstein, ver a parte final deste nosso número.

particularmente. Ao Direito Tributário só diz respeito à relação econômica a que esse ato deu lugar, exprimindo, assim, a condição necessária para que um indivíduo possa contribuir, de modo que, já agora, o que sobreleva é o movimento de riqueza, a substância ou essência do ato, seja qual for a sua forma externa.

Demais disso, como destacam muitos autores, desempenha o papel de verdadeira ideia-força em Direito Tributário, e, portanto, serve de critério fundamental de hermenêutica, o princípio, hoje traduzido em quase todas as constituições modernas, da generalidade dos tributos, da sua incidência de acordo com a *capacidade econômica* dos contribuintes e da consequente igualdade por que deve reger-se a tributação."[373]

O legislador – prossegue AMILCAR DE ARAÚJO FALCÃO – ao instituir um tributo, indica um fato, uma circunstância, ou um acontecimento como capazes de, pelo seu surgimento ou ocorrência, darem lugar ao nascimento daquele. Estes fatos, ou situações, já se disse, são sempre considerados pelo seu *conteúdo econômico* e representam *índices* de capacidade contributiva.

Dessa forma, o fato gerador se conceitua objetivamente, de acordo com o critério estabelecido na lei. Para a sua configuração à vontade do contribuinte pode ser mero pressuposto, mas nunca elemento criador ou integrante.

Por isso mesmo, aquilo que em Direito privado é um ato jurídico, produto da vontade do indivíduo, em Direito Tributário é um mero fato – fato gerador ou imponível.

Daí o diverso tratamento de situações jurídicas que se supõe sejam iguais, mas que, de fato, não o são. É que, enquanto nas relações civis ou comerciais, é relevante a *intentio juris*,

373. Amilcar de Araújo Falcão, *Introdução ao Direito Tributário*, Rio de Janeiro, 1959, pp. 99-100 (grifamos).

interessa ao Direito, somente, a vontade empírica, ou seja, a *intentio facti*. Normalmente, as duas intenções coincidem e, então, o instituto, ou o conceito de Direito privado, é recebido mais ou menos integralmente pelo Direito Tributário. Mas, se alguma inequivalência ocorrer entre a forma jurídica e a realidade econômica, cumpre ao intérprete dar plena atuação ao comando legal e, assim, atendo-se àquela última, fazer incidir o tributo que lhe é inerente.

É preciso bem entender as coisas. Quando se alude, como fato gerador, *à venda*, a referência é meramente léxica, ou melhor, ela tem em vista uma fórmula elíptica, através da qual se está considerando a relação econômica que, normalmente, tem lugar sob a forma de venda. Verificada esta última, pouca importância tem a forma exterior com que o contribuinte a revista.[374]

Com referência a Ernst Blumenstein, é preciso notar-se que este autor, no seu último trabalho, ao esposar a tese doutrinária da Interpretação do Direito Tributário segundo a realidade econômica, o faz de um modo tão atenuado, que apenas formalmente pertence a esta doutrina, pois substancialmente ele está mais próximo à doutrina comumente chamada "tradicional".[375] Com efeito, Ernst Blumenstein ensina que, em cada caso particular, deve-se preliminarmente indagar se o próprio Direito Tributário forneceu uma delimitação ou transfiguração do conceito do Direito Civil. Se tal delimitação não foi fornecida pelo próprio Direito Tributário, então deve-se atribuir, também para o Direito Tributário, o significado e os efeitos previstos pelo Direito Civil. Noutras palavras: para Ernst

374. Amilcar de Araújo Falcão, *Introdução ao Direito Tributário*, Rio de Janeiro, 1959, pp. 101-3 (grifamos). Também Dino Jarach afirma que para o Direito Tributário a venda e a promessa de venda deveriam sujeitar-se à mesma incidência do tributo que incidisse sobre a venda, pois tratar-se-ia de dois atos economicamente equivalentes, in *Princip per L'Applicazzione delle Tasse di Registro*, Padova, 1937, p. 35.

375. Sobre a doutrina "tradicional", ver nº 34.

BLUMENSTEIN, *a regra geral* dominante (o que se deve *a priori* presumir) é não haver deformação ou transfiguração dos referidos conceitos jurídicos; a exceção é o Direito Tributário deformá-los ou transfigurá-los.

E isto é necessário, diz ERNST BLUMENSTEIN, para se obter a necessária *certeza* jurídica na aplicação do Direito Tributário.

No silêncio do Direito Tributário, ERNST BLUMENSTEIN somente numa hipótese admite haver a transfiguração do conceito do Direito Civil. E a hipótese é a seguinte: quando o instituto ou conceito do Direito Civil foi utilizado pelos contribuintes com a finalidade de evadir (evasão legal) o tributo, neste caso, mesmo no silêncio do Direito Tributário, ERNST BLUMENSTEIN entende que o intérprete da lei deverá aceitar aquele Instituto do Direito privado com uma transfiguração ou deformação adequada à realidade econômica.[376]

Entretanto, a ressalva de E. BLUMENSTEIN não encontra apoio jurídico. Quem age ilegalmente (ilicitamente) é o intérprete que abstrai a estrutura jurídica para se fixar na realidade econômica; o contribuinte que escolheu estrutura jurídica de evasão agiu legalmente (juridicamente). É preciso distinguir entre evasão e fraude. A evasão é perfeitamente lícita e sua estrutura jurídica deve ser respeitada pelo intérprete da lei tributária. A fraude é ilícita, isto é, o contribuinte ergueu estrutura, *violando regra jurídica ou desprezando a eficácia jurídica* (efeitos) resultante da incidência de regra jurídica sobre sua hipótese de incidência. Havendo fraude, o que o intérprete deverá observar é que, em virtude daquela violação ou desprezo, a estrutura resultou ou inexistente, ou nula, ou anulável, ou ineficaz. Portanto, a *incidência* da regra jurídica tributária

376. E. Blumenstein, *Sistema di Diritto delle Imposte*, Milano, 1954 (trad. da 2ª ed., 1951, original), p. 25, parte final do nº III e todo o nº IV. Ernst Blumenstein usa a expressão "elusão" para significar o que nós denominamos "evasão" (evasão legal), in op. cit., p. 27, nº 1.

(que o intérprete está a constatar) está condicionada à inexistência, ou à nulidade, ou à anulabilidade, ou à ineficácia da estrutura fraudulenta. Afirmação simplista e gratuita é dizer que, neste caso, o intérprete deveria abstrair a realidade jurídica e tomar a realidade econômica.[377]

A doutrina da interpretação do Direito Tributário, segundo a realidade econômica, é filha do maior equívoco que tem impedido o Direito Tributário evoluir como Ciência Jurídica. Esta doutrina, inconscientemente, nega a utilidade do Direito, porquanto destrói precisamente o que há de jurídico dentro do Direito Tributário.[378]

36. Crítica à doutrina hermenêutica da realidade econômica

A doutrina da interpretação do Direito Tributário segundo a realidade econômica do fenômeno da vida (sustentada por K. Ball, J. Hein, W. Merk, Amilcar de Araújo Falcão, E. Vanoni, D. Jarach, B. Griziotti, L. Trobatas, também chamada "construtiva",[379] o que na realidade faz é a demolição do que há de jurídico no Direito Tributário. Em nome da defesa do Direito Tributário, eles matam o "Direito" e ficam apenas com o "tributário".

A utilização da referida doutrina conduz aos seguintes e funestos resultados:

a) Incorre no maior equívoco do Direito Tributário;

b) Destrói a certeza e a praticabilidade do Direito Tributário;

c) Importa na inversão da própria fenomenologia jurídica;

d) Nega utilidade precisamente àquilo que é jurídico.

---

377. Distinção entre evasão e fraude, ver ns. 38-45.

Sobre o problema da tributação dos atos inexistentes, nulos, anuláveis e ineficazes, ver ns. 120-26.

378. Sobre o maior equívoco no Direito Tributário, ver ns. 10-11. Para a crítica desta doutrina, ver nº 36.

379. Para a exposição da tese defendida por aquela doutrina ver nº 35.

A demonstração científico-jurídica da procedência das quatro acusações acima formuladas, o leitor encontrará, se ler atentamente:

PRIMEIRO: Todo o parágrafo "O fato em rebelião no Direito Tributário".[380]

SEGUNDO: Todo o capítulo "Consequências lógico-jurídicas da presunção ou ficção que serviu ao legislador de elemento apenas intelectual".[381]

37. Analogia na interpretação das leis tributárias

É preciso distinguir entre analogia por *compreensão* e analogia por *extensão*; na primeira, a interpretação constata a incidência de regra jurídica que *já existia*; na segunda, não há interpretação, mas *criação* de regra jurídica *nova* que, uma vez criada, incide sobre sua hipótese de incidência ("fato gerador" ou suporte factício).[382]

---

380. Ver ns. 26-29.

381. Ver ns. 133-40.

382. Em lugar da expressão "analogia por compreensão", a doutrina costuma utilizar a de "interpretação extensiva" para designar a mesma coisa; entretanto embora esta última expressão seja a mais tradicional, não parece a mais conveniente pois o adjetivo "extensiva" é inadequado e sugere precisamente aquilo que não é.

Também contra o recurso da "analogia por extensão" (ou analogia propriamente dita), no campo do Direito Tributário, ver: Francisco de Sousa Matos, *Revista de Direito Administrativo*, vol. 21, Rio de Janeiro, 1950, p. 14 e ss., especialmente 19 e ss.; Moacir Lôbo da Costa, *Revista de Direito Administrativo*, vol. 35, Rio de Janeiro, 1954, p. 28 e ss.; Amilcar de Araújo Falcão, *Introdução ao Direito Tributário*, Rio de Janeiro, 1959, pp. 106-9; Pontes de Miranda, *Comentários à Constituição de 1946*, vol. II, 3ª ed., Rio de Janeiro, 1960, p. 196; E. Blumenstein, *Sistema di Diritto delle Imposte*, Milano, 1954 (trad. da 2ª ed., 1951 original), p. 20; A. D. Giannini, *I Concetti Fondamentali di Diritto Tributário*, Torino, 1956, pp. 44-47; A. Berliri, *Principi di Diritto Tributário*, vol. I, Milano, 1952, pp. 90-91; B. Cocivera, *Principio di Diritto Tributário*, vol. I, Milano, 1959, p. 78.

a) *Analogia por compreensão* – Na analogia por compreensão há interpretação, porque o que o intérprete faz é a constatação de regra jurídica já existente e resultante do cânone hermenêutico da totalidade do sistema jurídico. Isto é, a lei, considerada em si mesma como um ser isolado, não existe como regra jurídica. A regra jurídica contida na lei (fórmula legislativa) é a *resultante* de um complexo de ações e reações do sistema jurídico onde foi promulgada. A lei nova age sobre as demais regras jurídicas da totalidade do sistema, estas, por sua vez, reagem; a resultante é a verdadeira regra jurídica contida na lei (fórmula legislativa) que provocou o impacto inicial.[383]

Na analogia por compreensão, o intérprete nada mais faz do que captar esta resultante (a regra jurídica) e depois verificar se ocorreu sua hipótese imponível e a consequente incidência da regra jurídica.

b) *Analogia por extensão* – Na analogia por extensão não há interpretação, mas *criação* de regra jurídica nova. Com efeito, o "intérprete" constata que o fato por ele focalizado *não* realiza a hipótese de incidência da regra jurídica; entretanto, em virtude de certa analogia, o "intérprete" *estende ou alarga* a hipótese de incidência da regra jurídica de modo a abranger o fato por ele focalizado. Ora, isto é criar regra jurídica *nova*, cuja hipótese de incidência passa a ser a hipótese *alargada* pelo "intérprete" e que não era a hipótese de incidência da regra jurídica "velha". O "intérprete" está diante desta alternativa:

   a) ou o fato por ele focalizado era a hipótese de incidência da regra jurídica cuja incidência ele pretende verificar, e, neste caso, esta regra jurídica incidiu, pois o fato realizava a sua hipótese de incidência;

   b) ou o fato focalizado *não* era a hipótese de incidência da regra jurídica; logo, esta regra jurídica não pode incidir

383. Sobre esta fenomenologia jurídica que recebeu o nome de cânone hermenêutico da totalidade do sistema jurídico, ver nº 31.

sobre o fato focalizado pelo "intérprete". Ora, as regras jurídicas incidem ou não incidem segundo tenha ou não tenha se realizado sua respectiva hipótese de incidência (o intérprete nada mais faz do que constatar e fiscalizar esta incidência ou não-incidência da regra jurídica).[384] No caso, o "intérprete" verificou que a regra jurídica não incidiu, pois o fato focalizado não realizou a sua hipótese de incidência. O "intérprete", então, constatando a não-incidência da regra jurídica, faz a regra jurídica incidir sobre o fato focalizado; neste momento ele deixou de ser intérprete e tornou-se *criador* de regra jurídica *nova* cuja hipótese de incidência é a hipótese alargada.

A regra jurídica é *nova* porque a regra jurídica "velha" continua a existir com sua primitiva hipótese de incidência, tal qual era originalmente (sem alargamento).

Como se viu, a analogia por extensão não é interpretação, mas *criação* de regra jurídica nova. Por conseguinte, o "intérprete" estará agindo *ilegalmente*; exceto o caso de preexistir regra jurídica que lhe outorgue este *poder criador* (por exemplo: a lei de introdução ao Código Civil Brasileiro (Decreto-lei nº 4.657, de 4 de setembro de 1942) dispõe em seu "Artigo 4º: quando a lei for omissa, o juiz decidirá o caso de acordo com a *analogia*, os costumes e os princípios gerais de Direito". Ora, quando se trata de lei tributária *criadora* de tributo, é indispensável que preexista regra jurídica outorgando, *expressamente*, ao juiz (ou à autoridade incumbida do lançamento), o poder de "aplicar" (*criar*), por analogia, a regra jurídica tributária criadora do tributo.[385]

384. Ver nº 85.

385. "Em síntese, não existe um raciocínio por analogia válido em si e por si. É válido, quando entre as regras fundamentais de uma determinada linguagem se reconhece a sua legitimidade e se lhe determine exatamente o âmbito de sua utilização" (N. Bobbio, *Teoria della Scienza Giuridica*, Torino, 1950, p. 230).

Aquela regra jurídica de Direito Civil é ineficaz exclusivamente no tocante às regras jurídicas tributárias *criadoras* de tributo, porquanto em relação às demais regras jurídicas tributárias ela é eficaz. A apontada ineficácia daquela regra jurídica de Direito Civil não decorre de sua natureza *civil*, pois, consoante o cânone hermenêutico da totalidade do sistema jurídico, aquela regra jurídica civil, *a priori*, poderia ter eficácia também com referência às regras jurídicas criadoras de tributo. A sua referida ineficácia decorre da existência de *outra* regra jurídica (portanto, justamente em virtude do indicado cânone hermenêutico), esta de natureza *constitucional* (existente em todas as modernas constituições), que proíbe a cobrança de tributo sem prévia lei que o estabeleça. E esta regra constitucional ao referir-se à "lei", refere-se às regras jurídicas criadas pelo órgão *legislativo* (Congresso Nacional, Assembleias, etc.) e não à regra jurídica criada pelo órgão *judiciário* em excepcional função legislativa (juiz, tribunais).

Cumpre observar que o caso da regra jurídica autorizando a analogia por extensão não se confunde com o caso da regra jurídica tributária com hipótese de incidência *exemplificativa*; isto é, a hipótese de incidência da regra jurídica tributária foi conceituada mediante a técnica de *exemplos* que o próprio legislador advertiu não *serem limitativos*, de modo que a hipótese de incidência é um ato, fato ou estado de fato (jurídico ou econômico) *genérico*, ao qual se chega pela *indução* de algumas espécies (espécies citadas a título *exemplificativo* pelo legislador). Nos casos de hipótese de incidência *exemplificativa* não há analogia por *extensão* (criação de regra jurídica), mas simples analogia por *compreensão*.[386]

386. No mesmo sentido: Amilcar de Araújo Falcão, *Introdução ao Direito Tributário*, Rio de Janeiro, 1959, pp. 107-8; A. Berliri, *Principi di Diritto Tributário*, vol. I, Milano, 1952, pp. 90-91.

§ 3º FRAUDE E EVASÃO FISCAL

38. Evasão fiscal (elusão ou evasão legal) e fraude fiscal

A *evasão* fiscal (elusão ou evasão legal) distingue-se fundamentalmente *da fraude* fiscal, como a seguir se demonstrará.

É aspiração naturalíssima e intimamente ligada à vida econômica a de se procurar determinado resultado econômico com a maior *economia*, isto é, com a menor despesa (e os tributos que incidirão sobre os atos e fatos necessários à obtenção daquele resultado econômico, são parcelas que integrarão a despesa).[387] Ora, todo o indivíduo, desde que não viole regra jurídica, tem a indiscutível liberdade de ordenar seus negócios de modo menos oneroso, inclusive tributariamente.[388] Aliás, seria absurdo que o contribuinte, encontrando vários caminhos legais (portanto, lícitos) para chegar ao mesmo resultado, fosse escolher justamente aquele meio que determinasse pagamento de tributo mais elevado.

No Estado de Direito, as constituições têm consagrado a regra de que "ninguém pode ser obrigado a fazer ou deixar de fazer alguma coisa senão em virtude de lei". Por conseguinte, para que o contribuinte seja obrigado a adotar o caminho tributariamente mais oneroso é absolutamente necessário que exista regra jurídica que o obrigue a tal escolha.[389]

---

387. Albert Hensel, *Diritto Tributário*, Milano, 1956 (trad. italiana da 3ª ed. alemã de 1933), p. 143.

388. Albert Hensel, *Diritto Tributário*, Milano, 1956 (trad. italiana da 3ª ed. alemã de 1933), p. 148. No mesmo sentido, Gaston Jèze: "L'évasion legitime de l'impôt se traduit par un príncipe fondamental en matiere fiscale: les contribuants ont le droit d'arranger leurs affaires, leur fortune, leur genre de vie, de maniere à payer les impôts les moins élevés ou à ne payer aucun impôt, pourvu qu'ils ne violent aucune régle légale" (*Cours de Finances Publiques*, ed. 1936-37, p. 83, apud, *Repertório Enciclopódeco do Direito Brasileiro*, vol. 9, verbete: "codificação", p. 112).

389. Albert Hensel, *Diritto Tributário*, Milano, 1956 (trad. italiana da 3ª ed. alemã de 1933), p. 148.

Com muita agudeza observa ALBERT HENSEL que "o comando – tu deves pagar o imposto – está sempre condicionado à frase: se tu realizas a hipótese de incidência (não: se tu visas um determinado efeito econômico)".[390] Noutras palavras, a regra jurídica tributária incidirá sobre sua hipótese de incidência somente quando esta se realizar. Ora, se determinado efeito econômico não é elemento componente ou integrante da hipótese de incidência daquela regra jurídica, o fato de se atingir este efeito econômico não determina a incidência daquela regra jurídica tributária. De modo que o indivíduo poderá, sem violar regra jurídica ou eficácia jurídica, atingir aquele efeito econômico, *escolhendo um outro caminho* (outros atos, fatos ou estados de fato) que não seja elemento integrante de hipótese de incidência de regra jurídica tributária ou, então, que seja elemento integrante de hipótese de incidência de *outra* regra jurídica tributária mais favorável (menor tributo).[391]

Porém, se para atingir aquele efeito ou resultado econômico, o indivíduo violou regra jurídica ou eficácia jurídica,[392] então, praticou *fraude* fiscal. Note-se que a regra jurídica ou a eficácia jurídica violada pode não ser a *tributária* (regra jurídica tributária ou os efeitos decorrentes da incidência de regra jurídica tributária sobre sua hipótese de incidência), mas a *civil*, a *comercial*, etc. (regra jurídica civil ou comercial disciplinadora do ato ou contrato; eficácia jurídica do ato ou contrato civil ou comercial).

---

390. Idem, ibidem.

391. No mesmo sentido: Rubens Gomes de Sousa, *Compêndio de legislação tributária*, 2ª ed., Rio de Janeiro, 1954, pp. 99-100, e, *Revista de Direito Administrativo*, vol. 27, Rio de Janeiro, ano 1952, vol. 27, pp. 26-29; Gilberto de Ulhoa Canto, *Temas de Direito Tributário*, Rio de Janeiro, 1955, ns. 156-8, pp. 191-3; Bilac Pinto, *Estudos de Direito Público*, Rio de Janeiro, 1953, pp. 72-89; A. D'Angelillo, *Le Frodi Fiscali*, vol. II, Milano, 1952, p. 313 e vol. III, pp. 356-7; A. Berliri, *Le Leggi del Registro*, 3ª ed., Milano, 1952, pp. 123-5.

392. Eficácia jurídica são os efeitos jurídicos (relação jurídica e seu conteúdo: direito e dever, pretensão e obrigação, ação e coação decorrentes da incidência da regra jurídica sobre sua hipótese imponível; ver ns. 81, 125).

O caso mais frequente de *fraude* fiscal é o da violação da eficácia jurídica tributária; isto é, dos efeitos jurídicos (ex: obrigação jurídica de prestar o tributo) decorrentes da incidência da regra jurídica tributária; sobre sua hipótese de incidência ("fato gerador"). Neste caso, para se investigar se houve *evasão ou fraude*, um critério seguro "é verificar", diz Rubens Gomes de Sousa, "se os atos praticados pelo contribuinte, para evitar, retardar ou reduzir o pagamento de um tributo, foram praticados *antes* ou *depois* da ocorrência do respectivo fato gerador: na primeira hipótese, trata-se de evasão; na segunda, trata-se de fraude fiscal. É fácil compreender a razão: se o contribuinte agiu antes de ocorrer o fato gerador, a obrigação tributária específica ainda não tinha surgido e o direito do fisco ao tributo ainda se encontrava em sua fase abstrata, não concretizada nem individualizada em relação a um fato e a um contribuinte determinado; por conseguinte o Fisco nada poderá objetar se um determinado contribuinte consegue, por *meios lícitos,* evitar a ocorrência de fato gerador, ou fazer com que essa ocorrência se dê na forma, na medida ou ao tempo que lhe sejam mais favoráveis. Ao contrário, se o contribuinte agiu depois da ocorrência do fato gerador, já tendo, portanto, surgido a obrigação tributária específica, qualquer atividade desenvolvida pelo contribuinte, ainda que por meios lícitos,[393] só poderá visar a modificação ou ocultação de uma situação jurídica já concretizada a favor do Fisco, que poderá então legitimamente objetar contra essa violação do seu direito adquirido, mesmo que a obrigação ainda não esteja individualizada contra o contribuinte pelo lançamento, de vez que este é meramente declaratório".[394]

393. "Por meios lícitos" – aqui Rubens Gomes de Sousa quer chamar a atenção que a atividade desenvolvida pelo contribuinte, embora não seja violadora de regra jurídica ou eficácia jurídica de natureza civil ou comercial (ex.: o contrato comercial celebrado pode ter sido perfeitamente lícito). Contudo é violadora da eficácia jurídica (efeitos jurídicos) já existente (obrigação jurídica de prestar o tributo), imediatamente após a incidência da regra jurídica *tributária* sobre sua hipótese de incidência ("fato gerador").

394. Rubens Gomes de Sousa, *Compêndio de Legislação Tributária*, 2ª ed., Rio de Janeiro, 1954, pp. 99-100.

Com razão adverte ALBERT HENSEL que não se pode falar em negócio jurídico *simulado*, com referência aos negócios jurídicos escolhidos pelo contribuinte para obter a evasão fiscal; e não se pode pensar em negócio simulado *porque dito negócio foi e é realmente desejado pelas partes, as quais se sujeitaram às regras jurídicas que disciplinam aquele negócio e também se sujeitaram a sua eficácia jurídica*: (efeitos econômicos e jurídicos irradiados pela eficácia jurídica do fato jurídico; noutras palavras, os efeitos econômicos específicos e condicionados à eficácia jurídica daquele negócio).[395]

Nada altera a circunstância de estes efeitos econômicos serem análogos ou idênticos aos efeitos econômicos que seriam irradiados pelo outro negócio jurídico que foi evitado a fim de se evadir (eludir) o tributo. A *evasão* é perfeitamente *lícita*, pois não foi violada nenhuma regra jurídica ou eficácia jurídica e, por conseguinte, a estrutura jurídica dos atos e contratos deve ser respeitada pelo intérprete da lei tributária. Se o intérprete abstrai a estrutura jurídica para se fixar na realidade econômica, *quem pratica ato ilícito é o intérprete* (e não o contribuinte que evadiu o tributo), pois não existe regra jurídica autorizando tal abstração.

A *fraude*, porém, é ilícita, porque o contribuinte ergueu a estrutura jurídica de seus negócios, *violando regra jurídica ou desprezando a eficácia jurídica* (efeitos) resultante da incidência de regra jurídica sobre sua hipótese de incidência.

Havendo *fraude*, o que o intérprete deverá observar é que, em virtude daquela violação de regra jurídica ou daquele desprezo de eficácia jurídica, a estrutura erguida pelo contribuinte resultou: ou inexistente ou nula ou anulável ou ineficaz. Portanto, a incidência da regra jurídica tributária (que o intérprete

---

395. Albert Hensel, *Diritto Tributário*, Milano, 1956 (trad. italiana da 3ª ed. alemã de 1933), p. 149.

Com referência ao problema dos efeitos econômicos específicos e condicionados à eficácia jurídica, ver nosso nº 22.

está a constatar)[396] está condicionada ou à inexistência ou à nulidade ou à anulabilidade ou à ineficácia da estrutura fraudulenta. Em cada um destes casos, o intérprete não deverá, simples e empiricamente, abstrair a estrutura jurídica e se fixar na realidade econômica. Deve o intérprete *verificar de que maneira influiu* para a incidência ou a não-incidência da regra jurídica tributária, *aquela inexistência, ou nulidade ou anulabilidade ou ineficácia da estrutura* (fato jurídico: atos, fatos ou estados de fatos).[397]

É muito interessante notar-se que a evasão (elusão e evasão fiscal) pode ser até *intencionalmente desejada pelo legislador*, nos casos de tributação extrafiscal, por exemplo, no tributo extrafiscal "proibitivo".[398] Ora, a existência da *tributação extrafiscal pressupõe, logicamente, a liceidade da evasão fiscal*, pois, caso contrário, o indivíduo não poderia licitamente praticar ou deixar de praticar aqueles atos, cuja ação ou omissão é justamente a finalidade da tributação extrafiscal.[399]

Aqueles que negam a liceidade da evasão fiscal e, na sua ocorrência, recomendam a abstração da estrutura jurídica (a realidade jurídica) e a aceitação apenas da realidade econômica, introduzem, empiricamente, no Direito Tributário, a *Teoria do Abuso de Direito* e todas as confusões e erros jurídicos que ela costuma gerar.[400]

---

396. O intérprete (juiz, autoridade incumbida do lançamento, etc.) não aplica a regra jurídica, mas apenas investiga se ocorreu (ou não) a incidência da regra jurídica e se foram obedecidos e respeitados os efeitos jurídicos decorrentes desta incidência; ver nº 85.

397. Sobre a tributação dos atos inexistentes, nulos, anuláveis e ineficazes, ver ns. 120-126.

398. Aliomar Baleeiro, *Introdução à Ciência das Finanças*, vol. I, 2ª ed., Rio de Janeiro, 1958, p. 216, nº 153; Angelo Dus, *Teoria Generale dell'Illecito Fiscale*, Milano, 1957, p. 297, nota 54.

399. Sobre a tributação extrafiscal, ver ns. 154-159.

400. Para análise da evasão fiscal, sobre o ângulo do abuso do direito, ver o próximo nº 39.

39. Evasão fiscal e a teoria do abuso do Direito

Aqueles que negam a liceidade da evasão fiscal (elusão ou evasão legal) e, na sua ocorrência, entendem que se deva fazer abstração da estrutura jurídica (o que significa recomendar o abandono da *realidade jurídica*, aceitando-se apenas a *realidade econômica*), nada mais fazem do que implantar dentro do Direito Tributário, empírica e quase sempre inconscientemente, a teoria do abuso do direito e todas as confusões e erros jurídicos que ela costuma gerar.

Cumpre, pois, proceder a análise crítica desta teoria.

Conforme mostra Jean Dabin, a teoria do *abuso* do Direito não pode ser erguida com fundamento na *legalidade* (lícito ou ilícito), porque, segundo também já advertira Planiol: "O direito cessa onde o abuso começa, e não pode haver uso abusivo de um direito qualquer, pela irrefutável razão de que um só e mesmo ato não pode ser, simultaneamente, conforme o direito e contrário ao direito".[401]

Demonstra Jean Dabin que Josserand não respondeu a este argumento de Planiol, quando observou que o ato abusivo do direito seria o ato que estaria respeitando uma regra jurídica singular, mas simultaneamente contrariando o Direito considerado sob o ângulo da totalidade do sistema jurídico. Esta alegação de Josserand é um sofisma por duas razões. Primeiro equívoco: seria admitir um Direito subjetivo contrário ao Direito objetivo sobre o qual necessariamente ele se funda.[402]

401. Planiol, apud J. Dabin, *Le Droit subjectif*, Paris, 1952, p. 294, onde também cita, no mesmo sentido: Demogue, Duguit, Baudry et Barde, De Vareilles-Sommières. Igualmente, no mesmo sentido: José Paulo Cavalcanti, *Sobre diversas questões do Direito Civil*, Recife, 1960 (separata do *Arquivo Forense*, vol. 38), pp. 57-62, demonstrando estar apoiado pela doutrina italiana prevalente; Everardo da Cunha Luna, *Abuso de Direito*, Rio de Janeiro, 1959, pp. 65-66, 105-113.

402. J. Dabin, *Le Droit Subjectif*, Paris, 1952, p. 294.

Segundo equívoco: seria admitir regra jurídica com existência independente da totalidade do sistema jurídico.[403]

A fim de que o *abuso* possa tomar-se como categoria específica, entre os atos jurídicos repreensíveis, é necessário investigar a possibilidade de existir um modo de usar o direito que, não constituindo uma ilegalidade, seja um abuso. Noutras palavras, é preciso indagar se é concebível um mau uso (abuso) do Direito que não se confunda com a ausência do Direito (ilegalidade ou ilicitude).[404]

Desde o momento em que o limite legal foi ultrapassado (por violação de regra jurídica ou de eficácia jurídica), o *uso* do Direito não está mais em causa, porque é o próprio Direito que não está mais em causa: o sujeito ativo (o titular do suposto direito em abuso) age contra a regra jurídica ou contra a eficácia jurídica e, consequentemente, age sem Direito algum; seu ato é, pura e simplesmente, *ilegal*.[405]

A este respeito pouco importa a expressão usada pelo legislador que, não raro, utiliza na fórmula legislativa a expressão "abuso" (exemplo: abuso do usufrutuário, do locatário, etc.). Nestes casos, esta expressão não está significando o abuso

403. A regra jurídica considerada em si mesma, como um ser isolado, não existe como regra jurídica; sobre este assunto ver o cânone hermenêutico da totalidade do sistema jurídico, nº 31.

404. J. Dabin, *Le Droit Subjectif*, Paris, 1952, pp. 269-70.

405. J. Dabin, *Le Droit Subjectif*, Paris, 1952, p. 271. O "abuso de direito" como categoria específica não existe; ele é, em última análise, um ato ilícito; pretender distinguir o "abuso de direito" da ilicitude é criar confusões e tornar impraticável o direito pela perda de sua certeza jurídica; neste sentido também: José Paulo Cavalcanti, *Sobre diversas questões do Direito Civil*, Recife, 1960 (separata do *Arquivo Forense*, vol. 38), pp. 57-62; onde demonstra estar apoiado na doutrina italiana prevalente; Everardo da Cunha Luna, *Abuso de Direito*, Rio de Janeiro, 1959, pp. 65-66, 105-13.

Também no mesmo sentido, ver: Mario Rotondi, *Istituzioni di Diritto Privato*, Padova, 1954, pp. 101-5; Candian, *Nozioni Istituzionali del Diritto Privato*, Milano, 1953, pp. 53 e ss.; Santoro-Passarelli, *Dottrine Generale del Diritto Civile*, Napoli, 1957, p. 60 e ss., p. 262 e ss.

do direito que ora se analisa, mas simplesmente a prática de atos ilegais; o legislador utilizou a expressão abuso do direito como sinônima de "sem direito". Tecnicamente, o problema do abuso do direito surge somente depois do legislador, já na fase da interpretação do direito.[406]

Em raríssimos casos, o legislador consagra a teoria do abuso do Direito a título de "princípio geral"; nestes casos, o abuso pareceria estar previsto e recebido como tal; isto é, como categoria específica, *aparentemente*, inconfundível com ilegalidade.[407] Todavia, em última análise, mesmo nestes raros casos, não se tem mais o abuso do Direito como tal, mas pura e simplesmente a *ilegalidade*.

Com efeito, como no decorrer desta exposição se verá, o abuso do direito como categoria específica e inconfundível da ilegalidade somente é admissível no plano *moral*: o uso *imoral* do Direito.[408] Ora, no caso em foco, o legislador está outorgando ao juiz (e na Alemanha a lei outorgou esse poder à própria autoridade incumbida do lançamento do tributo)[409] o poder de aplicar, com coagibilidade jurídica, uma regra *moral*. Portanto e mais precisamente, o legislador outorgou ao juiz (ou a autoridade incumbida de fazer o lançamento) o *poder* de converter uma regra *moral* em regra *jurídica* e isto, em última análise, nada mais é do que *criar* uma regra jurídica *nova*, cuja violação é *ilegalidade* e não abuso do direito.

---

406. J. Dabin, *Le Droit Subjectif*, Paris, 1952, p. 272.

407. Idem, ibidem, pp. 272-73. Nestes raros casos, J. Dabin admite que o abuso do direito penetre no mundo jurídico como categoria específica e distinta da ilegalidade. Entretanto, neste ponto particular, J. Dabin equivocou-se, como se demonstrará; ver a continuação do texto deste número e mais adiante o nº 45.

408. Idem, ibidem, pp. 293-300. Para a exposição resumida das diversas teorias do abuso do direito e da conclusão de J. Dabin, ver nossos ns. 40-45.

409. Pela legislação tributária germânica a obrigação jurídica tributária não podia ser evitada ou reduzida mediante o "abuso" das formas jurídicas ou pela possibilidade de "adaptar" o Direito Civil; ver Albert Hensel, *Diritto Tributário*, Milano, 1956 (trad. italiana da 3ª ed. alemã de 1933), pp. 144-45.

Como a seguir se demonstrará, a teoria do abuso do direito é concebível, apenas no plano *moral*; a tentativa de sua implantação no plano *jurídico* é que constitui o verdadeiro abuso do direito.

As diversas teorias que têm procurado implantar, no plano jurídico, a teoria do abuso do direito, podem ser reunidas em quatro grupos: *a)* as teorias que fundamentam o abuso do direito no *prejuízo*; *b)* as que fundam o abuso *na falta*; *c)* as que se baseiam na finalidade dos direitos e no motivo ilegítimo (teoria de JOSSERAND); *d)* as que tomam o critério *moral* (teoria de J. DABIN).[410]

40. Inadmissível distinguir entre ação e omissão na qualificação da evasão

Antes de se prosseguir na análise da teoria do abuso do Direito, é preciso ter bem presente que a liberdade de abster-se (não fazer) é um Direito de natureza idêntica ao da liberdade de *agir* (fazer); em ambos os casos (na ação ou na omissão) o titular do direito de agir ou de não agir tem a liberdade de agir ou de não agir e somente a ele compete esta decisão. Pouco importa que este *fazer* ou *não fazer* seja oriundo da incidência de uma determinada regra jurídica disciplinadora de um contrato, ou seja, direito decorrente daquela regra jurídica constitucional, comum em todos os Estados de Direito, que outorga a cada indivíduo a liberdade, isto é, ninguém será obrigado a fazer ou a deixar de fazer alguma coisa, senão em virtude da lei.[411]

Ora, o exercício do Direito de *não fazer* (abstenção) um ato, material ou jurídico, pode causar uma irregularidade que seria o abuso do direito, do mesmo modo que o exercício do direito de *fazer* (ação) um ato, material ou jurídico, causador

---

410. Ver a síntese da análise destas teorias nos ns. 40-45.

411. J. Dabin. *Le Droit Subjectif*, Paris, 1952, pp. 277-78.

da irregularidade que seria o abuso do direito. *Portanto, no plano da teoria do abuso do direito, não é logicamente admissível distinguir entre ação e omissão.*

Ora, basta refletir sobre este ponto, para ruir a quase totalidade das teorias tributárias que não admitem a evasão (elusão ou evasão legal). Elas costumam distinguir a evasão por ação (fazer) da evasão por omissão (não fazer), considerando a primeira inadmissível e a segunda perfeitamente aceitável. Ora, tanto na evasão por ação, como na por omissão, o resultado é sempre o mesmo: economia tributária. De modo que aqueles doutrinadores que aceitam a evasão por omissão, mas rejeitam-na por ação, *não têm alternativa senão aceitar a evasão em ambas as hipóteses ou rejeitá-las em ambas.*

E a rejeição da evasão em ambas as hipóteses é impraticável. É libertar da disciplina jurídica a autoridade incumbida do lançamento e presentear-lhe, com o arbítrio, pois o indivíduo ver-se-á coagido a pagar determinado tributo: *a)* quer tenha praticado um ato, *b)* quer tenha praticado outro ato, *c)* quer tenha se abstido de praticar ambos os atos.

41. Critério do prejuízo

"En aucune manière, le dommage causé par un acté (ou par une abstention) ne marque irrégularité quelconque de cet acte, soit au titre d'une illégalité, soit au titre d'un abus de droit. Pas plus d'ailleurs que l'absence de dommage causé ne signifie régularité d'un acte. Quelle que soit sa forme, son étendue ou sa gravité, qu'il ait été voulu ou non, ce n'est jamais le dommage causé par un acte qui peut rendre celui-ci réprébensible. Nul príncipe de *droit*, nul príncipe de *morale* ne porte qu'il serait défendu de nuire à autrui, fût-ce *volontairement*, fût-ce *gravement*. A tout instant nous pouvons être amenés à faire du tort au prochain, même volontairement, même gravement, et de la façon la plus légitime. C'est la loi de la vie, la conséquence fatale de la convivance sociale. Le dommage ne devient illégitime que lorsqu'it a été *illégitimement* causé. Il s'agit donc d'analyser et d'apprécier l'acte générateur du dommage: celui-ci sera légitime ou non selon que l'acte générateur aura été lui-même légitime ou non.

Or il est des cas, nombreux et variés, où l'on a permission d'agir (ou de ne pas agir) alors même que de l'action (ou de l'naction) devrait résulter pour autrui un dommage non seulement possible ou probable, mais certain."[412]

Prejuízo anormal – Procurou-se, então, sustentar que o critério que distinguiria o abuso do direito não seria o prejuízo, mas a *anormalidade* do prejuízo. Haveria, pois, abuso do direito sempre que o ato causasse prejuízo que ultrapassasse o prejuízo habitual.

Ora, como se vê, a anormalidade seria aquilo que excedesse a habitualidade; em síntese: seria aquilo que fosse contrário aos usos e costumes. Tal tese, porém, não é admissível, pois importaria em atribuir aos usos e costumes o poder de tornar *ilegal* o que é *legal* (como já se viu, o abuso do direito deve ser uma categoria específica inconfundível com a ilegalidade).[413] Os usos e costumes não têm o poder de converter em ilícito aquilo que é lícito.[414]

Prejuízo excessivo – Uma outra teoria que procurou estabelecer um critério para distinguir o abuso do direito julgou ver este critério no prejuízo *excessivo*. Tratar-se-ia de excesso, não do ato em si, mas do prejuízo por ele causado. E o critério para apontar o excesso do prejuízo seria a obrigação de indenizar.

Ora, como demonstra JEAN DABIN, a obrigação de indenizar não é prova de irregularidade ou ilegalidade. O que dá direito à indenização é o prejuízo e não a falta. Aliás, existe, em

412. J. Dabin, *Le Droit Subjectif*, Paris, 1952, pp. 278-79 (grifou-se).

413. Ver nº 39.

414. J. Dabin, op. cit., p. 280.

Direito Civil e em Direito Administrativo, casos de responsabilidade, isto é, obrigação de indenizar, *sem falta*. Além disso, a indenização não se confunde com sanção.[415]

Do exposto se verifica que a transplantação para dentro do Direito Tributário, da teoria do abuso de direito fundada no prejuízo que a evasão (elusão ou evasão legal) determinaria ao Estado, valeria ainda menos do que vale esta teoria fora do Direito Tributário. Com efeito, como sustentar que a evasão (elusão) teria causado prejuízo ao Estado? Tal prova ou demonstração é impossível, porquanto só tem prejuízo àquele que sofre um dano em seu patrimônio. Ora, o Estado com a evasão (elusão) não sofreu nenhum dano em seu patrimônio, pela simples razão de que *nunca chegou a ter o direito* a receber aquele tributo que deixou de ser pago; e isto porque não chegou a se realizar a hipótese de incidência ("fato gerador") da regra jurídica tributária; e esta não se realizou por abstenção do ato, fato ou estado de fato que era elemento integrante daquela hipótese de incidência, ou por ação (prática de *outro* ato ou utilização de *outro* fato ou estado de fato alheio composição da hipótese de incidência).[416]

42. Critério da falta

Viu-se que o critério do abuso do direito não pode ser procurado no prejuízo, ainda que anormal ou excessivo. Algumas teorias pretenderam, então, encontrar o critério na "*falta no exercício do direito*": aquele que exercesse um direito com o desejo de causar prejuízo cometeria uma falta delituosa; aquele que, sem esta intenção, mas com imprudência ou negligência, exercesse o direito causando um prejuízo, estaria cometendo uma falta quase-delituosa.

Ora, no primeiro caso há uma contradição, pois, ou se exerce um direito e, portanto não pode haver delito ou não há

415. Idem, ibidem, pp. 282-83.

416. Ver ns. 87, 89.

direito e por isto há delito. O argumento novo surge apenas no segundo caso, qual seja, o uso imprudente ou negligente do direito. Mas a este respeito cumpre lembrar que "le titulaire ne commet aucune faute par imprudence, maladresse, négligence..., s'il n'exerce pas son droit, ou s'il l'exerce à un moment plutôt qu'à un autre, ou s'il choisit, parmi plusieurs façons d'user, celle qui a ses préférences. Légalement, son droit n'était soumis à aucune condition limitative de temps, de lieu, d'opportunité, à aucune réserve ou modalité. Légalement, il n'avait pas à se restreindre dans l'exercice de son droit, fût-ce pour éviter de nuire à autrui. Tel est le sens, toujours valable, de la maxime: Neminem laedit qui suo jure utitur. L'usage d'un droit en conformité avec la loi échappe d'emblée à toute qualífication d'illégalité, y compris la qualification de faute qui n'est qu'une forme d'illégalité".[417]

43. Critério da finalidade dos direitos e do motivo ilegítimo (teoria de Josserand)

A teoria do abuso de direito defendida por JOSSERAND substitui a liberdade pelo "direito dirigido". O direito subjetivo não estaria mais à disposição do seu titular; ele deveria ser exercido na direção (aparentemente determinável, porém, na prática, extremamente fluida) que seria ditada a seu titular pelo "ideal coletivo do momento". O titular do direito subjetivo deveria exercê-lo não somente atendendo a sua finalidade, mas também do modo mais eficaz, mais econômico e pelo caminho mais curto. De outro modo, o direito sofreria um desvirtuamento e o ato estaria maculado de motivo ilegítimo. Haveria abuso de direito, por ação ou por omissão, da qual resultasse uma utilização repreensível de exercer o direito; repreensível seja do ponto de vista moral, seja do ângulo social, seja do plano meramente econômico ou técnico. O uso do direito poderia ser criticado seja pela má intenção do seu titular, seja pelo defeito

417. J. Dabin, *Le Droit Subjectit*, Paris, 1952, pp. 284 85.

na sua execução, seja pela inutilidade ou improdutividade, no plano econômico, do resultado.[418]

Depois de analisar a teoria do abuso do direito defendida por JOSSERAND, cuja síntese acabou de ser oferecida, JEAN DABIN pergunta:

"Qual o tribunal que seria capaz de discernir, sensata e objetivamente, todas as variedades do abuso? Como definiria o ato *economicamente* bom? Que liberdade restaria ao titular do *seu* direito, dentro deste sistema rígido? Que segurança teria o titular do direito e os terceiros que com ele tratassem, contra as apreciações arbitrárias do valor de seus atos, segundo o 'ideal coletivo do momento'?"[419]

Ora, a sociedade que forneceria esse "ideal coletivo do momento" não é um ser petrificado, mas um ser vivo e de extrema mobilidade, como todos os dias os jornais provam. Segundo a teoria de JOSSERAND (abstraindo-se da intervenção legislativa), bastaria unicamente a pressão das necessidades e dos costumes sociais para que nossos direitos mudassem de finalidade e de espírito; de tal sorte que o motivo legítimo ao qual o titular de direito deveria se conformar, dito motivo legítimo *modificar-se-ia por si mesmo* (independente da ação do titular do direito). Donde resulta que o fim social do Direito, que seria a norma e a medida destes, somente seria revelado pelo "ideal coletivo do momento" e a captação deste ficaria a cargo do juiz, a cada instante e em cada caso.[420]

Demonstra J. DABIN que a teoria do abuso do direito defendida por JOSSERAND, sob o pretexto de proscrever o abuso, torna impraticável todo o Direito e, pois, inútil a regra jurídica.[421]

---

418. Esta exposição resumida da teoria de Josserand é feita por J. Dabin, *Le Droit Subjectij*, Paris, 1952, pp. 291-92. Para excelente crítica resumida de Josserand, ver também: Everardo da Cunha Luna, *Abuso de Direito*, Rio de Janeiro, 1959, p. 83 e ss.

419. J. Dabin, op. cit., p. 292.

420. Idem, ibidem, pp. 290-91.

421. Idem, ibidem, p. 285 e ss.

44. Critério do uso imoral do Direito

Depois de fazer uma exaustiva e minuciosa análise das diversas teorias sobre o abuso do direito, JEAN DABIN conclui que o único e verdadeiro critério do abuso do direito é: o uso *imoral* do direito.[422]

É muito interessante observar que JEAN DABIN adverte que o mau uso econômico do direito que está na origem do prejuízo, este mau uso econômico não chega a ser, por si mesmo, uma imoralidade.[423]

O único e verdadeiro critério do abuso do direito conclui JEAN DABIN – é o critério *moral*. Não um critério imediatamente de natureza econômica ou de natureza mesmo social. O que importa para a determinação do abuso não é o mau rendimento sob o ponto de vista econômico ou mesmo social na utilização do direito, é a má qualidade moral desta utilização.[424]

A falta de técnica (técnica econômica ou técnica social) que for reconhecida por um: tribunal, ela não será tomada em consideração como falta (sob este ângulo, ela está juridicamente coberta pelo Direito Positivo, isto é, ela é uma atividade lícita), mas esta atividade que sob o ponto de vista jurídico não é falta, é tomada como signo presuntivo de uma *outra* falta de natureza exclusivamente *moral*.[425]

E conclui JEAN DABIN:

"Reconnaissons d'ailleurs qu'en tant que l'abus, ainsi défini comme immoralité, est réprimé par le juge, il prend signification juridique *positive*. En même temps que le droit se moralise, la morale se 'juridifie': la pénétration est réciproque. Mais il reste qu'au *départ, c'est le droit qui s'est ouvert à la morale*".[426]

---

422. J. Dabin, *Le Droit Subjectif,* Paris, 1952, pp. 293-300.

423. Idem, ibidem, p. 296.

424. Idem, ibidem, p. 298.

425. Idem, ibidem, p. 298.

426. Idem, ibidem, p. 300.

Como se verá, Jean Dabin equivocou-se apenas num ponto: quando admitiu *a juridicização* da moral.[427]

45. Conclusão sobre evasão fiscal e abuso do Direito

Tem razão Jean Dabin quando afirma que o uso *imoral* do Direito (o critério *moral*) é o único e verdadeiro critério que permite distinguir o abuso do direito como categoria específica e inconfundível com a ilegalidade (ilícito). Entretanto, Jean Dabin equivocou-se ao admitir a juridicização da moral; isto é, ao admitir que o juiz possa condenar determinado modo de uso do Direito, não por ser ilegal, mas por ser imoral.[428]

É preciso ter sempre bem nítida a distinção entre moral e Direito. A moral é uma Ciência pré-jurídica que, juntamente com as demais ciências pré-jurídicas, fornece o "dado" (matéria-prima) para a elaboração do "construído" (a regra jurídica). A finalidade do Direito não é moralizar o homem; e o juiz e os tribunais apenas constatam se houve (ou se não houve) a incidência da regra jurídica, e se os indivíduos respeitaram ou desobedeceram a *eficácia jurídica*, os efeitos jurídicos decorrentes da incidência da regra jurídica sobre a hipótese de incidência ("fato gerador").[429]

Por conseguinte, os juízes e tribunais não têm o poder de condenar determinada utilização do Direito sob o fundamento de que ela é imoral; somente poderão condenar se dito uso moral ou imoral for *ilegal* (ilícito).

E quando o Direito Positivo consagra a teoria do abuso do direito como princípio geral, isto é, quando existe regra jurídica outorgando aos tribunais (ou a autoridade incumbida do lançamento do tributo) o poder de – em determinados casos – utilizar critérios *morais*, o juiz (ou aquela autoridade) não está interpretando o Direito, mas criando o Direito.

427. Ver nº 45.

428. Ver nº 44.

429. Ver ns. 24-25.

Com efeito, o juiz (ou aquela autoridade), no uso do poder que lhe foi conferido por regra jurídica, ao tomar e aplicar determinado critério *moral* está criando regra jurídica *nova* (em cuja construção o critério moral entrou como "dado" ou matéria-prima) e, após, constatando a incidência desta sua nova e recém-criada regra jurídica. É um caso típico de lei, com efeito, retroativo (criação de regra jurídica para incidir sobre fatos *pretéritos*). Quando o Direito Positivo autoriza ao juiz o recurso à *moral*, ocorre a mesma fenomenologia jurídica do recurso à analogia por extensão.[430]

Mesmo que se aceitasse a tese de Jean Dabin (segundo a qual o juiz ou a autoridade incumbida do lançamento poderia abstrair a realidade jurídica em virtude do uso *imoral* do Direito), ainda assim, não seria possível condenar a evasão (elusão ou evasão fiscal), pois esta, com muita agudeza advertiu Albert Hensel, não é utilização imoral do Direito. Considerar uso imoral do Direito o fazer (ou o não fazer) determinados atos e contratos jurídicos mediante os quais se processa a evasão fiscal (elusão ou evasão legal), significaria desconhecer a mais justa e naturalíssima aspiração ligada à vida econômica, qual seja, a de se procurar determinado resultado econômico com a maior economia, isto é, com a menor despesa (e os tributos que incidirão sobre os atos e fatos são parcelas que integrarão a despesa) e não há regra moral que proíba ao indivíduo a ordenação de seus negócios pelo modo menos oneroso.[431]

Por outro lado, ainda que se considerasse imoral a prática da evasão fiscal (elusão ou evasão legal), o juiz (ou a autoridade incumbida do lançamento) não poderia desprezar ou abstrair a realidade jurídica e tomar a realidade econômica, sob o fundamento de que aquela estrutura jurídica fora erguida com abuso do direito. E não o pode porque, como o próprio

---

430. Ver nº 37.

431. Albert Hensel, *Diritto Tributário,* Milano, 1956 (trad. italiana da 3ª ed. alemã de 1933), p. 149. Ver também nosso nº 38.

JEAN DABIN demonstrou, o único e verdadeiro critério da teoria do abuso do Direito é o critério *moral*. Ora, como já se viu, o juiz deve interpretar o Direito com critérios *jurídicos* e não morais; caso contrário estará *criando* regras jurídicas *novas*. Aquele juiz (ou autoridade incumbida do lançamento do tributo) estará praticando ato ilícito (porquanto a Constituição não lhe outorgou tal poder legislativo) e criando regra jurídica tributária, com efeito, retroativo (pois os fatos necessariamente aconteceram antes daquele juiz ou autoridade tomarem conhecimento dos mesmos).

A propósito das teorias que, sob pretexto de moralizar o Direito Tributário, recomendam a sua interpretação segundo a realidade econômica do fenômeno social, mediante a abstração da realidade jurídica (a estrutura jurídica erguida pelo indivíduo mediante a utilização de fatos jurídicos: atos, fatos e estados de fato) é a penetrante observação do Professor das Universidades de Neuchâtel e Géneve, CLAUDE DU PASQUIER, na terceira edição (1948) de sua *lntroduction à la Théorie Généraie et à la Philosophie du Droit*. A sua conclusão é a de um jurista que observou e analisou as causas e os efeitos das duas grandes guerras que, na primeira metade deste século, devastaram a Europa. A este valor de experiência vivida e própria, acresce a circunstâncias de que o seu ensinamento é também a confissão de um erro que agora ele corrige:

"Ainsi l'esprit du droit postule la sérénité dans son application. Nous avons été longtemps partisan de son extrême assouplissement; nous étions enclim à jeter par-dessus bord les entraves d'un 'juridisme' que nous paraissait parfois pétrifié. Les tribulations dont on souffert et souffrent encore de nombreuses victimes ont mis en pleine lumière l'autre versant du problème. Tout en persistant à condamner les excès de la réglementation bureaucratique, nous reconmaissons qu'on aurait tort d'amenuiser les garanties et les formes: elles protègent le sujet de droit contre les accès de fièvre qui peuvent s'emparer de l'opinion publique et contaminer même jusqu'aux magistrats. Le droit doit rester maítre, non pas seulement en raison de son contenu moral, mais tout simplement parce qu'il est le droit".[432]

Sem dúvida, a "moralização do direito" pela criação de novas regras jurídicas justas em substituição das injustas, é obra meritória e indispensável para o aperfeiçoamento do homem e da sociedade. Entretanto, esta ação moralizadora cabe *exclusivamente* ao Poder Legislativo (criador das regras jurídicas) e não ao Poder Executivo e nem ao Poder Judiciário; "à force de 'moraliser' le droit, de 'l'humaniser', et de ne faire que cela, on finit par l'affaiblir, l' émollier, l'énerver, le vider sa substance".[433]

---

432. C. du Pasquier, *Introduction à la Théorie Gènèrale et à la Philosophie du Droit,* 3ª ed., Neuchâtel, 1948, p. 321.

433. Henri de Page, *L' Obligation Abstraite en Droit Interne et en Droit Comparé,* Bruxelles, 1957, pp. 229, 236-37.

Também é importante nunca esquecer a distinção entre *validade* e *justiça* da regra jurídica, ver nosso nº 25.

TERCEIRA PARTE

FUNDAMENTOS JURÍDICOS DO DIREITO TRIBUTÁRIO

Capítulo I

EMBRIOGENIA DO ESTADO

46. Estado nasce por relação natural e sobrevive por relação jurídica

O ser social cuja embriogenia se investigará é o Estado.

"Le terme État est pris ici dans sa signification la plus large, comme synonyme de la société politique plénière, quelle qu'ait pu être au cours des âges l'étendue relative de ce *plenum*, quelque forme ou dénomination qu'ait pu revêtir le groupe dans le temps ou dans l'espace, pourvu: 1º – que le groupe soit constitutif d'une *société*, au sens de groupe poursuivant une *fin*; 2ª – que la fin poursuivie par le groupe soit de nature *politique*; 3º – que, dans l'étagement des sociétés politiques, le groupe occupe l'échelon *suprême*".[434]

O Estado, em sua origem, é sempre uma sociedade *natural*.[435] A *causa* originária da sociedade política está na *natureza humana racional* dos indivíduos que a constituem. Esta causa natural é uma tendência ou inclinação instintiva, porém ainda insuficiente para, por si mesma, coagir os homens a constituirem uma sociedade. É necessário que esta inclinação instintiva atue pela *ação* e esta – embora instintiva – depende

434. J. Dabin, *L'Etat ou le Politique*, Paris, 1957, nº 3, p. 11.

435. Idem, ibidem, ns. 102-108.

da *vontade* dos homens, pois estes são animais sociais *racionais*. A natureza leva os homens a criarem a sociedade política, mas é a vontade dos homens que *realiza* esta criação.[436]

Este instinto social do homem faz com que seja uma necessidade natural o viver em sociedade política; entretanto este instinto, em sua irracionalidade, atrai o homem para a sociedade política natural (*gênero*) e não para uma *determinada* sociedade política natural (*espécie*); noutras palavras, o Estado é necessário para o homem, mas não um tal Estado determinado para tais homens determinados.[437]

O *criador* do Estado (ser social) é o *indivíduo humano*. "Les unités composantes de l'État ne sont pas les groupes particuliers (notamment les familles) mais les individus, qui y entrent d'ailleurs revêtus de leurs detérminations et situations sociales antérieurs."[438]

Este ser social (Estado), uma vez criado, não subsiste "per se", independente de seus criadores, porém é um ser social cuja criação é *continuada*. O Estado não é algo que "está" e sim algo que "começou e continua" numa perpétua reafirmação de sua própria unidade.[439]

Ora, desta natureza *continuada* da criação do Estado ("começou e continua") decorre que os *criadores* do Estado não são unicamente aqueles indivíduos que "começaram" a sua criação, porém *também todos aqueles que a* "continuam". Noutras palavras, os criadores do Estado foram os mortos, são os vivos e serão os que nascerem, no incessante renovar-se das gerações.

---

436. Idem, ibidem, ns. 105-108.

437. Idem, ibidem, nº 107.

438. Idem, ibidem, p. 294, nº12 e pp. 26-29.

439. J. Dabin, *Le Droit Subjectif*, Paris, 1952, p. 131; F. Carnelutti, *Teoria General del Derecho*, Madrid, 1955 (trad. da 3ª ed. italiana, Roma, 1951), p. 39; Giorgio Del Vecchio, *Teoria do Estado*, trad., São Paulo, 1957 (*Lo Stato*, Roma, 1953), p. 39 (Cap. II, nº 4, *b*) e p. 161 (*La Crisi dello Stato*, 1933, nº 2); *La Justice – La Verité*, Paris, 1955, p. 108.

Este ser social (Estado) criado pelos indivíduos humanos tem uma *existência real* e inconfundível com a dos indivíduos[440] e é dotado de *personalidade própria.*[441] Esta personalidade é de natureza *social* e não se confunde com a personalidade *jurídica.*[442]

A personalidade *jurídica* é a personalidade social que obteve *reconhecimento* pelo Direito Positivo. Ao ser reconhecida pelo Direito Positivo aquela personalidade social do ser social – sociedade natural – com personalidade própria, transfigurou-se em personalidade jurídica. O legislador é livre de reconhecer ou ignorar, em cada caso, a personalidade da sociedade natural (ser social). Quando o legislador reconhece a personalidade da sociedade natural (ser social), então esta sociedade natural se transfigura em pessoa jurídica (noutras palavras, torna-se uma sociedade *de direito*). Por outro lado, enquanto o legislador *não* reconhecer a personalidade deste ser social, este ser social *não* entra no mundo jurídico, mas *continua a existir* com sua personalidade social própria e com sua realidade.[443]

Surge aqui um problema que, à primeira vista, parece enigma insolúvel, mas cujo estudo refletido dos números seguintes esclarecerá a aparente contradição. O problema é este:

---

440. Ver nº 48.

441. Ver nº 58.

442. Usou-se a expressão "social" para se poder distinguir entre três espécies de personalidade: a *individual* (do indivíduo humano), a *social* (do ser social *natural*) e a *jurídica* (do ser social jurídico). Exemplo: a sociedade *de fato* já tem uma personalidade social, embora não a tenha jurídica; ver J. Dabin, *Le Droit Subjectif*, Paris, 1952, pp. 150-53, especialmente pp. 152 *in fine* e 153. Este autor, para distinguir entre personalidade jurídica e pré-jurídica, usa a expressão "moral". A respeito da escolha do vocábulo "social" ou "moral" e das demais expressões com que os estudiosos do assunto têm procurado denominar esta personalidade, ver L. Michoud, *La Théorie de la Personnalité Morale,* 3ª ed., Paris, 1932, atualizada por Louis Trotabas, p. 3, nota 1 e as interessantes observações de Louis Trotabas.

443. J. Dabin, *Le Droit Subjectif,* Paris, 1952, p. 134, nota 2; pp. 151-53.

o Direito Positivo é obra construída pelo Estado. Por sua vez, para haver personalidade *jurídica*, é necessário que o Direito Positivo a reconheça. Isto posto, pergunta-se: Como explicar a personalidade *jurídica* daquele mesmo Estado que construiu o próprio Direito Positivo?

Resposta: o Estado *nasce* por uma relação *natural* e *sobrevive* porque ele mesmo – utilizando *a força natural* (capacidade de agir, poder ou força natural racional) que está imanente no fato da existência real do ser social – transfigura aquela relação natural, em relação *jurídica*.[444]

47. Necessidade de retornar ao "rapport politique"

Toda a organização política, mesmo a mais elementar, repousa sobre uma rede de relações que vinculam todos os indivíduos membros do grupo.[445] GEORGES BURDEAU denomina este entrelaçamento de relações de "rapport politique" e confessa que "pour trouver un critère commun valable pour tous les phénomènes que l'on designe sous le nom de forme du Pouvoir, *il faut remonter jusqu'au rapport politique. C'est de lui que tout découle*".[446]

"Dans un monde fait, en définitive, de relations individuelles", escreve M. P. DUCLOS, "l'ensemble de ces manifestations (celles qui caractérisent le mouvement social et s'accompagnent d'une différenciation entre gouvemants et gouvenés) place l'homme dans um rapport avec ses sembiables qui, au fur et à mesure que l'on s'élève dans l'ordre de dimension croissante des diverses communautés, se dissocie des relations familiales, tribales, culturelles, religieuses: il tend à la conservation du groupement dans sa matérialité, considérée

444. A compreensão desta resposta alcançar-se-á após a leitura dos ns. 47-60; 64-68.

445. G. Burdeau, *Traité de Science Politique*, vol. IV, Paris, 1952, nº 11.

446. Idem, *Méthode de la Science Politique*, Paris, 1959, nº 249, p. 243 (grifou-se).

en elle-même comme un bien suffisant à expliquer et justifier, à l'extrême, l'usage de la coercition sur les personnes et les biens, l'existence d'un groupe distinct de chefs ou de magistrats, les privilèges de ce groupe, légitimés par l'importance de la fonction exercée. Un rapport nouveau, special, le *rapport politique*... apparait dès qu'une force publique (c'est-à-dire réservée et monopolisée) est appliquée au maintien de la cohésion sociale".[447]

Esta análise do "rapport politique" feita por M. P. DUCLOR é expressamente subscrita por GEORGES BURDEAU que, por sua vez, propõe a seguinte definição do "rapport politique": o conjunto das relações que a imposição e a obediência de regras de conduta estabelecem, vinculando todos os indivíduos membros de um grupo social.[448] Todavia, esta definição de GEORGES BURDEAU não é feliz e até contraria o verdadeiro pensamento do próprio autor sobre a gênese do "rapport politique".

Aquela definição de GEORGE BURDEAU sugere que o "rapport politique" deveria sua existência às regras que disciplinam o grupo social (regras jurídicas constitucionais); que as regras criariam o "rapport politique". Ora, isto é um equívoco que, por desventura, induz ideia precisamente contrária àquela que GEORGE BURDEAU desejou exprimir, consoante se depreende da contextura de sua obra, em especial na parte referente à gênese da sociedade e da regra (Direito Positivo).[449]

Na verdade, o "rapport politique" é *anterior* à regra; é a existência do "rapport politique" que torna necessária a criação da regra que o mantenha. Tomando-se como ponto de partida, um Estado já criado (grupo social organizado e

---

447. M. P. Duclos, *L'Evolution des Rapports Politiques depuis 1750*, Paris, 1950, p. 168; apud G. Burdeau, *Traité de Science Politique*, vol. IV, Paris, 1952, nº 11, p. 24, nota 2.

448. G. Burdeau, *Traité de Science Politique*, vol. IV, Paris, 1952, nº 11, p. 24.

449. G. Burdeau, *Traité de Science Politique*, vol. I, Paris, 1949, nº 7 até nº 156.

estável já existente), o "rapport politique" parecerá produto das regras.[450] Porém, tendo-se bem presente a gênese psicológica e a gradual formação daquele Estado, verifica-se e compreende-se que o "rapport politique" *preexistiu* à regra e *permanece* graças a ela; a *existência* do "rapport politique" é que faz surgir a necessidade da regra[451] e a sua *permanência*, com esta ou aquela forma, é garantida pelo advento da regra.[452]

Deixando-se impressionar, em demasia, pela aparente complexidade do "rapport politique"[453] e inadvertidamente incluindo no conteúdo do "rapport politique" relações a ele estranhas e das mais diversas natureza,[454] George Burdeau deixa de penetrar na intimidade genética do "rapport politique", "laissant à d'autres disciplines, notamment à la

450. "Si celui-ci (rapport politique) met encore en cause les relations entre l'autorité qui donne l'ordre et l'individu qui est tenu de s'y conformer, la corrélation apparente entre l'injonction et l'obéissance recouvre en réalité une situation beaucoup plus complexe où les volontés des deuparties s'inter--pénétrent de telle façon *que Leur dualité n' est plus que superficielle*; elle s'extériorise dans des attitudes, *mais elle ne les justifie pas*. Ce serait donc se contenter d'une analyse beaucoup trop sommaire du rapport politique que d'y voir seulement la figuration externe de l'obéissance à l'égard de l'ordre, de la subordination complémentaire à la domination" (grifou-se) (Idem, ibidem, nº 12).

451. "La hiérarchie qu'implique l'existence du rapport politique ne trouve pas son príncipe dans l'autorité d'un commandement, mais dans la nécessité d'une règle (G. Burdeau, *Traité de Science Politique*, vol. IV, Paris, 1952, nº 16).

452. "Ceux-ci (régimes politiques), en effet, ne sont pas autre chose qu'une solution donnée aux différentes questions soulevées par l'existence du rapport politique" (G. Burdeau, *Traité de Science Politique*, vol. IV, Paris, 1952, nº 45, p. 83).

453. Idem, ibidem, nº 12.

454. Idem, ibidem, nº 15. Foi inadvertência de G. Burdeau, pois ele mesmo antes subscrevera a análise do "rapport politique" feita por M. P. Duclos e onde este autor chama atenção, com acerto e agudeza, para o fato de que o "rapport politique" *surge,* na medida em que o homem se eleva dentro da ordem vertical de dimensão crescente das diversas comunidades, *dissociando--se* (como uma relação nova e de distinta natureza) das relações familiares, tribais, culturais e religiosas (apud G. Burdeau, ibidem, nº 11, p. 24, nota 2).

sociologie, le soin d'en analyser les formes et, éventuellement, d'en dégager les lois".[455]

Esta inadvertência que desviou a atenção de George Burdeau foi uma lástima, porquanto se ele se tivesse dedicado, com sua magnífica cultura e sua brilhante inteligência, à investigação e à análise justamente da intimidade genética do "rapport politique", teria desvendado novos rumos, decifrado velhos e persistentes enigmas e enriquecido, ainda mais, a teoria geral do Estado e do Direito.

George Burdeau havia encontrado a verdade e o caminho quando concluiu que "il faut remonter jusqu'au rapport politique. C'est de lui que tout découle";[456] foi pena não ter prosseguido por este caminho, pois a investigação e a análise da embriogenia do "rapport politique" revelará que ele é a *relação constitucional* do Estado.

48. Existência real do Estado como *ser* social distinto dos indivíduos

Para que um agrupamento de indivíduos humanos possa existir, com alguma organização e estabilidade, é logicamente necessário que entre estes indivíduos haja uma *coerência*.

Tal coerência pressupõe necessariamente um *centro de referência* comum. Em se tratando de indivíduos humanos, este centro de referência comum é um *bem comum* (autêntico ou falso) àqueles indivíduos.

Ora, quando os indivíduos humanos formam um agrupamento, procurando alcançar uma finalidade autêntica ou falsa (centro de referência comum), e este agrupamento humano é organizado de modo estável para melhor obtenção daquela

455. Idem, ibidem, nº 15, p. 30.

456. G. Burdeau, *Méthode de la Science Politique*, Paris, 1959, nº 249, p. 243.

finalidade,[457] então existe um ser social (sociedade natural), especificamente social e irredutível à pluralidade dos indivíduos agrupados.[458]

A existência deste ser social não é criar uma ficção. A existência deste ser social humano é uma *realidade* tão suscetível de constatação científica como a realidade da existência do ser individual humano. A realidade deste ser social não é uma realidade física, como a do indivíduo, mas não se deve confundir *matéria* e *realidade*. A realidade existe na matéria e também *fora* da matéria.[459]

A propósito da existência real do ser social (Estado) diz ORTEGA Y GASSET:

"Al pensamiento greco-romano no le fue nunca fácil concebir la realidad como dinamismo. No podia desprenderse de lo visible o sus sucedáneos, como un niño no entiende bien de un libro más que las ilustraciones. Todos los esfuerzos de sus filósofos autóctonos para trascender esa limitación fueron vanos. En todos sus ensayos para comprender actúa, más o menos, como paradigma, el objeto corporal, que es, para ellos,

---

457. É inútil, sob o pretexto de Ciência positiva, querer, aqui, abstrair o finalismo; pois quando, desta ou daquela maneira, os homens se agrupam, com alguma organização e estabilidade; logicamente buscam uma finalidade, seja esta verdadeira ou falsa. J. Dabin, *L'Etat ou le Politique*, Paris, 1957, nº 30.

458. J. Dabin, *L'Etat ou le Politique*, Paris, 1957, n. 118, 119; *Le Droit Subjectif*, Paris, 1952, pp. 131-38, 150-153; Giorgio Del Vecchio, *Teoria do Estado*, trad., São Paulo, 1957 (*Lo Stato*, Roma, 1953), pp. 36-38 (Cap. II, nº 4, *a*).

459. No mesmo sentido da existência real do Estado: J. Dabin, *L'Etat ou le Politique*, Paris, 1957, nº 118; Giorgio Del Vecchio, *Teoria do Estado*, trad., São Paulo, 1957 (*Lo Stato*, Roma, 1953), p. 38 (Cap. II, nº 4, *a*); J. Haesaert, *Théorie Générale du Droit,* Bruxelles, 1948, pp. 144-49; G. Burdeau aceita a realidade deste ser social distinto dos indivíduos membros: o que este autor nega é a *personalidade* deste ser social cuja existência real ele reconhece; *Traité de Science Politique*, vol. II, Paris, 1949, "L'Etat", nº 230, p. 296, nota 1.

G. Scelle, embora recuse a personalidade, também admite a existência real deste Ser Social, "Le droit public et la théorie de l'Etat", na obra coletiva *lntroduction à I'Etude du Droit*, vol. I, Paris, 1951, p. 30.

la 'cosa' por excelencia. Sólo aciertan a ver una sociedad, un Estado donde la unidad tenga el carácter de contiguidad visual; por ejemplo, una ciudad. La vocación mental del europeo es opuesta. Toda cosa visible le parece, en cuanto tal, simples máscara aparente de una fuerza latente que la está constantemente produciendo y que es su verdadera realidad. Allí donde la fuerza, la *dynamis*, actúa unitariamente, *hay real unidad*, aunque a la vista nos aparezcan como manifestación de ella sólo cosas diversas".[460]

"Il est vrai", esclarece JEAN DABIN, "que la réalité de l'etat n'est pas une réalité *physique*, comme celle de l'individu mais toute réalité n'est pas physique. Entrent aussi, parmi les réalités, les *idées*, psychologiques ou morales, ainsi que les oeuvres, les institutions et, d'une manière générale, les *réalisations* issues de ces idées, lesquelies, toutes, tombent sous la prise non des sens corporels, mais de l'intelligence. Or, l'état est une '*réalisation*' de cette espèce: au départ, une idée éprouvée, vécue, répondant à une tendance de la nature humaine etjustifiée au regard de la raison, à savoir l'idée du bien public (fin sociale); puis, une mise en oeuvre de cette idée dans une certaine organisation des rapports humains, dont les manifestations relèvent de l'observation la plus simple, la plus directe, à savoir l'État comme groupement, comme institution."[461]

Este ser social (sociedade natural) é um fenômeno de natureza *espiritual*,[462] a embriogenia deste ser social é de natureza essencialmente *psicológica*, uma espécie de solidariedade psicológica *continuada* entre os indivíduos,[463] mediante a qual uma ideia é *criada e realizada*.[464] Esta ideia é uma *relação*

---

460. Ortega y Gasset: *La Rebelión de las Masas*, tit. II do "prólogo para franceses", in Obras Completas, 4ª ed., vol. IV, Madrid, 1957, pp. 119-20.

461. J. Dabin, *L'Etat ou le Politique*, Paris, 1957, nº 118.

462. G. Burdeau, *Traité de Science Politique*, vol. I, Paris, 1949, nº 10.

463. Giorgio Del Vecchio, *Teoria do Estado*, trad., São Paulo, 1957 (*Lo Stato*, Roma, 1953), pp. 24, 28, 37 (Cap. II, ns. 1, 2, b, 4, *a*).

464. J. Dabin, *L'Etat ou le Politique*, Paris, 1957, nº 118; J. Haesaert, *Théorie Générale du Droit*, Bruxelles, 1948, p. 150.

(a relação genética ou constitucional do ser social Estado ou de qualquer outra sociedade natural) e a realização da ideia é a realização da relação, isto é, a atuação dinâmica da relação.

O Estado (ser social) é uma realidade, porém não é qualquer realidade exterior ao homem e à sua atividade; o Estado existe *nos* atos e *pelos* atos dos indivíduos humanos que são seus criadores; e é nesta atividade *contínua* e *relacionada* ao bem comum que consiste a realidade do Estado.[465]

Com razão, agudamente observa J. Haesaert:

"Selon nous, la réalité ne se trouve ni dans une hypostase, ni dans l'individu: elle sourd de la direction identique que donne l'idée mère à l'activité de chacun, *et se fixe dans le faisceau des activités* agencées les unes aux autres, travaillant les hommes et les choses dans le même sens, pour réaliser la fin commune sinon semblable. Le système naît par sa réalisation; d'abord imaginé, à mesure que le processus se déroule, sa conception idéale *devient un fait complètement réel*, jusqu'au moment où la raison d'être est atteinte, existe aussi, et que le système entier est passé dans la réalité".[466]

A embriogenia do Estado é uma *espécie de solidariedade psicológica continuada* entre indivíduos, porque aquela atividade continua e, relacionada ao bem comum é sustentada e alimentada pela inteligência e pela vontade dos indivíduos humanos.[467]

E esta atividade contínua e relacionada ao bem comum, que se sustenta e se alimenta da inteligência e vontade dos homens, é uma relação: a *relação constitucional* do Estado (ser social).

---

465. J. Dabin, *L'Etat ou le Politique*, Paris, 1957, nº 30; J. Haesaert, *Théorie Générale du Droit*, Bruxelles, 1948, pp. 149-50.

466. J. Haesaert, *Théorie Générale du Droit*, Bruxelles, 1948, p. 150 (grifou-se).

467. Giorgio Del Vecchio, *Teoria do Estado*, trad., São Paulo, 1957 (*Lo Stato*, Roma,1953), pp. 24-25 (Cap. II, nº 1).

"O Estado é uma síntese espiritual, dotada, portanto, de realidade própria, inegável, embora não se identifique com nenhum indivíduo, nem com uma soma de determinados indivíduos, nem como uma certa extensão territorial; é, pois, uma *realidade inteligível* e não sensível. Só poderá ignorar isto quem for escravo do preconceito materialístico, que o impede de compreender tudo quanto excede os dados dos sentidos, e que forma grande parte do nosso ser e do ser universal".[468]

49. Bem comum (autêntico ou falso)

Toda a política converge para um "absoluto" (bem comum ou bem público temporal),[469] autêntico ou falso.[470] O Estado pratica uma política materialista ou espiritualista, coletivista ou personalista, etc.; inclusive no caso em que, pretextando neutralidade entre as doutrinas, o Estado afirma sua negativa em escolher o "absoluto", a sua neutralidade é apenas aparente, pois na verdade ele é logicamente obrigado a escolher um "absoluto" (autêntico ou falso) sob pena de condenar-se à inércia e a negar-se a si mesmo.[471]

Em cada Estado, há uma concepção do *mundo* específica que predomina – durante algum tempo – sobre as demais concepções. Esta concepção do mundo predominante sobre as outras, quando se refere à finalidade da vida social, determina o conteúdo do bem comum específico ao respectivo Estado.[472]

---

468. Giorgio Del Vecchio, *Teoria do Estado*, trad., São Paulo, 1957 (*Lo Stato* Roma,1953), p. 38 (Cap. II, nº 4, *a*).

469. J. Dabin prefere a expressão "bem público temporal"; *L'État ou le Politique*, Paris, 1957, nº 32.

470. J. Dabin, *Théorie Générale du Droit*, 2ª ed., Bruxelles, 1953, nº 143.

471. Idem, ibidem, nº 141; *L'État ou le Politique*, Paris, 1957, nº 30.

472. G. Burdeau, *Traité de Science Politique*, vol. I, Paris, 1949, ns. 37, 61.

Se aquela filosofia for verdadeira, o conteúdo do bem comum resultará *autêntico*; caso contrário será *falso*, parcial ou totalmente, na medida dos erros da filosofia.

Com o tempo, aquela filosofia do mundo modifica-se ou é substituída por outra que – nesse ínterim – fortaleceu-se e tornou-se a predominante. Em consequência, o Direito Positivo vai sofrendo alterações a fim de adequá-lo ao novo conteúdo do bem comum, sob pena de o Estado manejar instrumental jurídico impraticável para a proteção de seu bem comum.

Por isto é errado pensar que o bem comum seja de "essência sobrenatural" ou que a teoria do bem comum seja uma teoria "católica". O bem comum é um reflexo da filosofia do homem; pode perfeitamente haver um "bem comum" marxista ou soviético que reflete uma ideologia marxista ou soviética.[473]

A expressão "temporal" serve para distinguir o bem comum *temporal* (bens corporais, intelectuais, morais, sociais, econômicos) que é da competência do Estado, do bem comum *espiritual* (no sentido de *religioso*) que é da competência da Igreja.[474]

O Estado tem por finalidade *proteger* e *desenvolver* o bem comum temporal.[475]

Por sua vez, o bem comum temporal (*autêntico*) consiste nas *condições materiais* e morais[476] de um meio social

---

473. J. Dabin, *Théorie Générale du Droit*, 2ª ed., Bruxelles, 1953, nota 3 ao nº 143.

474. Para a completa análise desta divisão e competência, veja-se J. Dabin, *L'Etat ou le Politique*, Paris, 1957, nº 50 a pp. 94-95 e ns. 68-73 a p. 127 e ss.

475. J. Dabin, *L'Etat ou le Politique*, Paris, 1957, ns. 30 e ss.

476. Idem, ibidem, nº 50, pp. 94-95; G. Burdeau, *Traité de Science Politique*, vol. I, Paris, 1949, nº 50 a pp. 69-71.

Para excelente e exaustiva análise do bem comum, veja-se J. Dabin, op. cit., nº 30 à p. 60 até nº 73 à p. 139; G. Burdeau, op. cit., nº 36 à p. 57 até nº 67 à p. 86.

onde o homem ("l'homme situé")[477] possa atingir a plenitude de seu destino".[478]

50. Conceito de relação

Parecerá absurdo procurar saber o que é a *relação* (ela mesma) destacada de seus dois polos (sujeito ativo e passivo) e também abstraído o seu conteúdo (direito e dever) moral (na relação moral) ou jurídico (na relação jurídica); entretanto, um pequeno esforço neste sentido muito auxiliará a compreender a embriogenia do Estado.

Cada ser, considerado em si mesmo, continua o que ele é; entretanto, qualquer coisa de novo (realidade nova) aparece quando aquele ser é considerado *fora* de si, portanto, considerado diante de *outro* ser. É absolutamente necessária a existência de um outro ser para se considerar um ser fora de si mesmo; caso contrário, fora deste ser "existe" o nada (negação de ser, negação de existência) e para se pensar no ser fora de si mesmo é absolutamente necessário um *polo* de referência (portanto, uma *outra* existência, um outro ser) situado fora daquele primeiro ser. E existindo este *outro* ser, existem *dois* seres e, logicamente, *dois polos* de referência: cada um dos *dois* seres considerados reciprocamente fora de si mesmos, um diante do outro, mutuamente referidos. E neste êxodo de si mesmo e recíproco entre os dois seres (polos) consiste a realidade nova: a *relação*.

---

477. O fenômeno histórico mais importante dos dois últimos séculos é "l'avènement du peuple réel" e a consequente introdução, no cenário político, "d'homme situé"; ver: G. Burdeau, *Traité de Science Politique*, vol. VI, Paris, 1956, ns. 6-45.

478. J. Dabin, *L'Etat ou le Politique*, Paris, 1957, nº48, pp. 90-91; G. Burdeau, *Traité de Science Politique*, vol. I, Paris, 1949, p. 71 e in vol. VI, 1956, nº 167 à p. 463; Ruy Cirne Lima, *Revista Jurídica*, Porto Alegre, 1956, nº 21, p. 54; R. Savatier, in *Le Droit Privé Français au Milieu du XXe Siècle*, vol. I, Paris, 1950, p. 86.

Esclarecedoras são as agudas observações de FRANCESCO CARNELUTTI, a seguir expostas:

Aparentemente, à primeira vista, entre o "tu" e o "eu" nada existe, ou melhor, existe uma separação.

Porém esta distância poderá também ser *pensada* sob o ângulo da *união* (vinculação).

E a separação ou o intervalo entre o "tu", de um lado, e o "eu", de outro lado (quando examinada sob o ângulo da união), é a *relação*.

Pela palavra *relação* se expressa a ideia de um IR e de um VIR do "eu" ao "tu". Este *IR* percorre o intervalo ou a separação entre duas pessoas, com a *finalidade da união* entre estas pessoas.

Portanto, *a relação é um IR e um VIR* entre duas pessoas (ou seres), ou melhor, entre dois polos.[479]

51. Relação constitucional do Estado

É necessário retornar ao "rapport politique"; é dele que tudo se origina.[480] A investigação e análise da intimidade, genética do "rapport politique" revelará que ele é a *relação constitucional* do Estado, que o Estado consiste nesta relação, que esta relação é a realidade do Estado como ser social distinto dos indivíduos que o estão, continuamente, criando.

Investigando a natureza da pessoa jurídica, RUY CIRNE LIMA encontrou a *relação*. "A pessoa jurídica é uma relação. Há duas maneiras de entender-se essa definição simplista. Uma, negativa, baixa a pessoa jurídica ao nível da relação: negando-a

479. F. Carnelutti, *Teoria General del Derecho*, Madrid, 1955 (trad. da 3ª ed. italiana, Roma, 1951), nº 60, pp. 183-84. Note-se que a relação jurídica somente pode se estabelecer entre pessoas. No caso, não se está investigando a relação jurídica, mas a realidade da relação *gênero*.

480. Ver nº 47.

como pessoa, afirma-a como relação. Outra, positiva, *eleva a relação à dignidade de pessoa*: porque relação, a entidade transindividual é pessoa jurídica."[481]

O que RUY CIRNE LIMA disse sobre a pessoa jurídica vale também para a pessoa *social* (ser social de existência real ainda não reconhecida pelo Direito Positivo). O ser social (Estado) é uma *relação*, originalmente, *natural* (pré-jurídica).[482]

Em que consiste, afinal, esta *relação genética* de um ser social (Estado)?

Para se compreender o Estado como um ser social cuja existência é real e distinta da dos indivíduos membros, a dificuldade que perturba o raciocínio "dérive surtout du fait que les rapports de personne à personne ne doivent pas seulement être définis dans l'hypothèse d'un *absolu commencement* de ces mêmes *relations*, c' est-à-dire, en dehors de toute condition et limitation préexistantes, mais que ces rapports doivent en outre être recueillis et déterminés au sein du *continuel* de la réalité phénoménique qui est précisément une *réalité sociale*".[483]

A dificuldade que perturba o raciocínio é o fato de inicialmente se procurar imaginar a *relação* genética do Estado, isto é, aquele *IR* e *VIR*[484] entre os indivíduos humanos, como se fosse um *único IR* e um *único VIR;* como se fosse uma troca de cumprimentos; uma mútua transferência de boas intenções, que

481. Ruy Cirne Lima, *Preparação à dogmática jurídica*, 2ª ed., Porto Alegre, 1958, p. 181. Este autor (op. loco cit.) e os demais a seguir indicados, manifestam-se no sentido da atitude positiva que eleva a relação à dignidade da pessoa: ver J. Dabin, *Le Droit Subjectif*, Paris, 1952, pp. 131-32, 134 combinado com *L'Etat ou le Politique*, Paris, 1957, ns. 114, 118, 119, 121; Giorgio Del Vecchio, *Teoria do Estado*, trad., São Paulo, 1957 (*Lo Stato*, Roma, 1953), pp. 36-37 (Cap. II, nº4, *a*), combinado com p. 161 (*La Crisi dello Stato*, 1933, nº 2).

482. Ver nº46.

483. Giorgio Del Vecchio, *La Justice – La Verité*, Paris, 1955, p. 108 (grifou-se).

484. A relação é um *ir* e *vir*, ver nº 50.

uma vez efetuada estaria estabelecida a relação. A relação constitucional deste ser social (Estado) não é um único *IR* e *VIR*.

Para se poder pensar na realidade do Estado como *uma relação* (primeiro de natureza social e depois de natureza jurídica), deve-se ter sempre presente que o Estado (como todo e qualquer ser social) é de *criação continuada*. Isto é, o Estado não é um ser social que, uma vez constituído, subsiste *per se*, independente de seus criadores; mas o Estado é um ser social cuja criação é *contínua*; é *permanente*; *aquele IR* e *VIR gerador da relação é um movimento contínuo*. Enfim, o Estado não é algo que "*está*", mas sim algo que "*continua*", numa perpétua reafirmação de sua realidade.[485]

Cumpre ter bem presente, mais uma vez, a ideia de relação conferida por Francesco Carnelutti. A relação é um *IR* e um *VIR* de uma pessoa a outra pessoa, percorrendo – com a finalidade da união a distância que as separa. Estas duas pessoas são os *polos* da relação.[486]

A relação social é um *IR* e um *VIR* entre pessoas. Isto posto, pode-se dar um passo avante, e ver como nasce um ser social.

Viu-se que, para um grupo de indivíduos humanos poder existir organizado e estável, é logicamente necessário que entre estes indivíduos haja uma *coerência*. Tal coerência pressupõe necessariamente um *centro* de referência *comum*. E, em se tratando de agrupamento de indivíduos humanos que formam uma sociedade, este centro de referência comum é o bem comum (autêntico ou falso).

---

485. J. Dabin, *Le Droit Subjectif*, Paris, 1952, p. 131; F. Carnelutti, *Teoria General del Derecho*, Madrid, 1955 (trad. da 3ª ed. italiana, Roma, 1951), p. 39; Giorgio Del Vecchio, *Teoria do Estado*, trad., São Paulo, 1957 (*Lo Stato*, Roma, 1953), p. 39 (Cap. II, nº 4, letra *b*) e p. 161 (*La Crisi dello Stato*, 1933, nº 2).

486. Ver nº 50.

Para se poder pensar, ou melhor, para se poder ver, com os olhos do intelecto, esta realidade espiritual que é uma sociedade, imagine-se *uma esfera*. Os indivíduos humanos estão na periferia da esfera e o bem comum exatamente no *centro* da esfera.

"Neste esquema inicial e sumário", diz GIORGIO DEL VECCHIO, "ao tratar dos elementos característicos do Estado, servimo-nos, às vezes, por brevidade, de termos tomados da mecânica, mas isso não nos deve induzir em erro no que respeita à natureza essencialmente *psicológica* dos fatos e dos processos apontados."[487]

GIORGIO DEL VECCHIO tem plena razão quando diz que "aquilo que propriamente constitui a *essência* deste (do Estado) é o *vínculo*, ou melhor, o sistema de vínculos"[488] e também quando – com agudíssima visão – observa que a realidade do Estado consiste num "*centro de gravidade* de um sistema; ou, se quiser, o *focus* para onde convergem e donde se *irradiam* todos os raios que compõem uma real *unidade*".[489]

Entretanto, equivocou-se quando pôs o Estado naquele centro de gravidade.[490]

Nesta inadvertência não incorreu JEAN DABIN que acertadamente diz:

"Cette 'ordination' s'exprime dans une double relation: relation *au but social*, auquel chacun des associés voue une part plus au moins considérable de ses *forces* (c'est la *relation*

---

487. Giorgio Del Vecchio, *Teoria do Estado*, trad., São Paulo, 1957 (*Lo Stato*, Roma, 1953), p. 24 (Cap. II, nº 1).

Sobre a natureza essencialmente psicológica da embriogenia do Estado, ver nosso nº 48.

488. Giorgio Del Vecchio, *Teoria do Estado*, trad., São Paulo, 1957 (*Lo Stato*, Roma, 1953), pp. 36-37 (Cap. II, nº 4, *a*) (grifou-se); J. Haesaert, *Théorie Générale du Droit*, Bruxelles, 1948, pp. 149-50, 195.

489. Giorgio Del Vecchio, *Teoria do Estado*, trad., São Paulo, 1957, p. 161 (*La Crisi dello Stato*, 1933, nº 2) (grifou-se).

490. Idem, ibidem.

fondamentale); relation des associés entre eux, en tant précisément qu'ils conjuguent et coordonnent leurs forces en vue de la réalisation du but social. Or cette *relation complexe*, organiquement instituée, que unit les associés dans leur commune réfèrence au *but social*, est bien une réalité distincte, *génératrice* d'un être nouveau et distinct."[491]

Porém, depois de ter, com todo o acerto, chamado atenção que a "relation *fondamentale*" é a "relation au *but social*, auquel chacun des associés voue une part plus ou moins considérable de ses forces", Jean Dabin incorre na irreflexão de ver a relação genética do novo ser social no complexo formado pela "relation fondamentale" entrelaçada com a "relation des associés entre eux", esquecendo-se da força *irradiante* (centrífuga) do centro de gravidade (bem comum) que *conjugada* com a força *convergente* (centrípeta) compõe a "relation fondamentale" geradora do ser social. O ser social nasce pela "relation fondamentale" e depois de existir (ao tomar conhecimento de sua própria existência) com a finalidade de garantir a sua sobrevivência (a *continuidade* da "relation fondamentale") impõe regras de conduta obrigatória aos indivíduos que o criaram e que estão em ambos os polos da "relation fondamentale". Com o advento destas regras de conduta obrigatória é que se estabelecem os sistemas de "relation des associés entre eux". Isto se torna inteligível depois da leitura de toda esta investigação e análise – oferecida em síntese – da embriogenia do Estado e da fonte do Direito Positivo.

Por isso, para se poder melhor pensar ou ver com os olhos do intelecto a realidade espiritual que é o ser social, imagine-se uma es*fera*. Os indivíduos humanos estão na *periferia* da esfera e o bem comum exatamente no *centro* da esfera.

De cada um daqueles indivíduos humanos que estão na periferia da esfera (note-se de *cada um* daqueles indivíduos) parte um *IR* que se dirige a *todos* os outros indivíduos que estão na periferia daquela esfera.

491. J. Dabin, *Le Droit Subjectif*, Paris, 1952, pp. 131-32, (grifou-se).

Mas, agora, atente-se bem para a *direção* desse *IR* e *como* ele atingirá todos aqueles outros indivíduos. Este *IR* parte do indivíduo que está na periferia e *se dirige ao centro* da esfera (note-se o centro da esfera é o bem comum) e ao atingir este centro da esfera, o *IR irradia-se* (deste centro da esfera) em direção à periferia da esfera, atingindo a todos aqueles outros indivíduos que estão situados na periferia.

Todos os indivíduos humanos estão na periferia de uma esfera e o bem comum no centro da esfera. De *cada um* daqueles indivíduos humanos que estão situados na periferia, parte um *IR* que se dirige ao centro da esfera (portanto dirige-se ao bem comum) e ao atingir o centro da esfera (portanto, ao atingir o bem comum), este *IR irradia-se* do centro e, irradiando-se, vai atingir todos os indivíduos que se encontram na periferia.

Note-se que, com referência àquele indivíduo singular (que se tomou como ponto de partida), o movimento é um *IR*. Porém, com referência a todos os demais indivíduos, este *IR* vem em sua direção; a eles se dirige; portanto, este *IR* é para eles um *VIR*.

De cada um dos indivíduos que está na periferia parte um *IR* que, atingindo o centro da esfera (isto é, atingindo o bem comum), irradia-se e, irradiando-se, atingirá todos os demais indivíduos na periferia. Com referência a este indivíduo singular o movimento é um *IR*, porém, com referência a todos os demais indivíduos, esse movimento é um *VIR*. Exemplifica-se: cinco indivíduos estão sentados ao redor de uma mesa circular. No centro da mesa há um prato com água. Agora, um dos indivíduos lança, dentro do prato d'água, um objeto qualquer. Este objeto, ao cair dentro do prato d'água, fará com que a água respingue ao redor; isto é, irradie-se e atinja a todos os que estão na periferia da mesa, de modo que aquele mesmo movimento, com referência ao indivíduo *que lançou* o objeto, é um *IR* e com referência *a todos os demais indivíduos* que estão ao redor da mesa, *é um VIR*.

E agora um detalhe interessante. Poder-se-ia argumentar que também este indivíduo que lançou o objeto foi atingido pela irradiação da água. E isto é verdade. Ele foi atingido pela irradiação da água que estava no centro (não na qualidade de lançador do objeto), mas na qualidade de um indivíduo *qualquer* situado na periferia. Esta distinção é muito importante; ele recebe uma parcela da irradiação do bem comum (não porque é autor daquele *IR*), mas pura e simplesmente porque é um indivíduo humano *como qualquer outro membro* daquele agrupamento de indivíduos situados na periferia da esfera.[492]

Mais um passo avante. Até aqui, sempre se pensou *no IR*, partindo de um *único* indivíduo situado na periferia, embora sempre se dissesse de *cada* um dos indivíduos situados na periferia. Agora, procure-se imaginar este movimento de *IR*, partindo *simultaneamente* de cada um; portanto, este movimento de *IR*, partindo de *todos*, individualmente, em direção ao centro e, dali, irradiando-se para todos na periferia.

Voltando à imagem dos indivíduos sentados ao redor da mesa circular, em cujo centro há um prato com água, aconteceria o seguinte: *cada um* daqueles indivíduos (portanto *todos* aqueles indivíduos) lançaria um objeto dentro do prato e este objeto ao atingir o centro da mesa, portanto, ao atingir o prato com a água, faria esta respingar ao redor, atingindo a *todos* os indivíduos. Isto posto, pode-se ver que: com referência *a cada um de todos* aqueles indivíduos que estão na periferia da mesa, há um *IR* que se dirige ao centro da mesa e há um *VIR* que parte do centro da mesa. *Coisa análoga se passa ao nascer o Estado.*

De *cada um* dos indivíduos que está na periferia daquela esfera parte um *IR* que se dirige ao *centro* da esfera (portanto, se dirige ao *bem comum*) e dali irradia-se, atingindo a todos os demais indivíduos que estão na periferia da esfera. Com referência a todos estes demais indivíduos, o *IR*, partindo daquele

492. Esta distinção é de capital importância para se compreender porque o pagamento do tributo não pode ter a natureza de uma contraprestação direta e equivalente.

indivíduo singular, é um *VIR*. Mas como de todos aqueles indivíduos (individualmente tomados), parte um *IR* que, ao atingir o centro (o bem comum), irradia-se e alcança a todos os demais, conclui-se que, logicamente, há *um IR* e *VIR, ligando todos os indivíduos a um e cada um a todos*.

Este *IR* ao bem comum e este *VIR* do bem comum, ligando todos os indivíduos a um e cada um a todos os demais, *é precisamente uma relação*; é a relação genética de um ser social; é a relação constitucional de uma sociedade humana. Neste momento, vê-se, com os olhos do intelecto, *a relação constitucional do Estado.*

Entretanto, esta visão da relação constitucional do Estado, embora verdadeira, parece artificial porque foi oferecida reduzindo-se a gênese do Estado à sua mais simples expressão. Falta analisar os polos e o conteúdo desta relação genética e ainda é necessário o exame mais íntimo da embriogenia do Estado e depois a visão global dos resultados obtidos nestas investigações. É a tarefa dos próprios números, cuja leitura completará o quadro, até aqui apenas esboçado em suas linhas gerais, fazendo desaparecer o aparente artificialismo.[493]

52. Polos da relação constitucional

Esta relação constitucional[494] é o próprio ser social (Estado) cuja existência é real e distinta da dos indivíduos membros; em síntese: o Estado consiste nesta relação.

Em consequência, o Estado não pode preexistir a esta relação constitucional e por isto não pode situar-se em nenhum dos *polos* (ou termos) desta relação constitucional.

Em ambos os polos (negativo e positivo) desta relação constitucional, assumindo a posição de sujeito ativo e sujeito

493. Ver ns. 52-58.

494. Ver nº 51.

passivo, estão os *indivíduos humanos* cujo agrupamento se denomina: o público.[495]

Desde logo cumpre ter presente que o *público* não forma corpo separado dos indivíduos e nem é dotado de personalidade própria.

"Qu'on ne s'y trompe pas pourtant: ces individus *eux-mêmes composant* le public sont pris tels qu'ils sont dans leur *situation concrète* d'hommes, de femmes, d'enfants, de travailleurs, de producteurs, de consommateurs... et non pas seulement en leur qualité d'hommes participant à la même nature humaine. *L'ensemble indifférencié* des individus est un ensembie *d'individus différenciés*. Le public est le peuple réel, dans la variété des conditions individuelles et sociales de ses membres. Mais, pour le définir comme ensemble, cette variété est sans pertinence, en ce sens que tous les individus du groupe font *également* partie du public sans différence entre eux.

Aussi bien, *l'ensemble ne fonne nullement corps séparé*, distinct des individus composants: pris à part de son incorporation dans l'Etat, *le public* n'a ni fin propre, ni organisation propre, ne détient dès lors aucun titre à la personnalité morale."[496]

Portanto, as unidades que compõem o ser social (Estado), assumindo a posição de sujeito ativo e de sujeito passivo nos polos da relação constitucional são os indivíduos humanos considerados concretamente ("l'homme situé"[497]) e, pois, revestidos de seus caracteres específicos e de sua individualidade.[498]

À primeira vista, o que acaba de ser afirmado parece envolver um paradoxo: Como poderá o mesmo indivíduo ser sujeito ativo e passivo de uma única relação? Aliás, nota

---

495. J. Dabin, *L'Etat ou le Politique*, Paris, 1957, ns. 12, 34; G. Burdeau; *Traité de Science Politique*, vol. IV, Paris, 1952, ns. 11, 12, 16, 18-21.

496. J. Dabin, *L'Etat ou le Politique*, Paris, 1957, nº 34, pp. 71-72.

497. Ver: G. Burdeau, *Traité de Science Politique*, vol. VI, Paris, 1956, ns. 6-13.

498. J. Dabin, *L'Etat ou le Politique*, Paris, 1957, nº 12.

G. Burdeau que "il est peu de problèmes qui aient autant retenu l'attention des pubblicistes que celui que pose cette coexistence dans l'individu des qualités contradictoires de gouverné et de gouvernant, de maitre et de sujet".[499]

Tendo-se bem presente o que foi exposto nos números anteriores, um pouco de reflexão mostrará que não existe paradoxo.

Antes de tudo, cumpre lembrar que nem toda a relação gera um ser social e que a relação em estudo, embora se trate de relação única é, também, em virtude de sua natureza especial, a única relação capaz de criar um ser social (sociedade natural).

A trajetória do *IR* e *VIR* que compõe a relação genética do ser social, como já se demonstrou, é a seguinte: de cada um dos indivíduos, situados na periferia daquela esfera, parte um *IR* que se dirige ao *centro* da esfera (centro único de gravidade: bem comum) e dali *irradia-se*, atingindo todos os demais indivíduos que estão na periferia da mesma esfera. Com referência a todos estes outros indivíduos, o *IR*, partindo daquele indivíduo singular, é um *VIR*. Mas como também de todos aqueles indivíduos (singularmente tomados) parte um *IR* que, ao atingir o centro único de gravidade (bem comum), irradia-se e alcança todos os outros indivíduos, conclui-se, logicamente, que *há um IR e um VIR, continuado, ligando todos os indivíduos a cada um e cada um a todos*. Este *IR* ao bem comum e este *VIR* do bem comum, ligando todos a um e cada um a todos, é a relação genética ou constitucional do ser social (Estado) com existência real e personalidade própria.[500]

Pela trajetória do *IR* e *VIR* vê-se que o mesmo indivíduo não é sujeito ativo e passivo de si próprio, porque no *IR* (polo negativo: sujeito passivo) está um indivíduo e, do outro lado, no *VIR* (polo positivo: sujeito ativo) estão todos os *outros* indivíduos.

---

499. G. Burdeau, *Traité de Science Politique*, vol. IV, Paris, 1952, nº 21, p. 41.

500. Para a melhor compreensão da relação genética é indispensável a leitura dos ns. 46-51.

E existe uma única relação, ligando todos os indivíduos a um e cada um a todos, porque o *IR*, partindo de cada indivíduo, converge para um *único centro de gravidade* (*bem comum*) e o *VIR*, recebido por todos os outros indivíduos, irradia-se daquele único centro.

Note-se que no *IR*, o indivíduo está ainda *independente e isolado* dos outros; neste momento há um *êxodo* ou *transindividualização da capacidade de agir* daquele indivíduo insulado em sua indi vidualidade pura.[501] "Ce n'est done pas en vertu d'une fiction ou d'un sophisme hypocrite que s'opere en chacun de nous le dédoublement en sujet et citoyen. C'est pour satisfaire à une interprétation rationnelle d'un fait social incontestable: le tout dont je suis membre, et à la volonté duquel je participe, a des exigences qui ne peuvent être satisfaites que par la sujétion où je suis placé comme personne indépendante, isolée du siècle, de l'espace et du groupe. Le sujet, c'est done l'individu à l'état pur considéré en dehors de tout lien social".[502]

Porém, no *VIR*, irradiando-se de um único centro (bem comum), todos os indivíduos, já agora, estão *vinculados* (cada um ligado a todos e todos a cada um). "Les individus participent au bien commun, *mais en tant que parties composantes de la société*: *leur titre à une participation* au bien commun, c'est leur appartenance au groupe. bien de tous, le bien commun est *aussi le bien de chacun*, cat les parties bénéficient de ce qui profite à l'ensemble."[503]

53. Conteúdo da relação constitucional

Foi visto que o Estado é um ser social (sociedade) com existência real, de natureza continuada, e dotado de persona-

501. Ver nº 50.

502. G. Burdeau, *Traité de Science Politique*, vol. IV, Paris, 1952, nº 21, p. 43.

503. Idem, vol. I, Paris, 1949, nº 45, p. 67.

lidade própria. Depois se verificou que esta realidade (o Estado) consiste numa relação *(a relação constitucional)* em cujos polos negativos (sujeito passivo) e positivos (sujeito ativo) estão os indivíduos humanos criadores do Estado. Por sua vez, esta relação constitucional compõe-se de um *IR* e *VIR continuado*, ligando todos os indivíduos a um e cada um a todos.[504]

Para se poder ver, com os olhos do intelecto, este *IR* e *VIR* continuado, imaginou-se uma esfera. De cada um dos indivíduos, situados na *periferia* da esfera, parte um *IR* que converge para um centro único de gravidade no *centro* da esfera (bem comum ou bem público temporal) e dali irradia-se, atingindo todos os outros indivíduos que estão na periferia da mesma esfera. Com referência a todos estes outros indivíduos, o *IR* (partindo daquele indivíduo singular) é um *VIR*. Mas como também de todos aqueles outros indivíduos (singularmente tomados) parte de *IR* que, ao atingir o centro único de gravidade (bem comum), dali irradia-se e alcança todos os outros indivíduos, conclui-se, logicamente, que há, continuadamente, um *IR* ao bem comum e um *VIR* do bem comum, ligando todos a um e cada um a todos.[505]

Qual o conteúdo deste *IR* e *VIR*?

Este IR (partindo de cada um dos indivíduos criadores do Estado)[506] *conduz um feixe de deveres convergentes (centrípetos) sobre um centro único de gravidade: o bem comum.*

"*Un dédoublement* s' est opéré entre ce que chacun des assoclés apporte, de sa personne ou de ses biens, à l'association, et ce qu'il garde pour soi, pour la satisfaction de ses buts personnels. Or, en tant que les associés se détachent ainsi d'eux

504. Ver nº 51.

505. Ver nº 52.

506. Criadores do Estado não são somente aqueles que "começaram", mas também aqueles que "continuam", pois a criação do Estado é de natureza continuada; ver nº 48.

mêmes pour se consacrer ensemble à une oeuvre dont la réalisation est prise en charge par leur groupement, celui-ci fait figure d'être distinct de leurs personnes individuelles."[507]

É pelo "*apport* des membres que se constitue et fonctionne toute société, y compris I'Etat, alors même que, comme en Angleterre, l'entreprise du bien public serait mise au nom de la Couronne et non de l'Etat, la Couronne ne signifiant rien sans les sujets et ne pouvant rien sans leurs concours".[508]

O *VIR* (*irradiando-se do centro único de gravidade*: *o bem comum*) *conduz um feixe de DIREITOS irradiantes* (*centrífugos*) *que alcançam a cada um dos indivíduos criadores do Estado.*[509]

"L'homme est, en effet, un être complexe qui n'adhère pas d'un bloc à chacun de ses désirs; il semble même qu'il n'y ait aucune de nos aspirations (si ce n'est l'élan vers Dieu, et c'est là ce qui fait sa perfection) qui nous intéresse tout entier. Il y a donc un bien de l'homme en tant qu'il s'isole dans son égoisme, un bien en tant qu'il appartient à une

---

507. J. Dabin, *Le Droit Subjectif*, Paris, 1952, p. 132.

Em sentido análogo, manifesta-se J. Haesaert. Para este autor o Estado é um sistema social cuja existência é real, individualizada e distinta da dos indivíduos humanos que integram o sistema (*Théorie Générale du Droit*, Bruxelles, 1948, págs 144, 149). "Nous trouvons enfin une esquisse des *lignes de forces* du systeme, sous forme de directives, et leur mise en oeuvre Du fait d'appartenir à un systeme, les individus sont d'abord placés dans une situation déterminée qui canalise leurs énergies en fonction de la raison d'être, et les dirige vers la réalisation de ceile-ci. Ces activités, ensuite, doivent être coordonnées, et cette coordination se fait encore en conformité de la raison d'être, et pour l'atteindre. De toutes les activités en puissance que possedent ses organes, le systeme ne retient que celles qui sont susceptibles de le constituer, et leur confere, en guise d'attributs, un dynamisme qui les fait, suivant le moment, agir ou s'abstenir, et les agence continuellement les unes aux autres. Traduits en termes juridiques, ces moteurs deviennent droits et obligations" (J. Haesaert, op. cit., p. 142).

508. J. Dabin, *L'Etat ou Le Politique*, Paris, 1957, nº 27, p. 58; *Le Droit Subjectif*, Paris, 1952, p. 206.

509. Criadores do Estado foram os mortos, são os vivos e serão os que nascerem, porque o Estado é de criação *continuada*; ver nº 48.

familie, à une profession, à une cité; et par-dessus ces innombrables formes du bien auxquelles il aspire, il y a le bien auquel il participe en tant que membre de la société. Ce bien est le Bien commun."[510]

O bem comum é bem de *todos* e bem de cada *um*.[511] "Il faut observer, toutefois, qu'il n'y a jamais confusion du bien particulier et du bien commun car la personnalité de chacun ne s'épuise pas dans son adhésion à une société quelque larges qu'en soient les fins. Il subsiste toujours, au profit de l'homme, une part de bien autonome que ne peut être satisfaite qu'en considération de la personnalité de celui qui en est le sujet".[512]

"De cette participation ou Bien commun il résulte que chaque homme possede, outre son bien propre, le Bien commun de tous. Assurément il posséde celui-ci en partage avec les autres associés, mais le propre du Bien commun est de pouvoir être indéfiniment partagé sans diminution de substance, car chacun, sans en disposer en propre, participe cependant à sa totalité. Or, si le bien particulier et le Bien commun s'ajoutent pour constituer le bien individuel de chacun de nous, il est clair qu'il ne peut exister entre eux aucun antagonisme."[513]

Aqueles deveres centrípetos e aqueles direitos centrífugos são originalmente naturais e posteriormente jurídicos, porquanto o Estado nasce por uma relação natural e sobrevive porque – ele mesmo utilizando a força natural racional de sua existência (capacidade de agir; poder), transfigura aquela relação natural em relação jurídica.

Originalmente, aqueles deveres centrípetos e direitos centrífugos são *naturais* (de Direito Natural político); portanto

510. G. Burdeau, *Traité de Science Politique*, vol. I, Paris, 1949, nº45.

511. Idem, ibidem.

512. Idem, ibidem, nº 49, p. 70, nota 1.

513. Idem, ibidem, p. 70.

ainda não são jurídicos, não tem qualquer eficácia jurídica e existem apenas no plano pré-jurídico. Aqueles direitos e deveres naturais só entrarão para dentro do mundo jurídico *quando* e *mediante* a sua transfiguração pelo Direito Positivo.[514]

"Il existe aussi un droit naturel *politique* qui, sur la base de l'instinct politique de l'homme, fonde la société politique et tout ce quí, en elle, est essentiel, notamment l'autorité publique et la loi civile, celle-ci étant envisagée non dans ses dispositions concretes, mais dans le principe de son existence et dans la méthode de son élaboration. Ce droit naturel politique est sans doute dépendant du droit naturel moral, parce que la morale regne sur l'humain tout entier; mais il est, de son côté, au point de départ d'un systeme nouveau d'institutions et de regles proprement sociales, mieuxs: sociétaires, inspirées de l'idée à la fois morale, utilitaire et technique de bien public, et ne régissant, dans l'homme, membre du groupe, que les actes extérieurs."[515]

Porém, o Estado não está subordinado ao Direito Natural e pode criar regras jurídicas (Direito Positivo) que deformem e até contrariem o Direito Natural; este é apenas um "dado" (matéria-prima) com o auxílio do qual, ou contra o qual, o legislador constrói a regra jurídica; e a contrariedade ao Direito Natural não enfraquece a juridicidade da regra jurídica.[516] Aliás, o legislador *constituinte* não está subordinado nem mesmo a algum Direito Positivo, pois este é obra sua.[517]

Aqueles deveres centrípetos *naturais* (convergentes sobre um único centro de gravidade: o bem comum) e direitos centrífugos *naturais* (irradiantes do bem comum), considerados em seu conjunto, formam precisamente o conteúdo daquela fenomenologia social que Georges Burdeau batizou com o nome ambíguo de "*idée de droit*".

514. Ver nº 59.

515. J. Dabin, *Théorie Générale du Droit*, 2ª ed., Bruxelles. 1953, nº 215; *La Philosophie de l'Ordre Juridique Positif*, Paris, 1929, ns. 80, 86-89.

516. Ver ns. 59-60.

517. J. Dabin, *Le Droit Subjectif*, Paris, 1952, nº 213.

"Dans tout groupement humain parvenu à un degré de maturité suffisante pour comprendre qu'une certaine discipline est indispensable à la vie commune, cet ordre se concrétise dans une représentation des regles dont l'observation est nécessaire. Cette représentation peut être le fait du groupe entier ou d'une classe seulement ou même de quelques personnalités dirigeantes. De toute façon à partir du momentou elle acquiert une précision et une autorité suffisantes, elle va être une sorte d'image de ce que doit être la société. Dans les sociétés primitives cette image se confondra avec la réalité car on ne conçoit pas encore la possibilité d'un changement voulu et consciemment préparé. Dans les sociétés plus évoluées, cette image sera celle d'un ordre social désirable. Mais, dans tous les cas, c' est d' elle que procéderont les regles de droit comprises comme des normes de l'observation desquelles dépend la réalisation du type de société envisagée.

J'appelle *idée de droit* cette image ou cette représentation de ce que doit être l'économie générale des rapports sociaux, parce qu'elle n'est au fond qu'une systématisation intellectuelle d'une organisation sociale en fonction des regles juridiques susceptibles de la maintenir ou de procurer son avénement."[518]

"Une représentation de l'ordonnancement auquel doit se conformer le groupe pour que puisse être atteint le Bien objet de sa croyance. J'ai appelé *idée de dróit* cette représentation d'un ordre social désirable parce que c' est d' elle que procedent les regles juridiques."[519]

"L'ordre social consist en l'aménagement de la vie coliective selon cé qu'exige la recherche du Bien Commun."[520] "A l'idée abstraite d'ordre social se substitue l'idée de Droit."[521]

518. G. Burdeau, *Méthode de la Science Politique*, Paris, 1959, nº 138 (grifou-se).

519. Idem, ibidem, nº 188.

520. Idem, ibidem, nº 68.

521. Idem, ibidem, nº 69.

"L'ordre postule une règle de vie, cette regle s'inscrit dans la norme juridique. Mais la regle, à son tour, repose sur une certaine représentation de ce que doit être l'organisation sociale. L'objet de cette représentation, c'est l'idée de droit. Il y a donc, dans le concept de droit, deux éléments distincts, quoique étroitement apparentés: l'idee de droit et la regle de droit.

L'idêe de droit, c'est la représentation d'un certain mode d'organisation sociale d'ou se dégage la reconnaissance d'un príncipe susceptíble de valoir comme regle de droit".[522]

Com razão, observa GEORGES BURDEAU que a "idée de droit" é essencialmente *mutável e contingente*[523] e que esta sua mutabilidade e contingência são a causa da *diversidade* – no tempo e no espaço – dos sistemas jurídicos (Direito Positivo).[524]

Considerando a universalidade e imutabilidade do Direito Natural,[525] GEORGES BURDEAU deduz que a "idée de droit", em virtude de sua contingência, não pode ser o "dado" fornecido pelo Direito Natural, mas é a *interpretação* deste "dado".[526]

Por outro lado, como a "idée de droit", por si mesma, *ainda não é regra jurídica*, mas o ponto de partida, a inspiração ou ideia germinal do Direito Positivo,[527] GEORGES BURDEAU conclui que a "idée de droit" situa-se, a meio caminho *depois* do Direito Natural e *antes* do Direito Positivo, constituindo o que ele denominou de "droit transpositif".[528]

---

522. Idem, ibidem, nº 70.

523. Idem, ibidem, nº 93, especialmente nota 4.

524. Idem, ibidem, nº 95.

525. Sobre a imutabilidade do Direito Natural, ver J. Leclercq, *Leçons du Droit Naturel – 1 – Le Fondement du Droit et de la Société*, 4ª ed., Nammur, 1957, I, nº 11, pp.51-61; N. Bobbio, *Teoria della Scienza Giuridica*, Torino, 1950, p. 30.

526. G. Burdeau, *Traité de Science Poiitique*, vol. I, Paris, 1949, nº 93 e sua nota 4.

527. Idem, ibidem, nº 80, especialmente nota 1.

528. Idem, ibidem, ns. 92, 96.

Na verdade, não existe um "droit transpositif" como tal; este, em última análise, continua sendo Direito Natural, *porém um Direito Natural Imperfeito porque falseado por maior ou menor dose de erros humanos.* A "idée de droit" origina-se de uma *interpretação do bem comum*; por sua vez, o conteúdo deste depende da *filosofia* do mundo que – num determinado tempo e lugar – estiver *predominando*;[529] por isto o conteúdo do bem comum pode resultar *autêntico* ou *falso* na medida da falsidade daquela filosofia predominante.[530]

Em consequência, os erros da filosofia predominante, logicamente falsearão o Direito Natural e, na medida desta falsidade a "idée de droit" irá se distinguindo, ou melhor, contrariando o Direito Natural. Na hipótese utópica da filosofia ser integralmente autêntica, surgirá um bem comum autêntico e uma "idée de droit" que se identificará com o Direito Natural autêntico.[531]

A predominância daquela filosofia, isto é, o fato de ela, com o tempo, deixar de ser a predominante e ceder lugar para outra filosofia, explica a mutabilidade e contingência da "idée de droit".

54. O poder

Não foi fácil ao pensamento greco-romano – diz José Ortega y Gasset – conceber a realidade como dinamismo. Era-lhe difícil o desprender-se do visível ou seus sucedâneos; o objeto material para aquela mentalidade continuava sendo a "coisa" por excelência; ela somente aceitava ver uma sociedade, um Estado, onde a unidade tinha o caráter de contividade visual, por exemplo: a cidade. Entretanto, a inclinação mental do

529. Idem, ibidem, nº 37.

530. Ver nº 49.

531. Em sentido análogo: N. Bobbio, *Teoria della Scienza Giuridica*, Torino, 1950, pp. 29-34.

europeu é oposta. Para este, toda a cousa visível é simples máscara de *uma força* latente que a está, *continuamente,* criando e que é sua verdadeira realidade. Ali onde a força, a *dynamis,* atua unitariamente, *há realidade unitária,* ainda que, à vista, possa parecer manifestação de cousas múltiplas e diversas.[532]

Viu-se que o *IR* e o *VIR*, que compõem a *relação constitucional* do Estado, não é algo que aconteceu, mas algo que continua; não é um único *IR* e *VIR*, porém um *continuado IR* e *VIR*. Ora, a existência desse *IR* e *VIR*, em ritmo continuado, revela a existência de uma *energia* que vivifica, que *dinamiza* aquela relação constitucional. Esta energia dinâmica da relação constitucional é *poder*.

Todavia, o que é este poder?

Antes de tudo, não se deve confundir o poder, nem com o Ser que o *tem* (o poder é uma força imanente ao ser), nem com o órgão que o *exerce*.[533]

Cada indivíduo humano tem o seu *poder*; este é a *capacidade de agir* do indivíduo; capacidade de agir tomada no sentido *da força ou energia natural e racional* que está imanente em cada indivíduo humano considerado em si mesmo e isolado dos demais.

---

532. Ortega y Gasset, *La Rebelión de las Masas*, tít. II do "prólogo para franceses", in *Obras Completas*, 4ª ed., vol. IV, Madrid, 1957, pp. 119-20.

533. "Il n' est done pas besoin de se mettre en quête d'un droit subjectif de souveraineté et de son titulaire possible, quand celle-ci tient à *l'essence* même de l'Etat. Evidemment, la souveraineté réclame, pour *son exercice,* des sujets doués de volonté. *L'Etat* lui-même, quoique porsonne sujet de droit, n'est pas doué de volonté. Mais il a à son service des *gouvernants* qui exerceront la souveraineté, prendront en main le commandement, non en tant que cessionnaires de cette souveraineté qui est, de soi, inséparable de l'État et done *inaliénable,* mais en tant qu'instruments ou *organes* de l'État souverain, e'est-à-dire, en tant que leurs facultés et aetivités individuelles sont placées au service du groupement étatique et de l'idée-l'idée de bien public qui est à la base de ce groupement (J. Dabin, *L'État ou Le Politique*, Paris, 1957, nº 133).

Entretanto, por maior que seja o poder (capacidade de agir ou energia natural) imanente a um determinado indivíduo humano, este poder ainda lhe é insuficiente para sobreviver e evoluir; noutras palavras, aquele indivíduo humano, isolando-se dos demais indivíduos e utilizando exclusivamente o seu poder, será incapaz de vencer o meio exterior e com isto garantir sua sobrevivência e desenvolvimento. Esta incapacidade do homem isolado, ou melhor, esta insuficiência de poder, levou-o naturalmente a unir seu poder ao poder de outros indivíduos, todos voltados para um bem comum autêntico ou falso. Esta energia humana formada pela reunião da capacidade de agir de múltiplos indivíduos é consumida na obtenção do bem comum que seria inatingível pelo poder de um único indivíduo.[534]

Isto não significa que o poder individual deva ser utilizado, integralmente, para o bem comum. Cada indivíduo empregará maior ou menor parcela de sua capacidade de agir (poder), na proporção de sua capacidade e na medida em que o exigir a natureza e extensão do bem comum escolhido por aquele determinado agrupamento de indivíduos.

Este bem comum pode ser autêntico ou falso[535] e seu conteúdo nunca é escolhido com o consenso unânime de todos os indivíduos. O conteúdo do bem comum e o do Direito Positivo, que disciplina a sua produção e distribuição, é determinado pela "vontade social *preponderante*".[536] Em todo e qualquer ser social criado por indivíduos humanos, existe sempre um determinado número de indivíduos cuja capacidade de agir (poder) *prepondera* sobre a dos demais; esta capacidade de agir dominante é a "vontade social preponderante".

534. Num sentido mais restrito, ver G. Burdeau, *Méthode de la Science Politique*, Paris, 1959, ns. 394-396; ver também E. Weil, *Philosophie Politique*, Paris, 1956, p. 82.

535. Ver nº 49.

536. G. Burdeau, *Méthode de la Science Politique*, Paris, 1959, nº 186, Giorgio Del Vecchio, *Teoria do Estado*, trad., São Paulo, 1957, p. 199 (cap. 3 do estudo ("Indivíduo, Estado e Corporação").

Viu-se que a relação constitucional do Estado compõe-se de um continuo *IR* e *VIR*, ligando todos a um e cada um a todos. Desnecessário é que cada indivíduo concorde reconheça ou aceite voluntariamente tal vinculação. *É suficiente que a capacidade de agir de determinados indivíduos prepondere sobre a dos demais (pela fraqueza ou inércia destes) para gerar-se o ritmo vital do IR, mantendo a unidade do ser social e vinculando todos pela relação constitucional.*

Viu-se que a energia que dinamiza o *IR* e *VIR* da relação constitucional do Estado é a capacidade de agir dos indivíduos; esta é a força natural e racional do indivíduo; em síntese: é o poder do indivíduo.

Isto posto, pergunta-se: Qual então a natureza do poder do Estado?

O poder do Estado é o poder dos indivíduos que se *transindividualizou*. Esclarece-se esta resposta.

Um dos mais agudos investigadores da personalidade da sociedade, Ruy Cirne Lima, encontrou no substrato da personalidade do ser social, "a transindividualização da capacidade de agir dos que a constituem",[537] esclarecendo que "o que se transindividualiza é a capacidade de agir dos que a constituem, entre si ligados pela relação, que os consocia e lhes unifica as virtualidades distintas para a ação comum".[538]

---

537. Ruy Cirne Lima, *Preparação à dogmática jurídica*, 2ª ed., Porto Alegre, 1958, p. 190; em sentido análogo, J. Dabin, *Le Droit Subjectif*, Paris, 1952, p. 132.

538. Ruy Cirne Lima, op. cit, p. 192.

No mesmo sentido, Jean Dabin: "Un *dédoublement* s'est opéré entre ce que chacun des associés apporte, de sa personne ou de ses biens, à l'association, et ce qu'il garde pour soi, pour la satisfaction de ses buts personnels. Or, en tant que les associés se *détachent* ainsi *d'eux-mêmes* pour se consacrer ensemble à une oeuvre dont la réalisation est prise en charge par leur groupement, celui-ci fait figure *d'être distinct* de leurs personnes individuelles" (*Le Droit Subjectif*, Paris, 1952, p. 132) (grifou-se).

Em sentido análogo: J. Haesaert, *Théorie Générale du Droit*, Bruxelles, 1948, p. 142, combinado com 149-50.

Um sistema social – observa J. HAESAERT – é, por essência, *dinâmico* e sua substância consiste na *atividade* dos indivíduos que são as unidades integrantes do sistema. A realidade do sistema – continua J. HAESAERT – reside no *feixe* resultante da conjugação das atividades que todos aqueles indivíduos desenvolvem para a realização do objetivo comum. Esta realidade do sistema social, embora condicionada à contínua atividade dos indivíduos, é uma *"réalité transpersonnelle"* distinta, particular e inconfundível com a realidade de cada um dos indivíduos componentes do sistema. Um sistema social – conclui J. HAESAERT – "est engendré par des *synergies* humaines, généralement quelconques, *centrées* en une raison d'être commune, et commandées par celle-ci, tant dans leur *constitution* que dans leur développement".[539]

A capacidade de agir (poder) dos indivíduos, em fase dinâmica (atividade), converge para o centro de gravidade (bem comum autêntico ou falso) e deste irradia-se. O *fenômeno da transindividualização da capacidade de agir (poder) dos indivíduos ocorre precisamente naquele momento em que ela se irradia de um único centro de convergência (bem comum).* E transindividualizando-se, aquele poder (capacidade de agir) deixa de ser o do *indivíduo* e passa a constituir o poder (capacidade de agir) do *ser social* – Estado – gerado (criação continuada) pelos indivíduos.

A realidade deste ser social – Estado – não é uma realidade física como a do indivíduo, porém não se deve confundir *matéria* e *realidade*. A realidade existe na matéria e também *fora* da matéria. A existência deste ser social é uma realidade tão suscetível de constatação científica como a realidade da existência do ser individual.[540]

Este ser social – Estado – é um fenômeno de natureza *espiritual*.[541] A embriogenia do Estado é de natureza essencialmente

539. J. Haesaert, *Théorie Générale du Droit*, Bruxelles, 1948, pp. 149-50; 195.

540. Ver nº48.

541. G. Burdeau, *Traité de Science Politique*, vol. I, Paris, 1949, nº 10.

psicológica; uma espécie de solidariedade psicológica *continuada* entre os indivíduos [542] mediante a qual uma ideia é *criada* e *realizada*.[543] Esta ideia é uma *relação* (a relação genética ou constitucional do Estado) e a realização da ideia é a realização da relação, isto é, a atuação *dinâmica* da relação.[544]

O Estado é uma realidade espiritual, contudo não é realidade *exterior* ao homem e à sua atividade; o Estado existe *nos* atos (*agir*) e *pelos* atos (*agir*) dos indivíduos que são seus criadores; e é nesta atividade (*agir*) *contínua* e *relacionada* ao bem comum que consiste a realidade do Estado.[545]

A embriogenia do Estado é uma espécie de solidariedade psicológica continuada entre os indivíduos, porque aquela atividade (poder atuante ou capacidade de agir em fase dinâmica: o agir) contínua e relacionada ao bem comum é sustentada e alimentada pela inteligência e vontade dos indivíduos;[546] e este agir (*IR* e *VIR*), contínuo e relacionado ao bem comum, é a relação constitucional do Estado.[547]

Embora o amplo estudo sobre o *poder*, feito por G. BURDEAU, padeça infelizmente de certa obscuridade que torna ambígua sua tese,[548] suas interessantes e numerosas investigações apontam resultados que muito ajudam a compreender o que foi exposto neste número sobre a natureza e função do poder na embriogenia do Estado.

"Le Pouvoir – define G. BURDEAU – est une force au service d'une idée. C' est une force née de la volonté sociale prépon-

542. Giorgio Del Vecchio, *Teoria do Estado*, trad., São Paulo, 1957. (*Lo Stato*, Roma,1953), pp. 24,28, 37 (Cap. II, ns. 1,2, b, 4, *a*).

543. J. Dabin, *L' Etat ou le Politique*, Paris, 1957, nº 118.

544. Ver ns. 48, 51-53.

545. J. Dabin, *L'Etat ou le Politique*, Paris, 1957, nº 30.

546. Giorgio Del Vecchio, *Teoria do Estado*, trad., São Paulo, 1957 (*Lo Stato*, Roma, 1953), pp. 24-25 (Cap. II, nº 1).

547. Ver nº 51.

548. Para a crítica construtiva da tese de G. Burdeau sobre o "pouvoir", ver J. Dabin, *L'Etat ou le Politique*, Paris, 1957, ns. 95-96.

dérante, destínée a conduire le groupe vers un ordre social qu'il estime bénéfique et capable, le cas échéant, d'imposer aux membres les comportements que cette recherche commande.

Dans cette définítion les deux éléments: force et idée s'interpénétrent étroitement et c'est par là qu'elle me paraît rendre un compte exact de la réalité. Si nous cherchons, en effet, ce qui est durable dans le phénomene du Pouvoir, alors que passent les figures qui en exercent les attributs, nous voyons que le Pouvoir n'est pas tant une force extérieure qui viendrait se mettre au service d'une idée, que la puissance même de cette idée".[549]

"L'Etat c' est le Pouvoir institutionnalisé et c'est l'institution où s'incarne ce Pouvoir."[550]

"L'Etat, c'est d'abord le pouvoir institutionnalisé, puis, par extension, c'est l'institution elle-même dans laquelle s'incarne le Pouvoir."[551]

"Ayant suffisamment insisté, plus haut, sur l'erreur qui, à mon sens, consiste à confondre le Pouvoir avec celui que l'exerce, je crois n'avoir plus à y revenir. Il me suffira de dire que, ce qui caractérise *l'individualisation* du Pouvoir, c'est la *concentration de toute l' énergie créatice* de l'idée de droit en un chef ou une minorité qui la symbolise."[552] Como se demonstrou, esta "conceptration de toute l' énergie créatice" não gera propriamente "l'idée de droit", mas o ser social (o Estado)[553] que por sua vez cria o Direito Positivo.[554]

549. G. Burdeau, *Méthode de la Science Politique*, Paris, 1959, nº 186 (grifou-se). Para a compreensão do que é, em última análise, esta "idée" referida por G. Burdeau, ver nossa exposição sobre o *conteúdo* da relação constitucional, nosso nº 53.

550. G. Burdeau, *Traité de Science Politique*, vol. II, Paris, 1949, "L'Etat", nº 173, p. 229.

551. G. Burdeau, idem, ibidem, nº 181, p. 239.

552. Idem, ibidem, vol. I, nº 206, p. 251.

553. Ver ns. 48, 51.

554. Ver nº 59

"Le Pouvoir ne s'individualise vraiment qu'à partir du moment ou *s'intensifie le rythme vital* du groupe".[555]

Viu-se que esta *energie créatice* é a capacidade de agir dos indivíduos situados nos polos da relação constitucional do Estado. A "*concentration* de toute l'énergie créatice" decorre de sua convergência ao centro de gravidade: o bem comum. A *intensificação* do "*rythme vital*" é o *IR* e *VIR*, em ritmo continuado, e que compõe justamente a relação constitucional do Estado.[556]

55. Espectro atômico da embriogenia do Estado

As mais recentes pesquisas da Ciência que procura captar a realidade da *matéria* apontam resultados que levam a pensar que a realidade da matéria é análoga à realidade do ser social. Ocorre com os prótons e eléctrons na matéria, algo de semelhante com o que sucede com os indivíduos humanos dentro da sociedade. O espectro atômico do ser social (no caso: a sociedade política formada por indivíduos humanos) revela uma composição análoga à do átomo.

"O progresso da fisíca, no século XX, veio demonstrar – diz ALIOMAR BALEEIRO – que, em seus domínios, os fenômenos também ocorrem apenas segundo probabilidades pelo comportamento uniforme dos *conjuntos*, desprezado o coeficiente de dispersão dos elementos que se afastam do grupo. *Ocorre com os prótons e etéctrons, na matéria, o mesmo que sucede com as massas de pessoas dentro da sociedade* (GAETAN PIROU, *Introduction à l'Etude de l'Economie Politique*, 2ª ed., Paris, 1946, Sírey, pp. 55 e seg e 60). Abrandou-se, destarte, a separação profunda que se supunha existir entre as ciências da natureza e as da sociedade, sujeitas que são umas e outras a essas leis estatíticas, em que a probabilidade se aproxima da certeza

555. Idem, ibidem, nº 207, p. 251 (grifou-se).

556. Ver ns. 48, 51-53.

quanto mais numeroso é o conjunto das unidades em observação. BAUDIN, recentemente, registra que "não é a economia política que atinge, hoje, o grau de certeza das outras ciências, mas são estas que recuaram para o grau de incerteza da economia política", citando em abono disso a teoria da mecânica ondulatória com que BROGLIE e antecessores explicam o fenômeno da luz: ela resulta de corpúsculos infinitesimais, *centros de energia*, cuja observação *individual* é impossível; não se conhece a ação de qualquer deles, mas o *conjunto* age dentro dessa lei de probabilidades. O mesmo ocorre com as moléculas dos gases em movimento, cada uma das quais, em sua deslocação, escapa à previsão, sem que o mesmo suceda à *massa gasosa*, objeto de leis conhecidas. "Uma certeza, para nós, nunca pode ser mais do que uma extrema probabilidade", sem que, por isso, as leis aproximativas deixem de ser praticamente utilizáveis – conclui BAUDIN (LOUIS BAUDIN no *Traité d'Economie Politique*, por um grupo de professores sob sua direção; Paris, 1951, Dalloz, t. 1, p. 22. Ver pp. 19 e ss.)".[557]

"De même que l'évolutíon de la matière se produit, dans le sens de la complexité, par l'incorporation d'un nombre considérable d'atomes dans les molécules et par la multiplícité des liaisons qui s'y nouent entre ces atomes, de même il semble que les organismes *politiques* se développent selon *une loi d'intégration* toujours plus poussée dont le premier effet est de combler le fossé qui sépare les gouvernants des gouvemés. Le premier qui commanda fut tenu pour un Dieu; les gouvernants *d'aujourd'hui sont les instruments des forces anonymes* issues du milieu même qu'ils régissent. Au lieu d'être divisées comme l'implique la relation primitive entre celui qui commande et

557. Aliomar Baleeiro, *Introdução à Ciência das Finanças*, 2ª ed., Rio de Janeiro, 1958, pp. 62-63 (grifou-se). Também no sentido da natureza essencialmente *presuntiva* das "leis" científicas, ver: Kelsen, *Teoria General del Derecho y del Estado*, 2ª ed. da tradução, México, 1958 (ed. original Berkeley, 1944), pp. 54-55; N. Bobbio, *Teoria della Scienza Giuridica*, Torino, 1950, pp. 14, 209-10: A. Marchal, "Les rapports du droit et de l'économie politique", na obra coletiva *Introduction à l'Etude du Droit*, vol. II, Paris, 1953, pp. 202-3.

ceux qui obéissent, les sociétés politiques contemporaines tendent à se centrer toujours davantage, de telle sorte que *l'impulsion et la réaction émanent d'un même foyer. Ce phenomêne d'unification, dont nous ne conraissons probablement que les fonnes initiales*, n' a pas pour effet, contrairement à ce que l'on pourrait penser, d'éliminer le rapport politique, mais, bien au contraire, de le compliquer. A la formule simpliste qui oppose la cause à l'effet, la volonté active du Pouvoir à la passivité des sujets, *il substitue un organisme dont l'unité même* est conditionnée par la multiplicité et la complexité des *relations* qui cimentent l'interdépendance de ses éléments. Si bien que le rapport politique en arrive à mettre en cause la totalité des relations, non seulement des hommes avec les agents du Pouvoir, *mais des hommes entre eux* dans la mesure ou, *de ces relations*, se dégagent l'idée de droit, le Pouvoir qui, l'incarne ét les institutions qui permettent son exercice".[558]

"Nous assistons en effet à un effacement rapide de l'autonomie individuelle par l'impossibílité, à la fois matérielle et spirituelle, ou se trouve l'homme d'aujourd'hui d'agir, de penser, de vivre seul. La multiplication des relations économiques, l'action des modes intellectuelles et des propagandes, les conditions du travail sont telles que l'on dit que la société accroit son emprise sur l'individu. En réalité *il ne s'agit pas de la lutte* entre deux forces antagonistes, d'une parte le social, d'autre part l'individuel. Le phénomene n'a de sens que si on le replace sur le *plan cosmique* ou il apparaít comme une manifestation de ce resserrement ou de cette compression des molécules, coriélatifs *à l'évolution de la vie vers une fonne supérieure*. La matière ne se vitalise et ne se survitalise, qu'en se comprimant, a écrit quelque part le *P. Teilhard de Chardin*. En visagées sous cet angle la socialisation, la collectivisation des conditions de la *vie humaine pourraient être interprétées comme les symptômes de formation d'un être neuf*: le groupe ou la

558. G. Burdeau, *Traité de Science Politique*, vol. IV, Paris, 1952, pp. 25-26 (grifou-se).

masse, non plus nébuleuse d'individus reliés par les rapports tres lâches d'un équilibre statique, *mais organisme véritable* constitué par l'intégration totale des cellules *individuelles*. L'avénement de ce type nouveau, sorte de super-humanité, aurait évidemment pour effet de remettre en cause non seulement les relations interindividuelles auxquelles nous sommes accoutumés, mais aussi les relations entre l'individu et le groupe et entre des groupes eux-mêmes."[559]

"E, portanto, inconteste realidade o *vínculo* que prende os seres uns aos outros, condição e medida de sua existência, imperceptível entre os minérios, elementar nos vegetais, primitivo nos irracionais e bastante desenvolvido nos homens. Esse liame, em verdade, exerce função tão notável na existência dos seres, que o seu desfazimento acarretaria, certamente, a morte deles, ou a sua desintegração. *No fundo, não passa de manifestação da energia atômica*, que une e mantém em equilíbrio as partículas infinitesimais dos átomos, como a super-energia da gravitação universal, de que ela é modalidade específica, assegura o movimento sinérgico do sistema solar, na concepção de Newton".[560]

Vê-se, pois, que a realidade do ser social (Estado) é análoga à realidade da matéria, ocorrendo com os indivíduos humanos dentro da sociedade política por eles criada, algo de muito semelhante com o que sucede com os elementos formadores do átomo. Com efeito, o espectro atômico do ser social em foco (Estado) revela uma composição análoga à do átomo.

O espectro atômico do Estado denuncia a coexistência de cinco elementos cuja presença, no decorrer de toda esta investigação da embriogenia do Estado, foi sendo gradualmente pressentida e constatada. Eis, agora, a síntese e a visão global destes cinco elementos:

559. Idem, ibidem, nota 2 à p. 25 (grifou-se).

560. P. Jacques, *Da igualdade perante a Lei*, 2ª ed., Rio de Janeiro, 1957, p. 39.

Primeiro elemento: pluralidade de indivíduos humanos situados na periferia de uma esfera.[561]

Segundo elemento: o bem comum situado no centro da esfera.[562]

Terceiro elemento: energia dinâmica continuada. Esta energia é a capacidade de agir (poder ou força natural e racional) dos indivíduos humanos criadores do Estado. Esta capacidade de agir dos indivíduos converge para o centro de gravidade (bem comum) e deste irradia-se. Irradiando-se do bem comum, a capacidade de agir de cada um dos indivíduos se transindividualiza. E transindividualizando-se, aquela capacidade de agir já não é propriamente do indivíduo, mas é a capacidade de agir do ser social gerado (criação continuada) pelos indivíduos.[563]

Quarto elemento: a energia dinâmica gera dois campos de força (de capacidade de agir ou poder) entre si contrários e em equilíbrio. Estas duas forças em sentido contrário e equilibradas são: o *IR* (feixe de deveres centrípetos) e o *VIR* (feixe de direitos centrífugos), os quais compõem a *relação constitucional* da unidade: ser social Estado.[564]

Quinto elemento: o princípio de igualdade que confere o equilíbrio unificador do sistema. Aquela esfera existe como unidade, porque o *IR* e o *VIR* estão em equilíbrio. Caso contrário, a unidade atômica estatal se desintegraria. Este equilíbrio unificador do sistema é conferido pelo princípio de igualdade.[565]

A sociedade política criada por indivíduos humanos é a unidade viva formada pela *coexistência continuada* de todos estes cinco elementos.

561. Ver n 52.

562. Ver n 53.

563. Ver nº 54.

564. Ver ns. 53-54.

565. Ver nº 56.

"É verdade que a formação de um tal sistema não se efetua de improviso, mas realiza-se historicamente por um processo mais ou menos laborioso. É igualmente verdade que no decurso de tal processo, e mesmo depois de ele em certo modo se ter cumprido, sucedem não raro *crises e contrastes* capazes de modificarem e até, numa hipótese extrema, de dissolverem o sistema; no qual caso, este é necessariamente substituído por outro, porque os mesmos motivos e as mesmas energias, que lhe haviam dado origem, longe de permanecerem inoperantes, convergem indefectivelmente *numa nova formação unitária.*"[566]

Resumindo:

A energia dinâmica (poder ou capacidade de agir) continuada dos indivíduos humanos, agrupados em volta de um bem comum, estabelece uma relação (IR e VIR), ligando todos os indivíduos a um e cada um a todos. Esta relação (IR e VIR) conduz um feixe de deveres convergentes (centrípetos) sobre um centro único de gravidade (bem comum autêntico ou falso) e um feixe de direitos irradiantes (centrífugos).

O princípio da igualdade conjuga estes dois feixes num equilíbrio unificador e estes dois feixes conjugados compõem a relação constitucional de unidade viva, consistente numa individualidade psíquica de um gênero novo: o Estado, cuja existência é real e inconfundível com a existência de cada um dos indivíduos seus criadores.

56. Princípio de igualdade – integração e desintegração do Estado

Nos números anteriores, investigou-se gradativamente a embriogenia do Estado e, afinal, procedeu-se à síntese dos resultados obtidos naquelas investigações. Esta síntese ofereceu

566. Giorgio Del Vecchio, *Teoria do Estado*, trad., Sao Paulo, 1957 (*Lo Stato*, Roma, 1953), p. 37 (Cap. II, nº 4, *a*).

a visão global dos elementos que são essenciais para a existência de todo e qualquer Estado e esta visão global, revelando o espectro atômico do Estado, denunciou a presença do quinto e último elemento, o que confere equilíbrio unificador ao sistema. O Estado existe como unidade viva (ser social), porque o *IR* (feixe de deveres centrípetos: convergentes ao bem comum) e o *VIR* (feixe de direitos centrífugos: irradiantes do bem comum) estão em equilíbrio; caso contrário a unidade atômica estatal se desintegraria.

"Se a sociedade, como a convivência e a coexistência, se realiza por meio de forças que se *equilibram*, tais as necessidades, interesses, direitos e aspirações, umas contrárias às outras, bem se vê que é a desigualdade de *sentido e direção*, a condição *sine qua non* desse equilíbrio, dessa sinergia, que se chama vida social. Se todas essas forças atuassem no mesmo sentido e direção, evidentemente, não haveria equilíbrio possível, porque elas não se compensariam para se poderem equivaler e harmonizar. Daí o axioma de São Tomás de Aquino de que não há ordem sem desigualdade. De fato, a ordem é o equilíbrio de forças contrárias, porque as iguais, em sentido e direção, não se compensam, e, por isso mesmo, não se harmonizam."[567]

O universo político é ordem em movimento; ele ignora a imobilidade. O equilíbrio da unidade atômica do Estado não é estático, mas *dinâmico* e resultante da *integração contínua* das forças em movimento.[568] Tendo-se presente que a criação do Estado é de natureza continuada,[569] compreende-se que equilíbrio dinâmico significa *tendência* ao equilíbrio. Quando o sistema *tende* ao equilíbrio, o Estado existe em *integração*; existe continuadamente no sentido de uma maior vitalidade. Caso contrário, quando a tendência é para o desequilíbrio, o

567. P. Jacques, *Da igualdade perante a lei*, 2ª ed., Rio de Janeiro, 1957, p. 40.

568. G. Burdeau, *Méthode de la Science Politique*, Paris, 1959, ns. 326-28; J.Haesaert, *Théorie Générale du Droit*, Bruxelles, 1948, p. 150.

569. Ver ns. 48, 51.

Estado existe em *desintegração*; continua a existir, porém, perdendo gradualmente vitalidade.[570]

O equilíbrio unificador da unidade atômica estatal é conferido pelo *princípio de igualdade.*

Desde logo, cumpre ter sempre bem claro que o referido princípio de igualdade é o da igualdade *geométrica* (proporção) e não o da igualdade *aritmética* (quantidade).[571]

Partindo-se do fato científico de que os homens são iguais na Biologia e na Psicologia, a evolução social tem sido no sentido de se igualizarem *geometricamente* os homens em tudo que seja desigualdade *aritmética* de indivíduo para indivíduo.[572] E esta gradual e sempre maior *tendência à igualdade geométrica* entre os indivíduos, que a evolução humana tem revelado, é regida pelo princípio de igualdade que consiste em tratar desigualmente aos indivíduos desiguais, na proporção em que eles se desigualam.[573]

A igualdade é sempre coisa a *realizar-se*. A igualação geométrica dos homens é processo histórico em evolução *contínua* para se atingir uma sempre maior igualdade geométrica, de vez que a desigualdade aritmética entre os indivíduos é um fato constante e irredutível.[574] A desigualdade aritmética leva os homens a unirem-se uns aos outros por verdadeira força "inter vivos",[575] que estabelece um vínculo original e básico: a *relação constitucional* do ser social estatal.

---

570. G. Burdeau, *Méthode de la Science Politique*, Paris, 1959, ns. 326-328, 330.

571. J. Dabin, *Théorie Générale du Droit*, 2ª ed., Bruxelles, 1953, nº 234.

572. Pontes de Miranda, *Comentários à Constituição de 1946*, 3ª ed., vol. IV, Rio de Janeiro, 1960, p. 282.

573. Darcy Azambuja, *Decadência e grandeza da Democracia*, Porto Alegre, 1945, p.76.

574. Pontes de Miranda, *Comentários à Constituição de 1946*, vol. IV, 3ª ed., Rio de Janeiro, 1960, p. 282.

575. P. Jacques, *Da igualdade perante a lei*, 2ª ed., Rio de Janeiro, 1957, p. 41; Giorgio Del Vecchio, *Teoria do Estado*, trad., São Paulo, 1957, pp. 199, 201.

O princípio da igualdade confere o equilíbrio unificador à unidade atômica estatal porque cada indivíduo, situado no polo negativo da relação constitucional do Estado, contribuirá para o feixe de deveres centrípetos (*IR*), na proporção de sua capacidade de agir para o bem comum (*capacidade contributiva*). Do outro lado, cada indivíduo, situado no polo positivo da relação constitucional, receberá do feixe de direitos centrífugos (*VIR*) na proporção de sua *necessidade* de bem comum.

Cumpre recordar que, em virtude da natureza *sui generis* da relação constitucional do Estado, o *mesmo* indivíduo figura no polo positivo e também no polo negativo daquela relação genética de ser social, sem que nisto haja contradição ou impossibilidade metafísica.[576]

Por isto, tomando-se a contribuição de um determinado indivíduo para a formação do *IR* (feixe de deveres centrípetos) e confrontando-a com a participação daquele *mesmo* indivíduo no *VIR* (feixe de direitos centrífugos), *verifica-se que haverá sempre e necessariamente uma desigualdade aritmética* (maior ou menor) entre o montante de sua contribuição para a formação do bem comum e o montante de sua participação na partilha do bem comum.

57. Consciência social

Como se verá, o Estado toma conhecimento do finalismo próprio, por intermédio da *consciência social.*

A sociedade é essencialmente um fenômeno de natureza *espiritual*; seu aparecimento está subordinado à existência de um *estado de consciência* que permite distinguir a sociedade da aglomeração puramente instintiva dos indivíduos.[577] É a autonomia espiritual do homem que, introduzindo uma

576. Para o esclarecimento desta situação, à primeira vista paradoxal, ver nº 52.

577. G. Burdeau, *Traité de Science Politique*, vol. I, Paris, 1949, nº 10.

consciência no meio do feixe das atividades individuais, permite descobrir a finalidade do agrupamento e os instrumentos para atingi-la.[578]

Inumerável a variedade de evoluções que sofre historicamente todo o agrupamento humano até que possa atingir a consciência de si e com tal consciência elevar-se ao nível de sociedade (ser social). Entretanto, necessariamente sempre há de ocorrer, mais cedo ou mais tarde, o momento em que o agregado humano deverá, sob pena de dissolver-se, tomar consciência do finalismo que o unifica e dos meios para, conservando-se unido, realizar seu objetivo social. É o momento em que a *sociedade estado de fato* se transfigura em *sociedade estado de consciência*.[579]

"Sur la nature, le mode de formation, la puissance de rayonnement d'une conscience collective ou *conscience sociale*, la certitude scientifique n'est pas encore acquise. Mais sur le fait de l'existence d'un état d'esprit 'commun, distinct du contenu de chaque mentalité particulière, le doute ne sembleplus possible tant il existe de preuves de cette conscience supra-individuelle. Or c'est elle qui, par l'entremise des images qui se forment dans l'esprit des membres du groupe, est le véritable support de la représentation de l'ordre social dêsirable."[580]

"L'existence dans le groupe de représentations collectives relatives à un amenagement souhaitable des relations sociales n'est pas une hypothése imaginée pour étayer une théorie de l'origine du Pouvoir. C'est un fait d' une importance fondamentale pour toutes les recherches de sciences politiques".[581]

578. Idem, ibidem, nº 30.

579. Idem, ibidem, ns. 21, 22.

580. G. Burdeau, *Méthode de la Science Politique*, Paris, 1959, nº 191. Para o estudo da formação do estado de consciência social, ver o seu *Traité de Science Politique*, vol. I, Paris, 1949, ns. 9-35.

581. Idem, ibidcm, nº 192.

Diante do fato, por ele mesmo constatado, de uma *consciência social*, G. BURDEAU sentiu a necessidade de atribuir a algum ser esta consciência social cuja existência já não era mais admissível recusar. Porém, negou-se atribuir ao Estado aquela consciência social, porque isto importaria em "ériger la ciêté toute entiere au rang de personne, ce qui serait, soit un artifice de language, soit une complication superflue des donnés de la vie con-crète".[582]

Ora, a conclusão lógica e cientificamente certa à qual G. BURDEAU deveria ter chegado, seria justamente elevar o Estado à dignidade de pessoa, conferindo-lhe aquela consciência social. Não há razões que justifiquem a fuga de G. BURDEAU a esta conclusão.O ilogismo da recusa de G. BURDEAU ressalta, quando se tem presente que ele reconhece a *existência* real do ser social estatal;[583] que ele admite que a consciência social "peut fort bien procéder des consciences particulières sans que son autonomie en soit compromise. En effet, d'une part, elle n'est contenue toute entière dans aucune conscience individuelle et d'autre part, elle est distincte de la somme des représentations particulieres";[584] e, afinal, que ele termina por confessar que a personalidade do Estado é "procédé *simplificateur* utilisé par le raisonnement par rendre compte, synthétiquement, de la situation juridique de l'Etat. Envi-sagée en ce sens, il me parait bien que la personnalité de l'Etat doit être admise *en raison de son utilité pratique*".[585]

O sujeito da consciência social é o ser social. Esta conclusão, à primeira vista, causa imediata repulsa, porque a inteligência humana habituou-se a pensar em realidade do ser como se reais fossem exclusivamente os seres substanciados em

582. G. Burdeau, *Traité de Science Politique*, Paris, 1949, vol. I, nº 25.

583. Idem, ibidem, vol. II, nota 1, à p. 296; vol. IV, nota 2, à p. 25. Ver também nossos ns. 48, 55.

584. G. Burdeau, *Traité*, op. cit, vol. I, nº 25.

585. Idem, ibidem, vol. II, nº 231 (grifou-se).

matéria. Já foi advertido que a realidade existe na matéria e também fora dela. Viu-se que a realidade do ser social estatal é de natureza essencialmente espiritual psicológica. Demonstrou-se que a *relação* é um ser e que a realidade do ser social estatal consiste numa relação *sui generis*: a *relação constitucional*. Ora, a dificuldade que o cérebro humano encontra para vestir esta realidade psicológica com uma imagem que a concretize, é que provoca repugnância intelectual em deglutir, sem qualquer tempero, a realidade puramente psicológica da personalidade do Estado.[586]

Demonstrar-se-á, a seguir, que tendo-se sempre presente que a realidade do Estado consiste na *relação constitucional*, não há ficção nem processo técnico artificial, em se atribuir ao Estado a consciência social.

"Les consciences individueiles – diz com toda a razão G. Burdeau – ne sont pas des systemes dos imperméables les uns aux autres, des mondes fermés indifferents aux autres mondes. Elles sont, au contraire, unies par un échange constant *d'actions* et de *réactions*. Bien loin d'être indépendantes, elles sont intimement liées par une sympathie qui procéde de la communauté des natures humaines et leurs inflexions devant les nécessités de l'existence en commun se completent et s'agencent pour former la trame spirituelle de la vie sociale. Certes, chaque conscience recèle une part d'autonomie par où s'affirme sa personnalité, mais cette autonomie elle-même se définit par *opposition* – donc par contact – avec la sphère d'autonomie des autres hommes".[587]

E justamente porque a consciência individual – conclui com acerto G. Burdeau – não é "une monade aveugle et close", ela não pode preexistir à consciência social. Do sutil comércio de *relações psíquicas* entre os indivíduos se irradia a consciência

586. Ver nossos ns. 48, 51,55.

587. G. Burdeau, *Traité*, op. cit., vol. I, nº 28 (grifou-se).

individual simultaneamente com a consciência *social*; elas são, uma pela outra, suscitadas e enriquecidas.[588]

A causa e a finalidade da consciência social – esclarece J. Delos – "étant situés *en dehors* des individus qui l'éprouvent – sont *extérieurs*, *objectifs*, généraux par conséquent, c'est-à-dire capables d'ímpressionner une pluralité d'individus, de faire naitre chez eux des sentiments analogues, d'orienter leur action dans le même sens, bref de créer entre eux un *lien de cohésion* et une *unité d'action*".[589]

Diante deste esclarecimento de J. Delos, conclui erroneamente G. Burdeau que a consciência coletiva não poderia ser "éprouvé par un être indépendant, le groupe social doué de réactions propres". Ora, a observação de J. Delos vem precisamente fortalecer a presente tese de que o sujeito da consciência social é a *relação constitucional* em cujos polos estão os indivíduos humanos e que consiste num ser psíquico e real, constituindo uma individualidade psíquica dum gênero novo: o Estado.[590]

58. Personalidade

Embora nem todos os seres estejam revestidos de personalidade, esta pressupõe a existência de ser cuja unidade é distinta da unidade dos elementos (também outros seres) que o compõem.[591] O Estado é ser social cuja existência é real, una e inconfundível com a dos indivíduos seus criadores.[592] O problema se resume em reconhecer, ou negar, a este ser social estatal, uma personalidade e quase todas as discussões que nascem em volta deste problema, procurando solucioná-lo; em

588. Idem, ibidem, op. cit., vol. I, nº 29.

589. J. Delos, apud G. Burdeau, *Traité*, op. cit., vol. I, nº 26.

590. Compreender-se-á melhor isto, recordando-se o espectro atômico do Estado,ver nosso nº55.

591. J. Dabin, *L'Etat ou le Potitique*, Paris, 1957, nº 119.

592. Ver nossos ns. 48, 55.

última análise se originam dos equívocos resultantes da multiplicidade de sentidos que cada autor atribui ao vocábulo "personalidade".[593]

Para J. DABIN, somente as pessoas físicas, o ser individual humano criador do ser social estatal, estariam dotadas de *cosvisciência, vontade* e *fim em si mesmas* e que tais atributos faltariam ao Estado; porém esta tríplice ausência não prejudicaria a personalidade estatal, pois a personalidade não residiria naqueles três atributos, mas unicamente no fato de o Estado ser sujeito de direitos e obrigações naturais.[594]

O argumento de J. DABIN não explica a personalidade. Conforme o próprio J. DABIN observa, estes direitos e deveres são de ordem *natural* (moral política ou Direito Natural político)[595] e a moral ou o Direito Natural não oferecem ao Direito Positivo nenhuma regra jurídica "pré-fabricada";[596] de modo que só poderá haver direitos *jurídicos* e deveres *jurídicos* a partir do momento em que o *Estado* cria a regra jurídica; o Estado é a única fonte das regras jurídicas, como o próprio J. DABIN reconhece.[597] Ora, como negar ao ser social que cria as regras jurídicas que garantirão a sua própria sobrevivência, o tríplice atributo de consciência, vontade e fim em si mesmo?

Na verdade, o Estado não constrói regras jurídicas apenas porque é sujeito de direitos e deveres naturais; antes de tudo e sobre tudo, o Estado cria *livremente* o seu Direito Positivo e este poder de criar, com liberdade, suas próprias regras jurídicas denuncia a presença da personalidade.

Ter personalidade é ter consciência de um fim em si mesmo e poder defendê-lo. Para que um ser tenha personalidade é necessário:

---

593. J. Dabin, op. cit.

594. Idem, ibidem.

595. J. Dabin, *Théorie Générale du Droit*, 2ª ed., Bruxelles, 1953, n. 215.

596. Idem, ibidem, 1953, ns. 127, 128, 249.

597. Idem, ibidem, ns. 16, 17, 18.

a) fim em si mesmo;

b) consciência deste fim;

c) poder para defendê-lo (força natural e racional).

Tendo-se bem compreendido que a realidade do *Estado* consiste na relação *constitucional* e conservando-se em mente o *espectro atômico da embriogenia do Estado*,[598] não pode haver repugnância intelectual em admitir que o Estado possua os três referidos atributos.

a) O *primeiro atributo* (fim em si mesmo) já foi estudado e reside no *bem comum* (autêntico ou falso);[599] alegar que o bem comum, por ser o bem de todos e de cada indivíduo membro, não seria o fim do ser social em si mesmo, será negar a possibilidade da própria existência de um ser *social*.

A razão de existir de uma sociedade (ser social – criatura) que fosse alheia aos indivíduos (ser individual – criador) é inconcebível porque a própria razão de existir uma sociedade é a presença do bem comum autêntico ou falso. A sociedade estatal deve sua existência ao bem comum. A realidade da sociedade estatal consiste numa *relação sui generis* (a relação constitucional), a qual seria impossível de se estabelecer enquanto inexistisse o bem comum (autêntico ou falso). Este é o centro de gravidade de todo o sistema e a *permanente* razão do existir *continuado* do ser social estatal.[600]

b) O *segundo atributo* (consciência do finalismo próprio) já foi examinado, concluindo-se que a consciência do finalismo próprio é alcançada por meio da *consciência social* cujo sujeito é o Estado".[601]

c) O *terceiro atributo* (poder para defender o finalismo próprio) também já foi analisado. Recorde-se a energia dinamizadora

598. Ver nosso nº 55.

599. Ver nosso nº 49.

600. Ver nossos ns. 46-51.

601. Ver nosso nº 57.

da relação (IR e VIR) constitucional do Estado. O *poder* no IR (convergindo para o único centro de gravidade: bem comum) é *plural*, pois consiste na capacidade de agir (força natural e racional) de cada personalidade individual dos indivíduos criadores do Estado. Entretanto, o poder no *VIR* (irradiando-se daquele único centro) é *singular* (pois se irradia daquele único centro de gravidade de todo o sistema) e consiste na *transindividualização* da capacidade de agir dos indivíduos criadores do ser social estatal; em resumo: a *transindividualizada* capacidade de agir dos indivíduos *criadores* é a capacidade de agir (Poder) da *criatura social* (Estado).[602]

G. Burdeau aceita a realidade do ser social estatal, porém nega-lhe a personalidade porque lhe faltaria "vontade". "Il faut, pourqu'il y ait personnalité juridique que l'être personnalisé ait une volonté propre qui lui permette le cas échian de maintenir au service de sa fin les volontés individuelles qui lui servent d'instrument".[603] Para G. Burdeau a personalidade estatal "est seulement un procédé technique de raisonnement, donc un artífice".[604]

A "vontade" consiste no terceiro atributo (o poder) da personalidade do qual acima já se falou. Aliás, é estranhável que G. Burdeau tenha feito tal afirmação, negando ao Estado a vontade própria e a consciência social, porquanto este mesmo autor, no primeiro volume de seu magnífico tratado, depois de ter investigado a formação do estado de *consciência social*, com muita agudeza e acerto, diz (embora se recusando a atribuir ao Estado esta consciência social) que, por intermédio da consciência social, "l'idée de droit" se destaca das vontades individuais. "Assurément il n'est pas aisé de préciser le moment ou

602. Ver nosso nº 54.

603. G. Burdeau, *Traité de Science Politique*, vol. II, Paris, 1949, "L'Etat", nota 1 à p. 296.

604. Idem, ibidem, nº 231, *in fine*.

l'idée de droit s'est ainsi dégagée des représentations particulières, mais ce *qui est certain c'est* qu'une *volonté* commune ou *supra-individuelle s'est constituée* pour en devenir le sujet. Cette volonté, *c'est* la *conscience sociale* dont la constance et l'homogénéité 'est devenue capable de soutenir et d'imposer effectivement un systeme régulier de vie sociale'. Elle existe lorsque l'idée de droit est indépendante du vouloir individuel.

La conscience *supra-individuelle* ou sociale que est ainsi devenue le support de l'idêe de droit exerce une attraction logique sous l'influence de laquelle les volontés particulieres finissent par s *'interpénétrer*".[605]

605. Idem, ibidem, nº 85 (grifou-se). Sobre o significado da expressão "idée de droit", ver nosso nº 53. Sobre o conceito de consciência social – que G. Burdeau se recusa a atribuir ao Estado – ver nosso nº 57.

Capítulo II

FONTE DO DIREITO

59. Fonte única do Direito

O esforço que acabou de se fazer, investigando a embriogenia do Estado, para conceituá-lo, não foi um fim em si mesmo, porque a conceituação do Estado, longe de ser um fim, é um ponto de partida. Ela é a base de todo o ordenamento jurídico e jamais se poderá compreender, com exatidão científica, a fonte do Direito, a natureza jurídica do orçamento público, os fundamentos jurídicos do Direito Tributário e os do Direito Administrativo, enquanto se ignorar a real e íntima embriogenia do Estado.[606]

Por isto, o que seguirá pressupõe a leitura refletida do que antecedeu.[607]

Agora compreende-se porque é errado definir o Estado, identificando-o com o poder. Dizer que o Estado é o poder institucionalizado,[608] é a mesma coisa que dizer: o homem é a vida instaurada. Em ambas as definições, o conceito peca por

606. Em sentido análogo: G. Burdeau, *Traité de Science Politique*, vol. II, Paris, 1949, "L'Etat", nº 91.

607. Ver n. 46-58.

608. Como pretende G. Burdeau, *Traité de Science Politique*, vol. II, Paris, 1949, "L'Etat", ns. 173, 181.

insuficiência. O homem não é apenas a vida instaurada, nem o Estado é apenas o poder institucionalizado.

A sociedade estatal criada por indivíduos humanos é uma *unidade* viva, de existência *real* e de natureza essencialmente *psíquica, dinâmica e continuada.*[609] Esta *unidade viva*, assim como o átomo, compõe-se de diversos elementos constitutivos. Um só, ou alguns desses elementos, não são suficientes para compor aquela unidade *viva*. É necessária a *coexistência* de todos os elementos essenciais para que possa existir o átomo ou, então, a *unidade viva da RELAÇÃO CONSTITUCIONAL de uma individualidade psíquica de um gênero novo*: *o Estado.*[610]

A análise da embriogenia do Estado mostrou que o *poder* pertence ao Estado – não como um direito cujo uso lhe assiste – mas como um dos elementos essenciais aos quais *ele deve sua existência*. O Estado não é titular de um direito ao poder. Noutras palavras, o Estado não é titular de um direito de *soberania*; mas o Estado *por sua própria natureza* é soberano; isto é, tem poder. O poder é a *capacidade de agir* imanente ao Estado.[611]

Aquele ser social (Estado), tomando conhecimento de sua própria existência real, por intermédio de sua consciência social,[612] *procura defender-se.*[613] *E a fim de proteger a sua existência (garantir sua sobrevivência), impõe uma disciplina (regras de*

609. Ver ns. 46-58.

610. Ver nº 55.

611. Ver nº 54.

612. É o momento em que a *sociedade estado de fato* se transfigura em sociedade *estado de consciência*; sobre esta metamorfose ver nº 57.

613. "O que constitui a dificuldade e, frequentemente, o drama da vida do Estado, é justamente esta perene necessidade de uma defesa não apenas passiva, mas também ativa contra todos os elementos que poderiam levá-lo à dissolução. Não no sentido que o Estado possa, absolutamente falando, perecer; mas no sentido que a uma determinada forma e organização de Estado pode suceder uma outra, através de uma crise mais ou menos dilacerante e cruenta" (Giorgio Del Vecchio, *Teoria do Estado*, trad., São Paulo, 1957, p. 162; *La Crisi dello Stato*, nº 2, *in fine*).

conduta) obrigatória àquela relação constitucional natural (pré-jurídica) e deste modo assegura a continuidade e a realização da relação.

Para impor disciplina (regras de conduta) obrigatória (coercibilidade), o ser social utiliza o seu poder (sua capacidade de agir).[614]

E no momento em que o ser social (Estado) criou a primeira regra de conduta obrigatória, visando garantir sua própria sobrevivência, surgiu a primeira regra jurídica e com esta o Direito.[615]

Só a partir deste momento é que o ser social estatal envolveu-se em atmosfera jurídica e se poderá falar em regra jurídica, relação jurídica, dever jurídico, direito jurídico; fatos jurídicos. Ao criar a Constituição, o Estado criou o seu próprio *mundo jurídico* de natureza essencialmente *psíquica* que, embora não perceptível pela visão, audição, gosto, tato e olfato, *porque existe exclusivamente no mundo do pensamento*, é, não obstante, um dado ontológico de existência real. Este mundo jurídico, uma vez criado pelo Estado, passa a integrar o mundo *universal* formado pela totalidade de todas as cousas existentes, inclusive os mundos jurídicos criados por outros Estados.[616]

---

614. Ver ns. 54, 55.

615. Não há a superposição de uma atividade política a um "dado" social; o que na verdade ocorre é a *exteriorização* da capacidade de agir do ser social (G. Burdeau, *Traité de Science Politique*, vol. VI, Paris, 1956, nº 7, *in fine*). "La règle est nécessaire en tant que provoque e et nourrie par le groupe qu'elle va regir; loin d'être la manifestation d'une volonté étrangere, elle procède du groupe, tient de lui son originalité, sa rigueur et sa valeur impérative" (G. Burdeau, op. cit., voI. IV, nº 16).

Também no sentido do ser social criar o Direito Positivo com o intuito de garantir sua sobrevivência: F. Carneluttti, *Teoria General del Derecho*, Madrid, 1955 (trad. da 3ª ed. italiana, Roma, 1951), p. 39, nº 10, p. 70, nº 21; J. Haesaert, *Théorie Générale du Droit*, Bruxelles, 1948, pp. 146-51, 195.

616. Ver nº 82.

A primeira regra (ou sistema de regras) é sempre de natureza *constitucional*[617] se adotado o critério de classificação segundo a natureza do órgão funcional por cujo intermédio o Estado cria a regra jurídica.

E também naquele exato e mesmo momento, houve a metamorfose da personalidade social (natural pré-jurídica) do ser social (Estado) em personalidade jurídica.[618]

Francesco Calasso, Professor da Universidade de Roma, estudando a obra de Baldo degli Ubaldi, ajuda a compreender a fenomenologia jurídica, dentro da tese acima demonstrada. Observa Francesco Calasso: "Mas um ponto ainda mais alto – tão alto de alcançar os tempos modernos, e por isso os contemporâneos quase não o perceberam – foi tocado pelo grande discípulo de Bartolo, Baldo Degli Ubaldi, mentalidade especulativa que não se contentava em apenas saber a razão jurídica pura, para a justificação das relações humanas. Ele observou que o agregado humano (populus) ordenado como "societas iuris" não repete de algum outro a sua própria existência: ele é feito por si mesmo, pela exigência *natural* que o gerou e que é *intrínseca* ao seu ser ("populi sunt de iure gentium, ergo regimen populi est de iure gentium"). Mas visto que um ordenamento é inconcebível sem um complexo de regras que lhe regulem a vida, *então, a justificação destas regras é dada pelo próprio fato de que o ordenamento existe* ("sed regimen non potest esse sine legibus et statutis, ergo eo ipso quod populus habet esse, habet per consequens regimen in suo esse"), é uma lei de existência, à qual sujeita-se qualquer ser vivente: "sicut omne animal regitur a suo proprio spiritu et anima".

"Concluía-se com estas palavras", prossegue Francesco Calasso, "que tocavam um dos vertices mais altos jamais

617. Todo e qualquer Estado tem necessariamente uma Constituição; neste sentido: Giorgio Del Vecchio, *Teoria do Estado*, trad., São Paulo, 1957 (*Lo Stato*, Roma, 1953), p. 54; Santi Romano, *Principi di Diritto Costituzionale Generale*, 2ª ed., Milano, 1947, p. 3; G. Burdeau, *Droit Constitutionnel et Institutions Politiques*, Paris, 1959, pp. 47-48.

618. Ver ns. 46-48.

atingido pelo pensamento jurídico, a fase verdadeiramente criadora do trabalho teórico em torno da razão de existência e da vida que se pode atribuir ao ordenamento *jurídico*, na sua concreta experiência, nas suas mais variadas formas, e que o jurista moderno resume no vocábulo *autonomia*, emprestado da linguagem do filósofo e por isto às vezes equívoco. O maior conhecimento das origens históricas que procuramos reconstruir pode ajudar a libertar a linguagem jurídica de ambíguas contaminações as quais não tem relações com aquela história do conceito".[619]

Pela fenomenologia jurídica acima exposta, compreende-se agora, sem maiores dificuldades, o verdadeiro significado e o acerto científico da seguinte conclusão: "*o Estado, mediante a utilização de seu poder, é a única fonte do Direito*".[620]

O costume e a jurisprudência não são fontes originais (por si mesmo) de regras jurídicas. A juridicidade da regra consuetudinária ou jurisprudencial não provém de um poder que seria específico ao costume ou a jurisprudênda, mas advém sempre do *poder* inerente ao Estado que, com amplitude ou restrições, *escolheu* o costume e a jurisprudência como *órgãos*, através dos quais ele exerce o seu poder criador de regras jurídicas.[621]

A natureza da fonte única no direito explica porque a regra jurídica *inclui, dentro de si, a força*;[622] elucida a *infalibilidade da*

619. Francesco Calasso, *Enciclopedia del Diritto,* vol. IV, Milano, 1959, verbete: "autonomia-atoria", p. 354.

620. Neste sentido, ver: J. Dabin, *Teorie Générule du Droit*, 2ª ed., Bruxelles, 1953, nº16-19; 22-25; *L'Etat ou le Politique*, Paris, 1957, ns. 80-81; G. Burdeau, *Traité de Science Politique*, vol. I, Paris, 1949, nº 116 e ss. e nº 256 e ss.; C. du Pasquier, *lntroduction à la Théorie Générale et à la Philosophie du Droit*, 3ª ed., Neuchâtel, 1948, nº 347.

621. Neste sentido, ver: J. Dabin, *Théorie Générale du Droit*, 2ª ed., Bruxelles, 1953, nº 16-25; N. Bobbio, *Teoria della Norma Giuridica*, Torino, 1958, pp. 42, 68.

622. A regra jurídica, se não incluísse em si a força, seria "un idéal de vie étranger à l'ordre du monde réel. Ainsi, pour donner à la solution de droit

incidência da regra jurídica sobre a sua hipótese de incidência ("fato gerador", suporte fáctico, "fattispecie", "tatbestand");[623] esclarece a *coercibilidade* da relação jurídica e a *coação* na tripartição vertical da eficácia jurídica.[624]

60. Subordinação do Estado às próprias regras jurídicas e divisão do poder – competência de órgãos e inconstitucionalidade de atos – antinomia de regras

Contra a conclusão de que o Estado com o seu poder é a única fonte do Direito, costuma-se objetar que haveria contradição lógica denunciada pelo fato de o Estado estar submetido às próprias regras jurídicas. Na verdade, o Estado está subordinado às regras jurídicas por ele mesmo criadas, contudo isto não invalida o que foi dito sobre a única fonte de juridicidade. Esta subordinação é perfeitamente compreensível porque todo o Estado ao criar suas regras jurídicas constitucionais, necessariamente sofre limitação. "L'Etat ne se limite point, il nait limité."[625] Esta limitação jurídica e congênita do Estado é explicável por duas razões:

Primeira: O Estado cria regras jurídicas com a finalidade de garantir a continuidade de sua relação constitucional, noutras

---

toute sa valeur, il convient de reconnaitre l'existence, en lui, d'une force – non pas simplement éventuelle, mais actuèlle – capable de là faire prévaloir. Et ce n' est pas là une simple considération de fait et d'opportunité qui nous guide; elle serait évidemment, comme telle, impuissante à assurer l'intégration de la force dans le Droit; c'est, au contraire, une affirmation qu'impose l'analyse de la notion de droit" (G. Burdeau, *Traité de Science Politique*, vol. I, Paris, 1949, nº 184).

623. Ver ns. 84-85.

624. Ver nº 86.

625. G. Burdeau, *Traité de Science Politique*, vol. II, Paris, 1949, "L'Etat" ns. 223 e 237; J. Dabin, *L'Etat ou le Politique*, Paris, 1957, nº 143.

Para a minuciosa refutação da suposta contradição lógica no fato de o Estado estar submetido ao Direito Positivo por ele mesmo criado, ver Jean Dabin, op cit., nº 139 até nº 152.

palavras, a regra jurídica foi criada porque o Estado a julgou necessária à sua sobrevivência. Ora, estabelecer, com o apontado objetivo, uma regra de conduta para si próprio, e não se sujeitar à mesma, *importa em não existir aquela regra de conduta*, em virtude da prática de dois atos diretamente *contraditórios*. A contradição torna impossível a existência de qualquer sistema jurídico.[626]

Por sua vez, o desrespeito à regra jurídica pelo próprio órgão que a criou, não é ato ilícito, porém verdadeira criação de *nova* regra jurídica revogadora ou modificadora daquela (ex.: criando exceção a favor de si mesmo).[627]

Segunda: O Estado para exercer o seu poder deve atribuí-lo a um ou mais órgãos. O poder estatal é essencialmente unitário, entretanto isto – esclarece Giorgio del Vecchio:

"Não obsta a que, especialmente nas fases avançadas de sua evolução, tal poder se cinda e articule em vários órgãos que cumprem ações distintas mas coordenadas ao fim comum

626. A respeito da íntima correlação entre juridicidade e lógica, ver as agudas e interessantíssimas reflexões de N. Bobbio, *Studi sulla Teoria Generale del Diritto*, Torino, 1955, pp. 152-55 e *Teoria della Scienza Giuridica*, Torino, 1950, pp. 217-30.

"Un pouvoir ou un organe de l'Etat exerçant action (ou pression) sur un autre pouvoir ou organe de l'Etat, bref *l'Etat se disciplinant lui-même*. Or, il est vrai qu'il dépend de l'Etat de ne pas se discipliner, de ne pas balancer les pouvoirs, de ne pas instituer de contrôle ou, apres qu'il l'aurait fait, de revenir sur une garanti e qui est son oeuvre. L' autolimitation est, alors, dans l'*être même,* dans la *constitution* de l'Etat, et non plus seulement dans ses *actes*. Bien sur, rien ne forçait l'Etat, à cette autolimitation institutionnelle, sinon le devoir des gouvernants ou des constituants de faire en sorte que l'Etat soit en mesure, à la fois, d'imposer sa souveraineté et de n'en pas dépasser les bornes. Mais si, dans son origine, l'autolimitation fut libre, elle a engendré un *état de choses* constitutionnel des mécanismes, des institutions, des regles organiques sur lequel il n'y a plus moyen de revenir sans ruiner tout l'édifice: l'Etat est désormais lié jusque dans son fond et, pour se reprendre, illui faudrait changer de structure, bref opérer une révolution" (J. Dabin, *L'Etat ou Le Politique*, Paris, 1957, nº 150).

627. N. Bobbio, *Teoria della Norma Giuridica*, Torino, 1958, pp. 210-11.

de todo o sistema. Observa-se aqui fato análogo ao que os biólogos notam no reino animal: à maior distinção dos órgãos e das respectivas funções, corresponde mais alto e perfeito grau de vida. Se, a miúdo, nas sociedades primitivas se concentraram numa só pessoa as funções de chefe de armas, de legislador e de juiz, com o decorrer do tempo, mercê do natural desenvolvimento das aptidões humanas e da crescente complexidade das relações sociais, foi-se necessariamente efetuando uma divisão do trabalho, com atribuição de competência específicas a diversos seres".[628]

Competência e inconstitucionalidade de atos – É preciso não confundir o *poder* com o *órgão* que tem o poder e com os *indivíduos humanos*, por intermédio dos quais aquele órgão exerce o poder.

A especialização das funções do Estado leva-o à divisão do poder. O Estado, utilizando o instrumental de suas regras jurídicas, cria, em si mesmo, órgãos para o exercício de funções específicas (ex.: presidência da República, Ministério da Fazenda, Senado, Câmara dos Deputados, etc.) e muitas vezes confere personalidade jurídica a estes órgãos (ex.: Estados federados, Municípios, autarquias, etc.).

Estes órgãos, com ou sem personalidade jurídica, exercem o poder – não como um direito cujo uso lhes assiste – mas como um dos elementos essenciais aos quais eles (órgãos) devem sua existência. O órgão não é titular de um "direito" ao poder. O órgão, por sua própria natureza de *órgão funcional* do ser social (Estado), tem, imediata e conaturalmente à sua existência, uma *parcela* de poder: aquela que foi delimitada pelas regras jurídicas que criaram o órgão e disciplinaram a sua função específica. Esta parcela de poder é a *competência*.

O Estado age porque tem poder e a ação do Estado se realiza pela atuação de órgãos funcionais nos quais o poder está subdividido. O Estado não é o órgão, nem a totalidade dos

628. Giorgio Del Vecchio. *Teoria do Estado*, trad., São Paulo, 1957 (*Lo Stato*, Roma, 1953), p. 55 (Cap. IV, nº 1).

órgãos, porém o ser social cujas funções se especializaram em múltiplos órgãos funcionais; por isto, embora haja a divisão do poder, o Estado continua sempre com a plenitude do poder. Esta autolimitação pela divisão do poder é, na verdade, o fenômeno da especialização das funções que se verifica em qualquer organismo evoluído.

Com exceção de um único órgão, todos os demais órgãos são enti*dades jurídicas,* com ou sem personalidade jurídicas, criadas pelo Estado. O único órgão que não é jurídico (pois, por seu intermédio, o Estado criou a *primeira* regra jurídica ou o primeiro sistema de regras jurídicas) e que exerce o poder em toda a sua plenitude, sem qualquer limitação, é a *assembleia constituinte* e a sua produção jurídica é a Constituição.

O Estado, por intermédio deste primeiro órgão não-jurídico, cria *outros* órgãos e como estes outros órgãos são criados com o instrumental daquelas regras jurídicas constitucionais, eles são necessariamente órgãos *jurídicos* e como tais regrados ou disciplinados por aquelas regras jurídicas. Estas regras jurídicas, criando o órgão, atribuíram-lhe uma função específica e disciplinaram (limitaram) o exercício do poder necessário à atuação dinâmica daquela função. Esta parcela de poder que pode ser exercido pelo órgão dentro do campo de sua função, cujos limites foram regrados pelas regras jurídicas que o criaram, é a *competência.*

Nos Estados modernos, o órgão não-jurídico (assembleia constituinte) costuma criar diversos órgãos jurídicos cujas distintas funções podem ser reunidas em três gêneros: legislativa, executiva e judiciária. É interessante notar que os órgãos jurídicos de função legislativa continuarão a ampliar e a desenvolver aquele sistema original de regras jurídicas (Constituição) pela criação de novas regras jurídicas, porém estas novas regras jurídicas têm a sua juridicidade *condicionada à competência* do órgão jurídico criador.

O primeiro órgão (a assembleia constituinte), como se viu, é não-jurídico e tem competência ilimitada. Este primeiro órgão cria outros órgãos; estes, porém de natureza jurídica e, portanto, com competência limitada pelas regras jurídicas que os criaram. Por sua vez, estes órgãos jurídicos de segundo grau criaram, dentro dos limites de suas respectivas competências, outros órgãos jurídicos e assim sucessivamente, estabelecendo-se uma *hierarquia de órgãos, em ordem descendente, cada órgão com menor Poder* (menor competência) que o anterior, com a juridicidade de sua *existência* condicionada à competência do órgão anterior e com a juridicidade de seus *próprios atos* condicionada à sua própria competência.

Por isto, quando *fora* de sua competência específica, o órgão executivo pratica ato administrativo ou o órgão legislativo cria regra jurídica (ato legislativo) ou o órgão judiciário emite sentença (ato jurisdicional), houve sempre *inconstitucionalidade* imediata ou mediata. Inconstitucionalidade *imediata*, quando aquele ato executivo ou legislativo ou jurisdicional desrespeitou diretamente regra jurídica criada por aquele único órgão legislativo de primeiro grau (assembleia constituinte). Inconstitucionalidade *mediata* (*ilegalidade*), quando a desobediência foi à regra jurídica criada por órgão de grau inferior à assembleia constituinte, porém superior ao grau do próprio órgão cujo ato foi arguído de ilegalidade (inconstitucionalidade mediata).

Antinomia de regras – O ordenamento jurídico consiste num sistema de regras jurídicas, sistema que vai crescendo pela adição de novas regras jurídicas criadas pelos órgãos de função legislativa acima mencionados. Esta adição de novas regras jurídicas se processa numa concatenação produtiva em movimento da totalidade do sistema jurídico preexistente que, recebendo o impacto da nova lei (fórmula literal legislativa), produz uma *resultante lógica* que é a verdadeira nova regra jurídica. A regra jurídica, considerada em si mesma, independente da totalidade do sistema jurídico, como regra jurídica não existe. A regra jurídica existe enquanto embutida dentro da totalidade do sistema jurídico.[629]

629. Isto fica esclarecido pelo cânone hermenêutico da totalidade do sistema jurídico; ver nº 31.

No plano jurídico (como também no plano lógico) é *impossível* a contradição,[630] em consequência: ou todas as regras em antinomia perdem a juridicidade (tornam-se inválidas, deixam de ser regras jurídicas); ou a lei *posterior* nunca chegou a ter juridicidade (nasceu não-válida, é lei natimorta, nunca assumiu a natureza de regra jurídica) ou a lei *anterior* perde a juridicidade (torna-se inválida, deixa de ser jurídica).

Quando ambas as regras jurídicas em antinomia foram criadas pelo mesmo órgão legislativo e estes atos legislativos (ato criador da regra jurídica) estavam dentro da competência específica àquele órgão, então, a regra *posterior* prevalece sobre a anterior, fazendo-a perder sua juridicidade; é o critério cronológico. Entretanto, se ambas aquelas regras foram criadas, ao mesmo tempo (ex.: promulgação de um Código), o cânone hermenêutico da totalidade do sistema jurídico indicará qual delas faleceu ou revelará que a contradição entre ambas as regras era *aparente* e que as verdadeiras regras jurídicas são *resultantes* de sua "contradição" dentro do sistema.

Quando as regras jurídicas em antinomia foram criadas por órgãos legislativos de diferentes graus hierárquicos, sem desbordamento de suas respectivas competências, prevalece a regra (anterior ou posterior) criada pelo órgão de hierarquia *superior;* é o critério hierárquico.

E quando ambos os órgãos são de igual hierarquia e não houve exorbitância de competência, perdem a juridicidade *ambas* as regras. Aqui não cabe o critério cronológico, pois este critério vale, não por um atributo específico à cronologia, mas pela resultante lógica de se terem produzido dois atos, um posterior ao outro, praticados pelo *mesmo* órgão, sendo o ato posterior contrário ao anterior.

630. Sobre o princípio fundamental da não-contradição num sistema jurídico e a muito íntima relação entre coerência *jurídica* e coerência *lógica*, ver as interessantes e agudas observações de N. Bobbio, *Studi sulla Teoria Generale del Diritto*, Torino, 1955, p. 152, nº 3, 155; e *Teoria della Scienza Giuridica*, Torino, 1950, pp. 217-30.

Capítulo III

ORÇAMENTO PÚBLICO NATUREZA JURÍDICA

61. A estrutura jurídica clássica do orçamento público está em ruínas em todos os países

Cumpre sempre ter presente que o Direito Positivo tem natureza essencialmente *instrumental*; construí-lo e manejá-lo é uma arte *a serviço* de uma política[631] específica porque convergente para um "absoluto" (autêntico ou falso) próprio.[632]

Ora, como toda a arte útil é tanto mais perfeita, quanto melhor seu rendimento humano,[633] o Direito Positivo que serve a uma determinada política (ex.: de reforma social), terá, necessariamente, estrutura jurídica com caracteres e feições nitidamente diferentes daquele que servirá à outra política (ex.: de conservação do capitalismo-liberal).

O Direito Positivo que disciplina o orçamento do Estado sofre, atualmente, de tão profunda crise que "*les règles traditionnelles du droit budgétaire craquent de toutes parts*", e em todos os Estados.[634]

---

631. Ver ns. 6, 19, 20.

632. Ver nº 49.

633. Ver nº 21.

634. M. Waline, *Traité Elémentaire de Science et de Législation Financiéres*, em colaboração com J. Laferriere, Paris, 1952, p. 26; F. Sáinz de Bujanda,

O instrumental jurídico que, hoje, ainda pretende disciplinar o orçamento público, mostra-se antiquado e impraticável de tal modo que: ou o instrumental jurídico escapa e fere as mãos do Estado, ou então *é o Estado que o abandona e o quebra, convertendo-o num monumento histórico mutilado, cuja eficácia jurídica é residual.*[635]

O instrumental jurídico clássico do orçamento público apresenta-se, hoje, antiquado e impraticável porque:

"Sont la survivance de l'état politique et social du XXe siècle, du siècle de l'Etat-gendarme et de l'Etat dominé par la bourgeoisie, et que nous sommes actuellement dans une periode critique, c'est-à-dire, de remise en question des principes, d'où sortira, dans un avenir indéterminé, mais qui peut être relativement proche (car l'évolution parait assez rapide dans les esprits e dans les faits) un droit des finances publiques nettement différent".[636]

Se, para melhor agilidade e execução do orçamento público, o Estado optasse pela renúncia (ou redução a um mínimo) das estruturas jurídicas que disciplinam o orçamento, então o Estado agiria desregradamente (lei: regra de conduta), com resultados extremamente ruinosos, porque a lei (Direito Positivo) é o único instrumento – criado pela atividade artística do homem – que até hoje se mostrou eficaz e capaz de, nas mãos do Estado, *promover* e *manter* o bem comum.[637]

Hacienda y Derecho, vol. I, Madrid, 1955, p. 447; Affonso Almiro, *Questões de Técnica e de Direito Financeiro*, Rio de Janeiro, 1957, pp. 118-19, ns. 374-375.

635. Sobre o interessante fenômeno patológico de formação de *resíduos* no direito positivo, vide nº 28.

636. M. Waline, *Traité Elémentaire de Science et de Législation Financieres*, em colaboração com J. Laferriere, Paris, 1952, p. 31: Delfim Silveira, *Orçamento e planificação*, Porto Alegre, 1960, ns. 61-65; e toda a terceira parte de sua obra, ns. 108-154.

637. Em sentido análogo: F. Sáinz de Bujanda, *Revista de Derecho Financiero y de Hacienda Pública*, vol. VIII, Madrid, 1958, pp. 255-56; e também no seu *Hacienda y Derecho*, vol. II, Madrid, 1962, p. 165. Sobre o bem comum temporal como finalidade do Estado, ver nosso nº 49.

O esquecimento de que o "fato bruto" (o orçamento público como fato econômico-social), um momento desnudado, deve ser *de novo* revestido (disciplinado) de estrutura jurídica nova, o esquecimento de que este desnudamento é fenômeno patológico e transitório, tem origem na irracional confusão entre momento da *criação* da lei e o momento de sua *interpretação*.[638]

É verdade que "le droit n'est pas fait pour cette virginité à laquelle le condamment d'austéres gardiens".[639] Entretanto, a rebelião do "fato bruto" (determinado fato social; no caso o orçamento público) contra o jurídico *será destituída de qualquer sentido para a sociedade,* se ela (a rebelião), ao visar a eliminação ou modificação de determinada regra jurídica, *simultaneamente,* não visar a criação de outra regra jurídica que discipline aquele fato.[640]

Desde que há juristas e enquanto houver juristas, a função legislativa será a de criar um *instrumento jurídico*, utilizando como matéria-prima o "fato bruto" (fato social).[641]

Certamente, é necessária uma radical modificação na estrutura jurídica do orçamento público, porém esta modificação não pode jamais consistir na *renúncia* ao jurídico, sim na *construção de novo* instrumental jurídico a serviço do Estado.[642]

---

638. Ver ns. 20, 28.

639. G. Burdeau, *Traité de Science Politique*, vol. I, Paris, 1949, nº 259, p. 309.

640. E. Weil, *Philosophie Politique*, Paris, 1956, p. 84; R. Savatier, "Réalisme et idéalisme en droit civil d' aujourd'hui", na obra coletiva *Le Droit Privé Français au Milieu du XXe Siecle*, vol. I, Paris, 1950, pp. 91-92.

641. R. Savatier, "Réalisme et idéalisme en droit civil d' aujourd'hui", na obra coletiva *Le Droit Privé Français au Milieu du XXe Siecle*, vol. I, Paris, 1950, p. 91.

642. F. Sáinz de Bujanda, *Hacienda y Derecho*, vol. I, Madrid, 1955, p. 448; veja-se também do mesmo autor: "El derecho, instrumento de política económica" in *Revista de Derecho Financiero y de Hacienda Pública*, vol. III, Madrid, 1958, pp. 235-66, onde faz um excelente estudo da crise da juridicidade nos orçamentos públicos, publicado também no seu *Hacienda y Derecho*, vol. II, Madrid, 1962, pp. 141 e ss.

E este novo instrumental jurídico deverá ser construído com a matéria-prima (o "dado": diretrizes) oferecida pelo vertiginoso progresso da moderna Ciência das finanças públicas, política fiscal e economia política.[643]

62. O "dado" fornecido pelas ciências: a) orçamento cíclico; b) equilíbrio econômico-social; c) tributação extrafiscal

A Economia Política, a Ciência das Finanças Públicas e a Política Fiscal colheram e analisaram os "dados" a seguir indicados. A recepção pelo jurista, destes "dados", conduz às construções jurídicas (o "construído").[644]

Para se aceitar o orçamento cíclico (em substituição ao anual) e o equilíbrio econômico-social (em lugar do equilíbrio financeiro contábil), é indispensável que se tenha bem nítida a diferença entre a *"motivação"* das Finanças Públicas e a das Finanças Privadas com objetivos comerciais. Para as Finanças Públicas o fundamental são os efeitos que provocam na ordem econômica-social, independentemente (ou melhor, tendo importância secundária), seus efeitos financeiros-contábeis: o montante da receita e da despesa; "la Hacienda pública no es, en este sentido, una Empresa para la rentabilidad".[645]

"La actividad pública no se mantiene única, ni siquiera, principalmente, para conseguir un beneficio neto máximo, *sino por influir en la vida económica de una manera determinada.*"[646]

A consciência, cada vez maior, desta "motivação", foi conduzindo os estudiosos das três referidas ciências a uma nova concepção de periodicidade e de equilíbrio orçamentário,

643. Ver nº 62.

644. Vide ns. 6, 23.

645. Veja-se a este respeito, Gunnar Myrdal, *Los Efectos Económicos de la Política Fiscal*, Madrid, 1956, pp. 19-25.

646. Gunnar Myrdal, *Los Efectos Económicos de la Política Fiscal*, Madrid, 1956, p. 21.

de modo que, hoje, o conceito de orçamento *cíclico* substituiu o tradicional conceito de orçamento ânuo e o conceito de equilíbrio *econômico-social* substituiu o de equilíbrio financeiro contábil.

a) *Orçamento cíclico* – O ano, como período contábil, não possui virtude especial alguma, embora seja o período de tempo comumente aceito. Procurar obter, em cada ano, o equilíbrio financeiro-contábil do orçamento público, quaisquer que sejam as circunstâncias econômicas e sociais do país, constitui um erro arcaico.[647]

"Les rythmes naturels de la vie économique ne suivent pas le calendrier grégorien: l'aiternance prospérité-dépression, suivant une périodicité pluriannuelle, a conduit certains à préconiser des budgets calqués sur la même période, et prenant un caractere cyclique.

D'autre part, l'intervention de l'Etat dans la vie économique et sociale suppose des programmes d'investissements à long terme, que la pratique stricte de l'annualité budgétaire rend impossibles: sans parler du cas de nations à économie planifiée, ou le plan s' étend sur plusieurs années (de trois à cinq ans en général), obligeant à reléguer au second plan le principe de l'annualité budgétaire".[648]

b) *Equilíbrio econômico-social* – O equilíbrio financeiro-contábil do orçamento público é o equilíbrio *aritmético ou quantitativo* entre a receita, de um lado, e a despesa do outro.

O equilíbrio econômico-social do orçamento público é o equilíbrio *qualitativo* entre, de um lado: a despesa *mais* a receita, e do outro lado: a realidade econômico-social.[649]

---

647. Hugh Dalton, *Principios de Finanzas Públicas*, Buenos Aires, 1953 (trad. da 11ª ed., London, 1941), pp. 338-39.

648. M. Duverger, *Institutions Financieres*, 2ª ed., Paris, 1957, p. 294.

649. Vide L. Trotabas, *Institutions Financieres*, 2ª ed., Paris, 1957, pp. 62-63; e Aliomar Baleeiro, *Introdução à Ciência das Finanças*, 2ª ed., Rio de Janeiro, 1958, p. 738.

A necessidade do equilíbrio financeiro-contábil costumava ser invocada e pregada "por los expertos ortodoxos de las finanzas con un frio orguelo puritano", como sendo não apenas um princípio financeiro óbvio, mas também um preceito moral.[650]

Porém, "os fenômenos contemporâneos demoliram aquelas regras clássicas e, hoje, estadistas e povos, segundo a expressão do Prof. Harley Lutz, perderam o complexo de culpa em relação ao deficit".[651]

"La conception arithmétique de l'équilibre, qui paraêt rendre compte exactement de la situation budgétaire, est en réalité incertaine, sinon trompeuse".[652]

Não há nenhum paradoxo em buscar o equilibrio econômico-social do país, mediante um orçamento público *contabilmente desequilibrado*; a contradição é apenas aparente, pois resulta da ilusão ótica de analisar o orçamento público sob o ângulo das finanças *privadas*.[653]

"O problema, na atualidade, é encarado em ângulo bem diverso daquele em que se situavam os financistas clássicos: a preocupação não deve residir em equilibrar o orçamento como se este fosse um fim em si mesmo e não simples meio a serviço da prosperidade nacional. *Não se trata de equilibrar o orçamento, mas fazer com que este equilibre a economia nacional*".[654]

650, Hugh Dalton, *Principios de Finanzas Públicas*, Buenos Aires, 1953 (trad. da 11ª ed London, 1941), pp. 335-36.

651. Aliomar Baleeiro, *Introdução à Ciência das Finanças*, 2ª ed., Rio de Janeiro, 1958, p. 734.

652. L. Trotabas, *Institutions Financieres*, 2ª ed., Paris, 1957, p. 61.

653. Idem, ibidem, p. 63. Sobre a distinção fundamental entre o ângulo de visão das finanças públicas e o das finanças privadas, veja-se o início deste nosso número e Gunnar Myrdal, *Los Efectos Económicos de la Política Fiscal*, Madrid, 1956, pp. 19-25.

654. Aliomar Baleeiro, *Introdução à Ciência das Finanças*, 2ª ed., Rio de Janeiro, 1958, p. 738.

"C'est effectivement au nom de ces aspects économiques et sociaux que s'instruit aujourd'hui le proces de l'équilibre budgétaire. Sous ces aspects, le probleme de l'équilibre du budget porte sur les *effects* desdépenses et des recettes et non plus sur leur *montant,* et il tend à rechercher dans quelle mesure ces eff ets s' ajou tent ou se neutralisent. L'équilibre budgétaire se rapporte ainsi à l'action réelle et *globale* du budget sur l'économie, et c'est par *rapport à cette action* qu'on doit rechercher cet équilibre."[655]

Conclui-se, pois, que o equilíbrio do orçamento público é *dinâmico* e não estático.[656]

E é a natureza dinâmica do equilíbrio orçamentário que torna *lógico, necessário e permanente* o desequilíbrio financeiro-contábil (ora para o lado da despesa: *deficit,* ora para o da receita: *superavit*). "C'est la misère des institutions financières, mais c'est aussi leur grandeur: la financier, comme la vigie, doit toujours veiller, il n'a jamais droit au repos, car il sait qu'il n'établira jamais un ordre statique réglant definitivement les problèmes du budget".[657]

c) *A importância da tributação extrafiscal para o equilíbrio econômico-social* – Para melhor se compreender a *dinâmica* do equilíbrio econômico-social do orçamento público, antes é necessário conhecer o fenômeno da caducidade precoce do Direito Tributário e a sua contemporânea metamorfose jurídica,[658] bem como a tributação extrafiscal como instrumento do intervencionismo estatal.[659]

Isto posto, compreender-se-á que, se a tributação for exercida visando *unicamente financiar* a despesa (tributação

655. L. Trotabas, *Institutions Financières*, 2ª ed., Paris, 1957, p. 62 (grifamos).
656. M. Duverger, *Institutions Financières*, 2ª ed., Paris, 1957, p. 281.
657. L. Trotabas, *Institutions Financières*, 2ª ed., Paris, 1957, p. 241.
658. Ver nº 127.
659. Sobre o problema da tributação extrafiscal, vide ns. 152-159.

fiscal), então, a despesa deverá – *ela só* – procurar estabelecer o equilíbrio econômico-social e, pois, necessitará muito mais esforço (mais despesa) porque estará agindo solitariamente.

Quando a tributação é exclusivamente fiscal, a Receita estará reduzindo, dificultando e até poderá estar anulando o esforço da despesa.

Porém, se na construção de todos e de cada tributo *coexistir sempre o finalismo extrafiscal e o fiscal* (prevalecendo aquele sobre este, ou vice-versa, segundo os critérios de racional oportunidade política), então, a Receita não será um "peso morto" na balança, mas agirá (ela Receita, por *si mesma*) em harmonia com a ação da despesa e cada ano reduzir-se-á o desequilíbrio econômico-social, até completar-se o ciclo. Naquela ocasião, ter-se-á alcançado o equilíbrio econômico-social previsto no orçamento cíclico.

63. O "construído" pelo jurista – Renovação do Direito Positivo disciplinador do orçamento público: a) certeza dos "dados"; b) recepção pelo jurista; c) complexidade não é escusa

Toda a Ciência Social propõe, ainda que inconscientemente, uma ação política e contém, implicitamente, "Uma noção (autêntica ou falsa) do bem comum". As ciências sociais trabalham na colheita e na análise dos "dados" (fatos sociais) com o *auxílio* dos quais ou *contra* os quais a política age).[660]

Para agir, a política necessita de um *instrumento* e o Direito Po*sitivo* é único instrumento – criado pela atividade artística do homem – que até hoje se mostrou eficaz e capaz de promover e manter o bem comum.[661]

A vontade humana, principalmente por meio do Direito *Positivo*, pode exercer influência eficaz e decisiva na marcha evolutiva dos fenômenos econômicos; embora o legislador não

660. E. Weil, *Philosophie Politique,* Paris, 1956, p. 13.

661. Vide ns. 6, 19.

possa tudo (alcance prático), ele pode muito mais do que se poderia pensar diante das "leis" naturais que regem (causa e efeito) os fenômenos econômicos.[662]

Os fenômenos econômicos ocorrem numa sucessão de *causa* e *efeito,* este indissoluvelmente ligado àquela; de modo que ocorrendo a causa, fatalmente, produz-se o efeito. O legislador nada pode fazer para que, da *mesma* causa, nasça um diferente efeito; entretanto, tudo poderá obter se – mediante o Direito Positivo (regra de conduta humana) – *impedir* ou *modificar* a causa, cuja não-ocorrência ou modificação produzirá um *diferente* efeito.

"Connaissant la cause, on peut empêcher l'événement de se produire en paralysant cette cause. Ce n'est donc pas parce que les faits sont reliés à des causes que l'action est impossible. C'est au contraire parce qu'il existe des lois naturelles que nous connaissons, et que tout n'est pas l'effet du hasard, que l'action du législateur est possible et efficace."[663]

Naturalmente, há *causas* que até hoje o homem não descobriu o modo de impedir sua ocorrência; nem ao menos modificá-las. São enigmáticas esfinges diante das quais o homem, de súbito, sente-se, irritantemente, frágil e no deserto.

Entretanto, aquilo que hoje surge com as feições do impossível, amanhã – com o vertiginoso progresso das ciências, das técnicas e das artes – o homem terá descoberto o meio de transfigurar aquelas feições para o semblante do admissível. "L'histoire est là pour prouver que l'action humaine voit son domaine sagrandir à un rythme toujours plus accéléré".[664]

662. A. Marchal, "Les rapports du droit et de l'économie politique", na obra coletiva *lntroduction à l'Etude du Droit*, vol. II, Paris, 1953, p. 229.

663. Idem, ibidem.

664. Idem, ibidem. Em sentido análogo, compare-se R. Savatier, *Les Métamorphoses Econamiques et Sociales du Droit Privé d'Àujourd'hui*, 2ª série, Paris, 1959 "L'universalisme renouvelé des disciplines juridiques", p. 60.

O jurista recebe, como verdadeiros, os "dados" (diretrizes) do orçamento público, porque a esta conclusão chegaram as três ciências (Economia Política, Finanças Públicas e Política Fiscal) que os colheram e analisaram. Entretanto, cumpre, desde logo, atender para a natureza da *certeza*, da *recepção* e da *complexidade* da solução.

a) *A certeza dos "dados"*: na Economia Política, na Ciência das Finanças e na Política Fiscal (como também até na Física Nuclear), aquela certeza nunca pode ser mais que uma extrema *probabilidade*; entretanto, esta natureza presuntiva dos "dados" científicos, não lhes rouba a utilização prática.[665]

b) *A recepção pelo jurista*: a recepção dos "dados" pelo *jurista* não é passiva, mas *ativa*. Noutras palavras, por maior que seja a certeza da diretriz natural oriunda daqueles "dados" científicos, ela (a diretriz) permanece um dado "bruto" a depender, *sempre e necessariamente*, da atividade artística do jurista que a *deformará* e a *transfigurará* numa diretriz *jurídica*: regra de conduta (Direito Positivo).[666]

c) *A complexidade não é escusa*: A vida jurídica do homem não é hospedar-se numa coletividade anônima que se incumbiria de alimentá-lo, cuidá-lo, velar pelo seu repouso e à qual o hóspede pagaria uma contribuição mínima. Toda a construção jurídica é trabalhosa; pressupõe e impõe investigações e sacrifícios. O homem sobreviverá se triunfar virilmente – auxiliado pelos "dados" fornecidos pelo progresso das

---

665. Aliomar Baleeiro, *Introdução à Ciência das Finanças*, 2ª ed., Rio de Janeiro, 1958, pp. 62-63; Kelsen, *Teoria General del Derecho y del Estado*, 2ª ed. da trad., México, 1958 (ed. original Berkeley, 1944), pp. 54-55; N. Bobbio, *Teoria della Scienza Giuridica*, Torino, 1950, pp. 14, 209-10; A. Marchal, "Les rapports du droit et de l'économie politique", na obra coletiva *Introduction à l'Etude du Droit*, vol. II, Paris, 1953, pp. 202-3.

666. Sobre a fenomenologia do "construído" (o Direito Positivo), vide nº 23.

ciências sociais – sobre os obstáculos que se opõem à construção e à realização do Direito Positivo.[667]

A complexidade da solução para o orçamento público "forme l'un des arguments les plus souvent invoqués par ses détracteurs. Il est superflu d'insister sur le peu de valeur de ce raisonnement. Les remedes modernes sont infiniment plus délicats à administrer que les tisanes de nos grands-mères: mais ils sont aussi plus efficaces. Vaudrait-il mieux laisser mourir les malades?[668]

"Nous autres, civilisations, nous savons maintenant que nous sommes mortelles"[669] e com a morte da última, descobriu-se um remédio para medicar civilizações: a radical modificação em toda a estrutura clássica do orçamento público, porque este é a *relação constitucional* dos Estados.[670]

---

667. R. Savatier, *Les Métamorphoses Economiques et Sociales du Droit Privé d'Aujourd'hui*, 2ª série, Paris, 1959 – "L'universalisme renouvelé des disciplines juridiques", p. 47.

668. M. Duverger, *Institutions Financieres*, 2ª ed., Paris, 1957, p. 292; F. Sáinz de Bujanda, *Hacienda y Derecho*, Madrid, 1956, p. 449.

669. "Nous autres, civilisations, nous savons maintenant que nous sommes mortelles". Nous avions entendu parler des mondes disparu tout entiers, d'empires coulés à pic avec tous leurs hommes et tours leurs engins; descendus au fond inexplorable des siéc les avec leurs dieux et leurs lois, leurs académies et leurs sciences pures et appliquées, avec leurs grammaires, leurs dictionnaires, leurs classiques, leurs romantiques et leurs symbolistes, leurs critiques et les critiques de leurs critiques.

Nous savions bien que toute la terre apparente est faite de cendres, que la cendre signifie quelque chose. Nous apercevions à travers l'épaisseur de l'histoire, les fantômes l'immenses navires qui furent chargés de richesse et d'esprit. Nous ne pouvions pas les compter. Mais ces naufrages, après tout, n'étaient pas notre affaire.

Elam, Ninive. Babylone étaient de beaux noms vagues, et la ruine totale de ces mondes avait aussi peu de signification pour nous que leur existence même. Mais *France, Angleterre, Russie*... ce seraient aussi de beaux noms". Paul Valéry, carta publicada em abril de 1919, pelo Athenoeum de Londres; in *Variété*, vol. I, 1953, ed. Gallimard, pp. 11-12.

670. O Estado nasce por uma relação *natural,* mas sobrevive porque aquela relação se juridiciza, transfigurando-se em relação jurídica constitucional: o orçamento público; vide ns. 64-65.

64. Natureza enigmática da Lei Orçamentária

Há quase um século que se discute a natureza da lei que aprova o orçamento público. Alguns, deixando-se impressionar demais pela face negativa da lei orçamentária (aquilo que o particular Direito Positivo de um país proibia de figurar no orçamento público ou impedia de decorrer como efeito jurídico resultante da sua aprovação por lei), concluíram que a lei orçamentária seria apenas lei *formal*, isto é, teria apenas a forma de uma lei à qual faltaria juridicidade e, em consequência, nenhum efeito jurídico dela poderia resultar.[671]

Outros, fixando-se mais na face positiva da lei orçamentária (aqueles efeitos jurídicos que, em virtude do particular Direito Positivo de um país, decorriam da aprovação, por lei, do orçamento) e reagindo contra aquela primeira corrente doutrinária, assumiram também uma posição radical: a lei orçamentária seria lei *material;* noutras palavras, seria uma regra jurídica como qualquer outra regra jurídica, podendo criar tributos, modificá-los, revogá-los, etc.; apenas subordinada

---

671. Pontes de Miranda, *Comentários à Constituição de 1946*, vol. III, 3ª ed., Rio de Janeiro, 1960, p. 5; Giuseppe Iannitto, "Limiti costituzionali alla legge di bilancio", in *Archivio Finanziario*, vol. IX, Padova, 1960, p. 154; Baschieri – D'Espinosa – Giannattasio: *La Costituzione Italiana*, Firenze, 1949, p. 314; Rivalta, "L'esecuzione forzata sul denaro dello Stato", in *Rivista di Diritto Finanziario e Scienza delle Finanze*, Milano, 1953, parte I, fasc. 2, p. 155 e ss.; Mortati, *Istituzioni di Diritto Pubblico*, Padova, 1955, p. 382; *Graziani, Il Bilancio e le Spese Publiche*, Milano, 1915, p. 394; Ranelletti, *Diritto Finanziario*, Milano, 1928, p. 36; Orlando, *Principî di Diritto Costituzionale*, Firenze, 1920, p. 175; "Il Contenuto giuridico della legge di bilancio", in *Rivista di Diritto Pubblico*, 1911, vol. I, p. 276; Laband, *Das staatsrecht des deutschen Reichs*, 1878,II, p. 58; *Le Droit Public de L' Empire Allemand*, vol. VI, pp. 267-365; Fricker, Gneist, *apud* Amilcar de Araújo Falcão, *Introdução ao Direito Tributário*, Rio de Janeiro, 1959, pp. 57-58; Otto Mayer, *Derecho Administrativo Alemán*, vol. II, Buenos Aires, 1950, pp. 193-94; G. Meyers, Anschütz, Seligman, Garais, Stier-Somlo, F. Giese, apud Francisco Campos, "Direito Constitucional", vol. I, Rio de Janeiro, 1956, pp. 290-92 ou in *Revista de Direito Administrativo*, vol. 14, p. 447 e ss.

à disciplina que lhe estivesse estabelecida por outras regras jurídicas constitucionais.[672]

Modernamente, a maioria dos autores, traindo vacilação entre aquelas duas posições radicais, procura decifrar o enigma da natureza da lei orçamentária, atribuindo-lhe uma natureza *sui generis*, que, de autor para autor, apresenta maiores ou menores diferenças.[673]

---

672. G. Codacci-Pisanelli, *Analisi delle Funzioni Sovrane*, Milano, 1946, p. 114; G. Zingali, *Lezioni di Scienza delle Finanze*, Catania, 1939, p. 61; G. B. Valentini, *Il Bilancio Pubblico*, Milano, 1927, p. 199; G. Vitagliano, *Contenuto Giuridico della Legge di Bilancio*, Roma, 1910, p. 399; Phillipp Zorn, apud Amilcar de Araújo Falcão, *Introdução ao Direto Tributário*, Rio de Janeiro, 1959, p. 59; Duguit, *Traité de Droit Constitutionnel*, vol. IV, p. 438.

673. Rubens Gomes de Sousa, *Estudos de Direito Tributário*, São Paulo, 1950, pp. 268-70; Gilberto de Ulhoa Canto, *Temas de Direito Tributário*, Rio de Janeiro, 1955, pp. 406-9; Amilcar de Araújo Falcão, *Introdução ao Direito Tributário*, Rio de Janeiro, 1959, p. 62; Aliomar Baleeiro, *Introdução à Ciência das Finanças*, 2ª ed., vol. II, Rio de Janeiro, 1958, nº 422, p. 699; Delfim Silveira, *Orçamento e planifiçacão*, Porto Alegre, 1960, ns. 56-57; Francisco Campos, *Direito Constitucional*, vol. I, Rio de Janeiro, 1956, pp. 287-310 e in *Revista de Direito Administrativo*, vol. 14, p. 447 e ss.; Bilac Pinto, *Estudos de Direito Público*, Rio de Janeiro, 1953, p. 225; Arizio Viana, *Orçamento brasileiro*, 2ª ed., 1950, p. 62; Giuliani Fonrouge, *Derecho Financiero*, vol. I, Buenos Aires, 1962, pp. 128-31; Giorgio Del Vecchio, *Teoria do Estado*, trad., São Paulo, 1957 (*Lo Stato*, Roma, 1953), p. 60; R. Aricó, "Natura giuridica della legge del bilancio dello Stato", in *Rivista Italiana di Ragioneria*, 1953, p. 110; Ruini, "Il bilancio dello Stato", in *Rivista di Politica Economica*, 1951, p. 628; Giugni, *La Nuova Costituzione*, Roma, 1948, p. 83; Rossi Passavanti, *Manuale di Contabilità di Stato*, Roma, 1954, pp. 134-35; G. Ingrosso, *Diritto Finanziario*, 2ª ed., Napoli, 1956, pp. 55-64; Bentivenga, *Elementi di Contabilità di Stato*, Roma, 1950, p. 164; G. Tesoro, *Principii di Diritto Tributario*, Bari, 1938, pp. 21-22; MorselIi, *Teoria Generale della Finanza Publica*, Padova, 1935, p. 127; Gaston Jêze, *Principios Generales deI Derecho Administrativo* (trad. da 3ª ed. francesa, Paris, 1930), vol. I, Buenos Aires, 1949, pp. 51-52; H. Laufenburger, *Traité d'Economie et de Législation Financières*. Paris, 1948, vol. III, "Budget et trésor", p. 24; L. Trotabas, *Institutions Financieres*, 2ª ed., Paris, 1957, ns. 54-56, pp. 112-17; M. Waline, *Traité Elémentaire de Science et de Législation Financieres*, em colaboração com J. Laferriére, Paris, 1952, pp. 10-12; Carré de Malberg, *Teoria General deI Estado*, 1948, p. 336; Esmein, *Droit Constitutionnel Français et Comparé*, 8ª ed., p. 458: Hauriou, *Droit Administratif*, 8ª ed., p. 898; Berthélemy, *Droit Administratif*, 7ª ed., p. 863.

Um excelente resumo destas doutrinas oferece AMILCAR DE ARAÚJO FALCÃO.[674] A condensação mais desenvolvida da doutrina alemã e francesa encontra-se muito bem exposta por FRANCISCO CAMPOS.[675] Minuciosa e ótima exposição da doutrina italiana foi feita por GIUSEPPE IANNITTO.[676]

Embora os autores possam ser reunidos em três diferentes correntes doutrinárias, considerados individualmente nenhum deles concorda de modo integral com esta ou aquela teoria e a sua filiação a uma das três correntes é sempre com ressalvas e particularidades. Cada estudioso do assunto, defrontando-se com as falhas e verdades parciais de cada teoria, e, por sua vez, em virtude do seu esforço pessoal de investigação e análise, descobrindo mais um pedaço da verdade, cria uma nova teoria que infelizmente ainda padece de equívocos oriundos da falta de visão *global* da fenomenologia do orçamento público.

Reunindo-se estes fragmentos da realidade do orçamento público que, durante quase um século, cada autor laboriosamente foi descobrimento e entregando às gerações futuras, pode-se, agora, ter uma visão *global* da fenomenologia do orçamento público e contemplar-se a sua verdadeira natureza jurídica. O homem de Ciência

"no puede escoger a capricho el punto de vista desde el cual mira, porque él pretende ver una realidad y es el formato de ésta quien decide de aquél. De otro modo no verá una realidad, sino sólo un fragmento arrancado a una realidad y corre el riesgo de describirmos una mano amputada como si fuese un organismo. Es, pues, preciso no contentar-se con una primera visión de las cosas ni con ese primer campo visual".[677]

674. Amilcar de Araújo Falcão, *Introdução ao Direito Tributário*, Rio de Janeiro, 1959, p. 57 e ss.

675. Francisco Campos, *Direito Constitucional*, vol. I, Rio de Janeiro, 1956, p. 287 e ss., e *Revista de Direito Administrativo*, vol. XIV, p. 447 e ss.

676. Giuseppe lannitto, 'Limiti costituzionali alla legge di bilancio", in *Archivio Finanziario*, vol. IX, Padova, 1960, p. 142 e ss.

677. J. Ortega y Gasset, *Una Interpretación de la Historia Universal* (*En torno a Toynbee*), Madrid, 1960, p. 57.

65. Natureza jurídica do orçamento público

Para se compreender a natureza jurídica do orçamento público é indispensável a leitura dos números anteriores, nos quais se investigou e analisou a *embriogenia* do Estado[678] e *fonte* do Direito.[679]

Também se deve, antes, recordar que o Direito Positivo que disciplina o orçamento público sofre, atualmente, de tão profunda crise que *as regras jurídicas e princípios financeiros tradicionais do orçamento público estão em ruínas e quebram-se todos os anos, em todos os Estados.* O *instrumental jurídico que, ainda hoje, pretende disciplinar o orçamento público* (por exemplo: o da anualidade; o do equilíbrio financeiro; o da unidade; o da universalidade; etc. etc.), *apresenta-se antiquado e impraticável, de tal modo que: ou aquele instrumental escapa e fere as mãos do Estado, ou, então, é o Estado que o abandona e o quebra, convertendo-o num monumento histórico mutilado cuja eficácia jurídica é residual.*[680]

Aqueles estudos conduziram as conclusões a seguir indicadas as quais, por sua vez, compõem as *premissas* de uma outra *conclusão*: a verdadeira natureza jurídica do orçamento público.

PREMISSAS

A energia dinâmica (poder ou capacidade de agir) continuada dos indivíduos humanos, agrupados em volta de um bem comum (autêntico ou falso) estabelece uma relação (*IR* e *VIR*), ligando todos os indivíduos a um e cada um a todos. Esta relação (*IR* e *VIR*) conduz um feixe de deveres convergentes (centrípetos) sobre um centro único de gravidade (bem comum) e um feixe de direitos irradiantes (centrífugos).[681]

678. Ver ns. 46-58.

679. Ver ns. 59-60.

680. Ver ns. 61-63.

681. Ver ns. 46-55.

O princípio da igualdade geométrica conjuga esses dois feixes num equilíbrio unificador e estes dois feixes conjugados compõem a *relação constitucional* de unidade viva, consistente numa individualidade psíquica de um gênero novo: o Estado, cuja existência é real e inconfundível com a existência de cada um dos indivíduos seus criadores.[682]

A realidade do Estado (ser social) consiste naquela relação constitucional e o Estado não é algo que "está" mas algo que "continua", isto é, o Estado é um ser de criação *continuada* (a relação constitucional é essencialmente continuada).[683]

Aqueles deveres centrípetos e aqueles direitos centrífugos são originalmente *naturais* e posteriormente *jurídicos*, porquanto o Estado nasce por uma relação natural e sobrevive porque – ele mesmo utilizando o poder (capacidade de agir), transfigura aquela relação constitucional natural em relação constitucional jurídica.[684]

Aquele ser social (Estado), tomando conhecimento de sua própria existência real, por intermédio de sua consciência social, procura defender-se. E a fim de proteger sua existência (garantir sua sobrevivência), impõe uma disciplina (regras de conduta) obrigatória àquela relação constitucional natural (pré-jurídica) e *deste modo assegura a continuidade e a realização* da relação.[685]

Para impor disciplina (regras de conduta) obrigatória (coercibilidade), o ser social utiliza o poder (sua capacidade de agir).[686]

E no momento em que o ser social (Estado) criou a primeira regra de conduta obrigatória, visando assegurar sua

---

682. Ver ns. 48, 55-56.

683. Ver ns. 48, 51, 55.

684. Ver ns. 53, 55,59.

685. Ver ns. 57, 59.

686. Ver ns. 54, 55, 59.

própria sobrevivência, surge a primeira *regra jurídica* e com esta o Direito Positivo.[687]

CONCLUSÃO

Queira-se ou não – diz J. Ortega y Gasset – a vida humana é constante ocupação com algo *futuro*. Hoje, o homem se ocupa com aquilo que lhe sobrevirá amanhã. Por isso o viver é sempre *um fazer* sem pausa, nem descanso; e todo o "fazer" significa realizar um futuro.[688]

"El Estado es siempre, cualquiera que sea su forma – primitiva, antigua medieval o moderna, – la invitación que un grupo de hombres hace a otros grupos humanos para ejecutar juntos una empresa. Esta empresa, cualesquiera sean sus trámites intermediarios, consiste a la postre en organizar un cierto tipo de vida común. Estado y proyecto de vida, programa de quehacer o conducta humanos, son términos inseparables. Las diferentes clases de Estado nacen de las maneras según las cuales el grupo empresario establezca la colaboración con los otros".[689]

Ao pensamento greco-romano – esclarece J. Ortega y Gasset nunca lhe foi fácil conceber a realidade como *dinamismo*; para os antigos era-lhes difícil o desprender-se do visível e seus sucedâneos. Só conseguiam ver um Estado, onde a unidade tinha o caráter de contigüidade visual: a cidade. Ora, na verdade, toda a coisa visível é simples máscara aparente de uma força latente que a está *continuamente* criando e que é a sua verdadeira realidade. Ali onde a força (dynamis) atua unitariamente, há uma real unidade, ainda que à vista apareça como manifestação de coisas múltiplas e distintas.[690]

---

687. Ver nº 59.

688. Ortega y Gasset, "La Rebelión de las Masas", in *Obras Completas*, 4ª ed., Madrid, 1957, vol. IV, p. 265.

689. Ortega y Gasset, op. cit., p. 263.

690. Idem, ibidem, pp. 119-20.

Por esta razão, ao pensamento greco-romano o Estado se materializava. "El Estado-ciudad era una idea muy clara que se veía con los ojos de la cara".[691] Com o tempo, aquela atitude mental foi evoluindo e, hoje, o Estado é uma realidade puramente dinâmica. É a comunidade em atuação num projeto de empreendimento comum; em síntese: um fazer,[692]

"Según esto, forma parte activa del Estado, es sujeto político, todo el que preste adhesión a la empresa – raza, sangre, adscripción geográfica, clase social, quedan en segundo término. No es la comunidad anterior, pretérita, tradicional o inmemorial – en suma: fatal o irreformable, la que proporciona título para la convivencia política, sino *la comunidad futura en el efectivo hacer.* No lo que fuimos ayer, sino lo *que vamos a hacer mañana juntos* nos reúne en Estado".[693]

No orçamento público devem-se distinguir dois momentos distintos: o *anterior* à aprovação (momento pré-jurídico) e o *posterior* à lei orçamentária que o aprovou (momento jurídico).[694] No primeiro momento (pré-jurídico): o orçamento público é um fato econômico social. No segundo momento (jurídico): há a criação de uma regra jurídica (a lei que aprovará o orçamento), *cuja hipótese de incidência* ("fato gerador", suporte fáctico, "tatbestand", "fattispecie") *é aquele fato econômico social consistente no orçamento público.*[695] No momento em que esta regra jurídica é criada, ela *incide* sobre o orçamento público (hipótese de incidência) e o *juridiciza*; noutras palavras,

691. Idem, ibidem, p. 259.

692. Idem, ibidem, pp. 263-64.

693.Ortega y Gasset, op. cit., p. 264 (grifou-se).

694. Santi Romano, *Principii di Diritto Costituzionale Generale*, 2ª ed., Milano, 1947, p. 297; Giuseppe Iannitto, "Limiti costituzionali alla legge di bilancio", in *Archivio Finanziario*, vol. IX, Padova, 1960, p. 146; G. Ingrosso, *Diritto Finanziario*, 2ª ed., Napoli, 1956, nº 86, p. 58: Giuliani Fonrouge, *Derecho Financiero*, vol. I, Buenos Aires, 1962, p. 128.

695. Sobre a estrutura lógica e atuação dinâmica de toda e qualquer regra jurídica, ver nº 81.

o orçamento público, que era apenas um fato natural (econômico-social), *torna-se jurídico.*

Ora, aquele fato econômico social é a relação constitucional do Estado. O orçamento público consiste precisamente naquela Relação Constitucional; aquele IR, revela-se na Receita e aquele VIR, denuncia-se na despesa. A relação constitucional materializa-se no orçamento público; este é a pintura abstrata que se esforça para dar a representação visual e estática de uma realidade essencialmente psíquica e dinâmica e continuada: a relação constitucional do Estado.

Antes da incidência da regra jurídica orçamentária, o orçamento público é a relação constitucional *natural*; depois da incidência, ele é a relação *constitucional juridicizada*, em síntese, uma relação *jurídica*. Esta é a genuína natureza do orçamento público: *antes da incidência da regra jurídica orçamentária (antes da aprovação pela lei orçamentária) é uma relação natural (relação fáctica); depois da incidência, é uma relação jurídica (relação jurídica básica), que vincula todos os indivíduos a um e cada um a todos.*[696]

A regra jurídica que aprova o orçamento público é a regra de Direito Positivo na qual se concentra o mais intenso grau de positividade; ela é, *a priori*, a mais constitucional das regras jurídicas. Reconheceu GUSTAVO INGROSSO que a *lei orçamentária* (regra jurídica que aprova o orçamento público) é a *mais importante* dentre todas as leis de organização, e conclui que ela (a lei orçamentária): "contempla toda a inteira administração do Estado, e também a função legislativa e a função jurisdicional; de todas é um instrumento jurídico indispensável: com efeito, ela a todas põe em movimento. Ora, sendo a sua função assim vasta e complexa e fundamental para a vida do Estado, decorre, como razão preliminar e sintetizadora, a conclusão de que o orçamento público não pode ser reduzido às modestas

696. Conceitos de relação fáctica, de relação jurídica básica e de relação jurídica eficacial, ver nº 94.

proporções de um plano contábil ou de simples ato administrativo. *Em vez disso, ele é o maior produto da função legislativa para os fins do ordenamento jurídico e da atividade funcional do Estado*".[697]

Em recente investigação sobre o orçamento público, Salvatore Buscema, Professor livre-docente da Universidade de Roma e especializado no assunto, faz esta aguda observação: "aqui parece que a intervenção do poder legislativo para deliberação anual do orçamento público *não é ditada por exigências puramente formais, nem por razões particulares de um regímen político, mas deve corresponder a uma fundamental exigência da vida do Estado*".[698]

A "legge del bilancio" ocupa posição tão fundamental, no sistema do Direito Positivo de um Estado, que o dever de aprovar um orçamento público (não importa se com ou sem alterações) não é um dever jurídico, mas sim um dever de natureza essencialmente política, cuja recusa ou desrespeito está "fuori l'ambito della teoria giuridica", desencadeando crise que envolve precisamente "condizione di esistenza, di conservazione, di funcionamento dello Stato".[699]

Deve-se sempre ter em mente que o Estado não é algo que "está", mas algo que "continua". É ser social de criação continuada. *É relação em perpétuo dinamismo que continuamente se estabelece e se realiza, vinculando todos os indivíduos a um e cada um a todos.*

Os Estados, ao se constituírem, são livres de adotarem, ou não, a regra constitucional de, periodicamente, aprovarem, por regra jurídica, o orçamento público. Quando a Constituição

---

697. G. Ingrosso, *Diritto Finanziario*, 2ª ed., Napoli, 1956, nº 84, pp. 56-57 (grifou-se); Giuliani Fonrouge, *Derecho Financiero*, vol. I, Buenos Aires, 1962, p. 131.

698. Salvatore Buscema, "Bilancio dello Stato", in *Enciclopedia del Diritto*, Milano,1959, vol. V, p. 386, nº 7, final (grifou-se).

699. G. Ingrosso, *Diritto Finanziario*, 2ª ed., Napoli, 1956, nº 92, pp. 62-63.

de um Estado não exigiu a aprovação periódica do orçamento, o Estado está constituído por tempo *indeterminado*. Porém, se um Estado, ao se constituir, estabeleceu a necessidade de, após o decurso de um tempo prefixado, criar-se regra jurídica para aprovar o orçamento, então, o Estado constituiu-se por prazo *determinado:* o período orçamentário. O *Estado viverá o espaço de um orçamento.*

Pela criação da regra jurídica que aprova o orçamento público, o Estado toma, outra vez, consciência de que existe e, para sobreviver, impõe à relação constitucional um novo ritmo vital com o qual, no futuro, continuará existindo. "Y basta que tenga el *proyecto de sí misma* para que la nación exista, aunque no se logre, aunque fracase la ejecución, como ha pasado tantas veces. Hablaríamos en tal caso de una nación malograda (por ejemplo, Borgofía)."[700] *Toda vez que o Estado cria regra jurídica que aprova o orçamento público, ele está provando sua existência, ou melhor, está comprovando sua sobrevivência do seguinte modo*:

"Tributos serão cobrados para o bem comum e este será proporcionado mediante despesas. Logo, continuarei a existir."

Este "logo, continuarei a existir" *é justamente a fenomenologia da criação da regra jurídica que aprova o orçamento público.*

A aprovação, por lei, do orçamento público, é incidência de regra jurídica sobre a relação constitucional natural, juridicizando-a. Por esta juridicização, o ser social (cuja existência era real, porém ainda natural ou pré-jurídica) entra no mundo jurídico, *passa a ter existência jurídica*. Por conseguinte, se a Constituição de um Estado impôs a necessidade de criar-se regra jurídica para aprovar o orçamento público, a falta desta aprovação importa em a relação constitucional perder sua juridicidade quando do término do prazo do orçamento em curso que fora, antes, devidamente aprovado. A relação constitucional do

700. Ortega y Gasset, "La Rebelión de las Masas", in *Obras Completas*, 4ª ed., vol. IV, Madrid, 1957, p. 267.

Estado é contínua; a perda de juridicidade não provoca sua paralisia instantânea; ela continua, agora, como relação apenas *natural*. O Estado saiu do mundo jurídico; *deixou de existir no plano jurídico*, embora ainda exista como ser social pré-jurídico cuja relação constitucional conduz ainda um feixe de deveres e um feixe de direitos, porém, agora, apenas *naturais*. O ser social voltou a ter sua sobrevivência natural ameaçada de morte em consequência da *falta de certeza na continuidade* de sua relação constitucional que, antes, era assegurada pela juridicidade daqueles direitos e deveres.[701]

A incidência da regra jurídica orçamentária transfigura aquela relação constitucional *natural* em relação constitucional *jurídica*. Depois da aprovação, a *receita* é formada pelo feixe (IR) daqueles deveres centrípetos (agora jurídicos); do outro lado, a *despesa* é formada pelo feixe (*VIR*) daqueles direitos centrífugos (agora jurídicos).

Quais deveres centrípetos (IR) jurídicos?

Aqueles que o *Direito Tributário* definir e disciplinar. *Quais direitos centrífugos (VIR) jurídicos?*

Aqueles que o *Direito Administrativo* definir e disciplinar.

Os indivíduos situados nos polos da relação constitucional contribuirão para a Receita e participação nos frutos da despesa, *no tempo e na medida que forem estabelecidos pelas regras de conduta (regras jurídicas) do Direito Tributário e do Direito Administrativo*; regras de conduta criadas justamente para assegurar a *continuidade* (durante o período orçamentário) e a *realização* da relação constitucional do Estado.

Na receita existem também outras rendas (ex.: patrimoniais) que não têm natureza tributária. As rendas patrimoniais estão no orçamento público como *dados de fato* que juntamente com outros (ex.: a estimativa do montante da Receita) ajudam

701. O Estado nasce por uma relação natural e sobrevive porque ele mesmo a transfigura em relação jurídica; ver ns. 46, 53, 55, 59. O Direito Positivo impõe certeza e determinismo artificial às relações humanas; ver nº 22.

a delimitar, por aproximação,[702] o futuro ritmo vital da relação constitucional do Estado.

Considerando-se que foram respeitados todos os efeitos jurídicos decorrentes da incidência das regras jurídicas tributárias e administrativas, se, contudo, o montante da Receita e o montante da despesa não corresponderam ao que fora previsto no orçamento público, não houve, com isto, recusa a deveres jurídicos, nem insatisfação de direitos jurídicos. *Pura e simplesmente o Estado não viveu no ritmo vital que antevira e desenhara no orçamento público como a imagem visual do seu existir futuro.* O que aconteceu foi o Estado existir menos intensamente; desvitalizar-se. A unidade atômica do Estado entrou em desintegração.[703]

66. Polos (sujeitos ativo e passivo) da relação jurídica administrativa e da relação jurídica tributária

Antes de se prosseguir na análise da relação constitucional do Estado, cujo instantâneo fotográfico é o orçamento público, cumpre ter presente que no polo positivo da relação jurídica *administrativa* estão os indivíduos na posição de sujeito de direito perante o Estado que ocupa o polo negativo na posição de sujeito de *dever jurídico*.

Entre os juristas contemporâneos especializados em Direito Administrativo Ruy Cirne Lima é o que mais se dedicou à investigação da especificidade da relação jurídica administrativa, concluindo que, no seu polo negativo, situa-se o Estado na posição de sujeito de *dever* jurídico perante os indivíduos humanos que o estão, continuamente, criando.[704]

702. Sobre este caráter aproximativo do conhecimento humano e da previsão científica, ver o início do nº 55.

703. O que acaba de ser exposto fica melhor compreendido, recordando-se a fenomenologia da perpétua integração ou desintegração atômica do Estado; ver nº 56.

704. Ruy Cirne Lima, *Preparação à dogmática jurídica*, 2ª ed., Porto Alegre, 1958, pp. 139-80.

Observa Ruy Cirne Lima que uma só atividade do Estado é cogentemente vinculada ao fim do Estado: a atividade da administração e que esta consiste na "forma de atividade humana que, obediente a um plano ou ordem preestabelecida, se propõe à realização de um fim determinado".[705]

Prosseguindo, aquele jurista adverte que "ater-se ao fim designado, não é simples faculdade, sensível a razões de oportunidade ou conveniência, – é dever", concluindo que a relação de administração é a que se cria ao Estado para o desenvolvimento de sua atividade finalística.[706]

E o Estado situa-se no polo *negativo* da relação jurídica de administração de um modo *imediato e conatural*, isto é, sem dependência de um negócio jurídico intermediário. "A *imediatidade* da atividade de administração pública, com respeito à pessoa administrativa, marca-lhe a diferença específica, em confronto com todas as demais pessoas físicas ou jurídicas, que exercitam a administração pública. O funcionário (pessoa física); o concessionário de serviço público (pessoa física ou jurídica), se exercitam administração pública, exercitam-na em dependência de um negócio jurídico intermediário (nomeação ou concessão). A eficácia legitimadora desse negócio jurídico real ou aparente é que distingue, de resto, o funcionário de fato do usurpador da função pública".

Desse negócio jurídico de legitimação, prescinde, por definição, a pessoa administrativa, quanto à atividade de administração pública: esta lhe é *imediata e conatural*".[707]

O ato administrativo é o gênero, de que o contrato administrativo é a espécie, ambos, pois, *in genere*, são atos administrativos.[708]

---

705. Idem, ibidem, pp. 148-49.

706. Idem, ibidem, p. 151.

707. Idem, ibidem, p. 159 (grifou-se).

708. Idem, ibidem, p. 172.

No ato administrativo, quase sempre, estão presentes *duas* relações jurídicas concomitantes, porém de natureza diversa: a *relação de administração* (no polo negativo o Estado e no polo positivo os indivíduos criadores contínuos do Estado), cuja existência é conatural à existência do Estado e, concomitantemente, uma outra relação de natureza distinta cuja existência resulta de *outro e anterior* ato (a anterioridade refere-se ao ato, não à relação de administração) administrativo unilateral (ex.: investidura do funcionário público) ou plurilateral (negócio jurídico: concessão de serviço público). Nesta segunda relação jurídica de natureza distinta, o polo positivo está ocupado pelo funcionário público (na posição de sujeito de direito ao vencimento e à aposentadoria) ou pelo concessionário (na posição de sujeito dos direitos que lhe atribui o contrato de concessão). E este outro e anterior ato administrativo unilateral ou plurilateral foi praticado *com a finalidade de obter-se a realização daquela relação de administração preexistente* (pois, imediata e conatural à existência do Estado), realização que se efetiva pela prática daquele ato administrativo (posterior ao ato administrativo unilateral em plurilateral) em que se disse estarem presentes duas relações jurídicas concomitantes, porém de natureza distinta.[709]

"A *dualidade das relações jurídicas* que podem manifestar-se pelo ato administrativo explica-nos a dificuldade notória e a variedade perturbadora que sinalam a conceituação do negócio jurídico administrativo. Quanto ao contrato administrativo, a escala das opiniões transcende da negação completa, pelo 'climax' das construções mais especiosas, à formulação pura e simples de uma doutrina do contrato, comum ao Direito Privado e ao Direito Público. Entretanto, se, no mesmo ato administrativo, se subsumem *duas ordens distintas de relações jurídicas,* nestas e não no ato, que lhes diz respeito, haverá de buscar-se a solução do problema."[710]

709. Idem, ibidem, pp. 172-80.

710. Idem, ibidem, pp. 174-75.

"O contrato administrativo não é qualificável como tal, simplesmente com qualificar-se um dos contratantes como pessoa administrativa ou com atribuir-se-lhe como finalidade mediata um interesse conexo com a atividade de administração estatal, 'un but de service public'."[711]

"*Mas o que haverá, realmente, de administrativo*, nesse contrato, qualificando-o, como contrato administrativo, será tão somente o que concemir *à relação de administração*."[712] "O que, na verdade, qualifica como tal o contrato administrativo, é a relação de administração que nele se manifesta."[713]

Em conclusão: O *Estado, imediata e conaturalmente, situa-se no polo negativo da relação jurídica de administração na posição de sujeito passivo do dever jurídico de assegurar a realização e a continuidade da atividade da administração consistente na atividade humana que, obediente a um plano ou ordem preestabelecida, se propõe à realização de um fim determinado: o bem comum autêntico ou falso.*[714]

Na relação jurídica de *administração*, o Estado figura no polo negativo e os indivíduos no polo positivo. Por outro lado, na relação jurídica de *tributação*, as posições estão invertidas: no polo negativo estão os indivíduos e no polo positivo o Estado.

Que na relação jurídica *tributária* os indivíduos ocupam o polo negativo na posição de sujeito de dever jurídico, ninguém duvida e a doutrina é pacífica. Esta ausência de dúvidas decorre da circunstância de, na relação jurídica tributária, o conteúdo jurídico ser, normalmente, pleno; no polo positivo: direito,

711. Idem, ibidem, p. 176.

712. Idem, ibidem, p. 178.

713. Idem, ibidem, p. 177.

714. Idem, ibidem, pp. 139-80, especialmente pp. 151 e 179.

Jean Dabin demonstra que há um autêntico direito subjetivo do indivíduo perante o Estado no tocante à participação no bem comum, ver *Le Droit Subjectif*, Paris, 1952, pp. 208-10. Sobre a autenticidade ou falsidade do bem comum, ver nosso nº 49.

pretensão, coação (ação de direito material); e, no polo negativo, os correlativos dever, obrigação e sujeição. Esta plenitude de conteúdo jurídico como ocorrência normal na relação jurídica tributária faz com que a maioria dos juristas, ao tratarem da relação jurídica tributária, resolvam os problemas de sua realização (pela prestação do tributo) sem se darem conta daquela tripartição vertical de seu conteúdo jurídico.

Ao contrário do que sucede com a relação jurídica de tributação, a relação jurídica de *administração* surge, raramente, com conteúdo jurídico pleno. O *normal é a relação jurídica de administração oferecer conteúdo jurídico mínimo: apenas o direito e o correlativo dever, faltando a pretensão e a correlativa obrigação, a coação (ação de direito material) e a correlativa sujeição.* O esquecimento da fenomenologia da tripartição vertical do conteúdo jurídico da relação jurídica é a principal causa da dificuldade em se admitir os indivíduos no polo positivo da relação jurídica de *administração* na posição de sujeito de direito e o Estado no polo negativo na posição de sujeito de dever jurídico.

A pretensão e correlativa obrigação, a coação e correlativa sujeição que, normalmente, estão ausentes no conteúdo jurídico da relação de *administração*, podem, algumas vezes, surgirem adicionadas àquele conteúdo mínimo de direito e dever, de modo que a relação jurídica administrativa, por exceção, apresenta-se com conteúdo jurídico pleno. *Esta plenitude de conteúdo jurídico da relação jurídica de administração ocorre em todos os casos em que o Direito Positivo de cada país admite a autêntica ação popular.*[715]

715. As modernas investigações sobre a ação popular denunciam que muitos autores qualificam impropriamente de "popular", ações cuja natureza não é a da verdadeira-ação popular Os recentes estudos concluem que, na ação popular autêntica, o autor (qualquer indivíduo do povo) não representa o Estado, nem o povo, mas exige a satisfação de um *direito próprio dele, autor, individualmente considerado*; ver *Enciclopedia del Diritto*, vol. IV, Milano, 1959, verbete: "azione popolare (in generale)", pp. 861 68.

É absolutamente indispensável o conhecimento da fenomenologia da tripartição vertical do conteúdo jurídico da relação jurídica – no polo positivo: direito, pretensão, coação (ação de direito material) e, no polo negativo, os correlativos: dever, obrigação e sujeição – porque, toda a vez que o jurista defrontar-se com relação jurídica de conteúdo mínimo (apenas direito e correlativo dever) ou de conteúdo médio (direito, pretensão e correlativos dever, obrigação), não poderá, esquecendo-se daquela fenomenologia, resolver os múltiplos problemas que nascerão daquela inadvertência.[716]

67. A conjugação da totalidade das relações tributárias com a totalidade das relações administrativas estabelece uma única e contínua relação: a relação constitucional do Estado

A natureza da relação constitucional impede, logicamente, que o Estado figure em qualquer um dos polos desta relação constitucional, *pois ele próprio é esta relação*. Demonstrou-se que no polo negativo (na condição de sujeito passivo) e no polo positivo (na condição de sujeito ativo) da relação constitucional estão situados os indivíduos que (em cada fração infinitesimal de tempo) estão continuamente criando o Estado. E também se esclareceu que não há paradoxo, nem impossibilidade metafísica, no fato do *mesmo* indivíduo assumir posição em *ambos* os polos desta relação *sui generis* que é a relação constitucional do ser social (Estado).[717]

Isto posto, pergunta-se:

Considerando-se que o conteúdo jurídico da relação constitucional (*IR* – *VIR*) é formado pelo feixe dos deveres centrípetos (*IR*) que são definidos e disciplinados pelo *Direito Tributário* e pelo feixe dos Direitos. Centrífugos (*VIR*), que são definidos e disciplinados pelo *Direito Administrativo*, e, tendo-se

716. Tripartição vertical do conteúdo jurídico da relação jurídica, ver ns. 95, 99.

717. Ver nº 52.

presente que em ambos os polos (negativo e positivo) da relação constitucional do Estado estão os *indivíduos humanos* que continuamente criam o Estado, como se explica, então, que é o *Estado* (e não aqueles indivíduos) quem assume a posição de sujeito *ativo* na relação jurídica *tributária* e a posição de sujeito *passivo* na relação jurídica *administrativa*?

Considerando-se que os deveres tributários conjugam-se com os Direitos Administrativos, compondo uma *única* relação (relação constitucional), por que, então, tradicionalmente costuma-se distinguir *duas* relações jurídicas: as tributárias e as administrativas?

A relação constitucional do Estado consiste numa *única e contínua* relação jurídica; entretanto, é costume aceitar-se a relação jurídica tributária e a relação jurídica administrativa como *duas* relações jurídicas de existência distinta, porque tradicionalmente:

a) ou *aceita-se* a existência do Estado, como uma presença ontológica tão óbvia que a investigação e análise de sua consistência seria pura perda de tempo;

b) ou *nega-se* a existência real do Estado, mas toma-se o Estado apenas como um postulado lógico (isto é, como proposição nem evidente, nem demonstrável, que se admite provisoriamente como princípio de uma teoria ou operação), para se poder falar em relações jurídicas tributárias em cujo polo positivo estaria o Estado e em relações jurídicas administrativas em cujo polo negativo estaria o Estado.

Ora, para haver relação é absolutamente necessária a existência de dois polos, de modo que é preciso que exista "*algo*" no polo positivo da relação jurídica tributária e no polo negativo da relação jurídica administrativa para se poder falar em dualidade de relações; caso contrário não existirá nem a tributária, nem a administrativa, mas haverá apenas uma única relação ou, então, nenhuma.

a) *No primeiro caso* (*aceitação da existência do Estado como coisa óbvia*): constrói-se toda uma Ciência jurídica sobre um fundamento cuja consistência não se quer indagar ou, como acontece na maioria dos autores, tem-se medo de investigar. Toda a Ciência Jurídica edificada sobre a obviedade da existência do Estado é vacilante, pois caminha sem saber onde realmente põe os pés. Os inúmeros obstáculos que surgem para denunciar as contradições são ultrapassados facilmente com o auxílio tácito de um outro fundamento "óbvio" e assim sucessivamente. Muito cômodo é o sistema dos fundamentos "óbvios".[718]

Aquele que se escandalizar com a natureza da relação constitucional, antes de procurar agredi-la com a tradicional e "óbvia" dualidade das relações jurídicas tributárias e administrativas, primeiro deverá investigar a consistência daquele Estado por ele colocado em um dos polos daquelas relações. Enquanto não puder oferecer uma resposta clara e científica, deverá adiar a agressão.

Quem disser: o Estado é o ordenamento jurídico, confundiu o efeito com a causa e põe, no polo da relação jurídica, o próprio ordenamento jurídico.

Quem argumentar: o Estado é uma pessoa jurídica, deverá, antes, elucidar o que é a pessoa jurídica. Se responder que a pessoa jurídica é uma personalidade criada pelo ordenamento jurídico, nada explicou, porque o ordenamento jurídico é obra do Estado e o que interessa saber é a consistência deste Estado que cria o seu próprio Direito Positivo. Se procurar esclarecer, dizendo que a personalidade jurídica resulta do fato de um se ter direitos jurídicos e deveres jurídicos, nada esclareceu, porque os direitos e deveres pressupõem a preexistência do ordenamento jurídico que os cria pela incidência de suas regras jurídicas.

E se entender que aqueles direitos e deveres são apenas reconhecidos ou consagrados pelo Direito Positivo, admite que

718. Sobre o sistema dos fundamentos óbvios, ver nº 3.

a existência daqueles direitos e deveres independe do Direito Positivo, sendo, portanto, direitos e deveres *naturais*; deslocou o problema para fora do campo jurídico e continua sem explicar o que é esta personalidade coletiva *natural* distinta das personalidades individuais naturais (os homens) criadoras daquela.

E se afirmar que aquela personalidade coletiva natural é uma relação natural (pois deslocou o problema para dentro do Direito Natural), deverá investigar quais as pessoas que figuram nos polos desta relação natural genética daquela personalidade (note-se: esta personalidade, sendo ela a relação, logicamente não poderá ser polo de si mesma) e ainda deverá analisar o conteúdo de direitos e deveres naturais conduzidos por esta relação. Se assim for feito, verá que suas conclusões não serão muito diferentes das expostas neste trabalho e que as divergências resultarão exclusivamente da perpétua querela entre o Direito Natural e o Direito Positivo.

Quem responder dizendo que o Estado é o "poder institucionalizado", ainda não captou a realidade e pôs no polo da relação jurídica um *enigma indecifrado*. É indispensável que explique o que é este poder e como alcança a unidade que o permite "institucionalizar-se". Verá, então, que a unidade advém de um centro único de gravidade de todo o sistema e que este *focus* é o bem comum autêntico ou falso. Reconhecerá que este *focus* não poderá ser o Estado, pois, então, sempre restaria explicar a consistência deste *focus*, que seria o Estado e a existência deste *outro* ser consistente no sistema, já que o Estado, logicamente, não poderia ser o sistema, mas apenas um elemento *(o focus)* do mesmo. E, se progredir na investigação da intimidade genética do Estado, a lógica o conduzirá, pouco a pouco, à relação constitucional do Estado.

b) *No segundo caso* (*negação da existência real do Estado*): toda Ciência Jurídica foi edificada sobre um fundamento, nem evidente e nem demonstrável, que fora aceito provisoriamente, mas que, terminada a obra, continua indecifrado.

De modo que, neste segundo caso:

a) ou se reconhece que, num dos polos da relação jurídica administrativa ou tributária, existe "algo", mas que continua indecifrável, sujeitando-se à mesma crítica feita aos que aceitaram a obviedade da existência do Estado, pois construir uma teoria sobre um fundamento "óbvio" ou indecifrável é a mesma coisa: edifica-se sobre a ignorância;

b) ou se confessa, lealmente, que se estava a falar em esquisitas "relações" jurídicas administrativas e tributárias de *um* só polo, pois negou-se a existência do Estado;

c) ou se distingue entre existência real (fáctica ou pré-jurídica) do Estado e existência jurídica, para aceitar esta e negar aquela. Noutras palavras, o Estado seria *uma ficção jurídica,* isto é, seria uma entidade criada pelo ordenamento jurídico. Não haveria uma entidade natural (pré-jurídica) que receberia a juridicização, mas sim um ser cuja existência *ab initio* seria pura e exclusivamente jurídica. Por isto, não haveria "relação" jurídica de um só polo, pois, no outro polo, situar-se-ia aquela entidade jurídica: o Estado concebido como ficção jurídica. *A análise desta terceira e última alternativa conduz, como se verá, a uma surpreendente conclusão.*

A arte de elaboração do Direito Positivo,[719] para torná-lo praticável,[720] exige, com frequência, a utilização do processo técnico da ficção jurídica. Criar uma ficção jurídica consiste nisto: aquilo que certamente ou provavelmente *não* é, o Direito Positivo faz com que passe a *ser* (entidade) no mundo jurídico, não admitindo, no plano jurídico, prova em contrário.[721]

Ora, a ficção jurídica é obra do Direito Positivo e este é produto do Estado. Logo, há *dois* Estados. O Estado-Ficção

---

719. Construir o Direito Positivo é atividade genuinamente artística; ver nº 20.

720. Sobre a praticabilidade do Direito Positivo, ver nº 21.

721. Na presunção *juris et de jure* ocorre o inverso da ficção; nesta o que provavelmente *não* é, passa a ser; naquela o que provavelmente *é,* fica sendo; para o esclarecimento desta distinção, ver nº 135.

Jurídica consistente numa *entidade puramente jurídica* criada pelo Direito Positivo e o Estado-Realidade Natural que é o criador do Direito Positivo e, em consequência, também o criador daquele Estado-Ficção Jurídica.

O *Estado-Ficção Jurídica* é a entidade puramente jurídica que figura no polo positivo da relação jurídica tributária e no polo negativo da relação jurídica administrativa.

O *Estado-Realidade Natural* é o ser social consistente na conjugação do feixe dos deveres tributários com o feixe dos Direitos Administrativos compondo uma única e contínua relação: a relação constitucional do Estado.

Como já foi demonstrado, a relação constitucional é *ab initio natural.* O feixe dos deveres e direitos, que formam o conteúdo da relação constitucional, são *ab initio* naturais (de Direito Natural).[722] O ser social, tomando consciência de sua existência natural, cria regras de conduta obrigatória (regras jurídicas) para garantir sua *sobrevivência.*[723] A partir deste momento, o conteúdo da relação constitucional *passou a ser jurídico*: deveres tributários e direitos administrativos.

Logicamente, não pode haver direito sem correlativo dever e vice-versa. Também na relação constitucional isto ocorre: os deveres tributários têm como correlativos os direitos administrativos. Porém, esta correlação não deve ser captada com a mesma atitude mental com que o jurista habituou-se a tomar a correlação entre os direitos e deveres que formam o conteúdo da relação jurídica que se estabelece num *negócio jurídico.* Deve-se fazer um esforço para se afastar estes reflexos mentais provocados pelo hábito de analisar a relação jurídica no negócio jurídico.

O indivíduo situado no polo da relação constitucional não tem direitos administrativos porque satisfaz deveres tributários.

---

722. Ver nº 53

723. Ver nº 59.

A correlação entre ambos não é de causa e nem é de contraprestação. Ambos (direitos administrativos e deveres tributários) são *efeitos* (efeitos jurídicos ou eficácia jurídica) que surgem como conteúdo jurídico de relação jurídica *única e contínua*, em cujo polo positivo e negativo a incidência das regras jurídicas administrativas e tributárias estão, *continuamente*, colocando todos os indivíduos que (em cada fração infinitesimal de tempo) são os criadores do Estado, vinculando todos a um e cada um a todos.[724]

Na relação constitucional jurídica a correlação entre os deveres tributários e os direitos administrativos é regida pelo princípio da igualdade *geométrica*. Em todas as demais relações jurídicas, a correlação entre os seus respectivos deveres e direitos é regida pelo princípio da igualdade *aritmética*. Por isto, foi demonstrado que na relação constitucional haverá, *sempre e necessariamente*, uma aritmética *desigualdade* entre o montante dos tributos (deveres tributários) pagos por um indivíduo e o montante de sua participação na partilha do bem comum (direitos administrativos).[725]

O princípio da igualdade geométrica torna extremamente complexa a disciplina (sistema formado por regras de conduta) referente ao nascimento, vida e extinção dos deveres tributários e direitos administrativos que formam o conteúdo da relação constitucional. *A fim de conferir praticabilidade ao Direito Positivo*[726] *que disciplina o conteúdo da relação constitucional, ela (a realidade do Estado consiste na própria relação constitucional), visando assegurar sua própria continuação e realização, cria uma disciplina jurídica*[727] *para que os deveres*

724. Ver ns. 65-66.

725. Ver nº 56.

726. A regra de Direito Positivo humanamente impraticável não tem juridicidade; ver nº 21.

727. Para se compreender a fenomenologia de a relação constitucional criar regras que assegurem sua continuidade e realização, é preciso, preliminarmente, saber o que é o poder e a consciência social; ver ns. 54, 57.

tributários nasçam, vivam e se extingam, com independência jurídica, do nascimento, vida e extinção dos direitos administrativos e vice-versa. Ora, tal independência jurídica só é, logicamente possível, mediante a criação de *duas* relações jurídicas: a tributária e a administrativa.

Para criar esta dualidade de relações é indispensável que antes exista *algo* que possa figurar no polo positivo da relação tributária e no polo negativo da relação administrativa. Por este motivo, a relação constitucional (Estado-Realidade Natural), *antes* de criar as regras jurídicas tributárias e as administrativas que garantirão a sua continuação e realização, *primeiro* cria *uma ficção jurídica;* dá existência a uma *entidade puramente jurídica* (que não existia *ab initio* no plano pré-jurídico) que possa figurar no polo positivo das futuras relações jurídicas tributárias e no polo negativo das futuras relações jurídicas administrativas. O *Estado, que figura no polo positivo da relação jurídica tributária e no polo negativo da relação jurídica administrativa, é esta ficção jurídica.*

As relações jurídicas tributárias existem, as administrativas também, e aquela ficção jurídica é um ser (entidade) jurídico existente. Porém, quando se busca a realidade do ser criador das existências jurídicas – o Estado-Realidade Natural (fáctica) – então, não se deve buscar o polo positivo das relações jurídicas tributárias (ou negativo das administrativas), porque ali, fatalmente, encontrar-se-á uma realidade que não é a realidade que se busca; um "Estado" que não é o Estado.

O *feixe das relações jurídicas tributárias* (dos indivíduos que continuamente estão criando o Estado) *conjuga-se com o feixe das relações jurídicas administrativas* (daqueles indivíduos), compondo uma *única* relação: a relação constitucional do Estado. A conjugação da totalidade das relações tributárias com a totalidade das relações administrativas compõe uma *única e contínua* relação: a *relação constitucional.* A realidade do Estado consiste nesta própria *conjugação.* O Estado é uma realidade, porém não uma realidade que, uma vez criada, passaria a ter sua existência independente da existência de seus criadores; na verdade o Estado existe *nos atos e pelos atos* dos indivíduos que o estão, continuamente, criando.[728] Por isto o Estado existe no dinamismo da Receita conjugado com o dinamismo da despesa; o Estado é a realização contínua da Receita e despesa. *Em síntese*: *a realidade da existência do Estado* (*o dado ontológico*) *consiste naquele IR* (*Receita: deveres centrípetos conduzidos pelo feixe das relações jurídicas tributárias*) *convergente para o bem comum e naquele VIR* (*despesa: direitos centrífugos conduzidos pelo feixe das relações jurídicas administrativas*) *irradiante do bem comum e que, conjugados, compõem a Relação Constitucional do Estado.*

Um dos mais eruditos e agudos investigadores da consistência ontológica da pessoa jurídica e da especificidade da relação jurídica administrativa, Ruy Cirne Lima, Professor Catedrático de Direito Administrativo na Universidade do Rio Grande do Sul, buscando a realidade da pessoa jurídica (inclusive a estatal), encontrou uma relação[729] e, analisando a especificidade da relação jurídica administrativa, pressentiu que esta (relação jurídica administrativa) "de alguma forma" *conatural e imediata* suscita e chama à existência aquela (relação constitucional do Estado).

Referindo-se ao Estado e às demais pessoas administrativas, escreve Ruy Cirne Lima: "As pessoas *administrativas*, já dissemos, são pessoas jurídicas, e as pessoas jurídicas, pode dizer-se que são, *de alguma forma*; *chamadas à existência pela relação de administração*, que, *ob personam* ou *ob rem*, vem a estabelecer-se entre uma coletividade de pessoas e uma finalidade dada. A relação de administração, assim estabelecida, exige o concurso daquela coletividade de pessoas *quoad actionem* para a consecução do fim que se lhe propõe. Em tal hipótese, *a unidade da ação*, malgrado a pluralidade dos agentes, *é um dado ontológico*. A unidade da ação constitui, neste caso, o

728. Ver nº 48.

729. Ruy Cirne Lima, *Preparação à dogmática jurídica*, 2ª ed., Porto Alegre, 1958, p. 181 e ss.

princípio pelo qual se produz o ato (*principium quo*, segundo o vocabulário escolástico), o instrumento ou órgão que lhe é causa, não, sem dúvida, *per modum agentis, sed per modum exercitii.*

A ação, portanto, em que a relação de administração se concretiza, quando o sujeito desta é uma pluralidade de pessoas, reclama, destarte, quase ontologicamente, a postulação de uma relação unificadora "quoad actionem", daquela pluralidade. E essa relação, organizada para a ação, enquanto relação jurídica, também exigida e regida pelo direito, *é a pessoa jurídica.* Pode, pois, dizer-se, na verdade, que a *relação de administração de alguma forma suscita e chama à existência a pessoa jurídica*, 'per quem... quod commu-niter agi fierique oporteat, agatur, fiat'".

Não admira, consequentemente, que entre a pessoa jurídica e a atividade de administração que lhe é própria, se assinale uma adaptação completa, uma adequação específica.

Certo, as pessoas jurídicas não adscrevem toda a sua atividade aos limites da administração: mas, nem por isso, deixam de ser a *administração*, voltada inteiramente para a persecução do fim que se propõem, *a grande força que as faz transcender do inorgânico ao orgânico, da comunidade à personalidade.*[730]

68. Eficácia jurídica do orçamento público

Viu-se que o feixe das relações tributárias conjuga-se com o feixe das relações administrativas, compondo uma *única* relação: a relação constitucional do Estado, de modo que a realidade do Estado, em síntese, consiste na própria *conjugação* da totalidade das relações tributárias com a totalidade das relações administrativas.[731]

730. Idem, ibidem, pp. 157-158 (grifou-se).

731. Ver nº 67.

Esta conjugação dá-se pela lei que aprova o orçamento público. *A incidência da regra jurídica orçamentária*, vinculando a totalidade das relações tributárias com a totalidade das relações administrativas, *estabelece uma única relação jurídica:* a relação constitucional jurídica do Estado que existirá por um tempo *determinado* (o período orçamentário).[732]

A *continuidade* (dentro do período orçamentário) e a *realização* da relação constitucional é assegurada pela incidência das regras jurídicas tributárias e administrativas, estabelecendo continuamente relações jurídicas tributárias e relações jurídicas administrativas.[733]

Expirando-se o período orçamentário (tempo de duração da relação constitucional jurídica) e faltando a incidência de nova regra jurídica orçamentária, as regras jurídicas tributárias e administrativas *deixam de incidir pela* pura e simples razão de *não mais existir relação jurídica constitucional* cuja continuidade e realização devam assegurar.

Esta fenomenologia foi pressentida, com intuição e argúcia, por GUSTAVO INGROSSO, que concluiu ser a regra jurídica aprovadora do orçamento: "um instrumento jurídico *necessário para atuação* das leis que estabelecem *receitas* e daquelas que autorizam *despesas*. E é uma *relação de instrumentalismo entre leis e leis* que não se reencontra em nenhuma outra categoria de Direito Público ou de Direito Privado".[734]

E o motivo da função instrumental da *lei orçamentária* estabelecendo uma relação entre as leis *tributárias* e as leis *administrativas*, prossegue GUSTAVO INGROSSO: "reside na regra da destinação global das receitas às despesas, que se exprimem

---

732. Ver ns. 65-67.

733. Ver ns. 65-67.

734. G. *Ingrosso, Diritto Finanziario*, 2ª ed., Napoli, 1956, nº 86, pp. 57-58 (grifou-se).

na equação entre estas e aquelas. O balanço está integralmente *nesta equação*: nela está a razão de sua necessidade, que é de Direito *Constitucional*".[735]

"Tanto umas (regras jurídicas tributárias) quanto as outras (regras jurídicas administrativas), portanto, *desde o momento em que são postas em atuação*, são idôneas para alcançar o seu respectivo objetivo, que é, pois, recíproco, as receitas servindo para obter os fundos para a realização das despesas, estas tendo nas primeiras (as receitas) os meios de sua própria atuação, e isto dentro de uma igual ação recíproca de tempo e limites. O *ponto de união* destas finalidades recíprocas, isto é, a destinação concreta da receita à realização da despesa, é *obtido em virtude da lei orçamentária em uma determinada fração de tempo que é exatamente um dos ciclos, nos quais reparte-se a atividade do Estado*".[736]

O estabelecimento de uma única relação jurídica (relação constitucional) pela vinculação da totalidade das relações jurídicas tributárias com a totalidade das relações jurídicas administrativas é o *único e genuíno efeito jurídico* decorrente da incidência da regra jurídica orçamentária.

Todos os demais efeitos jurídicos (imutabilidade, durante o período a que se refere o orçamento, qualitativa e quantitativa da Receita no tocante às espécies de tributos e respectivas alíquotas, bem como a imutabilidade da despesa no tocante ao montante e destinação das verbas; etc.) *são efeitos jurídicos decorrentes da incidência de outras regras jurídicas* (e não da regra jurídica que aprova o orçamento); regras jurídicas outras de natureza *tributária ou administrativa* (*constitucionais*, apenas sob o critério classificador do *órgão* criador da lei; no caso: assembleia constituinte).[737]

735. Idem, ibidem, nº 88, p. 59 (grifou-se).

736. Idem, ibidem (grifou-se).

737. O que acabou de ser dito será facilmente compreendido, conhecendo-se: "Critério para classificação da natureza das regras jurídicas", ver nosso nº 69.

Também os tradicionais "*princípios básicos orçamentárias*", por exemplo: o da anualidade, o do equilíbrio financeiro, o da unidade, o da universalidade, etc.; *quando tem força jurídica, tem-na porque foram formulados por outras regras jurídicas de natureza tributária ou administrativa* e não porque estariam imanentes como especificidades da natureza da regra jurídica (lei orçamentária) que aprova o orçamento público. Aliás, todos estes princípios "clássicos" orçamentários estão, hoje, obsoletos. O instrumental jurídico que foi construído, tomando-se aqueles "cânones tradicionais" como matéria-prima, encontra-se em ruínas; converteu-se num monumento histórico mutilado cuja eficácia jurídica é residual. Necessária se faz radical modificação na estrutura jurídica clássica do orçamento, *porém esta modificação não pode jamais consistir na renúncia ao jurídico, mas sim na construção de novo instrumental jurídico que substitua o "clássico", hoje, impraticável.*[738]

A lei orçamentária pode alterar, revogar e criar leis tributárias e administrativas?

Na fórmula literal legislativa que está aprovando o orçamento e, simultaneamente, criando (ou elevando, ou revogando) um tributo, é preciso distinguir a pluralidade das regras jurídicas nela contidas. Nesta fórmula literal legislativa existem duas regras jurídicas: a regra jurídica de natureza *orçamentária* cuja genuína e única eficácia jurídica foi acima exposta, e também existe *outra* regra jurídica, esta segunda de natureza *tributária* (a que está criando ou elevando ou revogando um tributo). A eficácia jurídica ou juridicidade desta segunda regra jurídica está condicionada às regras jurídicas que disciplinam a *criação* de regras jurídicas tributárias e que poderão determinar a invalidade daquela regra de natureza tributária.[739]

"Subordinação do Estado às próprias regras jurídicas e divisão do Poder. Competência de Órgãos e inconstitucionalidades de Atos. Antinomia de Regras", ver nosso nº 60.

"Autonomia de qualquer ramo do direito é problema falso", ver nosso nº 9.

738. Ver ns. 61-63.

739. Ver ns. 31, 60.

Capítulo IV

CONCEITUAÇÃO DO DIREITO TRIBUTÁRIO

§ 1º NATUREZA DA REGRA JURÍDICA TRIBUTÁRIA

69. Critério para classificação da natureza das regras jurídicas

Antes de se conceituar a regra jurídica constitucional, a tributária e a administrativa, deve-se afastar todos os equívocos e nebulosidades que a apregoada "autonomia" deste ou daquele ramo do direito contaminou a Ciência Jurídica.[740]

A classificação da regra nesta ou naquela categoria resulta do *critério* da classificação. A classificação das regras jurídicas pode ser feita:

a) ou pelo critério da natureza do órgão que, no exercício do poder, criou a regra jurídica;

b) ou pelo critério da específica natureza dos *efeitos jurídicos* (eficácia jurídica) resultantes da incidência da regra jurídica.

Desde logo poderia ser objetado que a natureza da regra jurídica dependeria da natureza do órgão que a criou e, por conseguinte, classificar a regra jurídica segundo sua natureza

---

740. Ver nº 9.

seria, em última análise, classificá-la segundo a natureza do órgão. Para demonstrar-se a falsidade desta objeção, basta considerar-se que existem regras jurídicas de natureza distinta (ex.: civil, comercial, penal) criadas pelo mesmo órgão.

Outra objeção alegaria que a natureza da regra jurídica resultaria da natureza da relação social *pré-jurídica* por ela disciplinada; por exemplo: relação comercial de natureza econômico-social. Antes de se demonstrar a improcedência desta objeção, note-se que ela se refere à relação social *pré-jurídica*, pois dizer que a regra jurídica comercial seria a regra jurídica que disciplinasse as relações comerciais *jurídicas*, consiste numa petição de princípio: toma-se como princípio de argumento precisamente aquilo que se quer demonstrar. A improcedência desta objeção é demonstrada por dois fundamentos:

Primeiro fundamento: não existem apenas relações comerciais pré-jurídicas que recebem a juridicização da regra jurídica; também existem muitas relações *comerciais jurídicas* criadas pela regra jurídica cuja natureza se investiga e que *antes* não existiam como relação comercial pré-jurídica.[741]

Segundo fundamento: uma relação de natureza, por exemplo, comercial pré-jurídica, pode estar disciplinada (constituir hipótese de incidência, "fato gerador", suporte factíco, "fattispecie") por uma regra jurídica cuja incidência irradia relação jurídica comercial e por *outra* regra jurídica cuja incidência irradia relação jurídica tributária. A natureza jurídica comercial da primeira regra e a tributária da segunda regra é determinada (não pela natureza da relação social pré-jurídica, pois esta, em ambas as hipóteses, é a mesma, comercial), porém pela natureza dos *efeitos jurídicos* (eficácia jurídica) resultantes da incidência daquelas regras jurídicas.

A doutrina tradicional, classificando os ramos do Direito Positivo, utiliza inadvertidamente *ambos* os critérios: para o Direito Constitucional toma o critério da natureza do órgão

741. Ver nº 94.

(assembleia constituinte) e para os demais ramos (civil, comercial, penal, etc.) serve-se do critério da natureza dos efeitos jurídicos.

A natureza do órgão criador apenas determina-o *gênero* (a juridicidade) da regra: *regra jurídica* (constitucional) ou regra sem juridicidade (inconstitucional).[742] A *espécie* (civil, comercial, tributária, administrativa, etc.) tem de se buscar, como se viu, na natureza dos efeitos jurídicos.

Na Constituição, todas as regras são *a priori* jurídicas (constitucionais no sentido: gênero), mas de múltipla natureza: civis, comerciais, administrativas, tributárias, etc., e, *inclusive*, *constitucionais* (no sentido: espécie). A regra jurídica de natureza comercial ou tributário da Constituição prevalece sobre as demais regras jurídicas comerciais ou tributárias posteriormente criadas por outros órgãos (ex.: Estado Federado, Município), determinando-lhes a falta de juridicidade (inconstitucionalidade), não pelo choque da natureza da regra, mas sim pelo conflito entre dois *órgãos* legislativos de diferente *hierarquia*.[743]

E note-se que, para se concluir sobre a existência ou inexistência deste conflito, é indispensável *antes* se investigar a natureza dos efeitos jurídicos irradiados pela incidência (efetiva ou suposta) de cada regra. Noutras palavras, primeiro deve ser encontrada a exata natureza jurídica (comercial ou tributária, etc.) daquela regra criada pela assembleia constituinte e daquela regra criada pelo Estado Federado ou pelo Município.

70. Conceituação do Direito Tributário, Administrativo e Constitucional

A conceituação do Direito Tributário, do Direito Administrativo e do Direito Constitucional não é uma premissa dogmaticamente imposta e sobre a qual se ergueria a teoria

742. Ver nº 60.

743. Ver nº 60.

geral do Direito Tributário, porém é a *conclusão* à qual chega todo aquele que, constatando a demência jurídica tributária[744] e estudando sua terapêutica pela reeducação da atitude mental jurídica tributária,[745] investigou e analisou a embriogenia do Estado,[746] a fonte do Direito[747] e a natureza jurídica do orçamento público.[748]

Quem preferir caminho diferente, defrontar-se-á com múltiplos problemas jurídicos e não os poderá resolver; apenas conseguirá apaziguar as suas dúvidas, embriagando-se com ilogismos eruditos dissolvidos no remoinho da retórica e utilizando o estupidificante, aliás, muito cômodo, dos fundamentos "óbvios".

Dos fatos sociais nascem as relações entre os indivíduos humanos. Nestas relações está o conflito de interesses que torna necessária a criação do Direito Positivo (regras jurídicas),[749] que servirá de instrumento disciplinador daquelas relações,[750], transfigurando-as em jurídicas e, inclusive, criando relações jurídicas que antes não existiam nem como relações naturais (fácticas).[751]

A fim de se estabelecer a disciplina jurídica de *uma* só relação social, é muito raro que para isto seja suficiente uma só regra jurídica.[752] Por sua vez, as relações sociais são extremamente numerosas e aumentam à medida que a civili-

---

744. Ver ns. 1-9.

745. Ver ns. 10-45.

746. Ver ns. 46-58.

747. Ver ns. 59-60.

748. Ver ns. 61-68.

749. F. Carnelutti, *Teoria General del Derecho*, Madrid, 1955 (trad. da 3ª ed. italiana, Roma, 1951), pp. 13-41, especialmente p. 30; E. Weil, *Philosophie Politique*, Paris, 1956, p. 82; F. Sáinz de Bujanda, *Revista de Derecho Financiero y de Hacienda Pública*, vol. 29, Madrid, ano 1958, pp. 255-56. Para a análise da gênese e utilidade do Direito Positivo, ver nosso nº 6.

750. Ver nº 19.

751. Ver nº 94.

752. P. Roubier, *Théorie Générale du Droit*, 2ª ed., Paris, 1951, p. 15.

zação evolui. Esta crescente multiplicidade de relações conduz – natural e necessariamente – à especialização do Direito Positivo de modo que para disciplinar um grupo ou feixe de relações sociais similares ou conexas, formou-se, e continua a formar-se, um ramo ou divisão do Direito Positivo[753] que a maioria dos juristas insiste em considerá-lo "autônomo", atribuindo misteriosas virtualidades a esta "autonomia". Os estudiosos do Direito Tributário de tal modo têm usado e abusado desta palavra "autonomia", que ela se converteu no veículo barato para introduzir clandestinamente dentro da Ciência Jurídica Tributária, os erros jurídicos mais elementares.[754]

Dentre a multiplicidade das relações sociais de natureza familiar, comercial, cultural, religiosa, etc., a sociologia e a Ciência política encontraram uma relação social de natureza *sui generis* que está na origem do Estado e do Direito e é inconfundível com as demais relações. Aquelas ciências denominaram esta relação de "rapport politique".[755]

A análise desta relação social *sui generis* ("rapport politique") revelou que ela é a *relação constitucional* do Estado-Realidade Natural e que este é a única fonte do Direito.[756]

O estudo da *juridicização, continuidade e realização* da relação constitucional do Estado-Realidade Natural,[757] mostrou que sua disciplina jurídica é obtida por intermédio dá incidência de regras jurídicas que, segundo os seus diferentes efeitos jurídicos, podem ser classificadas[758] em três naturezas distintas: regras jurídicas tributárias, administrativas e constitucionais.

A *regra jurídica especificamente tributária* é a que, in-

753. J. Dabin, *Théorie Générale du Droit*, 2ª ed., Bruxelles, 1953, nº 86.

754. Ver ns. 9 e 3.

755. Ver nº47.

756. Ver ns. 46-60.

757. Ver ns. 59-60; 64-68.

758. Sobre os critérios de classificação, ver nº 69.

cidindo sobre fato lícito, assegura a continuidade e a realização da relação constitucional do Estado-Realidade Natural, porque faz uma pessoa qualquer assumir posição no polo negativo da relação constitucional, impondo-lhe um dever jurídico. *Direito Tributário* é o sistema formado pelas regras jurídicas que disciplinam o nascimento, vida e extinção daquele dever.[759]

A *regra jurídica especificamente administrativa* é a que, incidindo sobre fato lícito, assegura a continuidade e a realização da relação constitucional do Estado-Realidade Natural, porque faz uma pessoa qualquer assumir posição no polo positivo da relação constitucional, outorgando-lhe um direito jurídico. *Direito Administrativo* é o sistema formado pelas regras jurídicas que disciplinam o nascimento, vida e extinção daquele direito.[760]

A *regra jurídica especificamente constitucional* é a que, incidindo sobre a relação constitucional *natural* (pré-jurídica do Estado Realidade Natural), juridiciza-a, transfigurando-a em relação jurídica. *Direito Constitucional* é o sistema formado pelas regras jurídicas que, disciplinando a *conjugação* dos deveres tributários com os direitos administrativos, estabelecem uma *única e continua* relação jurídica: a relação constitucional

---

759. O objeto da prestação jurídica que satisfaz este dever é o tributo. *Esta conceituação do Direito Tributário fica esclarecida pelo conceito jurídico de tributo*; ver ns. 71-80.

760. A regra jurídica administrativa deve ter como hipótese de incidência um fato lícito, porque, se for ilícito, o objeto da prestação não terá natureza administrativa (ex.: serviço público), mas consistirá numa *indenização,* em síntese, numa *sanção*. Sobre a prática, pelo Estado, de atos ilícitos, embora estes lhe contrariem a finalidade, ver Ruy Cirne Lima, *Preparação à dogmática jurídica,* 2ª ed., Porto Alegre, 1958, pp. 147-148.

Sobre a subordinação do Estado às regras jurídicas por ele mesmo criadas, ver nosso nº 60.

O indivíduo está no polo *positivo* da relação jurídica administrativa; ver nosso nº 66.

jurídica do Estado-Realidade Natural.[761]

Logicamente, não pode haver, na relação jurídica, direito sem correlativo dever e vice-versa. Também na relação constitucional isto ocorre: os deveres tributários têm como correlativos os direitos administrativos. Porém, esta correlação não deve ser captada com a mesma atitude mental com que o jurista habituou-se a tomar a correlação entre os direitos e deveres que formam o conteúdo da relação jurídica que se estabelece num *negócio jurídico*. Deve-se fazer um esforço para se afastar estes reflexos mentais provocados pelo hábito de analisar a relação jurídica no negócio jurídico.

O *indivíduo situado no polo da relação constitucional não tem direitos administrativos porque satisfaz deveres tributários. A correlação entre ambos não é de causa e nem é de contraprestação*. Ambos (direitos administrativos e deveres tributários) são "*efeitos* (efeitos jurídicos ou eficácia jurídica) que surgem como conteúdo jurídico de relação *constitucional* jurídica, *única e contínua*, em cujo polo positivo e negativo a incidência das regras jurídicas administrativas e tributárias estão, *continuamente*, colocando todas as pessoas que (em cada fração infinitesimal de tempo) são os criadores do Estado-Realidade Natural, vinculando todos a um e cada um a todos".[762]

Na relação constitucional jurídica a correlação entre os deveres tributários e os direitos administrativos é regida pelo princípio da igualdade *geométrica*. Em todas as demais relações jurídicas a correlação entre os seus respectivos deveres e di-

---

761. Regra jurídica especificamente constitucional é a regra jurídica que aprova o orçamento público, ver nº 65.

Também especificamente constitucional é a regra jurídica que cria uma *ficção jurídica*, atribuindo-lhe personalidade jurídica, a fim de obter a dualidade de relações jurídicas: as tributárias e as administrativas; ver nº 67.

Em todo e qualquer Estado existem sempre e necessariamente e no mínimo dois Estados: o Estado-Realidade Natural e o Estado-Ficção Jurídica; ver nº 67.

762. Ver ns. 52 e 67.

reitos é regida pelo princípio da igualdade *aritmética*. Por isto, foi demonstrado que na relação constitucional haverá, *sempre e necessariamente*, uma aritmética *desigualdade* entre o montante dos tributos (deveres tributários) pagos por um indivíduo e o montante de sua participação na partilha do bem comum (direitos administrativos).[763]

O princípio da igualdade geométrica torna extremamente complexa a disciplina (sistema formado por regras de conduta) referente ao nascimento, vida e extinção dos deveres tributários e Direitos Administrativos que formam o conteúdo da relação constitucional. A fim de conferir *praticabilidade* ao Direito Positivo[764] que disciplina o conteúdo da relação constitucional, ela (a realidade do Estado consiste na própria relação constitucional), visando assegurar sua própria continuação e realização, cria uma disciplina jurídica[765] para que os *deveres tributários* nasçam, vivam e se extingam, *com independência jurídica*, do nascimento, vida e extinção dos *direitos administrativos* e vice-versa. Ora, tal independência jurídica só é logicamente possível mediante a criação de *duas* relações jurídicas: a tributária e a administrativa.

Para criar esta dualidade de relações é indispensável que antes exista *algo*, que possa figurar no polo positivo da relação tributária e no polo negativo da relação administrativa. Por este motivo, a relação constitucional (Estado-Realidade Natural), *antes* de criar as regras jurídicas tributárias e as administrativas que garantirão a sua continuação e realização, *primeiro* cria uma *ficção jurídica*; dá existência a uma *entidade puramente jurídica* (que não existia *ab initio* no plano

763. Ver nº 56.

764. Regra do Direito Positivo humanamente impraticável não tem juridicidade; ver nº 21.

765. Para se compreender a fenomenologia, aparentemente paradoxal, de a relação constitucional fáctica ou pré-jurídica criar regras que assegurem sua continuidade e realização, é preciso, antes, saber o que é o *poder e a consciência social*; ver ns. 54, 57-59.

pré-jurídico) que possa figurar no polo positivo das futuras relações jurídicas tributárias e no polo negativo das futuras relações jurídicas administrativas. O *"Estado" que figura no polo positivo da relação jurídica tributária e no polo negativo da relação jurídica administrativa é esta ficção jurídica.*

As relações jurídicas tributárias existem: as *administrativas também, e aquela ficção jurídica é um ser (entidade) jurídico existente. Porém, quando se busca a realidade do ser criador das existências jurídicas: o Estado-Realidade Natural (fáctica), então, não se deve buscar o polo positivo das relações jurídicas tributárias (ou o polo negativo das administrativas), porque ali, fatalmente, encontrar-se-á uma realidade que não é a realidade que se busca: um "Estado" que não é o Estado.*[766]

A realidade da existência do Estado-Realidade Natural consiste, na conjugação da totalidade das relações jurídicas tributárias com a totalidade das relações jurídicas administrativas, compondo uma *única e contínua* relação: a *relação constitucional* do Estado-Realidade Natural.[767]

§ 2º CONCEITO JURÍDICO DE TRIBUTO

71. Conceito jurídico de tributo

Realizando-se a hipótese de incidência incide sobre ela, automaticamente, a regra jurídica. A *relação jurídica* é uma consequência (efeito jurídico) daquela incidência da regra jurídica sobre a sua respectiva hipótese de incidência realizada.[768]

A regra jurídica especificamente *tributária* é a que, incidindo sobre fato lícito, irradia relação jurídica em cujo polo negativo situa-se, na posição de *sujeito passivo*, uma pessoa qualquer e em cujo polo positivo, situa-se, na posição de *sujei-*

766. Ver nº 67.

767. Ver nº 67.

768. Ver nº 81.

to ativo, um órgão estatal de função executiva e com personalidade jurídica.

A relação jurídica tributária (como, aliás, qualquer outra relação jurídica) vincula o sujeito passivo ao sujeito ativo, impondo ao sujeito passivo o *dever* de efetuar uma predeterminada *prestação* e atribuindo ao sujeito ativo o *direito* de obter a prestação.

O *tributo* é o *objeto* daquela prestação que satisfaz aquele dever.

O conceito jurídico de tributo que acima foi feito sofrerá a dissecação esclarecedora seguinte:

Hipótese de incidência, ("fato gerador", "fattispecie") tributária.[769]

Involuntariedade não é especificidade.[770]

Sujeito ativo da relação jurídica tributária.[771]

Sujeito passivo da relação jurídica tributária.[772]

Extraterritorialidade da lei tributária.[773]

Conteúdo da relação jurídica.[774]

Consistência material e jurídica do tributo.[775]

Destinação do tributo.[776]

Proporção e progressividade do tributo.[777]

769. Ver nº72.

770. Ver nº 73.

771. Ver nº 74.

772. Ver nº 75.

773. Ver nº 76.

774. Ver nº 77.

775. Ver nº 78.

776. Ver nº 79.

777. Ver nº 80.

72. Hipótese de incidência ("fato gerador", "fattispecie") tributária

A hipótese de incidência ("fato gerador", "fattispecie", "hecho imponible", suporte fáctico) não é especificidade da regra jurídica tributária.[778] A regra jurídica tributária tem estrutura lógica e atuação dinâmica *idêntica* a qualquer outra regra jurídica.[779]

A hipótese de incidência da regra jurídica tributária pode ser *qualquer* fato (ato, fato ou estado de fato), desde que seja *lícito*. Caso contrário, se for ilícito, o objeto da prestação não será tributo, mas *sanção*.[780]

Este fato lícito tanto pode ser fato econômico, como fato *jurídico*.[781]

A hipótese de incidência não é mônade. Para a composição de uma única hipótese de incidência, entram múltiplos fatos (atos, fatos, estados de fato), jurídicos e/ou não-jurídicos, que podem estar reunidos na mais diversa combinação de número e espécies.[782]

Na composição da hipótese de incidência, há um fato que desempenha a função de *núcleo* e, por exclusão, todos os demais fatos exercem a função de *elementos adjetivos*. Na hipótese de incidência tributária, o *núcleo* é o fato escolhido para base de *cálculo*.[783]

Toda e qualquer hipótese de incidência, ao realizar-se, acontece num determinado tempo e espaço. A regra jurídica ao preestabelecer os fatos que integralizarão a hipótese de

778. Ver nº 87.

779. Ver nº 81.

780. Ver ns. 162-163.

781. Ver nº 89.

782. Ver nº 89.

783. Ver nº 90.

incidência, logicamente também predeterminou as *coordenadas de tempo* e as *de lugar* para a realização da hipótese de incidência.[784]

Capacidade contributiva – A circunstância daquele fato lícito ser (ou não) um fato signo presuntivo de capacidade contributiva, assume relevância *jurídica* somente naqueles países cujo sistema jurídico contiver regra jurídica constitucional, juridicizando o "princípio da capacidade contributiva".

Exclusivamente naqueles países, o legislador tem o dever *jurídico* de escolher *para a composição da hipótese* de incidência tributária fatos que sejam signos presuntivos de renda ou capital acima do mínimo indispensável.[785]

Porém, a regra jurídica que tiver sido estruturada desta maneira tem uma atuação dinâmica *idêntica à da regra jurídica que estabelece presunção "juris et de jure"*, isto é, para ocorrer sua incidência basta a realização dos fatos signos *presuntivos* da capacidade contributiva, ainda que no caso concreto individual não exista a capacidade contributiva.[786]

Nos países onde o "princípio da capacidade contributiva" não for regra jurídica constitucional, *qualquer* fato lícito poderá integrar a composição da hipótese de incidência tributária. A justiça ou injustiça do tributo não invalida a regra jurídica tributária, pois é problema pré-jurídico de Política Fiscal.[787]

73. Involuntariedade não é especificidade

A *Doutrina Tradicional* – A antiga doutrina do Direito Tributário, ao procurar definir as especificidades do dever jurídico tributário, costumava dizer que esse dever jurídico

784. Ver nº 91.

785. Praticabilidade e alcance da regra constitucional que juridicizou o "princípio da capacidade contributiva", ver ns. 128-132.

786. Ver ns. 133-140, 787.

787. Ver nº 25.

tributário nasceria do *jus imperium*, o qual seria um atributo da soberania, em consequência, o dever tributário especificar-se-ia por ser *ex lege*. Ora, isto não é nenhuma especificidade do dever jurídico tributário, mas uma escapatória de vacuidade mental mediante o cômodo veículo do fundamento "óbvio".

O "poder tributário" não é um poder *sui generis* que teria características próprias e específicas. O "poder tributário" é pura e simplesmente uma das manifestações do *poder* estatal. Além disso, todo e qualquer dever jurídico é – sempre e necessariamente – *ex lege*, porque nasce como efeito de incidência de regra jurídica. Todo e qualquer dever jurídico é conteúdo de uma relação jurídica e esta, para existir, pressupõe a incidência de uma regra jurídica sobre a sua respectiva hipótese de incidência realizada.

A moderna doutrina do Direito Tributário, reconhecendo a falsa obviedade daquele fundamento, procura sustentar que uma das especificidades do dever jurídico tributário seria a *não-voluntariedade*. Entretanto, também aqui se equivocou, porque todo e qualquer dever jurídico é sempre e necessariamente não-voluntário, pois é conteúdo de relação jurídica e toda e qualquer relação jurídica tem por especificidade precisamente a coercibilidade.[788]

Percebendo que todo e qualquer dever jurídico é coercível (não-voluntário), alguns doutrinadores contemporâneos, numa derradeira tentativa de conservar a "não-voluntariedade" como elemento específico do dever jurídico tributário, penetraram na intimidade da embriogenia jurídica do dever tributário. Esses autores concluíram que a "não-voluntariedade" não seria especificidade do dever jurídico tributário, mas sim da *hipótese de incidência* tributária. A argumentação desenvolvida por esses autores é a seguinte:

788. Ver nº 86.

Quando o sujeito passivo praticou o ato, ou consentiu no fato, ou permaneceu no estado de fato (elementos integrantes da hipótese de incidência), não desejou o efeito jurídico tributário (dever jurídico), embora a tenha previsto (ex.: evasão fiscal mediante escolha de fato jurídico cuja tributação seja menos onerosa que o fato jurídico de outro gênero). Sua vontade neste sentido de prever ou até desejar o dever jurídico tributário foi inteiramente *neutra*, ou melhor, indiferente para a incidência da regra jurídica tributária.

Noutras palavras, na *composição* da hipótese de incidência da regra jurídica *tributária*, a vontade do sujeito passivo não entrou diretamente, mas só indiretamente, isto é, entrou porque foi elemento integrante de *outra* hipótese de incidência de *outra* regra jurídica (por ex.: civil ou comercial); hipótese de incidência que, juridicizada por aquela outra regra jurídica, participou como ato ou fato *jurídico* na composição da hipótese da regra jurídica tributária.[789]

Em algumas taxas, a vontade do contribuinte é elemento integrante da respectiva hipótese de incidência, exemplo: naquelas taxas cuja incidência está condicionada à efetiva utilização do serviço público pelo contribuinte. Entretanto, aqui, embora a vontade do contribuinte tenha entrado na composição (a utilização do serviço público fica dependendo de sua vontade) da hipótese de incidência da taxa, a natureza jurídica do tributo (taxa) independe da existência deste elemento "vontade", pois a regra jurídica poderia ter estruturado a composição da hipótese de incidência daquela mesma taxa, sem o elemento "vontade", exemplo: bastaria a existência do serviço à *disposição* do contribuinte para a *realização* da hipótese de incidência.[790]

---

789. Giampietro Borrás, *Las Tasas en Ia Hacienda Pública*, Montevideo, 1959, p. 144; Fernando Arche-Domingo, "Consideraciones sobre el Hecho Imponible", in *Revista de Derecho Financiem y de Hacienda Pública*, vol. X, Madrid, setembro 1960, nº 39, pp. 552-53.

790. Giampietro Borrás, *Las Tasas en la Hacienda Pública*, Montevideo, 1959, pp. 144-46.

CONCLUSÃO

Embora a inteligente argumentação desenvolvida por Giampietro Borrás e Fernando Arche-Domingo revele excelente acuidade jurídica no tratamento da fenomenologia jurídico-tributária, contudo, equivocaram-se. A "não-voluntariedade" não é especificidade da hipótese de incidência das regras jurídicas tributárias.

A análise científica da composição da hipótese de incidência tributária revela que, muitas vezes, a vontade é elemento integrante. Por outro lado, a análise da hipótese de incidência das regras jurídicas de *outros* ramos do Direito demonstra que a "não-voluntariedade" também caracteriza muitíssimas hipóteses de incidência não-tributárias. Basta refletir-se que, no Direito Civil, a vontade é elemento integrante da hipótese de incidência das regras jurídicas que disciplinam o chamado *negócio jurídico*;[791] entretanto, o *Direito Civil não se resume nas regras jurídicas dos negócios jurídicos*, mas nele existem numerosíssimas regras jurídicas cuja hipótese de incidência caracteriza-se pela "não-voluntariedade", isto é, não está integrada com o elemento vontade. São os denominados fatos *stricto sensu* (ex.: nascimento, morte, inundação, frutificação) que, recebendo incidência da respectiva regra jurídica, tornam-se fatos jurídicos irradiadores de relação jurídica em cujo conteúdo existe dever e direito.[792]

"Fatos jurídicos *stricto sensu* são os fatos que entram no mundo jurídico, *sem que haja*, na composição deles, *ato humano,* ainda que, antes da entrada deles no mundo jurídico, o tenha havido; e.g., nascimento, morte, idade; adjunção,

791. Pontes de Miranda, *Tratado de Direito Privado*, vol. III, Rio de Janeiro, 1954, pp. 249-53.

792. No mesmo sentido: Soares Martinez, *Estudos de Direito Financeiro – Da personalidade tributária*, vol. I, Lisboa, 1953, pp. 143-46.

mistura, confusão, produção de frutos, aluvião, aparição de ilha."[793]

"Dentre os fatos acima mencionados, *alguns são atos humanos*, ou podem ser atos humanos, como se "A" mistura, adjunta, ou confunde, ou colhe frutos, ou destrói coisas, ou retira bens móveis que guarnecem a casa alugada. Em todos, porém, *prescinde-se* da origem humana do ato; somente se lhes vê *o fato do mundo externo*, que entra no Direito, e aí produz os seus efeitos, *abstraindo-se da vontade humana* que acaso esteve à origem deles".[794]

74. Sujeito ativo da relação jurídica tributária

Fundamentos "Óbvios" – Para se chegar à conclusão científico-jurídica no tocante à pessoa que poderá figurar como sujeito *ativo* no polo de uma relação jurídica de natureza *tributária*, antes de tudo, é indispensável afastar os tradicionais fundamentos "óbvios". Estes são muito cômodos, mas conduzem sempre às afirmações puramente dogmáticas, nada resolvendo, nem explicando.

O "poder tributário" não é um poder *su i generis* que teria características próprias e específicas. O "poder tributário" é simplesmente uma manifestação do *poder* estatal.

Dizer que o sujeito ativo é aquele que tem o *jus imperium*; que este é um atributo da soberania (ou vice-versa); que, em consequência, a obrigação tributária é uma obrigação *ex lege*, nada explica.

A investigação do *jus imperium* e da "soberania" conduz sempre à seguinte conclusão: ou o autor que a está empregando ignora o seu exato significado e, portanto, está deduzindo conclusões de uma premissa que ele ignora. Ou o prosseguimento

793. Pontes de Miranda, *Tratado de Direito Privado*, vol. II, Rio de Janeiro de Janeiro, 1954, p. 160, nº 1.

794. Pontes de Miranda, *Tratado de Direito Privado*, vol. II, Rio de Janeiro de Janeiro, 1954, p. 160, nº 2.

da investigação científica do conteúdo destes dois vocábulos revelará que ambos os vocábulos exprimem a mesma coisa e que esta é, pura e simplesmente, o *Poder* estatal.

Além disso, todo e qualquer dever jurídico é sempre e necessariamente *ex lege* (isto é, efeito de incidência de regra jurídica) e a não-voluntariedade do sujeito passivo para o acontecimento dos fatos que realizam a hipótese de incidência não é especificidade da hipótese de incidência das regras jurídicas tributárias.[795]

No tocante à pessoa que pode ser o sujeito *ativo* das relações jurídicas tributárias, as conclusões tradicionais da doutrina tributária não são conclusões, mas simples e ingênuas afirmações que padecem de dupla enfermidade: vacuidade na utilização da terminologia e obviedade na apresentação dos fundamentos.

O rigorismo terminológico é condição fundamentalíssima para a *existência* de qualquer *Ciência*, porquanto este rigorismo é aquilo que confere *cientificidade* a qualquer proposição.[796]

Além disso, para não se cair no dogmatismo gratuito, nem elevar-se às levitações místicas que resultam do sistema dos fundamentos "óbvios",[797] é indispensável o exato conhecimento da *realidade Estado e do seu Poder*.

Primeiro Fundamento. Existência e Função dos Órgãos Estatais – A análise da embriogenia do Estado mostrou que o *poder* pertence ao Estado – não como um direito cujo uso lhe assiste – mas como um dos elementos essenciais aos quais ele deve sua existência. O Estado não é titular de um direito ao poder. Noutras palavras, o Estado não é titular de um direito de soberania; mas o Estado, por sua *própria natureza*, é soberano; isto é, tem poder. O poder é a *capacidade de agir* (força natural e racional) imanente ao Estado.[798]

795. Ver nº 73.

796. Ver nº 10.

797. Ver nº 3.

798. Ver nº 54.

A fonte *única* do Direito é o Estado. E este ser social cria a regra jurídica *mediante a utilização do seu poder*.[799]

É preciso não confundir o *poder* com o *órgão* que exerce o poder e com os *indivíduos humanos*, por intermédio dos quais aquele órgão exerce o poder.

A especialização das *funções* do Estado, leva-o à *divisão* do poder e esta divisão é:

a) *qualitativa*. A natureza do poder (qualidade da competência); Poder Legislativo, Poder Executivo, Poder Judiciário;

b) *quantitativa*. A extensão do poder (âmbito da competência) para legislar, para executar, para julgar.[800]

E a divisão do poder induz o Estado *à criação dos órgãos* que exercerão aquela parcela de poder que foi, qualitativa e quantitativamente, limitado.[801]

Estes órgãos, *com* ou *sem* personalidade jurídica,[802] exercem o poder – não como um direito cujo uso lhes assiste – mas como um dos elementos essenciais aos quais eles (órgãos) devem sua existência. O órgão não é titular de um "direito" ao poder. O órgão, por sua própria natureza de *órgão funcional* do ser social, tem – imediata e conaturalmente à sua existência – uma parcela de poder: aquela parcela de poder que foi delimitada (qualitativa e quantitativamente) pelas regras jurídicas que criaram o órgão e disciplinaram sua função específica. Esta parcela de poder, delimitada quantitativa e qualitativamente, é a *competência*.[803]

---

799. Ver nº 59.

800. Ver nº 60.

801. Idem, ibidem.

802. A personalidade jurídica é *efeito* de regra jurídica. Portanto, fica ao exclusivo arbítrio do legislador atribuir, ou não, a personalidade jurídica ao órgão estatal.

803. Ver nº 60.

O primeiro e fundamental órgão do ser social (Estado-Realidade Natural) é a *assembleia constituinte*. Este é o único órgão estatal que *não* é criado por regra jurídica e cuja competência (poder) é *ilimitada*, quer quantitativamente, quer qualitativamentel.[804]

Aquele primeiro órgão estatal (assembleia constituinte) cria outros órgãos, porém todos estes demais órgãos são criados por intermédio de regras jurídicas. Seu nascimento é *efeito jurídico* da incidência das regras jurídicas criadas por aquele primeiro órgão estatal (assembleia constituinte), regras jurídicas cuja regra (preceito) é precisamente o nascimento, no mundo jurídico, de um novo órgão. Todos estes novos órgãos têm competência (poder) *limitada* – quantitativa e qualitativamente – pelas regras jurídicas que os criaram.

Por sua vez, estes órgãos de segundo grau criam, dentro dos limites de suas respectivas competência, *outros* órgãos e assim sucessivamente, estabelecendo-se uma *hierarquia* vertical de órgãos, em ordem *descendente*:

a) cada órgão com menor competência (legislativa ou executiva ou judiciária) que o anterior;

b) com a juridicidade (validade) de sua *existência* condicionada à competência do anterior órgão seu criador; e

c) com a juridicidade de seus *próprios atos* (legislativos, executivos ou judiciários) condicionada à sua própria competência.

Tanto a juridicidade (validade) da *existência* do órgão, quanto a juridicidade de sua *competência*, são sempre efeitos jurídicos, isto é, *estão condicionadas à juridicidade de regra jurídica*. Explica-se:

A juridicidade (validade) da *existência* do órgão está condicionada à juridicidade da regra jurídica que lhe dá nascimento e

804. Ver nº 60.

a juridicidade desta regra jurídica está condicionada à competência do órgão anterior que foi o criador desta regra jurídica. Por sua vez, a *competência* deste anterior órgão está condicionada à juridicidade das regras jurídicas que o criaram e disciplinaram sua função. E assim sucessivamente.

Segundo Fundamento: *Multiplicidade de Órgãos Estatais* – Em todo e qualquer Estado existem sempre, necessariamente e no mínimo, dois Estados: o Estado-Realidade Natural e o Estado-Ficção Jurídica. Recorde-se:

O *Estado-Realidade Natural* é o ser social consistente na conjugação do feixe dos deveres tributários com o feixe dos deveres administrativos compondo uma única e contínua relação: a *relação constitucional* do Estado-Realidade Natural[805] O primeiro órgão funcional do Estado-Realidade Natural é a assembleia constituinte.[806]

O *Estado-Ficção Jurídica* é a entidade puramente jurídica que figura no polo positivo da relação jurídica tributária e no polo negativo da relação jurídica administrativa.[807] O *Estado-Ficção Jurídica* é um órgão *funcional* de natureza executiva e com *personalidade* jurídica. O Estado-Realidade Natural cria o Estado-Ficção Jurídica por intermédio de regra jurídica constitucional (isto é, mediante regra jurídica criada pela assembleia constituinte).[808]

a) No Estado-Realidade Natural constituído sob o *regime unitário*, o referido Estado-Ficção Jurídica é o órgão que exerce o Poder Executivo e está revestido de *personalidade jurídica*. O Poder Legislativo é exercido por um outro órgão (Congresso Nacional); entretanto este órgão não tem personalidade jurídica. O Poder Judiciário é exercido por um terceiro órgão, o qual também não tem personalidade jurídica.

805. Ver nº 67.

806. Ver nº 60.

807. Ver nº 67.

808. Ver nº 59.

É interessante observar que a parcela de poder exercida pelo órgão *legislativo* não é absoluta, pois sua competência foi delimitada – quantitativa e qualitativamente – pelas regras jurídicas da Constituição a qual sempre reserva à assembleia constituinte uma parte do Poder Legislativo.

b) No Estado-Realidade Natural, constituído sob *regime federativo*, o Estado-Ficção Jurídica é *múltiplo*, isto é, existem diversos Estados-Ficção Jurídica: União Federal, cada um dos Estados Federados, cada um dos Municípios. Todos estes órgãos exercem poder *executivo* e cada um com *personalidade jurídica*.

O Poder Legislativo e o Poder Judiciário são exercidos por órgãos sem personalidade jurídica, criados pela Constituição Federal a qual pode atribuir um órgão legislativo e um órgão judiciário a cada um daqueles Estados-Ficção Jurídica (União Federal, Estados Federados e Município).

c) Cada um daqueles órgãos de função *legislativa*, segundo o próprio critério de *conveniência política* e dentro do limite quantitativo e qualitativo de sua própria *competência*, criará mais *outros* órgãos (executivos, legislativos, judiciários), estabelecendo-se uma hierarquia vertical de órgãos, em ordem descendente:

a) cada órgão com menor competência (legislativa ou executiva ou judiciária) que o anterior;

b) cada órgão com a juridicidade (validade) de sua *existência* condicionada à competência do anterior órgão seu criador; e

c) com a juridicidade de seus *próprios atos* condicionada à sua própria competência.

CONCLUSÕES PRELIMINARES

Primeira conclusão preliminar: Tanto a validade (juridicidade) da *existência* do órgão, quanto a validade de seus *próprios atos*, estão condicionadas à *juridicidade das regras jurídicas* que criaram este órgão e delimitaram – quantitativa e qualitativamente – sua competência (sua parcela de poder).

Segunda conclusão preliminar: É impossível existir sujeito ativo sem relação jurídica em cujo polo figura este sujeito ativo. Por sua vez, a relação jurídica pressupõe necessariamente a preexistência de uma regra jurídica válida (com juridicidade), de cuja incidência irradia-se a relação jurídica e em cujo polo positivo figurará na posição de sujeito ativo aquela pessoa que tiver sido escolhida pela regra jurídica.

A validade (juridicidade) da regra jurídica pressupõe:

a) *existência* de órgão de função *legislativa*;

b) *criação* da regra jurídica *dentro* dos limites quantitativos e qualitativos da *competência* daquele órgão legislativo;

c) a *não-antinomia* da regra jurídica com outra (ou outras) regra jurídica também integrante da totalidade de um determinado sistema jurídico.

A falta de juridicidade (invalidade) da regra jurídica pode resultar de uma dessas duas causas:

a) *incompetência* do órgão criador da regra jurídica; ou

b) *antinomia* da regra jurídica com alguma ou algumas regras jurídicas que integram a totalidade do sistema jurídico.[809]

Terceira conclusão preliminar: Deve-se distinguir entre:

a) *competência* (parcela de poder limitado quantitativa e qualitativamente) para *criar* a regra jurídica tributária;

b) *efeito* resultante da incidência daquela regra jurídica. Essa regra jurídica, sendo válida, incidirá e dessa incidência se irradiará – como *efeito* – uma relação jurídica em cujo polo positivo situa-se, na posição de sujeito *ativo*, a pessoa que tiver sido predeterminada pela regra jurídica. *Note-se que "ser sujeito ativo" é efeito da incidência de regra jurídica válida.*

809. Ver nº 60.

Conclusões Afirmativas – No polo positivo de relação jurídica *tributária* podem assumir posição de sujeito *ativo* as pessoas abaixo discriminadas e desde que nelas coexistam sempre os três elementos essenciais seguintes:

a) ser órgão estatal;

b) exercer (exclusivamente ou simultaneamente) função executiva;

c) estar revestido de personalidade jurídica.[810]

Primeiro: O próprio órgão criador da regra jurídica tributária desde que, simultaneamente com a função legislativa, também exerça função executiva e esteja revestido de personalidade jurídica.

Segundo: Reunindo os três elementos supra indicados, o órgão criado pelo mesmo órgão que tiver criado o órgão de função legislativa criador da regra jurídica tributária. Exemplo: O Congresso Nacional é um órgão de função legislativa sem personalidade jurídica e a União Federal é um órgão de função executiva com personalidade jurídica. Ambos os órgãos foram criados pelo mesmo órgão: a Assembleia Constituinte.

Terceiro: Reunindo os três elementos supra indicados, o órgão que foi criado pelo mesmo órgão que criou a regra jurídica tributária. Exemplo: as autarquias.

Quarto: Reunindo os três elementos supra indicados, um órgão criado por qualquer órgão *distinto* daquele que tiver criado a regra jurídica tributária. Exemplo: a União Federal cria regra jurídica tributária, cuja regra tem como efeito a colocação do Município na posição de sujeito ativo da relação jurídica tributária. Ou então, o inverso, a criação de regra jurídica

810. A personalidade jurídica é elemento essencial porque a relação jurídica somente pode existir entre pessoa e pessoa; ver nº 93.

tributária por um Município cujo efeito é colocar a União Federal na posição de sujeito ativo da consequente relação jurídica tributária.

Aqui, frequentemente, ocorrerá a *invalidade* (falta de juridicidade) da regra jurídica tributária: ou por antinomia ou por incompetência. Porém, não existe, *a priori*, nenhum princípio lógico ou jurídico que possa fundamentar a tese de que sempre seria inválida a regra jurídica tributária que escolhesse como sujeito ativo o caso agora focalizado: a União Federal na posição de sujeito ativo em consequência de regra jurídica tributária criada por Município. E vice-versa.

Esta invalidade não é necessária e nem decorre de uma "repugnância" que seria conatural à situação em exame. A invalidade decorre, pura e simplesmente, da provável (não necessária) invalidasse da regra jurídica tributária: ou por desbordamento de competência legislativa ou por antinomia com a totalidade do sistema jurídico.

Quase sempre (note-se: não sempre e nem necessariamente), tal regra jurídica tributário será inválida por antinomia, principalmente, no Estado organizado sob o regime federativo, pois, quer no primeiro exemplo (União Federal, criando regra jurídica que impõe ao Município a posição de sujeito ativo), quer no segundo exemplo (Município, criando regra jurídica tributária que impõe à União Federal a posição de sujeito ativo), haverá uma provável *inversão* na concatenação lógico-jurídica que presidiu o movimento de expansão do Estado-Realidade Natural. Movimento de expansão que iniciou-se a partir da assembleia constituinte e mediante a criação de órgãos estatais, cada um com o exercício de uma parcela de poder, porém verticalmente hierarquizados em ordem descendente.

Conclusões Negativas – Nunca poderão ser sujeito *ativo* de relação jurídica *tributária*, nem o indivíduo humano, nem a pessoa jurídica não-estatal.

Em primeiro lugar. É preciso não confundir o *poder* com o *órgão* que exerce o poder e o *indivíduo humano* (ex.: exator fiscal, (ou pessoa jurídica não-estatal, ex.: sociedade concessionária de serviço público) por intermédio do qual aquele órgão exerce aquela parcela do poder que lhe foi atribuída e limitada – quantitativa e qualitativamente – por regra jurídica. A pessoa que figura no polo positivo da relação jurídica tributária é o *órgão estatal* e não o indivíduo humano ou a pessoa jurídica não-estatal, por intermédio do qual ele atua (exerce seu poder).

Em segundo lugar. Mesmo que seja válida a regra jurídica que colocou na posição, de sujeito ativo um indivíduo humano (ou uma pessoa jurídica não-estatal) *ainda assim*, aquele indivíduo humano (ou aquela pessoa jurídica não-estatal) não é sujeito ativo de uma relação jurídica de natureza *tributária*.

Noutras palavras, é perfeitamente possível a *validade* daquela regra jurídica. Em consequência, aquela regra jurídica incidirá e irradiará a sua relação jurídica. Esta vinculará, com igual coercibilidade, o sujeito passivo ao sujeito ativo em foco: o indivíduo humano ou a pessoa jurídica não-estatal. Entretanto, este sujeito ativo não está sendo sujeito ativo em relação jurídica *tributária*, porque esta relação jurídica, embora exista, vincule e seja respeitável como qualquer outra relação jurídica, ela não será de natureza *tributária*. As razões desta conclusão são indicadas na análise dos dois exemplos seguintes.

Primeiro exemplo. A referida regra jurídica válida impõe a posição de sujeito ativo a um indivíduo humano ou pessoa jurídica não-estatal. Mediante regras jurídicas complementares, disciplina a realização desta relação jurídica, isto é, o nascimento, vida e extinção desta relação jurídica, mediante a prestação do sujeito passivo ao sujeito ativo em foco. A seguir, o indivíduo humano (ou pessoa jurídica não-estatal), que figurou na posição de sujeito ativo na referida relação jurídica, por sua vez, é obrigado a entregar ao Estado uma parcela (ou toda) da prestação recebida ou a receber.

Ora, um momento de reflexão sobre este caso revelará que ele é *idêntico* ao caso da substituição legal tributária.

Noutras palavras, este é precisamente e exatamente o caso de substituição legal tributária. À primeira vista, pareceu diferente porque aqui examinou-se a fenomenologia da substituição legal tributária, *iniciando-se o exame pelo lado ativo* da relação jurídica. Em geral, este exame é feito começando-se pelo lado passivo. Entretanto, a distinção do *método* de investigação não altera o *objeto* da investigação. O objeto da investigação, em ambos os casos, é o mesmo: a substituição legal tributária. Aplica-se aqui tudo o que foi dito quando se examinou a fenomenologia da substituição legal tributária. A relação jurídica em foco não é de natureza tributária pelas mesmíssimas razões indicadas quando se expôs a natureza da relação jurídica entre substituto e substituído.[811]

Segundo exemplo. Inexistência daquela outra (anterior ou posterior) relação jurídica entre substituto legal tributário e Estado. Noutras palavras, o substituto recebe a prestação do substituído e nada entrega ao Estado. O substituto usa a Receita, isto é, a prestação recebida do substituído, em proveito próprio; livremente ou segundo determinada disciplina preestabelecida por regras jurídicas.

Embora, à primeira vista, não pareça, este segundo exemplo também é substituição legal tributária. *Aqui, trata-se de uma simples variante da fenomenologia da substituição legal tributária.* A inexistência de relação jurídica entre substituto e Estado não é ausência essencial na fenomenologia da substituição legal tributária.

A regra jurídica é a *solução* imposta pelo legislador a um determinado conflito de interesse. O legislador defrontava-se com a seguinte alternativa:

a) ou colocava o Estado na posição de sujeito ativo de uma relação jurídica tributária, cujo tributo teria uma *destinação determinada*, a saber, a entrega àquele indivíduo humano

---

811. Ver nº 149.

(ou pessoa jurídica não-estatal) a fim de a receita tributária ser por ele utilizada livremente ou segundo determinada disciplina legal;[812]

b) ou colocava aquele indivíduo humano (ou pessoa jurídica não-estatal) *diretamente* na posição de sujeito ativo, da relação jurídica, a fim de perceber diretamente do sujeito passivo aquilo que – no primeiro caso – receberia por intermédio do Estado.

No exemplo agora em exame, o legislador escolheu a segunda solução. Ora, estaria frustrada esta solução, se o contato entre o sujeito ativo e o Estado que fora afastado *definitivamente* pelo legislador como a melhor solução, retornasse na fase do deslinde da relação jurídica entre aquele sujeito ativo (indivíduo humano ou pessoa jurídica não-estatal) e o sujeito passivo. Este contato recusado surgiria se o referido sujeito ativo pudesse chamar em seu auxílio os meios processuais que o Direito confere para a garantia da realização das relações jurídicas de natureza *tributária*.

A solução escolhida pelo legislador no caso em foco ("b") foi afastar o Estado do polo positivo da relação jurídica. Isto é prova de que deseja *excluir* aquela relação jurídica (seu nascimento, vida e extinção) das regras jurídicas que disciplinam as relações de natureza *tributária*. A valorização dos interesses em conflito e o critério de preferência que inspiraram a solução legislativa (regra jurídica) participam da objetividade da regra jurídica, não podendo, por isso, serem reexaminados pelo intérprete a pretexto de melhor adequação à realidade econômico-social.[813]

Aliás, em todos os outros ramos do Direito existem casos em que o acontecimento de um fato ou estado de fato coloca determinada pessoa na posição de sujeito ativo de

812. A finalidade ou destinação do tributo não é elemento configurador do conceito jurídico do tributo; ver nº 79.

813. Ver nº 139.

uma determinada relação jurídica, como, por exemplo, nos casos de indenização por fato lícito; prestação de alimentos; assistência educacional ou médica a empregados. O motivo, em cada um destes casos, é diferente. Porém, este motivo é circunstância pré-jurídica. *Este motivo consiste precisamente naquele conflito de interesses que exigia uma solução a qual foi dada pela regra jurídica.*

75. Sujeito passivo da relação jurídica tributária – liberdade do legislador na escolha

As relações jurídicas são sempre pessoais, isto é, somente existem entre *pessoa e pessoa*, nunca entre pessoa e coisa.[814]

O legislador, ao estruturar a regra jurídica tributária, tem liberdade (com as duas únicas ressalvas abaixo indicadas) de escolher *qualquer* pessoa (*física ou jurídica ou estatal*) para sujeito passivo da relação jurídica tributária. Este sujeito passivo poderá ser pessoa que esteja ligada à hipótese de incidência por relação de natureza social ou geográfica ou física ou jurídica (ex.: procurador ou vendedor, etc.) e poderá até ser pessoa que *nenhuma* relação tenha com a hipótese de incidência.[815]

Note-se que a liberdade para escolher o sujeito passivo existe também no tocante às *taxas*. O sujeito passivo da taxa não precisa ser a pessoa que recebe o serviço estatal, nem a pessoa que o tem a sua disposição. Ele pode, perfeitamente (com as duas únicas ressalvas abaixo indicadas), ser *qualquer* pessoa. A natureza jurídica da taxa (como tributo distinto do imposto) resulta do núcleo (base de cálculo) de sua hipótese de incidência e não da relação (física ou econômica ou geográfica) de uma pessoa com o serviço estatal (ou coisa estatal). O serviço (ou coisa) estatal é que constitui o núcleo (base de cálculo) da hipótese de incidência da taxa.[816]

---

814. Ver nº 93.

815. Ver nº 90.

816. Ver nº 106.

Esta liberdade do legislador pode, no plano *filosófico-financeiro*, ser fonte de gritantes injustiças: entretanto a injustiça não tem influência no tocante à *validade* (juridicidade) da regra jurídica. A regra jurídica *injusta* incide e irradia efeitos jurídicos com fenomenologia jurídica idêntica à da regra jurídica justa. Os efeitos jurídicos daquela exigem a mesma respeitabilidade jurídica que os desta.[817]

Primeira conclusão – Com exceção dos casos abrangidos pela primeira ressalva adiante indicada, o sujeito passivo poderá ser qualquer pessoa física ou jurídica. Nacional ou estrangeira. Residente no país ou no estrangeiro.[818]

Segunda conclusão – Com exceção dos casos enquadrados na segunda ressalva mais adiante indicada, o sujeito passivo poderá ser qualquer órgão estatal desde que revestido de personalidade jurídica. Por ex.: podem figurar no polo negativo da relação jurídica tributária, na condição de sujeito *passivo*: a União Federal, os Estados Federados, os Municípios, as Autarquias.[819]

Primeira Ressalva – Nos países cujo sistema jurídico encontra-se integrado com regra jurídica *constitucional* que impõe o "princípio da capacidade contributiva", o legislador ordinário tem o dever *jurídico*[820] de escolher para sujeito passivo da relação jurídica tributária:

---

817. Ver nº 25.

818. Extraterritoriedade da lei tributária, ver nº 76.

819. Em sentido análogo:

Rubens Gomes de Sousa, *Compêndio de Legislação Tributária*, 3ª ed., Rio de Janeiro, 1960, nº 22, p. 73; Soares Martinez, *Estudos de Direito Financeiro – da personalidade tributária*, vol. I, Lisboa 1953, pp. 328-31; Giuliani Fonrouge, *Derecho Financiero*, vol. I, Buenos Aires, 1962, pp. 369-76; A. D. Giannini, *I Concetti Fondamentali di Diritto Tributário*, Torino, 1956, p. 233; A. Berliri, *Principi di Diritto Tributário*, vol. I, Milano, 1952, pp. 192-98; Albert Hensel, *Diritto Tributário*, Milano, 1956, (trad. italiana da 3ª ed. alemã de 1933), pp. 92-93; E. Blumenstein, *Sistema di Diritto delle lmposte*, Milano, 1954 (trad. da 2ª ed., Suíça, 1951), pp. 55-56.

820. A praticabilidade e o verdadeiro alcance da eficácia jurídica desta regra constitucional que a maioria da doutrina entende ser apenas programática, ver ns. 128-132.

a) Aquela pessoa de cuja renda ou capital, acima do mínimo indispensável, a hipótese de incidência é fato-signo presuntivo;[821]

b) Qualquer outra pessoa (substituto legal tributário), desde que lhe outorgue o direito de reembolso ou de retenção do tributo contra o substituído (contra aquela pessoa de cuja renda ou capital a hipótese de incidência é fato-signo presuntivo).[822]

Segunda Ressalva – Quando o legislador escolher para sujeito *passivo*, *um órgão estatal*, a validade (juridicidade) da regra jurídica tributária, que prescrever tal efeito jurídico, estará sempre condicionada à coexistência dos seguintes quatro pressupostos:

a) A personalidade jurídica do órgão estatal.[823]

b) Sujeito ativo *diferente* do sujeito passivo. O mesmo órgão estatal que figurar como sujeito ativo da relação jurídica tributário não poderá ser o sujeito passivo desta relação. Esta impossibilidade não é apenas jurídica (decorrente da regra jurídica que determinar a extinção do débito pela confusão numa única pessoa do credor e devedor), mas, em primeiro lugar, é uma impossibilidade lógica, pois é impossível que a mesma pessoa figure em *ambos* os polos de uma única e mesma relação jurídica. É absolutamente impossível existir relação jurídica (ou relação de qualquer outra natureza) sem que coexistam *dois* seres *distintos* a fim de tornar-se possível a *bilateralidade*. A existência de um polo diante de *outro* polo em cujo intervalo (*entre* os quais) nasce a relação.[824]

---

821. Ver ns. 133-134; 132.

822. Ver ns. 141, 145-146.

823. O órgão estatal deverá estar revestido de personalidade jurídica porque toda e qualquer relação jurídica é exclusivamente entre pessoa e pessoa; ver nº 93.

824. Conceito de relação de qualquer natureza, ver nº 50.

c) Competência (quantitativa e qualitativa) do órgão estatal para criar aquela determinada regra jurídico-tributária que colocou um órgão estatal na posição de sujeito passivo.

d) Não-antinomia desta regra jurídica com a totalidade do sistema jurídico.[825]

Frequentemente (note-se: não sempre e nem necessariamente), tal regra jurídica tributário será inválida por antinomia, no Estado organizado sob o regime federativo, pois, quer num caso (União Federal, criando regra jurídica que impõe ao Município a posição de sujeito passivo), quer em outro caso (Município, criando regra jurídica tributária que impõe a União Federal a posição de sujeito passivo), haverá uma provável *inversão* na concatenação lógico-jurídica que presidiu o movimento de expansão do Estado-Realidade Natural. Movimento de expansão que se iniciou a partir da assembleia constituinte e mediante a criação de órgãos estatais, cada um com o exercício de uma parcela de poder, porém verticalmente hierarquizados em ordem descendente.

76. Extraterritorialidade da lei tributária

A doutrina tradicional costuma aceitar como fundamento "óbvio" a tese da territorialidade da lei tributária, isto é, a lei tributária teria sua eficácia jurídica limitada a um determinado território. Entretanto, a realidade contemporânea demonstrou a falsidade desta tese.

A evolução do Direito Tributário em todos os países; a criação dos mercados comuns e das zonas de livre comércio; a tributação de bens existentes no estrangeiro pelo imposto de transmissão *causa mortis*; os problemas, no plano internacional, da dupla imposição pelo imposto de renda, despertaram a atenção dos modernos doutrinadores para a falsa "obviedade" do fundamento da territorialidade da lei tributária.

825. Cânone hermenêutico da totalidade do sistema jurídico, ver nº 31.

A crescente multiplicidade desses problemas tributários de natureza internacional estão induzindo a doutrina a aprofundar a investigação e a análise do fenômeno da eficácia jurídica da lei tributária no *espaço*, de modo que, hoje, já existem doutrinadores que, recusando a obviedade do fundamento da territorialidade da lei tributária, admitem, em diversos casos, a *extraterritorialidade* da lei tributária.[826] Todavia, a moderna doutrina reconhece que este problema continua insuficientemente analisado no plano jurídico.[827]

Na verdade, a lei tributária, como qualquer outra lei, tem *sempre* eficácia jurídica *extraterritorial*. A compreensão do que acaba de ser dito pressupõe o conhecimento científico dos seguintes fenômenos jurídicos:

a) incidência da regra jurídica;[828]

b) infalibilidade (automatismo) da incidência e respeitabilidade dos efeitos jurídicos;[829]

c) juridicidade, coercibilidade, coação e sanção.[830]

Tendo-se bem presente a fenomenologia jurídica acima apontada, compreender-se-á, sem dificuldade, que a "territorialidade" da lei tributária não é um princípio metafísico, nem lógico, nem jurídico (salvo quando preestabelecido por lei), mas simplesmente um fato post-jurídico: a *respeitabilidade* a uma eficácia jurídica (ex.: relação jurídica tributária) *existente*. Deve-se distinguir o momento *jurídico* do momento *político*.

---

826. Giuliani Fonrouge, *Derecho Financiero*, vol. I, Buenos Aires, 1962, pp. 85-87; 310-27; Fernando Sáinz de Bujanda, *Hacienda y Derecho*, vol. II, Madrid, 1962, pp. 179 e ss.; A. D. Giannini. *I Cancetti Fondamentali di Diritto Tributario*, Torino, 1956, pp. 51-53; A. Berliri, *Principi di Diritto Tributario*, vol. I, Milano, 1952, pp. 103-5; Vitor Uckmar, *La Tassazione degli Stranieri in Italia*, Padova, 1955, pp. 93-102.

827. A. D. Giannini, *I Concetti Fondamentali di Diritto Tributario*, Torino, 1956, p. 51, nº 20.

828. Ver nº 84.

829. Ver nº 85.

830. Ver nº 86.

Momento jurídico:

a) Criação de regra jurídica. A sua validade está condicionada à competência do órgão estatal seu criador e à não-antinomia com a totalidade do sistema jurídico daquele determinado Estado (país) que tem, como órgão funcional, o órgão criador da regra jurídica;

b) incidência infalível (automática) da regra jurídica tão logo se realize, no mundo total, a sua hipótese de incidência;

c) irradiação da eficácia (efeitos jurídicos); exemplo: relação jurídica tributária e seu conteúdo jurídico. Esta irradiação é uma consequência imediata e lógica da incidência da regra jurídica.[831]

Momento político:

A respeitabilidade àquela eficácia (efeitos) jurídica que se tornou *existente* no momento jurídico. A existência daquela eficácia jurídica *independe* do conhecimento ou da vontade do sujeito passivo (e também do sujeito ativo) da relação jurídica. Entretanto, a respeitabilidade à eficácia está condicionada, *naturalmente* (condicionamento factíco), a este conhecimento ou vontade, de modo que a efetivação da respeitabilidade (havendo ignorância ou má vontade) somente é alcançada mediante o *exercício* da coação e esta é a manifestação *física* do poder do Estado criador da regra jurídica.

Portanto, o problema da territorialidade ou extraterritorialidade da lei tributária é um problema de *política fiscal* e não um problema de fenomenologia jurídica.

CONCLUSÕES

Tomando-se como premissas o que acima foi exposto, conclui-se que será perfeitamente válida (salvo quando existir

831. Ver ns. 81, 92.

lei dispondo o contrário), a regra jurídica que tiver escolhido o *lugar* de realização de hipótese de incidência e os *sujeitos passivos* a seguir indicados:

Aa) Realização da hipótese de incidência dentro do território nacional e sujeito passivo nacional residente no país.

Ab) Idem, porém residente no estrangeiro.

Ac) Realização de hipótese de incidência no estrangeiro e sujeito passivo nacional residente no território nacional.

Ad) Realização de hipótese de incidência no território estrangeiro e sujeito passivo nacional residente no estrangeiro.

Ba) Realização da hipótese de incidência dentro do território nacional e sujeito passivo estrangeiro residente no território nacional.

Bb) Idem, porém residente no estrangeiro.

Bc) Realização da hipótese de incidência fora do território nacional e sujeito passivo estrangeiro residente dentro do território nacional.

Bd) Realização da hipótese de incidência fora do território nacional e sujeito passivo estrangeiro residente no estrangeiro.

77. Conteúdo da Relação Jurídica Tributária

Os efeitos jurídicos (eficácia jurídica), que formam o conteúdo de qualquer relação jurídica, estão dispostos na seguinte *tripartição vertical*:

a) *direito* à prestação e correlativo dever de prestá-la;

b) *pretensão* a obter a prestação e correlativa *obrigação* de satisfazê-la;

c) *coação* para efetivar a obtenção da prestação e correlativa *sujeição*.[832]

832. Ver nº 95.

Como toda e qualquer relação jurídica, a relação jurídica tributária tem conteúdo jurídico que poderá ser:

a) ou *mínimo:* direito e correlativo dever;

b) ou *médio*: direito, pretensão e correlativos dever, obrigação;

c) ou *máximo*: direito, pretensão, coação e correlativos dever, obrigação, sujeição.[833]

Quando ocorrem os fatos e atos que configuram o *lançamento*, realizando a hipótese de incidência da *regra jurídica disciplinadora do lançamento*, esta incide e seu efeito jurídico consiste precisamente no *enriquecimento* de uma preexistente relação jurídica tributária de conteúdo mínimo (direito e dever). A regra jurídica do lançamento *acrescenta* o efeito jurídico da *pretensão* (exigibilidade) e correlativa *obrigação* àquela preexistente relação jurídica de conteúdo mínimo.[834]

78. Consistência material e jurídica do tributo

Consistência Material do Tributo – O tributo é o objeto da prestação jurídica que satisfaz o dever jurídico tributário. O tributo, no plano *material*, não precisa ser dinheiro, pode perfeitamente consistir numa coisa (prestação *in natura*) ou num serviço (prestação *in labore*).[835]

Consistência Jurídica do Tributo – A relação jurídica se realiza (extingue-se) mediante a *prestação* jurídica. Toda e qualquer prestação jurídica consiste sempre num fazer (ou não fazer),[836] o qual, lógica e necessariamente, tem um *objeto*: aquilo que está (ou não está) sendo feito, o tributo é o *objeto* da prestação jurídica que realiza a relação jurídica tributária.

---

833. Ver nº 99.

834. Ver nº 100.

835. Ver ns. 165-169.

836. Ver nº 96.

À primeira vista, poderia parecer que a identificação do tributo com o *objeto* da prestação jurídica tributária conduziria à conclusão de que o critério da classificação seria a consistência material deste objeto. Este raciocínio é falso porque ele, ao examinar o objeto de prestação jurídica tributária, confundiu matéria e realidade, esquecendo-se que as *consistências* do mundo *jurídico* são tão reais como as físicas.

O gênero *jurídico* e a espécie *jurídica* do tributo (assim como a juridicidade do fato, a qualidade jurídica da pessoa, a relação jurídica, o direito e correlativo dever, a pretensão e correlativa obrigação, a prestação jurídica e a natureza jurídica do objeto desta, etc.) são realidades fora do campo das percepções visuais e auditivas, gustativas e tácteis. As realidades jurídicas nascem, vivem e morrem no mundo do *pensamento*, que é parte do mundo total. E como os fatos do mundo perceptível são fatos materiais aos quais a realidade jurídica imprime um *determinismo artificial*, pode-se provar a existência da realidade jurídica, provando-se a existência dos fatos perceptíveis naquele determinismo artificial.[837]

O referido objeto (o tributo) da prestação jurídica tributária entra no *mundo jurídico*, apresentando múltiplos *gêneros jurídicos* e *espécies jurídicas* que o legislador cria, segundo as diretrizes de sua política fiscal, para evitar os malefícios do tributo único e para poder discriminar a competência tributária, isto é, a fim de que a União Federal, os Estados Federais e os Municípios possam, no exercício da parcela do Poder Legislativo que a cada um foi outorgada pela Constituição, *criar* determinados tributos e *estar proibidos* de criar outros tributos.

E o único critério *objetivo* e *jurídico* que permite aferir a natureza jurídica de cada tributo, é o critério da *base de cálculo* (núcleo da hipótese de incidência).[838]

837. Ver ns. 22, 62.

838. Ver ns. 101-105. 1.

79. Destinação do tributo

No plano jurídico tributário, a finalidade do tributo é simplesmente a de satisfazer o dever jurídico tributário. A natureza jurídica do tributo (e a do dever jurídico tributário) não depende da destinação financeira ou extrafiscal que o sujeito ativo da relação jurídica tributária vier a dar ao bem (dinheiro ou coisa ou serviço) que conferia a consistência *material* ao tributo que foi ou deve ser prestado.

Nenhuma influência exerce sobre a natureza jurídica do tributo a circunstância de o tributo ter uma destinação determinada ou indeterminada;[839] ser ou não ser, mais tarde, devolvido ao próprio e mesmo contribuinte em dinheiro, em títulos ou em serviços.[840] Nada disto desnatura o tributo que continuará sendo, juridicamente, *tributo*, até mesmo se o Estado lhe der uma utilização privada (não-estatal) e esta utilização privada estiver predeterminada por regra jurídica.

O tributo é o objeto da *prestação* jurídica. Uma vez efetuada a prestação, a relação jurídica tributária se *extingue*. O que acontece depois com o bem que dava consistência material ao tributo acontece em momento *posterior* e em *outra* relação jurídica, esta última de natureza *administrativa*. A regra

---

839. No mesmo sentido Rubens Gomes de Sousa, *As modernas tendências do Direito Tributário*, Conferência de 7-6-1962, no "Fórum Roberto Simonsen", em São Paulo; Pontes de Miranda, *Comentários à Constituição de 1946*, 3ª ed., vol. II, Rio de Janeiro, 1960, pp. 93-95; Aliomar Baleeiro, *Limitações Constitucionais ao poder de tributar*, 2ª ed., Rio de Janeiro, 1960; p. 264, nº-64; Amílcar de Araújo Falcão, *Introdução ao Direito Tributário*, Rio de Janeiro, 1959, p. 151 e *Direito Tributário Brasileiro (aspectos concretos)*, Rio de Janeiro, 1960, p. 246, nº 178; Femando Sáinz de Bujanda, *Hacienda y Derecho*, vol. II, Madrid, 1962, pp. 290-91; B. Coivera, *Principi di Diritto Tributario*, vol. I, Milano, 1959, pp. 166, 168-70; A. Berliri, *Principi di Diritto Tributario*, vol. I, Milano, 1952, pp. 209-14; e com especial referência às taxas, ver Giampietro Borrás, *Las Tasas en la Hacienda Pública*, Montevideo, 1959, pp. 226-28.

840. No mesmo sentido: Rubens Gomes de Sousa, *As modernas tendências do Direito Tributário*, Conferência de 7-6-1962, no "Fortim Roberto Simonsen" em São Paulo; Pontes de Miranda, *Comentários à Constituição de 1946*, 3ª ed., vol. II, Rio de Janeiro, 1960, p. 95, letra e.

jurídica que disciplinar a destinação e utilização de tributo é regra jurídica de natureza *administrativa*.[841]

Esta regra jurídica administrativa é a que pode ser *inválida* (inconstitucional, sem juridicidade) por estar prescrevendo ao tributo uma destinação proibida por outra regra jurídica. Entretanto, a invalidade da regra jurídica administrativa que disciplina a *destinação* do tributo *não* acarreta a invalidade da regra jurídica tributária que disciplina a *receita* do tributo.

"Nada tem com a *decretação* do imposto a sua *destinação*. A decretação do imposto pode ser acorde com a Constituição, e *não no ser a sua destinação*; ou vice-versa."[842]

"A decretação dos tributos pode ser contrária à Constituição; também pode ser contrária à Constituição a destinação deles. A destinação pode ser contrária à Constituição sem que o tenha sido a decretação.

Se isso ocorre, o imposto decretado é cobrável e perceptível; a *destinação* especial é que se tem por conteúdo de regra jurídica nula, *por inconstitucionalidade*.

O contribuinte do imposto *é devedor* do imposto, independentemente do fato de ser aplicado, *direta* ou indiretamente, em *seu* proveito, ou da exatidão e exação com que, se tinha destinação, foi destinado, ou, dentro do seu destino, empregado. O que o contribuinte pode exigir é que a imposição seja de acordo com as regras jurídicas de competência, o princípio de isonomia ou igualdade perante a lei e a inserção no orçamento. O contribuinte nada tem com a política financeira, que se seguiu para a decretação do imposto; nem com a política e a técnica da destinação. Se for inconstitucional a destinação, nem por isso se tem por inconstitucional a decretação."[843]

---

841. No mesmo sentido e com especial referência às taxas, ver Giampietro Borrás, *Las Tasas en la Hadenda Pública*, Montevideo, 1959, pp. 226-28. Conceito de relação jurídica administrativa, ver nosso nº 66.

842. Pontes de Miranda, *Comentários à Constituição de 1946*, 3ª ed., vol. II, Rio de Janeiro, 1960, p. 93.

843. Pontes de Miranda, *Comentários à Constituição de 1946*, 3ª ed., vol. II, Rio de Janeiro, 1960, p. 95.

80. Proporção e progressividade do tributo

A proporção e a progressividade de qualquer tributo em relação à base de cálculo não lhe altera a natureza jurídica, ainda que a proporção final seja superior a cem por cento. A medida da proporção e o ritmo da progressividade do tributo (seja imposto ou taxa) são problemas *pré-jurídicos* de Política Fiscal cuja solução fica entregue exclusivamente ao arbítrio do legislador.[844]

Entretanto, naqueles países cujo sistema jurídico contém regra jurídica constitucional conferindo juridicidade ao "princípio da capacidade contributiva", o legislador ordinário tem o dever jurídico de dosar a proporção e progressividade do tributo de modo a não haver violação daquela regra jurídica constitucional.[845]

Ocorrendo aquela violação, a regra jurídica tributária é inválida (inconstitucional) simplesmente por ter violado uma regra jurídica constitucional e não em virtude (em se tratando de taxa) de sua desproporção com o serviço prestado ou, no caso de imposto, de sua medida "confiscatória" ou "proibitiva".

---

844. No mesmo sentido: B. Cocivera, *Principi de Diritto Tributário*, vol. I, Milano, 1959, pp. 166, 168-70; A. Berliri, *Principi de Diritto Tributario*, vol. I, Milano, 1952, pp. 209-14; e com especial referência às taxas, ver Giampietro Borrás, *Las Tasas em la Hacienda Pública*, Montevideo, 1959, p. 489.

845. A praticabilidade e o verdadeiro alcance da eficácia jurídica na regra jurídica constitucional que juridicizou o princípio da capacidade contributiva, ver ns. 128-132.

Quarta Parte

ESTRUTURA LÓGICA E ATUAÇÃO DINÂMICA DA REGRA JURÍDICA TRIBUTÁRIA

§ 1º MUNDO JURÍDICO

81. Síntese da estrutura lógica e atuação dinâmica da regra jurídica

"O grande trabalho da Ciência Jurídica", diz PONTES DE MIRANDA, tem sido o de examinar o que é que verdadeiramente se passa entre homens, quando se dizem credores, titulares ou sujeitos passivos de obrigações, autores e réus, proprietários, excipientes, etc. O esforço de dois milênios conseguiu precisar conceitos, dar forma sistemática à exposição, por esses conhecimentos à disposição dos elaboradores de leis novas e aprimorar o senso crítico de algumas dezenas de gerações, até que, recentemente, se elevou a investigação ao nível da investigação das outras ciências, para maior precisão da linguagem e dos raciocínios. A subordinação dela à metodologia que resultou da lógica contemporânea, inclusive no que concerne à estrutura dos sistemas, é o último degrau a que se atingiu."[846]

Aquilo que se chama experiência jurídica representa simplesmente um certo número de eventos aos quais foi aplicado o nome de "direito" e que poderiam ter recebido qualquer outra denominação, pois "direito" não é uma entidade absoluta, mas apenas um certo número de experiências sociais que demonstraram uma utilidade específica.[847]

846. Pontes de Miranda, *Tratado de Direito Privado*, vol. I, Rio de Janeiro, 1954, Prefácio, p. XVI.

847. N. Bobbio, *Studi sulla Teoria Generale del Diritto*, Torino, 1955, pp. 37-47.

A experiência jurídica é a experiência social do homem em prever e impor um determinismo artificial ao comportamento (fazer ou não fazer) dos homens, utilizando como instrumento a regra de conduta predeterminada. Esta regra de conduta é a *regra jurídica*.[848]

A Ciência Jurídica, investigando a consistência deste instrumento, dissecou a *estrutura lógica* da regra jurídica; observando o modo de funcionar deste instrumento, compreendeu a *atuação dinâmica* da regra jurídica; e analisando as consequências do seu funcionamento, recolheu os *efeitos jurídicos*.

Foi a estrutura do pensamento humano que levou o homem a construir um instrumento de ação social (a regra jurídica) com a estrutura lógica e a atuação dinâmica logo adiante expostos. Não existe regra jurídica constitucional prescrevendo a incidência das regras jurídicas e estabelecendo a necessidade da prévia realização de sua hipótese de incidência. Todas as regras jurídicas incidem e somente incidem depois de realizada a respectiva hipótese, porque foram criadas de acordo com a estrutura do pensamento humano que permite a criação de uma regra cujo efeito disciplinador fica condicionado à realização de uma hipótese.[849]

O jurídico é uma *realidade* espiritual (não confundir realidade e matéria) e toda a fenomenologia jurídica existe e desencadeia-se *no mundo do pensamento*. Agudíssima e luminosa é a advertência de Pontes de Miranda: "As relações jurídicas, os direitos subjetivos, os deveres, as qualidades jurídicas das pessoas e das coisas não se passam no mundo das percepções visuais e auditivas, gustativas e tácteis; passam-se, são, *no*

848. Idem, ibidem, pp. 34, 37 e *Teoria della Norma Giuridica*, Torino, 1958, pp. 3-34.

849. Em sentido análogo: Pontes de Miranda, *Tratado de Direito Privado*, vol. I, Rio de Janeiro, 1954, § 6º, nº 1; Fernando Arche-Domingo, "Consideraciones sobre el Hecho Imponible", in *Revista de Derecho Financiero y de Hacienda Pública*, vol. X, Madrid, setembro 1960, nº 39, pp. 532-50.

mundo do pensamento, que é parte do mundo total, razão por que se colam a fatos do mundo perceptível e podemos provar, depois, terem-se colado: toda prova de direito é prova de *fatos* que antecederam a ela, fatos sobre os quais a regra jurídica incidiu, e *da regra jurídica*, escrita ou não escrita, como fato".[850]

Esta introdução à estrutura lógica e à atuação dinâmica da regra jurídica parecerá, a muitos leitores, mecânica, artificial, estreita e árida. *Convém esclarecer que para a compreensão de toda esta Quarta Parte do livro é indispensável que antes se tenha lido a Primeira Parte onde se fez a introdução à Teoria Geral do Direito Tributário e a Segunda Parte dedicada à reeducação da atitude mental jurídica tributária.*

Dissecada em sua *estrutura lógica*, a regra jurídica se decompõe em duas partes:

a) *a hipótese de incidência* ("fato gerador", suporte factício, "fattispecie", "Tatbestand");

b) *a regra* (a norma, a regra de conduta, o preceito).

Filmada a regra jurídica em sua *atuação dinâmica*, verifica-se que acontece o seguinte:

a) *Realização* da hipótese de incidência; isto é, a hipótese deixa de ser hipótese porque se realizou pelo acontecimento de todos os fatos nela previsto.

b) *Incidência* da regra jurídica sobre a hipótese de incidência *realizada*. A incidência somente ocorre *depois* de realizada a hipótese de incidência. Os efeitos jurídicos (ex.: direito e dever) somente passam a existir *depois* da incidência.

c) *Juridicização* da hipótese de incidência em virtude da incidência.

---

850. Pontes de Miranda, *Tratado de Direito Privado*, vol. I, Rio de Janeiro, 1954, 1 2ª, nº 3; Fernando Arche-Domingo, "Consideraciones sobre el Hecho Imnonible, *Revista de Derecho Financiero y de Hacienda Pública*, vol. X, Madrid, setembro 1960, nº 39, p. 536.

d) *Irradiação dos efeitos jurídicos ou eficácia jurídica,*[851] que são as *consequências* predeterminadas pela regra de conduta contida dentro da regra *jurídica*. É esta regra de conduta que, juntamente com a hipótese de incidência, integra a estrutura lógica de regra jurídica.

Da) Irradiação da *relação jurídica*, vinculando o polo positivo (sujeito ativo) ao polo negativo (sujeito passivo).

Db) Irradiação do *conteúdo jurídico* da relação jurídica: *direito* à prestação e correlativo *dever* de prestá-la; *pretensão* à prestação e correlativa *obrigação* de prestá-la; *coação*[852] para obter a prestação e correlativa *sujeição*.

Dc) Determinação da *prestação jurídica*: o fazer ou não fazer, seu tempo e lugar.

Dd) Determinação do *objeto* da prestação jurídica, isto é, aquilo que deve ser feito ou não ser feito.

e) *Extinção* da *Da* e *Db* pela *realização da prestação* jurídica.

Os *efeitos* jurídicos acima indicados (*C* até *E)* são as *consequências* prescritas pela *regra* que (juntamente com a hipótese de incidência) compõe a estrutura lógica da regra jurídica.

As *consequências* (efeitos jurídicos ou eficácia jurídica) que resultam da incidência da regra jurídica sobre sua hipótese de incidência realizada, conforme foram indicadas no esquema acima, também podem ocorrer com as seguintes quatro variantes:

Primeira variante. Muitas vezes, a hipótese de incidência já é um fato jurídico com sua respectiva relação jurídica (ex.: contrato de locação) e a incidência duma *segunda* regra jurídica

---

851. A expressão "eficácia jurídica" como sinônimo de "efeito jurídico" é, cientificamente, a mais certa; entretanto deve-se tomar cuidado porque a doutrina frequentemente utiliza aquela expressão "eficácia" no seu sentido literário de "respeitabilidade" aos efeitos jurídicos.

852. Distinção entre coercibilidade, coação e sanção, ver nº 86. Neste livro usa-se "coação" no sentido de "ação de direito material"; ver nº 86.

(cuja hipótese de incidência é aquele fato jurídico) desencadeia a irradiação de mais *outra* relação jurídica (ex.: tributária).

Segunda variante. Outras vezes, a incidência de segunda regra jurídica (cuja hipótese de incidência já é fato jurídico) não irradia nova relação jurídica, mas, conservando a relação jurídica anterior, produz *alterações* no conteúdo jurídico desta relação jurídica preexistente, acrescentando efeitos jurídicos. Exemplo: a incidência da primeira regra jurídica irradiou uma relação jurídica de conteúdo mínimo: "direito e dever"; sobrevém a incidência da segunda regra jurídica (cuja hipótese de incidência é aquele fato jurídico e sua relação de conteúdo mínimo resultantes da incidência da primeira regra jurídica) e *acrescenta* o efeito jurídico da "pretensão e obrigação" ao conteúdo jurídico daquela relação jurídica preexistente.

Terceira variante. Nesta sucede exatamente o contrário do que ocorre na segunda variante. Lá o efeito jurídico era um enriquecimento no conteúdo jurídico de relação jurídica preexistente; aqui o efeito jurídico é um *empobrecimento* no conteúdo jurídico da relação jurídica preexistente. Quando o efeito é a *redução*, trata-se de regra *desjuridicamente parcial*. Porém, às vezes, a consequência não é simples redução de efeitos jurídicos anteriores, mas o seu completo desaparecimento; nestes casos a hipótese de incidência consiste num ato jurídico *nulo ou anulável* e a incidência da regra jurídica tem como efeito jurídico a *desjuridicização total* (ou desconstituição) daquele ato jurídico nulo ou anulável, apagando toda a sua existência pretérita no mundo jurídico. Note-se que o trânsito em julgado da sentença que decretou a nulidade do ato jurídico tem como consequência a desconstituição (desjuridicização) do ato jurídico nulo ou anulável, justamente porque ela (a sentença transitada em julgado) constitui a hipótese de incidência de uma regra jurídica processual cuja regra (norma, preceito, regra de conduta) prescreve aquela consequência.[853]

853. Ato nulo é ato jurídico; ver ns. 121-122. Desconstituição ou desjuridicização do ato jurídico nulo ou anulável, ver nº 124.

Quarta variante. Existem regras jurídicas cuja incidência não juridiciza sua hipótese de incidência, embora esta haja se realizado. Se a hipótese de incidência já era fato jurídico, a incidência da regra jurídica não o desjuridiciza, nem me acrescenta ou reduz os efeitos jurídicos. A incidência da regra jurídica não-juridicizante tem como única consequência deixar bem claro que aquele fato ou fatos cuja ocorrência realizaram sua hipótese de incidência, nada acrescentaram ou diminuíram ao que já existia no mundo jurídico. A regra jurídica não-juridicizante está estruturada com regra que prescreve: No mundo jurídico nada de novo.[854]

Regra Jurídica Tributária – A *realização* da hipótese de incidência desencadeia automaticamente a *incidência* da regra jurídica e as consequências desta incidência são os efeitos jurídicos. O número e natureza destes efeitos jurídicos consistem precisamente nas consequências prescritas pela *regra* que (juntamente com a hipótese de incidência) integra a estrutura lógica da regra jurídica.

A regra jurídica de *tributação* está estruturada com *regra* que prescreve as seguintes *consequências ou efeitos jurídicos*:

a) irradiação da relação jurídica tributária;

b) existência do conteúdo jurídico da relação jurídica tributária, o qual poderá ser mínimo (direito e dever), médio (direito, pretensão e dever, obrigação) ou máximo (direito, pretensão, coação e dever, obrigação, sujeição);[855]

c) determinação da prestação jurídica tributária: o fazer (o pagar), seu tempo e lugar;

d) determinação do objeto (tributo) da prestação jurídica tributária, isto é, aquilo que deve ser feito (o tributo que deve ser pago). Para obter esta determinação do objeto da prestação jurídica tributaria, *a própria regra escolhe*:

854. Ver nº 83.

855. Ver nº 95.

Da) o elemento dentre os múltiplos que integram a composição da hipótese de incidência, que deverá servir de *base de cálculo*;

Db) o *método* (peso ou medida ou valor) para converter a base de cálculo em cifra;

Dc) a *alíquota* que, calculada sobre a base de cálculo já convertida em cifra, dará como resultado uma segunda cifra a qual corresponde à *grandeza* do objeto (tributo) da prestação jurídica tributária.

e) extinção de *A* e *B* pela *realização da prestação* jurídica tributária.

Recorde-se: não existe uma regra jurídica para a hipótese de incidência, outra para a regra, outra para a base de cálculo, outra para a alíquota, etc.; tudo isso integra a estrutura lógica de uma *única* regra jurídica resultante de diversas leis ou artigos de leis (fórmula literal legislativa). É preciso não confundir regra jurídica com a lei; a regra jurídica é uma *resultante* da totalidade do sistema jurídico formado pelas leis.[856]

82. Mundo jurídico – entrada dos fatos no mundo jurídico

"Quando se fala de fatos", esclarece Pontes de Miranda, "alude-se a algo que ocorreu, ou ocorre, ou vai ocorrer. O mundo mesmo, em que vemos acontecerem os fatos, é a soma de todos os fatos que ocorreram e o campo em que os fatos futuros se vão dar. Por isso mesmo, só se vê o fato como *novum* no mundo. Temos, porém, no trato do direito, de discernir o mundo jurídico e o que, no mundo, não é mundo jurídico. Por falta de atenção aos dois mundos, muitos erros se cometem e, o que é mais grave, se priva a inteligência humana de entender, intuir e dominar o direito."[857]

---

856. Ver nº 31.

857. Pontes de Miranda, *Tratado de Direito Privado*, vol. I, Rio de Janeiro, 1954, § 1º, nº 2; Fernando Arche-Domingo, "Consideraciones sobre el Hecho Imponible", *Revista de Derecho Financiero y de Hacienda Pública*, vol. X, Madrid, setembro 1960, nº 39, pp. 535-36, 544-48.

A regra jurídica é um instrumento criado pelo homem para prever e impor um determinismo artificial ao comportamento (fazer ou não fazer) dos homens. A criação da regra jurídica é um fato. A existência da regra jurídica com sua estrutura lógica (regra de conduta e hipótese de incidência) é outro fato. A realização da hipótese de incidência consiste num terceiro fato. E a incidência da regra jurídica sobre sua hipótese de incidência realizada, constitui, por si mesmo, quarto fato que dá nascimento ao quinto e mais importante dos fatos: o fato jurídico.[858]

"Todo o fato é, pois, *mudança* no mundo. O mundo compõe-se de fatos, em que novos fatos se dão. O mundo jurídico compõe-se de fatos jurídicos. Os fatos, que se passam no mundo jurídico, passam-se no mundo; portanto: *são. O mundo não é mais do que o total dos fatos e, se excluíssemos os fatos jurídicos, que tecem, de si mesmo, o mundo jurídico, o mundo não seria a totalidade dos fatos.*"[859]

A existência da regra jurídica é um fato integrante do mundo jurídico e a peculiar estrutura do pensamento humano torna impossível a existência de regra jurídica sem aquela sua específica estrutura lógica: *regra* (norma, preceito, regra de conduta) e *hipótese de incidência* (suporte fáctico, "fato gerador", "fattispecie", 'Tatbestand").

O mundo total compõe-se de fatos, em que novos fatos acontecem e com o acontecer dos novos fatos realiza-se a hipótese de incidência da regra jurídica, desencadeando a incidência desta sobre a sua hipótese de incidência *realizada*. Esta incidência juridiciza a hipótese de incidência e a hipótese de incidência juridicizada é fato *novo* que entrou no mundo jurídico: o fato *jurídico*.

A incidência de regra jurídica sobre sua hipótese de incidência realizada, nem sempre dá nascimento a um fato jurídico;

858. Pontes de Miranda, op. cit., vol. I, § 1º, ns. 1, 3.

859. Idem, ibidem, § 2º, nº 1 (grifou-se).

às vezes sucede o contrário: um fato jurídico já existente é expulso do mundo jurídico; outras vezes nada acontece de novo dentro do mundo jurídico além do fenômeno da incidência da regra jurídica que incidiu justamente para impedir que um fato penetrasse no mundo jurídico. Tudo isto depende do conteúdo juridicizante ou desjuridicizante ou não-juridicizante da *regra* (norma, preceito, regra de conduta) que compõe a estrutura lógica da regra jurídica, pois as consequências da incidência são aquelas predeterminadas pela regra.[860]

Toda e qualquer regra jurídica tem como estrutura lógica: a *regra* (juridicizante ou desjuridicizante ou não-juridicizante) e a *hipótese de incidência* (fato não-jurídico ou fato jurídico ou fato jurídico mais fato não-jurídico). A incidência da regra jurídica somente ocorre *depois* de realizada sua hipótese de incidência e as consequências desta incidência (ex.: irradiação da relação jurídica ou desconstituição do ato jurídico anulável ou negação de juridicidado ao fato) são aquelas predeterminadas pela regra.

Por isto, a operação intelectual do jurista que interpreta a lei divide-se em quatro tarefas fundamentais, a seguir apontadas em síntese:[861]

Primeira: distinguir todos os elementos que compõe a hipótese de incidência da regra jurídica em exame.

Segunda: conhecer as consequências predeterminadas pela regra.

Terceira: investigar o mundo total (que inclui o mundo jurídico), a fim de descobrir se, dentre os fatos que nele aconteceram, estão todos os que integram a hipótese de incidência. Encontrando todo os fatos que configuram a hipótese de incidência, o jurista reconhece que esta deixou de ser hipótese pois *realizou-se*. Diante da hipótese de incidência *realizada*, o

860. Ver nº 83.

861. Para o exame mais desenvolvido dos quatro momentos principais da hermenêutica jurídica, ver nº 30.

intérprete conclui ter havido a incidência da regra jurídica, pois esta é infalível.[861-A]

Quarta: se houve a incidência da regra jurídica, o intérprete observa se foram respeitadas as consequências (ex.: relação jurídica e seu conteúdo de direito e dever, pretensão e obrigação, coação e sujeição) desta incidência.

Das quatro tarefas, a mais difícil é a terceira; ela exige uma serena e cristalina atitude mental jurídica, a fim de que o jurista possa distinguir, no mundo total, os fatos não-jurídicos e os fatos jurídicos, reconhecer os seus diferentes gêneros e espécies e identificar aqueles que realizam a hipótese de incidência de uma determinada regra jurídica.

A juridicidade do fato, a qualidade jurídica da pessoa, a relação jurídica, o direito e correlativo dever são realidades fora do campo das percepções visuais e auditivas, gustativas e tácteis; as realidades jurídicas nascem, vivem e morrem no mundo do *pensamento* que é parte do mundo total. E como os fatos do mundo perceptível são elementos integrantes das hipóteses de incidência das regras jurídicas, pode-se provar a existência da realidade jurídica (ex.: o fato jurídico), provando-se a existência dos fatos perceptíveis que realizaram a hipótese de incidência da regra jurídica que predeterminara a juridicização de um tal fato.[862]

861-A. O intérprete, inclusive o órgão judiciário, não faz a regra incidir; a sua incidência é infalível uma vez realizada a hipótese de incidência; o que falha é o respeito às consequências da incidência; ver nº 85.

862. Pontes de Miranda, *Tratado de Direito Privado*, vol. I, Rio de Janeiro, 1954, § 2º, nº 3; Fernando Arche-Domingo, "Consideraciones sobre el Hecho Imponible", in *Revista de Derecho Financiero y de Hacienda Pública*, vol. X, Madrid, setembro 1960, nº 39, pp. 535-36, 544-48.

Se a regra jurídica tem como hipótese de incidência um fato já jurídico, isto não destrói o argumento, porque este fato jurídico é jurídico porque sobre ele incidiu uma regra jurídica que o juridicizou. Ora, antes desta incidência, o fato era não-jurídico, portanto, ou era fato perceptível ou fato espiritual (ex.: vontade), o qual, por sua vez, depende de um fato perceptível para provar sua existência.

Portanto, toda a prova de realidade jurídica é, preliminarmente, prova do fato da existência da regra jurídica escrita (ou dos fatos perceptíveis que denunciam a existência da regra jurídica não-escrita) e, depois, prova dos fatos perceptíveis que revelam a realização da hipótese de incidência daquela regra jurídica e a sua consequente incidência.[863]

"A incidência da regra jurídica ocorre como fato que cria ou continua a criar o mundo jurídico; é fato dentro do mundo dos nossos pensamentos, – perceptível, porém, em consequências que acontecem *dentro* do mundo total. Quando o Código Civil estatui que, 'aberta a sucessão', isto é, morto alguém, 'o domínio e a posse da herança' se 'transmitem', desde logo, 'aos herdeiros legítimos e testamentários', estabelece ele que ao fato (jurídico) da morte suceda, imediatamente, o fato jurídico da transmissão dos bens; nenhum instante fica vazio entre a propriedade do falecido e a propriedade dos herdeiros. Tudo isso se desenrola mediante o pensamento, que está na regra jurídica (pensar vem de *pesar*), e incide nos fatos, ainda em queda (*incidere, cadere*), que só se passa no mundo dos nossos pensamentos, porém que nós *vemos* em suas consequências: a entrada dos herdeiros na casa, a retirada dos objetos, o alojamento deles, a venda em leilão e a distribuição, entre eles, da quantia apurada; e que *ouvimos* nas conversações do escrivão do cartório, nas defesas dos advogados e nos julgamentos dos juízes."[864]

83. Regra juridicizante, desjuridicizante e não-juridicizante – incidência, não-incidência e isenção tributária

Toda a regra jurídica tem como estrutura lógica: uma regra (regra de conduta, norma, preceito) e uma *hipótese de incidência* (suporte factício, "fato gerador", "fattispecie", "Tatbestand"). A incidência da regra jurídica é infalível, porém

863. Pontes de Miranda, op. cit., vol. I, § 2º, nº 3.

864. Idem, ibidem.

ocorre somente depois de realizada sua hipótese de incidência. A incidência é infalível; o que falha é o respeito às consequências da incidência. As consequências desta incidência são justamente aquelas que estavam preestabelecidas ou prescritas na *regra*.

A natureza desta *regra* (elemento componente da estrutura da regra jurídica) pode ser: ou juridicizante ou desjuridicizante (total ou parcial) ou não-juridicizante.

Regra juridicizante: quando a incidência da regra jurídica tem como consequência a juridicização da hipótese de incidência realizada, transfigurando-a num fato jurídico. Nos casos em que a hipótese de incidência já era fato jurídico, a incidência da regra jurídica: ou desencadeia a irradiação de *outra* relação jurídica; ou aumenta o conteúdo jurídico (direito e dever, pretensão e obrigação, ação e sujeição) da relação jurídica *preexistente*.[865]

Regra desjuridicizante total: quando a incidência da regra jurídica desconstitui (desjuridiciza) o ato jurídico nulo ou anulável, expulsando-o do mundo jurídico e apagando toda a sua existência no mundo jurídico. Note-se que o trânsito em julgado da sentença que decretou a nulidade do ato jurídico tem como consequência a desconstituição (desjuridicização) do ato jurídico nulo ou anulável, justamente porque ela (a sentença transitado em julgado) constitui a hipótese de incidência de uma regra jurídica processual, cuja *regra* desjuridicizante predetermina aquela consequência.[866]

Regra desjuridicizante parcial: quando a incidência da regra jurídica tem como efeito jurídico a *redução* no conteúdo jurídico (direito e dever, pretensão e obrigação, coação e sujeição) de relação jurídica que já existia antes desta incidência.

865. Relação jurídica preexistente, não porque sua existência independeria de incidência de regra jurídica, mas porque sua existência decorre da *anterior* incidência de *outra* regra jurídica.

866. Ato nulo é ato jurídico; ver ns. 121-122. Sobre a desconstituição do ato jurídico nulo ou anulável, ver nº 124.

Regra não-juridicizante: quando a incidência da regra jurídica não juridiciza a hipótese de incidência. Se a hipótese de incidência já é fato jurídico, a incidência não o desconstitui (não o desjuridiciza), nem lhe acrescenta ou reduz efeitos jurídicos. Esta incidência tem, como única consequência, deixar bem claro que o acontecimento daquele fato ou fatos nada acrescentaram ou diminuíram ao que já existia no mundo jurídico. Se o fato não era jurídico, ela incide justamente para vedar sua entrada no mundo jurídico. Se já era fato jurídico, ela incide para permanecer inalterada a sua juridicidade ou seus efeitos jurídicos.[867]

A regra não-juridicizante, em última análise, consiste na *for*mulação negativa de uma regra juridicizante implícita.[868] Por exemplo: não-juridicizantes são todas as regras jurídicas que prescrevem *isenções*, como logo adiante se demonstrará.

O conhecimento da tríplice possibilidade de natureza distinta (juridicizante ou desjuridicizante ou não-juridicizante) que poderá revestir a *regra* que estrutura a regra jurídica, permite estabelecer, no Direito Tributário, conceituação mais segura dos fenômenos da incidência, não-incidência e isenção.

Incidência Tributária – Toda a vez que acontecerem os fatos que realizam a hipótese de incidência da regra jurídica de tributação (que prescreve o pagamento do tributo), esta incide sobre a hipótese de incidência realizada e o efeito desta incidência consiste na irradiação da relação jurídica tributária, porque a regra jurídica de tributação está estruturada como regra juridicizante. A obrigação tributária surge como conteúdo jurídico desta relação jurídica e será satisfeita mediante a prestação jurídica. O objeto desta prestação é o tributo. Na doutrina do Direito Tributário, costuma-se dizer "caso de incidência" para

867. Em sentido análogo: Pontes de Miranda, *Tratado de Direito Privado*, vol. I, Rio de Janeiro, 1954, § 10, ns. 4-6, § 22, nº 3.

868. Em sentido análogo: Pontes de Miranda, op. loc. cit.

designar que o acontecimento de tal ou tais fatos realiza a hipótese de incidência da regra jurídica de tributação.

Não-Incidência Tributária – A expressão "caso de não-incidência" significa que o acontecimento deste ou daqueles fatos são insuficientes, ou excedentes, ou simplesmente estranhos para a realização da hipótese de incidência da regra jurídica de tributação.

Isenção Tributária – Poderia parecer que a regra jurídica tributária, que estabelece a *isenção* do tributo, estaria estruturada com regra desjuridicizante total, isto é, haveria uma *anterior* relação jurídica tributária atribuindo ao sujeito passivo a obrigação de pagar o tributo; a incidência da regra jurídica de isenção teria como consequência o desfazimento daquela preexistente relação jurídica tributária. Aliás, este é o entendimento de grande parte da doutrina tributária, a qual costuma conceituar a isenção do seguinte modo: "Na isenção, o tributo é devido, porque existe a obrigação, mas a lei dispensa o seu pagamento; por conseguinte, a isenção pressupõe a incidência, porque é claro que só se pode dispensar o pagamento de um tributo que seja efetivamente devido".[869] A lógica desta definição estará certa *apenas no plano pré-jurídico da política fiscal quando o legislador raciocina para criar a regra jurídica de isenção.*

Uma vez criada a regra jurídica de isenção, portanto, já agora no plano jurídico do Direito Tributário, quando o jurista interpreta aquela regra jurídica e examina os efeitos jurídicos resultantes de sua incidência, aquele conceito de isenção *falece de lógica e contradiz a Ciência Jurídica* que investigou a fenomenologia da incidência das regras jurídicas.

Na verdade, não existe aquela anterior relação jurídica e respectiva obrigação tributária que seriam desfeitas pela

869. Esta definição é de Rubens Gomes de Sousa, *Compêndio de Legislação Tributária*, 3ª ed., Rio de Janeiro, 1960, nº 23, p. 76. Sua definição é espessada pela totalidade da doutrina.

incidência da regra jurídica de isenção. Para que pudesse existir aquela anterior relação jurídica tributária, seria indispensável que, antes da incidência da regra jurídica de isenção, houvesse ocorrido a incidência da regra jurídica de tributação. Porém, esta nunca chegou a incidir porque faltou, ou excedeu, um dos elementos da composição de sua hipótese de incidência, sem o qual ou com o qual, ela não se realiza. Ora, aquele elemento faltante, ou excedente, é justamente o elemento que, entrando na composição da hipótese de incidência da regra jurídica de isenção, permitiu diferençá-la da regra jurídica de tributação, de modo que aquele elemento sempre realizará uma única hipótese de incidência: a da isenção, e desencadeará uma única incidência: a da regra jurídica da isenção, cujo efeito jurídico é negar existência de relação jurídica tributária. A regra jurídica de isenção incide para que a de tributação não possa incidir.

A regra jurídica que prescreve a isenção, em última análise, consiste na formulação negativa da regra jurídica que estabelece a tributação.

A realização da hipótese de incidência da regra jurídica de isenção, faz com que esta regra jurídica incida justamente para negar a existência de relação jurídica tributária. Por sua vez, as hipóteses não enquadráveis dentro da hipótese de incidência da regra jurídica *explícita de isenção* tributária são precisamente as hipóteses de incidência de regras jurídicas *implícitas de tributação.*

§ 2º INCIDÊNCIA

84. Incidência da regra jurídica

Antes é aconselhável ter presente a *síntese* da *estrutura lógica* da regra jurídica e de sua *atuação dinâmica.*[870] Isto posto, torna-se mais compreensível o que segue.

870. Ver nº 81.

A regra jurídica *válida* é regra com *juridicidade*. A regra "jurídica" não-válida é regra sem juridicidade (ex.: lei inconstitucional), existe apenas como regra, mas não como regra *jurídica*. Unicamente a regra jurídica válida pode incidir.

Quando a hipótese de incidência se realiza (acontece, deixa de ser hipótese), então, imediatamente após, sobre ela (sobre a hipótese realizada) *incide* a regra jurídica.

Entretanto, a hipótese de incidência somente se realiza quando se realizaram (aconteceram e, pois, existem) *todos* os elementos que a compõem.[871] Basta faltar um único elemento para que a hipótese de incidência continue não realizada; e enquanto não se realizar este último elemento, não ocorrerá a incidência da regra jurídica. Porém, realizando-se este último elemento, a regra jurídica incide sobre a hipótese de incidência realizada e a sua incidência é imediata, instantânea e infalível.[872]

A fenomenologia da incidência da regra jurídica torna-se mais compreensível, mais "pensável", quando se procura vê-la com os olhos da imaginação metafórica.

A *juridicidade* tem grande analogia com a *energia* eletromagnética e a *incidência* da regra jurídica projeta-se e atua com automatismo, instantaneidade e efeitos muito semelhantes a uma *descarga* eletromagnética.

Tendo-se presente a natureza *instrumental* da regra jurídica[873] e que a sua fonte é a *energia estatal* (a capacidade de agir do ser social, o poder),[874] e que a regra "jurídica" não-válida é regra à qual *falta* juridicidade e por isto não é regra jurídica,[875] imagine-se o seguinte:

---

871. Pontes de Miranda, *Tratado de Direito Privado*, vol. I, Rio de Janeiro, 1954, § 9º, nº 1. Sobre a composição da hipótese de incidência, ver nossos ns. 89-91.

872. Sobre a infalibilidade da incidência, ver nº 85.

873. Ver nº 19.

874. Ver nº 59.

875. Ver nº 60.

Um instrumento (regra jurídica válida) carregado de energia eletromagnética (juridicidade). Este instrumento permanece suspenso sobre o mundo dos fatos físicos, biológicos e psíquicos. No mundo existiram os fatos pretéritos, existem os fatos presentes e existirão os fatos futuros. E no mundo, sob o referido instrumento, os fatos presentes vão se tornando pretéritos e os fatos futuros vão se tornando presentes, isto é, vão acontecendo, vão se realizando. Entretanto, aquele instrumento aguarda e continua em *estática*.

Ora, com o acontecer dos fatos, vão se realizando (existindo no presente e no pretérito), um a um, os elementos previstos na composição da hipótese de incidência, quando *todos* os elementos se realizaram (existem no presente e no pretérito), a hipótese de incidência realizou-se e, então, automaticamente (imediata, instantânea e infalivelmente) aquele instrumento entra em *dinâmica* e projeta uma descarga (incidência) de energia eletromagnética (juridicidade) sobre a hipótese de incidência realizada.

Recebendo esta carga de energia (de juridicidade), a hipótese de incidência fica carregada de energia eletromagnética (*juridiciza-se*) em estado dinâmico, cujo efeito é a *irradiação* (pela hipótese de incidência já juridicizada) *da eficácia jurídica*: a relação jurídica e seu conteúdo jurídico de direito e correlativo dever, de pretensão e correlativa obrigação, de coação e correlativa sujeição.[876]

A irradiação da eficácia jurídica é a irradiação de um arco-íris eletromagnético (a relação jurídica) que vincula o sujeito passivo (situado no polo negativo do arco-íris) ao sujeito ativo (situado no polo positivo).

“A regra jurídica foi a criação mais eficiente do homem para submeter o mundo social e, pois, os homens, às mesmas ordenação e coordenação, a que ele, como parte do mundo

876. Ver nº 95.

físico, se submete. Mais eficiente, exatamente porque foi a *técnica* que mais de perto copiou a *mecânica* das leis físicas."[877]

85. Infalibilidade (automatismo) da incidência e respeitabilidade dos efeitos jurídicos

A *infalibilidade* (ou automatismo) da incidência da regra jurídica não deve ser confundida com a *respeitabilidade* dos efeitos jurídicos que se irradiam depois da incidência.

A incidência da regra jurídica é *infalível*, o que falha é o respeito aos efeitos jurídicos dela decorrentes. Não existe regra jurídica "ordenando" a incidência das demais regras jurídicas; a regra jurídica incide porque o incidir infalível (automático) é justamente uma *especificidade do jurídico* como instrumento praticável de ação social.[878]

A incidência ocorre para todos e todos devem respeitar os efeitos jurídicos (eficácia jurídica) dela decorrentes; porém a sujeição coercitiva (vinculatória) aos efeitos jurídicos ocorre apenas para e entre o sujeito passivo e o sujeito ativo da relação jurídica.[879]

A *ignorância* dos indivíduos quanto a *existência* da regra jurídica válida, ou no tocante à realização de sua hipótese de incidência, não é obstáculo à incidência da regra jurídica, nem dispensa a sujeição à eficácia jurídica (efeitos jurídicos); a regra jurídica incide e a eficácia jurídica é coercível, ainda que os sujeitos da relação jurídica desconheçam a existência da regra jurídica válida.[880] A infalibilidade da incidência não entra em

877. Pontes de Miranda, *Tratado de Direito Privado*, vol. I, Rio de Janeiro, 1954, a 3ª, nº 1. A criação da regra jurídica não é propriamente "técnica", mas genuína "arte"; ver nosso nº 20.

878. Pontes de Miranda, *Tratado de Direito Privado*, vol. II, Rio de Janeiro, 1954, § 5º, nº 1, e § 6º, nº 1.

879. Idem, ibidem, § 5º, nº 1.

880. Idem, ibidem, § 4º, nº 3. Ver também as interessantes observações de J. Haesaert sobre o adágio "ninguém pode escusar-se, alegando ignorar a lei", *Théorie Générale du Droit*, Bruxelles, 1948, pp. 180-85.

contradição com o que foi dito sobre a *atitude mental jurídica*;[881] e não contradiz, porque se os sujeitos da relação jurídica ignoram a regra jurídica ou a conhecem defeituosamente (interpretação errônea), então, simplesmente não há atitude mental *jurídica*. E justamente porque *houve* a incidência da regra jurídica e a irradiação da eficácia jurídica, *sem que tenha havido* (no cérebro de determinado indivíduo) a correspondente atitude mental jurídica, é que existe a doutrina jurídica, o advogado, o órgão judiciário e a intervenção do órgão Executivo mediante regulamentos e portarias; tudo isso existe para provocar a atitude mental jurídica que não ocorreu, mas que deveria ter ocorrido pela simples incidência da regra jurídica sobre sua hipótese de incidência.

A incidência é infalível, o que falha é a sujeição à eficácia jurídica (efeitos jurídicos). Entretanto, esta não-sujeição não altera nem enfraquece as especificidades do jurídico: a infalibilidade da incidência e a coercibilidade da eficácia jurídica (efeitos jurídicos). Justamente porque houve a incidência e porque nos efeitos jurídicos há coercibilidade é que – ocorrendo a não--sujeição – só então torna-se necessário o exercício da coação que, hoje, é monopólio do Estado.[882] Por isto, é errado dizer que o órgão judiciário "aplica" a lei. O órgão judiciário investiga se houve (ou não) a incidência da regra jurídica e analisa (esclarece) os efeitos jurídicos dela decorrentes e se, apesar deste trabalho de prudente investigação e análise, o sujeito passivo (e ou o sujeito ativo) ainda continua a ignorar ou a não se sujeitar à eficácia jurídica (efeitos jurídicos), então intervém o órgão executivo agindo, física e psicologicamente, para obter a sujeição à eficácia jurídica; esta ação estatal é o *exercício* da coação; exercício que, originalmente, competia ao próprio sujeito ativo, como hoje, em raros casos (ex.: legítima defesa), ainda compete.[883]

---

881. Ver ns. 13-15.

882. Pontes de Miranda, op. cit., § 4º. ns. 1, 3, 5. § 5º, nº 1; J. Dabin, *Théorie Générale du Droit*, 2ª ed., Bruxelles, 1953, nº 30, *in fine*; Giorgio Del Vecchio, *Philosophie du Droit*, Paris. 1953, pp. 296-98.

883. Sobre a distinção entre coercibilidade, coação e sanção, ver nº 86.

86. Juridicidade, coercibilidade, coação e sanção

A doutrina reconhece que o uso indiscriminado das expressões "coercibilidade", "coação" e "sanção" tem gerado a confusão sobre o verdadeiro e distinto conceito que cada um dos três referidos vocábulos deve exprimir, porém quando o autor procura esclarecer esta distinção, infelizmente não penetra na intimidade desta fenomenologia jurídica e por isto chega a um conceito muito amplo e vago de "coercibilidade", de modo que: ou se vê obrigado a recusar a coercibilidade como uma das especificidades do jurídico; ou aceita-a como tal, mas atribuindo-lhe amplitude excessiva.[884]

Toda a regra jurídica supõe uma tensão ou a possibilidade da tensão, pois a regra (lei) jurídica não é criada para confirmar fenômenos naturais, o que seria, apenas, tomar uma regra (lei) *científica* para fazê-la regra (lei) *jurídica*. Tendo-se presente a distinção entre causação científica (lei científica) e causação jurídica (lei jurídica) e o determinismo artificial imposto aos fatos pela lei jurídica,[885] compreende-se que, desde que existe uma regra jurídica, também coexiste a possibilidade

---

884. De um modo geral, enquadra-se, como exemplo do primeiro caso, F. Pergolesi, in *Novissimo Digesto italiano*, 3ª ed., vol. III, Torino, 1959, verbete "coazione" pp. 370-72; e como exemplo do segundo caso, Giorgio Del Vecchio, *Philosophie du Droit*, Paris, 1953, pp. 295, 297 e 301 *in fine*.

Entretanto, isto não significa que estes aumentem a confusão reinante; ao contrário, embora suas respectivas conclusões mereçam a ressalva ora feita, suas investigações trazem muita luz para a solução do problema.

Edgar Godói da Mata-Machado em sua obra *Direito e coerção*, Rio de Janeiro, 1957, oferece provavelmente o mais exaustivo e erudito estudo sobre a coerção no Direito. Sua obra é indispensável para quem deseja conhecer o problema e trabalhar na sua solução.

Também Miguel Reale escreveu luminosa e penetrante análise sobre a coerção no plano da especificidade do Direito; ver sua *Filosofia do Direito*, 2ª ed., vol. II, São Paulo, 1957, pp. 590-600.

885. Sobre esta distinção entre lei científica e lei jurídica, ver nº 17. Sobre o determinismo artificial imposto pela lei jurídica, ver nº 22.

material de sua violação[886] (isto é, a não-sujeição aos efeitos jurídicos decorrentes da incidência da regra jurídica).

Ora, a fim de que a regra jurídica seja aquilo que é (instrumento de ação social),[887] é indispensável que a própria regra jurídica seja portadora, dentro de si mesma, de força (energia).[888]

É costume pensar-se na força como algo contrário ao jurídico; mas esta ideia surge porque é hábito pensar-se na força como energia da brutalidade e da desordem, esquecendo-se que a força existe também racionalizada e organizada[889] dentro de qualquer instrumento, como existe dentro do ímã eletromagnético ou da regra jurídica.

É esta força (energia) racionalizada e inclusa na regra jurídica que a faz incidir sobre a hipótese de incidência realizada, juridicizando-a, e faz a hipótese de incidência juridicizada irradiar a eficácia jurídica; em síntese, o *dinamismo* do já estudado fenômeno jurídico da incidência e de sua infalibilidade[890] é explicado pela existência, dentro da regra jurídica, da força (energia).

Esta força (energia) é de existência *real* e de natureza espiritual,[891] nunca se deve confundir *realidade* e matéria, a

---

886. Giorgio Del Vecchio, *Philosophie du Droit*, Paris, 1953, p. 296.

887. Ver nº 19.

888. G. Burdeau, *Traité de Science Politique*, vol. I, Paris, 1949, nº 184.

889. Idem, ibidem; J. Haesaert; *Théorie Générale du Droit*, Bruxelles, 1948, p. 153.

890. Ver ns. 84-85; 59.

891. Muito a propósito é a agudíssima observação de Pontes de Miranda: "As relações jurídicas, os direitos subjetivos, os deveres, as qualidades jurídicas das pessoas e das coisas não se passam no mundo das percepções visuais e auditivas, gustativas e tácteis; *passam-se, são, no mundo do pensamento, que é parte do mundo total*, razão por que se colam a fatos do mundo perceptível e podemos provar, depois, terem-se colado; toda prova de direito é prova de *fatos* que antecederam a ela, fatos sobre os quais a regra jurídica *incidiu*, e da *regra jurídica*, escrita ou não-escrita, como fato (grifou-se), in *Tratado de Direito Privado*, vol. I, Rio de Janeiro, 1954, § 2º, nº 3.

realidade existe na matéria e *também fora dela*.[892]

Foi dito que a regra válida é a regra que possui juridicidade e só a regra com juridicidade pode incidir. Pergunta-se: A força (energia) seria, então, a juridicidade (o jurídico)?

A força (energia), por si mesma (sem a regra), não é a juridicidade (o jurídico); nem a regra (sem a força) tem a juridicidade; porém, a juridicidade é regra *mais* força (energia) dentro de si mesma, e mais ainda: a *regra* deverá ter uma *estrutura lógica* específica e a *força* (energia) deverá ser capaz de desencadear uma específica *atuação dinâmica* da regra.[893]

Pergunta-se: A regra jurídica é algo artificial? Responde-se: a regra jurídica é artificial (no sentido de não-natural) e a relação jurídica é *anormal*, pois o *jurídico* (a juridicidade) não foi encontrado no mundo *in natura*, mas é um *instrumento construído* (fabricado) pelo ser social (modernamente este ser social assume a forma *estatal*) para agir.[894]

Esta força (energia) não surge, por geração espontânea, dentro da regra jurídica, mas ali foi concentrada pelo *criador* (o Estado) da regra jurídica e o Estado cria tal instrumento em virtude de sua capacidade de agir (poder ou energia) como ser social com personalidade própria e inconfundível com a dos indivíduos-membros e com capacidade de agir inconfundível com a do indivíduo-membro.[895] *Esta concentração de força*

892. J. Dabin, *Le Droit Subjectif*, Paris, 1952, pp. 134-35; *L'Etat ou le Politique*, Paris, 1957, p. 223.

893. Sobre a síntese da estrutura lógica e da atuação dinâmica da regra jurídica, ver nº 81.

894. Sobre a natureza artificial da regra jurídica e a anormalidade da relação jurídica, ver ns. 22-23. Sobre a natureza instrumental da regra jurídica, ver ns. 19, 21. Sobre a finalidade da ação do ser social (Estado), ver nº 6.

895. Note-se que a *personalidade* do Estado (ou qualquer outro ser social), antes de ser jurídica, já existe com natureza *natural*; ver ns. 46-48; 58.

(energia) dentro da regra jurídica é contínua[896] *e é uma projeção da força (energia ou capacidade de agir em dinâmica) do seu criador (o Estado), de modo muito análogo com o que se passa entre o gerador de energia (força) elétrica e o ímã eletromagnético.*

O gerador gera a eletricidade e com ela *alimenta continuamente* um eletro-ímã e este instrumento, em virtude desta alimentação de energia continuada, *atua* de um modo *específico*: vincula (magnetismo). Substituindo-se as palavras: "gerador" por Estado (ou qualquer outro ser social); "eletricidade" por força (energia); "eletro-ímã" por regra jurídica; e "magnetismo" por relação jurídica, poderia-se melhor "pensar" na fenomenologia jurídica.

Ora, assim como não é possível pensar em magnetismo sem força (energia) vinculante, também não é possível pensar na relação jurídica sem *coercibilidade*. A coercibilidade é o *vincular continuado* da relação jurídica; é a *propriedade lógica* da relação jurídica;[897] a relação jurídica é essencialmente bilateral atributiva,[898] de modo que a coercibilidade resulta como o *corolário imediato* daquela bilateralidade atributiva.[899]

Bem entendida a distinção, que acaba de ser exposta, entre a *energia* inclusa dentro da regra jurídica e a *coercibilidade* da relação jurídica, e, tendo-se presente a distinção entre

Lembra-se, mais uma vez, que não é possível compreender, com exatidão, a regra jurídica, sem que previamente se tenha investigado a *enbriogenia* do ser social (modernamente: o Estado), que é seu criador; ver ns. 46-60.

896. Pois a existência do próprio ser social é de *natureza continuada*, ver ns. 48, 51.

897. Em sentido análogo: Miguel Reale, *Filosofia do Direito*, vol. II, 2ª ed., São Paulo, 1957, pp. 590-600, 607.

898. "A bilateralidade atributiva", mostra Miguel Reale, "distingue sempre o Direito, porque a relação jurídica não toca apenas a um sujeito isoladamente, nem ao outro, mesmo quando se trate do Estado, mas sim ao nexo de polaridade e de implicação dos dois sujeitos" (*Filosofia do Direito,* vol. II, 2ª ed., São Paulo, 1957, p. 607).

899. No mesmo sentido: Miguel Reale, *Filosofia do Direito*, vol. II, 2ª ed., São Paulo, 1957, p. 607.

infalibilidade da incidência da regra jurídica e *respeitabilidade* da eficácia jurídica,[900] pode-se compreender facilmente o que é a *coação* e depois distingui-la da *sanção*.

Viu-se que a infalibilidade da incidência da regra jurídica não deve ser confundida com a respeitabilidade da eficácia jurídica que se irradia da hipótese de incidência depois de juridicizada pela incidência da regra jurídica. A incidência é infalível, o que falha é o respeito (*sujeição*) à eficácia jurídica. Entretanto, este desrespeito (não-sujeição) não altera, nem enfraquece as especificidades do jurídico, no caso: a infalibilidade da incidência e a coercibilidade da eficácia jurídica. Ora, justamente porque *houve* a incidência e porque na eficácia jurídica há coercibilidade, é que – ocorrendo o desrespeito (não-sujeição) – torna-se necessária a *coação*: a utilização da força *material* para obter-se a sujeição à força *espiritual* da eficácia jurídica: a relação jurídica.

A coação *em exercício* tem natureza essencialmente *material*, pois não é apenas psicológica, mas é *física*; a *manus militari* recai sobre o corpo humano (prisão, liberdade condicional, etc.) ou sobre o seu patrimônio (penhora, etc.).[901] As *modalidades* do exercício da coação diferem segundo os tempos, os lugares e as civilizações; noutros tempos, o devedor (sujeito passivo na relação jurídica) que não efetuasse a prestação que satisfizesse a sua obrigação jurídica, caía fisicamente em poder do credor (o sujeito ativo na relação jurídica); hoje, esta modalidade de coação foi substituída pela coação sobre os bens (patrimônio) do devedor.[902] Por sua vez, o *exercício* da coação é, na época atual, um monopólio do Estado e só em raros casos ainda subsiste o exercício privado (pelo sujeito ativo, ex.: legítima defesa); historicamente, uma das primeiras tarefas do Estado em formação foi substituir o exercício *privado* da coação, pelo exercício *estatal*, monopolizando-o.[903]

900. Ver nº 85.

901. J. Dabin, *Théorie Générale du Droit*, 2ª ed., Bruxelles, 1953, nº 30.

902. Babin, *Théorie Générale du Droit*, 2ª ed., Bruxelles, 1953, nº 29.

903. J. Dabin. *Théorie Générale du Droit*, 2ª ed., Bruxelles, 1953, nº 33. Sobre a distinção entre *coação* (poder de coagir) e exercício da coação, ver nº 95.

Deve-se recordar que o jurídico existe no mundo do pensamento e que a relação jurídica é uma realidade espiritual (não confundir matéria e realidade).[904] A coercibilidade – concebida no sentido acima definido – é uma vinculação que existe no plano espiritual das ideias e, no caso, a ideia é a relação jurídica. Ora, quando a realização desta ideia (a relação jurídica) não é espontânea, então permanece indefinidamente a *discordância* entre a realidade do plano *material* (a não satisfação da prestação) e a realidade no plano *espiritual* (o dever jurídico de prestá-la). A coação é o poder de adequar aquela realidade a esta última. A coação é a realização, no plano material, da vinculação jurídica *já existente*, no plano espiritual, em virtude da coercibilidade.

Como foi visto, a *coercibilidade* (o vínculo continuado) é propriedade lógica da relação jurídica, existe, pois, em toda e qualquer relação jurídica. Porém, a *coação* é elemento componente do *conteúdo* jurídico da relação jurídica, de modo que o legislador, ao disciplinar a realização de determinada relação jurídica, pode negar-lhe este elemento, conferindo à relação jurídica um conteúdo *mínimo* (apenas direito e correlativo dever) ou *médio* (direito e dever, pretensão e obrigação).[905] Uma vez fixada a distinção entre coercibilidade e coação, compreende-se porque a falta da coação no conteúdo jurídico da relação não significa inexistência da coercibilidade na relação jurídica.[906]

Tendo-se presente o que foi exposto sobre energia (força), coercibilidade e coação, compreende-se o que é a *sanção*. O legislador, a fim de dificultar a não-sujeição (desrespeitabilidade) à eficácia jurídica (relação jurídica e seu conteúdo jurídico) resultante da incidência de uma determinada regra

904. Ver nº 82.

905. Tripartição vertical do conteúdo jurídico da relação jurídica, ver ns. 95, 99.

906. No mesmo sentido: Miguel Reale, *Filosofia do Direito*, vol. II, 2ª ed., São Paulo, 1957, p. 600.

jurídica, cria também *outra* regra jurídica que, por sua vez, incidirá *no caso de acontecer a não-sujeição* àquela eficácia jurídica. Noutras palavras, a *não-sujeição* (à eficácia jurídica que se irradiou após a incidência da *primeira* regra jurídica) é elemento constitutivo da composição da hipótese de incidência de *segunda* regra jurídica, de modo que esta segunda regra jurídica somente incidirá se ocorrer aquela não-sujeição.

Ora, realizando-se a hipótese de incidência desta *segunda* regra jurídica, esta incide sobre sua própria hipótese de incidência e irradia-se a sua eficácia jurídica: a relação jurídica e seu conteúdo jurídico. Ora, a *prestação*, do sujeito passivo nesta *segunda* relação jurídica (irradiada após a incidência da *segunda* regra jurídica) é a *sanção* (indenização, perdas e danos, multa, prisão, morte, etc.) que pode ser civil, comercial, tributária, administrativa, penal, etc.

Como se vê, a estrutura lógica e a atuação dinâmica desta segunda regra jurídica (que estabelece a sanção) é *idêntica* à da primeira regra jurídica. Ambas são portadoras da mesma energia; ambas têm incidência infalível; ambas as eficácias jurídicas têm a mesma coercibilidade e a mesma respeitabilidade (e, no plano *material,* ambas podem ser desrespeitadas). Porém, elas diferem, uma da outra, apenas no seguinte:

a) No *objeto* da prestação que, no primeiro caso, é o preço da mercadoria, o serviço profissional, o tributo, etc., e, no segundo caso, é a indenização, a multa, as perdas e danos, a morte, etc.

b) Na *modalidade* e no exercício da coação.

§ 3º HIPÓTESE DE INCIDÊNCIA

("Fato gerador", suporte fáctico, "fattispecie", "tatbestand")

87. Conceito de hipótese de incidência ("fato gerador", suporte fáctico, "fattispecie", "tatbestand") – não é especificidade do Direito Tributário

Escolheu-se a expressão *hipótese de incidência* para designar o mesmo que outros autores denominam de "suporte fáctico" ou "tatbestand" ou "fattispecie" ou "hecho imponible" ou "presupposto del tributo" ou "fato gerador". Esta última expressão é a mais utilizada pela doutrina brasileira de Direito Tributário e, de todas elas, a mais infeliz porque o "fato gerador" não gera coisa alguma além de confusão intelectual.[907] Para que possa existir a relação jurídica tributária é necessário que, *antes*, tenha ocorrido a *incidência* da regra jurídica tributária sobre o "fato gerador" e, em consequência, irradiado a relação jurídica tributária.

Deve-se tomar extremo cuidado na escolha e no uso de vocábulos e expressões jurídicas. A impropriedade de expressões facilmente desencadeará no cérebro reflexos condicionados àquela impropriedade, fazendo-o raciocinar com ideias errôneas que servem de premissas para conclusões.[908] Basta uma premissa falsa para inutilizar a conclusão, embora esta seja a perfeita decorrência lógica daquela premissa falsa. Porém o jurista muito dificilmente perceberá (ou admitirá) o erro porque se costuma atentar mais para a lógica da conclusão que para a veracidade das premissas. Principalmente no Direito Tributário, a erronia da premissa resulta da ideia que nasce como reflexo condicionado a um vocábulo ou expressão que foi introduzida no mundo jurídico, sem que os juristas que a utilizam se dêem conta que tal introdução, sempre e necessariamente, determina uma deformação na ideia que habitualmente tal vocábulo costumava provocar, quando utilizado fora do mundo jurídico, por exemplo, na Ciência das Finanças Públicas.[909] E se o vocábulo ou expressão está sendo utilizado para designar um conceito fundamental, não há *uma* conclusão errada, *mas falsa estará toda a teoria ou doutrina* que se desenvolveu com base naquele fundamento. No campo da doutrina do Direito Tributário, a expressão "fato gerador" é a que mais

---

907. Pelo mesmo motivo, Rubens Gomes de Sousa critica esta expressão, in *Estudos de Direito Tributário*, São Paulo, 1950, p. 167, nota 12-B.

908. Ver ns. 10-12.

909. Ver nº 23.

extensos prejuízos lhe têm causado, a tal ponto que é frequente encontrarem-se autores que, embora dotados de vigorosa inteligência e brilhante erudição, escrevem – imersos numa atitude mental pseudojurídica – capítulos e livros destituídos de valor *jurídico*, os quais, todavia, são excelentes no plano pré-jurídico da Ciência das Finanças Públicas e da Política Fiscal.[910]

A fenomenologia do "fato gerador" (hipótese de incidência, suporte fáctico, etc.) não é especificidade do Direito Tributário e nem do Direito Penal, pois *toda e qualquer regra jurídica* (independente de sua natureza tributária, civil, comercial, processual, constitucional, etc.) tem a mesma estrutura lógica: a *hipótese de incidência* ("fato gerador", suporte fáctico, etc.) e a *regra* (norma, preceito, regra de conduta) cuja incidência sobre a hipótese de incidência fica condicionada à *realização* desta hipótese de incidência.[911]

Por isto o estudo da fenomenologia da hipótese de incidência é da mais alta relevância para as exposições e investigações científicas do Direito.[912] "Tem-se de estudar o fáctico, isto é, as relação humanas e os fatos, a que elas (as regras jurídicas) se referem, para se saber qual o *suporte fáctico*, isto é, aquilo sobre que elas (as regras jurídicas) incidem, apontado por elas. Aí é que se exerce a função esclarecedora, discriminativa, crítica, retocadora, da pesquisa jurídica. O conceito de

---

910. Para o estudo da atitude mental jurídica e a necessidade de sua reeducação, principalmente no Direito Tributário, ver ns. 1-3, 10-15.

911. Fernando Sáinz de Bujanda, *Hacienda y Derecho*, vol. II, Madrid, 1962, pp. 286-87; Fernando Arche-Domingo, "Consideraciones sobre el Hecho Imponible", in *Revista de Derecho Financiero y de Hacienda Pública*, vol. X, Madrid, setembro 1960, nº 39, pp. 530, 532-50; Soares Martinez, *Estudos de Direito Financeiro da personalidade tributária*, vol. I, Lisboa, 1953, pp. 143-46; Pontes de Miranda, *Tratado de Direito Privado*, vol. I, Rio de Janeiro, 1954, e 32, nº 1; J. Dabin, *Théorie Générale du Droit*, 2ª ed., Bruxelles, 1953, nº 42; C. Du Pasquier, *Introduction à la Théorie Générale et à la Philosophie du Droit*, 3ª ed., Neuchâtel, 1948, ns. 112-116.

912. Pontes de Miranda, *Tratado de Direito Privado*, vol. I, Rio de Janeiro, 1954, § 1º, nº 1.

suporte fáctico tem de ser guardado pelos que querem entender as leis e as operações de interpretação e de julgamento."[913]

Como já se viu, a fenomenologia jurídica é a experiência social do homem em prever e impor um determinismo artificial ao comportamento (fazer ou não fazer) dos homens, utilizando como instrumento a regra de conduta pré-determinada, a qual consiste na regra jurídica e cuja estrutura lógica e atuação dinâmica decorre da estrutura do pensamento humano.[914]

O fenômeno da atuação dinâmica da regra jurídica, isto é, a *incidência automática* da regra jurídica sobre a sua hipótese de incidência, somente desencadeia-se *depois* da realização integral da hipótese de incidência pelo acontecimento de *todos* os fatos nela previstos e que formam a composição específica àquela hipótese de incidência. *Depois* da incidência da regra jurídica é que ocorre a irradiação dos efeitos jurídicos, os quais consistem nas consequências (ex.: relação jurídica e seu conteúdo de direito e dever, etc.) pré-determinadas pela regra que, juntamente com a hipótese de incidência, compõe a estrutura lógica da regra jurídica.[915]

Deve-se cuidar para não confundir *infalibilidade* da incidência com *respeitabilidade* da incidência. Uma vez realizada a hipótese de incidência, a incidência da regra jurídica é infalível e *independente da atuação de qualquer órgão executivo ou judiciário*, entretanto, o que falha é o *respeito* aos efeitos jurídicos resultantes daquela incidência. Para impor este respeito é que atuam os órgãos executivos e judiciários.[916]

88. Diferenciação entre regras jurídicas com idêntica hipótese de incidência ou regra

O que diferencia uma regra jurídica de outra, conferindo especificidade a cada regra jurídica, é o conteúdo da hipótese

913. Idem, ibidem, Prefácio, pp. X-XI.

914. Ver nº 81.

915. Idem, ibidem.

916. Ver nº 85.

de incidência e o da regra; noutras palavras, é a natureza dos fatos que compõem a hipótese de incidência e a natureza das consequências (efeitos jurídicos; ex.: conteúdo da relação jurídica) predeterminadas pela regra e condicionadas à realização integral da hipótese de incidência pelo acontecimento de todos os fatos previstos como elementos integrantes de sua composição.

Para que duas regras jurídicas sejam distintas, isto é, sejam *duas* e não uma só, não é necessário que tanto a regra, como a hipótese de incidência, tenham conteúdo diferente. Para que haja dualidade de regras jurídicas é suficiente que a regra ou a hipótese de incidência tenha conteúdo diferente. Nada impede que o *mesmo* fato ou complexo de fatos forme o conteúdo das hipóteses de incidência de duas ou mais regras jurídicas e sofra, simultaneamente, a incidência daquelas múltiplas regras jurídicas (ex.: comercial e tributária), cuja hipótese de incidência tem como conteúdo o mesmo fato ou complexo de fatos.[917] Por exemplo: a sociedade distribui lucros aos sócios; este fato da distribuição de lucro realiza a hipótese de incidência das regras jurídicas *comerciais* que disciplinam a satisfação dos direitos do sócio perante a sociedade e que formam o conteúdo da preexistente relação jurídica que vincula o sócio à sociedade. Este mesmo fato também realiza a hipótese de incidência da regra jurídica *tributária* de cuja incidência nasce a relação jurídica tributária do imposto sobre a renda do sócio.

Por outro lado, também é perfeitamente admissível a existência de duas ou mais regras jurídicas com idêntica *regra* (ex.: a mesma consequência jurídica), porém com hipótese de incidência de distinto conteúdo. Neste caso, à primeira vista, parecerá existir uma única regra jurídica com uma só hipótese de incidência cujo conteúdo seria múltiplo e alternativo: o acontecimento deste fato ou a prática daquele ato ou a existência

917. Pontes de Miranda, *Tratado de Direito Privado*, vol. I, Rio de Janeiro, 1954, § 10, ns. 1-2.

daquele estado de fato, desencadeando as mesmas consequências jurídicas (ex.: idêntica relação jurídica), estariam realizando a hipótese de incidência de uma única regra jurídica. Entretanto, refletindo-se, verifica-se existirem tantas regras jurídicas, quantos forem os conteúdos alternativos daquela hipótese de incidência que, aparentemente mostra-se única, mas na verdade é múltipla. Por exemplo: uma lei de imposto de renda determina que o salário de empregado e a parte da gratificação de diretor que exceder ao limite "x" pagarão o mesmo imposto de renda na razão de 5%. Aqui há *duas* normas jurídicas, com idêntica regra (débito de imposto de renda na alíquota de 5%), porém com diferentes hipóteses de incidência (o salário de empregado realizará a da primeira regra jurídica; o excesso da gratificação de diretor ao limite "x" realizará a da segunda regra jurídica). Outro exemplo: um artigo de lei cria determinado tributo e simplesmente enumera os fatos e/ou atos em que ele se tornará devido. Cada espécie de fato ou ato enumerado é a hipótese de incidência de uma distinta regra jurídica, embora esta esteja estruturada com *regra* idêntica às das demais regras jurídicas e ainda que todas elas tenham sido enunciadas por um só artigo de lei. Deve-se saber distinguir, dentro de uma única fórmula literal legislativa, o número de regras jurídicas ali contidas e o conteúdo das respectivas estruturas lógicas.

A *mesma* regra jurídica não pode incidir, mais de uma vez, sobre a sua hipótese de incidência *realizada*. Esta se realiza pelo acontecimento do fato (ou complexo de fatos) que forma o seu conteúdo e sobre este fato existente (e no qual consiste a hipótese de incidência *realizada*), a mesma regra jurídica incidirá apenas uma vez. Entretanto, se fato idêntico novamente acontecer, então, a mesma regra jurídica voltará a incidir porque houve *segunda* realização de sua hipótese de incidência.[918]

Quando o fato (sentido lato) que realiza a hipótese de incidência consiste num *estado de fato*, poderia parecer, à

918. Idem, ibidem, vol. V, p. 536, nº 2, *f*.

primeira vista, que a mesma regra jurídica estaria incidindo duas ou mais vezes sobre a mesma hipótese de incidência *realizada*, pois o estado de fato é o fato que aconteceu e permanece e que, por isto, pode ser contemplado: ou no *momento* em que aconteceu (portanto, como fato estrito senso), ou sob o ângulo de sua *duração continuada* (portanto, como estado de fato).[919]

Entretanto, refletindo-se, verifica-se que não é a mesma hipótese de incidência *realizada* que está sofrendo a segunda e sucessivas incidências da mesma regra jurídica. Esta poderá incidir tantas vezes (anualmente ou diariamente) enquanto durar o estado de fato; o número de incidências dependerá das coordenadas de tempo de realização da hipótese de incidência, isto é, a hipótese de incidência poderá consistir no estado de fato com duração de um ano ou de um dia, de modo que ao término do *segundo* ano ou do *segundo* dia, logicamente ocorre uma *segunda* realização da hipótese de incidência. Por exemplo: o chamado imposto de propriedade territorial e predial tem como hipótese de incidência um estado de fato: a existência permanente, *durante um ano civil*, de imóvel objeto de direito de propriedade privada; todos os anos, enquanto o imóvel for objeto de direito de propriedade privada, o imposto será cobrado uma única vez e durante aquele ano não será cobrado outra vez o mesmo imposto, ainda que o imóvel, cada dia, tenha um proprietário diferente.

Comumente, a medida de tempo que o legislador escolhe para a realização do estado de fato é o ano civil; porém, nada impede que o legislador tome medida de tempo maior ou menor que a do ano civil. Assim, a realização do estado de fato poderá completar-se num semestre ou num trimestre ou num dia. Não há fundamento lógico, nem jurídico, que proíba ao legislador criar imposto de propriedade imóvel mediante regra jurídica que incida cada dia e, consequentemente, crie um novo

919. Sobre a conceituação do estado de fato, ver Pontes de Miranda, op. cit., vol. I, p. 31, ns. 1-2 e § 8º, nº 2.

dever jurídico tributário de pagar aquele imposto todos os dias. A praticabilidade do sistema jurídico tributário do imposto pretendido e as diretrizes da política fiscal é que indicarão ao legislador qual a medida de tempo que ele deverá empregar na construção da regra jurídica tributária, isto é, quais as coordenadas de tempo que condicionarão a realização da hipótese de incidência.

89. Variedades de hipótese de incidência e sua composição com fato jurídico

Tudo aquilo que existe é um fato e também fato é o não-existir de qualquer coisa; o acontecer é fato e outro fato é o não-acontecer (ex.: abstenção, omissão, silêncio). Isto permite classificar os fatos em positivos e negativos. Fato positivo é o fato de algo existir ou acontecer; fato negativo é o fato de algo não-existir ou de não ter acontecido. A hipótese de incidência pode consistir em fato positivo ou negativo.[920]

Este é o motivo porque a expressão "fato", a rigor, abrange: o ato, o fato (senso estrito) e o estado de fato. Entretanto costuma-se, quase sempre, reservar o vocábulo "fato" para designar o fato no sentido estrito e utilizar a expressão "ato" como se fosse classe distinta do "fato". É interessante observar que o estado de fato é o fato (estrito senso) que aconteceu e permanece e que, por isto, pode ser contemplado: ou no *momento* em que aconteceu (portanto, como fato estrito senso) ou sob o ângulo de sua *duração continuada* (portanto, como estado de fato).[921]

---

920. Pontes de Miranda, *Tratado de Direito Privado*, vol. I, Rio de Janeiro, 1954, § 8, nº 3. Femando Arcche-Domingo, "Consideraciones sobre el Hecho Imponible", *Revista de Derecho Financiero y de Hacienda Pública*, vol. X, Madrid, setembro 1960, nº 39, p. 537.

921. Pontes de Miranda, op. cit., vol. I, 31, nº 4.

Sobre a distinção entre fato (estrito senso) e estado de fato, ver op. cit., § 31, ns. 1-2 e § 8º, nº 2.

A hipótese de incidência pode consistir em *qualquer* fato (sentido lato) positivo ou negativo, seja de natureza física, biológica, psíquica, econômica, política, artística, religiosa, etc. ... e inclusive de natureza *jurídica*. Basta que a interpretação da lei (fórmula literal legislativa) revele estar um determinado fato incluído na composição da hipótese de incidência da regra jurídica. E, se além daquele fato, outro deveria estar incluído (ou excluído) com fundamento perfeitamente procedente no plano político ou no moral ou por um princípio de justiça, ainda assim aquele outro fato *não* realizará a hipótese de incidência e, consequentemente, *não* receberá a incidência da regra jurídica e a consequente irradiação dos efeitos jurídicos.[922]

O fato (sentido lato) do mundo pré-jurídico, quando realiza hipótese de incidência, recebe, automaticamente, a incidência da respectiva regra jurídica que, ao incidir, juridiciza-o, transfigurando-o em *fato jurídico* (ato jurídico, fato jurídico, sentido estrito, estado de fato jurídico) e, pois, integrante do mundo jurídico.[923]

Depois de revisar os processos lógicos e metodológicos empregados para se classificarem fatos jurídicos e depois de acurado estudo dos mesmos, Pontes de Miranda obteve uma classificação dos fatos jurídicos que provavelmente, entre todas até hoje intentadas, é a mais científica e completa. Preliminarmente, Pontes de Miranda adverte que os fatos (sentido lato) contrários ao direito, por exemplo: os atos *ilícitos*, são também fatos *jurídicos*, de modo que a primeira classificação dos fatos jurídicos separa-os em: fatos jurídicos lícitos e fatos jurídicos ilícitos.

Os fatos jurídicos lícitos se dividem em quatro gêneros: *a*) fatos jurídicos *stricto sensu*; *b*) atos-fatos jurídicos ; *c*) atos jurídicos *stricto sensu*; *d*) negócios jurídicos.

---

922. Pontes de Miranda, op. cit., vol. I, § 7º, nº 2. A Justiça nada tem de haver com o Direito; ver nosso nº 25. Moral e Direito Natural, ver nosso nº 24.

923. Entrada do fato no mundo jurídico, ver nº 82.

Os fatos jurídicos ilícitos admitem três gêneros: *a*) fatos *stricto sensu* ilícitos; *b*) atos-fatos ilícitos; *c*) atos *stricto sensu* ilícitos.

Por sua vez, cada um dos referidos gêneros de fato jurídico se subdivide em numerosas espécies com elementos específicos, perfeitamente caracterizáveis, revelando Pontes de Miranda, com precisão e agudeza científica, a riquíssima variedade dos fatos jurídicos que integram o mundo jurídico.[924]

Com muito mais frequência do que se imagina, o fato *jurídico* (ato, fato ou estado de fato) é a hipótese de incidência da regra jurídica, sem com isto reconverter-se em fato econômico; portanto ele entra para a composição da hipótese de incidência *justamente em virtude de sua juridicidade* e a realização da hipótese de incidência ainda fica dependendo da particular *espécie* jurídica do fato jurídico.[925]

"Quando fatos jurídicos são elementos de suporte fáctico, não deixam de ser fatos jurídicos, não volvem a ser, apenas, elementos de fato; o elemento fáctico, que eles levam ao suporte fáctico, *é exatamente o fato jurídico*, donde parecer que nele entram como direitos e não como os elementos fácticos do seu suporte. Daí não ter razão A. Von Tuhr *(Der Allgemeine Teil*, II, 9) quando disse que os fatos jurídicos, ou os direitos, ao entrarem como elementos de suporte fáctico, se dissolvem na massa dos fatos, que os pôde produzir. *Essa volta ao fáctico não se dá*; o jurídico figura no suporte fáctico sem perder a juridicidade que adquiriu e *exatamente com ela* é que entra na composição do suporte fáctico."[926]

---

924. Pontes de Miranda, op. cit., vol. I, p. 22 até p. 38; vol. II, p. 159 até p. 248; e todo o vol. III.

925. Idem, ibidem, vol. I, p. 13, nº 4. J. Dabin, *Théorie Générale du Droit*, 2ª ed., Bruxelles, 1953, nº 42. C. DU Pasquier, *Introduction à la Théorie Générale et à la Philosophie du Droit*, 3ª ed., Neuehâtel, 1948, ns. 112-13. Antonio Berliri, *Principi di Diritto Tributário*, vol. II, Milano, 1957, tomo I, p. 224. Luigi Vittorio Berliri, *L'Imposta di Ricchezza Mobile*, Milano, 1949, p. 325.

926. Pontes de Miranda, op. cit., vol. I, p. 13, nº 4 (grifou-se).

A regra jurídica pode tomar como conteúdo de sua hipótese de incidência qualquer espécie jurídica de fato jurídico. Entretanto, o fato ou ato jurídico *ilícito* não pode servir como hipótese de incidência de regra jurídica *tributária*.[927] Por outro lado, qualquer fato jurídico (ato, fato ou estado de fato) lícito ou qualquer fato econômico lícito pode configurar a hipótese de incidência da regra jurídica tributária

Se este fato lícito deve, ou não necessita, consistir num signo presuntivo de capacidade contributiva, não tem qualquer relevância no plano *jurídico* (no plano pré-jurídico da Ciência das Finanças Públicas é da mais fundamental importância), *salvo naqueles sistemas jurídicos em que há regra jurídica constitucional prescrevendo a necessidade dos tributos serem cobrados conforme a capacidade econômica do contribuinte*. Nos países em que houver tal regra jurídica constitucional, ela *esvaziará de juridicidade* a lei tributária que tomar por hipótese de incidência fato não presuntivo de capacidade contributiva ou regular a alíquota do tributo, desprezando esta presumível capacidade.[928] A lei tributária vazia de juridicidade não pode incidir porque não é regra *jurídica*, mas simples proposição gramatical.[929]

Uma forte corrente doutrinária do Direito Tributário insiste em procurar sustentar a tese de que a regra jurídica tributária, ao escolher um fato jurídico para sua hipótese de incidência, estaria tomando-o como fato *econômico* e sobre ele incidiria com abstração de sua juridicidade. A tese dessa doutrina, negando ao Direito Tributário precisamente a fenomenologia que o torna *jurídico*, converte a Ciência *Jurídica* Tributária em Ciência *Econômica* Financeira e o Código Tributário em Manual de Ciência das Finanças Públicas para a orientação dos tribunais e da fiscalização tributária.[930] Aliás, a

927. As razões desta impossibilidade, bem como o exame do interessante problema da tributação dos atos ilícitos, ver ns. 160-164.

928. Ver ns. 128-132.

929. Ver ns. 60, 84.

930. Demonstra-se a total improcedência desta doutrina, ver nº 36.

tese defendida por essa doutrina merece crítica até mesmo no plano econômico da Ciência das Finanças Públicas, porquanto os diferentes gêneros jurídicos e espécies jurídicas de fatos jurídicos são excelentes signos presuntivos de diferentes gêneros e espécies econômicas de capacidade contributiva.[931]

O apontado hábito de se pensar em "ato" como se fosse classe distinta do "fato" é uma das diversas causas que induziu doutrinadores do Direito Tributário a sustentar a tese que a hipótese de incidência da regra jurídica tributária seria sempre um fato econômico. O referido hábito é também o fator da perplexidade daqueles que, embora admitam a possibilidade de a hipótese de incidência consistir num *ato* ou *negócio jurídico*, julgam que ela deveria ser tomada pelo *fato* econômico que lhe está subjacente. Aqueles doutrinadores ao investigarem a fenomenologia da incidência da regra jurídica de tributação, constatam sempre que o ato jurídico é tomado pela regra jurídica tributária por um *fato*. Ora, como se tratam de um ato jurídico, eles inadvertidamente concluem que a regra jurídica tributária tem como hipótese de incidência o *fato* econômico subjacente àquele ato jurídico, esquecendo-se que este ato jurídico, por si mesmo, é um *fato* jurídico de existência inconfundível com a daquele fato econômico e que o fato que está sendo contemplado pela lei é precisamente o fato *jurídico*.

Finalmente, é interessante observar que a *própria obrigação jurídica tributária* pode ser escolhida como *fato jurídico* realizador da hipótese de incidência de *outra* regra jurídica de *outro* tributo. Por exemplo: as frequentes taxas e impostos "adicionais", cuja alíquota é calculada sobre o valor de obrigação jurídica tributária preexistente, têm como hipótese de incidência o fato jurídico da existência de uma determinada *obrigação jurídica* tributária. Às vezes, conforme a redação da lei, esta hipótese de incidência do tributo adicional é a *prestação jurídica* (o pagamento do tributo) que satisfaz aquela determinada e preexistente obrigação jurídica tributária.

931. Ver nº 134.

90. Composição da hipótese de incidência: núcleo e elementos adjetivos

Rara é a hipótese de incidência cujo conteúdo consiste num único fato sentido: (ato ou fato ou estado de fato). Quase sempre aquele conteúdo é formado de dois ou mais fatos, diferentes ou idênticos, jurídicos ou não jurídicos, reunidos uns aos outros, nas mais diversas combinações de número, gênero e espécie.

Outras vezes, o fato é único, porém só *alguns* de seus elementos é que entram na composição da hipótese de incidência, de modo que cada um destes elementos consistirá, *por si mesmo*, num fato para o efeito de contribuir para a realização da hipótese de incidência.

Dentre as hipóteses de incidência, as mais frequentes e importantes são aquelas cujo conteúdo compõe-se de atos da mesma ou de duas ou mais pessoas. Também é comum a hipótese de incidência compor-se de ato (ou atos) ao qual se há de juntar acontecimento ou, então, estado de fato durante o qual se dêem os atos ou acontecimentos.[932]

A dissecação de toda e qualquer hipótese de incidência mostrará que ela se compõe de um único *núcleo* e de um ou mais *elementos adjetivos* e que ela somente poderá se realizar na época e no espaço que foram previstos pelas *coordenadas de tempo e lugar*. Por esta razão, ao se interpretar a lei, no momento em que se procura determinar a estrutura lógica da regra jurídica contida naquela fórmula literal legislativa, o intérprete deverá, em primeiro lugar, investigar a *composição* da hipótese de incidência e, nesta composição, saber distinguir: o *núcleo* e seus *elementos adjetivos*, bem como as *coordenadas de tempo e as de lugar* que condicionam a realização, no tempo e no espaço, da hipótese de incidência.

---

932. Pontes de Miranda, *Tratado de Direito Privado*, vol. I, Rio de Janeiro, 1954, § 8º, nº 5.

a) *Núcleo* – Na composição da hipótese de incidência o elemento mais importante é o *núcleo*. É a natureza do núcleo que permite distinguir as distintas naturezas jurídicas dos negócios jurídicos.[933] Também é o núcleo que confere o *gênero jurídico* ao tributo. Nas regras jurídicas de tributação, o núcleo da hipótese de incidência é sempre a *base de cálculo*.

Por exemplo: o imposto cuja alíquota é calculada sobre o valor da venda é imposto cuja hipótese de incidência tem como núcleo (base de cálculo) o negócio jurídico específico da compra e venda e, em consequência, o *gênero* jurídico do imposto é o de imposto de vendas. Se a alíquota for calculada sobre o valor da *promessa* de compra e venda, tratar-se-á, então, de outro imposto, pois sua hipótese de incidência tem como núcleo (base de cálculo) o negócio jurídico da *promessa* de compra e venda, de modo que o *gênero* jurídico do imposto é o do imposto de promessas bilaterais, devendo-se notar que, neste caso, o contrato de compra e venda já não é núcleo, mas *elemento adjetivo* que atribui *espécie* jurídica àquele gênero jurídico de tributo: imposto de promessas bilaterais (núcleo) de contrato de compra e venda (elemento adjetivo).

Finalmente, se a lei (fórmula literal legislativa) determinar que o "mesmo" imposto será pago tanto no contrato de compra e venda, como no de promessa de compra e venda, então, numa única lei haverá duas regras jurídicas, com idêntica regra e distintas hipóteses de incidência e haverá *dois* gêneros jurídicos de impostos: imposto de *compra e venda* e imposto de *promessa* de compra e venda.[934]

b) *Elementos Adjetivos* – No conteúdo da hipótese de incidência, além do núcleo, existem ainda um ou mais elementos das mais diversas naturezas que *adjetivam* o núcleo, determinando-lhe

933. Idem, ibidem, p. 13, nº 2 combinado com o vol. III, p. 251, nº4.

934. Diferenciação das regras jurídicas, ver nº 88. A natureza jurídica dos tributos e a função do núcleo da hipótese de incidência para conferir o gênero jurídico ao tributo são objetos de estudo mais desenvolvido nos ns. 101-105.

menor ou maior especificação. O *gênero* jurídico do tributo é resultante da natureza do núcleo e as *espécies* jurídicas daquele gênero jurídico de tributo são conferidas pelos elementos adjetivos.

Por exemplo: o imposto cuja alíquota é calculada sobre o valor da venda, mas que é cobrado somente quando se trata de venda de bens móveis, tem o gênero jurídico do imposto de venda (núcleo: negócio jurídico da compra e venda) e a espécie jurídica do imposto de venda *de bens móveis* (elemento adjetivo). Por outro lado, se a alíquota daquele imposto for calculada sobre o valor da *renda* nas vendas de bens móveis, consistirá num *outro* gênero jurídico de imposto: imposto de renda (núcleo: a renda) e da seguinte espécie jurídica: percebida nas vendas (elemento adjetivo) de bens móveis (elemento adjetivo).

Dentre a infinita variedade de elementos adjetivos que poderão ser escolhidos pelo legislador para especificar o núcleo da hipótese de incidência, existe um elemento adjetivo que sempre – expressa ou implicitamente – está presente na composição da hipótese de incidência. Este *elemento adjetivo* sempre constante é o que liga a hipótese de incidência a alguém. Esta vinculação da hipótese de incidência a uma ou mais pessoas normalmente está implícita, quando ela compõe-se de *atos*; porém, quando seu conteúdo consiste em *fato* (estrito senso) ou em *estado de fato*, aquela vinculação surge expressa na composição da hipótese de incidência.[935]

A realização da hipótese de incidência está sempre ligada a alguém; entretanto esta ligação (que não necessita ser social, podendo ser de natureza física ou psicológica ou de proximidade, etc.) não é a relação jurídica. Aquela ligação poderá transfigurar-se em relação jurídica, se for relação social e se a incidência da regra jurídica tiver como consequência jurídica (ou efeito jurídico) a sua juridicização. Porém, esta consequência jurídica pode perfeitamente ser outra; isto é, aquela relação

935. Pontes de Miranda, op. cit., vol. I, § 8º, nº 4.

social continuará apenas social e a incidência criará relação jurídica que não corresponderá àquela relação social.

A relação jurídica é sempre efeito (criação) de regra jurídica cuja incidência: ou juridiciza uma relação social (fáctica) preexistente, atribuindo-lhe um conteúdo jurídico especifico; ou irradia uma relação jurídica que, *antes* da incidência, não existia *nem* como relação social, *nem* como jurídica.[936] Verifica-se, pois, que aquela sempre constante ligação da hipótese de incidência a além, *ainda não é a vinculação da relação jurídica e nem é necessário que se venha converter na relação jurídica.*

Quando a hipótese de incidência consiste num fato jurídico (ato jurídico, fato jurídico ou estado de fato jurídico), então, neste caso, aquela ligação da hipótese de incidência a alguém já é uma relação jurídica. Entretanto, a incidência da regra jurídica sobre sua hipótese de incidência (que se realizou pelo acontecimento do fato jurídico) tem como efeito jurídico: ou alguma modificação no conteúdo jurídico (direitos, deveres, pretensões, obrigações, etc.) daquela preexistente relação jurídica; ou cria uma *nova* relação jurídica, com absoluta *independência* daquela preexistente relação jurídica.

Aliás, esta nova relação jurídica pode estabelecer uma segunda vinculação jurídica exatamente contrária àquela que, pela lógica social ou *econômica*, deveria decorrer da outra relação jurídica preexistente e, até mesmo, sem alterar o conteúdo jurídico da preexistente relação jurídica. Esta última fenomenologia ocorre sempre nos casos de substituto legal tributário (*sostituto d'imposta*).

Por exemplo: a Assembleia Geral dos acionistas de sociedade anônima aprova pagamento de dividendo às ações ao portador, as quais estão sujeitas ao imposto de renda *na fonte*. Esta deliberação assembleiar (fato jurídico) aumenta o conteúdo jurídico da relação jurídica que vincula o sócio à sociedade, acrescentando àquele conteúdo mais o direito do sócio

936. Relações jurídicas básicas e relações jurídicas eficazes, ver nº 94.

(titular da ação ao portador) ao dividendo. Ora, aquele mesmo fato jurídico (deliberação assembleiar que aprovou o pagamento do dividendo) realizava também a hipótese de incidência da regra jurídica do imposto de renda sobre os dividendos de ações ao portador. A incidência desta regra jurídica tributária tem como efeito jurídico a irradiação da relação jurídica *tributária* cujo sujeito passivo é a sociedade (fonte *pagadora* do dividendo) com o dever jurídico próprio (dela sociedade) de pagar o imposto sobre o dividendo que (pela relação jurídica societária) deverá *pagar* ao titular da ação ao portador.[937]

91. Realização da hipótese de incidência: coordenadas de tempo e lugar

Os fatos (núcleo e elementos adjetivos) que realizam a hipótese de incidência, necessariamente, acontecem num determinado tempo e lugar, de modo que a realização da hipótese de incidência sempre está condicionada às coordenadas de tempo e às de lugar. O acontecimento do núcleo e elementos adjetivos somente terão realizado a hipótese de incidência se tiverem acontecido no tempo e no lugar predeterminados, implícita ou expressamente, pela regra jurídica.[938]

As *coordenadas de lugar* podem condicionar que o núcleo e elementos adjetivos devam acontecer todos no mesmo lugar ou cada um em distintos lugares (ex.: imposto de venda de mercadoria fabricada em Estado diverso daquele onde foi celebrado o contrato).

As *coordenadas de tempo* podem condicionar o acontecimento do núcleo e elementos adjetivos à *contemporaneidade*, exemplo: imposto de renda retido pela fonte pagadora do

---

937. Sobre a natureza jurídica do substituto legal tributário (*sostituto d'imposta*) e a natureza jurídica de suas relações com o substituído, ver ns. 145, 149.

938. Pontes de Miranda, *Tratado de Direito Privado*, vol. I, Rio de Janeiro, 1954, pp. 11 e 12.

rendimento. Ou a *sucessividade* (natural dos acontecimentos ou segundo uma ordenação artificial), exemplo: imposto de venda por contrato epistolar devido no momento da expedição da aceitação. Ou *a sucessividade dentro de prazo*, exemplo: imposto sobre a renda percebida durante ano civil anterior àquele em que deve ser apresentada a declaração de renda.

É interessante observar que a realização da hipótese de incidência do imposto de renda cobrado pelo referido sistema de "ano base", somente atingirá a *integralização* no momento em que se extinguir o *último momento* do dia 31 de dezembro do ano base e, em consequência, a *incidência* de todas as regras jurídicas tributárias que disciplinam aquele imposto ocorrerá apenas no primeiro momento do dia 10 de janeiro do novo ano e, logicamente, somente incidirão as regras jurídicas ainda vigentes naquele *primeiro momento* do dia 10 de janeiro. Noutras palavras, não haverá incidência das regras jurídicas cuja vigência expirou em 31 de dezembro do ano base e nem incidirão as regras jurídicas porventura promulgadas no dia 1º de janeiro do ano novo.

Quando a hipótese de incidência está coordenada por tempo sucessivo, *a sua realização é gradativa*; os fatos que compõem o seu núcleo e elementos adjetivos vão, aos poucos, na medida em que acontecem, realizando a hipótese de incidência até que aconteça o *último* fato que completará a sua integralização, isto é, a sua verdadeira realização. A incidência da regra jurídica somente ocorrerá *depois* do acontecimento do *último* fato e se todos os fatos (núcleo e elementos adjetivos) tiverem acontecido *naqueles predeterminados lugares* e *épocas* que coordenam a realização, no tempo e no espaço, daquela hipótese de incidência.[939]

A incidência da regra jurídica somente se desencadeia *depois* de realizada a hipótese de incidência. Quando esta consiste num *estado de fato*, por exemplo, de medida igual à do

939. Idem, ibidem, § 9º, nº 1, p. 13, nº 1, p. 32, ns. 1, 4.

ano civil, então a hipótese de incidência realizou-se no *último momento* do dia 31 de dezembro e sobre ela incidirá a regra jurídica vigente no *primeiro momento* do dia 10 de janeiro do novo ano civil.

Esta precisão cronométrica do instante em que se completa a realização da hipótese de incidência tem importância decisiva somente quando a *medida de tempo* (coordenadas de tempo) de realização da hipótese de incidência é *superior* a um dia e a *contagem* do tempo de realização é feita dia a dia, mês a mês, ano a ano, etc. Aquela precisão cronométrica não tem nenhuma relevância, por exemplo, no imposto de vendas que tem por núcleo de sua hipótese de incidência o negócio jurídico da compra e venda que se realiza com a aceitação da oferta. Na data da aceitação (as leis que disciplinam este negócio jurídico podem prescrever que esta data seja a da exped. da aceitação ou a de seu recebimento), existe o negócio jurídico da compra e venda e, em consequência, no mesmo dia sobre ele incidiu a regra jurídica do imposto de vendas vigente naquele dia.

Qualquer um *dos elementos adjetivos* é *tão essencial como o núcleo para a realização da hipótese de incidência.* "Tem-se procurado distinguir o que é *essencial* e o que *não é essencial* no suporte fáctico; porém, tal *distinção desatende* a que, se algo não é essencial, a regra jurídica incide, a despeito da falta, e não se há de pensar em que faça parte do suporte fáctico. O *suporte fáctico então é apenas a soma do que é essencial.* Se a regra jurídica deixar perceberem-se diferenças entre elementos do suporte fáctico é que há, na verdade, *duas* ou mais regras jurídicas."[940] Neste último caso, trata-se de dualidade ou multiplicidade de regras jurídicas, todas com idêntica regra, porém cada uma com distinta hipótese de incidência. O que confere diferenciação entre as diversas hipóteses de incidência é justamente aquilo que parece não-essencial a uma e essencial a outra.[941]

---

940. Idem, ibidem, vol. I, p. 13, nº 1.

941. Ver ns. 89-90.

Quando o fato (sentido lato) que realiza a hipótese de incidência consiste num *estado de fato*, poderia parecer, à primeira vista, que a mesma regra jurídica estaria incidindo duas ou mais vezes sobre a mesma hipótese de incidência *realizada*, pois o estado de fato é o fato que aconteceu e permanece e que, por isto, pode ser contemplado: ou no *momento* em que aconteceu (portanto, como fato *stricto sensu*), ou sob o ângulo de sua *duração continuada* (portanto, como estado de fato).

Entretanto, refletindo-se, verifica-se que não é a mesma hipótese de incidência *realizada* que esta, sofrendo a segunda e sucessivas incidências da mesma regra jurídica. Esta poderá incidir tantas vezes (anualmente ou diariamente) enquanto durar o estado de fato; o número de incidências dependerá das *coordenadas de tempo* de realização da hipótese de incidência, isto é, a hipótese de incidência poderá consistir no estado de fato com duração de um ano ou de um dia, de modo que ao término do segundo ano ou do segundo dia, logicamente ocorre uma *segunda* realização da hipótese de incidência. Por exemplo: o chamado imposto de propriedade territorial e predial tem como hipótese de incidência um estado de fato: a existência permanente, *durante um ano civil*, de imóvel objeto de direito de propriedade; todos os anos, enquanto o imóvel for objeto de direito de propriedade, o imposto será cobrado uma única vez e durante aquele ano não será cobrado outra vez o mesmo imposto, ainda que o imóvel, cada dia, tenha um proprietário diferente.

Comumente, a medida de tempo que o legislador escolhe para a realização do estado de fato é o ano civil; porém, nada impede que o legislador tome medida de tempo maior ou menor que a do ano civil. Assim, a realização do estado de fato poderá completar-se num semestre ou num trimestre ou num dia. Não há fundamento lógico, nem jurídico, que proíba o legislador de criar imposto de propriedade imóvel mediante regra jurídica que incida cada dia e, consequentemente, crie um novo dever jurídico tributário de pagar aquele imposto todos os dias. A praticabilidade do sistema jurídico tributário do imposto pretendido e as diretrizes da política fiscal é que indicarão ao legislador qual a medida de tempo que ele deverá empregar na construção da regra jurídica tributária, isto é, quais as *coordenadas de tempo* que condicionarão a realização da hipótese de incidência.

§ 4º RELAÇÃO JURÍDICA

92. Conceito de relação jurídica

No tocante à consistência da relação, esclarecedoras são as lúcidas observações de Francesco Carnelutti, a seguir indicadas:

Aparentemente, à primeira vista, entre o "eu" e o "tu" nada existe; ou melhor, existe uma separação.

Porém, esta distância poderá também ser *pensada* sob o ângulo da *união* (vinculação).

E a separação ou intervalo entre, de um lado, o "tu" e, de outro lado, o "eu" (quando examinada sob o ângulo da união), é a relação.

Pela palavra "relação" se expressa a ideia de um IR e de um VIR do "eu" ao "tu". Este IR e VIR percorre o intervalo ou a separação entre duas pessoas, com a finalidade da *união* (vinculação) entre estas pessoas.

Portanto, a relação é um IR e um VIR entre duas pessoas, vinculando uma à outra.[942]

A relação é o *gênero* de uma realidade espiritual (que existe no mundo do pensamento) e este gênero se subdivide em diversas espécies, exemplo: relação social, relação geográfica, relação política, etc.[943] Uma espécie do gênero relação é a relação *jurídica*.

A relação jurídica é *anormal*, pois ela não foi encontrada *in natura* no mundo, mas é *consequência* (efeito) da atuação de

942. F. Carnelutti, *Teoría General dei Derecho*, Madrid, 1955 (trad. da 3ª ed. italiana, Roma, 1951), nº 60, pp. 183-84.

943. Sobre a consistência de qualquer relação, abstraindo sua qualidade jurídica ou social ou geográfica, etc., ver nosso nº 50.

um *instrumento* (a regra jurídica) construído pelo ser social (Estado) para agir.[944]

Toda a regra jurídica supõe uma tensão ou a possibilidade da tensão, porque a regra jurídica não é criada para confirmar fenômenos naturais, mas para impor um *determinismo artificial* ao "fazer" e "não fazer" dos homens dentro de um organismo social.[945]

Ora, a fim de que a regra jurídica seja aquilo que é (instrumento de ação social), é indispensável que a própria regra jurídica seja portadora, dentro de si mesma, de força (poder ou energia).[946] É costume pensar-se na força como algo contrário ao jurídico. Esta ideia surge porque é hábito pensar-se na força como energia da brutalidade e da desordem. A força (poder ou energia) existe também racionalizada e organizada dentro de qualquer instrumento, como existe dentro do ímã eletromagnético ou da regra jurídica.[947]

Esta força (energia ou poder) racionalizada e inclusa dentro da regra jurídica é a energia que a faz incidir, infalivelmente, sobre sua hipótese de incidência realizada e *irradiar, em consequência desta incidência, a relação jurídica.*

A força (energia ou poder), por si mesma (sem a regra), não é a juridicidade (o jurídico); nem a regra (sem a força) tem a juridicidade; porém, a juridicidade é regra *mais* força (energia ou poder) dentro de si mesma, e mais ainda: a regra deverá ter uma *estrutura lógica* específica e a força (energia ou poder) deverá ser capaz de desencadear uma específica *atuação dinâmica* da regra.[948]

---

944. Natureza artificial (no sentido de construída) da regra jurídica e anormalidade da relação jurídica, ver nº 22. Natureza instrumental da regra jurídica, ver nº 19. Finalidade da ação do ser social, ver nº 6.

945. Ver nº 22.

946. G. Burdeau, *Traité de Science Politique*, vol. I, Paris, 1949, nº 184.

947. Idem; J. Haesaert, *Théorie Générale du Droit*, Bruxelles, 1948, p. 153.

948. Síntese da estrutura lógica e atuação dinâmica da regra jurídica, ver nº 81. Para uma análise mais completa do que é juridicidade, coercibilidade, coação e sanção, ver nº 86.

Esta concentração de força (energia ou poder) dentro da regra jurídica é *contínua* e consiste numa *projeção da força (energia ou poder) do* seu *criador, o Estado,* de modo análogo com o que se passa entre o gerador ou energia elétrica e um eletroímã. O gerador gera a eletricidade e com ela alimenta continuamente um eletroímã e este instrumento, em virtude desta alimentação da energia continuada, *atua* de um modo específico: *vincula* (magnetismo).

Substituindo-se, no texto acima, as palavras: "gerador" por Estado; "eletricidade" por força (energia ou poder); "eletro-ímã" por regra jurídica; e "magnetismo" por relação jurídica, pode-se melhor compreender a fenomenologia do jurídico.

Assim como não é possível pensar em magnetismo sem força (energia) vinculante, também não é possível pensar em relação jurídica sem *coercibilidade*. A coercibilidade é o *vincular continuado* da relação jurídica; é a *propriedade lógica* da relação jurídica.[949] A relação jurídica é, essencialmente, *bilateral atributiva* de modo que a coercibilidade resulta como o corolário imediato daquela bilateralidade atributiva.[950] "A bilateralidade atributiva", diz Miguel Reale, "distingue sempre o Direito, porque a relação jurídica não toca apenas a um sujeito isoladamente, nem ao outro, mesmo quando se trate do Estado, mas sim, ao *nexo* de polaridade e de implicação dos dois sujeitos."[951]

EM CONCLUSÃO

Realizando-se sua hipótese de incidência, a regra jurídica sobre ela incide e esta incidência é *infalível*.[952]

A relação jurídica irradia-se *depois* da incidência da regra jurídica sobre a sua hipótese de incidência. A irradiação da

949. Miguel Reale, *Filosofia do Direito,* 2ª ed., vol. II, São Paulo, 1957, pp. 590-600; 607.

950. Idem, ibidem, p. 607.

951. Idem, ibidem, p. 607 (grifou-se).

952. Ver nº 85.

relação jurídica é um *efeito* (consequência) jurídico da incidência da regra jurídica.[953]

A relação jurídica tem dois polos: o positivo e o negativo. A pessoa (física ou jurídica) é o único polo admissível das relações jurídicas. Por isto, toda e qualquer relação jurídica (inclusive a que atribui direito real ao *sujeito ativo*) é *sempre pessoal*: entre pessoa e pessoa, nunca entre pessoa e coisa.[954]

A pessoa que se encontra no polo negativo assume a posição jurídica de *sujeito passivo* na relação jurídica. A pessoa que tomar lugar no polo positivo assume a posição jurídica de *sujeito ativo*.

A realização da hipótese de incidência está sempre ligada a alguém; entretanto, esta ligação (que não necessita ser social, podendo ser de natureza física ou psicológica ou de proximidade, etc.), não é a relação jurídica. Aquela ligação poderá transfigurar-se em relação jurídica, se *for* relação social e se a incidência da regra jurídica tiver como consequência jurídica a sua juridicização. Porém, esta consequência jurídica pode perfeitamente ser outra; isto é, aquela relação social pode continuar sendo apenas social e a incidência pode criar uma relação jurídica que não corresponderá àquela preexistente relação social.[955]

A ligação da hipótese de incidência a alguém, *antes* da incidência da regra jurídica, *ainda não é a vinculação* da *relação jurídica e nem* é *necessário* que *venha converte-se na relação jurídica.*

Toda e qualquer relação jurídica é sempre *efeito* (consequência) de incidência de regra jurídica, porque:

a) A regra jurídica, incidindo sobre sua hipótese de incidência realizada, pode irradiar uma relação jurídica que, *antes* da incidência, não existia nem como relação *social*.

953. Ver ns. 17, 19, 22, 81.

954. Ver nº 93.

955. Ver nº 94.

b) Se, antes da incidência, a relação já existia como relação social, a incidência da regra jurídica não apenas *juridiciza* aquela relação social, como também lhe confere *um determinado e específico conteúdo jurídico* que não corresponde ao conteúdo social daquela preexistente relação social.

93. Relação jurídica é sempre pessoal

A relação jurídica tem dois polos: o positivo e o negativo.[956] A pessoa (física ou jurídica) é o único polo admissível das relações jurídicas. Por isto, toda e qualquer relação jurídica (inclusive a que atribui direito real ao *sujeito ativo*) é *sempre pessoal*: entre pessoa e pessoa, nunca entre pessoa e coisa.[957]

A pessoa que se encontra no polo negativo assume a posição jurídica de *sujeito passivo* na relação jurídica. A pessoa que tomar lugar no polo positivo assume a posição jurídica de *sujeito ativo.*

"Todas as teorias que admitem relação da pessoa com a coisa cometem o erro de negar a natureza *social* das relações jurídicas: relações com as coisas não seriam sociais. Por outro lado, fazem tábua rasa do que se sabe sobre a origem do direito, como processo de coexistência dos homens; ou em certos tempos, como tentativa de processo de adaptação entre os homens e as coisas e animais, porém como sujeitos. No direito real, a ordem jurídica somente atua e somente pode atuar por meio de proibições a pessoas e de coerção de pessoas: 'A relação jurídica com a coisa é totalmente impossível' (O. Lenel, *Über Ursprung und Wirkung der Exceptionen*, II); 'mediata não é a relação jurídica, mas a relação efetiva do titular sobre a coisa, que o direito *tem por fito* estabelecer'."

956. Ver nº 92.

957. Pontes de Miranda, *Tratado de Direito Privado*, vol. I, Rio de Janeiro, 1954, § 39, nº 4; § 43, ns. 1-5; op. cit., vol. V (edição 1955), § 610, ns. 1-3; op. cit., vol. XXII (edição 1958), § 2.680, nº 4, pp. 22-23; J. Haesaert, *Théorie Générale du Droit*, Bruxelles, 1948, p. 428.

"A regra jurídica, incidindo sobre os fatos, qualifica-os como jurídicos, *juridiciza-os*, dá-lhes a cor jurídica, assinala-os. Essa função objetiva e heteronomia somente se pode exercer, pois que se destina ao regramento de relações inter-humanas, *mediante* ligação entre as pessoas. A regra jurídica dirige-se, então, a essas, para que não seja vão o seu propósito, e as liga juridicizando relações."[958]

"En réalité, les choses ne font pas partie du droit. Celui-ci, répétons-le, n'existe que de personne à personne. Certes, une relation peut s'établir entre personnes à propos d'une chose, mais jamais entre une chose et une personne. Le jus in re est une notion complètement fausse. Cette critique, qui se trouve déjà impliquée dans la notion kantienne du droit, a été développée par Austin, Ortolan et Ahrens; elle se retrouve, en France, chez Demogue et Planiol, et, en Allemagne, chez Windscheid et Thon."[959]

Cumpre notar que a relação jurídica que confere ao sujeito ativo um direito *real é* relação jurídica *pessoal*, portanto entre sujeito ativo e sujeito passivo *total* (todas as demais pessoas existentes no mundo, com exclusão daquela que assumiu posição de sujeito ativo).[960]

94. Relação jurídica básica e eficacial

As regras jurídicas são regras de conduta ou de disciplina para as relações inter-humanas. As relações inter-humanas são fatos do mundo, são relações da vida social (pré-jurídica) dos homens; por exemplo: relações de parentesco, relações de amizade, relações econômicas comerciais, etc. As relações fácticas (relações da vida social pré-jurídica) podem ser relevantes ou irrelevantes para o Estado.

---

958. Pontes de Miranda, *Tratado de Direito Privado*, vol. I, Rio de Janeiro, 1954, § 43, nº 5.

959. J. Haesaret, *Théorie Générale du Droit*, Bruxelles, 1948, p. 428.

960. Ver nº 98.

Se a relação inter-humana fáctica é irrelevante para o Estado, este as ignora e elas continuam a existir apenas como relações fácticas, isto é, exclusivamente, como relações sociais pré-jurídicas que, embora existam, não entram no mundo ou plano jurídico; elas ocorrem *fora* do mundo jurídico e *lá permanecem*; por exemplo: de um modo geral, as relações de amizade.

Se a relação inter-humana fática (pré-jurídica) é relevante para o Estado, este dela toma conhecimento para discipliná-la ou regrá-la. O Estado disciplina aquela relação fáctica, criando uma regra jurídica cuja incidência *juridicizará* aquela relação fáctica. Esta juridicização ocorre somente *depois* daquela incidência. A incidência da regra jurídica não apenas juridiciza a relação social, como também lhe confere *um determinado e específico conteúdo jurídico* que não corresponde ao conteúdo social daquela preexistente relação social.

A relação jurídica é sempre efeito (criação) de regra jurídica cuja incidência:

a) ou *juridiciza* uma relação social (fáctica) preexistente, atribuindo-lhe um conteúdo jurídico *específico*;

b) ou irradia uma relação jurídica que, *antes* da incidência, não existia *nem* como relação social, *nem* como jurídica.

A relação fáctica que, pela incidência da regra jurídica, transfigura-se em relação jurídica, denomina-se: relação jurídica *básica*. Por sua vez, denomina-se: relação jurídica *eficacial* a relação jurídica que, *antes* da incidência da regra jurídica, nunca existiu, nem como relação fáctica.[961]

95. Conteúdo da relação jurídica: direito e dever, pretensão e obrigação, coação e sujeição

O conteúdo da relação jurídica será melhor compreendido se, antes, se tiver bem esclarecido a distinção entre a *energia*

---

961. Sobre relação jurídica básica e eficácia, ver Pontes de Miranda, *Tratado de Direito Privado*, vol. I, Rio de Janeiro, 1954, § 39, ns. 2 e 3; p. 40, ns. 1-3; p. 41, ns. 1, 4; p. 43, nº 6.

inclusa dentro da regra jurídica e a *coercibilidade* da eficácia *jurídica*; a distinção entre *infalibilidade* da incidência da regra jurídica e *respeitabilidade* da eficácia jurídica; a distinção entre *coercibilidade*, *coação* e *sanção*.[962]

Somente *depois* de ser irradiada a relação jurídica é que pode existir o seu *conteúdo*: direito e correlativo dever, pretensão e correlativa obrigação, coação e correlativa sujeição. Sem a prévia existência da relação jurídica não há, no seu *polo ativo*: nem direito, nem pretensão, nem coação; não há no seu polo passivo: nem dever, nem obrigação, nem sujeição.[963]

O conteúdo da relação jurídica pode ser de natureza *singular*: um direito e seu correlativo dever, etc.; ou de natureza *plural*: muitos direitos e seus correlativos deveres, etc. No primeiro caso, a relação jurídica é *unigeradora*; no segundo, *multigeradora*.[964]

O *direito* tem como correlativo o *dever*; não pode existir aquele sem este e vice-versa. A *pretensão* tem como correlativo a *obrigação*; não pode existir aquela sem esta e vice-versa. A *coação* tem como correlativo a *sujeição*; não pode existir aquela sem esta e vice-versa.

Não pode surgir relação jurídica sem que, no seu polo positivo, haja o direito e, no seu polo negativo, o correlativo dever. Entretanto, pode existir direito sem pretensão, mas não pode existir pretensão sem direito. Pode haver dever sem obrigação, mas não esta sem aquele. E finalmente pode haver pretensão sem coação, mas não esta sem aquela.[965]

O *sujeito ativo*, na relação jurídica, tem o *direito à prestação* e, correlativamente, o sujeito passivo tem o *dever de prestá-la*.[966]

---

962. Ver nº 86.

963. Pontes de Miranda, *Tratado de Direito Privado*, vol. I, Rio de Janeiro, 1954, p. 40, nº 2, p. 43. nº 6, op. cit.

964. Idem, ibidem, p. 39, nº 5, p. 43, nº 7.

965. Idem, ibidem, vol. V, p. 607, nº 3, p. 617, nº 5.

966. Idem, ibidem, pp. 559-67, 606-14.

A *pretensão* é o *poder de exigir* a prestação, ainda que esta seja uma abstenção (não fazer). A *obrigação* é o *não poder negar-se* à exigência da prestação.[967]

Se o direito (cuja pretensão foi exercida) não é satisfeito pela prestação, então surge a *coação*: a coação é o *poder coagir*, o sujeito ativo coage o sujeito passivo a efetuar a prestação.[968]

É difícil, antes de madura reflexão, ver ou admitir esta *tripartição vertical* da eficácia jurídica: direito, pretensão, coação (e seus correlativos).

Desde logo, cumpre não esquecer que, quando se diz direito, dever, pretensão, obrigação, coação e sujeição, está-se referindo a *efeitos jurídicos*, portanto deve estar sempre subentendido. O adjetivo "jurídico": dever jurídico, pretensão jurídica, coação jurídica, etc.

A relação jurídica, porque é *relação*, vincula (liga) o sujeito ativo e o sujeito passivo; e porque é *jurídica*, este vínculo é uma ligação jurídica e a juridicidade desta ligação (relação) consiste precisamente no seguinte: a pessoa situada no polo positivo da ligação (relação) *tem* o direito à prestação e a pessoa situada no polo negativo desta mesma ligação (relação) *tem* o dever de prestá-la. Este é o conteúdo jurídico *mínimo* da relação jurídica; com este conteúdo mínimo, já é existente a relação jurídica.

Da incidência da regra jurídica sobre sua hipótese de incidência pode irradiar-se uma eficácia jurídica (efeitos jurídicos) mínima, média ou máxima; noutras palavras, a relação jurídica pode ser de conteúdo *mínimo* (direito e dever) ou de conteúdo *médio* (direito, pretensão e dever, obrigação) ou

---

967. Idem, ibidem, pp. 615-21.

968. O que neste livro é designado por *coação*, Pontes de Miranda, chama de *ação* (ação de direito *material*), distinguindo-se da "ação" (ação de direito *processual*); porém, o vocábulo "coação" exprime melhor a ideia e evita o risco de confusões com a "ação" processual. Sobre a *coação* (ação de direito material), ver Pontes de Miranda, op. cit., vol. V, pp. 622-27.

de conteúdo *máximo* (direito, pretensão, coação e dever, obrigação, sujeição).

Na relação jurídica de conteúdo mínimo (direito e dever), o sujeito ativo e o sujeito passivo estão vinculados (ligados) juridicamente um ao outro, tendo aquele o direito à prestação e este o dever de prestá-la. Mas *ter* o direito à prestação, ainda não é *poder exigi-la* (pretensão). Por sua vez, a existência da exigibilidade (momento estático: existência da pretensão) distingue-se do *exercício* desta exigibilidade (momento dinâmico: exercício da pretensão).

Na relação jurídica de conteúdo médio (direito, pretensão e correlativos dever, obrigação), a exigibilidade da prestação (existência da pretensão) e o exercício da exigibilidade (o exercício da pretensão), ainda não são o *poder coagir* alguém a realizar a prestação (coação) e nem o *exercício* da coação.

Se uma pessoa (o sujeito ativo) tem o direito a uma prestação e pode exigi-la e a exige (exerce a pretensão), *ainda assim*, a prestação pode não se realizar: ou porque o sujeito passivo ignora a incidência da regra jurídica (desconhece a lei ou a interpreta erroneamente) ou porque ignora a exigibilidade ou porque não quer (ato de vontade). Então, se a eficácia jurídica foi integral (relação jurídica de conteúdo máximo: direito, pretensão, coação e correlativos), ao sujeito ativo ainda resta um último recurso: ele pode coagir (coação) e coage (exerce a coação) o sujeito passivo a realizar a prestação. Note-se que somente pela coação se obtém a realização da prestação (a satisfação do direito), *independentemente* da vontade do sujeito passivo ou de sua ignorância.

O *exercício* da coação é a utilização da força real e material para obter-se a realização da prestação. O exercício da coação tem natureza essencialmente material, pois não é apenas psicológica, mas é física; a *manus militaris* recai sobre o corpo humano (prisão, liberdade condicional, etc.) ou sobre o seu patrimônio (penhora, etc.). As *modalidades* do exercício da coação diferem segundo os tempos, os lugares e as civilizações; noutras épocas, o devedor (sujeito passivo na relação jurídica) que não realizasse a prestação, caía, fisicamente, em poder do credor (sujeito ativo); hoje, esta modalidade de exercício de coação foi substituída pela coação sobre os bens (patrimônio) do devedor. Por sua vez, o próprio *exercício* da coação é, modernamente, por intermédio do *Estado* e só em raros casos ainda subsiste o exercício privado (pelo próprio *sujeito ativo*, ex.: legitima defesa).

Tendo-se bem nítida a distinção entre coação (efeito jurídico: poder coagir) e o *exercício* da coação (realização da coação), compreende-se o que é a *"ação" processual*. Quando o Estado monopolizou o *exercício* da coação, retirando o seu exercício das mãos do sujeito ativo, surgiu, entre este sujeito ativo e o Estado, a relação jurídica *processual*, em cujo polo positivo situa-se este sujeito ativo com direito e pretensão (*"ação" processual*) à prestação (*tutela jurídica*) do sujeito passivo (o *Estado*) que tem o dever e a obrigação de prestá-la. "O direito à tutela jurídica", diz Pontes de Miranda, "com a sua pretensão e o exercício dessa pela "ação", é direito, no mais rigoroso e preciso sentido; o Estado não é livre de prestar, ou não, a prestação jurisdicional, que prometeu desde que chamou a si a tutela jurídica, a justiça."[969]

E o conteúdo desta *prestação* devida pelo *Estado* (sujeito passivo na relação jurídica *processual*) é justamente o *exercício* da coação do sujeito ativo (o particular) naquela relação jurídica *substantiva* em cujo conteúdo jurídico há a coação (efeito jurídico: o poder coagir), coação cujo *exercício*, porém, só pode ser realizado por intermédio do Estado.

96. Prestação jurídica

O conteúdo da *prestação* é, sempre, ato positivo (*facere*) ou ato negativo (*non facere*) do sujeito passivo, na relação jurídica.[970]

---

969. Pontes de Miranda, op. cit., vol. V, p. 623, nº 4, vol. XXII, p. 2.680, nº 4, p. 19; nº 3. p. 17.

970. Idem, *Tratado de Direito Privado*, vol. XXIL, Rio de Janeiro, 1958, p. 2.690, nº 2.

Note-se que o conteúdo da prestação é sempre um *facere* ou um *non facere*, inclusive quando surge sob a aparência de um *dar* ou *não dar*, pois, também nestes dois casos, em última análise, o conteúdo continua um *facere* ou um *non facere* referente a coisa já existente.[971]

Porque a relação jurídica é sempre pessoal (entre pessoa e pessoa), o conteúdo da prestação *nunca é o bem* (dinheiro, móvel ou imóvel, etc.), mas um *facere* ou *non facere* (ato ou abstenção humana) do *sujeito passivo* e referente àquele bem. Se este *facere* ou *non facere* refere-se a entregar ou não entregar bem já existente, costuma se dizer que a prestação é *dar* ou *não dar*.

Distingue-se a prestação do seu *objeto*. A prestação é o *facere* ou *non facere*. O *objeto* da prestação é aquilo que está (ou não está) sendo feito.

A prestação é *tributária* quando o seu objeto consiste num *tributo*.[972]

97. Direito subjetivo

"O Direito subjetivo", mostra Pontes de Miranda, "é o que fica *do lado ativo*, quando a regra jurídica incide. As teorias que veem direito subjetivo antes do direito assubjetivado são vítimas de análise insuficiente da concepção dos *privilegia*, que era em termos de subjetivação originária, e das regras jurídicas que nasceram de negócios jurídicos entre clãs, tribos, nações e Estados. Ainda hoje vemo-las emergirem de tratados interestatais."[973]

"Não é possível conceber-se", continua Pontes de Miranda, "o direito subjetivo, quer histórica, quer logicamente, *sem o direito objetivo*, de modo que, incidindo a regra jurídica, ele

971. Idem, ibidem, vol. XXII, p. 2.680, nº 1; p. 2.691, nº 1.

972. Conceito jurídico de tributo, ver nº 71.

973. Pontes de Miranda, *Tratado de Direito Privado*, vol. V, Rio de Janeiro, 1955, p. 563, nº 2.

seja o que 'resulta' do lado positivo da incidência. Os que concebem a regra jurídica como imperativo, e somente como tal, também dificultam a definição do direito subjetivo, que se reduziria, aí, a reflexos dos imperativos (P. ELTZBACKER, *Die Handlungsfähigkeit*, I, 106s.), ao não proibido ou não-imposto, ao "Dürfen" (E. R. BIERLING, *Zur Kritik del juristischen Grundbegriffe*, II, 39s e 307s). O direito subjetivo é o que fica do lado positivo da incidência da regra jurídica; portanto, há nele um "pode". Nem há lugar para a distinção que G. JELLINEK (*System*, 47s) fazia quanto aos direitos subjetivos privados e os direitos subjetivos públicos, no sentido de serem aqueles permissão ('Dürfen'), estes, poder ('Können'). Em torno, porém, daquele 'poder', que há no direito subjetivo, surgiram as diferentes teorias".[974]

Deve-se sempre ter presente que, antes do direito subjetivo, já existe a *regra jurídica* com a previsão de sua *hipótese de incidência* ("fato gerador" ou suporte fáctico). Realizando-se a hipótese de incidência, sobre esta *incide*, infalivelmente, a regra jurídica. *Após e mediante* esta incidência da regra jurídica, a hipótese de incidência se juridiciza e irradia a eficácia jurídica: a *relação jurídica*, com o seu polo positivo (o *sujeito ativo*) e o seu polo negativo (*sujeito passivo*) e com o seu *conteúdo jurídico*. Este conteúdo jurídico (da relação jurídica) tem uma parte localizada no polo *positivo*: o direito (o *direito subjetivo)*, pretensão e coação; a outra parte, localiza-se no polo negativo: o dever, a obrigação, a sujeição.

Como se verifica, não pode existir *direito subjetivo* (direito e seu correlativo dever) sem que *antes* exista relação jurídica; e esta não pode existir sem que *antes* tenha ocorrido a incidência de *regra jurídica* sobre sua *hipótese* de incidência ("fato gerador" ou suporte fáctico).[975]

974. Idem, ibidem.

975. Ver nº 81.

98. Direito absoluto

Na relação jurídica que atribuiu direito *absoluto* ao sujeito ativo, este (o sujeito ativo) é uma determinada pessoa (ou um determinado grupo de pessoas); ao passo que, no polo negativo da relação jurídica, o *dever* é atribuído a sujeito passivo *total*: todas as demais pessoas não incluídas no polo positivo; por isso é costume dizer que se trata de direito *erga omnes*. Por exemplo: de direitos absolutos; os direitos de personalidade e os direitos reais.[976]

Conhece-se o sujeito passivo total por exclusão, isto é, *todas* as pessoas que não forem sujeito ativo, na relação jurídica atribuidora de direito absoluto, estão no polo negativo.[977]

"O argumento", esclarece PONTES DE MIRANDA, "de que alguém, que não pensa em violar a minha propriedade, se pode dizer que lhe é proibido turbar ou esbulhar o meu direito, porém não lhe posso *exigir* isso, é argumento fraco. A absolutidade do direito consiste exatamente nisso; *e proibir é exigir ato negativo*. Não há cindir-se o lado passivo dos direitos absolutos em proibir, que seja *prius*, e exigir, que seja o conteúdo da pretensão, como *posterius*. Confunde-se, aí, a ação e a pretensão: a pretensão é *erga omnes*, consiste em proibição geral, que corresponde à estrutura dos direitos com sujeitos passivos totais; da infração, da não-satisfação da exigência geral de abstenção, é que nasce a ação."[978]

99. Variações no conteúdo jurídico da relação jurídica

Verificou-se que, em virtude da *tripartição vertical* do conteúdo jurídico da relação jurídica, pode existir:

976. Pontes de Miranda, op. cit., vol. XXII, p. 2.679, nº 5; vol. V, p. 610, nº 1.

977. Idem, ibidem, vol. V, p. 610, nº 1.

978. Idem, ibidem, p. 617, nº 6. Pontes de Miranda está referindo-se à ação (efeito jurídico) do direito material e não à "ação" do direito processual. Para evitar esta confusão, preferimos designar por *coação* a ação do direito material; ver nº 95.

a) relação jurídica de conteúdo jurídico *mínimo:* direito e correlativo dever;

b) relação jurídica de conteúdo jurídico *médio*: direito, pretensão e correlativos dever, obrigação;

c) relação jurídica de conteúdo jurídico *máximo*: direito, pretensão, coação e correlativos dever, obrigação, sujeição.[979]

Recorde-se que a relação jurídica e seu conteúdo jurídico é efeito (consequência) da incidência da regra jurídica sobre sua hipótese de incidência realizada. O grau do conteúdo jurídico da relação jurídica (se mínimo ou médio ou máximo) está *predeterminado pela regra* (preceito, regra de conduta) que integra a estrutura lógica da regra jurídica.[980]

Já foi demonstrado que a regra jurídica pode estar estruturada:

a) ou com regra *juridicizante* (cria ou acrescenta efeitos jurídicos);

b) ou com regra *desjuridicizante* (torna inexistente ou reduz efeitos jurídicos);

c) ou com regra *não-juridizante* (nada acrescenta e nada reduz no mundo jurídico).[981]

Tendo-se presente a *tripartição vertical* do conteúdo jurídico da relação jurídica; a *predeterminação do grau* deste conteúdo jurídico pela *regra* integrante da regra jurídica; a natureza *juridicizante,* ou *desjuridicizante* ou *não-juridicizante* desta regra, compreende-se porque a incidência da regra jurídica pode:

a) Ou *criar uma relação jurídica* de conteúdo jurídico mínimo ou médio ou máximo;

---

979. Tripartição vertical do conteúdo jurídico da relação jurídica, ver nº 95.

980. Estrutura lógica e atuação dinâmica da regra jurídica, ver nº 81.

981. Regra juridicizante, desjuridicizante e não-juridicizante, ver nº 83.

b) Ou *acrescentar* o efeito jurídico da pretensão e correlativa obrigação a uma *preexistente* relação jurídica de conteúdo mínimo. Ou *acrescentar* o efeito jurídico da coação e correlativa sujeição a *uma preexistente* relação jurídica de conteúdo médio. Ou adicionar *mais* direitos e correlativos deveres ao *preexistente* direito e correlativo dever de uma preexistente relação jurídica,

c) Ou *reduzir* o conteúdo jurídico de uma preexistente relação jurídica que tomar-se-á, então; de conteúdo médio ou mínimo;

d) Ou *eliminar* do mundo jurídico a existência da própria relação jurídica;

e) Ou nada acrescentar e nada reduzir no mundo jurídico.

EM SÍNTESE

A regra (integrante da estrutura lógica da regra jurídica) predetermina que a incidência da regra jurídica (sobre sua hipótese de incidência realizada) causará o seguinte efeito jurídico:

a) ou a criação de relação jurídica;

b) ou o enriquecimento do conteúdo jurídico de preexistente relação jurídica;

c) ou o empobrecimento do conteúdo jurídico de preexistente relação jurídica;

d) ou a desintegração de preexistente relação jurídica, tornando-se inexistente;

e) ou a imutabilidade no mundo jurídico. (O efeito da incidência da regra jurídica não-juridicizante consiste precisamente em impedir a incidência de uma regra jurídica juridicizante ou desjuridicizante).

100. Lançamento

A regra jurídica tributária, como toda e qualquer regra jurídica, tem a seguinte estrutura lógica: *regra* e *hipótese de incidência*. A incidência da regra jurídica é infalível (automática), porém está condicionada à realização da sua hipótese de incidência; isto é, ela somente incide depois que aconteceram – no tempo e lugar predeterminados pela regra jurídica – *todos* os fatos que integram a composição da sua hipótese de incidência. Estes fatos podem ser: atos, fatos ou estada de fato, de natureza psicológica, física, econômica ou jurídica.[982]

A fim de se constatar a efetiva realização da hipótese de incidência é imprescindível a investigação e análise (quantitativa e qualitativa) dos fatos que aconteceram. Uma vez constatada a realização da hipótese de incidência, conclui-se que ocorreu a incidência infalível (automática) da regra jurídica no instante lógico posterior ao acontecimento do *último* fato que, ao acontecer, completou a integralização da hipótese de incidência.[983]

Por sua vez, havendo ocorrido a incidência de regra jurídica tributária, é ainda necessário proceder a *transfiguração da base de cálculo* (núcleo da hipótese de incidência) *em uma cifra aritmética* e sobre esta calcular a *alíquota* do tributo.

As supra referidas investigações, análises, conversão em cifra aritmética e aplicação de alíquota, consistem em operações que podem ser simples ou complexas e cuja natureza pode ser psicológica – material ou jurídica. O *conjunto* destas operações (investigação e análise dos fatos que realizaram a hipótese de incidência; conversão da base de cálculo em cifra aritmética; cálculo da alíquota do tributo) forma o *lançamento* ("accertamento") tributário.[984]

E é o argumento mais debatido na moderna doutrina geral do Direito Tributário – diz A. D. Giannini – saber se o

982. Estrutura lógica e atuação dinâmica da regra jurídica, ver nº 81. Infalibilidade (automatismo) da incidência da regra jurídica, ver nº 85. Composição da hipótese de incidência, ver nº 90.

983. Realização (coordenadas de tempo e de espaço) da hipótese de incidência, ver nº 91.

984. A. D. Giannini, *I Concetti Fondamentali di Diritto Tributario*. Torino, 1956, p. 271.

lançamento marca o nascimento do débito do imposto ou simplesmente determina-lhe o montante; se e em que sentido o lançamento teria eficácia jurídica declaratória ou constitutiva; quais comportamentos ele assume em relação às várias espécies de imposto; qual seria a natureza jurídica dos atos – da administração, do contribuinte ou de ambos – que concretizam o lançamento; quais os efeitos que aqui se reúnem para o ulterior desenvolvimento da relação jurídica tributária; tudo isto é objeto de dúvidas, de incertezas, de sutis discussões.[985]

Os que sustentam a tese do efeito *declaratório* do lançamento não conseguem convencer aos que defendem a tese do efeito *constitutivo*; e nem estes àqueles. Por sua vez, os que assistem esta querela fradesca, inclinam-se, uns para a tese constitutiva, outros para a tese declaratória, sem contudo trazerem mais luz à confusão reinante e revelando mais perplexidade que aceitação desta ou daquela doutrina.

Colocada a questão no plano do efeito constitutivo ou do efeito declaratório, reconhece Beneditto Cocivera que:

"a doutrina não consegue, por esta razão, explicar os efeitos que produz o lançamento, nem quais os que produzem o realizar-se a hipótese de incidência ("fattispecie"), independentemente do lançamento. Assim, aquela parte da doutrina que entende que a obrigação tributária nasce tão logo acontecem os pressupostos de fato previstos na norma abstrata tributária, não podendo negar os efeitos que produz o lançamento, com evidente contradição admite que este produz alguns efeitos *substanciais* que diretamente influenciam (como?) a relação jurídica tributária. Do outro lado, aquela parte da doutrina que sustenta que a obrigação tributária nasce com o lançamento (ou com a imposição), fica na contingência de negar a produção dos efeitos jurídicos anteriores ao lançamento, porém depois mostra-se embaraçada ao

985. A. D. Giannini, *I Concetti Fondamentali di Diritto Tributario*, Torino, 1956, p. 270.

vincular os efeitos do lançamento à situação de fato, à qual adere a obrigação tributária".[986]

Com muita agudeza, o Professor Ordinário da Universidade de Messina, Angelo Falzea, demonstra que a impossibilidade lógica da doutrina do efeito declaratório convencer à do efeito constitutivo e vice-versa, bem como a perplexidade do estudioso que, estudando ambas as doutrinas, procuram inutilmente alcançar uma conclusão convincente, deve-se ao fato de todos investigarem e analisarem a fenomenologia do lançamento dentro, exclusivamente: ou do Direito Tributário ou do Direito Administrativo ou do Direito Processual.

"Estabelecer exatamente o tipo de eficácia que o lançamento produz", diz Angelo Falzea, "é fundamental para toda a teoria do lançamento. Mas precisamente sobre este tema parece que a doutrina revela as suas maiores debilidades, debilidades que devem ser atribuídas em grande parte à dificuldade que se encontra, antes de tudo, no estudo das figuras singulares e, depois, na construção da categoria geral. *A verdade é que não se pode definir de modo adequado a eficácia específica do lançamento, sem primeiro reexaminar as raízes de um grande número de ideias tradicionais, habitualmente pouco aprofundadas, sobre o fenômeno da eficácia jurídica: o que, por certo não poderia fazer-se sem longas e pormenorizadas análises.*"[987]

Pela razão apontada por Angelo Falzea, a compreensão da fenomenologia do lançamento pressupõe o conhecimento da estrutura lógica e da atuação dinâmica da regra jurídica;[988] a distinção entre infalibilidade da incidência da regra jurídica e respeitabilidade aos efeitos jurídicos por ela criados;[989] a consistência da relação jurídica;[990] a tripartição vertical do

986. Benedetto Cocivera, *Enciclopedia del Diritto*, vol. I, Milano, 1958, "Accertamento Tributário", p. 247, nº 1.

987. Angelo Falzea, *Enciclopedia del Diritto*, vol. I, Milano, 1958, "Accertamento", p. 209, nº 3 (grifou-se).

988. Ver nº 81.

989. Ver ns. 84-85.

990. Ver nº 92.

conteúdo jurídico (eficácia) da relação jurídica;[991] as variações no conteúdo jurídico (eficácia) da relação jurídica.[992]

"As modernas investigações sobre estes institutos (a análise do lançamento dentre de cada ramo do direito)", observa ANGELO FALZEA, "embora aportem muitos elementos problemáticos, contudo deixam entrever a unidade da categoria que uniformiza os temas estudados e fazem intuir a possibilidade de descobrir, justamente naquela comum categoria, a chave para resolver as principais dificuldades e questões que o jurista encontra e não consegue superar *no* estudo das figuras singulares".[993]

"A regra jurídica", com penetrante lucidez ressalta PONTES DE MIRANDA, "foi a criação mais eficiente do homem para submeter o mundo social e, pois, os homens, às mesmas ordenação e coordenação, a que ele, como parte do mundo físico, se submete. Mais eficiente, exatamente porque foi a técnica que mais de perto copiou a mecânica das leis físicas."[994]

Este instrumento de ação social (regra jurídica) tem uma estrutura lógica: a *regra* e a *hipótese de incidência*. A atuação dinâmica deste instrumento é *infalível* (*automática*): sua incidência está condicionada ao acontecimento de *todos* os fatos que integralizam a sua hipótese de incidência e o momento da incidência é o instante *lógico* e *posterior* ao acontecimento do *último* fato que integra a composição da hipótese de incidência. A realização da hipótese de incidência fica dependendo do acontecimento do *último* fato porque, só então, realiza-se a hipótese preestabelecida pela regra jurídica, hipótese que condicionava sua incidência.[995] As *consequências* da incidência

991. Ver nº 95.

992. Ver nº 99.

993. Angelo Falzea, *Enciclopedia del Diritto*, vol. I, Milano, 1958, p. 205, nº 1.

994. Pontes de Miranda, *Tratado de Direito Privado*, vol. I, Rio de Janeiro, 1954, § 3º, nº 1. Natureza instrumental da regra jurídica, ver nº 19. Sobre o funcionamento do instrumento – regra jurídica, ver nossos ns. 81, 84.

995. Estrutura lógica e atuação dinâmica da regra jurídica, ver nº 81. Infalibilidade da incidência da regra jurídica, ver ns. 84-85.

da regra jurídica são justamente os *efeitos jurídicos:* relação jurídica e seu conteúdo jurídico, o qual admite uma tripartição vertical.[996]

Ora, para alguém saber se há (ou não) a relação jurídica predeterminada por uma regra jurídica, é absoluta e logicamente necessário que, *antes*, investigue a realização (ou irrealização) da hipótese de incidência daquela regra jurídica. Esta investigação consiste numa análise (quantitativa e qualitativa) de determinados fatos acontecidos. Além disso, tratando-se de regra jurídica tributária constatando-se a realização da respectiva hipótese de incidência, ainda é preciso transfigurar a base de cálculo em uma cifra aritmética e sobre esta calcular a alíquota do tributo. Ora, tudo isto pode consistir numa simples operação *psicológica* ou numa complexa série de atos *psicológicos*, *materiais* e *jurídicos*. Esta simplicidade ou complexidade depende da *composição* da hipótese de incidência e dos *efeitos* predeterminados pela regra que (juntamente com a hipótese de incidência) integra a estrutura lógica da regra jurídica.

Se a *exigibilidade* (pretensão) do Direito (direito que se criou pela incidência da regra jurídica sobre a hipótese de incidência realizada) ficasse *sempre* condicionada a uma demonstração ou comprovação histórico-jurídica do acontecimento dos fatos que realizaram a hipótese de incidência, então, estaria perdida a praticabilidade do direito.[997] Por isso, o lançamento ("accertamento") que – como acima foi demonstrado – é *momento lógico e conatural* na incidência de *toda e qualquer* regra jurídica, consiste, na maioria dos casos, numa *simples* operação de natureza *psicológica*. Noutras palavras, a fenomenologia *normal* (lógica e conatural), na criação da relação jurídica, é o nascimento *simultâneo* do direito e de sua *exigibilidade* (pretensão).

996. Ver ns. 17, 19, 81,95.

997. Em sentido análogo, Angelo Falzea, *Enciclopedia del Diritto*, vol. I, Milano, 1958, "Accertamento", p. 209, nº 4.

Entretanto, aquela *simultaneidade* no nascimento do direito e sua exigibilidade (pretensão) podem, por exceção, ser quebrada, isto é, a *exigibilidade* (pretensão) pode nascer em momento histórico (ex.: uma hora, um dia, ou quatro meses) *posterior* ao nascimento do direito.[998] Porém, esta quebra de simultaneidade é *anormalidade* na fenomenologia do nascimento da relação jurídica. Esta nasce, normalmente, com conteúdo jurídico máximo: direito, pretensão (exigibilidade), coação e correlativos dever, obrigação, sujeição. Para que aquela anormalidade na fenomenologia jurídica seja admissível no mundo jurídico, é absolutamente necessária a *existência de uma regra jurídica cuja regra* (preceito, consequência, efeito jurídico) *seja justamente a criação daquela anomalia*: o nascimento da *exigibilidade* (pretensão) em momento histórico *posterior* à criação do direito. A criação de uma tal regra jurídica fica ao arbítrio do legislador, o qual procurará, racionalmente, um ponto de equilíbrio entre a praticabilidade e a certeza do direito.

Ora, toda a vez que existir aquela regra jurídica criadora da referida anomalia, então, o *lançamento* deixa de ser simples operação psicológica, e passa a consistir numa operação de natureza *jurídica* de maior ou menor complexidade, cujo *efeito jurídico* (acrescentar a *exigibilidade* – pretensão e correlativa obrigação – ao conteúdo jurídico de uma preexistente relação jurídica que nasceu com conteúdo mínimo: direito e dever) *está condicionado* à realização dos atos psicológicos e materiais predisciplinados *pela regra jurídica* que, quebrando a simultaneidade no nascimento do direito e sua exigibilidade (pretensão), converteu o lançamento num fato jurídico.[999]

---

998. No mesmo sentido: A. D. Giannini, *I Concetti Fondamentali di Diritto Tributario*, Torino, 1956, pp. 284-86; Soares Martinez, *Estudos de Direito Financeiro – Da personalidade tributária*, vol. I, Lisboa, 1953, p. 160. Para a melhor compreensão da diferença entre direito e pretensão (exigibilidade), ver nosso nº 95.

999. Em sentido análogo: A. D. Giannini, *I Concetti Fondamentali di Diritto Tributario*, Torino, 1956, pp. 284-85; Fernando Arche-Domingo,

As investigações de Angelo Falzea sobre a teoria geral do lançamento ("accertamento") fortalecem a tese aqui sustentada.

"O efeito preclusivo e a declaração de verdade", conclui Angelo Falzea, "são os elementos necessários de toda e qualquer figura de lançamento, de tal modo que não existe declaração de verdade acompanhada de efeito preclusivo que não constitua um fato de lançamento e, vice-versa, nenhum fato de lançamento pode ser de outra maneira constituído senão mediante uma declaração de verdade – eventualmente acompanhado de uma declaração de vontade para produção da preclusão – da qual se irradia um efeito preclusivo de grau maior ou menor. Nesta implicação recíproca está o fundamento lógico e jurídico positivo do conceito do lançamento. Sobre sua base deve ser, por conseguinte, conduzida qualquer investigação que procure analisar, nos institutos do hodierno Direito Positivo, desde o campo privado até o público, seja no plano substancial ou seja no processual, os vários fenômenos nos quais o conceito (de lançamento) se exemplifica."[1000]

A referida declaração de verdade é, em síntese, a seguinte:

"O fato do lançamento é a resultante do processo já descrito que, partindo de uma situação inicial de *objetiva incerteza*, conduz, através da *atividade espiritual de clarificação da realidade*, a uma declaração de Ciência munida de eficácia preclusiva."[1001]

O mencionado efeito preclusivo resume-se no seguinte: "Todas aquelas versões do efeito do lançamento e outras

---

"Consideraciones sobre el Hecho Imponible", *Revista de Derecho Financiero y Hacienda Publica*, vol. X, Madrid, setembro de 1960, nº 39, p. 583, S. Soares Martinez, *Estudos de Direito Financeiro – Da personalidade tributária*, vol. I, Lisboa, 1953, p. 159; G. Tesoro, *Principi di Diritto Tributario*, Bari, 1938, p. 180.

1000. Angelo Falzea, *Enciclopedia del Diritto*, vol. I, Milano, 1958, "Accertamento", pp. 218-19, nº 8.

1001. Idem, p. 216, nº7 (grifou-se).

similares, embora não propiciando uma solução admissível do problema, reveste-se de uma particular importância teórica porque demonstram que o lançamento exige um efeito jurídico *diverso* daquele meramente *declaratório*: a mera declaração é incompatível com o surgir de novas disposições jurídicas, de obrigações de consciência ou de conduta, ou com a substituição de situações jurídicas. No aludido efeito está implícita necessariamente a ideia de uma *inovação* no mundo jurídico e de uma inovação essencial. E isto está a demonstrar a impossibilidade de explicar o efeito do lançamento como pura declaração".[1002]

Observa ANGELO FALZEA que as múltiplas teses até hoje levantadas; num e noutro sentido, procurando explicar a natureza do efeito jurídico do lançamento, todas deixam entrever a intuição do fenômeno da preclusão como o verdadeiro efeito do lançamento, e conclui:

"A substituição da situação jurídica incerta com a situação jurídica certa ('accertata') nenhuma outra coisa pode significar, na sua versão cientificamente correta, que não seja, precisamente, a preclusão de qualquer investigação sobre a situação jurídica antecedente ao fato do lançamento e, portanto, a irrelevância de qualquer contestação relativa ao conteúdo da situação jurídica certa ("accertata") que tenha por fundamento sua validade histórico-jurídica. Depois do fato do lançamento, uma ulterior contestação não é tanto proibida, quanto toma-se irrelevante e isto porque fica *privada da sua força paralisadora* da realização do valor jurídico. É justamente para o atendimento de sua peculiar função que os fatos do lançamento irradiam eficácia preclusiva, porque a incerteza, isto é, o estado de contestação capaz de *paralisar* a realização dos interesses jurídicos, pode ser removido somente por intermédio de um efeito cuja validade está desvinculada de qualquer relação de convergência ou de divergência com situação jurídica antecedente".[1003]

1002. Angelo Falzea, *Enciclopedia del Diritto*, vol. I, Milano, 1958, "Accertamento", p. 212 (grifou-se).

1003. Idem, ibidem, p. 212 (grifou-se).

Toda exposição acima feita conduz ao conceito de lançamento e às conclusões sobre seu efeito jurídico a seguir indicados:

CONCEITO DE LANÇAMENTO TRIBUTÁRIO

O lançamento, ("accertamento") tributário consiste na série de atos *psicológicos* e *materiais* e/ou *jurídicos* praticados pelo *sujeito passivo* (contribuinte), ou pelo *sujeito ativo* (Estado) da relação jurídica tributária, ou por ambos, ou por um terceiro, com a finalidade de investigando e analisando fatos pretéritos:

a) constatar a *realização* da hipótese de incidência e a *incidência* infalível (automática) da regra jurídica tributária que ocorreu no momento em que aquela sua hipótese de incidência se realizou;

b) captar o *fato* que realizou o *núcleo* (*base de cálculo*) daquela hipótese de incidência e que já estava predeterminado pela regra jurídica ao indicar a base de cálculo do tributo;

c) proceder a *transfiguração* daquele núcleo (base de cálculo) em uma *cifra aritmética*, mediante a aplicação do *método de conversão* (peso, medida ou valor) já preestabelecido pela regra jurídica;

e) calcular a *quantidade aritmética* do tributo, mediante a aplicação da *alíquota* (que fora prefixada pela regra jurídica) sobre o *núcleo* da hipótese de incidência (base de cálculo) *agora já transfigurado* numa cifra aritmética.

CONCLUSÕES SOBRE O EFEITO JURÍDICO DO LANÇAMENTO TRIBUTÁRIO

Primeira: O lançamento é um momento lógico jurídico que existe na criação de todo e qualquer tributo.[1004]

1004. A. D. Giannini, *I Concetti Fondamentali di Diritto Tributario*, Torino, 1956, pp. 271-72.

Segunda: Quando o tempo de realização do lançamento é o *instante lógico* imediatamente posterior ao momento da realização da hipótese de incidência, então, o lançamento consiste em atos de natureza apenas *psicológica* e não produz, por si mesmo, nenhum efeito jurídico. Nestes casos, o nascimento do direito é *simultâneo* com a sua exigibilidade (pretensão). Noutras palavras, a incidência da regra jurídica tributária (sobre sua hipótese de incidência realizada) cria uma relação jurídica de conteúdo médio: direito, *pretensão* (exigibilidade) e correlativos dever, obrigação; ou de conteúdo máximo: direito, pretensão (exigibilidade) coação e correlativos dever, obrigação, sujeição.

Terceira: Quando o tempo de realização do lançamento não é aquele instante lógico indicado na segunda conclusão, mas é momento *temporalmente* (ex.: uma hora, um dia ou um mês) posterior à realização da hipótese de incidência, então, o lançamento consiste em atos de natureza *jurídica*, porque aquele intervalo temporal é *anormal* na fenomenologia jurídica e somente pode existir por regra jurídica cuja *regra* seja precisamente a criação de um tal intervalo. Nestes casos, a prática dos atos (que a regra jurídica tiver disciplinado como os realizadores do lançamento) realiza o lançamento, isto é, realiza hipótese de incidência da regra jurídica que disciplinou o lançamento, a qual, em consequência da realização do lançamento (sua hipótese de incidência) *incide* e *irradia* (cria) um *efeito jurídico*: acrescenta a *exigibilidade* (*pretensão* e correlativa obrigação) ao conteúdo jurídico da *preexistente* relação jurídica tributária que nascera com conteúdo *mínimo*: direito e correlativo dever.

Quarta: Antes do lançamento, o direito *existe*, porém sem *exigibilidade* (não pode ser exigido). O fato jurídico do lançamento acrescenta o efeito jurídico da exigibilidade àquele preexistente direito. Mesmo *depois* do lançamento, o *sujeito passivo* (ou *sujeito ativo*) da relação jurídica tributária ainda pode oferecer resistência jurídica:

a) Contra a *exigibilidade* (do direito), desde que prove que os atos que realizaram o lançamento desobedeceram as regras jurídicas que disciplinaram este lançamento.

b) Contra a *existência* (do direito), desde que prove que os fatos analisados e investigados pelo lançamento não realizaram a hipótese de incidência da regra jurídica criadora do tributo.

A tese da imutabilidade do lançamento, por iniciativa do *sujeito ativo* da relação jurídica tributária, é anormalidade (não tem fundamento lógico) na fenomenologia jurídica que decorre da estrutura lógica e da atuação dinâmica de toda e qualquer regra jurídica. A imutabilidade de lançamento só pode prevalecer mediante criação de regra jurídica que expressamente estabeleça tal imutabilidade.

Quinta: A natureza dos atos que realizam o lançamento pode ser psicológica, material, econômica ou jurídica. A pessoa incumbida de praticar os atos que realizam o lançamento pode ser tanto o *sujeito ativo* da relação jurídica, quanto o *sujeito passivo*, ou ambos, ou o terceiro. Tudo depende do que estiver predeterminado na regra jurídica que disciplina o lançamento e cuja criação fica ao arbítrio do legislador.[1005]

§ 5º NATUREZA JURÍDICA DOS TRIBUTOS

101. Incidência jurídica dos tributos sobre o prolongamento da realidade econômica

No mundo pré-jurídico (plano econômico), todo o tributo incide (incidência *econômica*),[1006] em última análise, sobre a *renda* ou sobre o *capital*.[1007]

1005. A. D. Giannini, *I Concetti Fondamentali di Diritto Tributario*, Torino, 1956, pp. 297-98.

1006. Distinção entre incidência *econômica* e incidência *jurídica*, ver nº 141.

1007. Rubens Gomes de Sousa, *Estudos de Direito Tributário*, São Paulo, 1950, p. 54; Aliomar Baleeiro, *Limitações constitucionais ao poder de tributar*,

O tributo é, quase sempre, pago *mediante* a renda;[1008] porém isto não significa que o tributo incida (incidência *econômica*) sobre a renda, pois deve-se distinguir entre *base* econômica de incidência e *fonte* econômica de pagamento, de modo que um tributo que incida sobre o capital (base econômica de incidência) é pago pela renda (fonte econômica de pagamento) do mesmo contribuinte; ou vice-versa.[1009]

Por conseguinte, no plano econômico (mundo pré-jurídico) só existem, a rigor, duas naturezas de tributo: de renda ou de capital. Entretanto, a política fiscal discrimina diferentes espécies econômicas de renda e de capital para sofrerem diferentes incidências *econômicas* de tributação.

A fim de aquelas diversas espécies econômicas de renda e capital poderem ser atingidas pela tributação, o legislador desenvolve a sua atividade criadora do mundo jurídico, construindo as regras jurídicas que formam o Direito Tributário. O sistema da *avaliação direta* da base econômica de incidência (renda ou capital), como muito bem demonstrou L. TROTABAS em surpreendente exame, é um "processo arcaico, bárbaro e frequentemente menos seguro para a descoberta da verdade" e a utilização da declaração do contribuinte sujeita à comprovação é uma "fórmula primitiva, para não dizer infantil".[1010]

2ª ed., Rio de Janeiro, 1960, p. 160 e in *Introdução à Ciência das Finanças*, 2ª ed., vol. I, Rio de Janeiro, 1958, nº 266, pp. 406-8; M. Lauré, *Traité de Politique Fiscale*, Paris, 1956, pp. 178-81; L. Mehl, *Science et Technique Fiscales*, Paris, 1959, I, p. 99; M. Duverges, *Institutions Financières*, 2ª ed., Paris, 1957, p. 115; L. Trotabas, *Science et Technique Fiscales*, Paris, 1958, p. 13; Emilio Giardina, *Le Basi Teoriche del Principio della Capacità Contributiva*, Milano, 1961, pp. 129-87.

1008. P. Studenski, "Characteristics, developments and presents status of consumption taxes", in *Law & Contemporary Problems*, vol. VIII, North Carolina, 1941, nº 3, p. 417; de Viti de Marco, *Principios Fundamentales de Economía Financiera*, trad., Madrid, 1934, ambos apud Rubens Gomes de Sousa, *Estudos de Direito Tributário*, São Paulo, 1950, pp. 53-57.

1009. A. C. Pigou, *Uno Studio sulla Finanza Pubblica*, Milano, 1959 (trad. da 3ª ed., London, 1949), pp. 181-82.

1010. Neste sentido: L. Trotabas, "Reforma fiscal", *Revista de Derecho Financiero y de Hacienda Pública*, vol. II, Madrid, ano 1952, p. 196, que também

O legislador, no passado, já procurava alcançar a renda e o capital pelo caminho indireto da tributação do fato-signo presuntivo da renda ou do capital. Porém, como o legislador tinha um conhecimento rudimentar e intuitivo dos fatos que seriam signos presuntivos, quase sempre errava na escolha de tais fatos, de modo que o fato por ele escolhido consistia ou num indício infantil e muito discutível ou, então, num indício de coisa nenhuma. Os financistas clássicos, não percebendo que o erro estava na escolha do fato-signo, julgavam que o defeito fosse do sistema de tributação por signos presuntivos, e, por isso, procuravam substituí-lo pelo sistema de avaliação direta da renda e do capital.

Hoje, as modernas análises críticas dos sistemas de tributação, como aquela feita por L. TROTABAS e J. CÉREZE demonstram que a evolução racional caminha justamente no sentido inverso daquele imaginado pelos financistas clássicos. O que deve ser gradativamente substituído é o método da avaliação direta da renda e do capital, pelo da avaliação indireta, isto é, pelo sistema da tributação de fatos que sejam verdadeiros signos presuntivos de renda ou capital, porque racionalmente escolhidos à luz de critério científico.

Compreende-se, agora, porque a *praticabilidade* da incidência *jurídica* das regras jurídicas tributárias, sempre induziu e, cada vez mais, induz o legislador a escolher, como elementos integrantes da hipótese de incidência, *signos econômicos* (fatos econômicos) ou *signos jurídicos* (fatos jurídicas),[1011] cuja

---

empregou as expressões qualificadoras transcritas no texto. Aliás, em 1958, a interessante monografia de L. Trotabas & J. Cérèze, *L'Imposition Forfaitaire des Bénéfices Industriels et Commerciaux*, Paris, 1958, especialmente, pp. VII e VIII e 9-49), veio demonstrar o acerto e a justiça das críticas feitas em 1952 (revista cit., loc. cit.) ao sistema jurídico da avaliação direta da base econômica de incidência e ao da declaração do contribuinte sujeita à comprovação.

1011. O fato jurídico – sem converter-se em fato econômico – portanto, justamente em virtude de sua específica juridicidade é elemento integrante da composição da hipótese de incidência da regra jurídica tributária; ver nº 89. O fato jurídico, mesmo tomado em sua juridicidade, consiste no signo presuntivo de capacidade contributiva; ver nº 134.

existência faz *presumir* a existência de determinado gênero e espécie de renda ou de capital. E a Ciência Jurídica demonstra que estes signos presuntivos são verdadeiras presunções *juris et de jure* e como tal se comportam na fenomenologia da incidência da regra jurídica e resultante irradiação dos efeitos jurídicos.[1012]

Em consequência, é nas *vias de acesso* à renda e ao capital que surge a multiplicidade das naturezas *jurídicas* dos tributos, porque, a exemplo dos arquipélagos, apenas os *prolongamentos* da renda e do capital emergem no mundo jurídico, a fim de participarem como *fatos* na composição da hipótese de incidência da regra jurídica de tributação.[1013]

E estes fatos-signos presuntivos (prolongamentos da renda ou do capital), ao penetrarem no mundo jurídico, dão nascimento a um *outro* fato: o *tributo* cuja natureza jurídica (gênero e espécie) é realidade que existe *exclusivamente no mundo do pensamento*.[1014]

102. Insuficiência dos critérios tradicionais na doutrina do Direito Tributário

Todas os doutrinadores do Direito Tributário concordam em que não é o *nome* do tributo, pelo legislador empregado na redação da lei tributária, que conferirá ao tributo a sua particular natureza *jurídica*: gênero jurídico e espécie jurídica. E Rubens Gomes de Sousa lembra que a melhor demonstração disto deve-se a Shakespeare: "What's in a name? That which we call arose by any other name would smell as sweet".[1015]

1012. Ver ns. 139-140. Para melhor compreensão ver ns. 133-140.

1013. A fim de criar uma regra de conduta – regra jurídica – humanamente praticável, o jurista simplifica, esquematiza e presume, trabalhando nos prolongamentos da realidade; ver J. Dabin, *Théorie Générale du Droit*, 2ª ed., Bruxelles, 1953, nº 194.

1014. Ver nº 103.

1015. Rubens Gomes de Sousa, *Curso de Direito Financeiro*, Rio de Janeiro, 1958 (obra coletiva publicada pelo "Instituto Brasileiro de Direito Financeiro"), p. 93.

Na procura do critério de classificação *científico e jurídico*, a doutrina do Direito Tributário, unanimemente, reconhece que o gênero e espécie jurídica do tributo resultam da natureza da hipótese de incidência. A maioria dos autores, ao chegarem a esta conclusão, suspendem a investigação e satisfeitos com a ilusão de que isto resolveria o problema, evitam demonstrar a suposta suficiência e objetividade do critério.

Outros, percebendo que a hipótese de incidência não é uma mônade, procuram dissecá-la para distinguir os elementos que a compõe. Uma das mais divulgadas dissecações de hipótese de incidência, fará A. D. GIANNINI, dividindo-a em dois elementos: a) O *elemento material*: a coisa móvel ou imóvel, o ato, o fato ou o estado de fato, jurídicos ou econômicos, que integram a composição da hipótese de incidência; b) O *elemento pessoal*: uma certa relação de fato (econômica, geográfica, etc.) ou jurídica (ex.: negócio jurídico de compra e venda) que liga uma (ou mais) pessoas ao elemento material; ligação que a lei tributária tem a liberdade de desprezar e até contrariar ao estabelecer a vinculação jurídica tributária (isto é, a relação jurídica tributária). Adverte A. D. GIANNINI que o elemento material é aquele que serve para diferenciar um tributo de outro e que a conversão do elemento material em uma cifra (à qual se chega por medida, peso ou valor) consiste na *base imponível* que sofrerá o cálculo da alíquota do tributo.[1016]

A dissecação da hipótese de incidência feita por A. D. GIANNINI merece crítica. Raramente o "elemento material" consiste num único elemento; quase sempre o *fato* que realizará a hipótese de incidência forma-se mediante o acontecimento, sucessivo ou simultâneo, de dois ou mais fatos (e ou atos) que envolvem duas ou mais coisas (bens) e às quais estão ligadas duas ou mais pessoas. Esta multiplicidade e variedade de elementos que formam o "elemento material" permitem que a "*base imponível*" *possa resultar da valorização deste ou*

1016. A. D. Giannini, *I Concetti Fondamentali di Diritto Tributario*, Torino, 1956, pp. 152-54.

daquele elemento, dentre os múltiplos que estão integrando o mesmo e único "elemento material", de modo que estas numerosas possibilidades de "base imponível", dentro de um único "elemento material", inutilizam a *objetividade* do critério. A pessoa "A" entenderá que o imposto do exercício de indústrias e profissões, para continuar com esta natureza jurídica, deverá ter como base imponível "v" (movimento de vendas anual). De outro lado, a pessoa "B" sustentará que a base imponível deverá ser "x" (valor lucrativo anual) e demonstra que aquela base imponível "v" desvirtua a natureza *jurídica* do imposto do exercício de indústrias e profissões, identificando-o com o imposto de vendas. Por sua vez, a pessoa "C" alegará que a base imponível deverá ser "y" (valor venal dos imóveis utilizados pela indústria ou profissão) porque a base imponível "x" transfigura o imposto do exercício de indústrias e profissões no imposto de *renda* sobre a locação cobrado na fonte e sem o direito de retenção (de descontá-lo do preço do aluguel). Virá, então, a pessoa "D" e dirá que a base imponível deverá ser "z" (renda bruta anual), porquanto "y" identifica o imposto em foco com o imposto de propriedade imobiliária. Finalmente, a pessoa "E" demonstrará que também não pode consistir em "z", sob pena de converter o imposto em tela no imposto de renda.

As pessoas "A", "B", "C", "D" e "E" unanimemente admitem que a hipótese de incidência ("fato gerador") é o fato do *exercício* da indústria ou profissão; porém como este fato nasce intimamente ligado aos elementos "v", "x", "y" e "z", cada uma dessas pessoas escolhe um *diferente* elemento para base imponível (base de cálculo) do *mesmo e único* gênero e espécie jurídica de tributo. A verdadeira natureza jurídica do tributo fica, portanto, subordinada ao critério *subjetivo* (arbítrio) de cada pessoa no tocante à escolha da base imponível (base de cálculo) específica a cada gênero e espécie jurídica de tributo.

O legislador ao criar o tributo, logicamente, escolhe a base imponível (base de cálculo) e esta, porque estabelecida em lei, não fica ao arbítrio dos seus intérpretes. Porém, a verdadeira natureza jurídica do tributo não é aquela que decorreria do *nome* do tributo constante na lei ou da *intenção* do legislador; ela resulta da regra jurídica contida na lei (fórmula literal legislativa) que se enquadrou na totalidade do sistema jurídico. Por isto, uma vez criado o tributo, os intérpretes da lei devem investigar a sua verdadeira natureza jurídica e esta poderia resultar, como se viu, do critério subjetivo do intérprete que tivesse esposado a tese de que a base imponível (base de cálculo) constante na lei é a específica do imposto do exercício de indústrias e profissões; outro intérprete entenderia que aquela mesma base imponível (base de cálculo) é a específica do imposto de propriedade imobiliária, etc... E a única maneira de sair do manicômio jurídico tributário é encontrar o critério *objetivo* que independa das flutuações subjetivas de cada intérprete. Não basta a *objetividade* do critério; esta lhe confere a natureza científica; é ainda necessário que o critério científico (objetivo) seja também *jurídico* (*resulte e trabalhe com as existências e fenomenologias do mundo jurídico verificadas pela Ciência Jurídica*).

Albert Hensel, procurando o critério da classificação jurídica dos tributos, observou que ele deve ser encontrado no *elemento mais importante* da hipótese de incidência.[1017] Infelizmente, não investigou qual o critério da *importância* que o permitiria apontar, com segurança objetiva, o elemento mais importante em cada hipótese. Por isto, seu critério ainda padece da mesma *subjetividade* que inutiliza o de A. D. Giannini.

Rubens Gomes de Sousa, tomando como ponto de partida a dissecação da hipótese de incidência feita por A. D. Giannini, prosseguiu na procura do critério que atribui a particular natureza jurídica a cada tributo e atingiu o âmago do problema. No texto a seguir transcrito, Rubens Gomes de Sousa utiliza as

1017. Albert Hensel, *Diritto Tributaria*, Milano, 1956 (trad. italiana da 3ª ed. alemã de 1933), p. 344.

expressões "base de cálculo" e "pressuposto material" como sinônimos de "base imponível" e "elemento material", que foram as empregadas por A. D. GIANNINI.

"Quando a base de cálculo não se confunde com o pressuposto material da incidência", reflexiona RUBENS GOMES DE SOUSA, "é essencial que os fatores ou circunstâncias adotados pela lei como base de cálculo sejam elementos integrantes ou decorrências necessárias daquele pressuposto. A não ser assim, poderá ocorrer a *descaracterização* do próprio imposto, que poderá ter alterada a sua própria natureza *jurídica* pela adoção de uma base de cálculo incompatível com ela. Se, por exemplo, a lei mandasse calcular o imposto de vendas e consignações sobre o valor do estoque, estaríamos claramente em face de um imposto sobre o patrimônio, e não sobre as vendas e consignações, de vez que a base de cálculo não seria adequada ao pressuposto da incidência deste último tributo. Por outras palavras, na hipótese figurada, o desvirtuamento da natureza jurídica do imposto decorre de uma inversão da ordem natural das coisas. Normalmente, a base de cálculo deve ser definida pelo pressuposto material da incidência, com ele se confundindo ou dele decorrendo. Mas *quando isto não ocorre*, é o contrário que se verifica, ou seja, a *base de cálculo* é que passa a definir o pressuposto material da incidência. E como é sabido que esse pressuposto é que dá ao tributo a sua natureza jurídica, esta última terá passado a ser *a que corresponde a base de cálculo adotada*, em vez de ser a do tributo que o legislador quis instituir."[1018]

A habitual agudeza de raciocínio conduziu RUBENS GOMES DE SOUSA ao verdadeiro critério da classificação jurídica dos tributos: *a base de cálculo ou base imponível*. Entretanto, ao

1018. Rubens Gomes de Sousa, parecer proferido em 16-4-1957, sobre o imposto de indústrias e profissões do Município de Porto Alegre, Estado do Rio Grande do Sul e publicado em 1957 pela "Livraria do Globo" de Porto Alegre no volume intitulado *Imposto de indústrias e profissões – Razões e Pareceres*, que reuniu trabalhos de diversos autores. A passagem transcrita encontra-se nas pp. 228-29 do referido volume (grifou-se).

defrontar-se com este critério, embora reconheça a sua fundamental importância, Rubens Gomes de Sousa trai ainda uma certa vacilação em tomá-lo como o *único* critério objetivo e jurídico, hesitando em lançar fora as velhas fórmulas subjetivas de A. D. Giannini e Albert Hensel. Esta fidelidade aos clássicos leva Rubens Gomes de Sousa a continuar admitindo que a base de cálculo (base imponível) possa ser distinta do pressuposto material (elemento material), contanto que seja um dos seus elementos integrantes ou uma sua decorrência necessária: "... é essencial que os fatores ou circunstâncias adotadas pela lei como base de cálculo sejam elementos integrantes ou decorrências necessárias daquele pressuposto... Normalmente, a base de cálculo deve ser definida pelo pressuposto material da incidência, com ele se confundindo ou dele decorrendo..."

Noutras palavras, se a base de cálculo não se confundir com o elemento material, Rubens Gomes de Sousa ainda admite que ela possa consistir em um ou alguns dos elementos integrantes do pressuposto material ou até mesmo em uma decorrência necessária daquele pressuposto. Pergunta-se: Qual o elemento, dentre a pluralidade dos elementos que integram o pressuposto material, que deverá servir de base de cálculo a fim de que o tributo seja desta e não daquela natureza jurídica? Qual a decorrência necessária, dentre a multiplicidade de decorrências necessárias, que deve ser escolhida como base de cálculo para que a natureza jurídica deste tributo não se identifique com a daquele outro?

Para responder às duas referidas indagações, a escolha do elemento (ou da decorrência necessária) ficará subordinada ao critério da maior *importância* que este elemento (ou decorrência necessária) porventura se revestir sob o ângulo subjetivo do intérprete. Este, diante do tributo cuja base de cálculo não se identificou com o pressuposto material, sempre poderá encontrar razões *históricas* ou *econômicas* que lhe permitirão sustentar que, embora a base de cálculo seja apenas um elemento dentre os numerosos elementos integrantes do pressuposto material, ou seja, apenas uma decorrência dentre as suas múltiplas decorrências necessárias, tal fato não desvirtuaria a natureza jurídica sugerida pela denominação do tributo utilizada no texto legal ou pretendida pela intenção do legislador. E o mesmo tributo poderá apresentar-se, no mínimo, sob três diferentes naturezas "jurídicas" conforme o fundamento histórico ou econômico ou jurídico que mais tiver impressionado o intérprete. Com isto, a tese de RUBENS GOMES DE SOUSA, ao evitar a ambiguidade de A. D. GIANNINI, cai no subjetivismo de ALBERT HENSEL.

As reiteradas críticas ao *subjetivismo* do critério do elemento mais importante ou da decorrência mais necessária, poderá parecer cansativo malabarismo de vocábulos com intuito de exagerar uma distinção entre o critério objetivo e o subjetivo, distinção que não teria maior relevância no plano das discussões jurídicas. Quem assim tiver pensado, esqueceu que a regra jurídica continuará especificamente jurídica enquanto for o instrumento *praticável* que impõe a *certeza* nas relações sociais; praticabilidade e certeza são especificidades do jurídico.[1019] Ou repertórios de Jurisprudência provam exuberantemente que o subjetivismo dos critérios tradicionais ou fez impraticáveis e introduziu a mais louca incerteza no deslinde das relações jurídicas tributárias.[1020]

103. Natureza jurídica do tributo é realidade que existe exclusivamente no mundo do pensamento

Antes de ser procurado o elemento que confere o gênero jurídico e as espécies jurídicas ao tributo, indispensável se faz ter bem presente o que é *tributo*, no plano jurídico, independentemente de seu gênero e espécie.

Tributo é o *objeto* da prestação jurídica que satisfaz o dever jurídico tributário. Recorde-se: realizando-se a hipótese de incidência, sobre ela incide a regra jurídica de tributação.

1019. Ver nº 21-22.

1020. Ver nº 2.

Desta incidência irradia-se a relação jurídica tributária em cujo polo negativo situa-se o *sujeito passivo* (contribuinte legal) que a relação vincula ao *sujeito ativo* situado no polo positivo (Estado). O conteúdo desta relação jurídica é, no polo positivo: direito, à *prestação*, pretensão em obtê-la, coação para efetivá-la; no polo negativo, os correlativos: *dever*, *obrigação*, *sujeição*. A relação jurídica se realiza (extingue-se) mediante a *prestação* jurídica. Toda e qualquer prestação jurídica consiste sempre num fazer (ou não fazer) o qual, lógica e necessariamente, tem um *objeto*: aquilo que está (ou não está) sendo feito. O tributo é o *objeto* da prestação jurídica que realiza a relação jurídica tributária.[1021]

O referido objeto (o tributo) da prestação jurídica tributária entra, no mundo jurídico, apresentando múltiplos gêneros jurídicos e espécies jurídicas que o legislador cria, segundo as diretrizes de sua política fiscal, para evitar os malefícios do tributo único e para poder discriminar a competência tributária, isto é, a fim de que a União Federal, os Estados Federados e os Municípios possam, no exercício da parcela do Poder Legislativo que a cada um foi outorgada pela Constituição, *criar* determinados tributos e *estar proibidos* de criar outros tributos.

O que agora se investiga é o critério *objetivo* e *jurídico* que permitirá distinguir o gênero jurídico e a espécie jurídica particular a cada tributo. A ausência do verdadeiro critério destrói toda a discriminação constitucional de competência tributária e sobre estas ruínas o jurista assiste ao espetáculo do corvejamento tributário que, no mundo jurídico, assume proporções e aspectos apocalípticos.

Este critério para ser *científico* deverá ser *objetivo*. A objetividade do critério será atendida, se ele independer de fatores cuja importância ou insignificância ficariam ao arbítrio de valorizações subjetivas do cientista. Por sua vez, este critério científico será *jurídico* se utilizar fatores jurídicos, isto é, *se*

1021. Ver ns. 81, 96.

tomar apenas às existências e fenomenologias do mundo jurídico reveladas pela Ciência Jurídica.

A maioria da doutrina do Direito Tributário já admite que a classificação dos tributos segundo o critério oferecido pela Ciência das Finanças Públicas, embora científico *financeiro*, não é científico *jurídico*, de modo que torna-se, no plano jurídico, inservível e até prejudicial. Tal malefício provam-no os repertórios de jurisprudência tributária onde, como disse Gilberto de Ulhoa Canto, "conflitos de competência impositiva são deslindados em Juízo, de modo que não convence a vencedores nem a vencidos nos pleitos em que se suscitam; incoerências e erros incompreensíveis constituem a moldura do tratamento de questões fundamentais, como a distinção entre impostos e taxas".[1022]

Viu-se que o tributo é o *objeto* da prestação jurídica tributária e está se investigando o critério objetivo e jurídico que permitirá distinguir os múltiplos gêneros jurídicos e espécies jurídicas daquele objeto no mundo jurídico.

À primeira vista, poderia parecer que a identificação do tributo com o *objeto* da prestação jurídica tributário conduziria à conclusão que o critério da classificação seria a consistência material deste objeto. Esta consistência material pode ser dinheiro (prestação pecuniária) ou bens (prestação in *natura*) ou serviços (prestação *in labore*),[1023] de modo que estas três naturezas de prestação determinariam os três gêneros jurídicos de tributo e as espécies jurídicas seriam as derivadas daquelas três naturezas. Este raciocínio é falso porque, ao examinar o

1022. Gilberto de Ulhoa Canto, nas pp. 9-10 do Prefácio que escreveu ao livro de Amilcar de Araújo Falcão, *Direito Tributário Brasileiro*, Rio de Janeiro, 1960.

1023. Não há nenhum fundamento jurídico, nem lógico, nem histórico, que justifique a frequente alegação de que o tributo deva ser uma prestação pecuniária; esta pode perfeitamente ser *in natura* ou *in labore*, sem que tal circunstância desvirtue a natureza jurídica *tributária* da prestação; ver ns. 165-169.

objeto de prestação jurídica tributária, confundiu matéria e realidade, esquecendo-se das *consistências* do mundo jurídico, tão reais como as físicas.

O gênero *jurídico* e a espécie *jurídica* do tributo (assim como a juridicidade do fato, a qualidade jurídica da pessoa, a relação jurídica, o direito e correlativo dever, a pretensão e correlativa obrigação, a prestação jurídica e a natureza jurídica do objeto desta, etc.) são realidades fora do campo das percepções visuais e auditivas, gustativas e tácteis; as realidades jurídicas nascem, vivem e morrem no mundo do *pensamento* que é parte do mundo total. E como os fatos do mundo perceptível são fatos materiais, aos quais a realidade jurídica imprime um *determinismo artificial* (ex.: Tito entrega ou deve entregar, em consequência da realização da hipótese "y", uma determinada quantia pecuniária a César), provando-se a existência dos fatos perceptíveis naquele determinismo artificial (ex.: a prova do acontecimento dos fatos que realizam aquela hipótese "y"), pode-se provar a existência da realidade jurídica: a infalível (automática) incidência da regra jurídica sobre sua hipótese de incidência realizada; a irradiação da relação jurídica tributária; o conteúdo jurídico desta relação: dever de efetuar a prestação tributária e o correlativo direito a esta prestação.[1024]

104. Critério objetivo e jurídico para a determinação da natureza jurídica (gênero e espécie) do tributo

Demonstrar-se-á que o critério *objetivo e jurídico* é o da *base de cálculo* (base imponível). Este, sempre e necessariamente, é o *único* elemento que confere o *gênero* jurídico do tributo. Noutras palavras, ao se investigar o gênero jurídico do tributo, não interessa saber quais os elementos que compõem o pressuposto material ou quais as suas decorrências necessárias, nem importa encontrar qual o mais importante daqueles

1024. Mundo Jurídico, ver nº 82. O jurídico impõe determinismo artificial aos seres no mundo total; ver nº 22.

elementos ou decorrências. Basta verificar a base de cálculo: a natureza desta conferirá, sempre e necessariamente, o gênero jurídico do tributo.

Na pesquisa do gênero jurídico do tributo, o intérprete deve desenvolver o raciocínio no *sentido inverso* ao das fórmulas tradicionais já criticadas,[1025] as quais partiam de um conceito, ou melhor, de um *preconceito* de gênero de tributo que para ser de tal gênero deveria ter como base de cálculo: ou *a*) o elemento "x" dentre os múltiplos que integram o seu pressuposto material; ou *b*) a decorrência necessária "y", dentre as numerosas decorrências necessárias de seu pressuposto material; ou *c*) o próprio pressuposto material; ou *d)* indiferentemente qualquer uma das três diferentes (A, B e C) bases de cálculo, sem que o uso desta ou daquela base de cálculo pudesse desvirtuar o gênero jurídico do tributo que permaneceria o mesmo.

O critério de investigação da natureza jurídica do tributo que se demonstrará ser o único verdadeiramente objetivo e jurídico, parte da *base de cálculo* para chegar ao conceito do tributo. Este só poderá ter uma *única* base de cálculo. A sua conversão em cifra é que poderá variar de método: ou peso e ou medida e/ou valor. Quando o método é o do valor, surge facilmente o perigo de se procurar atingir este valor mediante a valorização de outro elemento que consistirá, logicamente, *outra* base de cálculo e com isto, *ipso facto*, desvirtuou-se o pretendido gênero jurídico do tributo. *Haverá tantos distintos gêneros jurídicos de tributos, quantas diferentes bases de cálculo existirem.*

A hipótese de incidência se realiza mediante o acontecimento de diversos fatos. Estes fatos são os elementos que integralizam a composição da hipótese de incidência. O elemento que serve de *base de cálculo* confere o *gênero* jurídico ao tributo, os demais elementos *especificam* o gênero, particularizando-o numa determinada *espécie*.

1025. Ver nº 102.

A hipótese de incidência da regra jurídica de tributação tem como *núcleo*: a base de cálculo; como *elementos adjetivos*: todos os demais elementos que integram sua composição.

Resumindo, o espectro atômico da hipótese de incidência da regra jurídica de tributação revela que em sua composição existe um *núcleo* e um, ou mais, *elementos adjetivos*.

O *núcleo é a base de cálculo* e confere o *gênero* jurídico ao tributo.

Os elementos adjetivos são *todos os demais* elementos que integram a composição da hipótese de incidência. Os elementos adjetivos conferem a *espécie* àquele gênero jurídico de tributo.

Exemplos de aplicação prática deste critério serão oferecidos[1026] depois de demonstrada a *objetividade e juridicidade* do referido critério.[1027]

105. Objetividade e juridicidade do critério

A estrutura lógica de toda e qualquer regra jurídica divide-se em duas partes: a *hipótese de incidência* e a *regra*.[1028]

Rara é a hipótese de incidência cujo conteúdo consiste num único fato (sentido lato: ato ou fato ou estado de fato). Quase sempre aquele conteúdo é formado de dois ou mais fatos, diferentes ou idênticos, jurídicos ou não jurídicos, reunidos uns aos outros, nas mais diversas combinações de número, gênero e espécie.[1029]

O espectro atômico de qualquer hipótese de incidência revela que um *único* fato, dentre aqueles múltiplos fatos que

1026. Ver ns. 106-119.

1027. Ver nº 105.

1028. Ver nº 81.

1029. Ver nº 89.

integralizam sua composição, funciona de *núcleo* determinante do *gênero* da hipótese de incidência, em volta do qual giram todos os restantes fatos da composição, funcionando como *elementos adjetivos* que conferem à *espécie* a hipótese de incidência.[1030]

O núcleo e elementos adjetivos que formam a composição da hipótese de incidência são fatos que acontecem, necessariamente, no tempo e no espaço, de modo que a regra jurídica ao descrever a hipótese de incidência, logicamente, condiciona sua realização às coordenadas de tempo e às de lugar. O acontecimento do núcleo e elementos adjetivos terão realizado a hipótese de incidência, se o fato que funciona de núcleo e os fatos que servem de elementos adjetivos tiverem acontecido no tempo e no lugar predeterminados, implícita ou expressamente, pela regra jurídica.[1031]

A *realização* da hipótese de incidência desencadeia, automaticamente, a *incidência* da regra jurídica e as consequências desta incidência são os efeitos jurídicos (ex.: relação jurídica e seu conteúdo jurídico de direito e dever, pretensão e obrigação, coação e sujeição). *Ora, o número, gênero e espécie destes efeitos jurídicos* (ex.: o objeto da prestação jurídica que realiza a relação jurídica) *consistem precisamente nas consequências prescritas pela regra que* (juntamente com a hipótese de incidência) *integra a estrutura lógica da regra jurídica.*[1032]

A *regra jurídica de tributação está estruturada com regra que prescreve as seguintes consequências ou efeitos jurídicos*:

A) irradiação da relação jurídica tributária;

B) existência do conteúdo jurídico da relação jurídica tributária, o qual poderá ser mínimo (direito e dever), médio (direito, pretensão e dever, obrigação) ou máximo (direito, pretensão, coação e dever, obrigação, sujeição);[1033]

1030. Ver nº 90.

1031. Ver nº 91.

1032. Ver ns. 81, 125.

1033. Tripartição vertical da eficácia jurídica, ver ns. 95, 99.

C) determinação da prestação jurídica tributária: o fazer (o pagar), seu tempo e lugar;

D) determinação do objeto (tributo) da prestação jurídica tributária, isto é, aquilo que deve ser feito (o tributo que deve ser pago). Para obter esta determinação do objeto da prestação jurídica tributária, a *própria regra* escolhe:

Da) o *elemento* (dentre os múltiplos que integram a composição da hipótese de incidência) que deverá servir de *base de cálculo*;

Db) o *método* (peso ou medida ou valor) para converter a base de cálculo em cifra;

Dc) a *alíquota* que, calculada sobre a base de cálculo já convertida em cifra, dará como resultado uma segunda cifra a qual corresponde à *grandeza* do objeto (tributo) da prestação jurídica tributária.

(Note-se: não existe uma regra jurídica para a hipótese de incidência, outra para a regra, outra para a base de cálculo, outra para a alíquota, etc.; tudo isto integra a estrutura lógica de uma *única* regra jurídica resultante de diversas leis ou artigos de leis – fórmula literal legislativa. É preciso não confundir regra jurídica com lei; a regra jurídica é uma *resultante* da totalidade do sistema jurídico formado pelas leis).[1034]

Na determinação do objeto (tributo) da prestação jurídica tributária, a *regra* (que estrutura a regra jurídica), prescrevendo as consequências ou efeitos jurídicos *Db* (método de conversão) e *Dc* (alíquota), determinou apenas a *fórmula aritmética* para se obter a *grandeza* do objeto (tributo). Portanto, na determinação jurídica do tributo, resta *unicamente* o efeito jurídico *Da* (base de cálculo).

É a *própria regra* (estruturante da regra jurídica), que, ao determinar o elemento *Da* que servirá de base de cálculo, faz

1034. Ver nº 31.

a *escolha* do elemento *mais importante* dentre os múltiplos elementos que integram a composição da hipótese de incidência já realizada. O elemento escolhido para base de cálculo é o mais importante porque é o *único* que, justamente no momento jurídico da determinação do tributo, continua ainda a interessar a regra jurídica *depois* do momento jurídico de sua incidência.

Antes desta incidência, todos os elementos que entram na composição da hipótese de incidência *são igualmente importantes* sob a contemplação da regra jurídica e isto porque ela só poderá incidir depois de realizada a hipótese de incidência pelo acontecimento de *todos* os seus elementos. Uma vez realizada a hipótese de incidência, sobre ela automaticamente incide a regra jurídica. Depois desta incidência o *único* elemento da hipótese de incidência que ainda continua contemplado pela regra jurídica é o escolhido para *base de cálculo* (*Da*) e isto justamente no momento jurídico da determinação das consequências ou efeitos jurídicos daquela incidência já ocorrida e precisamente no tocante aquele efeito jurídico consistente na natureza e grandeza do objeto (tributo) da prestação jurídica.

Poderá alguém, estranhando a sequência dos diversos momentos jurídicos (o da realização da hipótese de incidência, ao qual sucede o da incidência e ao qual sobrevém o da determinação dos efeitos jurídicos), alegar que esta sequência é artificiosa e que tudo aconteceria num instante e simultaneamente. Quem assim objetar, esquece que o *jurídico é realidade que existe e acontece no mundo do pensamento*, onde a marcação do tempo é dada pelos *prius* e *posterius* da Lógica.

Como se viu, a regra jurídica faz esta determinação jurídica do tributo, prescrevendo uma *fórmula aritmética* (método de conversão e alíquota) e *escolhendo* o fato (base de cálculo) que, sob a ação da fórmula aritmética, *transfigura-se num determinado tributo. Portanto, o tributo, sempre e logicamente, é uma parcela deste fato* (*base de cálculo*) *que foi transfigurado em cifra.*

Tendo-se bem refletido sobre o que acabou de ser exposto, pergunta-se: Qual o fator que conferiu o *gênero jurídico* ao tributo?

Como se viu, da fórmula aritmética apenas resultou a *grandeza* do tributo. A *qualidade* jurídica (gênero jurídico do tributo) foi conferida *unicamente* pela *base de cálculo*, porque, como se demonstrou, o *tributo – sempre e logicamente – consiste numa parcela daquele fato que foi transfigurado em cifra (base de cálculo) por escolha e determinação da regra que estrutura a regra jurídica de tributação.*

A *base de cálculo* foi escolhida pela *própria regra jurídica*, por isso ela é critério *objetivo e jurídico.* E porque esta escolha procedeu-se dentre os múltiplos elementos da hipótese de incidência, a base de cálculo é o *núcleo* da hipótese de incidência que estrutura a regra jurídica de tributação.

Em síntese – O espectro atômico da hipótese de incidência da regra jurídica de tributação revela que em sua composição existe um *núcleo* e um, ou mais, *elementos adjetivos.*

O *núcleo é a base de cálculo* e confere o *gênero* jurídico ao tributo.

Os elementos adjetivos são *todos os demais* elementos que integram a composição da hipótese de incidência. Os elementos adjetivos conferem a *espécie* àquele gênero jurídico de tributo.

Variações da Alíquota – Demonstrou-se que o único critério objetivo e jurídico para aferir a gênero jurídico do tributo é o critério da *base de cálculo.* É importante deixar bem claro que o fato que condiciona a variação da *alíquota* não é base de cálculo.

As variações da *alíquota* conforme as diferentes naturezas físicas dos bens ou segundo os distintos negócios jurídicos ou segundo a qualidade política (ou jurídica ou profissional ou econômica) das pessoas ligadas àqueles bens *não significa por si mesma* (a variação da *alíquota*) que a base de cálculo seja, respectivamente, o fato físico da existência dos bens ou o fato jurídico do negócio jurídico ou a profissão da pessoa ou sua qualidade política (ou jurídica ou profissional ou econômica). O *fato que condiciona a variação da alíquota não é a base de cálculo*; *esta é unicamente o fato que o método de conversão transfigura em uma cifra*.

A alíquota será aplicada somente *depois* que o fato escolhido para base de cálculo, sob a ação do método de conversão, transfigurou-se em cifra, *de modo que a alíquota sempre e logicamente representa uma parcela deste fato já transfigurado em cifra e não daquele outro fato que condicionou a variação da alíquota*.

Equívoco dos outros critérios – Aquele que apontar, por respeitáveis fundamentos históricos, além da *base de cálculo,* outros fatores ou elementos que deveriam ser levados em conta para a verificação do gênero jurídico dos tributos, está determinando o gênero *histórico* do tributo e confundindo História com Ciência Jurídica.[1035]

Quem pretender moldar o critério da base de cálculo pela força de sacrossantos princípios ou conceitos da Ciência das Finanças Públicas, determina o gênero *econômico* do tributo e *inverte* toda a fenomenologia jurídica, de vez que foi a regra jurídica tributária que *necessariamente* deformou aquele princípio ou conceito pré-jurídico.[1036]

Aquele que, para a determinação do gênero jurídico, em lugar da base de cálculo ou juntamente com ela, tomar outros elementos integrantes da hipótese de incidência, substituiu o critério objetivo e jurídico, por um critério *subjetivo e não-jurídico*, pois, como se demonstrou, o exame da estrutura lógica da regra jurídica e o acompanhamento de sua atuação dinâmica, não autorizam – além da base de cálculo – qualquer outro elemento.

1035. Ver ns. 16, 17, 18 e 81.

1036. Ver ns. 22-23.

O gênero jurídico do tributo é realidade do mundo jurídico e sua evolução não obedece a uma fenomenologia que seria análoga à da evolução dos organismos vegetais ou animais. A realidade jurídica "tributo" é criação da regra jurídica e não o fruto de um amadurecimento histórico social que, depois de existente, receberia o batismo juridicizante da regra jurídica. A evolução histórica do fenômeno social cria a *necessidade* de que uma determinada regra jurídica tributária seja *construída* para solucionar determinado problema financeiro ou não-financeiro (tributo extrafiscal) do Estado.

Uma vez construída a regra jurídica, a sua incidência sobre a sua hipótese de incidência *realizada*, cria uma realidade nova: o tributo. Esta realidade (o tributo) é *conatural e exclusivamente jurídica*. Aquilo que a Ciência das Finanças Públicas apreende, investiga e classifica não é a *entidade jurídica* (*o ser*) *tributo*, mas apenas as *causas econômico-sociais* de um conflito de interesses (cuja solução foi a regra jurídica de tributação) e os *efeitos econômico-sociais* provocados pelo efeito jurídico (o tributo) resultante da atuação (incidência) daquela regra jurídica de tributação. O tributo é entidade jurídica que existe *exclusivamente no mundo do pensamento* e as consistências do mundo do pensamento são tão *reais* quanto as físicas, pois não se deve confundir realidade e matéria.[1037]

O tributo é realidade que foi criada por regra jurídica; em consequência é na análise da fenomenologia desta regra jurídica (sua estrutura lógica e sua atuação dinâmica) que se deve buscar, como foi feito, o critério aferidor da natureza (gênero e espécie) *jurídica* dos tributos.

106. Imposto e taxa

Tendo-se presente o *conceito jurídico de tributo*[1038] e havendo-se compreendido a razão de a *base de cálculo* (núcleo da

---

1037. Ver nº 103.

1038. Ver ns. 71-80.

hipótese de incidência) ser o único critério *objetivo* e *jurídico* para aferir o gênero e a espécie jurídica de cada tributo,[1039] conclui-se que o imposto e a taxa têm a seguinte conceituação, no plano jurídico:

Imposto: a regra jurídica tributária que tiver escolhido para base de cálculo do tributo *um fato lícito* qualquer (não consistente em serviço estatal ou coisa estatal), terá criado um imposto.

Taxa: a regra jurídica tributária que tiver escolhido para base de cálculo do tributo o *serviço estatal ou coisa estatal* terá criado uma taxa.

As *circunstâncias abaixo enumeradas não exercem nenhuma influência sobre a NATUREZA JURÍDICA* (atenção: não confundir com a validade-juridicidade – da regra jurídica) *do imposto e nem sobre a da taxa:*

a) consistência *material* do imposto ou taxa;[1040]

b) *destinação* do imposto ou taxa;[1041]

c) *proporção e progressividade* do imposto ou taxa em relação à respectiva base de cálculo;[1042]

d) *voluntariedade ou involuntariedade* dos fatos que realizam a hipótese de incidência do imposto ou taxa;[1043]

e) *posição* do *sujeito passivo* do imposto ou taxa em relação aos fatos que realizam a hipótese de incidência;[1044]

f) *posição* do *sujeito ativo* do imposto ou taxa em relação aos fatos que realizam a hipótese de incidência;[1045]

1039. Ver ns. 101-105.

1040. Ver nº 78.

1041. Ver nº 79.

1042. Ver nº 80.

1043. Ver nº 73.

1044. Ver nº 75.

1045. Ver nº 74.

g) natureza *real* ou *fictícia* (ex.: por definição legal) do valor do serviço estatal ou coisa estatal que é a base de cálculo da taxa.[1046]

Embora as circunstâncias acima enumeradas nenhuma influência exerçam sobre a *natureza jurídica* do imposto ou sobre a da taxa, entretanto aquelas circunstâncias poderão ter influência decisiva sobre a *validade* (juridicidade) da *regra jurídica* que, ao criar o tributo, tiver violado regra jurídica (ex.: constitucional), cuja regra (preceito) seja precisamente uma daquelas supra referidas circunstâncias.

No plano jurídico, todo e qualquer tributo pertencerá a uma destas duas categorias: imposto ou taxa. A serena análise científico-jurídica, em cada caso singular, revelará que inexiste terceira categoria ou categoria mista. Os chamados "tributos para-fiscais", "contribuições de melhoria", "empréstimos compulsórios" e "monopólios fiscais", ao serem dissecados pelo método científico-jurídico (não pelos tradicionais "métodos" híbridos que confundem os critérios e conceitos da Ciência das Finanças Públicas com os do Direito Tributário), desnudam-se da "camouflage" político-fiscal ou histórico-filosófica ou simplesmente retórica-acadêmica e mostram-se verdadeiros *impostos ou taxas.*[1047]

"De qualquer modo – e isto é essencial – ainda que o tributo especial tenha uma disciplina jurídica diversa daquela dos outros impostos, isto não quer dizer que se deva contrapô-lo

---

1046. Ver ns. 138-139.

1047. No mesmo sentido: Rubens Gomes de Sousa, *As modernas tendências do Direito Tributário*, Conferência de 7-6-1962 no "Forum Roberto Simonsen", em São Paulo; Pontes de Miranda, *Comentários à Constituição de 1946*, 3ª ed., vol. II, Rio de Janeiro, 1960, p. 99, *h,* combinado com p. 269, nº 3; B. Cocivera, *Principi di Diritto Tributario*, vol. I, Milano, 1959, pp. 165-70, especialmente pp. 168, letra *b* e 169; A. Berliri, *Principi di Diritto Tributario*, vol. I, Milano, 1952, pp. 209-14; F. Sáinz de Bujanda, "Estructura Jurídica del Sistema Tributario", *Revista de Derecho Financiero y de Hacienda Pública*, vol. XI, Madrid, 1961, fasc. 41, p. 41, nota 47; também em sua *Hacienda y Derecho*, vol. II, Madrid, 1962, pp. 290-91.

como um *tertium genus* defronte à taxa e ao imposto; para se chegar a esta conclusão precisar-se-ia demonstrar que é impossível reconduzir o tributo especial e os outros impostos sob um único esquema."[1048]

Muito sintomática é a conclusão dos juristas que investigaram a natureza jurídica das centenas de tributos *parafiscais* que, hoje, proliferam em todos os países. A quase totalidade destes juristas admite, em tese, a existência de um *terceiro* gênero de tributo que seria inconfundível com o imposto e a taxa; entretanto, ao investigarem a natureza jurídica dos tributos *parafiscais,* a maior parte destes juristas chegou à conclusão de que o "tributo parafiscal" não constitui gênero jurídico especial de tributo, mas *sempre* consiste: ou num imposto ou numa taxa.[1049]

A respeito da inexistência de tributos *mistos* esclarece Gabriel Giampietro Borrás:

"Que no reconozco a *la cuantía global* (ni unitaria) del tributo ninguna relevancia sobre la naturaleza del mismo. La tasa, a juicio mío, es siempre tal tasa fuere cual fuere la dimensión de su cuantía, o sea, con absoluta prescindencia de su magnitud económica. Ergo, no admito la existencia de *tributos mixtos* (parte tas a y parte impuesto) concibiendo, sólo y naturalmente, la existencia de un fundamento específico y de un hecho tributable específico para cada tributo específico; de los cuales pueden aparecer (hecho tributable y tributo), desde luego, enlazados entre sí de tal suerte que parezcan uno solo; pero ello es mera apariencia, *puesto que en realidad – a juicio mío – constituyen más de un hecho tributable y más de un tributo, bien que superpuestos,* superpuestos solamente, pero no refundidos entre sí al extremo de entender que es uno solo, del

1048. A. Berliri, *Principi di Diritto Tributario,* vol. I, Milano, 1952, p. 213. No mesmo sentido: B. Cocivera, *Principi di Diritto Tributario,* vol. I, Milano, 1959, vol. I, letra *b.*

1049. Ver nº 107.

cual corresponde parte a un tributo y parte a otro en función de la cuantía. Superposición, simple superposición de hecho, nada más – lo repito – que puede ser múltiple pues pueden coexistir yuxtapuestos hechos tributables de idéntica o de diversa naturaleza, ya de más de un impuesto, ya de más de una tas a, o ya de impuesto y tasa, uno o varios; y también, igualmente de hecho, tributos yuxtapuestos, sin que la cuantía incida en ello en lo más mínimo".[1050]

Exemplo de aferição de natureza jurídica de tributo – em se tratando de taxa, unicamente o valor do *serviço* estatal ou *coisa* estatal poderá ser tomado como a *base de cálculo* que, depois de convertida em cifra pelo *método de conversão*, sofrerá a aplicação da *alíquota* da taxa.

A alíquota da taxa poderá variar segundo, v. g., a natureza do veículo ou da carga transportada, porém, em qualquer caso as distintas alíquotas continuarão a ser aplicadas sempre sobre a *mesma base de cálculo*: o valor do *serviço* estatal utilizado ou à disposição.[1051]

Como é impraticável tomar o valor *real* do serviço, seu valor é indiretamente fixado pela própria lei criadora da taxa. Esta lei, ao estabelecer uma *quota* (ex.: determinada quantia de dinheiro) *multiplicável* (ex.: por litros de água ou quilômetros de estrada), determinou a unidade de divisão do valor do serviço e *esta determinação pela regra jurídica do coeficiente do valor do serviço* (ou coisa) *estatal criou presunção* juris et de jure *do valor do serviço* (ou coisa) *estatal* para o efeito de constituir a base de cálculo da taxa.[1052]

1050. Giampietro Borrás, *Las Tasas en la Hacienda Pública*, Montevideo, 1959, p. 228 (grifou-se).

1051. As variações da alíquota não significam variações de base de cálculo; ver nº 105.

1052. A valorização dos interesses em conflito e o critério de preferência que inspiraram a solução legislativa não podem ser reexaminados pelo intérprete da lei, sob o pretexto de melhor adequação à realidade econômica; ver nº 139.

Esta quota multiplicável é a *alíquota* da taxa que poderá variar (ser maior ou menor) segundo, v. g., a natureza do veículo ou da carga por ele transportada, entretanto esta quota variável é *multiplicável unicamente pela medida* (*litros de água ou quilômetros*) *do serviço* (ou coisa) *estatal utilizado* ou à disposição, nunca pelo valor do veículo ou de sua carga.

A aplicação da *alíquota* da taxa nunca poderá ser sobre o valor dos caminhões ou da carga transportada; estas duas últimas bases de cálculo desvirtuarão a própria natureza jurídica da taxa, convertendo-a numa *espécie* (imposto com destinação determinada) do *gênero* jurídico do *imposto de importação*, pois a base de cálculo (núcleo de hipótese de incidência da pseudo-taxa) será o fato lícito material consistente na introdução do caminhão ou sua carga dentro de uma zona geográfica (no caso, aquela que delimita o leito da estrada, ponte, canal, etc.).[1053]

Outros exemplos, mais adiante, serão sistemática e pormenorizadamente estudados.[1054]

107. Parafiscalidade

O grande desenvolvimento da intervenção do Estado na ordem econômica e social – esclarece Rubens Gomes de Sousa – atribuiu recentemente importância considerável ao que se chamou a *parafiscalidade*, isto é, ao emprego da finança pública com objetivos não tributários. Os tributos ditos *parafiscais* são instituídos, não para obtenção de Receita, mas para regular ou modificar a distribuição da riqueza nacional, para equilibrar os níveis de preços de utilidades ou de salários, e para outras finalidades econômicas ou sociais semelhantes.

Incluem-se ainda na mesma categoria as receitas diretamente atribuídas a certas entidades criadas pelo poder

1053. Ver nº 112.

1054. Ver ns. 107-119.

público para o desempenho de determinadas atividades, cujas características técnicas exigem autonomia administrativa e financeira, sem subordinação aos regulamentos e normas burocráticas e orçamentários aplicáveis às repartições públicas propriamente ditas. É o caso das *autarquias*, que o Dec.-Lei Federal nº 6.016, de 22-11-1943, define como sendo os serviços estatais descentralizados, com personalidade de direito público explícita ou implícitamente reconhecida por lei".[1055]

A doutrina tem demonstrado que as "contribuições parafiscais" não constituem uma natureza jurídica de tributo *sui generis*, nem tributo de natureza mista, porém, em determinados casos, são simples *impostos* com destinação determinada e, noutros, verdadeiras *taxas*.[1056]

1055. Rubens Gomes de Sousa, *Compêndio de Legislação Tributária*, 3ª ed., Rio de Janeiro, 1960, pp. 147-48. A "parafiscalidade" é expressão sinônima de "extrafiscalidade", ver nosso nº 154.

1056. No mesmo sentido: Rubens Gomes de Sousa, *As modernas tendências do Direito Tributário*, Conferência de 7-6-1962 no "Forum Roberto Simonsen", em São Paulo; Aliomar Baleeiro, *Introdução à Ciência das Finanças*, 2ª ed., vol. II, Rio de Janeiro, 1958, p. 453, e suas *Limitações constitucionais ao poder de tributar*, 2ª ed., Rio de Janeiro, 1960, pp. 247-65, especialmente p. 264; Amilcar de Araújo Falcão, *Direito Tributário Brasileiro (Aspectos Concretos)*, Rio de Janeiro, 1960, p. 247; Buys de Barros, *Um ensaio sobre a parafiscalidade*, Rio de Janeiro, 1956, especialmente pp. 84, 101; Delfim Silveira, *Orçamento e planificação*, Porto Alegre, 1960, nº 42; Alberto Deodato, *Manual de Ciência das Finanças*, 6ª ed., São Paulo, 1957, p. 154; P. D. Gontijo, *A parafiscalidade*, Rio de Janeiro, 1958, especialmente p. 48; F. Sáinz de Bujanda, "Estrutura jurídica del sistema tributário", *Revista de Derecho Financieiro y de Hacienda Pública*, vol. XI, Madrid, 1961, fasc. 41, p. 41, nota 47; também em sua *Hacienda y Derecho*, vol. II, Madrid, 1962, pp. 290-91; B. Cocivera, *Principi di Diritto Tributario*, vol. I, Milano, 1959, p. 164, combinado com p. 168, letra *b*; A. Berliri, *Principi di Diritto Tributario*, vol. I, Milano, 1952, pp. 209-14.

Alguns autores, embora aceitem a natureza *jurídico-tributária* da "contribuição parafiscal" e reconheçam que, quase sempre, ela é um imposto ou uma taxa, contudo inclinam-se a admitir que, em determinados casos, tratar-se-ia de tributo *sui generis* distinto do imposto e da taxa; neste sentido: Santos Faria, *Aspectos da parafiscalidade*, Bahia, 1955, combinados com seus *Problemas jurídicos e econômicos da tributação*, Bahia, 1958, p. 80; Gilberto de Ulhoa Canto, "Alcuni aspetti giuridico-costituzionali della parafiscalità

E a "contribuição parafiscal" possui a referida natureza jurídica porque a *destinação* do tributo, a sua *maior ou menor proporção* (em relação à base de cálculo) e a *posição do sujeito passivo* em relação à hipótese de incidência do tributo, não exercem qualquer influência sobre a natureza jurídica do tributo.[1057]

108. Contribuição de melhoria

A doutrina tradicional entende "que a contribuição de melhoria é tributo inconfundível, mesmo no plano jurídico, com imposto e taxa. Entretanto, aqueles estudiosos do Direito Tributário que se preocupam em não deixar sua atitude mental jurídica contaminar-se com princípios e conceitos da Ciência das Finanças Públicas, ao procederem recentes investigações sobre as diferentes naturezas jurídicas dos tributos, concluíram que a contribuição de melhoria é um imposto[1058] ou uma taxa.[1059]

Na verdade, no plano jurídico, a contribuição de melhoria não constitui gênero jurídico específico de tributo. Consoante a sua *base de cálculo* (núcleo da hipótese de incidência), a contribuição de melhoria será uma espécie do gênero *imposto de renda* ou uma *taxa*, como a seguir se demonstra.

---

nel Brasile", in *Archivio Finanziario*, vol. V, Padova, 1956, p. 37; Giuliani Fonrouge, *Derecho Financeiro*, vol. II, Buenos Aires, 1962, vol. II, pp. 816-17, combinado com vol. I, p. 266.

1057. Ver ns. 79, 80, 75.

1058. Rubens Gomes de Sousa, *As modernas tendências do Direito Tributário*, Conferência de 7-6-1962 no "Fórum Roberto Simonsen", em São Paulo; B. Cocivera, *Principi di Diritto Tributario*, vol. I, Milano, 1959, pp. 165-70; A. Berliri, *Principi di Diritto Tributario*, Milano, vol. I, 1952, pp. 212-14; F. Sáinz de Bujanda, "Estructura Jurídica del Sistema Tributario", *Revista de Derecho Financiero y de Hacienda Pública*, vol. XI, Madrid, 1961, fasc. 41, p. 41, nota 47; e também em sua *Hacienda y Derecho*, vol. II, Madrid, 1962, pp. 290-91; Soares Martinez, *Estudos de Direito Financeiro – Da personalidade tributária*, vol. I, Lisboa, 1953, pp. 134-35.

1059. Pontes de Miranda, *Comentários à Constituição de 1946*, vol. II, 3ª ed., Rio de Janeiro, 1960, p. 269, nº 3.

A contribuição de melhoria é tributo cuja *base de cálculo* (núcleo da hipótese de incidência) consiste:

a) ou na *mais-valia* da coisa privada (quase sempre imóvel) que teve seu valor acrescido em virtude de serviço estatal;

b) ou no *custo do serviço* estatal que foi a causa da referida mais-valia.

A circunstância de a lei estabelecer que, na hipótese "a" (base de cálculo: mais-valia), o montante do tributo estará limitado ao montante do custo do serviço rateado entre os múltiplos contribuintes, não significa que a base de cálculo tornar-se-ia mista (mais-valia e custo de serviço). Um momento de reflexão revelará que a base de cálculo continua sendo exclusivamente a mais-valia, pois a limitação ao custo do serviço é limitação à *alíquota* do tributo. As variações da *alíquota*, consoante esta ou aquela natureza ou valor de coisas ou serviços, não modificam a natureza jurídica do tributo porque *não importam em variações da sua base de cálculo.*[1060]

Por outro lado, se a lei determinar que, na hipótese "b" (base de cálculo: custo do serviço estatal), o montante do tributo estará limitado ao montante da mais-valia, a base de cálculo, nesta hipótese "b", continua sendo exclusivamente o custo do serviço.

A contribuição de melhoria cuja base de cálculo for a *mais-valia* (letra "a" supra) será uma espécie do gênero *imposto de renda.*

A contribuição de melhoria cuja base de cálculo for o *custo do serviço* estatal (letra "b" supra) será uma *taxa.*

As razões e objetivos sócio-econômicos que justificaram a criação da contribuição de melhoria com esta ou aquela disciplina jurídica são razões pré-jurídicas e objetivos post-jurídicos que nenhuma influência exercem sobre a natureza *jurídica* do

1060. Ver nº 105.

tributo.[1061] *Esta resulta exclusivamente da base de cálculo.*[1062] Ora, na contribuição de melhoria, o legislador, ao escolher a base de cálculo, acaba sempre independentemente de suas razões e objetivos – diante da seguinte alternativa: ou mais-valia, ou custo do serviço.

Nos sistemas jurídicos de muitos países já existe o imposto de renda que toma para base de cálculo a mais-valia de *determinados* bens, enquanto *permanecem dentro do patrimônio* do contribuinte e independente do fato de, mais tarde, serem ou não serem alienados. A *determinação* daqueles *bens* está condicionada a razões que são (e podem ser) da mais variada natureza. Por sua vez, a *determinação* da mais-valia tributável pode estar condicionada a fator cuja natureza fica ao inteiro arbítrio (salvo regra jurídica constitucional) do legislador. Este pode, perfeitamente, escolher – como fator adjetivante – as diferentes *causas* da mais-valia e estabelecer uma alíquota especial e um processo especial de lançamento e arrecadação para o imposto de *renda* sobre a mais-valia de bem imóvel, *oriunda de serviço estatal.* A origem (ou a natureza) da renda de modo algum pode alterar o *gênero* jurídico do imposto de renda. O que ela determina são suas espécies jurídicas.

"A circunstância de os contribuintes pagarem, porque gozaram uma determinada vantagem, pode ter relevo numa classificação *econômica* do imposto, não numa classificação *jurídica*."[1063]

1061. "É bem fácil observar", diz Antonio Berliri, "como o fato de uma determinada categoria de cidadãos haver recebido uma especial vantagem da execução de uma determinada despesa pública poderá justificar, no plano *político*, a imposição a cargo de tal categoria de um especial imposto que absorva toda ou em parte tal vantagem. Mas isto de modo algum significa que tal imposto deva ser considerado diferente dos outros". No seu *Principi di Diritto Tributario*, vol. I, Milano, 1952, p. 212. No mesmo sentido: B. Cocivera, *Principi di Diritto Tributario*, vol. I, Milano, 1959, p. 169. Sobre a irrelevância da destinação do tributo, ver nosso nº 79.

1062. Ver ns. 104-105.

1063. A. Berliri, *Principi di Diritto Tributario*, vol. I, Milano, 1952, p. 214 (grifou-se). No mesmo sentido: B. Cocivera, *Principi di Diritto Tributario*, vol. I, Milano, 1959, p. 169.

"O fato de o débito não surgir, *se a vantagem falta*", depende unicamente de constituir esta vantagem à própria hipótese de incidência ("fatto generatore") do tributo, por isso a falta de nascimento da obrigação tributária é, em tal caso, *perfeitamente igual* à falta de nascimento da obrigação tributária no *imposto de renda* quando falta a percepção da renda".[1064]

O particular benefício – diz Benedetto Cocivera – que contribuinte recebe de um especial serviço prestado pelo Estado é inidôneo para imprimir a natureza do tributo.[1065] Embora a doutrina dominante tome aquela vantagem particular como base da classificação das receitas tributárias, tal critério tradicional "constitui o ponto mais frágil da construção, arquitetonicamente bela, das diversas categorias tributárias".[1066]

Com razão, adverte Benedetto Cocivera: "Que a hipótese de incidência ('fattispecie') da contribuição de melhoria esteja integrada com a particular vantagem que o indivíduo recebe da construção de uma estrada ou de uma obra pública, é circunstância perfeitamente normal, *porque também no imposto, a simples posse de um bem provocará uma tributação quando produzir um rendimento, isto é, um acréscimo efetivo e real de valor*".[1067]

Em conclusão: Na composição da hipótese de incidência de qualquer tributo existe o núcleo e os *elementos adjetivos*. O núcleo é a base de cálculo do tributo. A base de cálculo (núcleo) confere o *gênero* jurídico ao tributo. Os elementos adjetivos determinam as diferentes *espécies* jurídicas daquele gênero jurídico de tributo.[1068] A hipótese de incidência do *imposto de*

1064. Idem, ibidem.

1065. Idem. No mesmo sentido: Giampietro Borrás, *Las Tasas en la Hacienda Pública*, Montevideo, 1959, pp. 165-66. ns. 92-93 e pp. 226-27, nº 118.

1066. B. Cocivera, *Principi di Diritto Tributario*, vol. I, Milano, 1959, p. 166.

1067. Idem, p. 170 (grifou-se).

1068. Ver ns. 90, 104-105.

renda tem *como núcleo* (base de cálculo) o fato econômico consistente na existência de uma renda e *como elementos adjetivos* um ou mais fatos (econômicos, jurídicos, sociais, físicos, geográficos, etc.), cuja escolha fica ao arbítrio do legislador.[1069]

A *origem* (ou a natureza) da renda funciona apenas *como* simples elemento adjetivo na composição da hipótese de incidência do imposto de renda. Este elemento adjetivo pode consistir na origem *estatal* (prestação de serviço estatal, ex.: obra pública) da renda tributável (mais-valia de determinado bem do contribuinte) sem que tal circunstância tenha como consequência a criação de um terceiro gênero jurídico de tributo que seria a contribuição de melhoria. Esta, conforme acima se demonstrou, se sua base de cálculo for a *mais-valia*, será uma espécie do gênero *imposto de renda*. Se a base de cálculo for o valor *do serviço* estatal, ela será uma *taxa*.

109. Monopólio estatal

A doutrina clássica entendeu que o *preço* da coisa ou serviço sob regime de monopólio estatal não era tributo e sobre este problema julgava encerrada a discussão. Entretanto, os modernos investigadores do Direito Tributário reabriram a questão e mostram a ampla e fundamental relevância da mesma. Alguns, como Antonio Berliri, a fim de procurarem sustentar, com novos argumentos, a tese tradicional.[1070] Outros, como Benedetto Cocivera, Gustavo Ingrosso, Euclide Antonini, para demonstrar, por diferentes fundamentos e sob algumas restrições, a natureza jurídica *tributária* do "preço" da coisa ou serviço monopolizado pelo Estado.[1071]

1069. Ver nº 111.

1070. A. Berliri, *Principi di Diritto Tributario*, vol. I, Milano, 1952, p. 361 e ss.

1071. B. Cocivera, *Principi di Diritto Tributario*, vol. I, Milano, 1959, pp. 302-11: E. Antonini, *Studi di Diritto Tributario*, Milano, 1959, pp. 303-21; G. Ingrosso, *Diritto Finanziario*, 2ª ed., Napoli, 1956, pp. 235-36 e em sua *Istituzioni di Diritto Finanziario*, vol. II, Napoli, 1937, p. 29; também Soares Martinez, nos seus *Estudos de Direito Financeiro – Da personalidade*

O deslinde deste problema pode ser alcançado de modo mais simples do que o usualmente empregado pela doutrina. Em síntese, ele assim se resolve:

Existe monopólio estatal, quando uma regra jurídica outorga a uma única pessoa estatal o direito de produzir ou vender determinada coisa ou serviço e, correlativamente, impõe a todas as demais pessoas (privadas ou estatais) a obrigação de absterem-se da produção ou venda daquela determinada coisa ou serviço.

Costuma a doutrina clássica distinguir, dentro dos monopólios estatais, o monopólio estatal *fiscal* cujo elemento diferenciador dos demais monopólios estatais seria a finalidade *fiscal*: obter uma fonte de receita para o orçamento público. Esta distinção que pretende basear-se na *finalidade* (fiscal ou extrafiscal) do monopólio estatal, não tem qualquer valor jurídico para a solução do problema de saber se o "preço" da coisa ou serviço monopolizado é, juridicamente, *preço ou tributo*. E esta distinção é irrelevante porque existem tributos *extrafiscais* e a finalidade fiscal ou extrafiscal do tributo não tem influência no tocante a sua natureza jurídica que permanece *tributária* independentemente desta ou daquela finalidade. Portanto, basta que o monopólio seja *estatal* (fiscal ou extrafiscal) para já existir o problema: *preço ou tributo*.[1072]

O objeto do *monopólio estatal* tanto pode ser a prestação de uma coisa, quanto a prestação de um serviço.[1073] Por sua vez, o núcleo (base de cálculo) da hipótese de incidência da

---

tributária, vol. I, Lisboa, 1953, pp. 135-36; entretanto, equivocou-se quando julga ver a prestação tributária no *non facere*, que inibe cada habitante dum território de fabricar ou vender determinado produto.

1072. No mesmo sentido: E. Antonini, *Studi di Diritto Tributário*, Milano, 1959, p. 310; E. D'Albergo, "Sulla natura giuridica dei proventi derivante all'ente pubblico dall'esercizio di un monopolio", *Rivista Bancaria*, março--abril 1955, apud Euclide Antonini, op. loc. cit.

1073. R. Alessi, *Monopoli Fiscali, Imposte di Fabbricazione, Dazi Dognali*, Torino, 1956, pp. 3, 14-15; B. Cocivera, *Principi di Diritto Tributario*, vol. I, Milano, 1959, p. 301, nº 69.

taxa tanto pode ser a prestação de um serviço, quanto a prestação de uma coisa. E para que esta coisa ou serviço sejam estatais basta que o *Estado* monopolize sua prestação.

De modo que, se o Estado condiciona a prestação desta coisa ou serviço estatal ao pagamento de uma determinada quantia pecuniária fixa ou percentual (tendo por base de cálculo a coisa ou o serviço estatal), então, toma-se lógica e juridicamente impossível procurar distinguir entre taxa e "preço". Conclusão: *no plano jurídico, todo o "preço"* (*não apenas uma parte do mesmo*) *da coisa ou serviço objeto de monopólio estatal tem a natureza jurídica da taxa.*

A própria doutrina clássica (que nega a natureza tributária ao "preço" do monopólio estatal), ao investigar a natureza jurídica da taxa, revela que a embriogenia jurídica de muitas taxas é *idêntica* à do monopólio estatal: "*o Estado põe um limite à atividade do indivíduo e, depois, estabelece que este – para obter o benefício da remoção do limite – deve pagar uma taxa*".[1074] Vê-se, pois, que a natureza *estatal* da coisa ou serviço que constitui o núcleo da hipótese de incidência da *taxa* pode ser criação de regra jurídica com a única finalidade de ensejar a cobrança de uma taxa.

A natureza jurídica de taxa abrange *todo* o montante do "preço" pago pela coisa ou serviço sob regime de monopólio estatal, porque a moderna doutrina demonstra que a maior ou menor proporção da taxa em relação ao serviço prestado nenhuma influência exerce no tocante a sua natureza jurídica da taxa.[1075]

A circunstância de o pagamento desta taxa ("preço") depender da vontade do contribuinte ("adquirente") em obter

---

1074. A. D. Giannini, *I Concetti fundamentali di Diritto Tributario*, Torino, 1956, p. 99. No mesmo sentido: Giampietro Borrás, *Las Tasas en la Hacienda Pública*, Montevideo, 1959, pp. 165-86, ns. 92-93.

1075. Giampietro Borrás, *Las Tasas en ta Hacienda Pública*, Montevideo, 1959, p. 489. Ver também nosso nº 80.

("comprar") a coisa ou serviço monopolizado, não desnatura a taxa, pois a existência ou inexistência da vontade do contribuinte na composição da hipótese de incidência de qualquer taxa não lhe altera a natureza jurídica específica de taxa.[1076]

Finalmente, o *sujeito passivo* (contribuinte legal) na relação jurídica da taxa em foco ("preço" de coisa ou serviço monopolizado) é a pessoa que *diretamente* obtiver (para si ou para terceiros) da pessoa estatal (*sujeito ativo*) a coisa ou serviço em regime de monopólio. Por isso, quase sempre, a posição de *sujeito passivo* é assumida pelo *revendedor ou redistribuidor* na condição de *substituto legal tributário* do consumidor (o contribuinte de fato).[1077] O consumidor (contribuinte de fato) nenhuma interferência exerce na relação jurídica tributária e as relações jurídicas que se estabelecerem entre ele e o revendedor ou redistribuidor são de natureza jurídica *civil* ou *comercial*. Os consumidores pagam *preço* ao *revendedor* (ou redistribuidor) e este paga *taxa* à pessoa estatal monopolizadora.[1078]

110. Empréstimo compulsório

O empréstimo *compulsório* é o dever de prestação pecuniária, não voluntariamente desejada, que o Estado impõe, mediante regra jurídica, a determinadas pessoas que realizam determinados fatos (ex.: pagamento de imposto de renda), ou se encontram em determinados estados de fato (ex.: solteiros, ou casados sem filhos), correlacionando a efetivação daquela prestação pecuniária com a sua posterior devolução, por parte do Estado, à mesma pessoa.

Antes de se investigar a natureza jurídica do empréstimo compulsório, é interessante observar que até mesmo o empréstimo público *voluntário* tem sua natureza jurídica discutidíssima

1076. Ver nº 73.

1077. E. Antonnini, *Studi di Diritto Tributario*, Milano, 1959, p. 303 e ss., especialmente pp. 305-6.

1078. Ver ns. 149-150.

pela doutrina. Em recente obra, GIULIANI FONROUGE, após estudar as diferentes doutrinas sobre a natureza jurídica do empréstimo público *voluntário*, chegou à conclusão de que tantas discrepâncias as separam, que é arriscado afirmar possa existir uniformidade a respeito de qualquer uma delas.[1079] Depois de agudamente investigarem a natureza jurídica do empréstimo público *voluntário*, GIULIANI FONROUGE e GUSTAVO INGROSSO consideraram *inaceitável a tese contratualista* e esposaram a tese da obrigação unilateral.[1080]

Até hoje, pouco se investigou sobre a natureza jurídica do empréstimo *compulsório*. Quase todos tratam o empréstimo *compulsório* sob o ângulo *econômico-financeiro*. O reduzido número de autores que se defrontaram com o problema *jurídico* da verdadeira natureza do empréstimo compulsório, infelizmente não quiseram penetrar na sua intimidade e ultrapassaram-no mediante afirmações puramente dogmáticas que podem ser reunidas em três posições:

a) o empréstimo compulsório não é imposto, mas espécie do empréstimo público;[1081]

b) o empréstimo compulsório não é empréstimo público e nem imposto, porém uma requisição temporária de capital;[1082]

c) a natureza jurídica do empréstimo compulsório é a de um imposto.[1083]

Deve-se observar que, para negar a natureza tributária ao empréstimo compulsório, os autores encontraram *somente*

1079. Giuliani Fonrouge, *Derecho Financiero*, vol. II, Buenos Aires, 1962, p. 897.

1080. Idem; G. Ingrosso, *Diritto Finanziario*, 2ª ed., Napoli, 1956, pp. 681-82.

1081. A. D. Giannini, *I Concetti Fondamentali di Diritto Tributario*, Torino, 1956, p. 77.

1082. Giuliani Fonrouge, *Derecho Financiero*, vol. II, Buenos Aires, 1962, p. 883; Assis Ribeiro, *Análise jurídica do crédito público*, Rio de Janeiro, 1954, p. 73.

1083. Aliomar Baleeiro, *Limitações constitucionais ao Poder de Tributar*, 2ª ed., Rio de Janeiro, 1960, p. 93, nº 19; L. Trotabas, *Institutions Financières;* 2ª ed., Paris, 1957, nº 120, p. 272.

um único argumento: a sua restituição à pessoa que o pagou. Como, a seguir, se demonstrará, este único argumento é fragílimo e insubsistente.

Na verdade, a natureza jurídica do "empréstimo compulsório" é a de um genuíno *imposto*.

Preliminarmente, cumpre, desde logo, afastar a ideia de contrato com o Estado (e, até mesmo, de obrigação unilateral do Estado), pois inexiste o elemento vontade em *ambas* as partes pseudocontratantes. O *sujeito ativo* (Estado) é obrigado a exigir o "empréstimo compulsório". Note-se que o Estado não está simplesmente *autorizado* a lançar o empréstimo público, porém *obrigado* a recebê-lo. A mesma coagibilidade jurídica existe no tocante ao *sujeito passivo* (pseudomutuante).

Acima, salientou-se que o *único* argumento encontrado para negar a natureza tributária ao empréstimo compulsório, fora o de que seu montante é restituído à pessoa que o pagou.

O fato de o Estado devolver ao contribuinte em dinheiro (ou em títulos) o valor do tributo (com ou sem "juros") não desqualifica a sua natureza jurídica de tributo, porque a *destinação* (indeterminada ou determinada) não altera a sua natureza jurídica que continuará sendo a de tributo. A doutrina dominante demonstra de modo irrefutável que o imposto, com destinação determinada continua sendo imposto.[1084] Ora, a devolução do montante do tributo ao contribuinte é uma (entre outras) das destinações *determinadas* àquele tributo e tal fenômeno ocorre também com outros tributos.

Existem *taxas* cujo pagamento confere ao contribuinte o *direito de exigir do Estado* a prestação de determinado serviço ou coisa. Noutras palavras, o pagamento do tributo produz, como consequência, a obrigação de o Estado efetuar uma prestação de serviço ou coisa a favor do respectivo contribuinte. Esta decorrente obrigação não desnatura o tributo porque a

1084. Ver nº 79.

contraprestação é apenas aparente. Aqui existem, na verdade, *duas* relações jurídicas *sucessivas*, de distinta natureza e diferente conteúdo.[1085] A primeira relação jurídica é tributária e nasce quando se realiza a hipótese de incidência da taxa. No conteúdo desta relação tributária surge o *dever do contribuinte* de pagar o tributo e o correlativo *direito do Estado* de recebê-lo. Quando o contribuinte satisfaz o seu dever acontece o fato consistente no pagamento do tributo.

Ora, o acontecimento daquele *fato* consistente no pagamento do tributo realiza a hipótese de incidência de uma *segunda* regra jurídica cuja incidência cria uma *segunda* relação jurídica, esta de natureza *administrativa*. No conteúdo jurídico desta relação administrativa surge o *dever de o Estado* efetuar a prestação de um serviço ou coisa e o correlativo *direito* da pessoa que fora, num *anterior* momento lógico-jurídico, o sujeito passivo na *anterior* relação jurídica tributária da taxa.

A mesma fenomenologia acima apontada também ocorre no empréstimo compulsório. A obrigação de o *sujeito ativo* (Estado) devolver o tributo (com ou sem juros) não retira a natureza jurídica *tributária* ao "empréstimo compulsório" pois, na verdade, no "empréstimo compulsório" existem duas distintas relações jurídicas, com distintas *naturezas* jurídicas.

A primeira relação jurídica é de natureza *tributária*: o *sujeito passivo* é um determinado indivíduo e o *sujeito ativo* é o Estado. A segunda relação jurídica é de natureza *administrativa*: o *sujeito ativo* é aquele indivíduo e o *sujeito passivo* é o Estado.

Note-se que a relação jurídica administrativa é um *posterius* e a relação jurídica tributária um *prius*, isto é, a *satisfação da prestação* na relação jurídica de natureza tributária irá constituir o núcleo da hipótese de incidência de *outra* regra jurídica (a que disciplina a obrigação de o Estado restituir) que,

1085. Giampietro Borrás, *Las Tasas en la Hacienda Pública*, Montevideo, 1959, pp. 226-27.

incidindo sobre sua hipótese (o pagamento do tributo), determinará a irradiação de *outra* (a segunda) relação jurídica, esta de natureza *administrativa*. Não se deve cometer o erro elementar de não saber distinguir, numa única fórmula literal legislativa, duas ou mais regras jurídicas de natureza distinta.[1086]

111. Imposto sobre a renda

Rara é a hipótese de incidência cujo conteúdo consiste num único fato. Quase sempre aquele conteúdo é formado de dois ou mais fatos, diferentes ou idênticos, jurídicos ou não jurídicos, reunidos uns aos outros, nas mais diversas combinações de gênero, número e espécie.[1087]

A dissecação de toda e qualquer hipótese de incidência mostra que ela se compõe de um único *núcleo* e de um ou mais *elementos adjetivos*. O núcleo é a *base de cálculo* e determina o *gênero* jurídico do tributo. Os elementos adjetivos conferem a *espécie* jurídica àquele gênero jurídico de tributo.[1088]

Os fatos (núcleo e elementos adjetivos) que realizam a hipótese de incidência, necessariamente, acontecem num determinado tempo e lugar, de modo que a realização da hipótese de incidência sempre está condicionada às *coordenadas de tempo e às de lugar*. O acontecimento do núcleo e seus elementos adjetivos terão realizado a hipótese de incidência se tiverem acontecido no tempo e no lugar predeterminados pela regra jurídica. Qualquer um dos elementos adjetivos é tão *essencial* para a realização da hipótese de incidência como o núcleo. A hipótese de incidência só estará realizada *depois* do acontecimento de *todos os* fatos (núcleo e elementos adjetivos) que integram sua composição.[1089]

1086. Ver n. 31.

1087. Ver n. 89.

1088. Ver ns. 90, 104-105.

1089. Ver ns. 90-91.

A regra jurídica de tributação que tiver escolhido (dentre os múltiplos fatos que integram a composição de sua hipótese de incidência) o *fato econômico consistente na existência da renda* para servir de *base de cálculo* terá criado tributo com o gênero jurídico do *imposto sobre a renda.*

Desde logo, cumpre lembrar que aquele fato econômico da renda não é mônade. Embora a renda configure o núcleo (base de cálculo) da hipótese de incidência do imposto de renda, ela (a renda) entra para a composição desta hipótese cercada de *elementos adjetivos* da mais diversa natureza (econômica ou jurídica).

Além disso, o acontecimento daquele núcleo e destes elementos adjetivos está condicionado no tempo e no espaço, isto é, o fato econômico da existência de renda que configura o núcleo e os fatos que realizam os elementos adjetivos deverá acontecer no tempo e no lugar que a regra jurídica predeterminou para cada um daqueles fatos.

A falta de um único fato (núcleo ou elemento adjetivo), ou o seu acontecimento em diferente tempo ou lugar, deixa *irrealizada* a hipótese de incidência e paralisa a incidência da regra jurídica criadora do imposto sobre a renda.

Por isso, dizer – como é costume na doutrina tradicional – que o "fato gerador" do imposto sobre a renda consistiria na "disponibilidade econômica de uma renda", é estabelecer uma definição insuficiente e impraticável, pois ela não corresponde à verdadeira estrutura lógica da regra jurídica do imposto sobre a renda. Na composição da hipótese de incidência do imposto sobre a renda, às vezes, entra a disponibilidade jurídica da renda; outras vezes, a disponibilidade econômica.

Exemplo de disponibilidade *jurídica* de renda: o vendedor de mercadoria ou imóvel, à prestação, tem o direito de crédito no tocante às prestações do preço ainda não vencidas; porém não tem a disponibilidade econômica da renda, esta somente ocorrerá com o *pagamento* das prestações. Outro exemplo de disponibilidade *jurídica* de renda: o dividendo creditado (ou simplesmente aprovado por deliberação de assembleia) e ainda não pago.

Por outro lado, a disponibilidade *econômica* da renda acontece toda a vez que uma pessoa titular de um *direito de crédito* qualquer (consistente, no todo ou em parte, numa renda) recebe a *prestação* que satisfaz este direito de crédito.

Refletindo-se sobre o que acaba de ser exposto, verifica-se que, embora possa haver disponibilidade *jurídica* de renda sem disponibilidade econômica, não pode existir disponibilidade econômica de renda sem que, simultânea ou previamente, também exista a disponibilidade *jurídica* da renda. É logicamente impossível falar em disponibilidade econômica de renda independente da sua disponibilidade jurídica; esta é um pressuposto lógico para a própria *existência* de uma *renda*. Caso contrário, poder-se-ia conceituar e tributar como "renda" economicamente disponível o recebimento, pelos bancos, de dinheiro para depósito; o recebimento de dinheiro a título de empréstimo; etc.

Por outro lado, não se deve esquecer que a lei tem liberdade para escolher como contribuinte (*sujeito passivo da relação jurídica do imposto de renda*) pessoa que não possui *nem* a disponibilidade jurídica da renda e nem a disponibilidade *econômica* da renda cuja existência constitui o núcleo (base de cálculo) da hipótese de incidência do imposto de renda; por exemplo: a sociedade que, no mesmo ato, aprova e paga o dividendo. Nestes casos, o contribuinte participa da natureza jurídica do *substituto legal tributário* e sua escolha pela lei tributária está condicionada ao sistema constitucional tributário de cada país.[1090]

Além disso, não basta a existência da renda (jurídica ou economicamente disponível ou indisponível) para integralizar a hipótese de incidência; esta somente estará realizada com o acontecimento – no *tempo e lugar* predeterminados pela regra

1090. Ver ns. 141, 145-147, 132.

jurídica – de *todos* os fatos (núcleo e elementos adjetivos) que integralizam a sua composição.

Pelas razões acima indicadas, deve-se proceder à dissecação da hipótese de incidência do imposto sobre a renda, em três momentos.

Primeiro momento: verificar se a *base e cálculo* do tributo é o fato econômico da existência de renda, pois somente no caso afirmativo será imposto de renda.

Segundo momento: investigar o número e a natureza dos *elementos adjetivos* que entram na composição da hipótese imponível.

Terceiro momento: procurar as *coordenadas de tempo e lugar* que a regra jurídica preestabeleceu, condicionando, no tempo e no espaço, o acontecimento daqueles fatos que realizam o núcleo e os elementos adjetivos da hipótese de incidência.

PRIMEIRO MOMENTO
O núcleo (base de cálculo)

Na dissecação da hipótese de incidência do imposto de renda, em primeiro lugar, cumpre verificar se a *base de cálculo* (núcleo) do tributo é o fato econômico da *existência de renda*, pois somente no caso afirmativo é que se estará diante de um imposto de renda. Exemplo: tome-se a venda de um imóvel. Se a base de cálculo for o saldo que resultar do preço de venda depois de deduzido o preço de aquisição e benfeitorias, tratar-se-á de um verdadeiro imposto de renda. Todavia, se a base de cálculo for o preço de venda, não sendo admissível àquelas deduções, o tributo pertencerá ao gênero jurídico dos tributos de atos jurídicos; no caso, será um genuíno imposto de vendas.

É necessário examinar cuidadosamente o imposto sobre a renda que tiver por base de cálculo a renda *bruta*. O legislador escolhe, para base de cálculo, a "renda bruta", naqueles casos em que o cálculo da renda *líquida* é impraticável ou incontrolável. Algumas vezes, a dificuldadc para alcançar a renda líquida é de tal natureza, que a base de cálculo escolhida pelo legislador (embora ele a chame de "renda bruta") não chega a ser nem mesmo a "renda bruta", mas consiste simplesmente na *receita ou recebimento bruto*, de modo que esta base de cálculo desvirtua a natureza jurídica do imposto sobre a renda, convertendo-o num imposto de *diferente* gênero jurídico. Exemplo: uma pessoa, residente no estrangeiro, e proprietária de uma patente de invenção, cede, temporariamente, o uso desta patente de invenção para pessoa residente no Brasil, mediante o pagamento de *royalties*. O recebimento destes *royalties* é *renda bruta* (pois o recebedor continua proprietário da patente de invenção) e o tributo que tomar por base de cálculo estes *royalties*, sem qualquer dedução, pertencerá ao *gênero* jurídico do imposto sobre a *renda e à espécie* jurídica do imposto sobre a renda *bruta*. Entretanto, se em lugar da cessão temporária do uso da patente de invenção, ocorre a *alienação de sua propriedade*, então, o que o alienante recebe não é *renda bruta*, mas *receita bruta* e o tributo que tiver por base de cálculo esta receita bruta não será imposto de renda, porém um genuíno *imposto de transmissão de direito real*.

SEGUNDO MOMENTO
Os elementos adjetivos

No segundo momento da dissecação da hipótese de incidência do imposto de renda, deve-se investigar o número e a natureza dos *elementos adjetivos* que entram na sua composição.

Qualquer um dos elementos adjetivos é tão essencial como o núcleo para a realização da hipótese de incidência. Todavia, alguns doutrinadores pretendem distinguir o que é essencial e o que não é essencial dentro da composição da hipótese de incidência. Tal distinção esquece que, se algo não é essencial, a regra jurídica incide apesar da falta deste elemento não-essencial e esta incidência prova que o elemento ausente não pode ser elemento integrante da composição da hipótese de incidência, porquanto a incidência da regra jurídica ocorre somente depois de realizados *todos* os elementos que integram a composição da hipótese de incidência. *Portanto, a hipótese de incidência (núcleo e elementos adjetivos) é apenas a soma do que é essencial. Se o exame da hipótese de incidência revelar elementos não-essenciais, isto significa que estes elementos simplesmente não entram na composição da hipótese de incidência que está sendo analisada.*

Como exemplo, toma-se a lei tributária que descreve a *hipótese de incidência* do imposto sobre a renda do seguinte modo: "O lucro líquido decorrente da alienação, a qualquer título, de marcas de indústria e de comércio".

Núcleo (base de cálculo): a existência de lucro líquido.

Elementos adjetivos:

a) alienação, a qualquer título;

b) marca de indústria ou de comércio.

A composição da hipótese de incidência em exame é integrada exclusivamente pelos fatos (núcleo e elementos adjetivos) acima indicados. A regra jurídica criadora da relação jurídica do imposto sobre a renda incidirá tão logo sua hipótese de incidência estiver realizada e para que esta se realize, basta o acontecimento (no tempo e lugar predeterminados pelas coordenadas de tempo e lugar) dos seguintes fatos:

a) o fato *econômico* da existência de marca de indústria ou de comércio;

b) o fato *jurídico* da alienação daquela marca;

c) o fato *econômico* da existência de lucro líquido resultante daquela alienação.

Elementos não-essenciais, portanto, não-integrantes da composição da hipótese de incidência em exame:

a) Para a composição da hipótese de incidência em foco é indiferente a espécie jurídica do fato jurídico da alienação, exemplo: venda, doação, *apport en société*; etc. Para a realização deste elemento adjetivo suficiente é o fato jurídico da alienação da propriedade (ou de outro direito *real*) da marca de indústria ou comércio e isto porque a lei, tomada como exemplo, disse: "decorrente de alienação, a qualquer título". Porém, se não houve alienação (transmissão de direito real), mas locação ou empréstimo da marca, então, inexistiu o elemento adjetivo em exame e, em consequência, não se realizou a hipótese de incidência que se tomou, por exemplo.

b) Também é indiferente para a realização da hipótese de incidência o fato da *disponibilidade econômica* do lucro líquido.

Outro exemplo. A lei tributária, definindo a hipótese de incidência do imposto de renda, diz: "Os dividendos e quaisquer bonificações ou interesses atribuídos à ação". O exame desta hipótese de incidência revela que ela tem a seguinte composição:

Núcleo (*base de cálculo*): a existência de renda.

Elementos adjetivos:

a) título societário de participação no capital social de sociedade por ações;

b) o lucro deve ter sido atribuído à ação. Noutras palavras, a atribuição do dividendo (e quaisquer bonificações ou interesses) à ação deve ser em satisfação de direito *social* qualquer que esta ação atribui ao seu proprietário (e não como resultado de um negócio jurídico – ex.: venda da ação) que teve por objeto a ação.

Para a realização da referida hipótese de incidência é necessário que aconteçam (no tempo e lugar predeterminados pelas coordenadas de tempo e lugar) os fatos seguintes:

a) o fato *econômico* da existência de renda;

b) o fato *jurídico* da existência de título societário de participação no capital social de sociedade por ações. Não haverá realização da hipótese imponível em foco se o fato jurídico for de diferente natureza jurídica; exemplo: parte beneficiária ou debênture;

c) o fato *jurídico* de aquele fato econômico ser juridicamente exigível como um direito *social* qualquer que a ação atribui ao seu proprietário, isto é, "dividendos e quaisquer bonificações ou interesses atribuídos à ação". Não haverá realização da hipótese de incidência em tela, se aquele fato econômico (lucro) resultar da satisfação de um direito *não social*, por exemplo, o direito de receber o *preço* da venda da ação.

TERCEIRO MOMENTO
Coordenadas de tempo e lugar

No terceiro momento da dissecação da hipótese de incidência do imposto sobre a renda, devem-se investigar as coordenadas de tempo e lugar de realização desta hipótese. Os fatos (núcleo e elementos adjetivos) que realizam a hipótese de incidência, necessariamente, acontecem num determinado tempo e lugar, de modo que a realização da hipótese de incidência estará sempre condicionada às coordenadas de tempo e às de lugar. O acontecimento do núcleo (base de cálculo) e elementos adjetivos terão realizado a hipótese de incidência se tiverem acontecido no tempo e no lugar predeterminados, implícita ou expressamente, pela regra jurídica.

As *coordenadas de lugar* podem condicionar que o núcleo e elementos adjetivos devam acontecer todos no mesmo lugar (ex.: renda de pessoa residente no país e produzida e percebida dentro deste país) ou em distintos lugares (ex.: renda de pessoa residente no estrangeiro, mas produzida dentro do país ou produzida no estrangeiro e percebida no país).

As *coordenadas de tempo* podem condicionar o acontecimento do núcleo e elementos adjetivos à *contemporaneidade*, exemplo: imposto de renda retido pela fonte do rendimento. Ou a *sucessividade* natural dos acontecimentos ou segundo uma ordenação artificial. Ou a *sucessividade dentro de prazo*, exemplo: imposto sobre a renda percebida durante ano civil anterior àquele em que deve ser apresentada a declaração de renda (tributação pelo sistema de "ano base").

Quando a hipótese de incidência está coordenada por tempo sucessivo, *a sua realização é gradativa*; os fatos que compõem o seu núcleo e elementos adjetivos vão, aos poucos, à medida que acontecem, realizando a hipótese de incidência até que aconteça o *último* fato que completará a sua integralização, isto é, a sua verdadeira realização. A incidência da regra jurídica somente ocorrerá *depois* do acontecimento do *último* fato e se todos os fatos (núcleo e elementos adjetivos) tiverem acontecido naqueles predeterminados lugares e épocas que coordenam a realização, no tempo e no espaço, daquela hipótese de incidência.

É interessante observar que a *realização* da hipótese de incidência do imposto sobre a renda cobrado pelo referido sistema de "ano base", somente atingirá a *integralização* no momento em que se extinguir o *último momento do dia 31 de dezembro do ano base*. Em consequência, a *incidência* de todas as regras jurídicas tributárias, que disciplinam aquele imposto, ocorrerá apenas no *primeiro momento do dia 1º de janeiro do novo ano* e, logicamente, somente incidirão as regras jurídicas *ainda vigentes* naquele *primeiro momento* do dia 1º de janeiro. Noutras palavras, não haverá incidência das regras jurídicas cuja vigência expirou em 31 de dezembro do ano base e nem incidirão as regras jurídicas porventura promulgadas no dia 1º de janeiro do ano novo.

E como a regra jurídica somente incide depois de realizada sua hipótese de incidência, o *dever jurídico* do imposto sobre a renda disciplinado pelo sistema do ano base, *somente nasce no referido primeiro momento do dia 1º de janeiro do ano posterior ao "ano-base", e seu nascimento está disciplinado exclusivamente pelas regras jurídicas ainda vigentes naquele primeiro momento do dia 1º de janeiro do novo ano.*[1091]

1091. O *dever* jurídico tributário surge no primeiro momento do dia 10 de janeiro. Por sua vez, a *obrigação* jurídica tributária surge na data do *lançamento;* porém o efeito jurídico da obrigação *nada pode alterar* naquele preexistente *dever* ao qual ela, lógica e juridicamente, se refere; ver nº 100.

Esta precisão cronométrica do instante em que se completa a realização da hipótese de incidência tem importância decisiva somente quando a medida de tempo (coordenadas de tempo) de realização da hipótese de incidência é *superior* a um dia e a *contagem* do tempo de realização é feita dia a dia, mês a mês, ano a ano, etc. Esta precisão cronométrica não tem nenhuma relevância, por exemplo, no imposto sobre a renda disciplinado pelo *sistema de arrecadação na fonte*, pois aqui a realização da hipótese de incidência ocorre num único dia: o dia em que a fonte paga ou credita a renda. Neste dia, realizou-se a hipótese de incidência e neste mesmo dia ocorreu a incidência da regra jurídica tributária e a consequente irradiação da relação jurídica tributária em cujo conteúdo jurídico encontra-se o dever jurídico de pagar o imposto sobre a renda em foco.

Diante do que foi exposto, compreendem-se porque as rendas cuja tributação é disciplinada pelo *sistema de "ano base"* podem ser tributadas por *regras jurídicas promulgadas depois da percepção da renda*, sem que tal incidência viole direito adquirido ou esteja irradiando efeito retroativo.

Por outro lado, *haverá efeito retroativo violado de direito adquirido*, toda vez que for promulgada regra jurídica de tributação em data *posterior* ao acontecimento do fato (pagamento ou crédito da renda) que realizou a hipótese de incidência do imposto de renda disciplinado pelo *sistema de arrecadação na fonte*.

112. Imposto de importação

A regra jurídica de tributação que tiver escolhido para *base de cálculo* (dentre os múltiplos fatos que entram na composição da sua hipótese de incidência) *o fato material da introdução de uma coisa, dentro de uma zona geográfica ou política*, terá criado tributo com o gênero jurídico do imposto de importação.

Esta zona resulta de delimitação por linha imaginária (geográfica ou política), separando-a de outra zona ou destacando-a do resto do universo.

Todo o fato (ato, fato, estado de fato) é modificação no mundo. O mundo compõe-se de fatos, em que novos fatos acontecem. O estado de fato é o fato que aconteceu e permanece e que, por isto, pode ser contemplado: ou no *momento* em que acontece (portanto, como *fato*) ou sob o ângulo de sua *duração continuada* (portanto, como *estado de fato*).[1092] A existência continuada de uma coisa num determinado lugar é *estado de fato* material. Porém, a existência desta coisa, no momento de sua introdução naquele lugar, é *fato* material.

Também é necessário separar o fato que atua como *causa* do fato que resulta como *efeito*. Ao se dizer "introdução de uma coisa", deve-se, desde logo, distinguir entre o *introduzir e* a *coisa introduzida no momento da introdução*. A base de cálculo do imposto de importação não é o introduzir, mas a *coisa introduzida* no momento da introdução; noutras palavras, o fato material da introdução da coisa dentro de zona geográfica ou política.

O fato (sentido estrito: ato) consistente no *introduzir* da coisa, se for *ilícito*, é núcleo da hipótese de incidência da regra jurídica que prescreve *sanção* pelo contrabando. Se for *lícito,* configurará o núcleo (base de cálculo) da hipótese de incidência dos *impostos de tráfego,* cuja base de cálculo é o valor do introduzir, isto é, o frete.

No tocante às *taxas* de tráfego, nem o introduzir, nem a coisa introduzida nunca poderão ser *núcleo* (base de cálculo), mas apenas *elemento adjetivo*, pois o núcleo (base de cálculo) daquelas taxas, como de qualquer outra taxa, consiste no próprio *serviço* estatal utilizado (ou à disposição) e o método de conversão em cifra desta base de cálculo deverá trabalhar exclusivamente sobre este serviço. A aplicação de alíquota da

1092. Ver nº 89.

taxa nunca poderá ser sobre o valor dos caminhões ou da carga transportada; estas duas últimas bases de cálculo desvirtuarão a própria natureza jurídica da taxa, convertendo-a numa *espécie* (imposto com destinação determinada) do *gênero* jurídico do *imposto de importação*, pois o núcleo de hipótese de incidência da pseudotaxa consistirá no fato material da introdução do caminhão, ou de sua carga, dentro de determinada zona geográfica, isto é, dentro das linhas geográficas que delimitam o leito da estrada, ponte, canal, etc.[1093]

A base de cálculo consiste no fato *material* da introdução da coisa, porque é a natureza física desta coisa que sofre o *método de conversão* em cifra (por peso ou medida, ou valorização), à qual será aplicada a alíquota do imposto.

É a natureza *física* desta coisa aquilo que sofre o método de conversão, porque este método ou é por peso ou por medida da coisa. A base de cálculo continua sendo a natureza *física* da coisa até mesmo quando o método de sua conversão em cifra for a sua valorização (ex.: cotação no mercado internacional ou nacional; ou o valor constante na "pauta" oficial que atribui valores fixos ou mínimos), porque esta valorização não fica subordinada ao custo de produção daquela coisa e nem ao valor (ex.: preço) do negócio jurídico mediante o qual a coisa penetrou dentro da zona geográfica ou política.

A regra jurídica do imposto de importação pode tomar como método de conversão também o valor do negócio jurídico (ex.: contrato de compra e venda) mediante o qual a coisa foi introduzida. Quando assim o faz, surge o problema de saber se a base de cálculo ainda é o fato *material* da introdução da coisa ou se passou a ser o fato *jurídico* da existência daquele negócio jurídico, configurando, neste último caso, um tributo de gênero jurídico distinto do primeiro.

A base de cálculo consistirá ainda no fato material da introdução da coisa se, quando aquela mesma coisa tendo

---

1093. Conceito jurídico de taxa, ver nº 106.

penetrado na zona geográfica ou política em decorrência de negócio jurídico de valor *inferior* ao da cotação no mercado ou constante na pauta oficial de valores fixos ou mínimos, o método de valorização desprezar o valor do negócio jurídico e tomar o da cotação no mercado ou o da pauta oficial. Porém, se prevalecer o valor inferior, então, a base de cálculo já não será o fato *material* da introdução da coisa, mas o fato *jurídico* da existência do negócio jurídico. Em consequência, neste segundo caso tratar-se-á de tributo de gênero jurídico diferente, pois a existência do *negócio jurídico* entrará na composição da hipótese de incidência como *núcleo* (*base de cálculo*), ao passo que a *procedência* da mercadoria objeto daquele negócio jurídico entrará na composição da hipótese de incidência como *elemento adjetivo*.

As *variações da alíquota* conforme as diferentes naturezas físicas das coisas ou segundo os distintos negócios jurídicos ou segundo a qualidade política (ou jurídica ou profissional ou econômica) das pessoas ligadas àquelas coisas, *não significa por si mesma* (a variação da *alíquota*) que a base de cálculo seja, respectivamente, o fato físico da existência das coisas ou o fato jurídico do negócio jurídico ou a qualidade política (ou jurídica ou profissional ou econômica) da pessoa. O fato que condiciona a variação da alíquota não é base de cálculo; *esta é unicamente o fato que o método de conversão transfigura em uma cifra.* A alíquota será aplicada somente *depois* que o fato escolhido para base de cálculo, sob a ação do método de conversão, transfigurou-se em cifra, *de modo que a alíquota sempre e logicamente representa uma parcela deste fato transfigurado em cifra e não daquele outro fato que condicionou a variação da alíquota.*[1094]

Na regra jurídica criadora do imposto de importação, o fato material da introdução de coisa, dentro de zona geográfica ou política, é o *núcleo* (base de cálculo) da hipótese de incidência. Os fatos que condicionam a variação da alíquota são os

1094. Ver nº 105.

elementos adjetivos. O núcleo confere o gênero jurídico ao tributo, ex.: imposto de importação. Os elementos adjetivos determinam as diferentes *espécies* jurídicas daquele único gênero, ex.: imposto de importação de veículo para transporte de pessoa com alíquota diferente daquela estabelecida para veículo destinado a transportar carga; imposto de importação de matéria-prima importada por industrial com alíquota diferente quando o importador é comerciante; imposto de importação de máquinas industriais importadas em realização de ações subscritas em aumento de capital social com alíquota diferente quando as mesmas máquinas são importadas em razão de compra e venda.

Nos três referidos exemplos, o tributo tem o mesmo *gênero* jurídico (imposto de importação), porque idêntica é a base de cálculo (núcleo da hipótese de incidência): o fato material da introdução de uma coisa, dentro de determinada zona geográfica ou política.

Entretanto, cada exemplo consiste numa diferente *espécie* jurídica do mesmo gênero jurídico de imposto, porque a variação da *alíquota* do tributo é condicionada, no primeiro exemplos, pela natureza física da coisa importada; no segundo exemplo, pela qualidade econômica da pessoa importadora; no terceiro exemplo, pela natureza jurídica do negócio jurídico mediante o qual a coisa foi introduzida. Como antes já foi demonstrado, o fato que condiciona a variação da *alíquota* não é base de cálculo; esta é unicamente o fato que o *método de conversão transfigura em cifra*, no caso: o fato material da introdução de coisa, dentro da zona geográfica ou política. A *alíquota* será aplicada somente depois que o fato escolhido para base de cálculo, sob a ação do método de conversão, transfigurou-se em cifra, de modo que a alíquota representa uma *parcela* deste fato transfigurado em cifra e não daquele outro fato que condicionou a variação da alíquota.

Quando o núcleo (base de cálculo) da hipótese de incidência do tributo é o negócio jurídico (ex.: contrato de compra e venda) e a variação da alíquota do tributo está condicionada à procedência do objeto do negócio jurídico (ex.: alíquota de 3% para vendas de mercadorias existentes dentro do Estado e alíquota de 6% para vendas de mercadorias existentes fora do Estado), não se trata de imposto de importação, mas o tributo *continua* com o gênero jurídico de tributo sobre negócio jurídico (ex.: imposto de vendas). A diferenciação da alíquota segundo a procedência do objeto do negócio jurídico não desvirtua o gênero jurídico do tributo; enquanto o núcleo (*base de cálculo*) da hipótese de incidência do tributo for o negócio jurídico do contrato de compra e venda, o tributo continuará com o *gênero* jurídico do imposto de vendas. A procedência condicionadora das variações da alíquota é o *elemento adjetivo* da hipótese de incidência que atribui àquele gênero jurídico do tributo, uma *espécie* jurídica: imposto de vendas (gênero) diferenciado segundo a procedência de mercadoria vendida (espécie). Porém, se a lei determinar que este imposto será devido ainda que não exista contrato de compra e venda (ex.: matriz fora do Estado remete mercadorias para filial dentro do Estado), ou que a base de cálculo não será o valor (preço) do negócio jurídico da compra e venda, mas o valor da mercadoria constante em pauta oficial, então, o verdadeiro núcleo (base de cálculo) da hipótese de incidência é o fato material da introdução de coisa dentro do Estado e, em consequência, o tributo em foco apenas tem o *nome* de imposto de vendas, porque seu verdadeiro gênero jurídico é o de imposto de importação.

O imposto de vendas com variação da alíquota condicionada à procedência do objeto do contrato de compra e venda, à primeira vista, parecem um imposto de importação disfarçado. Entretanto, como acima foi demonstrado, trata-se de um genuíno imposto de vendas. Contudo, faltava até agora um critério objetivo e jurídico para aferir a natureza jurídica de cada tributo, e o subjetivismo e injuridicidade dos critérios tradicionais permitiam a sustentação tanto da tese que seria um imposto de importação disfarçado, quanto da tese que seria um imposto de vendas. Tal possibilidade instaurou, no passado, a vacilação da doutrina e da jurisprudência. No Brasil, diante da possibilidade destas duas teses contraditórias, a Constituição Federal resolveu excluir a discussão de ambas, estabelecendo regra jurídica constitucional que expressamente proíbe aos Estados-membros cobrarem imposto de vendas com alíquota diferenciada segundo a procedência da mercadoria; de modo que para a inconstitucionalidade do imposto de vendas, basta o fato da variação de sua alíquota segundo a procedência da mercadoria.

Frequentemente, a lei determina que o imposto de importação deve ser pago *antes* da importação, isto é, antes que se realize a hipótese de incidência do imposto de importação. O exame hermenêutico de cada legislação que tiver estruturado o particular sistema jurídico do emposso, revelará se o recolhimento antecipado do imposto consiste:

a) Ou num *depósito prévio* de quantia equivalente a um futuro débito tributário que nascerá quando acontecer o fato material da introdução da coisa dentro de zona geográfica ou política. Neste caso, o Estado deverá devolver a quantia recebida, se não ocorrer a introdução (importação) que fora prevista.

b) Ou na própria *prestação jurídica tributária* que satisfaz um já existente dever jurídico tributário de imposto de importação. Neste caso, a criação do imposto resulta da combinação de *duas* regras jurídicas. A incidência da *primeira* regra jurídica cria (em momento *anterior* à introdução) *a ficção jurídica* da introdução exclusivamente para a finalidade de possibilitar a incidência da *segunda* regra jurídica cujo efeito jurídico é a criação da relação jurídica do imposto de importação.

A *primeira* regra jurídica tem como *hipótese de incidência* um fato anterior à introdução da coisa dentro da zona geográfica política, e como *regra* (proposição preceptiva que determina o efeito jurídico resultante da incidência desta primeira regra jurídica) a criação de uma *ficção jurídica* de introdução exclusivamente para que esta ficção jurídica sirva de hipótese de incidência da *segunda* regra jurídica.

A *segunda* regra jurídica tem como *hipótese de incidência* aquela ficção jurídica de introdução e como *regra* a criação da relação jurídica do imposto de importação.

A *ficção jurídica* de introdução da coisa dentro de uma zona geográfica ou política, em momento anterior à verdadeira introdução, foi criada pela primeira regra jurídica para a exclusiva finalidade de realizar a hipótese de incidência de regra jurídica de tributação cuja incidência irradia a relação jurídica do imposto de importação. Para as demais regras jurídicas (ex.: comerciais), a referida introdução (importação) *ainda não se realizou.* Porém, para o efeito da incidência de *todas* as regras jurídicas criadoras de relação jurídica de imposto de importação, esta introdução aconteceu com a incidência da primeira regra jurídica, de modo que não é admissível, por impossibilidade *lógico-jurídica,* pretender cobrar "acréscimo" ou "diferença" de imposto de importação, em data posterior (ex.: por ocasião da venda da mercadoria importada). A regra jurídica que determinar a cobrança de tal "acréscimo" ou "diferença" é regra jurídica *inválida* (*vazia de juridicidade*) *por antinomia* com a referida primeira regra jurídica. Aplica-se ao imposto de importação tudo o que, a este respeito, é dito quando se trata do imposto de consumo.[1095]

113. Imposto de exportação

A regra jurídica de tributação que tiver escolhido para *base de cálculo* (dentre os múltiplos fatos que entram na composição de sua hipótese de incidência) *o fato material da saída de uma coisa fora de uma zona geográfica ou política*, terá criado tributo com o gênero jurídico do imposto de exportação.

1095. Os fundamentos desta fenomenologia jurídica são expostos e desenvolvidos quando se trata do *imposto de consumo* (Ver "Momento e lugar do consumo", na parte final do nº 114).

Aplica-se ao imposto de exportação tudo o que foi dito sobre o imposto de importação.[1096]

114. Imposto sobre o consumo

A existência de uma coisa é fato. O ter deixado de existir esta coisa é *outro* fato. O primeiro consiste num fato positivo; o segundo num fato negativo. Uma coisa pode deixar de existir pelo seu *consumo,* isto é, ou porque se desdobrou em duas ou mais coisas (ainda que por instantânea desintegração atômica ou por desgaste milenar) ou porque passou a ser *outra* coisa por transformação ou acréscimo. Não importa, no plano jurídico, a natureza e nem a grandeza do acréscimo ou da transformação, pois basta ter havido uma ínfima transformação ou um mínimo acréscimo para que, perdida a identidade entre a primitiva e a nova coisa, esta possa assumir uma individualidade própria perante aquela. Todavia, como adiante se verá, a natureza e a grandeza do consumo são de fundamental importância, apenas no plano *pré-jurídico,* da Ciência das Finanças Públicas e da Política Fiscal.

O valor deste fato negativo (o *consumo* da coisa) é o valor da coisa que foi consumida. Este valor se obtém convertendo-se a coisa numa cifra. Esta conversão em cifra alcança-se: ou por peso ou por medida ou pelo custo de *aquisição* da coisa. Não o custo de *produção* daquela coisa, porque neste caso a verdadeira base de cálculo seria a produção e o tributo pertenceria ao gênero jurídico do imposto de produção. Também não poderia ser o custo da *utilização* mediante a qual ela é consumida, pois neste caso a base de cálculo seria a utilização e o tributo teria um novo gênero jurídico: imposto de uso.

O que acima foi dito sobre consumo de coisa aplica-se também ao consumo de *serviço.*

Quando a regra jurídica de tributação escolhe para *base de cálculo* (entre os múltiplos fatos que compõem sua hipótese de

1096. Ver nº 112.

incidência) o fato consistente no *consumo* de coisa ou serviço, o tributo criado pertencerá ao *gênero jurídico* do imposto de consumo.[1097]

Para a aferição do gênero jurídico do tributo não importa saber, no plano *jurídico*, quem é o *sujeito passivo* da relação jurídica tributária; nem a existência do direito de reembolso; nem a natureza da coisa ou serviço consumido,[1098] nem a causa ou a finalidade do consumo; nem a natureza ou grandeza (desintegração, acréscimo, transformação) do consumo; nem o lugar ou o momento do consumo efetivo material; tudo isso somente tem relevância quando se examina o tributo no plano pré-jurídico da política fiscal e da Ciência das Finanças Públicas.

Uma vez promulgada a regra jurídica, ao *jurista* cabe apenas examinar a sua *validade* (constitucionalidade ou juridicidade). Não se deve confundir validade com *justiça* da regra jurídica. A regra jurídica, sendo válida no plano constitucional, incidirá, automaticamente, tão logo se realize sua hipótese de incidência e os efeitos jurídicos resultantes desta incidência continuam com respeitabilidade integral ainda que, aquela regra jurídica seja, no plano moral: injusta; no plano financeiro: irracional, e no plano político-fiscal: desastrosa.[1099]

No exame da *validade* da regra jurídica (note-se: quando se trata de investigar a sua constitucionalidade e não quando se procura aferir a natureza jurídica do tributo), aqueles fatos que acima foram declarados irrelevantes para a determinação do gênero jurídico do tributo, passam a ter importância *somente* nos países cujo sistema constitucional consagrou o princípio da

1097. A base de cálculo é o único critério objetivo e jurídico para a determinação do gênero jurídico do tributo; ver ns. 104-105.

1098. Com exceção das coisas objeto de monopólio estatal e dos serviços públicos, pois o tributo que tiver como base de cálculo o consumo destas coisas e serviços, terá a natureza jurídica de *taxa*. Conceito jurídico de taxa, ver ns. 106, 109.

1099. Ver ns. 25, 85.

capacidade contributiva. Nestes países, o *tributo* continuará sempre do gênero jurídico do imposto do consumo, enquanto a base de cálculo permanecer o fato do consumo; entretanto a *regra jurídica* será inválida (inconstitucional) se o conjunto dos fatos que integram sua hipótese de incidência não consistir *signo presuntivo* de capacidade contributiva. Não importa que a hipótese de incidência, que (sob o ângulo da generalidade dos casos) signo presuntivo de capacidade contributiva, ao se realizar num determinado caso individual, seja excepcionalmente injusta, isto é, reveladora de incapacidade contributiva (ex.: máquina gravadora de sons quando consumida por cego ou por quem não tem mãos é instrumento indispensável para que eles possam exercer a profissão de advogado ou escritor). Mesmo nestes casos, a regra jurídica de tributação incidirá e os efeitos jurídicos desta incidência não sofrerão qualquer atenuação ou adaptação porque as regras jurídicas de tributação, cuja estrutura lógica foi construída com signo presuntivo de capacidade contributiva, têm a atuação dinâmica idêntica à das regras jurídicas estruturadas com presunção *juris et de jure*.[1100]

SUJEITO PASSIVO

Por medida de política fiscal, a regra jurídica, quase sempre, deixa de vincular o consumidor à relação jurídica do imposto de consumo. A regra jurídica pode escolher, em substituição ao consumidor, *qualquer* outra pessoa para *sujeito passivo* desta relação jurídica, a qual, neste caso, recebe a denominação de *substituto legal tributário*.

Entretanto, naqueles países onde existe regra constitucional que juridicizou o "princípio da capacidade contributiva", a liberdade do legislador – na escolha do substituto legal tributário – sofre certas limitações jurídicas.[1101]

1100. Ver ns. 139-140.

1101. Para o estudo do substituto legal tributário, ver ns. 141-150. Para o exame das regras jurídicas de tributação que atuam de modo idêntico às regras jurídicas que prescrevem presunções *juris et de jure*, ver ns. 139-140.

DIREITO DE REEMBOLSO

Quando o consumidor não é o *sujeito passivo* da relação jurídica do imposto de consumo, mas qualquer outra pessoa predeterminada pela regra jurídica, este *sujeito passivo* denomina-se substituto legal tributário e este (não o consumidor) é a única pessoa que tem o dever jurídico de pagar o imposto de consumo. O legislador pode, mediante uma segunda regra jurídica, conferir ao substituto legal tributário, que pagou o imposto de consumo, o direito e a pretensão jurídica de exigir de outra pessoa o reembolso da quantia que pagou a título de imposto de consumo. Este direito é o *direito de reembolso*. Observe-se que, mediante o direito de reembolso, ocorre no *plano jurídico* uma repercussão *jurídica* do tributo que é independente da repercussão *econômica* do mesmo. A repercussão jurídica pode ser criada para fortalecer ou contrariar a repercussão econômica.

O estudo aprofundado da estrutura lógica e da atuação dinâmica da regra jurídica de tributação conduz ao seguinte resultado: o único critério objetivo e científico-jurídico para aferição do gênero *jurídico* do tributo é o da *base de cálculo*.[1102] Quando a regra jurídica criadora de determinado tributo escolhe para base de cálculo aquele fato consistente no *consumo* de uma qualquer coisa ou serviço, então o gênero jurídico do tributo é o do imposto de consumo.[1103]

A existência ou inexistência do *direito de reembolso* do tributo não tem nenhuma influência no tocante ao gênero jurídico do tributo; entretanto poderá ter uma importância decisiva no que diz respeito à *validade* (constitucionalidade) da regra jurídica criadora daquele tributo, somente nos países que possuem regra jurídica constitucional estabelecendo o "princípio da capacidade contributiva".[1104]

1102. Ver ns. 101-105.

1103. Ver o início do texto do presente número.

1104. Para o exame mais desenvolvido do direito de reembolso e de sua natureza jurídica, ver nº 149. Quando o direito de reembolso é decisivo para a validade (constitucionalidade) da regra jurídica tributária, ver nº 132.

NATUREZA DA COISA CONSUMIDA - CAUSA E FINALIDADE, NATUREZA E GRANDEZA DO CONSUMO

Com exceção dos serviços *públicos* e das coisas objeto de monopólio *estatal*, a natureza do serviço ou coisa consumida (remédio ou pérolas), a causa do consumo (doença ou vaidade) e a finalidade do consumo (sobrevivência ou concurso de beleza), não conferem gênero jurídico ao imposto de consumo. O gênero jurídico deste tributo depende exclusivamente da base de cálculo, isto é, continuará sendo imposto de consumo enquanto a base de cálculo for o valor do fato consistente no consumo da coisa ou serviço, com a seguinte e única ressalva: se a coisa for objeto de monopólio *estatal* ou se o serviço for *estatal*, então, o tributo terá a natureza jurídica de *taxa*.[1105]

A natureza da coisa ou serviço consumido (com a ressalva acima), a causa e a finalidade do consumo, a natureza ou grandeza (desintegração, acréscimo, transformação) do consumo, somente têm relevância no plano pré-jurídico da Ciência das Finanças Públicas e da política fiscal quando são oferecidos ao *legislador* os fatos que, segundo a investigação da Ciência das Finanças Públicas, deverão formar a composição da hipótese de incidência da regra jurídica criadora do imposto de consumo, a fim de serem atingidos os objetivos desejados por uma determinada política fiscal. Todavia, aqueles elementos poderão constituir os fatores decisivos da *validade* (constitucionalidade) da regra jurídica criadora do imposto de consumo, quando esta regra jurídica for emitida dentro do sistema jurídico constitucional que preceitue o "princípio da capacidade contributiva". Nestes sistemas constitucionais, o *conjunto* dos fatos que compõem a hipótese de incidência daquela regra jurídica deverá apresentar-se no plano da Ciência das Finanças Públicas como um signo *presuntivo* de capacidade contributiva. No caso concreto individual, este signo presuntivo desempenhará a mesma atuação jurídica das presunções *juris et de jure*.[1106]

1105. Conceito jurídico de taxa, ver nº 106.

1106. Ver ns. 139-140.

MOMENTO E LUGAR DO CONSUMO

O jurídico é *realidade* espiritual (não confundir realidade e matéria) e toda a fenomenologia jurídica existe e desencadeia-se no *mundo do pensamento*. Os fatos jurídicos não se passam no mundo das percepções visuais e auditivas, gustativas e tácteis. As realidades jurídicas (ex.: fatos jurídicos) nascem, vivem e morrem no mundo do pensamento, que é parte do mundo total. E como os fatos do mundo perceptível são elementos integrantes da composição da hipótese de incidência da regra jurídica, pode-se provar a existência da realidade jurídica (ex.: o fato jurídico), provando-se a existência dos fatos materiais perceptíveis que realizaram a hipótese de incidência da regra jurídica.[1107]

Portanto, toda a prova de realidade jurídica é, preliminarmente, prova do fato da existência da regra jurídica e, depois, prova dos fatos perceptíveis que revelam a realização da hipótese de incidência daquela regra jurídica. Tão logo realizado a sua hipótese de incidência, a regra jurídica incide automaticamente e, em consequência, irradiam-se os efeitos jurídicos predeterminados pela *regra* que, juntamente com a *hipótese de incidência*, integra a estrutura lógica da regra jurídica.

No mundo jurídico, o *consumo* de uma coisa pode ocorrer muito *antes* do seu consumo *material*. Por exemplo: a legislação criadora do imposto de consumo pode perfeitamente determinar que o tempo e lugar de realização de sua hipótese de incidência serão os da simples *exposição* à venda da mercadoria, de modo que a regra jurídica de tributação incidirá e criará o dever jurídico de pagar o imposto de consumo, muito *antes* de ocorrer o efetivo consumo material da coisa. Aqui existem, dentro da mesma fórmula literal legislativa, *duas* regras jurídicas.

A *primeira regra jurídica* de imposto de consumo tem como *hipótese de incidência* o fato *material* positivo da existência

1107. Ver nº 82.

da mercadoria exposta à venda e como *regra* (proposição perspectiva que estabelece o efeito jurídico da incidência desta primeira regra jurídica) o *consumo* daquela mercadoria *exclusivamente* para que isto sirva de hipótese de incidência da *segunda* regra jurídica de imposto de consumo (pois aquela mercadoria continuará a ter existência material para o efeito de receber a incidência de outras regras jurídicas que disciplinam o comércio, a saúde pública, etc.; com o prosseguimento desta análise, compreender-se-á porque o que acaba de ser dito não envolve contradição).

A incidência da primeira regra jurídica sobre sua hipótese de incidência (fato *material* positivo da existência da mercadoria exposta à venda) tem *como efeito jurídico* a criação de um fato *jurídico* negativo da existência material daquela mercadoria; em síntese, a *ficção do consumo*. Esta *primeira* regra jurídica tem a mesma natureza daquelas que criam *ficções jurídicas*.[1108] Esta ficção jurídica de consumo foi criada exclusivamente para servir de hipótese de incidência da segunda regra jurídica.[1109]

A incidência da primeira regra jurídica ocorre em momento *anterior* à incidência da segunda e esta, para poder incidir, depende do efeito jurídico (ficção do consumo) que

1108. No mesmo sentido: Amilcar de Araújo Falcão, *Direito Tributário Brasileiro* (*Aspectos Concretos*), Rio de Janeiro, 1960, p. 63. Para o exame do processo de construção de regras jurídicas mediante a utilização de ficções, ver nossos ns. 135, 138-140.

1109. "Mais qu'est-ce à dire? Simplement que les regles de droit ne sont pas toujours séparées les unes des autres, qu'au contraire elles s'enchaînent, faisant souvent suite ou système; d'oú résulte qu'une règle peut parfaitement trouver son hypothèse dans la solution donnée par une règle logiquement antérieure" (J. Dabin, *Théorie Générale du Droit*, 2ª ed., Bruxelles, 1953, nº 42). "L'enchaînement des règles. Souvent le "Tatbestand" d'une règle comporte, comme nous venons de le voir, l'application préalable d'une autre règle. Les règles de droit s'articulent donc fréquemment les unes dans les autres, de telle sorte que la conséquence posée par l'une s'incorpore aux faits juridiques énoncés par l'autre" (C. du Pasquier, *Introduction a la Théorie Générale et à la Philosophie du Droit*, 3ª ed., Neuchâtel, 1948, nº 115).

resulta da incidência da primeira regra jurídica. Recorde-se que o jurídico é realidade que existe e desencadeia-se no mundo do pensamento, onde a marcação do tempo é dada pelos *prius* e *posterius* da lógica.

A *segunda regra jurídica* tem como *hipótese de incidência* a *ficção* do consumo criada pela primeira regra jurídica e como *regra* (proposição preceptiva que estabelece o efeito jurídico da incidência desta segunda regra jurídica) a *criação da relação jurídica tributária* do imposto de consumo.

Note-se que a *segunda* regra jurídica incide sobre um fato *jurídico* (ficção de não-existência da mercadoria, isto é, o seu consumo) que foi criado pelo efeito jurídico da incidência da *primeira* regra jurídica sobre um fato *material* (existência material da mercadoria num determinado tempo e lugar, por exemplo, no momento de sua exposição à venda).

A incidência da *primeira* regra jurídica criou, dentro do mundo jurídico, a *ficção* do consumo. Esta ficção foi criada para a *exclusiva finalidade* de realizar a hipótese de incidência da regra jurídica de tributação cuja incidência irradia a relação jurídica do imposto sobre o consumo. Entretanto, aquela mercadoria continua a ter existência material e nada impede – com a única ressalva adiante feita – que *outras* regras jurídicas escolham esta existência material para suas respectivas hipóteses de incidências. Por exemplo: aquela mercadoria continuará com sua existência material para o efeito da incidência das regras jurídicas que disciplinarem o seu comércio ou que, sob o ângulo da saúde pública, disciplinarem o seu consumo. Ela permanece com sua existência material até mesmo para o efeito da incidência de outras regras jurídicas tributárias (imposto de renda, imposto de venda, etc). Porém, para o efeito da incidência de todas as regras jurídicas, criadoras de *relação jurídica de imposto sobre o consumo*, a mercadoria deixou de existir *definitivamente* depois da incidência daquela *primeira* regra jurídica da qual acima se falou.

Se o imposto sobre o consumo foi cobrado quando a mercadoria foi exposta à venda ou importada, *não poderá haver nova cobrança de imposto sobre o consumo* quando a mesma mercadoria for revendida (ainda que a alíquota do imposto seja calculada apenas sobre a diferença de valor, isto é, sobre o acréscimo de valor da mercadoria na revenda). Haverá *antinomia* entre a regra jurídica que determinou a tributação no momento da exposição à venda da mercadoria (ou de sua importação) e a regra jurídica que pretender cobrar "diferenças" de imposto de consumo, por ocasião da revenda da mesma mercadoria. Compete à hermenêutica investigar *qual o efeito desta antinomia* sobre a validade das regras jurídicas antinômicas.[1110] Isto ficará esclarecido com o exemplo de antinomia logo a seguir analisado minuciosamente.

EXEMPLO DE ANTINOMIA

Verificou-se que, para poder cobrar imposto sobre o consumo *antes* do efetivo consumo material da mercadoria, faz-se necessária a combinação entre duas regras jurídicas. A primeira, incidindo sobre a existência material da mercadoria, cria a ficção do consumo. A segunda, incidindo sobre a ficção do consumo, cria a relação jurídica do imposto de consumo.

Como exemplo de antinomia, tomem-se quatro regras jurídicas. A primeira combinada com a segunda, a terceira combinada com a quarta. As quatro regras jurídicas foram promulgadas simultaneamente (na mesma produção legislativa que promulgou um código ou um sistema de leis). A antinomia existe entre a *primeira* e a *terceira* regra jurídica, como a seguir se demonstrará.

A *primeira* regra jurídica tem como hipótese de incidência o fato *material* da existência da mercadoria *exposta à venda*; noutras palavras, a realização de sua hipótese de incidência ocorrerá quando a mercadoria for exposta à venda. Realizada sua hipótese de incidência, sobre ela incide a primeira regra

1110. Antinomia entre regras jurídicas, ver nº 60.

jurídica. O efeito jurídico desta incidência é a criação do fato *jurídico* consistente na *ficção do consumo* da mercadoria. Este fato *jurídico* (ficção do consumo) foi criado *exclusivamente* para realizar a hipótese de incidência da *segunda* regra jurídica que, incidindo sobre sua hipótese de incidência realizada (fato jurídico da ficção do consumo no momento da exposição à venda), irradia a relação jurídica do imposto sobre o consumo.

A *terceira* regra jurídica tem como hipótese de incidência o fato *material* da existência daquela *mesma* mercadoria por ocasião de sua *revenda*. A terceira regra jurídica pretende, incidindo sobre sua hipótese de incidência, criar novamente a ficção do consumo, desta vez, no momento da revenda da mercadoria, a fim de ensejar a incidência da *quarta* regra jurídica (cuja hipótese de incidência seria a ficção do consumo *no momento da revenda*) que, incidindo, irradiaria uma *segunda* relação jurídica do imposto sobre o consumo.

A *terceira* regra jurídica encontra-se em *antinomia* com a *primeira*, pela razão seguinte.

Para criar a ficção do consumo, a terceira regra jurídica tem como hipótese de incidência o fato *material* da existência – no momento da revenda – da *mesma* mercadoria que, *anteriormente* (quando fora exposta à venda) recebera a incidência da primeira regra jurídica para o *mesmo efeito jurídico*: ficção do consumo. Para o exclusivo efeito de possibilitar a incidência das regras jurídicas criadoras de relação jurídica de imposto sobre o consumo, aquela mercadoria foi consumida no momento de sua exposição para a venda. Logicamente não é possível que o seu consumo teria ocorrido também no momento de sua revenda, porque a *mesma* mercadoria não pode ser consumida *duas* vezes para proporcionar a criação de *duas* relações jurídicas de natureza *idêntica*. O efeito jurídico pretendido pela terceira regra jurídica (ficção de consumo no momento de revenda) entra em contradição com o efeito jurídico que resultou da incidência da primeira regra jurídica (ficção de consumo no momento da exposição à venda).

Poderia ser alegado que, sendo uma ficção jurídica o consumo da mercadoria no momento de sua exposição para a venda nada impediria que, no momento da sua revenda, fosse criada uma segunda ficção jurídica de consumo, pois a ficção necessariamente consiste numa contradição. Esta alegação improcede.

A ficção jurídica, na verdade, é essencialmente uma contradição. A ficção do consumo no momento da exposição para a venda contradiz a realidade material e por isto é ficção. Porém, a ficção do consumo no momento da revenda além de contradizer a realidade material, contraria uma realidade jurídica (a preexistente ficção de consumo). A segunda ficção é ficção da realidade material e também ficção da ficção jurídica; portanto, uma ficção jurídica de consumo em contradição com uma *anterior* ficção jurídica de consumo.

Esta contradição no próprio plano jurídico não determinaria a invalidade da segunda ficção de consumo *se esta tivesse sido construída para finalidade diferente* da primeira ficção de consumo, por exemplo, se o objetivo fosse servir de hipótese de incidência da regra jurídica que disciplinasse o consumo sob o ângulo da saúde pública. Entretanto, ambas as ficções de consumo foram criadas para a *mesma* finalidade jurídica: realizar a hipótese de incidência de regra jurídica criadora da relação jurídica do imposto sobre o consumo. Esta circunstância é que determina a impossibilidade lógico-jurídica de as duas ficções de consumo coexistirem no plano jurídico.

Ainda se poderia pretender contestar a identidade de finalidade jurídica, alegando-se que cada ficção jurídica realizaria hipótese de incidência para uma "diferente" regra jurídica (respectivamente, a segunda e a quarta regra jurídica), cuja incidência irradiaria uma "diferente" relação jurídica, pois, na primeira hipótese, a alíquota do imposto é calculada sobre o valor de mercadoria quando exposta à venda e, na segunda hipótese, apenas sobre o posterior acréscimo de valor no momento da revenda. Esta contestação também improcede.

Aquelas regras jurídicas e relações jurídicas são "diferentes" apenas no plano *aritmético*, pois no plano jurídico são, na verdade, idênticas. O que importa é a natureza *jurídica*, não a grandeza *aritmética* do imposto de consumo.

Ambas regras jurídicas têm idêntico núcleo (base de cálculo) da hipótese de incidência: o *consumo*. Tal base de cálculo é necessária, pois se a base de cálculo for outro fato, *outro* será o tributo e *perdida estará a natureza jurídica de imposto de consumo*. Em consequência, ambas regras jurídicas pretendem criar relações jurídicas e tributos com idêntica natureza jurídica. Só difere a grandeza aritmética do débito pretendido.

Com a primeira ficção jurídica, a mercadoria foi – no momento de sua exposição à venda – consumida e isto para a exclusiva finalidade de possibilitar a criação do imposto de consumo. Será contraditória uma posterior e segunda ficção jurídica de consumo da mesma mercadoria para a mesma finalidade jurídica. Com a primeira ficção jurídica, aconteceu o fato do consumo da mercadoria. No plano jurídico, a mercadoria foi consumida no momento de sua exposição à venda. É lógica e juridicamente impossível que no mesmo *plano jurídico* e para a mesma finalidade jurídica, a mesma mercadoria venha a ser consumida uma *segunda* vez, sob o fundamento que – depois daquela data – seu valor acresceu.

A apontada antinomia toma *inválida* a regra jurídica que pretender criar uma segunda ficção de consumo (por ex., no momento da revenda da mercadoria), *esvaziando-a de toda a juridicidade*.

Exemplo de antinomia aparente: A regra jurídica que permite compensar, com o débito do imposto de consumo de um produto, o montante do imposto de consumo referente às matérias-primas utilizadas na fabricação daquele produto é regra jurídica ditada exclusivamente por conveniência de política fiscal e não para evitar qualquer antinomia jurídica. No plano jurídico, tal regra pode ser dispensada e a base de cálculo do imposto sobre o consumo pode ser o valor total do consumo da mercadoria produzida, porque a base de cálculo é o consumo deste *novo* produto e não o consumo das matérias-primas ou elementos que foram utilizados na sua fabricação.[1111]

115. Imposto de produção

Deve-se distinguir entre o produzir e o produzido. O produzir é *ato;* a coisa produzida é *fato* (sentido estrito) e tanto aquele ato como este fato são *fatos (sentido lato).*[1112]

A regra jurídica de tributação que tiver escolhido para *base de cálculo* (entre os múltiplos fatos que compõem sua hipótese de incidência) o referido ato (*o produzir*), terá criado um tributo de *gênero jurídico* distinto daquele criado por regra jurídica que tiver escolhido o indicado fato (*a coisa produzida*) para base de cálculo.

Demonstrou-se que a base de cálculo (núcleo da hipótese de incidência) é o único critério científico-jurídico para a aferição do gênero jurídico dos tributos.[1113] Também já foi verificado que, entre os múltiplos fatos que integram uma hipótese de incidência, o fato que tiver sido escolhido pela regra jurídica para servir de base de cálculo exerce a função de *núcleo* da hipótese de incidência e os restantes fatos a função de *elementos adjetivos*. Em consequência, para existirem dois gêneros jurídicos *diferentes* de tributo, basta que o fato que desempenha a função de *núcleo* na primeira hipótese de incidência venha a exercer a função de *elemento adjetivo* na segunda hipótese de incidência, embora a composição de ambas as hipóteses de incidências seja integrada pelos *mesmos* (quantidade e qualidade) fatos, pois é a função (núcleo ou elemento adjetivo) destes fatos, dentro do espectro atômico da hipótese de incidência, que faz a primeira ser uma realidade jurídica *diferente* da segunda.[1114]

1111. Ver o início do texto do presente número.

1112. Ver nº 89.

1113. Ver ns. 101-105.

1114. Ver ns. 90, 105.

A regra jurídica de tributação cuja hipótese de incidência tiver como núcleo (base de cálculo) a *coisa produzida* (fato estrito senso), será criadora do *imposto de produção.*

A regra jurídica de tributação cuja hipótese de incidência tiver como núcleo (base de cálculo) o *produzir* (ato), será criadora do *imposto de indústrias e profissões* (que a doutrina reconhece, com razão, ter como "fato gerador" o *exercício* de determinada indústria ou profissão).

A *base de cálculo*, antes de sofrer o cálculo da *alíquota*, é transformada em cifra mediante o *método de conversão* (peso, medida ou valor), tudo conforme foi predeterminado pela regra que, juntamente com a hipótese de incidência, integra a estrutura lógica da regra jurídica de tributação. A base de cálculo confere a *qualidade (gênero) jurídica* do tributo. O método de conversão e a alíquota determinam apenas a *grandeza aritmética* do tributo.[1115]

No imposto de produção, quando o método de conversão for peso ou medida, aquilo que deverá ser pesado e medido será sua base de cálculo: a *coisa produzida*. Quando o método de conversão for o valor, este deverá ser o valor da coisa examinada sob o ângulo de sua produção, ou seja, o custo de *produção* daquela determinada coisa (e não o custo de sua *aquisição* por terceiros, ex.: o preço de venda).

Para a aferição do gênero jurídico do tributo não importa saber, no plano *jurídico*, quem é o *sujeito passivo* da relação jurídica tributária; nem a existência do direito de reembolso; nem a natureza da coisa produzida; nem a causa ou a finalidade da produção; nem a natureza ou grandeza da produção; nem o lugar e o momento da produção efetiva material; tudo isto somente tem relevância quando se examina o tributo no plano pré-jurídico da política fiscal e da Ciência das Finanças Públicas ou quando, no plano jurídico, é examinada a *validade* (constitucionalidade) da regra jurídica (não o gênero jurídico

---

1115. Ver nº 105.

do tributo por ela criado). Sobre estes assuntos aplica-se tudo o que já foi exposto no tocante ao imposto de consumo, bastando ler "*imposto de produção*", "*produtor*" e "*ficção de produção*" onde está escrito "imposto de consumo", "consumidor" e "ficção de consumo".[1116]

116. Imposto de indústrias e profissões

A doutrina do Direito Tributário reconhece, com razão, que o imposto de indústrias e profissões tem como "fato gerador" o *exercício* de determinada indústria ou profissão. Como a seguir se verá, este *exercício* é o *núcleo* (base de cálculo) da hipótese de incidência do imposto de indústrias e profissões.

Deve-se recordar que a base de cálculo (núcleo da hipótese de incidência) é o único critério científico-jurídico para a determinação do gênero *jurídico* do tributo.[1117]

Ao se investigar o núcleo (base de cálculo) da hipótese de incidência do imposto de produção, distinguindo-se entre o produzir (ato) e a coisa produzida (fato), chegou-se à conclusão lógico-jurídica que este fato (a coisa produzida) é a base de cálculo do imposto de produção e aquele ato (o produzir) é a base de cálculo do imposto de indústrias e profissões.[1118]

Raro é o produzir que se esgota num único ato instantâneo. Geralmente o produzir consiste numa série de atos múltiplos em quantidade e qualidade. Esta série de atos continuados é o *exercício* de uma indústria ou profissão.

A regra jurídica de tributação, cuja hipótese de incidência tiver como núcleo (base de cálculo) o exercício (ato continuado no qual consiste o *produzir* de uma indústria ou profissão), será criadora do imposto de indústrias e profissões (gênero *jurídico*).

1116. Ver nº114.

1117. Ver ns. 101-105.

1118. Ver nº 115.

A *base de cálculo*, antes de sofrer o cálculo da *alíquota*, é transformada em cifra mediante a aplicação do *método de conversão* (peso, medida ou valor), tudo consoante se acha predeterminado pela regra que, juntamente com a hipótese de incidência, integra a estrutura lógica da regra jurídica de tributação. A base de cálculo confere a *qualidade* (*gênero*) *jurídica* do tributo. O método de conversão e a alíquota determinam apenas a *grandeza aritmética* do tributo.[1119]

No imposto de indústrias e profissões, quando o método de conversão for "peso" ou "medida", ou valor, aquilo que deverá ser "pesado" ou "medido", ou valorizado, será sua base de cálculo: o *exercício* de determinada indústria ou profissão.

Difícil é dizer o peso ou a medida do exercício considerado em si mesmo, de modo que estes dois métodos de conversão, no caso, tomam-se impraticáveis, provocando a *fusão* do método de conversão à alíquota; desta fusão resulta que a grandeza aritmética do tributo se obtém mediante a adoção de *quantias fixas* apenas variáveis segundo a natureza do exercício (ex.: advocatícia, médica, cervejeira, comercial atacadista, etc.).

Quando o método de conversão for o valor, este deverá ser o valor do exercício (o produzir), ou seja, o custo da totalidade das coisas produzidas *menos* a matéria-prima.

O exercido (o produzir) é ato *continuado*, de modo que a *incidência* da regra jurídica de tributação dependerá das *coordenadas de tempo* de realização da hipótese de incidência, isto é, a hipótese de incidência poderá consistir no ato continuado (exercício) com duração de um ano ou de um dia, de modo que, ao término do *segundo ano ou do segundo dia*, logicamente ocorre uma *segunda* realização da hipótese de incidência que por sua vez desencadeará, automaticamente, *nova* incidência da regra jurídica de tributação. Comumente, a medida de tempo

1119. Para exame desta fenomenologia jurídica, ver nº 105.

que o legislador escolhe para a realização do ato continuado em foco (exercido) é o ano civil; porém, ele tem liberdade de tomar medida de tempo maior ou menor que a do ano civil (ex.: triênio ou trimestre ou um dia). A praticabilidade do tributo e as diretrizes da política fiscal é que apontarão ao legislador a medida de tempo, isto é, as *coordenadas de tempo* que condicionarão a *realização* da hipótese de incidência.[1120]

Acima foi demonstrado que a base de cálculo do imposto de indústrias e profissões só poderá ser o exercício (o produzir) e que o valor deste é o custo da totalidade das coisas produzidas *menos* a matéria-prima. A doutrina tradicional se recusa a admitir aquela única base de cálculo e procura fundamentar sua recusa nas inconveniências e imperfeições financeiras de tal base de cálculo.

Ora, cada tributo tem suas inconveniências e imperfeições financeiras, *porém eles não interferem nos gêneros jurídicos do tributo* e até representam os aspectos negativos que são específicos a cada gênero jurídico de tributo. Existem tributos mais perfeitos e também os há menos perfeitos; uns primitivos, outros modernos; todavia, todos com seu gênero jurídico próprio. Cabe ao legislador escolher ou criar aqueles que melhor atenderão as diretrizes da política fiscal da época.

Se a discriminação constitucional da competência tributária atribuiu aos Estados Federados e aos Municípios tributos rudimentares ou insuficientes, altere-se a Constituição. Porém, enquanto ela não for alterada, será inconstitucional e absurdo pretender cobrar "imposto de indústrias e profissões" com base de cálculo:

a) no movimento de vendas anual, porque o verdadeiro gênero jurídico deste tributo será o de *imposto de vendas* cujo núcleo (base de cálculo) da hipótese de incidência consiste no negócio jurídico da compra e venda, quer se tome o

1120. Estudo das coordenadas de tempo da hipótese de incidência, ver nº 91.

negócio jurídico singular, quer os celebrados diária, mensal ou anualmente;

b) no valor locativo anual do imóvel onde se exerce a indústria ou profissão, porque o gênero jurídico deste tributo será o de *imposto sobre a renda* de locações imobiliárias, cobrado na fonte e sem o direito de retenção (de descontá-lo do preço do aluguel), cujo núcleo (base e cálculo) da hipótese de incidência consiste no aluguel (real ou arbitrado) do imóvel;

c) no valor venal do imóvel onde se exerce a indústria ou profissão, porque o gênero jurídico deste tributo será o de *imposto de propriedade imobiliária* (e também quando o contribuinte não for o proprietário pois, neste caso, será tributo cobrado de substituto legal tributário e sem direito de reembolso), cujo núcleo (base de cálculo) da hipótese de incidência consiste na existência de propriedade imobiliária;

d) na renda bruta anual, porque o gênero jurídico deste tributo será o de *imposto de renda bruta*, cujo núcleo (base de cálculo) da hipótese de incidência consiste na renda bruta (real ou arbitrada).

O legislador que (tendo competência constitucional exclusivamente para criar o imposto de indústrias e profissões e querendo evitar as imperfeições e injustiças financeiras deste) pretender tomar as *bases de cálculo* acima apontadas, esquece-se que as vantagens e equidades financeiras do imposto de vendas ou as do imposto de renda *somente são alcançadas pela criação do próprio imposto de vendas ou do próprio imposto de renda*, pouco importando o *nomen juris* do tributo criado. E se o legislador, na tentativa de evitar inconstitucionalidades, procedeu a adaptações e moldagens na hipótese de incidência do imposto de renda ou na do imposto de venda ou na do imposto de indústrias e profissões, não terá criado imposto de renda, nem imposto de vendas e nem mesmo imposto de indústrias e profissões, mas sim um *quarto* gênero jurídico de tributo que se determinará objetivamente pela investigação da verdadeira *base de cálculo* do tributo.

Aquele que apontar, por respeitáveis fundamentos históricos, além da base de cálculo, outros fatores ou elementos que deveriam ser levados em conta para a verificação do gênero jurídico dos tributos, está determinando o gênero *histórico* do tributo e confundindo História com Ciência Jurídica.[1121]

Quem pretender moldar o critério da base de cálculo pela força de princípios ou conceitos da Ciência das Finanças Públicas, inverte toda a fenomenologia jurídica, de vez que foi a regra jurídica tributária que *necessariamente* deformou aquele princípio ou conceito pré-jurídico.[1122]

Aquele que, para a determinação do gênero *jurídico*, em lugar da base de cálculo ou juntamente com ela, tomar outros elementos integrantes da hipótese de incidência, substituiu o critério objetivo e jurídico, por um critério *subjetivo* e *não-jurídico*, pois, como se demonstrou, o exame da estrutura lógica da regra jurídica e o acompanhamento de sua atuação dinâmica, não autorizam – além da base de cálculo – qualquer outro elemento.[1123]

117. Imposto de existência de direitos

A regra jurídica de tributação que tiver escolhido para *base de cálculo* (entre os múltiplos fatos que compõem sua hipótese de incidência) o *estado de fato jurídico* consistente na existência, durante determinado tempo, do direito de propriedade, terá criado tributo com o gênero jurídico do *imposto de propriedade.*

Observe-se que o núcleo (base de cálculo) da hipótese de incidência em foco é o estado de fato *jurídico* consistente na existência, durante um lapso de tempo, de um *direito real:* a propriedade.

1121. Reeducação da atitude mental jurídica, ver ns. 1-3; 10-45.

1122. Ver ns. 23, 105.

1123. Ver ns. 101-105.

A *posse* continuada é o estado de fato *material*; se a base de cálculo for a posse, o tributo será *imposto de posse* cujo gênero jurídico é inconfundível com o imposto de propriedade.[1124]

É interessante notar que imposto de propriedade é *gênero* jurídico que abrange duas *espécies* jurídicas: imposto de propriedade *imóvel* e imposto de propriedade *móvel*. O fato do objeto do direito real de propriedade consistir em bem imóvel ou móvel é elemento *adjetivo* (conferidor de *espécie* jurídica) na composição da hipótese de incidência, pois, em ambos os casos, o *núcleo* (base de cálculo) continua o mesmo: estado de fato jurídico consistente na existência de direito real (sobre imóvel ou móvel). O núcleo (base de cálculo) da hipótese de incidência é que determina o *gênero* jurídico do tributo.

Comumente, a medida de tempo que o legislador escolhe para a realização do estado de fato é o ano civil; porém, nada impede que o legislador tome medida de tempo maior ou menor que a do ano civil. Assim, a realização do estado de fato poderá completar-se num semestre ou num trimestre ou num dia. Não há fundamento lógico, nem jurídico que proíba o legislador de criar imposto de propriedade imóvel mediante regra jurídica que incida cada dia e, consequentemente, crie um novo dever jurídico tributário de pagar aquele imposto todos os dias. A praticabilidade do imposto pretendido e as diretrizes da política fiscal é que indicarão ao legislador qual a medida de tempo que ele deverá empregar na construção da regra jurídica tributária, isto é, quais as *coordenadas de tempo* que condicionarão a realização da hipótese de incidência.[1125]

Quando o estado de fato jurídico que configura o núcleo (base de cálculo) da hipótese de incidência dos impostos de propriedade territorial ou predial, tiver por medida de tempo

---

1124. Distinção entre fato e estado de fato, ver nosso nº 89. Posse continuada é estado de fato material, ver Pontes de Miranda, *Tratado de Direito Privado*, vol. V, Rio de Janeiro, 1955, § 569, nº 4; vol. X, § 1.059, ns. 1-2.

1125. Ver nº 91.

(coordenadas de tempo) o ano civil, então, a hipótese de incidência somente estará realizada ao término do *último momento* do dia 31 de dezembro. A regra jurídica tributária (que criará a relação jurídica tributária em cujo conteúdo está o dever jurídico de pagar o imposto em tela) somente poderá *incidir* depois de realizada a hipótese de incidência, de modo que incidirá a regra jurídica tributária vigente no *primeiro momento* do dia 10 de janeiro do novo ano.[1126]

A falta de atenção para aquela fenomenologia jurídica sugere a falsa ideia de que os impostos prediais e territoriais, quando cobrados em janeiro, estariam sendo pagos por antecipação e antes de completada a realização da hipótese de incidência. É indispensável saber distinguir entre o momento da *realização* da hipótese de incidência e o da *incidência* da regra jurídica; entre o momento do nascimento do *dever* jurídico e o do surgimento da *obrigação* jurídica; entre o momento desta obrigação e o da realização da *prestação* jurídica que satisfaz aquele dever jurídico.[1127]

No caso em foco, o *dever* jurídico de pagar o imposto predial surgiu imediatamente após a incidência da regra jurídica, portanto, no dia 1º de janeiro do ano novo. Entretanto, o *sujeito passivo* vinculado pela relação jurídica tributária, embora tenha o *dever* jurídico de pagar o imposto, ainda não tem a *obrigação* jurídica de pagá-lo; noutras palavras, embora o *sujeito ativo* tenha o *direito* jurídico ao tributo ainda não tem, a *pretensão* jurídica para poder exigi-lo. Esta pretensão jurídica e correlativa obrigação jurídica nascem com o *lançamento* do imposto.

O acontecimento do fato do *lançamento* realiza a hipótese de incidência de *outra* regra jurídica cuja incidência produz o

1126. Esta precisão cronométrica do instante em que se completa a realização da hipótese de incidência tem importância decisiva somente quando a medida de tempo (coordenadas de tempo) de realização da hipótese de incidência é *superior* a um dia e a contagem do tempo de realização é feita dia a dia, mês a mês, ano a ano; ver nº 91.

1127. Ver ns. 81, 100.

seguinte efeito jurídico: *aumenta o conteúdo jurídico* daquela relação jurídica tributária *anterior*, acrescentando-lhe: a *pretensão* jurídica e correlativa *obrigação* jurídica (e, quase sempre, também o efeito jurídico da coação e correlativa sujeição). A data do lançamento marca a data em que pode ser *exigida* a satisfação do dever jurídico tributário em foco, porém este já existe desde o dia 1º de janeiro. O efeito jurídico da *pretensão* consiste neste poder exigir a prestação que satisfará o dever jurídico. Esta exigência se manifesta mediante o estabelecimento de um prazo dentro do qual o *sujeito passivo* tem a obrigação de realizar a prestação: o pagamento do tributo.[1128]

Para poder exigir a prestação tributária bastam a pretensão e correlativa obrigação. A realização da prestação jurídica (o pagamento do tributo) pode ser posterior ao dia 1º de janeiro, sem que isto altere a data do nascimento do dever (e correlativo direito) e a data do surgimento da obrigação (e correlativa pretensão).

O *sujeito passivo* da relação jurídica tributária nos impostos prediais e territoriais é a pessoa proprietária do imóvel no dia 1º de janeiro de cada ano. Os que, durante o ano civil que se iniciou naquela data, tiverem adquirido a propriedade do imóvel, tornam-se *responsáveis* pelo débito tributário preexistente, pois o dever jurídico de pagar imposto predial surgiu naquele dia 1º de janeiro, como conteúdo jurídico da relação jurídica tributária que naquela data (como consequência da incidência automática da regra jurídica) irradiou-se, vinculando o *sujeito passivo* (o proprietário no dia 1º de janeiro). Esta relação jurídica não se transmite ao sucessivo proprietário; este, ao adquirir o imóvel, realiza a hipótese de incidência de outra regra jurídica que determina a sua responsabilidade

1128. Conteúdo da relação jurídica e distinção entre direito, pretensão, coação e correlativos dever, obrigação, sujeição, ver ns. 95, 99. Realização da relação jurídica pela prestação jurídica, ver nº 96. Natureza jurídica do lançamento, ver nº 100.

jurídica pelo dever jurídico tributário preexistente. A incidência desta segunda regra jurídica cria a relação jurídica tributária de *responsabilidade* passiva distinta da *preexistente* relação jurídica tributária cujo conteúdo deu existência ao dever jurídico tributário que preexiste ao nascimento da relação jurídica de responsabilidade.[1129]

O conteúdo jurídico da relação jurídica tributária de responsabilidade dependerá do que estiver predeterminado na *regra* que estrutura a regra jurídica de responsabilidade. A regra poderá determinar a *transmissão* para a nova relação jurídica do conteúdo jurídico da primitiva relação jurídica que, com esta transmissão de seu conteúdo, se extingue.[1130]

Note-se que o fato do *lançamento* do imposto realiza a hipótese de incidência de regra jurídica cuja incidência *aumenta* o conteúdo jurídico da relação jurídica tributária preexistente, acrescentando-lhe a *pretensão* jurídica e a correlativa *obrigação* jurídica. O dever jurídico tributário e correlativo direito jurídico já existe desde o dia 1º de janeiro, em virtude da incidência da primeira regra jurídica. Se na notificação do lançamento já constar o nome do *novo* proprietário (que adquiriu a propriedade imóvel daquele que era proprietário no dia 1º de janeiro), este aspecto gráfico do instrumento de notificação em nada altera a realidade jurídica. Os novos proprietários, durante o ano civil, são os *responsáveis* legais tributários: *a)* ou *solidários* com aquele que fora proprietário, no dia 1º de janeiro, o qual continua com o seu original dever jurídico tributário; *b)* ou *isoladamente*, por lhe ter sido transmitido, sucessivamente, o dever jurídico tributário preexistente, com a consequente liberação do primitivo devedor. A escolha dentre estas duas soluções fica ao arbítrio do legislador.

1129. Distinção entre substituto legal tributário e responsável legal tributário, ver nº 148.

1130. A relação jurídica quase nunca se transmite; o que é transmissível é seu conteúdo jurídico que irá constituir o conteúdo de outra relação jurídica; ver Pontes de Miranda, *Tratado de Direito Privado*, vol. I, Rio de Janeiro, 1954, § 42, nº 2 e § 43, nº 8.

118. Imposto de transmissão de direitos

Toda o fato é *modificação* no mundo. O mundo compõe-se de fatos, em que novos fatos acontecem e estes fatos podem ser jurídicos e não-jurídicos.[1131]

O estado de fato é o fato que aconteceu e permanece e que, por isto, pode ser contemplado: ou no *momento* em que acontece (portanto, como *fato)* ou sob o ângulo de sua *duração continuada* (portanto, como *estado de fato*).[1132]

O direito *real* ou *pessoal* pode ser contemplado como *fato jurídico* ou como *estado de fato jurídico*. Tome-se, por exemplo, o direito real de propriedade:

a) No *momento* em que o direito real de propriedade sai do patrimônio de uma pessoa e entra para o patrimônio de outra pessoa, neste instante o direito real de propriedade é *modificação* no mundo jurídico. Esta modificação é *fato jurídico* e este fato jurídico se denomina: *transmissão do direito* real da propriedade. A regra jurídica de tributação que tiver escolhido para *base de cálculo* este fato jurídico: o direito real de propriedade no momento da transmissão terá criado tributo com o gênero jurídico do imposto de *transmissão* de direito real de propriedade.

b) O mesmo direito real de propriedade, sendo tomado *antes* ou *depois* do momento da transmissão, consiste num *estado de fato jurídico*, pois ele é contemplado na duração continuada de sua existência dentro do patrimônio de uma determinada pessoa. A regra jurídica de tributação que tiver escolhido para *base de cálculo* o direito real de propriedade, enquanto estado de fato jurídico, terá criado tributo com o gênero jurídico do *imposto de propriedade*.[1133]

1131. Para compreensão do mundo *total* que inclui o mundo *jurídico* e o fenômeno da entrada dos fatos no mundo jurídico, ver nosso nº 82.

1132. Ver nº 89.

1133. Ver nº 117.

Os chamados impostos de transmissão de propriedade, *imposto* de constituição ou transferência de usufruto, imposto de cessão de crédito, imposto de cessão de promessa de compra e venda, imposto de transferência de ações nominativas, etc., pertencerão todos ao mesmo e único *gênero* jurídico: *imposto de transmissão de direito*, se a regra jurídica de tributação tiver escolhido para base de cálculo o *direito transmitido* e não o negócio jurídico cujo efeito jurídico é a transmissão do direito.[1134]

Este gênero jurídico de imposto subdivide-se em tantas *espécies* jurídicas quantas forem às naturezas jurídicas do

1134. *Primeiro esclarecimento*: A transmissão do direito real não é efeito jurídico da transcrição ou da tradição, mas do contrato de compra e venda, de doação, etc. A transmissão do direito real é efeito jurídico irradiado *diretamente* pelo próprio contrato, entretanto a irradiação deste efeito jurídico permanece em *suspenso e condicionada* à transcrição ou à tradição. Esta fenomenologia do sistema jurídico brasileiro foi agudamente constatada e demonstrada de modo irrefutável por Oliveira Andrade, *Da compra e venda*, Belo Horizonte, 1960, pp. 43-90, especialmente pp. 84-85.

A doutrina tradicional, como muito bem prova Oliveira Andrade (op. loco cit), equivoca-se quando supõe ver irradiar-se, diretamente da transcrição ou da tradição, o efeito jurídico da transmissão do direito real.

Entretanto, mesmo adotando-se a doutrina tradicional, ainda assim, continua a fundamental e elementar necessidade de não confundir o *fato-causa* (ato jurídico estatal da transcrição ou o ato da tradição) com o *fato-efeito* (a transmissão do direito real). O tributo que tiver como base de cálculo a transmissão do direito terá um gênero jurídico, fundamentalmente *distinto* daquele que tiver como base de cálculo o ato da transcrição ou o da tradição.

Segundo esclarecimento: Costuma a doutrina (inclusive o Código Civil Brasileiro), quando trata das transmissões de direito real, utilizar o vocábulo "constituição" para designar a transmissão de direito real feita pelo proprietário (ex.: constituição de enfiteuse, constituição de usufruto) e reservar a expressão "transferência" para os casos em que o transmitente não é o proprietário, mas o enfiteuta, o usufrutuário, etc. Esta distinção terminológica gera facilmente confusão. Na "constituição", de direito real não há uma *criação* do direito real, mas sim verdadeira *transmissão* de direito real preexistente. "A representação tradicional e verdadeira dos direitos reais limitados é a de setores do conteúdo da propriedade que se fizeram independentes" (Pontes de Miranda, *Tratado de Direito Privado*, vol. XI, Rio de Janeiro, 1955, § 1.161, nº 2).

direito transmitido: real de propriedade ou real de usufruto ou pessoal creditício ou pessoal societário, etc.

Por sua vez, cada espécie jurídica (daquele único gênero jurídico de tributo) pode ser subdividida em outras tantas espécies jurídicas, bastando tomar para critério de classificação um *elemento adjetivo* escolhido dentre os múltiplos que compõem a hipótese de incidência do tributo. Por exemplo: a transmissão do direito pode ser *causa mortis* ou *inter vivos*, donde pode classificar as espécies jurídicas do tributo em foco em: imposto de transmissão de direitos *causa mortis* e imposto de transmissão de direitos *inter vivos*.

Por sua vez, a transmissão de direitos *inter vivos* pode resultar de *compra e venda* ou de *doação* ou de *incorporação* em sociedade anônima, etc., de modo que a espécie jurídica *imposto de transmissão de direitos inter vivos* pode subdividir-se nas seguintes espécies: imposto de transmissão de direito (real ou pessoal) na compra e venda ou na doação ou na incorporação em sociedade, etc.

Todas as espécies jurídicas de imposto acima aludidas consistirão realmente *espécies* de um único *gênero* jurídico (imposto de transmissão de direito), somente quando o *núcleo* (base de cálculo) da hipótese de incidência for o *direito transmitido*. Os *elementos adjetivos* desta hipótese de incidência é que pode ser da mais variada natureza, exemplo: natureza real ou pessoal do direito; transmissão *causa mortis* ou *inter vivos;* transmissão decorrente de compra e venda ou doação ou incorporação em sociedade anônima, etc.[1135]

Estes *elementos adjetivos* poderão condicionar a variação da *alíquota* do tributo ou a mudança no *método de conversão* da base de cálculo em cifra, sem que isto influa no gênero jurídico do tributo, pois a alíquota e o método de conversão apenas determinam a *grandeza aritmética* do tributo, não a sua

1135. Composição da hipótese de incidência tributária: núcleo (base de cálculo) e elementos adjetivos, ver nº 90.

qualidade jurídica. Esta é atribuida pelo núcleo (base de cálculo) da hipótese de incidência.[1136]

O tributo porventura criado *não* pertencerá ao gênero jurídico do imposto de transmissão de direito, *se, em lugar do direito transmitido,* a regra jurídica tiver escolhido para base de cálculo:

a) o negócio jurídico (ex.: contrato de compra e venda, contrato de doação, etc.);

b) o *instrumento* em que se formalizou o negócio jurídico;

c) o ato jurídico da transcrição.[1137]

Por outro lado, *consistirá num verdadeiro imposto de transmissão,* o tributo, embora denominado de:

a) "imposto de venda" ou "imposto de contrato de compra e venda", que *não* tiver escolhido para base de cálculo o valor (preço) do contrato, mas o valor do direito transmitido, isto é, permitir o *arbitramento* do valor do direito transmitido;

b) "imposto de doação", que *não* for quantia *fixa* predeterminada e independente do valor do bem doado. Isto porque a doação é negócio jurídico *gratuito* e, portanto constitui base de cálculo *sem* valor, logicamente impossibilitando o cálculo do tributo por *alíquota;*

c) "imposto de certificado de propriedade de automóvel", que *não* tiver como base de cálculo o valor do *instrumento* em si mesmo (preço do papel do certificado), mas o valor do veículo. Note-se que, se a base de cálculo for o valor *arbitrado* do veículo, o tributo será imposto de transmissão de direito real de propriedade; e se a base de cálculo for, em cada caso,

---

1136. Ver nº 105.

1137. O ato jurídico da transcrição é de natureza *estatal* (Pontes de Miranda, *Tratado de Direito Privado*, vol. XI, p. 1.246, nº 1 e p. 1.247, nº 2, *in fine*). Em virtude desta sua natureza estatal, o tributo que tomar para *base de cálculo* o ato jurídico da transcrição, não será imposto, mas genuína *taxa.* Sobre conceito jurídico de taxa, ver nº 106.

o preço do respectivo contrato de compra e venda, o tributo será o imposto de venda.

Ocasião do pagamento do imposto – Comumente, o imposto de transmissão de direito real é recolhido por ocasião da lavratura do contrato de compra e venda (ou do contrato de constituição de usufruto ou do contrato de doação, etc.); portanto, *antes* da transmissão do direito real, pois esta só ocorre (em se tratando de contratos de natureza *civil*) depois da tradição (coisa móvel) ou da transcrição (coisa imóvel).[1138] Este recolhimento *antecipado* do imposto consiste num *depósito prévio* de quantia equivalente a um real. O Estado deverá devolver a quantidade recebida, se não ocorrer a transmissão do direito real que *fora* prevista; futuro débito tributário que surgirá somente depois da tradição ou da transcrição, isto é, quando se realizar a transmissão do direito de incidência. Porém, esta somente se *realiza* com a existência de valor se alcança pela *avaliação;* quando, neste caso, toma-se o preço exemplo: distratando a compra e venda, antes da tradição ou da transcrição.

119. Imposto de atos jurídicos e imposto de seus respectivos instrumentos – imposto de selo – imposto do contrato – imposto do efeito do contrato – discriminação constitucional tributária brasileira

Fato jurídico é expressão que, em seu sentido lato, abrange o ato jurídico (unilateral, bilateral ou plurilateral), o fato jurí-

1138. A transmissão do direito real (embora aconteça no momento da transcrição ou tradição), não é efeito jurídico da transcrição ou da tradição, mas do contrato de compra e venda, de doação, etc. A transmissão do direito real é efeito jurídico irradiado *diretamente* pelo próprio contrato, entretanto a irradiação deste efeito jurídico permanece em *suspenso e condicionada* à transcrição ou à tradição. Esta fenomenologia do sistema jurídico brasileiro foi agudamente constatada e demonstrada de modo irrefutável por Oliveira Andrade, *Da compra e venda*, Belo Horizonte, 1960, pp. 43-90, especialmente pp. 84-85.

Quando o contrato é de natureza *comercial*, a transmissão do direito real de bem móvel ocorre *imediatamente no momento da celebração do contrato*, pois o Código Comercial Brasileiro não condicionou tal efeito jurídico à tradição; ver Oliveira Andrade, op. cit., pp. 67-74.

dico (sentido estrito) e o estado de fato jurídico; em síntese: tudo aquilo que existe ou acontece dentro do mundo jurídico.[1139] Por sua vez, as existências jurídicas são realidades que existem no mundo do pensamento (não confundir realidade e matéria).[1140] Estas são as razões por que se pode e se deve distinguir:

a) entre a realidade *jurídica* (ex.: contrato) e a realidade *material* que prova a sua existência (ex.: o instrumento do contrato ou os fatos perceptíveis visuais, auditivos, etc., que revelam a existência de contrato que independe de instrumento escrito).

b) entre o fato jurídico (realidade jurídica) que atua como *causa* (ex.: contrato) e o fato jurídico (realidade jurídica) que resulta como *efeito* (ex.: criação de direito ou transmissão de direito preexistente).

c) entre o fato jurídico de uma natureza (ex.: contrato de compra e venda) e o fato jurídico da *diferente* natureza (ex.: contrato de empreitada), isto é, a natureza jurídica (gênero e espécie) de cada fato jurídico.

Antes de se prosseguir, cumpre recordar que o fato jurídico entra na composição da hipótese de incidência como fato *jurídico* (não como fato econômico), de modo que a realização da hipótese de incidência (e consequente incidência da regra jurídica tributária) está condicionada à *específica juridicidade* (e não à substância econômica) do fato jurídico previsto como elemento integrante da hipótese de incidência.[1141] Também é necessário ter presente que o espectro atômico da hipótese de incidência revela que, dentre os múltiplos fatos que integram sua composição, um fato desempenha a função de *núcleo* (*base de cálculo*) e os demais fatos a função de *elementos adjetivos*.[1142] Finalmente, já foi demonstrado que o único critério científico-jurídico que

1139. Ver ns. 82, 89.

1140. Ver nº 82.

1141. Ver nº 89. 4.

1142. Ver nº 90.

permite aferir a natureza jurídica do tributo é o *critério da base de cálculo* (núcleo da hipótese de incidência). O núcleo (base de cálculo) confere o *gênero* jurídico do tributo e os elementos adjetivos atribuem a *espécie* jurídica àquele gênero.[1143]

Isto posto, compreende-se por que são fatos (realidades) distintos: o *instrumento* em que se formaliza o ato jurídico; o *ato jurídico* (ex.: contrato de compra e venda) considerado em si mesmo; os *efeitos jurídicos* que resultam deste ato jurídico (ex.: criação de direitos pessoais; transmissão de direito pessoal preexistente ou transmissão do direito real);[1144] os posteriores atos jurídicos (ex.: *tradição* ou *transcrição*) realizados em decorrência do anterior ato jurídico; e, finalmente, os *efeitos jurídicos* destes segundos atos jurídicos (a tradição ou a transcrição eficaz têm por efeito jurídico – não a transmissão do direito real – mas a realização da condição que suspendia a irradiação de tal efeito do contrato).[1145]

1143. Ver ns. 101-105.

1144. A transmissão do direito real – nos contratos de natureza *civil* – não é efeito jurídico da transcrição ou da tradição, mas do contrato de compra e venda, de doação, etc. A transmissão do direito real é efeito jurídico irradiado *diretamente* pelo próprio contrato, entretanto a irradiação deste efeito jurídico permanece em *suspenso e condicionado* à transcrição ou à tradição. Esta fenomenologia do sistema jurídico brasileiro foi agudamente constatada e demonstrada de modo irrefutável por Oliveira Andrade, *Da compra e venda*, Belo Horizonte, 1960, pp. 43-90, especialmente pp. 84-85.

Aliás, quando o contrato é de natureza *comercial*, a transmissão do direito real de bem móvel ocorre *imediatamente no momento da celebração do contrato*, pois o Código Comercial Brasileiro não condicionou tal efeito à tradição; ver Oliveira Andrade, op. cit., pp. 67-74.

A doutrina tradicional, como muito bem prova Oliveira Andrade (op. loc. cit), equivoca-se quando supõe ver irradiar-se, diretamente da transcrição ou da tradição, o efeito jurídico da transmissão do direito real. Entretanto, mesmo adotando-se a doutrina tradicional, ainda assim, continua a fundamental e elementar necessidade de não confundir o *fato-causa* (ato jurídico estatal da transcrição ou o ato da tradição) com o *fato-efeito* (a transmissão do direito real). O tributo que tiver como base de cálculo a transmissão do direito, terá um gênero jurídico, fundamentalmente, *distinto* daquele que tiver como base de cálculo o ato da transcrição ou o da tradição.

1145. Oliveira Andrade oferece lúcida demonstração de tal fenomenologia; ver nossa nota 6 anterior.

Cada um destes diferentes fatos, quando escolhido para *base de cálculo*, determinará, respectivamente, um *diferente* gênero jurídico de tributo. Porém, é necessário que a base de cálculo seja, *real e exclusivamente,* o instrumento (para que o imposto seja o do instrumento); o ato jurídico (para que o imposto seja o do ato jurídico); o efeito jurídico (para que o imposto seja o do efeito jurídico). Esclarece-se logo a seguir.

IMPOSTO DE INSTRUMENTO

O imposto será de instrumento se a regra jurídica tiver escolhido para base de cálculo o *instrumento* em que se formalizou o ato jurídico. O instrumento (não o ato jurídico e nem o efeito jurídico) é que deve ser convertido em cifra para depois receber o cálculo da alíquota do tributo.

O método de conversão do instrumento em cifra poderá ser o seu valor (o preço do instrumento) ou seu peso ou medida. Na prática, o instrumento é convertido em cifra mediante a combinação de vários métodos de conversão, por exemplo, determina-se o valor (preço) do instrumento, multiplicando-se uma quantia fixa pela quantidade material do instrumento (ex.: número de linhas manuscritas ou datilografadas), podendo o coeficiente multiplicador variar segundo a qualidade material do instrumento (ex.: manuscrito ou datilografado ou fotocópia ou traslado ou certidão).

A natureza do ato jurídico formalizado no instrumento poderá condicionar a escolha de diferente *método de conversão* e de diferente *alíquota* (distintas percentagens ou diferentes quantias fixas), *contanto que a coisa convertida em cifra permaneça o instrumento* (*continue a mesma base de cálculo*) e a alíquota seja calculada sobre a cifra na qual se converteu o instrumento. As variações de alíquota ou de método de conversão não alteram o gênero jurídico do tributo.[1146]

1146. Ver nº 105.

Quando o instrumento resulta da *prestação de um serviço estatal* (ex. as *folhas do livro* do Tabelião de Notas onde foi lavrada a escritura pública; o traslado e as certidões desta escritura; a certidão de sua transcrição no registro de imóveis), o tributo em foco não será imposto, mas sim *taxa*.[1147]

Para a aferição da natureza jurídica do tributo não importa o nome do tributo e nem a intenção do legislador, pois – no plano jurídico – o que importa é a *produção* do legislador tomada *objetivamente*, isto é, a *regra jurídica* que resultou do enquadramento da nova lei (fórmula literal legislativa) na totalidade do sistema jurídico.[1148] Toda a regra jurídica de tributação traz – em sua estrutura lógica – a *base de cálculo* do tributo e este é o único fator que confere o gênero jurídico ao tributo. Dois exemplos elucidarão o que foi dito.

PRIMEIRO EXEMPLO: IMPOSTOS DE SELO

Os chamados *impostos de selo* recebem este nome em virtude do sistema escolhido para seu recolhimento (estampilha, em lugar de guia de recolhimento) e não porque o instrumento seria o núcleo (base de cálculo) de sua hipótese de incidência. *Quase todos os "impostos de selo" são impostos de atos jurídicos* e não de instrumentos. O ato jurídico (ex.: contrato de abertura de crédito, emissão de letra de câmbio, contrato de locação de prédio, etc:) desempenha a função do *núcleo* (base de cálculo) da hipótese de incidência do "imposto de selo", ao passo que o *instrumento* daquele ato jurídico exerce a função de *elemento adjetivo* da hipótese de incidência. Porém, esta somente se *realiza* com a existência de *todos* os fatos (núcleo e também elementos adjetivos) que integram sua composição.

Por isto, mesmo quando o ato jurídico pode existir independentemente de instrumento escrito, a hipótese de incidência

1147. Ver nº 106.

1148. Ver nº 31.

não se realiza pela falta de qualquer um de seus elementos adjetivos (ex.: o instrumento escrito) e, em consequência, sobre ela não pode incidir a regra jurídica criadora do imposto. E, quando a existência do ato jurídico depende da existência do instrumento escrito, inexistindo este, inexiste aquele. Aqui, a hipótese de incidência também não se realiza e, desta vez, a falta do instrumento escrito importa na inexistência do núcleo da hipótese de incidência (ato jurídico) e de seu elemento adjetivo (o instrumento).

O tradicional e sempre invocado "princípio documental" do imposto de selo é mera decorrência lógica da regra jurídica que, no tocante à tributação dos *atos jurídicos*, determinava o tributo ser recolhido mediante estampilhas coladas no instrumento escrito do ato jurídico. Aquela decorrência lógica faz com que o instrumento passe a integrar como *elemento adjetivo* – a composição da hipótese de incidência da regra jurídica de tributação do ato jurídico.

Portanto, não alterará a natureza jurídica do tributo, a regra jurídica que – no caso de existir o ato jurídico e inexistir o seu instrumento escrito – determinar o pagamento do tributo mediante guia ou até mediante estampilhas coladas no instrumento de *qualquer outro* ato jurídico. (Note-se que, neste último caso, o ato jurídico tributado continua sendo aquele primeiro ato jurídico. Este primeiro *ato jurídico* continua a exercer a função de *núcleo* da hipótese de incidência, ao passo que a função de *elemento adjetivo* é desempenhada pelo *instrumento* do *outro* ato jurídico).

Naqueles casos em que a regra jurídica mantém a tributação do ato jurídico independentemente da existência de seu respectivo instrumento escrito, necessário se faz observar o seguinte:

a) se a *existência* do ato jurídico depende da existência do instrumento escrito, então, a inexistência deste torna, logicamente, impossível a incidência da regra jurídica de tributação, pois o ato jurídico também não existirá.

A lei que, neste caso, determinar a tributação, é lei *inválida* por antinomia;[1149]

b) se a inexistência do instrumento escrito causa apenas a nulidade, anulabilidade ou ineficácia do ato jurídico, o tributo será devido, pois o ato jurídico existe, embora nulo, anulável ou ineficaz.[1150]

SEGUNDO EXEMPLO: IMPOSTO DE SELO DO CERTIFICADO DE VEÍCULO

Preliminarmente, no tocante ao imposto de selo "do certificado de veículo" ou "de certificado do registro de propriedade do veículo", cumpre notar que, no Brasil, a aquisição – por contrato de natureza *civil* – da propriedade do veículo, para ter eficácia jurídica perante terceiros, necessita que o instrumento do contrato seja registrado no Cartório Especial do Registro de Títulos e Documentos. Não é a este registro que se refere o tributo em foco, mas ao registro da propriedade na *polícia* de trânsito.

A aquisição da propriedade do veículo é o efeito jurídico (transmissão do direito real de propriedade de coisa móvel) que resulta:

a) nos contratos de natureza *comercial*, diretamente do contrato e na data de sua celebração;

b) nos contratos de natureza *civil*, também diretamente do contrato, todavia só na data da tradição do veículo.[1151]

O registro deste contrato no Cartório Especial de Registro de Títulos e Documentos não transmite a propriedade. Esta foi transmitida diretamente pelo contrato no momento acima

---

1149. Ver nº 60.

1150. Ver ns. 121-123.

1151. Esta é a conclusão insofismável a que chegou Oliveira Andrade em sua notável pesquisa científico-jurídica; ver nossa nota 6.

indicado (ou, como quer a doutrina clássica, pelo ato jurídico da tradição do veículo). O registro do contrato naquele cartório apenas *aumenta* a eficácia jurídica do direito real anteriormente transmitido, fazendo que este direito tenha eficácia também perante terceiros.

Por sua vez, o registro de propriedade do veículo na *polícia*, nenhum acréscimo traz à eficácia jurídica daquele direito *real* de propriedade. Deste registro na polícia resulta apenas o direito *pessoal* de usar o veículo nas vias públicas.[1152]

O registro na polícia é ato *jurídico* estatal e o certificado deste registro é o *instrumento* probante da existência daquele ato. Para que o tributo em exame seja sobre este ato jurídico ou seu instrumento, a *base de cálculo* do tributo deverá ser, *exclusivamente*, este ato jurídico estatal (registro) ou seu instrumento (certificado). E, em ambos os casos, o tributo não será "imposto", mas *taxa*, pois a realização do ato jurídico estatal do registro e o fornecimento do certificado deste ato consistem em prestação de serviço *estatal*.[1153]

As variações de alíquota ou de método de conversão não alteram o gênero jurídico do tributo.[1154] A natureza ou valor do veículo podem condicionar estas variações, *entretanto a coisa convertida em cifra (base de cálculo) deve continuar sendo o ato jurídico estatal (registro) ou o seu instrumento (certificado) probante.*

Um método para converter em cifra o ato jurídico estatal (registro) é o custo presumível para o Estado praticar o ato do registro (despesa com funcionários, arquivos, etc.). Sobre este ato de registro, já convertido em cifra, aplicar então a alíquota que poderá variar (a alíquota) segundo a natureza ou valor do veículo (note-se que a alíquota não está sendo calculada sobre

---

1152. Não confundir o direito real de uso com o direito pessoal de uso.

1153. Ver nº 106.

1154. Ver nº 105.

o valor do veículo). Um método para converter em cifra o instrumento (certificado) do registro consiste no número de linhas manuscritas ou datilografadas e sobre este instrumento já transfigurado em cifra, calcular a alíquota e alterá-la conforme a natureza do veículo. Na prática, o mais simples será fundir o método de conversão à alíquota, isto é, cobrar uma quantia monetária fixa por cada ato de registro ou certificado, podendo o montante da quantia diversificar-se consoante a natureza do veículo. Recorde-se que, nas hipóteses acima indicadas, o tributo consiste numa *taxa*, pois a base de cálculo é a prestação do serviço estatal.

Se, com fundamento em melhor adequação à capacidade contributiva ou maior arrecadação, a *base de cálculo* acima apontada (exclusivamente: o ato jurídico estatal do registro ou o seu certificado) for substituída por *outra*, então, *outro* será o gênero jurídico do tributo. Por exemplo: se a base de cálculo for o contrato de venda do veículo, isto é, se aquilo que estiver sendo convertido em cifra for o contrato de venda pelo método do respectivo preço e sobre esta cifra calculada a alíquota do tributo, então, o gênero jurídico deste será o do *imposto de venda*. Se a base de cálculo for o valor do veículo arbitrado pela fiscalização (sendo irrelevante a natureza e valor do contrato em decorrência do qual tiver sido adquirida a propriedade), o tributo pertencerá ao gênero jurídico do *imposto de transmissão de direito real de propriedade de coisa móvel*. E se a base de cálculo for o estado de fato jurídico consistente na existência continuada daquele direito real de propriedade, isto é, se o tributo for exigido periodicamente (ex.: anualmente), não importando o fato da transmissão de propriedade, tratar-se-á de *imposto de propriedade* móvel de veículo (espécie do mesmo gênero jurídico do imposto de propriedade imóvel territorial ou predial).

IMPOSTO DE ATO JURÍDICO

Na introdução deste número, demonstrou-se que são *diferentes fatos* (realidades): o *instrumento* em que se formaliza o ato jurídico, o *ato jurídico* (unilateral, bilateral ou plurilateral) considerado em si mesmo e, afinal, o *efeito jurídico* que resulta deste ato jurídico. Viu-se que, em consequência, cada um destes diferentes fatos (instrumento ou ato jurídico ou efeito jurídico), quando escolhido para base de cálculo, determina, respectivamente, um diferente gênero jurídico de tributo. Para a compreensão do que segue, é necessário recordar a parte introdutiva deste número e a parte dedicada à tributação do instrumento. No pressuposto de que o leitor tem bem presente a referida matéria, prossegue-se.

A regra jurídica de tributação que tiver escolhido para *base de cálculo* um ato jurídico (unilateral, bilateral ou plurilateral) terá criado tributo com o *gênero jurídico* de imposto de ato jurídico.

Excluem-se, unicamente, os atos jurídicos que constituem *prestação de serviço estatal* (ex.: transcrição de escritura pública),[1155] pois a regra jurídica que os tiver tomado por base de cálculo terá criado uma *taxa*.[1156]

Não se deve confundir o valor do *ato jurídico* escolhido para base de cálculo com o valor do *efeito jurídico* dele resultante. Em alguns casos, a distinção entre estes dois valores é bem nítida; por exemplo:

a) o valor do *contrato de doação* (sem qualquer valor em virtude da gratuidade essencial a este contrato) e o valor do efeito jurídico deste contrato (ex.: o valor do direito real transmitido).[1157]

b) o valor do *contrato de cessão de crédito* (o preço da cessão que serve de base de cálculo da alíquota do imposto do *ato*

1155. O ato jurídico da transcrição é de natureza estatal; ver Pontes de Miranda, *Tratado de Direito Privado*, vol. XI, Rio de Janeiro, 1955, § 1.246, nº 1 e § 1.247, nº 2, *in tine*.

1156. Ver nº 106.

1157. O efeito jurídico da transmissão do direito é do próprio contrato de doação; ver nossa nota 6.

jurídico) e o valor do efeito jurídico deste contrato (o valor do *crédito cedido* que serve de base de cálculo do imposto da transmissão do direito pessoal: o crédito).

Todavia, quase sempre, o valor do ato jurídico *coincide* com o valor do seu efeito jurídico (ex.: o valor do contrato de locação e o valor dos resultantes direitos pessoais). Esta coincidência, contudo, é apenas aritmética, não significando nunca coincidência de base de cálculo.

Aliás, esta distinção de base de cálculo ajuda a mostrar que a coincidência aritmética é, muitas vezes, apenas aparente. Se a base de cálculo for o *ato jurídico* (ex.: contrato de compra e venda), a alíquota do tributo deverá ser calculada sobre o respectivo *preço*, sendo inadmissível a avaliação do ato jurídico, pois o seu valor é precisamente o preço. Entretanto, se a base de cálculo for o *efeito jurídico* daquele ato (ex.: transmissão do direito real de propriedade, na data da transcrição do contrato),[1158] a alíquota do tributo é calculada sobre o valor do direito real transmitido cujo valor se alcança pela *avaliação*; quando, neste caso, toma-se o preço do contrato, este preço é escolhido como simples critério de avaliação do *direito real transmitido*, mas não como o único critério de sua valorização (seria o único critério, caso a base de cálculo fosse o contrato).

A necessidade da supra mencionada *distinção* entre a base de cálculo consistente no *ato jurídico* e a base de cálculo consistente no *efeito jurídico* daquele ato, *é de fundamental importância mesmo que haja a coincidência aritmética de seus respectivos valores*. Se a base de cálculo for o *ato jurídico*, o tributo será devido *ainda que este ato jurídico seja nulo ou ineficaz*, pois a nulidade e a ineficácia dizem respeito à inexistência de *efeito jurídico* e não à existência do *ato jurídico*. O ato jurídico nulo ou ineficaz existe como ato jurídico, embora sem efeito jurídico. O ato jurídico nulo só deixará de existir depois de sua

1158. A transmissão do direito real é efeito jurídico do próprio contrato de compra e venda: ver nossa nota 6.

desconstituição. Entretanto, se a base de cálculo for o *efeito jurídico*, não poderá haver incidência da regra jurídica criadora deste tributo, simplesmente porque *inexiste* efeito jurídico de ato jurídico nulo ou ineficaz. Por exemplo: contrato *nulo* de compra e venda de imóvel. Embora nulo, o contrato existe como ato jurídico[1159] e, portanto, devido é o imposto do contrato de compra e venda. Entretanto, não é devido o imposto de transmissão do direito real porque o contrato nulo não tem eficácia jurídica e, em consequência, mesmo com a transcrição deste contrato, não acontece o efeito jurídico da transmissão do direito real.

Tendo-se em mente a parte introdutiva deste número, compreende-se sem dificuldade que podem existir com gênero jurídico próprio:

a) imposto sobre o *instrumento* do contrato de compra e venda de imóvel (se a base de cálculo for este instrumento);

b) imposto sobre o *contrato* formalizado naquele instrumento (se a base de cálculo for o *ato jurídico* no qual consiste o contrato);

c) imposto sobre o *direito real transmitido* (se a base de cálculo for o *efeito jurídico* que se irradia deste contrato na data de sua transcrição);

d) taxa sobre o *instrumento* da transcrição do contrato (se a base de cálculo for este instrumento);

e) taxa sobre a *transcrição* do contrato (se a base de cálculo for o ato jurídico estatal no qual consiste a transcrição).

Porém, se um tributo denominado de "instrumento", tiver como base de cálculo o ato jurídico (ex.: contrato de compra e venda) formalizado naquele instrumento, então, na verdade tratar-se-á de tributo do *contrato*. Por sua vez, se um tributo aparentando ser sobre o "contrato" (ex.: de compra e venda),

1159. Não confundir ato jurídico nulo com ato inexistente; ver ns. 121-122.

tiver como base de cálculo o efeito jurídico (transmissão da propriedade) resultante do contrato, na realidade pertencerá ao gênero jurídico dos tributos de *transmissão de direitos* e não ao gênero dos tributos de *realização de atos jurídicos*.

DISCRIMINAÇÃO CONSTITUCIONAL TRIBUTÁRIA BRASILEIRA

No Brasil, a União Federal tem competência privativa para cobrar tributos sobre quaisquer atos jurídicos regulados por lei federal. Entretanto, existem muitos *atos jurídicos* (ex.: contrato de compra e venda de imóvel) que, embora regulados por lei federal, ficam excluídos da competência tributária da União Federal, porque existe regra jurídica constitucional determinando que, nos casos em que os Estados Federados (e os municípios) tem competência constitucional privativa para tributar certos *efeitos jurídicos* (ex.: transmissão de direito real de propriedade imóvel), não pode a União Federal tributar os *atos jurídicos* que irradiam aqueles efeitos jurídicos.

A referida regra jurídica constitucional é o parágrafo 7º do artigo 15 da Constituição Federal de 1946 (com a alteração resultante da Emenda Constitucional nº 5, de 1961), que assim dispõe: "Não se compreendem nas disposições do nº VI os atos jurídicos ou os seus instrumentos quando incluídos na competência tributária estabelecida nos arts. 19 e 29".[1160]

A interpretação *literal* deste dispositivo constitucional levaria à errônea conclusão de que estaria referindo-se somente aos *atos* jurídicos e seus *instrumentos* incluídos nos artigos 19 e 29 da mesma Constituição. Entretanto, na verdade, por três fundamentos, aquela expressão está se referindo também aos *efeitos* jurídicos incluídos na competência tributária dos artigos 19 e 29.

1160. O supra transcrito parágrafo 7º do artigo 15, da Constituição Federal de 1946, resultou da Emenda Constitucional nº 5 de 1961 (publicada no *Diário Oficial*, ed. de 22-11-1961). Antes, ele já existia como parte final do parágrafo 5º e do artigo 15.

Primeiro: No artigo 29 não existe nenhum ato jurídico regulado por lei federal, mas um *efeito* jurídico continuado, isto é, o estado de fato jurídico consistente no direito real de propriedade imobiliária (itens I e II); um *efeito* jurídico instantâneo (item III);[1161] ato jurídico regulado por lei municipal (item IV); fatos econômicos (itens V e VI); e atos, efeitos e fatos (jurídicos ou econômicos) regulados por lei *municipal* (item VII).

Segundo: O parágrafo 7º fala em atos jurídicos no plural e o artigo 19 prevê apenas um *único* ato jurídico regulado por lei federal: o contrato de compra e venda (item II).[1162] Os demais itens do artigo 19 consistem em: *efeito* jurídico (item I); fato econômico (item III); e atos, efeitos e fatos (jurídicos ou econômicos) regulados por lei *estadual* (item IV).

Terceiro: O cânone hermenêutico da totalidade do sistema jurídico[1163] revela que as verdadeiras *regras jurídicas* constitucionais de discriminação tributária criadas pela Constituição brasileira de 1946 são as seguintes:

1161. Este item III resultou da Emenda Constitucional nº 5 de 1961. Antes ele era o item III do artigo 19.

1162. A consignação não é ato jurídico, mas a transmissão da posse (ato *material*) da mercadoria, sem provocar qualquer efeito jurídico translativo de propriedade (mesmo aceitando-se a doutrina clássica que vê o efeito jurídico da transmissão irradiar-se diretamente da tradição). Este ato material da consignação realiza um dos atos complementares do contrato de comissão mercantil (Código Comercial Brasileiro, art. 165). O comitente *consigna* (entrega a posse) a mercadoria ao comissário a fim de este vendê-la em nome próprio, mas por conta do comitente. *Se* e *quando* o comissário vender, haverá dupla venda: do comitente ao comissário e deste ao terceiro comprador. Se o comissário não vender, também nada terá comprado do comitente; *entretanto a consignação, em qualquer hipótese, sempre terá ocorrido*. Os Estados podem cobrar o imposto de consignação, mesmo que não haja aquela dupla venda, isto é, ainda que o comissário devolva a mercadoria ao comitente. Em geral, isto passa desapercebido porque as legislações estaduais, em se tratando de consignação, costumam condicionar o "imposto de vendas e consignações" a ocorrência da referida *dupla* venda; portanto, cobram o imposto somente sobre o ato jurídico da venda e não sobre o ato material da consignação, embora tenham competência constitucional para tributar este ato material (a consignação).

1163. Ver nº 31.

Primeira regra jurídica constitucional: A União Federal, os Estados Federados e os Municípios têm competência tributária *privativa* para cobrar impostos sobre atos, efeitos e fatos (jurídicos ou econômicos) *desde que regulados*, respectivamente, por lei federal, estadual ou municipal (art. 15, VI; art. 19, IV; art. 29, VII).

Segunda regra jurídica constitucional: As únicas *exceções* à primeira regra jurídica são aquelas previstas na Constituição (art. 15, I até V; art. 19, I até III; art. 29, I até VI).

Terceira regra jurídica constitucional: A competência *privativa* para tributar o *efeito jurídico* (ex.: transmissão de propriedade imobiliária *inter vivos)* abrange, *ipso facto*, o respectivo *ato jurídico* (contrato de compra e venda de imóvel) e o seu *instrumento*. E vice-versa. Neste caso é indiferente a natureza (federal ou estadual ou municipal) de lei disciplinadora do ato jurídico e seu consequente efeito jurídico (art. 15, § 7º).

Quarta regra jurídica constitucional: A competência *concorrente* (art. 21) somente pode ocorrer na criação de tributos cuja *base de cálculo*[1164] seja um fato *econômico*, pois se for fato jurídico (ato jurídico, efeito jurídico ou instrumento jurídico) haverá sempre competência privativa outorgada por uma das três primeiras regras acima indicadas.

§ 6º INEXISTÊNCIA, NULIDADE, ANULABILIDADE E INEFICÁCIA DO ATO JURÍDICO

120. Confusão e superficialidade da doutrina tributária

A doutrina dominante tem se mostrado favorável à tributação dos atos nulos e anuláveis e contrária à dos atos inexistentes;[1165]

1164. A base de cálculo (núcleo da hipótese de incidência) é o único critério aferidor da natureza jurídica do tributo; ver ns. 101-105.

1165. A. D. Giannini, *Istituzioni di Diritto Tributario*, 7ª ed., Milano 1956, nº 131, p. 396; A. Berliri, *Le Leggi del Registro*, 3ª ed., Milano, 1952, nº 28, p. 109;

infelizmente, aquela doutrina é de surpreendente superficialidade no exame deste problema, carente de juridicidade na argumentação, além de confusa e contraditória. Eis um exemplo impressionante, justamente por se tratar de A. D. GIANNINI. Analisando o "imposta di registro" na Itália, escreve A. D. GIANNINI:

"Ocupei-me, em outra parte, da mais precisa determinação do objeto do imposto, observando que este consiste, não tanto na relação jurídica encerrada no ato, como tal, quanto na relação econômica que lhe forma o conteúdo, e enunciando alguns critérios axiomáticos que possam servir de guia nos casos nos quais a situação jurídica nascente da relação objeto do imposto não coincide com a situação de fato. Limito-me, pois, a acenar, agora, para algumas aplicações legislativas dos supra indicados princípios."

O imposto é devido ainda que, no caso, o ato seja juridicamente nulo (art. 11), sem distinção entre nulidade absoluta e relativa ou entre nulidade e anulabilidade. Entende-se, todavia, que o ato deve, ao menos, ter a *aparência exterior* de um ato *jurídico* ("che l'atto deve almeno avere l'apparenza esteriore di un atto giuridico"); não seria tal, por exemplo, uma escritura não assinada pela parte ou partes interessadas.

"Ocorre, pois", prossegue A. D. GIANNINI, "investigar e determinar o real conteúdo e os *efeitos jurídicos* do ato, *sem subordinação* à denominação dada pelas partes e *à sua forma aparente* ("senza fermarsi alla denominazione datavi dalle parti e alla sua forma apparente") (art. 8º), para estabelecer-se à qual, dentre as várias espécies de atos catalogados na tarifa, ele (o ato) corresponde ou mais se avizinha".[1166]

veja-se também a doutrina criticada por F. Maffezzoni, *Gli Effetti Giuridici legli Atti Soggetti all'Imposta di Registro*, Padova, 1947, pp. 10-18.

1166. A. D. Giannini, *Istituzioni di Diritto Tributario*, 7ª ed., Milano, 1956, nº 131, pp. 396, 398 (grifou-se).

Pergunta-se a A. D. Giannini:

Por que é necessário que o ato tenha a aparência de um ato jurídico, se o seu "fato gerador" não seria a relação jurídica, mas a relação econômica?

Se o fato gerador seria a relação *econômica*, por que é necessário investigar e determinar a natureza dos efeitos *jurídicos* do ato?

Como é possível bastar a "apparenza esteriore di un atto giuridico" para tributá-lo, quando se deve "ricercare e determinare" o seu real conteúdo e os seus efeitos jurídicos, "senza fermarsi" à sua forma aparente?

Dos doutrinadores especializados em Direito Tributário, o único que dedicou maior profundidade ao estudo da tributação dos atos inexistentes, nulos, anuláveis, foi Federico Maffezzoni, que sobre esta matéria escreveu uma monografia.[1167]

Embora sejam procedentes muitas das críticas feitas por Federico Maffezzoni às diversas doutrinas tributárias que existem sobre o assunto, também ele, lamentavelmente, cometeu um equívoco básico que converte suas conclusões (muitas das quais certas) em simples afirmações. O equívoco de Federico Maffezzoni foi o de considerar o ato jurídico nulo idêntico ao ato inexistente; com base nesta premissa falsa, ele fundamenta sua tese neste silogismo:

a) o ato jurídico nulo equivale ao ato inexistente;[1168]

b) ora, o que não existe não pode produzir efeito econômico;[1169]

c) portanto, o ato jurídico nulo não pode produzir efeito econômico.[1170]

1167. F. Maffezzoni, *Gli Effetti Giuridici degli Atti Soggetti all'Imposta di Registro*, Padova, 1947.

1168. Idem, ibidem, pp. 3, 5, 9, 10, 11.

1169. Idem, ibidem, p. 5.

1170. Idem, ibidem, pp. 8, 11.

Ora, como a seguir se demonstra, a primeira premissa deste silogismo está errada, pois o ato jurídico nulo tem existência jurídica. Além disso, confundiu inexistência jurídica com inexistência econômica. Quando o ato jurídico nulo deixa de existir, esta inexistência ocorre apenas no plano *jurídico*, pois no plano *econômico* ele continua a existir.

121. Três planos: existência, validade, eficácia

Quando se investiga e analisa cada um dos elementos integrantes (núcleo e elementos adjetivos) da hipótese de incidência ("fato gerador", suporte fáctico) para se saber se houve (ou não) a incidência da regra jurídica tributária e, em caso afirmativo, a consequente irradiação da eficácia ou efeitos jurídicos (ex.: obrigação tributária), deve-se ter muito cuidado para – na investigação e análise daqueles elementos – não confundir o plano da *existência*, o da *validade* e o da *eficácia*.[1171]

"*Existir e valer*, para que algo valha", diz PONTES DE MIRANDA, "é preciso que exista. Não tem sentido falar-se de validade ou de invalidade a respeito do que não existe. A questão da existência é questão prévia. Somente *depois* de se afirmar que existe é possível pensar-se em validade ou em invalidade. Nem tudo que existe é suscetível de a seu respeito discutir-se se vale, ou se não vale. Não se há de afirmar nem de negar que o nascimento, ou a morte, ou a avulsão, ou o pagamento valha. Não tem sentido. Tampouco, a respeito do que não existe: se não houve ato jurídico, nada há que possa ser válido ou inválido. Os conceitos de validade ou de invalidade só se referem a atos *jurídicos*, isto é, a atos humanos que entraram (plano da existência) no mundo *jurídico* e se tomaram, assim, atos jurídicos."

"*Valer e ser eficaz* – Os fatos jurídicos, inclusive atos jurídicos, podem existir sem serem eficazes. O testamento, antes

---

1171. Pontes de Miranda, *Tratado de Direito Privado*, vol. IV, Rio de Janeiro, 1954, p. 356, nº 4.

da morte do testador, nenhuma outra eficácia tem que a de negócio jurídico unilateral, que, perfeito, aguarda o momento da eficácia. Há fatos jurídicos que são ineficazes, sem que a respeito deles se possa discutir validade ou invalidade. De regra, os atos jurídicos nulos são ineficazes; mas, ainda aí, pode a lei dar efeitos ao nulo."[1172]

122. Existência e nulidade

"Alguns juristas", demonstra PONTES DE MIRANDA, "chegam a não compreender que possa haver diferença entre inexistente e nulo (e. g., FRANCESCO MESSINEO, *Istituzioni di Diritto Civile,* I, 220; A. FEDELE, *La Invalidità del Negozio Giuridico*, 32; VON EULITZ, *Ungültigkeit von Verwaltungsakte wegen Irtums,* 12 s.; F. DROGOUL, *Essai d'une Théorie Générale des Nullités*, 88). Porém, além da regressão a Roma, em que importa tal atitude, choca-se ela com os sistemas jurídicos, a ponto de se pretender, depois, distinguir entre inexistências (e. g., FERRARA-SANTAMARIA, *Inefficacia e Inopponibilità*, 15)."[1173]

"Os juristas", diz PONTES DE MIRANDA, "que não distinguem o não existente e o nulo, excluem a classe nula, e tropeçam com ela a cada momento, porque o Direito, histórica e sistematicamente, alude a ela. Ao pretenderem tratá-la como sinônimo de não-existente, cometem erro de lógica (confusão entre 'nulo' no sentido de não ter todos os elementos componentes, de modo que os que tem não operam, e 'não existente')".[1174]

"O problema de ser ou não-ser", esclarece PONTES DE MIRANDA, "no Direito como em todos os ramos de conhecimento, é o problema liminar. Ou algo entrou ou se produziu e, pois, *é*, no mundo jurídico; ou nele não entrou, nem se produziu dentro dele, e, pois, *não é*. Enunciados tais têm de ser feitos, a cada

1172. Idem, ibidem, p. 357, ns. 1-2 (grifamos).

1173. Idem, ibidem, p. 360, nº 2.

1174. Idem, ibidem, p. 358, nº 8.

momento, no trato da vida jurídica. Às vezes, incidentemente; outras vezes, como conteúdo de petições de requerimentos, ou em simples comunicações de conhecimento. O ser juridicamente e o não-ser juridicamente separam os acontecimentos em fatos do mundo jurídico e fatos estranhos ao mundo jurídico. Assente que todo fato jurídico provém da incidência da regra jurídica em suporte fáctico *suficiente*, *ser é resultar dessa incidência*. Já aqui se caracteriza a distinção, primeira, entre o ser *suficiente* e o ser *deficientemente*. Para algum ato jurídico ser deficiente, isto é, para que seja deficitário, é preciso que *seja*. A despeito da claridade de tais enunciados, reminiscências filosóficas, que correspondem a idades superadas, perturbam aqueles que se não dão conta de que há inúmeras espécies de ser. Logo de começo, em teoria geral do direito, e não só de direito privado, alguns juristas permitem que se identifiquem *nada* e *nulo*, inexistência e não-validade, *que o mesmo é dizerem que o negócio jurídico nulo não existe*. As súbitas enfrentam o problema dos negócios jurídicos nulos, ou dos atos jurídicos *stricto sensu* nulos, que tem alguns ou algum efeito, e caem na contradição mais gritante: se o nulo não existe e se há nulo com efeitos, há efeito do que não existe e, pois, do nada. A educação lógico-matemática e física do século XX repele tais imprecisões conceptuais. Certamente, a produção de efeitos pelo nulo não ocorre sempre, é rara; mas bastaria que, em algumas espécies, surtisse efeitos o negócio jurídico nulo, ou o ato jurídico *stricto sensu* nulo, para se ter de admitir que o ato jurídico nulo exista, seja. Se o ser pode não produzir efeitos, efeitos não podem vir do não ser, do nada, do inexistente. Compreende-se o esforço dos pensadores do Direito para reduzir ou eliminar essa contradição, que depõe contra a segurança racional do seu conhecimento. Em vez de procederem à distinção entre inexistente e o nulo, o que a evitaria, procuram atribuir o efeito do ato jurídico nulo a algo que estaria no seu lugar; e.g., fato jurídico não-negocial, fato ajurídico (nova contradição, porque seria efeito jurídico de fato que não seria jurídico). Os juristas alemães e italianos, não todos, incorreram nisso e reduziram os negócios jurídicos nulos a cômoda expressão com que se designam não-entidades, não-negócios (por ex., P. LOTHMAR,

Über Causa im, römischen Recht, 10 s.; A. THON, *Rechtsnorm und subjektives Recht*, 358; F. ZRODLOWSKI, *Das römische Privatrecht*, II, § 60, nota 4; Fr. LEONHARD, *Die Wahl bei del Wahlschuld*, *JHERINGS JAHRBÜCHER*, 41, 42 s.; recentemente, D. RUBINO, *La Fattispecie e gli Effetti Giuridici Preliminari*, 86 s.). A reação a isso está em B. WINDSCHEID (*Lehrbuch*, I, 9ª ed., 313, inclusive a nota de Th. KIPP; nas edições anteriores, § 69, texto e nota 1, *d*). A despeito do erro dos processualistas alemães, sob influência dos civilistas romanizantes, de admitirem ação declaratória em caso de nulidade (absoluta), *a doutrina mais recente repeliu a identificação do nulo com o inexistente* (K. COSACK-H. MITTEIS, *Lehrbuch*, I, 8ª ed., 147; K. BURCHARD, e H. O. de BOOR, *Bürgerliches* RECHT, I, 61; A. MANIGK, *Willenserklärung und Willensgeschäft*, 189; HOPP, *Eigentumsvorbehalt und Eigentumsanwartschaft*, 30 s.). A identificação denuncia que ainda se raciocina com o elemento romanistico, correspondente a convicções filosóficas e técnicas superadas."[1175]

123. Nulidade e anulabilidade

Negar validade a ato jurídico não é negar-lhe existência; para que ele seja nulo ou anulável é indispensável que, *antes*, ele exista.

Atos jurídicos nulos e anuláveis são atos que emergem no mundo jurídico com defeitos jurídicos e para que se possa dizer que determinado ato sofre de defeito jurídico é logicamente necessário que o ato exista também no *plano jurídico*, pois para ter defeitos jurídicos é preciso existir juridicamente.[1176]

Defeitos de ato jurídico são *ausências* ou *presenças* de elementos na sua hipótese de incidência (suporte fáctico), que determinam a sua entrada (existência) no plano jurídico *justamente para ser juridicizado nulo ou anúlável.*[1177] Noutras

1175. Idem, ibidem, p. 358, nº 1 (grifamos).

1176. Idem, ibidem, p. 362, nº 4.

1177. Idem, ibidem, p. 411, nº 1; p. 360, nº 2; p. 362, nº 1.

palavras, aquele defeito é elemento integrante da hipótese de incidência daquela regra jurídica que incide sobre o ato, juridicizando-o nulo ou anulável (criando, no mundo jurídico, um ato jurídico nulo ou anulável); sem aquele defeito a regra jurídica invalidante (nulidade ou anulabilidade) não pode incidir sobre o ato.[1178]

Do exposto compreende-se porque o ato nulo ou anulável é ato necessariamente *jurídico*. Não há ato *humano* nulo ou anulável; os atos humanos, uma vez praticados, foram-no e jamais deixarão de terem sido praticados porque *existem fora* do mundo jurídico, onde não há reversibilidade do tempo.[1179]

O ato jurídico é nulo ou anulável porque o Direito Positivo, mediante regra jurídica específica, diz que, ocorrendo determinada hipótese (em cuja composição entra o *defeito*), sobre ela incidirá aquela regra jurídica específica, juridicizando-a nula ou anulável.[1180]

Quais os defeitos que tomam o ato jurídico nulo e quais os defeitos que o fazem anulável?

Cabe exclusivamente ao legislador dizer se determinado defeito contagia a validade do ato jurídico e se deste contágio resulta a nulidade ou anulabilidade do ato.[1181]

"Em princípio, os legisladores são livres", diz Pontes de Miranda, "na discriminação das causas de nulidade e das causas de anulabilidade. Ocorre, porém, que a técnica legislativa veio, através de milênios, experimentando diferentes tratamentos dos suportes fácticos deficitários. Basta lembrarmos que o direito romano não dava entrada, no mundo jurídico, ao que hoje chamamos negócio jurídico nulo: havia não-(negócio jurídico), o *nec ullus*, o *nullus*, que "não era" (= não incidia sobre

1178. Idem, vol. I, p. 13, nº 1.

1179. Idem, vol. IV, p. 365, nº 5; p. 360, nº 2.

1180. Idem, ibidem, p. 360, nº 4.

1181. Idem, ibidem, p. 362, nº 2.

o suporte fáctico a regra jurídica); e não se distinguiam nulo e anulável. Aos poucos, foi-se admitindo que ser nulo não é não-ser e que ser anulável não é ser nulo; e aos poucos, através de práticas, discussões, teorias e críticas minudentes dos resultados, se procurou discriminar o que mais adequado era para se atribuir a cada causa."[1182]

A biografia do ato jurídico nulo e do anulável, em síntese, é a seguinte:

A) *Nulidade*

Aa) existência como ato humano no mundo, fora do mundo jurídico;

Ab) entrada no mundo jurídico, com defeito congênito, de modo que recebe a incidência da regra jurídica específica que o juridiciza nulo;

Ac) o ato jurídico nulo é, *ipso facto* (*desde o momento de sua entrada no mundo jurídico*), totalmente ineficaz: sem qualquer efeito jurídico, consequentemente, também sem qualquer efeito físico ou econômico *condicionado ou causado* pela coagibilidade *jurídica* do ato jurídico eficaz; existindo efeitos físicos ou econômicos, eles somente podem ser atribuídos ao ato *humano* (e não ao ato jurídico nulo);[1183]

Ad) a nulidade é defeito congênito do ato e *não* é preciso que haja ato de alguém para que ela produza sua consequência (ineficácia jurídica);[1184]

Ae) a sentença que decreta a nulidade não é declaratória, mas *constitutiva negativa*, porque produz a desconstituição

1182. Idem, ibidem, p. 389. nº 1.

1183. Esta é a regra geral; em casos muito raros, o Direito Positivo contém regra jurídica admitindo efeito jurídico de ato jurídico nulo; ver Pontes de Miranda, op. cit., vol. IV, p. 380, nº 1 e p. 358, nº 1.

Sobre o efeito físico ou econômico causado ou condicionado pela coagibilidade jurídica do ato jurídico eficaz, ver nossos ns. 22 e 125.

1184. Pontes de Miranda, op. cit., vol. IV, p. 380, nº 2.

do ato jurídico nulo, isto é, produz, no mundo jurídico, a desintegração atômica do ato jurídico nulo, de modo que *depois* daquela sentença ele *deixa de existir no mundo jurídico* e continua a existir no mundo dos atos humanos e, só então, passa a ser considerado, no mundo jurídico, como se nunca houvesse existido; (note-se que, até a data do trânsito em julgado da sentença, o ato jurídico nulo existe também no mundo jurídico);[1185]

Af) a sentença que decreta a nulidade atinge apenas a *existência jurídica* do ato nulo e não a sua eficácia (efeitos jurídicos), pois esta nunca existiu no plano jurídico.

B) *Anulabilidade*

Ba) igual Aa;

Bb) igual Ab, porém a regra jurídica específica o juridiciza anulável;

Bc) o ato jurídico anulável, embora seja portador de defeito congênito em sua validade, tem eficácia jurídica (irradia ou produz os efeitos jurídicos do ato jurídico perfeito) até à sentença que decreta a sua anulabilidade;

Bd) a anulabilidade, embora seja defeito congênito (não superveniente) do ato, exige ato de alguém (sentença) para que ela (a anulabilidade) produza sua consequência (a ineficácia). Noutras palavras, enquanto não transitar em julgado a sentença que decretar a anulabilidade, o ato jurídico (embora anulável *ab initio*) deve receber, no plano jurídico, o mesmo tratamento do ato jurídico válido. Em síntese: *antes* da sentença, o ato anulável deve ser tratado *como se tivesse* natureza jurídica *idêntica* à do válido; *depois* da sentença, como se tivesse natureza jurídica idêntica à do ato nulo já desconstituído;

1185. Ver ns. 121-122.

Be) igual Ae;[1186]

Bf) a sentença que decreta a anulabilidade atinge a *existência* jurídica e a *eficácia* jurídica do ato anulável, "donde não haver, *depois*, qualquer diferença entre o ato jurídico nulo, a que se decretou a nulidade, e o ato jurídico anulável, que se anulou".[1187]

124. Desconstituição do ato jurídico nulo e do anulável

Os atos jurídicos nulos e os anuláveis *existem*; no plano jurídico, como atos jurídicos nulos e anuláveis e como tais são tratados até serem desconstituídos por sentença transitada em julgado.

Tome-se a declaração de vontade; ou ela foi feita no mundo dos atos humanos (plano pré-jurídico), ou ela não foi feita.

Se ela não foi feita, trata-se de ato inexistente: nunca existiu no plano pré-jurídico e, em consequência, nunca pôde existir no plano jurídico.

Se ela foi feita, poderá ter sido sem ou com defeito (declaração sob coação ou de pessoa civilmente incapaz).

Se a declaração foi emitida sem defeito, então, ela recebe a incidência da regra jurídica específica que a juridiciza como ato jurídico *válido* (perfeito) e como tal passa a existir no plano jurídico.

Se a declaração foi emitida com defeito, ela recebe a incidência de outra regra jurídica específica que a juridiciza como ato jurídico *inválido* nulo ou anulável (a critério do legislador) e como tal passa a existir no plano jurídico.

No mundo jurídico há maior (nulidade) ou menor (anulabilidade) intolerância ou repugnância por atos jurídicos

---

1186. Pontes de Miranda, op. cit., vol. IV, p. 365, nº 5; p. 363, nº 3; p. 380, nº 2; p. 424, nº 1.

1187. Idem, ibidem, p. 364, ns. 1, 3, 4; p. 424, nº 1.

defeituosos (inválidos: nulos ou anuláveis), de tal sorte que o legislador que criou a regra jurídica específica da nulidade ou da anulabilidade também criou o instrumental técnico-jurídico para *fazer desaparecer* do mundo jurídico a existência jurídica e os efeitos jurídicos daqueles atos jurídicos defeituosos (inválidos). *Este fazer desaparecer é o desconstituir.*

A desconstituição do ato jurídico nulo ou do anulável tem um poder superior ao da desintegração atômica – no mundo jurídico – do ato inválido por nulidade ou anulabilidade, porque a sentença que desconstitui o ato inválido, além de torná-la inexistente no mundo jurídico, também apaga toda a sua vida jurídica *pretérita* (depois da sentença passa a ser tratado como se nunca houvesse existido no mundo jurídico; porém cumpre não esquecer que *antes* da sentença ele existia no mundo jurídico e, depois dela, *continua a existir no mundo pré-jurídico dos atos humanos praticados*).[1188]

Esta volta ao pretérito com a reversibilidade do tempo é possível, porque se está no mundo *jurídico* e o legislador, em princípio (salvo disposição em contrário do Direito Constitucional), é livre em preferir o apagamento, desde o início, da existência e efeitos do ato inválido.[1189]

A sentença que proclama a *inexistência* de ato é *declarativa*; porém a sentença que decreta a *nulidade ou a anulabilidade* de ato jurídico não é declarativa, mas *constitutiva negativa ou desconstitutiva*, porque ela não apenas constata a nulidade ou a anulabilidade (que são congênitas ao ato e não supervenientes), mas também desintegra e apaga a existência e os efeitos jurídicos pretéritos do ato jurídico cuja invalidez constatou.[1190]

A sentença que decreta a nulidade desconstitui o ato jurídico nulo e apaga a sua existência jurídica pretérita e não

1188. Idem, ibidem, p. 365, nº 5.

1189. Idem, ibidem.

1190. Idem, ibidem, p. 358, nº 8.

atinge sua eficácia (efeitos jurídicos), pela simples razão de que o ato jurídico nulo "nunca chegou a ter eficácia".[1191]

A sentença que decreta a anulabilidade desconstitui o ato jurídico anulável e apaga a sua existência jurídica pretérita e também a sua eficácia pretérita.[1192]

Depois de desconstituídos, não existe qualquer diferença, no mundo jurídico, entre o ato jurídico que fora nulo e o que fora anulável.[1193]

125. Eficácia jurídica

Pela incidência da regra jurídica sobre a sua hipótese de incidência, esta *juridiciza-se*, isto é, sofre uma determinada imantação específica àquela regra jurídica que, ao incidir sobre a hipótese realizada, transmitiu-lhe sua carga jurídica específica.

Somente depois de juridicizada é que a hipótese de incidência *irradia* a eficácia jurídica. A eficácia jurídica são os *efeitos jurídicos*: relação jurídica, obrigação jurídica, direito, etc.[1194]

Se não houve eficácia jurídica, também não chegou a existir no mundo jurídico relação jurídica, obrigação jurídica, direito, etc.

Quando se diz "crédito nulo", "obrigação nula", em verdade se usa de elipse, pois o que realmente aquelas expressões estão significando é "obrigação (ou crédito) *oriunda* de ato jurídico nulo ou ineficaz", e esta expressão, por sua vez, significa: "obrigação (ou crédito) *inexistente*"; isto porque crédito e obrigação são *efeitos* (eficácia jurídica); efeitos não são válidos ou inválidos, mas efeitos simplesmente existem ou não existem.[1195]

1191. Idem, ibidem, p. 365, nº 5.

1192. Idem, ibidem.

1193. Idem, ibidem, , p. 364, nº 4 e p. 424, nº 1.

1194. Idem, *Tratado de Direito Privado*, Rio de Janeiro, 1955, vol. V, p. 505, nº 1; § 506, nº 2; p. 508, nº 1.

1195. Idem, op. cit., vol. IV, p. 368, nº 1.

É muito importante ter presente que, se o Direito Positivo *liga ou condiciona* determinado efeito *físico ou econômico* a um fato jurídico, aquele efeito físico ou econômico é eficácia jurídica deste fato jurídico. Noutras palavras, se este fato jurídico existe, mas sem eficácia (ex.: nulo), e acontece aquele efeito econômico (porque obedeceu à causalidade *natural*), é impossível atribuir a este fato jurídico o efeito econômico. O efeito econômico não foi *causado* pelo fato jurídico ineficaz, mas pelo fato físico ou humano subjacente.[1196]

Das duas premissas acima indicadas, decorre esta fundamental conclusão: quando a regra jurídica *tributária* prevê, como elemento integrante de sua hipótese de incidência, um efeito *econômico* condicionado a determinado fato jurídico, e aquele efeito econômico ocorre, embora este fato jurídico tenha surgido ineficaz (ex.: por nulidade), então aquela regra jurídica tributária *não pode incidir*. Ela não pode incidir porque o efeito econômico *não foi causado* pelo fato jurídico, mas pelo fato físico ou ato humano (não-jurídico) subjacente ao fato jurídico ineficaz, ela (a regra jurídica) ao escolher os elementos integrantes de sua hipótese de incidência, preferiu escolher a causação de fato *jurídico* (portanto, eficaz), em lugar da causação de fato físico ou ato humano.

Um exemplo esclarece. Tome-se o imposto de renda sobre juros de contrato de mútuo de dinheiro.

a) Regra jurídica tributária;

b) Em sua hipótese de incidência está previsto um efeito econômico (renda) condicionado ou causado por fato jurídico (contrato de mútuo de dinheiro);[1197]

c) Contrato de mútuo nulo (por incapacidade de parte ou por objeto ilícito: juros proibidos por lei).

1196. Idem, vol. V, p. 505, nº 2; p. 508, nº 1 e vol. I, § 6º, nº 3.

1197. A hipótese de incidência ("fato gerador") do imposto de renda não é a disponibilidade econômica; ver nº 111.

Para que surgisse a obrigação tributária seria necessária a prévia incidência da regra jurídica tributária sobre sua hipótese de incidência, porém esta incidência não pode ocorrer porque não se realizou a sua hipótese. A renda foi percebida, causada por um negócio *humano*, mas não pelo contrato de mútuo (fato jurídico) que, embora exista juridicamente, é nulo, portanto ineficaz: não produziu qualquer efeito.

Contra este raciocínio podem ser levantadas as seguintes alegações (todas improcedentes):

a) Que o "fato gerador" para o Direito Tributário seria, sempre e em última análise, um fato econômico (não jurídico);[1198]

b) Que o "fato gerador" do imposto de renda seria a renda, portanto um fato econômico;[1199]

c) Que a autoridade incumbida de proceder ao lançamento do tributo poderia abstrair a nulidade.

Esta última alegação é a mais frágil de todas, pois se fosse procedente, então aquela autoridade deveria abstrair a nulidade também naqueles casos em que dita abstração de nulidade resultaria em *desfavor* do Fisco. Deste modo, o maior prejudicado seria o Fisco, pois os "fatos geradores" são, lógica e necessariamente, organizados e sistematizados *no pressuposto daquilo que deverá suceder, se forem obedecidas as regras jurídicas civis, comerciais*, etc., que disciplinam a vida social. Ora, os contribuintes poderiam organizar suas relações *econômicas* de modo diferente do permitido e previsto pela ordem jurídica (ex.: praticando atos nulos) e o Fisco deveria abstrair a nulidade daqueles atos jurídicos.

Exemplo: em virtude do objeto social ou do capital realizado apenas em sua parte mínima, a lei comercial proíbe, sob pena de nulidade, que a sociedade anônima emita ações ao

---

1198. Para a demonstração da improcedência desta tese, ver nº 36.

1199. Nenhum fato gerador é uma "mônade", mas um conjunto de elementos – uns econômicos, outros jurídicos – em composição e harmonia atômica; ver ns. 89-91; 111.

portador. Havendo muito lucro a distribuir, os sócios convertem suas ações nominativas, para a forma ao portador, e distribuem o lucro, pretendendo pagar imposto de renda, na fonte, segundo a alíquota fixa e não segundo a tabela de alíquotas progressivas que seria aplicável, caso as ações fossem nominativas. Ora, a referida conversão foi nula.

Caso procedente à referida tese, o Fisco deveria neste caso abstrair a ineficácia resultante da nulidade e aceitar o pagamento do imposto segundo a alíquota fixa das ações ao portador. Entretanto, porque aquela tese é falsa, o Fisco deve tomar conhecimento da nulidade e exige o imposto de renda (sem levar em consideração as ações ao portador, porque elas são *ineficazes*) dos contribuintes que estavam registrados no livro de registro das ações nominativas. Note-se que a distribuição do lucro pela sociedade foi ato jurídico *válido*; a conversão das ações nominativas em ao portador é que foi ato jurídico inválido (nulo) e ineficaz.

Alegar que o Fisco pode abstrair a nulidade apenas quando lhe aproveita (sem haver regra jurídica outorgando expressamente esta prerrogativa ao Fisco), é fazer afirmação gratuita sem qualquer valor jurídico e, a este respeito, FEDERICO MAFFEZZONI tem toda razão quando conclui que "onde estes meio-princípios encontram adesão, não se poderá nem, ao menos, tentar construir uma Ciência do Direito Tributário".[1200]

126. Princípios para investigação e análise da influência do ato inexistente, nulo, anulável ou ineficaz, para o efeito do nascimento do dever tributário

Para o perfeito entendimento dos princípios a seguir indicados é imprescindível que *antes* se tenha bem examinado e compreendido:

1200. F. Maffezoni, *Gli Effetti Giuridici degli Atti Soggetti all'Imposta di Registro*, Padova, 1947, p. 13.

a) a conceituação de ato inexistente, nulo, anulável e ineficaz;[1201]

b) a composição da hipótese de incidência ("fato gerador");[1202]

c) a embriogenia do dever jurídico tributário.[1203]

O ato inexistente, nulo, anulável ou eficaz poderá ter uma influência *negativa* ou *neutra* para o nascimento do dever tributário.

Influência negativa: o acontecimento do ato inexistente, nulo, anulável ou ineficaz *impossibilita* a incidência da regra jurídica de cuja incidência nasceria o dever tributário.

Influência neutra: o acontecimento daqueles atos é *indiferente* (neutro) para incidência ou não-incidência daquela regra jurídica.

Esta influência negativa ou neutra decorre da *composição* de cada hipótese de incidência. Noutras palavras, a análise *da quantidade*, *natureza* e *causação* dos elementos (núcleo e adjetivos) integrantes da hipótese de incidência de cada regra jurídica tributária, dirá se a inexistência, nulidade, anulabilidade ou ineficácia de um determinado ato, impossibilitou a incidência da regra jurídica (influência *negativa*), ou lhe foi indiferente (influência *neutra*) e consequentemente não impediu sua incidência.

A) INEXISTÊNCIA

Aa) *Inexistência – Influência neutra*: quando o ato inexistente (ou melhor, que inexistiu) não é elemento integrante (núcleo ou adjetivo) da hipótese de incidência. Exemplo: para a incidência da regra jurídica do imposto de transmissão de propriedade *causa mortis*, a inexistência de testamento é neutra no que tange à

1201. Ver nº 121-125.

1202. Ver ns. 89-91.

1203. Ver ns. 81, 100.

legítima dos herdeiros necessários, porém é negativa no tocante aos legados.

Ab) *Inexistência – Influência negativa*: quando, no caso da letra Aa), é elemento integrante. Exemplo: (o mesmo da letra Aa), no tocante aos legados.

B) NULIDADE

Ba) *Nulidade – Influência neutra*: quando o ato jurídico nulo não é elemento integrante (núcleo ou adjetivo) da hipótese de incidência. Aqui, é muito importante ter presente que existem *gêneros* jurídicos de tributos (ex.: imposto de renda) com *múltiplas espécies* jurídicas (ex.: imposto de renda sobre lucros imobiliários, sobre lucros societários, sobre lucros societários obtidos através de ações ao portador) e cada espécie jurídica de imposto de renda está disciplinada por regra jurídica própria com hipótese de incidência ("fato gerador") própria.

Deste modo, ocorre, frequentemente, que a nulidade de determinado ato tem influência *negativa* apenas quanto a uma determinada *espécie* jurídica do tributo (porque a nulidade ocorreu em ato jurídico que é elemento integrante da hipótese de incidência daquela *espécie* jurídica de tributo) e, *simultaneamente*, tem influência *neutra* quanto à *outra* espécie jurídica do *mesmo* gênero jurídico de tributo (porque a nulidade ocorreu em ato jurídico que *não* é elemento integrante da hipótese de incidência desta *outra* espécie jurídica de tributo).[1204] Ex.: *Conversão* de ações nominativas em ações ao portador, por ato jurídico *nulo*; porém, a *distribuição* de dividendo foi ato jurídico *válido* (ex.: assembleia geral válida dos acionistas). *Influência negativa*: não é devido à espécie jurídica de imposto de renda referente ao lucro oriundo de títulos societários *ao*

1204. A este respeito, também é muito importante saber distinguir entre nulidade *parcial* e nulidade *total*. "A nulidade pode ser concernente só à parte do ato jurídico, se é separável, ou em relação a algum dos figurantes, *portador. Influência neutra*: é devido à espécie jurídica de imposto de renda referente ao lucro percebido de sociedade comercial, isto é, referente ao lucro oriundo de títulos societários *nominativos*. No caso, os contribuintes tributados deverão ser *todos* os acionistas inscritos no livro de registro de ações nominativas, com *abstração* dos termos de conversão (nulos) em ações ao portador. *Influência neutra*: é devido o imposto de selo sobre o ato jurídico da conversão, porque, embora nulo, é ainda jurídico existente.

Bb) *Nulidade – Influência negativa*: quando, no caso da letra Ba, é elemento integrante: Ex.: o mesmo da letra Ba.

C) ANULABILIDADE

Ca) *Anulabilidade – Influência neutra:* quando o ato jurídico anulável não é elemento integrante da hipótese de incidência.

Cb) *Anulabilidade – Influência neutra*: quando o ato jurídico anulável é elemento integrante da hipótese de incidência, entretanto *ainda não foi desconstituído* por sentença transitada em julgado.

Cc) *Anulabilidade – Influência negativa*: quando, no caso da letra Cb, o ato é desconstituído *depois* da incidência da regra jurídica tributária.

---

ou a algum dos objetos ou partes do objeto, ou à forma de certa parte. Não se pode pensar em nulidade parcial, sem se pensar em negócio jurídico complexo. Todas as causas de nulidade são possíveis causas de nulidade parcial. Se a parte nula é essencial a todo o negócio jurídico, nulo é todo ele. Não há contrato, se é nula a oferta, ou se é nula a aceitação" (Pontes de Miranda, *Tratado de Direito Privado*, Rio de Janeiro, 1954, vol. IV, p. 369, nº 1). "Por isso mesmo, se há *pluralidade* de atos jurídicos, o princípio primeiro é o *princípio da não-contagiação* e só a excepcionalidade da dependência íntima entre eles, ou partes deles, permite que se abra brecha ao princípio" (Pontes de Miranda, op. cit., p. 369, nº 2) "O princípio da contagiação supõe que todas as partes tenham sido queridas. Por isso mesmo, se uma parte é aparente, ou simulada. Só a outra ou as outras partes foram queridas e valem por si" (Pontes de Miranda, op. cit., p. 370, nº 2).

É interessante observar que, transitando em julgado a referida sentença, dá-se a desconstituição do ato jurídico anulável: este passa a ser tratado, no mundo *jurídico*, como se nunca houvesse existido e fica apagada toda a sua vida *pretérita* (fica apagada toda a sua eficácia – efeitos jurídicos – anteriormente irradiada enquanto não ocorria a decretação da referida sentença e o seu trânsito em julgado).[1205] E esta desconstituição atinge *todos*: partes contratantes e terceiros; "tudo se há de restabelecer sem se atender ao que ocorreu no meio tempo".[1206] Deste sistema jurídico, lógica e necessariamente (salvo regra jurídica expressa em contrário), decorre o direito de (depois da desconstituição):

1) haver-se a restituição dos tributos que foram pagos enquanto não transitara em julgado a sentença desconstitutiva;

2) não se pagar os tributos cuja obrigação jurídica tributária tenha nascido antes da desconstituição em foco; inclusive nos casos em que o contribuinte já estaria processado por falta de pagamento.

Esta decorrência lógica e necessária do sistema jurídico oferece oportunidade para o contribuinte praticar atos jurídicos anuláveis com o intuito de, em última análise, não pagar o tributo, mas apenas "emprestá-lo" ao Estado. Ora, a inexistência da vida pretérita do ato jurídico anulável decorre exclusivamente em virtude de uma regra jurídica que, com esta finalidade, foi criada pelo legislador.[1207] Portanto, nada impede que o legislador, a fim de defender a receita tributária, crie outra regra jurídica, estabelecendo uma *exceção* àquela

---

1205. Ver nº 124.

1206. Pontes de Miranda, *Tratado de Direito Privado*, Rio de Janeiro, 1954, vol. IV, p. 365, nº 5.

1207. Idem, § 42, nº 12.

regra jurídica geral; por exemplo: estabelecendo que os deveres *tributários* pretéritos não serão atingíveis pelo trânsito em julgado da sentença que decretar a anulabilidade de ato jurídico.

Cd) *Anulabilidade – Influência negativa:* quando, no caso da letra Cb, e no *momento da incidência* da regra jurídica, o ato jurídico anulável *já fora desconstituído* por sentença transitada em julgado. Isto só poderá ocorrer quando a integração dos elementos na composição da hipótese de incidência não é instantânea, mas *continuada.*

Exemplo de integração *continuada* é a hipótese de incidência do imposto sobre a renda pelo sistema do "ano base" imediatamente anterior ao ano do exercício fiscal: o *último* elemento a se integrar na hipótese de incidência é o término do último dia do "ano base", ou, mais precisamente, o último momento do último dia do "ano base".

É interessante observar que o imposto de renda, pelo sistema de arrecadação *na fonte,* tem hipótese de incidência de integração *instantânea.*

Considerando-se uma distribuição de dividendo efetuada no dia 10 de janeiro de 1960 por sociedade anônima, com ações nominativas e ao portador, com relação a esta renda surgirão duas *espécies* jurídicas de tributo do mesmo gênero jurídico (imposto de renda). A primeira espécie tem hipótese de incidência de integração *instantânea:* imposto de renda das ações ao portador, arrecadado na fonte; a regra jurídica tributária específica incidiu sobre sua hipótese de incidência naquele dia 1º de janeiro de 1960, no mesmo momento em que, juridicamente, se considerou existente o direito de crédito dos sócios titulares das ações ao portador, no tocante ao dividendo aprovado; neste momento, nasceu o dever jurídico tributário.[1208]

1208. Por uma ficção legal, esta obrigação é ligada ou atribuída à sociedade que por isto assume, na relação jurídica tributária, a posição passiva, na

A segunda espécie jurídica do imposto de renda tem hipótese de incidência de integração *continuada*: ela somente se integralizará no último momento do dia 31 de dezembro (fim do "ano base") e sofrerá a incidência da regra jurídica tributária, no primeiro momento do dia 1º de janeiro de 1961 (início do exercício fiscal). Nesta data e neste momento é que incidirá a regra jurídica sobre a sua hipótese de incidência, gerando o dever tributário, com referência ao lucro dos titulares de ações nominativas percebido um ano *antes*, a saber, em 1º de janeiro de 1960.

Ora, considerando-se *anulável* o ato jurídico (ex.: assembleia geral dos acionistas), de cuja eficácia decorreu a distribuição do referido lucro e considerando-se que foi requerida a anulabilidade e decretada por sentença transitada em julgado *antes* do dia 1º de janeiro de 1961, então não chegou a nascer o dever tributário com referência aos titulares de ações *nominativas* no tocante ao dividendo que fora distribuído um ano antes (em 1º-1-1960) por deliberação assembleiar anulável.

Por isso e para evitar abusos por parte dos contribuintes é de toda a conveniência a criação de regra jurídica, estabelecendo que, para o efeito dos deveres tributários, a desconstituição do ato jurídico anulável não atingirá a sua existência e eficácia pretérita.

D) EFICÁCIA JURÍDICA

Da) *Eficácia – Influência neutra*: quando o fato ou ato jurídico ineficaz não é elemento integrante da hipótese de incidência.

---

condição de *substituto legal tributário*. Com isto, *não* há a substituição da hipótese de incidência (que seria o pagamento do lucro, em lugar do recebimento). Há a substituição do sujeito passivo, na relação jurídica tributária, justamente porque não ocorreu a substituição da hipótese de incidência; sobre este assunto ver ns. 141, 145-147.

Db) *Eficácia – Influência neutra*: quando, embora a existência do fato ou ato jurídico ineficaz seja elemento integrante da hipótese de incidência, contudo *sua eficácia não é integrante*. Exemplo: de um modo geral, todos os tributos considerados incidentes sobre a existência de atos jurídicos: imposto sobre contrato de compra e venda, imposto sobre contrato de construção, etc. Em todos estes casos, o elemento integrante da hipótese de incidência não é a eficácia do ato jurídico, mas a *existência* jurídica do ato. Por isso, nestes casos a regra jurídica de cada um daqueles tributos poderá incidir sobre sua hipótese de incidência, gerando o respectivo dever tributário, *ainda que aquele ato jurídico* (contrato de venda, de construção, de sociedade, etc.) seja *ineficaz* ou *anulável* ou *nulo*, *pois* o elemento integrante da hipótese de incidência é a *existência* jurídica do ato e não a sua eficácia. Recorde-se que até mesmo o ato nulo é existente enquanto não desconstituído.[1209]

Dc) *Eficácia – Influência negativa*: quando a *eficácia* jurídica (efeito jurídico) do ato ou fato jurídico é elemento integrante da hipótese de incidência. Exemplo: toda e qualquer transmissão de direito (pessoal ou real) é eficácia jurídica (efeito jurídico) de um ato jurídico. Enquanto este ato jurídico permanecer ineficaz, não há o efeito jurídico: a transmissão do direito. De modo que, o imposto cuja hipótese de incidência for a transmissão do direito não poderá incidir enquanto o ato jurídico for ineficaz.

Também é muito importante observar o seguinte: quando a regra jurídica tributária prevê, como elemento integrante de sua hipótese de incidência, um efeito *econômico* condicionado a determinado fato ou ato *jurídico*, e aquele efeito econômico ocorre, embora este

1209. Ver nº 124.

fato ou ato jurídico tenha nascido *ineficaz*, então aquela regra jurídica tributária *não pode incidir*. Ela não pode incidir porque o efeito econômico *não foi causado* pelo fato ou ato *jurídico* ineficaz, mas pelo fato *físico* ou ato *humano* (não-jurídico) subjacente ao fato ou ato jurídico ineficaz, e ela (a regra jurídica), ao escolher os elementos integrantes de sua hipótese de incidência, preferiu escolher a causação de fato ou ato *jurídico* (portanto, *eficaz*), em lugar da causação de fato físico ou ato humano.[1210]

1210. Ver ns. 17, 22, 125.

Quinta Parte

METAMORFOSE JURÍDICA DO DIREITO TRIBUTÁRIO

Capítulo I

CADUCIDADE PRECOCE DO DIREITO TRIBUTÁRIO

127. Caducidade precoce do Direito Tributário e necessidade de metamorfose jurídica

Nos últimos decênios, o Direito Tributário sofreu vertiginosa evolução. Basta observar a quantidade e qualidade da literatura jurídica tributária que, nos últimos anos, floresceu especialmente na Itália, Brasil, Argentina e Espanha. Sumamente interessante é examinar, nas revistas de jurisprudência geral, a crescente quantidade de decisões de natureza tributária e confrontá-las com a modestíssima posição que, há trinta anos atrás, a matéria tributária ocupava naquela mesma revista.[1211]

Quando o Direito Tributário parecia avançar, firme e tranquilamente, para sua maturação conceitual erguida sobre um sistema de princípios, categorias e instituições já consideradas clássicas, fundamentais e óbvias, evoluíram – com a aceleração da História – os fenômenos sociais[1212] e o Direito

1211. Sobre esta evolução no Brasil, ver as interessantes observações e as estatísticas de Rubens Gomes de Sousa, *Revista Forense*, Rio de Janeiro, 1956, vol. 165, pp. 404-5.

1212. Para o exame da aceleração da História e seu reflexo nas metamorfoses do Direito Positivo, vide R. Savatier, *Les Métamorphoses Economiques et*

Tributário, que apenas nascera, viu que seu instrumental jurídico clássico tornara-se inapto para disciplinar a realidade financeira contemporânea.[1213]

"A l'époque de Gaius, de Dorat, de Pothier, le juriste en avait encore le temps. Mais, aujourd'hui, le juriste de droit positif est embarqué dans l' accélération de l'histoire par le 'donné' mouvant sur lequel il travaille. Le progrès des techniques dissout et renouvelles son oeuvre a une cadence telle que les ouvrages de droit vieillissent en quelques années. Car ils sont écrits sur le sable d'institutions de plus en plus rapidement mouvantes. Et Gaius lui même a, sans doute, plus vieilli, dans l'esprit de la plupart des juristes, au cours de cinquante dernières années, qu'il ne l'avait fait, auparavant, en 18 ou 19 siècles."[1214]

Os governantes não admitem nenhuma reforma de estrutura e nem desejam adaptar-se à realidade. As ideias novas os assustam e eles continuam a governar à luz de experiências caducas e não reconhecem que o sistema econômico-social tenha sofrido modificação.[1215]

Quando o Estado se mostra incapaz de se adaptar às condições novas, uma ruptura nos quadros jurídicos antigos se produz sob a forma de revolução social.[1216]

Sociales du Droit Civil d'Ajourd'hui, 2ª ed., Paris, 1952, especialmente pp. 5-18; a segunda série das *Métamorphoses*, Paris, 1959, dedicada ao "Universalisme renouvelé des disciplines juridiques", especialmente pp. 60, 71-73 e a terceira série das *Métamorphoses*, Paris, 1959, consagrada ao "Approfondissement d'un droit renouvelé". Sobre o reflexo da aceleração da História na economia, vide A. Angelopoulos, *Planisme et Progrès Social*, Paris, 1953, pp. 28-31.

1213. F. Sáinz de Bujanda, "El nuevo derecho fiscal", *Revista de Derecho Financiero y de Hacienda Pública*, vol. I, Madrid, ano 1951, p. 213; M. Waline, *Traité Elémentaire de Science et de Législation Financières*, em colaboração com J. Laferrière, Paris, 1952, p. 31; Soares Martinez, *Estados de Direito Financeiro – Da personalidade tributária*, vol. I, Lisboa, 1953, pp. 5-6, 33-35.

1214. R. Savatier, *Les Métamorpfoses Economiques et Sociales du Droit Privé d'Aujourd'hui*, 2ª série, Paris, 1959 – "L'universalisme renouvelé des disciplines juridiques", p. 71.

1215. A. Angelopoulos, *Planisme et Progès Social*, Paris, 1953, pp. 36-37.

1216. Idem, ibidem.

O instrumental jurídico do Direito Tributário clássico mostra-se inapto para disciplinar a realidade financeira contemporânea. A aceleração da História, em poucos decênios, determinou a *caducidade precoce* de um Direito Tributário que apenas nascera.

Hoje, ou o Estado quebra o instrumental jurídico (as regras jurídicas); ou é este instrumental obsoleto que fere as mãos do Estado. Tardiamente, o Estado percebe que o racional é renovar o instrumental jurídico; outras vezes, a renovação é tão frequente que revela ignorância de troglodita em criar o instrumento (a regra jurídica) apropriado.

Como se viu, não é possível entender o Direito Tributário, sem conhecer a natureza *jurídica* do orçamento público e as suas regras jurídicas fundamentais. Ora, também as regras jurídicas tradicionais que disciplinam o orçamento público quebram-se, atualmente, todas elas e em todos os Estados, pois a aceleração da História as tomou impraticáveis ante a nova realidade econômica social. De modo que a estrutura jurídica clássica do orçamento público está em ruínas e converteu-se num monumento histórico mutilado cuja eficácia jurídica é inexistente ou residual.[1217]

Só uma reforma *radical* poderá resolver esta crise do Direito Tributário.[1218]

"Pour que l'Etat moderne corresponde à sa mission actuelle, il faut faire 'une révolution dans les finances publiques' selon l'expression de Lord Beveridge."[1219]

O Estado – inclusive o considerado democrático – cuja Constituição foi estruturada segundo os cânones tradicionais,[1220]

1217. Ver nº 61.

1218. L. Trotabas, in *Revista de Derecho Financiero* y *de Hacienda Pública*, Madrid, ano 1952, vol. II, "La reforma fiscal", p. 181.

1219. A. Angelopoulos, "Les principes directeurs d'une nouvelle politique financière", in *Archivio Finanziario*, Padova, 1950 (2ª ed., 1955), vol. I, p. 11.

1220. Georges Burdeau demonstra que as atuais democracias governantes repousam sobre a *institucionalização de equívocos*; ver nosso nº 130.

mostra-se incapaz da ação que justifique sua razão de existir ante a atual ordem econômica social radicalmente modificada pelos novos fatos sociais precipitados na aceleração da História.

Desta impotência do Estado resulta o divórcio do *peuple réel* que se manifesta pelo espírito da revolução social. Este caráter revolucionário de nossa época, principalmente depois da guerra de 1939-45, está sendo assinalado por um número cada vez maior de estudiosos.[1221]

"L'évolution de l'avenir dépend, donc, de notre capacité de comprendre et d'appliquer cet esprit révolutionnaire."[1222]

E neste mundo rejuvenescido, cujas finanças públicas são revolucionárias, deverá necessariamente surgir um Direito Tributário rejuvenescido e revolucionário que se caracterizará pela metamorfose jurídica de todos os tributos *pecuniários* e pela expansão dos tributos *in natura* a *in labore*.[1223]

Os juristas que ainda acreditam nas velhas crenças e nos cânones tradicionais receberão o que se diz, como profecia utópica ou até como paradoxal, involução e retorno ao Direito Tributário historicamente primitivo.

"Les progrès scientifique, donnant à l'homme la maîtrise progressive des *forces* de la nature, a, par là, modifié la structure même du droit".

L'homme est devenu maître d'énergies de plus en plus démesurées. A *peine le juriste* s'*aperçoit-il que la face du droit*

1221. G. Burdeau, *Traité de Science Politique*, vol. VI, Paris, 1956, pp. 384-423; A. Angelopoulos, *Planisme et Progrès Social*, Paris, 1953, pp. 43-45 e os autores ali citados; ver também todo o seu capítulo II: "Révolution sociale et réformes révolutionnaires", p. cit., pp. 36-45; Aliomar Baleeiro, *Limitações constitucionais ao poder de tributar*, 2ª ed., Rio de Janeiro, 1960, ns. 104-105, pp. 408-14; ver também nossos ns. 152-153.

1222. A. Angelopoulos, *Planisme et Progrès Social*, Paris, 1953, p. 45.

1223. Sobre o envelhecimento e a renovação das estruturas jurídicas, ver nº 28. Sobre a natureza jurídica tributária das prestações *in natura* e *in labore*, ver ns. 165-69.

en *est changée*, et que le bien patrimonial par excellence n'est plus l'immeuble, mais l'énergie sous toutes ses *formes*.

Et il commence seulement à prendre conscience que ce bien, dans ses proportions démesurées, appelle, a sa source, une appropriation collective, quitte à être ensuite redistribué, par la collectivité aux 'utilisateurs'.

Tout cela commande une forme juridique; et, en tout cela, le droit d'aujourd'hui est au service d'une technique dont le développement moderne se précipite: calle *de l'économie dirigée*."[1224]

Demonstrar-se-á, nos capítulos seguintes, que a metamorfose jurídica do Direito Tributário se desenvolve, na época atual, partindo de quatro pontos germinais: a) a juridicização do "princípio da capacidade contributiva"; b) o substituto legal tributário *(sostituto d'imposta)*; c) a tributação extrafiscal; d) os tributos *in natura* e *in labore*.

Por sua vez, aquele desenvolvimento da metamorfose do Direito Tributário, provocando radicais alterações no sistema jurídico-tributário de todos os países, já criou e continuará a criar, cada vez mais, problemas *jurídicos* cuja solução desafia a argúcia dos juristas. Nos capítulos seguintes, estes problemas são analisados e solucionados.[1225]

1224. R. Savatier, *Les Métamorphoses Economiques et Sociales du Droit Privé d'Aujourd-hui*, 2ª série, Paris, 1959. "L'universalisme renouvelé des disciplines juridiques", p. 60 (grifamos).

1225. Ver ns. 128-169.

Capítulo II

JURIDICIZAÇÃO DO PRINCÍPIO DA CAPACIDADE CONTRIBUTIVA

128. Antiguidade do princípio da capacidade contributiva

Antiquíssimo é o princípio de cada indivíduo contribuir para as despesas da coletividade, em razão da sua força econômica. JONES reporta-se a um excerto de ERÓDOTO, do qual se deduz que o princípio da capacidade contributiva já vigoraria entre os antigos egípcios.[1226] Este princípio se origina, em suas linhas essenciais, do ideal de justiça distributiva formulado pelos filósofos gregos[1227] e reaparece na filosofia escolástica, quando recompõe o sistema aristotélico consoante os princípios da teologia católica.[1228] MACHIAVELLI discutia sobre o princípio

---

1226. Emilio Giardina, *Le Basi Teoriche del Principio delta Capacità Contributiva*, Milano, 1961, p. 6, nota 8; Jones, *The Nature and First Principle of Taxation*, London, 1914, pp. 52-53.

1227. Emilio Giardina, *Le Basi Teoriche del Principio della Capacità Contributiva*, Milano, 1961, p. 6; Giorgio del Vecchio, *La Giustizia*, Roma, 1946, pp. 49, 53 e ss.

1228. Emilio Giardina, *Le Basi Teoriche del Principio della Capacità Contributiva*, Milano, 1961, p. 6; R. Pomini, *La "Causa lmpositionis" nello Svolgimento Storico della Dottrina Finanziaria*, Milano, 1951, pp. 34-35; Ricca-Salerno, *Storia delle Doutrine Finanziarie in ltalia col Raffronto delte Dottrine Foreitiere e delle lstituzioni e Condizioni di Fatto*, 2ª ed., Palermo, 1896, p. 43.

de capacidade contributiva[1229] e também BODIN, BOCERUS, BESOLD, KLOCK, BOTERO ao mesmo princípio se referiam.[1230] Sobre o princípio da capacidade contributiva, GUICCIARDINI fundamenta suas célebres considerações a respeito do imposto progressivo, com rara antevisão das modernas doutrinas.[1231]

Entretanto, os princípios formulados por aqueles autores não chegavam a constituir o núcleo de uma orgânica doutrina financeira sobre a repartição dos encargos públicos. A enunciação de tais princípios tinham por escopo reafirmar a norma da generalidade do dever tributário, frequentemente violada pela legislação e pela praxe fiscal de uma época onde dominavam privilégios e franquias de toda a espécie. Outrossim, eles manifestavam sua repulsa à profunda iniquidade dos sistemas tributários então vigentes, fundados sobre a capitação, e que violavam os mais elementares princípios da justiça distributiva.[1232]

A locução *capacidade contributiva* é antiga como a Ciência das Finanças[1233] e até mais antiga porque, como se convencionou fixar o início desta Ciência com o começo do estudo das disciplinas econômicas mediante método rigoroso e sistemático, então, pudesse considerar que o emprego da locução "capacidade contributiva" é ainda mais antigo que a própria Ciência das Finanças.[1234] A expressão "capacidade contributiva" foi usada por diversas leis tributárias da Idade Média e por algumas leis dos primeiros séculos da Idade Moderna. Esta

1229. Emilio Giardina, *Le Basi Teoriche del Principio della Capacità Contributiva*, Milano, 1961, p. 7; Garino-Canina, "Il pensiero finanziario di Nicolo Machiavelli", in *Problemi di Finanza Fascista*, Bologna, 1937, p. 161 e ss.

1230. Idem, p. 7.

1231. Idem, pp. 7, 35; Guicciardini, "La decima scalata", in *Opere Inedite*, Firenze, 1867, vol. X, p. 355 e ss., 368 e ss.

1232. Idem, p. 7

1233. Idem, p. 6; Meyer, *Die Principien der gerechten Besteuerung in der neueren Finanzwissenschaft*, Berlin, 1884, p. 180.

1234. Idem, p. 6.

locução encontra-se na "ELIZABETHEN poor law"[1235] e também na legislação fiscal das colônias inglesas da América.[1236]

129. Ambiguidade da locução "capacidade contributiva"

Tomada em si mesma, a locução "capacidade contributiva" – salienta EMILIO GIARDINA – significa apenas: possibilidade de suportar o ônus tributário. Dizer que as despesas públicas devem ser partilhadas entre os contribuintes conforme as respectivas possibilidades de suportar o peso do tributo é incorrer numa tautologia: as palavras "capacidade contributiva", sem alguma outra especificação, não constituem um conceito científico. Elas nem oferecem um metro para determinar a prestação do contribuinte e para adequá-la às prestações dos demais; nem dizem se existe e qual seja o limite dos tributos. Esta expressão, por si mesma, é recipiente vazio que pode ser preenchido pelos mais diversos conteúdos; trata-se de locução ambígua que se presta às mais variadas interpretações.[1237]

A maior parte da doutrina da Ciência das Finanças Públicas e do Direito Tributário, tanto a antiga como a contemporânea, ressalta a notável *ambiguidade* da locução "capacidade contributiva" e amenta os seus funestíssimos efeitos que tumultuam e obscurecem o desenvolvimento racional de ambas as ciências, constituindo, por si mesma, um foco gerador de obscurantismo.[1238]

1235. Idem, p. 6; Cannan, *The History of Local Rates in England in Relation to the Proper Distribution of the Burden of Taxation*, 2ª ed., London, 1912, p. 22; Shirras, *The Science of Public Finance*, vol. I, London, 1924, p. 163.

1236. Idem, p. 6; Seligman, *L'Impót Progressif en Théorie et en Pratique*, Paris, 1909, p. 205.

1237. Idem, p. 3; Einaudi considera a expressão "capacidade contributiva" uma petição de princípio: "deve-se pagar aquilo que se pode pagar; mas como se define o "poder pagar"?; no prefácio a Luigi Vittorio Berliri, *La Giusta Imposta*, Roma, 1945, p. V.

1238. A. D. Giannini, *I Concetti Fondamentali di Diritto Tributario*, Torino, 1956, p. 74; Victor Uckmar, *Principi Comuni di Diritto Costituzionale*

Os efeitos nocivos da locução "capacidade contributiva" são de tal amplitude e virulência que SCOTTO concluiu ser aquela expressão um genuíno "*passe-partou*" que, quando utilizado

---

Tributario, edam, 1959, p. 58; Giuliani Fonrouge, *Derecho Financiero*, vol. I, Buenos Aires, 1962, p. 276; A. Berliri, *Principi di Diritto Tributario*, vol. II, Milano, 1957, tomo 1, p. 224; F. Sáinz de Bujanda, *Hacienda y Derecho*, Madrid, 1955, p. 432; Romanelli-Grimaldi, "Metodología del Derecho Financiero", in *Revista de Derecho Financiero y de Hacienda Pública*, vol. XI, Madrid, junho de 1961, fasc. 42, p. 757; Dertilis, "Le principe de la justice fiscale dans les constitutions helléniques", in *Archivio Finanziario*, vol. II, 1951, p. 96; Emilio Giardina, *Le Basi Teoriche del Principio della Capacità Contributiva*, Milano, 1961, pp. 3-4; e mais a bibliografia, no mesmo sentido, citada por este último autor e que é a seguinte: Sax, "Principi teoretici di economia di Stato", (1887), trad. ital., in *Biblioteca dello Economista*, série V, vol. XV, pp. 372-3; Cohen Stuart, "Contributo alla teoria della imposta progressiva sul reddito", trad. ital. di Loria, in *Biblioteca dell'Economista*, série V, vol. XV, p. 421; Graziani, *Istituzioni di Scienza delle Finanze*, 3ª ed., Torino, 1929, p. 223 e ss.; Shirras, *The Science of Public Finance*, vol. I, London, 1924, p. 163; Borgatta, *Appunti di Scienza delle Finanze e Diritto Finanziario*, Milano, 1935, p. 258 e ss.; L. V. Berliri, "La giusta imposta", in *Annuario di Diritto Comparato e di Studi Legistativi*, 3ª série, vol. XIX, fase. 3, p. 324; D'Albergo, *Economia della Finanza Pubblica*, vol. I, Bologna, 1952, p. 341 e ss.; De Luca, *Manuale di Scienza delle Finanze*, Napoli, 1944, p. 58; Del Vecchio, *lntroduzione alla Finanza*, 2ª ed.; Padova, 1957, pp. 234-5; Einaudi, *lntroduzione a Berliri*, op. cit.; Fanno, *Elementi di Scienza delle Finanze*, 15ª ed., Torino, 1950, p. 81 e ss.; Garino-Canina, *Corso di Scienza delle Finanze*, Torino, 1950, pp. 128-9; Gangemi, *Elementi di Scienza delle Finanze*, 4ª ed., Napoli, 1948, vol. 1, pp. 424-5; Griziotti, "I principi distributivi delle imposte moderne sul reddito e sugli acquisti rendite e di incrementi di capitali", (1909), riprodotto in *Studi di Scienza delle Finanze e Diritto Finanziario*, Milano, 1956, vol. I, pp. 148-9; Masci, *Corso di Scienza delle Finanze e Diritto Finanziario*, Roma, 1937, pp. 216-7; Myrdal *L'Elemento Politico nella Formazione delle Dottrine dell'Economia Pura*, (1932), trad. ital., Firenze, 1943, p. 171 e ss.; Ricci, "Sur la théorie de la capacité contributive", in *L'Egypte Contemporaine*, 1932, p. I e ss.; Stamp, "I principi fondamentali dell'imposizione in rapporto ai moderni sviluppi", trad. ital., di D'Albergo e Borgatta, in *Nuova Cotlana di Economisti*, vol. 9, p. 399 e ss.; Papi, *Teoria della Condotta Economica dello Stato*, Milano, 1956, p. 79; Steve, *Lezioni di Scienza delle Finanze*, 2ª ed., Padova, 1959, p. 245 e ss.; Zingali, *Lezioni di Scienza delle Finanze*, Catania, 1957, pp. 296-7; Heer, "The property tax as a measure of ability", in *Tax Poticy League*, *Property Taxes*, New York, 1940, p. 155 e ss., spec. p. 158-60; Scotto, *Atti del I Convegno di Studi della Società per lo Studio deI Problemi Fiscali sul Tema "Natura ed Effectti Economici di un'Imposta sulle Società"*, Milano, 1955, p. 356; *Vickrey*,

com habilidade dialética, pode justificar ou explicar tudo o que se quiser.[1239] Por isso DALTON recomenda que: "seria conveniente, no interesse da claridade do pensamento, que a frase 'capacidade imponível' fosse desterrada de todo o estudo sério de finanças públicas".[1240]

"A ambiguidade da expressão conduziu à confusão de linguagem e, a seguir, correlativamente, à das ideias. As críticas e as censuras dirigidas às doutrinas de um determinado conteúdo, fizeram-nas convergir sobre outras, da mesma elástica denominação, mas de postulados e corolários diversos. Sob a comum etiqueta foram incluídos princípios e teorias profundamente diferentes nos pressupostos e nas lógicas implicações."[1241]

"Ora, se facilmente se consegue constatar a antiguidade da formulação do cânone distributivo dos ônus públicos, segundo um critério que se refira às atividades individuais, não é com igual facilidade que se poderá fixar, de modo claro e preciso, a origem e o desenvolvimento da teoria da capacidade contributiva, tornada como um corpo coerente e sistemático de doutrinas, deduzidas de claros e lógicos postulados. A equivocabilidade do significado da expressão exerce uma importante função neste

---

Agenda for Progressive Taxation, New York, 1947, pp. 3-4 e 374-5; Blum e Kalven, *The Uneasy Case for Progressive Taxation*, Chicago, 1953, p. 64; Brownlee e Allen, *Economics of Public Finance*, 2ª ed., Englewood Cliffs, 1956, p. 195; Shultz e Harris, *American Public Finance*, 6ª ed., Englewood Cliffs, 1956, p. 196; Blough, *The Federal Taxing Process*, New York, 1952, p. 400; *Kaldor*, *An Expenditure Tax*, London, 1958, p. 26; Wilhelm, *Der Gedanke der Steuergerechtigkeit in der neueren Finanzwissenschaft*, Zürich, 1952, pp. 93 e ss.; K. Schmidt, *Die Steuerprogression*, Basel-Tübingen, 1960, pp. 41 e ss.

1239. Scotto, *Atti del I Convegno di Studi della Società per lo Studio del Problemi Fiscali sul Tema "Natura ed Effetti Economici di un'Imposta sulle Società"*, Milano, 1955, apud Uckmar, *Principi Comuni di Diritto Costituzionale Tributario*, Cedam, 1959, p. 58.

1240. Hugh Dalton, *Principios de Finanzas Públicas*, Buenos Aires, 1953 (trad. da 11ª ed., London, 1941), Capitulo XII, § 5º, p. 192.

1241. Emilio Giardina, *Le Basi Teoriche del Principio della Capacità Contributiva*, Milano, 1961, p. 6.

sentido, permitindo reunir, graças ao formal e extrínseco vínculo de uma locução, autores com pontos de vista os mais disparatados e teorias de conteúdo o mais diverso."[1242]

"A verdade", conclui Emilio Giardina, "é que cada autor conserva uma própria individualidade que não se submete a uma tentativa de classificação nítida e definida, e que muitas construções sobre princípios distributivos dos encargos públicos apresentam, variadamente combinadas, diversos motivos de indagação. Estes, isoladamente tomados, permitiriam sistematizar as suas indagações segundo determinados esquemas, mas considerados, como é necessário, no seu complexo e no seu contexto, impedem de efetuar tais cortes nítidos e de construir categorias bem definidas. O entrelaçar-se destes vários motivos, nos trabalhos singulares, ajuda a explicar a disparidade dos resultados aos quais chegam estudiosos que, todavia, derivam suas indagações dos mesmos postulados; bem como a substancial concordância de visão que se encontra entre sistemas, os quais, contudo, afiguram-se profundamente antitéticos pela imposição dos princípios ou métodos de investigação."[1243]

130. Constitucionalização do equívoco

A velhice do princípio e a ambiguidade da locução "capacidade contributiva" mergulharam filósofos, financistas e juristas em alucinante balbúrdia[1244] e para que a confusão ficasse total, as modernas constituições canonizaram o princípio da capacidade contributiva, convertendo-o em *regra constitucional*, do Estado.[1245] É a constitucionalização do equívoco.

1242. Emilio Giardina, *Le Basi Teoriche del Principio della Capacità Contributiva*, Milano, 1961, p. 7

1243. Idem, p. 10.

1244. Ver ns. 128-129.

1245. A relação destas constituições encontra-se em Victor Uckmar, *Principi Comuni di Diritto Costituzionale Tributario*, Cedam, 1959, pp. 56-57, notas 6 e 7.

A sociedade humana atravessa uma fase de transição,[1246] cuja característica essencial na época atual é a *ambiguidade*.[1247] Esta ambiguidade afeta os atos e as instituições, o comportamento individual e as atitudes coletivas, de tal modo que a democracia governante repousa sobre a *constitucionalização de equívocos*.[1248]

Brasil (1946). Art. 202: "Os tributos terão caráter pessoal, sempre que for possível, e serão graduados conforme a capacidade econômica do contribuinte".

Itália (1947). Art. 53: "Todos estão obrigados a concorrer para a despesa pública na razão de sua capacidade contributiva. O sistema tributário está estruturado segundo o critério da progressividade".

Venezuela (1947). Art. 232: "O regime nacional da receita será organizado e funcionará sobre bases de justiça e de igualdade tributária a fim de atuar uma repartição de impostos e contribuições progressiva e proporcional à capacidade econômica do contribuinte, à elevação do nível de vida e o poder de aquisição dos consumidores e à proteção, e não somente o incremento, da produção nacional".

Jordânia (1952). Art. 111: "O governo, na imposição das taxas, deve ater-se ao princípio de uma taxação progressiva respeitando a igualdade e a justiça social e não deve ultrapassar a capacidade de pagamento dos taxados e a necessidade do estado de dinheiro".

Espanha (1945). Art. 19: "Os espanhóis deverão contribuir para a despesa pública, na medida de sua capacidade econômica".

Iugoslávia (1946). Art. 42: "A obrigação de pagar os impostos é geral e proporcional à possibilidade econômica de cada cidadão".

Grécia (1951). Art. 3º: "Os cidadãos gregos contribuem sem distinção para os ônus públicos, em proporção de sua possibilidade".

Equador (1906-1907). Art. 182: "Os impostos deverão ser estabelecidos em proporção da capacidade econômica do contribuinte".

Bulgária (1947). Art. 94: "Os ônus fiscais são divididos entre todos os cidadãos proporcionalmente à sua possibilidade econômica".

Albânia (1946). Art. 33: "Todos os cidadãos estão obrigados ao pagamento dos impostos em proporção de sua possibilidade econômica".

1246. G. Burdeau, *Traité de Science Politique*, vol. VI, Paris, 1956, nº 1, p. 7 e ss. e nº 3, p. 11 e ss.

1247. Idem, nº 2, p. 9 e ss. e nº 5, p. 16.

1248. Idem, nº 5, p. 16 e ss.

O equívoco é constitucionalizado porque "tous est à la fois sauvegardé et promis, si bien que l'ordre juridique, abandonné à la fluctuation des contingences, offre le spectacle d'un bivouac provisoire aménagé pour l'attent. Le définitif, le solide, l'harmonieux sont inclus dans les plans; mais, en attendant, on campe".[1249]

Todas as vezes que uma civilização se transforma, verifica-se – não "le déclin du droit" – mas a crise de *metamorfose* do Direito: a legislação jovem feita de "slogans" e princípios programáticos ainda não é Direito, enquanto que a legislação velha e esclerosada pela abundância de regramentos minuciosos que a tomam impraticável, deixou de ser Direito.[1250]

Por isto, Georges Burdeau pergunta: "Il y a, dans les constitutions, des articles que sont de véritables incantations; il en est d'autres dont l'objet est de réserver des possibles; d'autres encore dont tout l'effet concevable est d' apaiser des nostalgies. Mais ou est le règle efficace, ou est l'autoritè vraie, la puissance animatrice du mécanisme?".[1251] "Le régime a peu de style, certes; la molesse du trait et l'accumulation des bonnes intentions le font confus, verbeux et gris. Avec plus grandeur, pourrait-il rester fídèle à ce peuple réel dont il consacre l'avenement?".[1252]

"Mas, se admite a elasticidade da locução", adverte Emilio Giardina, "e a sua falta de significado preciso e unívoco, deve parecer claro que tais princípios, ideais, declarações constitucionais, figuras dogmáticas, não fogem à censura de vacuidade e indeterminação. Os princípios tributários fundamentais expressos pelas constituições modernas não seriam, em definitivo, que palavras vazias, privadas de qualquer significado

1249. Idem, p. 17.

1250. R. Savarier, *Les Métamorphoses Economiques et Sociales du Droit Civil d'Aujourd'hui*, 2ª ed., Paris, 1952, p. 17 e na 2ª série, Paris, 1959, das *Métamorphoses*, p. 45.

1251. G. Burdeau, *Traité de Science Politique*, Paris, vol. VI, 1956, p. 18.

1252. Idem, ibidem.

concreto, menos que manifestações de boas intenções, seriam formas litúrgicas para pronunciar-se diante do altar do mito da justiça, ao qual é oportuno elevar um pouco de incenso, mas para o qual é suficiente uma verbal oferenda."[1253]

As modernas constituições canonizaram o princípio da capacidade contributiva e, diante da constitucionalização do equívoco, os juristas dividiram-se em duas correntes doutrinárias frontalmente opostas, no tocante à *natureza* desta regra constitucional. A primeira corrente doutrinária considera tal regra de natureza apenas *programática*; a segunda entende que se trata de genuína regra *jurídica*.

Natureza programática – A corrente doutrinária que reúne o maior número de juristas vê, na regra constitucional que consagrou o princípio da capacidade contributiva, uma regra de natureza meramente *programática*. Regra vazia de juridicidade. Regra de conduta à qual falece coercibilidade. Não obriga, nem o legislador ordinário, nem o juiz. Oferece uma orientação respeitável, porém não coercível. Recomendação sedutora destinada a apaziguar nostalgias de uma Justiça impraticável.[1254]

1253. Emilio Giardina, *Le Basi Teoriche del Principio della Capacità Contributiva*, Milano, 1961, p. 5. Este autor considera a regra constitucional que juridiciza o "princípio da capacidade contributiva", não uma regra programática, mas sim uma verdadeira regra jurídica (op. cit., pp. 428-31; 437-44).

1254. No sentido da natureza apenas programática: Rubens Gomes de Sousa, *Compêndio de Legislação Tributária*, 3ª ed., Rio de Janeiro, 196O, nº 23, pp. 74-75 e também na *Revista de Direito Administrativo*, vol. 26, Rio de Janeiro, 1951, p. 445; Pontes de Miranda, *Comentários à Constituição de 1946*, 3ª ed., vol. VI, Rio de Janeiro, 1960, p. 427; Carlos Maximiliano, "Comentários à Constituição Brasileira", 5ª ed., vol. III, Rio de Janeiro, 1954, nº 638, p. 269; Fernando Arché-Domingo, "Consideraciones sobre el Hecho Imponible", in *Revista de Derecho Financiero y de Hacienda Pública*, vol. X, Madrid, setembro, 1960, nº 39, p. 565; A. D. Giannini, *I Concetti Fondamentali di Diritto Tributário*, Tórino, 1956, p. 74-76; Gustavo Ingrosso, "I tributi nella nuova Costituzione italiana", in *Archivio Finanziario*, vol. I, 1950, p. 158 e ss. especialmente p. 163; B. Cocivera, *Principi di Diritto Tributario*, vol. I, Milano, 1959, pp. 30-32; Salvatore Bartholini, *Il Principio di Legalità dei Tributi in Materia di Imposte*, Cedam, 1957, p. 105; Dertilis, "Le principe de la justice

Natureza jurídica – A segunda corrente doutrinária considera a regra constitucional uma genuína regra *jurídica*. Regra jurídica que *vincula o legislador ordinário*, obrigando-o a escolher para a composição da hipótese de incidência das regras jurídicas tributárias, fatos que sejam signos presuntivos de renda ou capital acima do mínimo indispensável. A desobediência pelo legislador ordinário desta regra jurídica constitucional provoca a *inconstitucionalidade* da lei tributária.[1255] A regra de conduta, juridicizada pela regra constitucional em foco, *também se dirige ao juiz*. Este fica obrigado a investigar se os fatos (previstos na hipótese de incidência como signo pre-suntivos de renda ou capital acima do mínimo indispensável) ainda continuam a admitir tal presunção em cada *caso concreto singular*. Se a resposta for *negativa*, o juiz está juridicamente obrigado pela regra constitucional a "deixar de aplicar" a lei tributária (mais precisamente: o juiz deverá concluir pela

fiscale dans les constitutions helléniques", in *Archivio Finanziario*, vol. II, 1951, pp. 96, 98; Romanelli-Grimaldi, "Metodología del derecho financiero", *Revista de Derecho Financiero y de Hacienda Pública*, vol. XI, Madrid, junho de 1961, fasc. 42, pp. 757-58; Amorth, *La Costituzione Italiana*, Milano, 1948, p. 70; Crosa, *Corso di Diritto Costituzionale*, parte II, *La Costituzione*, Torino, s. d., p. 70; Pergolesi, *Diritto Costituzionale*, Padova, 1959, p. 619; Biscaretti di Ruffia, *Diritto Costituzionale*, Napoli, 1958, p. 625; Ambrosini, *Diritto Costituzionale*, Roma, 1950, p. 34; D'Eufemia, *Elementi di Diritto Costituzionale*, Napoli, 1950, p. 170; Mazziotti, *Il Diritto di Lavoro*, Milano, 1956, p. 47; Balladore-Pallieri, *La Nuova Costituzione Italiana*, Milano, 1948, p. 63; e in *Diritto Costituzionale*, Milano, 1959, pp. 381-82; A. D'Angelillo, *Le Frodi Fiscali*, vol. II, Milano, 1952, p. 351; Giorgetti, "I principi tributari nella nuova Costituzione italiana", in *Il Risparmio*, 1956, p. 525 e ss.; Aster Rotondi, "Spigolature di Giurisprudenza in rapporto alla cosiddetta interpretazione funzionale delle leggi tributarie", in *Archivio Finanziario*, vol. II, Cedam, 1951, p. 447 e ss.

1255. Neste sentido: Aliomar Baleeiro, *Limitações constitucionais ao poder de tributar*, 2ª ed., Rio de Janeiro, 1960, pp. 279-80, 289, 335-36; Emilio Giardina, *Le Basi Teoriche del Principio della Capacità Contributiva*, Milano, 1961, pp. 428-31, 437-44; A. Berliri, *Principi di Diritto Tributario*, vol. II, Milano, 1957, tomo 1, pp. 222-23; Arnaldo de Valles, "Limiti costituzionali alle leggi tributarie", *Rivista di Diritto Finanziario e Scienza delle Finanze*, Milano, 1958, parte 1, p. 7, especialmente pp. 9-10; Cereti, *Corso di Diritto Costituzionale*, Toriro, 1958, p. 321.

irrealização da hipótese de incidência e, pois, não haver acorrido a incidência da regra jurídica tributária).[1256]

Crítica de ambas doutrinas – A verdadeira natureza da regra constitucional em exame não é a sustentada pela primeira corrente doutrinária e nem é a defendida pela segunda. Não existe uma terceira natureza e seria ingenuidade sugerir uma natureza híbrida. Ambas as doutrinas pecam por excesso. Por pretenderem sustentar a amplitude extrema de suas respectivas teses (a primeira: negando *qualquer* eficácia jurídica; a segunda: afirmando *total* eficácia jurídica, a ponto de vincular até o juiz), nenhuma jamais alcançará convencer à outra, visto que cada uma se aferra na visão unilateral de uma parcela da verdade.

A) A primeira doutrina. Seu erro é negar *qualquer* eficácia à regra constitucional em foco. Uma serena análise científico-jurídica do problema demonstrará que, apesar de haver no caso o mais notável exemplo de constitucionalização do equívoco, ainda é possível encontrar naquela regra constitucional *um mínimo de certeza e praticabilidade* que revelam *sua juridicidade* e que delimitam o *restrito* campo de sua eficácia jurídica. É o que se demonstrará nos números seguintes.[1257]

B) A segunda doutrina. Seu desacerto é estender a eficácia jurídica da referida regra constitucional de modo a abranger o *juiz* no momento em que este analisa os fatos signos presuntivos de renda ou capital, *em cada caso concreto singular* e em relação a um determinado contribuinte. O juiz pode declarar

---

1256. Aliomar Baleeiro, *Limitações constitucionais ao poder de tributar*, 2ª ed., Rio de Janeiro, 1960, pp. 279-80, 289, 337; Amilcar de Araújo Falcão, *Introdução ao Direito Tributário*, Rio de Janeiro, 1959, p. 30, nº 36; Emilio Giardini, *Le Basi Teoriche del Principio della Capacità Contributiva*, Milano, 1961, pp. 446-47; A. Berliri, *Principi di Diritto Tributario*, vol. II, Milano, 1957, tomo I, pp. 222-24.

1257. Ver ns. 131-132.

a inconstitucionalidade da lei tributária exclusivamente *sob o ângulo do legislador ordinário* e nunca sob o ângulo de um determinado indivíduo que realizou a hipótese de incidência no caso singular. O juiz está juridicamente obrigado a declarar a inconstitucionalidade da lei tributária se o legislador tiver escolhido para composição de sua hipótese de incidência fatos que *não* são signos presuntivos de renda ou capital acima do indispensável.[1258] Entretanto, se a hipótese de incidência atendeu à regra constitucional, por ser uma *presunção* de renda ou capital acima do indispensável, então, o juiz não poderá nunca "deixar de aplicar" a lei tributária (não poderá deixar de reconhecer a incidência da regra jurídica tributária), mesmo que aquela presunção não se realize num determinado caso concreto singular. Permitir que o juiz, em cada caso concreto singular e sob o fundamento acima indicado "deixe de aplicar" a lei tributária, significa:

a) perder toda a certeza e praticabilidade do Direito;[1259]
b) desconhecer que a criação da regra jurídica necessariamente deforma a realidade e lhe imprime um determinismo artificial;[1260]
c) substituir o Direito pela Moral;[1261]
d) confundir validade e justiça da regra jurídica;[1262]
e) inverter toda a fenomenologia jurídica, pois, a referida regra jurídica tributária tem estrutura lógica e atuação dinâmica idêntica à da regra jurídica que estabelece presunção *juris et de jure*.[1263]

1258. O mínimo de renda e capital indispensável não fica ao arbítrio do juiz; ver ns. 139-140.

1259. Ver ns. 21-22.

1260. Ver ns. 22-23.

1261. Ver nº 24.

1262. Ver nº 25.

1263. Ver ns. 133-140.

131. Regra de Direito Natural é o "princípio da capacidade contributiva" – sua "ripugnanza" a uma juridicização

A origem histórica do princípio da capacidade contributiva,[1264] bem como a fertilíssima proliferação de teorias, cada uma sustentando uma especial visão do problema de tal modo que é impossível agrupá-las em diferentes sistemas orgânicos,[1265] são dois fatos que denunciam a natureza essencialmente *jusnaturalista* do princípio da capacidade contributiva. Diante do princípio da capacidade contributiva, cada autor não toma *conhecimento*, mas sim *posição*; isto é, desenvolve um trabalho que não é a *constatação objetiva* de um fato, mas sim a *valorização subjetiva* deste fato em relação ao *conceito de bem comum* (autêntico ou falso) que, consciente ou inconscientemente, cada autor justiça tributária.[1266] Em síntese: o princípio da tributação segundo a capacidade contributiva é uma *genuína regra de Direito Natural.*

"Na verdade, '*princípio*' designa qualquer coisa que se contrapõe conceitualmente", ensina Emilio Betti, "ao acabamento, à consequência que dele se origina, e, assim, à norma acabada e formulada: é a ideia *germinal*, o critério de valorização, do qual a norma constitui a manifestação, baixada numa específica formulação preceptiva. Ele faz confrontação ao problema prático resolvido pela norma: inspira-lhe a *ratio juris* sob o aspecto teleológico, enquanto fornece-lhe o critério

1264. Ver nº 128.

1265. Ver ns. 129-130.

1266. Emilio Giardina, *Le Basi Teoriche del Principio della Capacità Contributiva*, Milano, 1961, p. 5, observa: "A locução ("capacidade contributiva"), ocorre ainda nas inúmeras discussões sobre reforma dos sistemas tributários, havendo o cânone das contribuições em razão das capacidades fiscais assumido a veste de um postulado aceito por todos; e visto que tende-se a identificar sempre mais os ideais de justiça e igualdade na tributação com tal princípio, assim, em definitivo, tal locução tornou-se sinônimo de justiça tributária", Mises, *Human Action*, trad. ital., Torino, 1959, p. 706: "o princípio da capacidade contributiva foi elevado à dignidade de um postulado de justiça fiscal", *apud* Emilio Giardina, op. loco cit., nota 4.

de solução. Ora, porém, *precisamente aqui, entrechoca-se uma insuperável antinomia*, entre, de um lado, a exigência, que cada preceito jurídico põe, de ser formulado em termos normativos, que permitam uma interpretação jurídica e uma construção dogmática, e do outro lado, a *'ripugnanza'* que os princípios gerais contrapõem a uma *precisa formulação preceptiva*, enquanto afirmam orientação e ideais de política legislativa, capazes de uma indefinida e, quase se diria, inexaurível virtualidade."[1267]

"Na verdade, tais orientações e ideais político-legislativos", prossegue EMILIO BETTI, "nos quais cada Direito Positivo historicamente determinado encontra suas matrizes, *mas não as suas fontes*, comportam uma acentuação variável segundo os tempos, as situações históricas e a consciência social chamada a apreciar-lhe o valor: por isso outra coisa não se admite – salvo em períodos revolucionários – que uma atuação gradual e uma progressiva recepção no direito positivo. Disto deriva que cada tentativa de fixar, reduzir e traduzir em termos *preceptivos* os princípios gerais que ali se afirmam, quando convertidos em fonte de direito, antes que o processo histórico de maturação tenha alcançado o seu término, é, por necessidade conatural, ilusória e destinada a fracassar."[1268]

"Isto, de fato, não consegue conferir àqueles princípios", continua EMILIO BETTI, "uma eficiência obrigatória bem definida, que lhes imponha uma plena, rigorosa e controlável observância, mas vale para confirmar-lhes o valor de critérios diretivos para a interpretação e de critério programático para o progresso da legislação, ou, quando muito, serve para traduzir-lhes em regras gerais derrogáveis, prontas a ceder diante de uma precisa disposição em contrário. Certamente a finalidade geral do ordenamento jurídico toca os mais profundos problemas éticos e políticos da vida social; e uma legislação genial é

1267. E. Betti, *Teoria Generale della.Interpretazione*, vol. II, Milano, 1955, p. 846 (grifou-se).

1268. Idem, ibidem, pp. 846-47 (grifou-se).

aquela que sabe encontrar e apreciar os verdadeiros valores da civilização no momento histórico em que entra em vigor. Mas não menos importante da sensibilidade por tais valores é a idoneidade dos meios escolhidos para assegurar a tutela: *e aqui entra em jogo cânones atinentes à técnica da atividade legisladora, da qual não se pode descurar sem tonar ilusória a eficácia vinculante das próprias enunciações.* Assim, por exemplo, não poucas enunciações da recente "constituição" italiana, quando são examinadas à luz daquela técnica, se apresentam ou como meras enunciações programáticas, carentes de conteúdo preceptivo, e por isto abandonadas para que com o tempo se lhe descubra o sentido, ou ilusórias fórmulas de compromissos entre partidos."[1269]

"Mas o fenômeno da discrepância", observa EMILIO BETTI, "entre a norma constitucional, que deveria ser verdadeira norma jurídica dotada de eficácia vinculante, e o ideal de política legislativa, que se procurou captar, fixar e exprimir naquela fórmula adequada, não é nada raro: esse fenômeno encontra-se também nas 'declarações de direito' e nas 'cartas constitucionais' emanadas no dia seguinte ao das autênticas revoluções, como aquelas de 1789 e 1848. Na perene dialética entre eternidade de valores e contingência de situações históricas, que está na base da dinâmica do direito, juristas e historiadores assistem e participam a renovada ilusão de aditar à humanidade o rumo definitivo de seu laborioso caminho. Aquilo que a nós resta a augurar, diante destas e outras tentativas de fixar em dogmas e em cogentes diretivas o curso da vida social e internacional, é que não se ergam instituições que possam, praticamente, cristalizar o desenvolvimento histórico e interpor barreiras intransponíveis à espontânea evolução da humanidade, nem se estabeleçam oficialmente fórmulas e dogmas que, criando novas fórmulas de intolerância ideológica, entravem e criem obstáculos à plena liberdade de discussão científica."[1270]

1269. Idem, ibidem, pp. 847-48 (grifou-se).

1270. Idem, ibidem, p. 848.

"Ora, os juristas que, em cada tempo", adverte EMILIO BETTI, "têm elaborado doutrinas e ensinamentos de *direito natural,* que transcendiam os confins de um determinado direito positivo, e aqueles que, em tempos recentes, tem entendido que se deve refazer tais ensinamentos e doutrinas para identificar os princípios gerais de direito, *intuíram precisamente tal excesso de conteúdo axiológico, que caracteriza os princípios gerais, e deram-se conta de sua 'ripugnanza' por uma formulação em termos preceptivos*: a qual comprometeria o caráter de racionalidade e acabaria por reduzi-lo ao nível de outra norma qualquer. Nestes princípios opera uma virtualidade e uma força de expansão, mas não já de índole lógica e dogmática, porém de índole valorativa e axiológica: força não já de 'verdade' e de razão teorética, *mas de valores éticos e da sua valorização*, que gradualmente amadurecem e se afirmam com bases em situações históricas contingentes."[1271]

"Em conclusão, os princípios gerais de direitos devem ser concebidos", mostra EMILIO BETTI, "não já como o resultado, extraído *a posterion,* de um árido procedimento de sucessivas abstrações e generalizações, mas como soma, valorizações normativas, princípios e critérios de valorização, constituindo o fundamento da ordem jurídica e tendo uma função *genética* em relação às normas *singulares*. Eles devem ser considerados não somente sob o ângulo dogmático, como critérios que estão na base de soluções legislativas, na medida em que o direito positivo nele está fundamentado, mas, além disso, sob um aspecto dinâmico, como exigências de política legislativa que não se esgotam nas soluções acolhidas, embora se deve tê-los presentes seja como diretivas e instrumentos de interpretação em relação aos casos 'dúbios', seja como diretrizes e orientações para continuar no progresso da legislação."[1272]

1271. Idem, ibidem, p. 850 (grifou-se).

1272. Idem, ibidem, pp. 851-52 (grifou-se).

132. Conceito jurídico-constitucional de "capacidade contributiva" e sua eficácia jurídica

A certeza e a praticabilidade são atributos essenciais da juridicidade.[1273] Embora a regra constitucional que "canoniza" o princípio da capacidade contributiva seja um exemplo notável do fenômeno político contemporâneo da constitucionalização dos equívocos,[1274] e não obstante aquele princípio de Direito Natural oferecer uma "ripugnanza" a sua juridicização,[1275] apesar de tudo, naquela regra constitucional ainda se encontra um *mínimo de certeza e praticabilidade* que revela a sua natureza *jurídica* e fixa sua restrita *eficácia jurídica.*

O Direito Natural não oferece ao direito positivo nenhuma regra jurídica pré-fabricada. O princípio de Direito Natural não deve ser "canonizado" pelo jurista que apenas constataria a existência de sua "juridicidade" espontânea. Na verdade, o jurista recebe o princípio jusnaturalista como "dado" pré-jurídico que, em harmonia com outros "dados" de outras ciências (ex.: finanças públicas, política fiscal) o auxiliará na construção da regra jurídica.[1276] O Direito (a regra jurídica) não existe para moralizar o homem, mas para ser um instrumento praticável que promova um bem comum (autêntico ou falso) realizável (não apenas ideal ou utópico).[1277]

A construção de toda e qualquer regra jurídica importa, sempre e necessariamente, numa maior ou menor deformação

---

1273. Ver ns. 21-22.

1274. Ver ns. 128-130.

1275. Ver nº 131.

1276. J. Dabin, *Théorie Générale du Droit*, 2ª ed., Bruxelles, 1953, ns. 127, 128, 132, 133, 145, 165, 248; G. Burdeau, *Traité de Science Politique*, vol. I, Paris, 1949, nº 256 (p. 305) até nº 179 (p. 334); N. Babbio, *Teoria della Norma Giuridica*, Torino, 1958, pp. 49-54 e *Teoria della Scienza Giuridica*, Torino, 1950, pp. 29-34; J. Haesaert, *Théorie Générale du Droit*, Bruxelles, 1948, pp. 84-90; E. Betti, *Teoria Generale della Interpretazione*, vol. II, Milano, 1955, pp. 844-64.

1277. Idem, nº 249; J. Haesaert, *Théorie Générale du Droit*, Bruxelles, 1948, pp. 88-89. Conceito de bem comum autêntico ou falso, ver nosso nº 49.

da realidade que lhe serve de matéria-prima.[1278] Esta deformação atinge o máximo de constrição quando a matéria-prima é um princípio de Direito Natural.

O princípio de Direito Natural concentra no seu âmago um *excesso* de conteúdo deontológico que provoca uma "ripugnanza" à sua consagração integral pelo direito positivo. Noutras palavras, o princípio de Direito Natural, ao ser juridicizado, sofre necessariamente uma forte *deformação* constritora.[1279]

A referida deformação constritora:

a) ocorre no momento da construção da regra jurídica cuja ideia germinal ou fecundante foi o princípio jusnaturalista;

b) e permanece no momento hermenêutico quando se investiga a incidência da regra jurídica.[1280]

Sem a indicada deformação no momento "a" resultará uma regra jurídica *impraticável.*[1281] E, se no momento "b" a diretriz jusnaturalista fosse libertada da constrição positiva,

1278. Ver ns. 23; 133-140.

1279. Ver ns. 24, 131.

1280. Embora com relação ao momento "a" (construção da regra jurídica) Emílio Bani se mostre bem claro quanto à necessidade e à natureza da deformação *(Teoria Generale della lnterpretazione*, vol. II, Milano, 1955, pp. 846, 849, 850, 812-16); a mesma clareza já não lhe assiste quando se refere à dinâmica deformadora no momento "b" (hermenêutica na fase da "aplicação" – incidência – da regra jurídica). Neste momento "b", Emilio Betti às vezes parece inclinado a admitir um acentuado afrouxamento da constrição deformadora a fim da "melhor" adaptação (incidência) da regra jurídica à realidade histórica (op. cit., pp. 851-52; 857-58).

Percebendo que sua tese no momento "b" contradiz a sua tese no momento "a", Emilio Betti procura demonstrar que esta contradição não existe ou é apenas aparente, mas nesta brilhante tentativa ele, implicitamente, oferece os mais agudos e decisivos argumentos que demonstram estar perdida a *certeza* e *utilidade* do Direito Positivo, quando aquela deformação restringidora é libertada no momento "b" (hermenêutica na fase da "aplicação" – incidência – da regra jurídica) (op. cit., pp. 863-64; 815-16).

1281. Ver nº 21.

resultaria uma regra jurídica *imprestável* porque estaria perdida sua *certeza*.[1282]

No momento em que o "princípio de capacidade contributiva" recebeu *a juridicização* mediante sua formulação como regra *jurídica* constitucional, este princípio necessariamente sofreu violenta pressão *constritora* (recorde-se seu excesso de conteúdo deontológico e sua conatural "ripugnanza" à formulação preceptiva) que deformou seu conteúdo, reduzindo-o a um *mínimo* de certeza e praticabilidade, isto é, a uma regra constitucional cuja regra (norma preceptiva) é muito *simples* e cuja eficácia jurídica é muito *restrita*. O conceito desta regra e alcance de sua eficácia jurídica estão a seguir discriminados.

Primeira constrição jurídica ao conceito de capacidade contributiva – (Proporcionalidade a um único tributo) – No mundo jurídico, a primeira e fundamental constrição que sofre o conceito de capacidade contributiva, é a exclusão do conceito de capacidade contributiva *global*. A capacidade contributiva global é o montante da riqueza (renda e capital) de um determinado indivíduo em relação à *totalidade* do sistema jurídico tributário; isto é, a proporção entre a riqueza deste indivíduo e *todos* os tributos que ele deverá pagar dentro, por exemplo, do ciclo do orçamento público.

A capacidade contributiva é aferida mediante a relação que se estabelece entre a riqueza de um indivíduo e a carga tributária por ele suportada. Quando o princípio da capacidade contributiva penetra no mundo jurídico, a primeira deformação constritora que este princípio sofre é a seguinte: a riqueza de um determinado indivíduo é relacionada a um *único* tributo. No plano jurídico, a relação entre a carga tributária e o montante da riqueza do contribuinte é feita sempre e exclusivamente em relação a cada tributo *tomado isoladamente dos demais*.[1283]

1282. Ver nº 22.

1283. Emilio Giardina, *Le Basi Teoriche del Principio della Capacità Contributiva*, Milano, 1961, pp. 395-99.

Segunda constrição jurídica ao conceito de capacidade contributiva – (Fatos-signos presuntivos de renda ou capital) – A segunda deformação constritora que sofre o conceito de capacidade contributiva ao penetrar no mundo jurídico é a seguinte: a riqueza do contribuinte (que está sendo relacionada com o tributo singular) não é a totalidade da riqueza do contribuinte, mas unicamente *um fato-signo presuntivo* de sua renda ou de capital.

A capacidade contributiva é aferida, *a priori,* mediante a relação que se estabelece entre a riqueza de um indivíduo e a carga tributária por ele suportada. Viu-se que a primeira constrição que sofre o princípio da capacidade contributiva, ao ser juridicizado, relaciona exclusivamente um único tributo (e não a totalidade dos tributos vigentes). Agora, verifica-se que, no outro polo desta relação de capacidade contributiva, não se situa a totalidade da riqueza do contribuinte, mas exclusivamente *um fato-signo presuntivo* de sua renda ou capital.[1284]

Terceira constrição jurídica ao conceito de capacidade contributiva (mínimo indispensável) – A terceira e última deformação sofrida pelo princípio da capacidade contributiva, ao ingressar no mundo jurídico, resumem-se nisto: renda ou capital presumido deve ser renda ou capital *acima do mínimo indispensável.*[1285] Por exemplo: constitui renda e capital *abaixo* do mínimo indispensável: o salário que as leis trabalhistas definirem como salário-mínimo; o consumo de bens indispensáveis à sobrevivência, exemplo: água, sal, açúcar, leite, pão, carne, verduras; a utilização de bens indispensáveis, exemplo: casa de moradia, vestuário.

Primeiro alcance da eficácia jurídica – A regra jurídica constitucional que juridicizou o "princípio da capacidade contributiva" tem eficácia jurídica exclusivamente perante o *legislador ordinário.* Somente o legislador ordinário está juridicamente obrigado

1284. Idem, pp. 439, 444, 450-51.

1285. Idem, pp. 447-51.

por esta regra constitucional e sua obrigação consiste no seguinte: ele deverá escolher para a composição da hipótese de incidência da regra jurídica criadora do tributo, exclusivamente *fatos que sejam signos presuntivos de renda ou de capital*. A desobediência, pelo legislador ordinário a esta regra constitucional, tem como consequência a *inconstitucionalidade da lei*. Por exemplo: será inconstitucional a criação de tributo ou a criação de sua alíquota segundo uma *discriminação racial*. Note-se que se este fosse o único alcance da eficácia jurídica da regra constitucional em exame, *já seria suficiente para se reconhecer a natureza jurídica desta regra*, pois, caso inexistisse, seria perfeitamente constitucional uma tributação favorecendo a discriminação racial.

O *juiz* não está vinculado à referida regra constitucional, ou melhor, está exclusivamente quando examina se, em tese (independente de qualquer relação com um determinado contribuinte), a hipótese de incidência da regra jurídica tributária constitui um signo presuntivo de renda ou de capital. Se, no caso concreto individual, o juiz verificar que, com relação a um determinado contribuinte, a realização da hipótese de incidência, excepcionalmente, não confirmou a referida presunção, mesmo assim o juiz não pode "deixar de aplicar" a regra jurídica tributária. Mais precisamente, não pode negar ter ocorrido a incidência da regra jurídica tributária e a consequente existência do dever de pagar o tributo. O juiz está impedido deste procedimento porque isto significaria a *inversão* de toda a fenomenologia jurídica. A referida regra jurídica tributária tem uma estrutura lógica e uma atuação dinâmica *idêntica à das regras jurídica que estabelecem presunção "juris et de jure"*.[1286]

Segundo alcance da eficácia jurídica – Na escolha dos fatos signos presuntivo de renda ou capital, o legislador ordinário está juridicamente obrigado a escolher fatos que sejam

1286. Ver ns. 133-140.

presuntivos de uma espécie de renda ou de capital *acima do mínimo indispensável*, por exemplo: automóvel, aparelhos elétricos, fumo, bebidas (exclusive água pura), etc.

Entretanto, na maior parte dos casos, o fato não permite, por si mesmo, presumir renda ou capital acima do mínimo indispensável. Por isto, em todos estes casos, o legislador ordinário está juridicamente obrigado a *criar isenções tributárias*, simultaneamente com a lei criadora do tributo cuja hipótese de incidência é aquele fato que, por si mesmo, não faz presumir renda ou capital acima do mínimo indispensável.

Esta criação das isenções tributárias em *correlação simultânea* ao estabelecimento do tributo cria o *conceito jurídico de mínimo indispensável* em relação àquele determinado fato signo presuntivo de uma espécie de renda ou de uma espécie de capital. Por exemplo: isenção para um mínimo de consumo de água; isenção para vestuário cujo preço não ultrapasse determinada quantia; idem no tocante aos medicamentos. Este sistema de criar uma isenção tributária condicionada ao preço do produto é um sistema perfeitamente praticável de resguardar a imunidade tributária da renda e capital mínimo indispensável determinada pela regra constitucional em exame.

O dever jurídico que a regra constitucional impõe ao legislador ordinário não é apenas o de escolher fatos-signos presuntivos de renda ou de capital para a composição da hipótese de incidência do tributo, mas também e principalmente o dever de *criar isenções tributárias* que resguardem a imunidade tributária do mínimo indispensável de capital e de renda. A omissão neste sentido do legislador ordinário acarretará a inconstitucionalidade de lei tributária, se a hipótese de incidência do tributo, por si mesma, não constituir fatos-signos presuntivos de renda ou de capital acima do mínimo indispensável. Note-se que o legislador ordinário, ao estabelecer a isenção tributária, cria o conceito *jurídico* de mínimo indispensável.

Terceiro alcance da eficácia jurídica – O legislador ordinário está juridicamente obrigado, com relação a uma determinada hipótese de incidência de tributo, a variar a alíquota e o ritmo de sua progressividade segundo a maior ou menor *riqueza presumível* do contribuinte. Noutras palavras, o legislador ordinário está juridicamente proibido de graduar a alíquota ou ritmar a sua progressividade no sentido *inverso* da grandeza presumível da renda ou capital do respectivo contribuinte.

Quarto alcance da eficácia jurídica – Sempre que utilizar o *substituto legal tributário*, o legislador ordinário está juridicamente obrigado a, simultaneamente, criar a repercussão *jurídica* do tributo sobre o substituído (aquela pessoa de cuja renda ou capital a hipótese de incidência é fato signo presuntivo), outorgando ao substituto o direito de reembolso ou retenção do valor do tributo perante o substituído.

Tributação extrafiscal - Embora EMILIO GIARDINA manifeste reservas quanto a conveniência e praticabilidade da tributação extrafiscal no tocante à repartição da propriedade,[1287] contudo, reconhece e demonstra que a tributação extrafiscal não contradiz a regra constitucional que juridicizou o princípio da capacidade contributiva, podendo esta regra constitucional harmonizar-se perfeitamente com a tributação extrafiscal.[1288] Na verdade, a tributação extrafiscal, ao criar ou aumentar um tributo e ao isentar ou reduzir outro tributo, sempre poderá e deverá (existindo a regra jurídica constitucional em exame) fazê-lo em relação à riqueza do contribuinte e resguardando o mínimo indispensável.

A compreensão disto não oferece nenhuma dificuldade quando se trata de tributação extrafiscal visando mais justa repartição de capital (ex.: provocar ou auxiliar a reforma agrária) ou quando a tributação extrafiscal visa reduzir a renda e impedir especulação no comércio e indústria (ex.: tributação de lucros extraordinários).

1287. Emitio Giardina, *Le Basi Teoriche del Principio della Capacità Contributiva*, Milano, 1961, pp. 144-50.

1288. Idem, ibidem, pp. 150-154.

O único caso em que, à primeira vista, pareceria haver uma contradição entre a regra constitucional que juridicizou o princípio da capacidade contributiva e o tributo extrafiscal, seria no caso de o tributo extrafiscal ser do tipo "proibitivo". Neste caso, o que o legislador ordinário está indiretamente "proibindo" mediante a tributação extrafiscal, é um fato que, por si mesmo, revela situação ou atividade *prejudicial* ao conceito de bem comum (autêntico ou falso) específico ao próprio país.[1289] O tributo extrafiscal "proibitivo" somente será inconstitucional (por violar a regra constitucional que juridicizou o princípio da capacidade contributiva), no caso de sua hipótese de incidência constituir fato que, presumivelmente, ofenda o *mínimo indispensável* de renda ou de capital.

1289. Conceito de bem comum autêntico ou falso, ver nosso nº 49.

Capítulo III

CONSEQUÊNCIAS LÓGICO-JURÍDICAS DA PRESUNÇÃO OU FICÇÃO QUE SERVIU AO LEGISLADOR DE ELEMENTO APENAS INTELECTUAL

133. Fato-signo presuntivo de renda ou capital na composição da hipótese de incidência das regras jurídicas tributárias

A política fiscal discrimina diferentes espécies econômicas de renda e de capital para sofrerem diferentes incidências *econômicas* de tributação, no intuito de alcançar seus objetivos econômico-sociais.

A fim de aquelas diversas espécies econômica de renda e capital poderem ser atingidas pela tributação, o legislador desenvolve a sua a atividade criadora do mundo jurídico, construindo as regras jurídicas que formam o Direito Tributário.

O legislador, no passado, já procurava alcançar a renda e o capital pelo caminho indireto da tributação do fato signo presuntivo da renda ou do capital. Porém, como o legislador tinha um conhecimento rudimentar e intuitivo dos fatos que seriam signos presuntivos, quase sempre errava na escolha de tais fatos, de modo que o fato por ele escolhido consistia ou num indício infantil e muito discutível ou, então, num indício de coisa nenhuma. Os financistas clássicos, não percebendo que o erro estava na escolha do fato-signo, julgavam que o defeito fosse do sistema de tributação por signos presuntivos. Por isso, procuravam substituí-lo pelo sistema de avaliação direta da renda e do capital.

Hoje, as modernas análises críticas dos sistemas de tributação, como aquela feita por L. Trotabas e J. Cérèze, demonstram que a evolução racional caminha justamente no sentido inverso daquele imaginado pelos financistas clássicos. O que deve ser gradativamente substituído é o método da avaliação direta da renda e do capital, pelo da avaliação indireta, isto é, pelo sistema da tributação de fatos que sejam verdadeiros *signos presuntivos* de renda ou capital, porque racionalmente escolhidos à luz de critério científico).[1290]

O sistema da *avaliação direta* da base econômica de incidência (renda ou capital), como muito bem demonstrou L. Trotabas em surpreendente exame, é um "processo arcaico, bárbaro e frequentemente menos seguro para a descoberta da verdade" e a utilização da declaração do contribuinte sujeita à comprovação é uma "fórmula primitiva, para não dizer infantil".[1291]

A *praticabilidade* e a *certeza* da incidência das regras *jurí-*

1290. Sobre o progresso e modernização, no plano econômico, da tributação do *fato signo presuntivo* da renda ou capital, veja-se L. Trotabas e J. Cérèze, *L'imposition Forfaitaire des Bénéfices lndustriels et Commerciaux*, Paris, 1958, especialmente, pp. VII e VIII, e 9-49.

Ver também L. Trotabas, *Science et Technique Fiscales*, Paris, 1958, pp. 24-36. Sobre o fenômeno da *caducidade precoce* do Direito Tributário e a necessidade de sua metamorfose jurídica, ver nosso nº 127.

1291. Neste sentido L. Trotabas, "Reforma fiscal", *Revista de Derecho Financiciero y de Hacienda Pública*, vol. II, Madrid, 1952, p. 196, que também empregou as expressões qualificadoras transcritas no texto. Aliás, em 1958, a interessante monografia de L. Trotabas e J. Cérèze, *L'imposition Forfaitaire des Bénéfices lndustriels et Commerciaux*, Paris, 1958 (especialmente, pp. VII e VIII e 9-49), veio demonstrar o acerto e a justiça das críticas feitas em 1952 (revista cit., loc. cit.) ao sistema jurídico da avaliação direta da base econômica de incidência e ao da declaração do contribuinte sujeita à comprovação.

dicas tributárias, sempre induziu e, cada vez mais, induz o legislador a escolher, como elementos integrantes da hipótese de incidência, *signos econômicos* (fatos econômicos) ou *signos jurídicos* (fatos jurídicos),[1292] cuja existência faz presumir a existência de determinando gênero e espécie de renda ou de capital.

É nas *vias de acesso* à renda e ao capital que surge a multiplicidade das naturezas *jurídicas* dos tributos, porque, a exemplo dos arquipélagos, apenas os *prolongamentos* da renda e do capital emergem no mundo jurídico, a fim de participarem, como *fato-signo presuntivo,* na composição da hipótese de incidência da regra jurídica de tributação. E a Ciência Jurídica demonstra que estes signos presuntivos são genuínas *presunções juris et de jure* e como tal se comportam na fenomenologia da incidência da regra jurídica e resultante irradiação dos efeitos jurídicos.[1293]

134. Jurídico como signo presuntivo de capacidade contributiva

Antes cumpre lembrar que a doutrina da hipótese de incidência ("fato gerador") não é específica ao Direito Tributário *mas comum a todo o direito,*[1294] e, frequentemente, o *jurídico* (sem que se converta em fato econômico, portanto justamente em virtude da sua específica juridicidade) é elemento integrante da hipótese de incidência da regra jurídica tributária e de regras jurídicas de outra natureza.[1295]

1292. O jurídico como signo presuntivo de capacidade contributiva, ver nº 134.

1293. Ver ns. 135-140.

1294. Neste sentido: Pontes de Miranda, *Tratado de Direito Privado*, vol. I, Rio de Janeiro, 1954, p. 32, 1; J. Dabin, *Théorie Générale du Droit*, 2ª ed., Bruxelles, 1953, nº 42; C. du Pasquier, *Introduction à la Théorie Générale et à la Philosophie du Droit*, 3ª ed., Neuchâtel, 1948, ns. 112-116. Para uma introdução à teoria geral da hipótese de incidência, ver nossos ns. 81, 87-91.

1295. Pontes de Miranda, *Tratado de Direito Privado,* vol. I, Rio de Janeiro, 1954, p. 13, 4; J. Dabin, *Théorie Généraie du Droit*, 2ª ed., Bruxelles, 1953, nº 42; C. du Pasquier, *lntroduction à la Théorie Généraie et à la Philosophie du Droit*, 3ª ed., Neuchâtel, 1948, ns. 112-113; A. Berliri, *Principi di Diritto Tributario*, vol. II, Milano, 1957, tomo I, p. 224; Luigi Vittorio Berliri, *L'Imposta di Ricchczza Mobilc*, Milano, 1949, p. 325. Ver também nosso nº 89.

A circunstância de o legislador ter escolhido para a composição da hipótese de incidência um fato *jurídico,* em razão do fato *econômico* do qual aquele fato jurídico é a causa, signo ou efeito – observa Luigi Vittorio Berliri – não justifica que o intérprete substitua o fato jurídico pelo fato econômico correspondente, para o efeito de considerar realizada a hipótese de incidência. Esclarece Luigi Vittorio Berliri:

"Não se deve esquecer que é competência *reservada ao legislador* a escolha não somente do *fim* ao qual ele deve endereçar uma determinada regra jurídica, mas também dos *meios* para alcançar aquele fim, com a maior possível aproximação. Por exemplo, é certamente verdadeiro que, escolhendo como determinante da capacidade senatorial o decurso de um período de 40 anos desde o nascimento, o legislador não o fez em consideração da *propriedade matemática* do número 40, mas exclusivamente em consideração da maturidade fisiológica que normalmente se atinge com o decurso daquele período. Mas isto não basta para autorizar o intérprete a afirmar que o fato decisivo para a aquisição da capacidade senatorial não seria já o decurso dos 40 anos de nascimento, mas seria, em lugar disso, a consecução da maturidade fisiológica normalmente correspondente aos 40 anos de idade. E muito menos autorizaria a imaginar um quarentênio 'de Direito Constitucional', em contraposição ao quarentênio aritmético e cronológico. Necessitará, pois, aprofundar a indagação e procurar porque, tendo em mira uma determinada situação econômica, o legislador, em lugar de fazer-lhe direta referência, decidiu escolher um determinado fenômeno *jurídico.* Que da situação econômica visada poderá ser a causa, o índice ou o efeito".[1296]

"Mas dizer *a priori* e como regra geral", prossegue Luigi Vittorio Berliri, "que (só porque a justificação do imposto é a existência de uma determinada capacidade contributiva) uma *empreitada* que produza efeitos econômicos análogos aos da

---

1296. Luigi Vittorio Berliri, *L'Imposta di Ricchezza Mobile,* Milano, 1949, p. 325 (grifou-se) .

venda deve, só por tal circunstância, ser tributada como venda porque demonstra uma igual capacidade contributiva, seria quase como dizer que um *gato* soriano deve ser considerado como um *cão,* para os efeitos da aplicação do imposto sobre cães, unicamente porque o imposto sobre cães é um imposto direto que percute a capacidade contributiva, e a posse de um gato soriano demonstra uma capacidade contributiva não menor do que a demonstrada pela posse de um cão felpudo. É claro que um tal esquema lógico de raciocínio pode ser autorizado e concludente no plano econômico financeiro; contudo é *inadmissível no plano jurídico*."[1297]

Em muitíssimos casos, o legislador deliberadamente escolheu como signo (índice ou presunção) de capacidade contributiva um determinado fato *jurídico* (ato, fato ou situação de fato) de mais fácil e segura identificação e captação que o fato econômico esquivo que normalmente corresponde aquele fato jurídico.[1298]

Em síntese: ante o problema prático, o legislador valorizou os interesses em conflitos e o critério de preferência que inspirou a solução legislativa (fato *jurídico* como hipótese de incidência da regra jurídica tributária) foi o de perder em justiça absoluta aquilo que ganhava em *certeza* e *praticabilidade* do Direito Tributário; *verbi gratia:* certeza e praticabilidade do lançamento tributário.[1299]

1297. Idem, p. 326 (grifou-se).

1298. Idem, 1949, p. 326. Para um excelente e completo exame, no plano *econômico*, desta alternativa em que se encontra o legislador tributário, veja-se L. Trotabas e J. Cérège, *L'Imposition Forfaitaire das Bénéfices Industriels et Commerciaux*, Paris, 1958, principalmente pp. 9-49; também L. Trotabas, *Science et Technique Fiscales*, Paris, 1958, pp. 24-36. Para a análise desta alternativa, no plano *jurídico*, ver nossos ns. 135-139.

1299. Luigi Vittorio Berliri, *L'imposta di Ricchezza Mobile*, Milano, 1949, p. 326; J. Dabin, *La Philosophie de L'Ordre Juridique Positif*, Paris, 1929, pp. 175-77; *La Technique de l'Elaboration du Droit Positf*, Bruxelles, 1935, pp. 16-28; *Théorie Générale du Droit*, 2ª ed., Bruxelles, 1953. nº 156, pp. 192-94; R. Savatier, *Le Droit Privé Français au Milieu du XX Siècle*, vol. I, Paris, 1950, pp. 82-83; Henri de Page, *L'Obligation Abstraite en Droit Interne et en Droit Comparé*, Bruxelles, 1957, pp. 236-37.

Ora, as valorações dos interesses em conflito num problema prático e o critério de preferência que inspirou a solução legislativa, *participam da objetividade da regra jurídica* e não podem ser reexaminados pelo seu intérprete sob o pretexto de melhor adequação à realidade econômica, no momento da incidência da regra jurídica. O intérprete da lei tributária deverá investigar sua incidência exclusivamente sobre o fato *jurídico* (e desde que revestido daquela *espécie* jurídica preestabelecida pelo legislador) e não sobre a realidade econômica que lhe corresponde ou corresponderia.[1300]

135. Conceito de presunção e ficção

A observação do acontecer dos fatos segundo a ordem natural das coisas permite que se estabeleça uma correlação natural entre a existência do fato conhecido e a probabilidade de existência do fato desconhecido. A correlação *natural* entre a existência de dois fatos é substituída pela correlação *lógica*. Basta o conhecimento da existência de um daqueles fatos para deduzir-se a existência do outro fato cuja existência efetiva se desconhece, porém tem-se como provável em virtude daquela correlação natural. Presunção é o resultado do processo lógico mediante o qual do fato conhecido cuja existência é certa se infere o fato desconhecido cuja existência é provável.

"As presunções ou são o resultado do raciocínio ou são estabeleci das pela lei, a qual raciocina pelo homem. Donde classificarem-se em presunções *simples*; ou comuns, ou de homem *(praesumptiones hominis)* e presunções *legais*, ou de direito *(praesumptiones juris)*. Estas, por sua vez, se subdividem em absolutas, condicionais e mistas. *As absolutas* ('*juris et de jure*') *não admitem prova em contrário*; as condicionais ou relativas *(juris tantum)* admitem prova em contrário; as mistas,

1300. Ver nossos ns. 135-139.

ou intermédias, não admitem contra a verdade por elas estabelecida senão certos meios de prova, referidos e previstos na própria lei."[1301]

"O raciocínio lógico, noutros casos conferido ao juiz, nesses é antecipadamente feito pelo legislador, consagrando-o num preceito legal que aquele deverá obedecer. Substituindo-se ao juiz", diz ALSINA, "o legislador, faz o raciocínio e estabelece a presunção, de modo que, provadas certas circunstâncias, o juiz deve ter por certos os fatos."[1302]

Existe uma diferença radical entre a *presunção legal* e a *ficção legal*. "A presunção tem por ponto de partida a verdade de um fato: de um fato conhecido se infere outro desconhecido. A ficção, todavia, nasce de uma falsidade".[1303] *Na ficção*, a lei estabelece como verdadeiro um fato que é *provavelmente (ou com toda a certeza) falso*. Na presunção, a lei estabelece como verdadeiro um fato que é *provavelmente verdadeiro*. A verdade jurídica imposta pela lei, quando se baseia numa provável (ou certa) falsidade é ficção legal, quando se fundamenta numa provável veracidade é presunção legal.[1304]

A regra jurídica cria uma *presunção legal* quando, baseando-se no fato conhecido cuja existência é certa, impõe a *certeza jurídica* da existência do fato desconhecido cuja existência é

1301. Moacyr Amaral Santos, *Prova judiciária no Cível e Comércio*, São Paulo, 1942, vol. V, p. 368.

1302. Idem, ibidem, p. 364; Alsina, *Tratado Teórico Prático de Derecho Procesal Civil y Comercial*, vol. II, 1942, p. 522.

1303. Moacyr Amaral Santos, *Prova judiciária no Cível e Comércio*, vol. V, São Paulo, 1942, p. 398.

1304. J. Dabin, La *Technique de l'Elaboration du Droit Positif*, Bruxelles, 1935, p. 235 e ss., 275 e ss. Roger Decottignies, *Les Présomptions en Droít Privé*, Paris, 1950, pp. 13-17; F. Gény, *Science et Technique en Droit Privé Positit*, Paris, 1921, vol. III, pp. 259-64; Moacyr Amaral Santos, *Prova judiciária no Cível e Comércio*, São Paulo, vol. V, 1942, p. 398; Lessona, *Teoría General de la Prueba en Derecho Civil*, vol. 5, Madrid, 1942, p. 145, nº 65; Ramponi, *La Teoria Generale delle Presunzioni*, Torino, 1890, p. 51.

provável em virtude da correlação natural de existência entre estes dois fatos.[1305]

A regra jurídica cria uma *ficção legal* quando, baseando-se no fato conhecido cuja existência é certa, impõe a *certeza jurídica* da existência do fato desconhecido cuja existência é *improvável* (ou *falsa)* porque *falta* correlação natural de existência entre estes dois fatos.[1306]

A distinção entre a presunção e a ficção existe apenas no plano *pré-jurídico,* enquanto serviam de elemento intelectual ao legislador que estava construindo a regra jurídica. Uma vez criada a regra jurídica, desaparece aquela diferenciação porque tanto a presunção, quanto a ficção, ao penetrarem no mundo jurídico por intermédio da regra jurídica, *ambas entram como verdades* (*realidades jurídicas*).

136. Presunção *juris et de jure* não é regra de prova – é regra dispositiva de Direito Substantivo

Lembra Eduardo Bonnier que:

"No siempre es posible al hombre llegar al conocimiento perfecto de la verdad en cada caso particular, y, no obstante, las necesidades sociales no siempre le permiten suspender su juicio y abstenerse. La estabilidad y el estado de las personas, la de las propriedades; finalmente, la necesidad de seguridad y de calma para una multitud de intereses preciosos, obligan al legislador a tener por verdaderos gran número de puntos que no están demostrados pero cuya existencia se halla probada por una inducción más o menos poderosa. El orden político, lo

1305. Ver autores citados nota 4, supra, especialmente: J. Dabin, *La Technique de l'Elaboration du Droit Positif*, Bruxelles, 1935, p. 235 e ss.; F. Gény, *Science et Technique en Droit Privé Positif*, vol. III, Paris, 1921, p. 264 e ss.; Roger Decottignies, *Les Présomptions en Droit Privé*, Paris, 1950.

1306. Ver autores citados nota 4, supra, especialmente: J. Dabin, *La Technique de l'Elaboration du Droit Positif*, Bruxelles, 1935, p. 275 e ss.; F. Gény, in *Science et Technique en Droit Privé Positif*, vol. III, Paris, 1921, p. 360 e ss.

mismo que el orden social, sólo se fundan en presunciones legales. La aptitud para ejercitar ciertos derechos, para llenar ciertas funciones, sólo se reconoce por medio de ciertas condiciones determinadas a *priori, siendo evidentemente impracticable una comprobación respecto de cada individuo.* Cuanto más se complican las relaciones sociales, más necesario llega a ser multiplicar estas presunciones. Así es que hay muchas más en nuestro derecho que las que había en Roma".[1307]

Em sua monografia de 1890, premiada pelo voto unânime do "Consiglio della Facoltà Legale" da Universidade de Bologna, e por LESSONA elogiada,[1308] RAMPONI ressalta que: "As normas jurídicas têm sempre o caráter da generalidade porque é próprio do direito (positivo) ser uma regra geral, noutras palavras, é estabelecida pelo poder público com relação a *todos* os cidadãos ou a *toda* uma categoria destes ou a *todos* aqueles que se encontrem em certas condições. *Idealmente* cada um deveria ser posto na especial condição de direito que melhor corresponde à especial condição de fato em que ele se encontra como homem (indivíduo) e como cidadão (membro da sociedade). *Realmente* tudo isto é impossível: isto requereria um complexo de normas jurídicas para cada indivíduo, porque necessitaria tomar em consideração sua idade, seu sexo, sua condição física, sua índole psíquica, seu estado econômico, sua profissão ou arte ou ofício, seu ambiente familiar e social, e assim por diante. E como a idade avança de minuto a minuto, a constituição física e a índole psíquica por diversas razões se alteram, o estado econômico sobe ou desce, ora paulatinamente ora rapidamente, e assim em tudo o mais. Necessitaria tomar conhecimento de todas estas mutações. E não sendo isto possível, a lei tomou conhecimento daquilo que se verifica no maior número dos casos e, sobre a hipótese que se verifique em todos

1307. Eduardo Bonnier, *Tratado de Las Pruebas en Derecho Civil,* vol. II, Madrid, 1929, p. 500.

1308. Lessona, *Teoria General de la Prueba en Derecho Civil,* vol. V, Madrid, 1942, p.103.

os casos, fundamenta a norma jurídica. Deste modo, a norma jurídica tem o caráter de generalidade, e se pode com linguagem matemática dizer que representa uma 'quantidade média', um 'valor de aproximação'. Tudo isto aparece manifesto nas presunções da lei. As quais são outras tantas hipóteses que correspondem provavelmente, isto é, no maior número dos casos, à verdade".[1309]

A pesquisa histórica da evolução de muitas regras jurídicas de Direito Substantivo revela que inicialmente eram presunções simples (*praesumptiones hominis*), mais tarde tomaram-se presunções legais (*praesumptiones juris*) e finalmente atingem o último estágio, convertendo-se em regras jurídicas dispositivas de Direito Substantivo. Já no ano de 1890, Ramponi observara este fenômeno da metamorfose da presunção em regra jurídica dispositiva de Direito Substantivo: "As presunções legais tem verdadeiramente uma história. Começa por ser simples conjetura; penetra na consciência do juiz que lhe sente a relevância; pouco a pouco, quase insensivelmente, adquire terreno e torna-se padrão de toda a jurisprudência; e agora não precisa mais que um passo para se fazer penetrar na consciência do legislador que a formula e a sanciona. Mas aquele conceito jurídico, que vinha se desenvolvendo pouco a pouco, da simples conjetura de homem até a presunção de lei, continua ainda seu movimento evolutivo. Adquire um domínio sempre mais forte na consciência do jurista, do magistrado, do legislador, e acaba perdendo sua veste de presunção e afirmando-se *diretamente* como um princípio, como uma norma imperativa".[1310]

Entretanto, na maioria das vezes, a metamorfose da presunção simples para regra jurídica dispositiva não passa por lenta evolução histórica, mas é *instantânea*. Como se verá, é

1309. Ramponi, *La Teoria Generale delle Presunzioni*, Torino, 1890, pp. 99-100; Roger Decottignies, *Les Présomptions en Droit Privé*, Paris, 1950, pp. 12-15.

1310. Ramponi, *La Teoria Generale delle Presunzioni*, Torino, 1890, p. 131.

instantânea justamente porque *impulsionada por uma presunção juris et de jure* (presunção legal que não admite prova em contrário).

Manifestou RAMPONI o desejo de excluir da categoria de presunção legal uma grande quantidade de regras jurídicas que representam a última formulação de um conceito que originalmente era uma presunção em estado natural.[1311] Infelizmente RAMPONI não quis aprofundar-se na análise do *fundamento* (que para a presente investigação é de capital importância) da referida exclusão, e diz:

"Ora, o sistema dogmático é mais simples. E é até natural que um conceito, hipotético na sua origem, seja aceito pelo comum senso jurídico e evite já qualquer discussão. O ato do menor, por exemplo, é nulo em virtude de uma sanção positiva, de uma incapacidade civil, e não é necessário de recorrer a presunção absoluta de incapacidade natural, como a ninguém ocorrerá de provar que o ato seja válido porque praticado por um menor inteligentíssimo e naturalmente capaz."[1312]

E mais tarde, em LESSONA, que se encontra a pesquisa e o exame do *fundamento* porque grande número de presunções costumam ser excluídas da categoria convencional de presunção e (embora a frase possa ter som contraditório) "*são excluídas exatamente porque consistem em genuínas presunções "juris et de jure*". A aparente contradição desaparece quando se tem presente que a presunção *juris et de jure* é um resíduo de teorias convencionais;[1313] que a locução "*praesumpflo juris et de jure*" nada mais e que um *sinônimo* de regra jurídica *dispositiva* de Direito *Substantivo*.[1314]

Expõe LESSONA que,

1311. Idem, ibidem, p. 133.

1312. Idem, ibidem, p. 138.

1313. Lessona, *Teoría General de la Prueba en Derecho Civil*, Madrid, 1942, vol. V, p. 231, nº 107.

1314. Idem, ibidem, p. 236.

"ante todo, debemos examinar si se puede establecer una diferencia esencial entre la norma imperativa de la ley y la *presunción juris et de jure*. Existe una diferencia – que ya la hemos indicado – entre la presunción *juris tantum* y la disposición supletoria de la ley. ¿Existirá también entre la presunción *juris et de jure* y la disposición imperativa?

Si consideramos en si misma cualquier norma imperativa, encontraremos, por decido así, en el fondo de la misma, que el legislador, dictándola, ha creído alcanzar la justicia, la verdad tal como la concebía.

En este sentido, se puede decir que toda norma jurídica se funda en la observación secular de hechos sobre el concepto concreto de justicia que prevaleció en un tiempo y en un país determinado; *pero es al mismo tiempo una presunción experimental y lógica, la cual se convierte decididamente en una norma impuesta por la ley*.

Cuando la ley declara que es generalmente incapaz para el ejercicio de derechos la persona que no ha cumplido veintiún anos (art. 240, CC), esta norma se funda sobre la presunción de una incapacidad natural absoluta antes de tal edad; mas esa presunción, fundada sobre la lógica y la experiencia, adquiere el grado de norma absoluta. En su virtud, ningún menor podría reclamar el ejercicio de los derechos que se le han negado por la ley, probando que es capaz para ejercitarlos, pues la ley le declara incapaz, y la prueba contraria está prohibida. Por lo tanto, ante el derecho positivo no es ni siquiera concebible dicha posibilidad.

Cuando la ley quiere que algunos actos resulten *ad substantiam* de formas determinadas, esta su voluntad nace de la presunción de que, sin dichas formas, el acto no puede consentirse sin peligro para la seguridad de los derechos o para el seguimiento recto de los eventuales juicios. Por ello, es en vano sostener la validez de los actos desprovistos de las formas substanciales, aun cuando se probase que el acto, sin aquellas formas, en algún caso concreto, no ponía en peligro ni la seguridad de los derechos ni el seguimiento del juicio.

Los ejemplos se podrían multiplicar; pero nada se adelantaría con ello para la formación de la teoría que debe responder al tema propuesto, o sea: ¿con qué criterio se distingue la disposición de la ley de la presunción absoluta de la misma?

El observar que algunas disposiciones de la ley antes no eran más que presunciones, o más propiamente, el advertir que la presunción simple se transforma en presunción legal y después en disposición, es declarar un hecho, pero no otra cosa. Suponiendo que dicha evolución sea verdadera, en general o en muchos o en algunos casos, se explicaria por ello el *móvil que estimula la acción legislatia*; pero no nos ofrecería dicha circunstancia el criterio para distinguir, en un determinado derecho positivo, la presunción legal absoluta de la disposición de la ley.

Del mismo modo, la observación inversa, por la cual una norma jurídica desciende a mera *praesumptio juris*, para llegar tal vez a no ser más que una mera presunción simple, nos indica *la degeneración* de las normas jurídicas; pero no nos presenta el criterio que buscamos.

Ahora bien: este criterio, según nuestro parecer, no se puede encontrar, *porque no existe frente* a la ley positiva. *Las presunciones juris et de jure no son, en efecto, presunciones, sino disposiciones.*

Afirmamos que la presunción *juris et de jure* no es una presunción, en el sentido lógico jurídico, *sino que es una disposición.*

El nombre pudo ser conservado para indicar la evolución de la *praesumptio iuris* a la disposición – pudo tal vez conservarse para indicar la incertidumbre probada antes de crearse la disposición – pudo conservarse, quizás para justificar la disposición con un nombre que explicase su fundamento lógico y experimental; pero la locución *praesumptio juris et de jure no es más que sinónima de disposición.* Esta conclusión ha sido demostrada hasta la evidencia por FERRINI y por ARON".[1315]

1315. Lessona, *Teoría General de la Prueba en Dereeho Civil*, Madrid, 1942, vol. V, pp. 232-36; Ferrini, "Lce presunzioni in diritto romano", in *Riv. Ital. per le Sc. Giur.*, XIV, p. 258 e ss.; Aron, "Les présomptions *juris et de jure* et leur origine historique", in *Nouv. Rev. Hist. de Dr. Fr. et Etr*, *XX*, p. 500 e ss.

Também no mesmo sentido da supra transcrita exposição de LESSONA, manifestam-se J. DABIN, E. COUTURE, BONUMÁ, WIGMORE e PHIPSON.[1316]

Alguns, como CARNELUTTI e ROGER DECOTTIGNIES, entendem possível estabelecer uma distinção entre as regras jurídicas dispositivas cuja elaboração legislativa fundamentou-se numa presunção e a presunção *juris et de jure* que assim permaneceria ainda no domínio da prova e do direito processual;[1317] PUGLIESE e F. GÉNY assumem uma posição intermediária.[1318] Entretanto, como se demonstrará, também estes autores, ao tentarem infrutiferamente demonstrar uma discutível distinção

---

1316. Dabin, *Théorie Générale du Droit*, 2ª ed., Bruxelles, 1953, nº 185, p. 227, nota 1ª, e especialmente na sua *La Technique de l'Elaboration du Droit Positif*, Bruxelles, 1935, pp. 240-42, 245-47; E. Couture, "Pero en realidad una presunción es, en cierto modo, todo lo contrario de una prueba. Si se está en presencia de una presunción legal absoluta, nada hay de probatorio en juego. Cuando la ley dice que el derecho se presume conocido, no sólo no instituye una prueba, sino que consagra la prohibición de una prueba: se prohibe probar la ignorancia de la ley como modo de eludir el cumplimiento de las obligaciones, *la presunción legal absoluta es, en sí misma, una inputación normativa en el sentido de* Kelsen", in *Estudios de Derecho Procesal Civil*, vol. II, Buenos Aires, 1949, p. 80; Bonumá, *Direito Processual Civil*, São Paulo, 1946, vol. II, p. 417, *in fine*; Wigmore e Phipson, apud Roger Decottignies, *Les Présomptions en Droit Privé*, Paris, 1950, p. 88, nota 1.

1317. Carnelutti, *Sistema de Derecho Procesal Civil*, vol. II, Buenos Aires, 1944, p. 543, letra c; Roger Decottignies, *Les Présomptions en Droit Privé*, Paris, 1950, p. 88, nº 40.

1318. Pugliese, "Le presunzioni legali assolute vanno pertanto poste, nel diritto tributario, *in* una posizione intermedia fra le norme di diritto materiale e le norme di diritto formale", embora confesse que principalmente no campo do direito tributário, a linha de demarcação entre o direito formal e o direito material *sono molto incerte*, in *La Prova nel Processo Tributario*, Padova, 1935, p. 213 e § 48, p. 209; F. Gény declara que a presunção *juris et de jure* transforma o instituto do Direito Processual em um "procédé technique nouveau, que excède le domaine de la preuve pour régir le fond du droit, et sert de chaînon intermédiaire entre la présomption de droit normale et la fiction"; entretanto, páginas antes fora mais categórico, pois concluíra que dita presunção torna-se "en réalité, une règle de droit indépendante, que son origine seule rattache au domaine de la preuve", in *Science et Technique en Droit Privé Positif*, vol. III, Paris, pp. 299, 282-83.

entre a presunção *juris et de jure* e a regra jurídica dispositiva de Direito Substantivo, oferecem excelentes fundamentos da *inexistência* de tal distinção.[1319]

137. Presunção – impossibilidade de prova contrária à presunção que serviu ao legislador como elemento apenas intelectual

Em se tratando de presunções legais relativas, diz CARNELUTTI que é fácil a distinção entre o *fato jurídico processual* (a prova) e o *fato jurídico material* (o fato a provar). Entretanto, confessa que quando se trata de presunções absolutas (*juris et de jure*) começa a dificuldade e até a impossibilidade de diferenciação, porque se considerando "que dado un hecho debe admitirse otro, sin posibilidad de lo contrario, quiere decir que *los efectos jurídicos del segundo derivan ya del primero*". E defrontando-se com esta sua própria conclusão, CARNELUTTI pergunta: "pero entonces la eficacia *procesal* de éste no se convierte en eficacia *material*?".[1320]

Por isso BONUMÁ, tomando como premissas as observações de CARNELUTTI, chega a esta acertada conclusão:

"Tanto importa dizer que a entrega voluntária do título *prova* o pagamento, que a idade de 21 anos *prova* a capacidade para os atos da vida civil, ou que a concepção da mulher casada *prova* a paternidade legítima, como afirmar simplesmente que a entrega do documento, a idade de 21 anos ou a concepção durante o matrimônio são os *próprios fatos constitutivos* daqueles efeitos."[1321]

"He aqui un aspecto", diz CARNELUTTI, "que presenta grandísimo interés y que merecería profunda atención, de la

1319. Ver nº 137.

1320. Carnelutti, *Sistema de Derecho Procesal Civil*, vol. II, Buenos Aires, 1944, pp. 540-41 (grifou-se).

1321. Bonumá, *Direito Processual Civil*, vol. II, São Paulo, 1946, p. 418.

teoria del *hecho jurídico*, sobre el cual no puedo más que lanzar una mirada de soslayo. A fín de que el orden jurídico funcione con precisión, conviene, entre otras cosas, que el hecho jurídico tenga caracteres de fácil *recognoscibilidad.* Tanto mejor alcanza *el orden jurídico sus fines* cuanto más exactamente conocen los hombres la manera de producirse los efectos jurídicos, esto es, el nacimiento, la modificación y la extinción de lãs situaciones jurídicas; a tal fin no basta el conocimiento de las normas, es preciso además, la *recognoscibilidad* de los hechos de los cuales derivan sus efectos las normas. Ahora bien, hay hechos de contornos precisos, fácilmente destacables; hay otros, en cambio, de contornos desdibujados, que pueden engañar al observador. Uno de los preceptos fundamentales *del arte de la legislación* está en buscar y en fijar, según la experiencia, índices fuertemente destacados del hecho jurídico cuando la expresión directa del mismo pueda resultar menos fácil. Tiene lugar así una intensa labor de sustitución del hecho jurídico impreciso por su *índice* preciso, pero ésta es una labor que se lleva a cabo *en el campo de la formación del derecho*, en forma tal que el *índice* se convierte en el hecho jurídico y el hecho indicado se gradúa por medio de la norma. Por ejemplo, no hay duda de que la capacidad jurídica deba ser reconocida o desconocida según el grado de madurez que presente el individuo; pero éste es un hecho de determinación incierta y difícil, y vemos que la ley lo sustituye por el requisito cierto y fácil de la edad. Aquí no estamos ya en el campo procesal, sino verdaderamente en el del derecho *material.*"[1322]

Cumpre, pois, prosseguir no caminho, partindo-se do ponto onde Carnelutti parou e sobre o qual declarou constituir problema de "grandísimo interés y que merecería profunda atención", embora infelizmente não tenha podido "más que lanzar una mirada de soslayo".

1322. Carnelutti, *Sistema de Derecho Procesal Civil*, vol. II, Buenos Aires, 1944, pp. 541-42 (grifou-se).

Antes, convém recordar que a evolução histórica e análise da fenomenologia da criação das regras jurídicas demonstraram que a denominada presunção *juris et de jure* não é regra de prova (direito adjetivo), *mas uma genuína regra positiva ou imperativa de Direito Substantivo.*[1323] Aliás, existem muitíssimas regras jurídicas com estrutura lógica e atuação dinâmica, idêntica à da presunção *juris et de jure*, porém esta identidade costuma passar desapercebida porque *não é necessário que a fórmula literal legislativa utilize o vocábulo "presunção" e nem é preciso que esteja gramaticalmente construída à semelhança das regras de prova.*[1324]

Mostra ROGER DECOTTIGNIES, apoiando-se em F. GÉNY, que a presunção comporta dois elementos: uma *decisão* (sob o ângulo da *psicologia)* e um *julgamento de probabilidade* (sob o ponto de vista da *lógica*).[1325]

Na elaboração de muitíssimas regras dispositivas de Direito Substantivo os dois referidos elementos estão presentes:

"Le législateur s'inspire de l'idée de probabilité; il légifere 'de el quod plerumque fit'. D'autre part, il se contente d'une approximation tres relative; il établit une disposition générale qui ne peut prendre en considération l'infinie variété des situations régies par la règle de droit. La présomption implique de sa part une *décision*, par laquelle il anticipe sur la réalité des faits qu'il ne peut tous retenir."[1326]

Porém, cada um dos dois indicados elementos desempenha uma função diferente:

1323. Ver nº 136.

1324. J. Dabin, *La Technique de l'Elaboration du Droit Positif*, Bruxelles, 1935, pp. 245-47.

1325. Roger Decottignies, *Les Présomptions en Droit Privé*, Paris, 1950, nº 9, pp. 24, 25,26.

1326. Idem, nº 21, p. 42.

a) "La présomption qu'elle permet de formuler (figure seulement, dit M. Gény, à titre d'élément intellectuel et constructif *pari-les motifs* qui on déterminé la règle de droit".[1327]

b) "La décision ", diz ROGER DECOTTIGNIES, "que prend le législateur en anticipant sur la réalité inconnue des faits, prend une importance primordial. Elle n'est autre chose que *la loi elle--même* et participe de son caractère obligatoire".[1328] Em conclusão: "La présomption *s'identifie* avec la règle de droit, que en quelque sorte la recouvre tout entière".[1329] Mais esclarecedoras são as palavras textuais de F. GÉNY (nas quais DECOTTIGNIES, expressamente, declara basear-se): "En utilisant la présomption, le législateur fait, en quelque sorte, la preuve générale nécessaire à la circonscription de sa règle. Une fois cette preuve acceptée 'in abstrato', la présomption disparait dans la formule même de la règle, qui se pose comme *précepte impératif* ('sic volo, sic jubeo, sit pro ratione voluntas')".[1330]

E da função exercida pelos dois acima indicados elementos da presunção, decorrem duas importantes consequências:

a) "Du point de vue de la technique législative, la présomption demeure: le législateur s'inspire de l'idée de probabilité pour

---

1327. Idem, p. 43. É interessante notar que no texto original de F. Gény, as palavras grifadas são *"intellecttuel"*, e *"constructif"* e sua exposição mais esclarecedora: F. Gény: "Elle figure seulement, à titre d'élément *intellectuel* et *constructif* parmi les motifs, qui ont déterminé celles cio Et, si elle a coopéré à la preuve générale et abstraite, qui justifie la décision même de la loi (ou de toute autre source du droit objectif), elle s'est absorbée dans cette décision, au point de rester dèfinitivement étrangère à la preuve concrète de espèces particulières, qui en suscitent l'application. D'où il résulte, et que *la question de la preuve contraire ne peut même pas être ici posée*, et que la portée du précepte légal excede souvent les résultats propres de la présomption à laquelle il s'étaie" (*Science et Technique en Droit Privé Positif*, vol. III, Paris, 1921, p. 347).

1328. Roger Decottignies, *Les Présomptions en Droit Privé*, Paris, 1950, p. 43.

1329. Idem, ibidem, p. 44 (grifou-se).

1330. F. Gény, in *Science et Technique en Droit Privé Positif*, vol. III, Paris, 1921, p. 349.

poser la règle de droit. Mais, pour les plaideurs soumis aux dispositions légales, *la présomption disparaît*. Ils se trouvent en présence du seul impératif légal auquel ils sont tenus de se plier. *Peu importe que la règle de droit soit fondée sur une probabilité plus ou moins grande*".[1331]

b) "Une seconde conséquence découle de la première. *Les plaideurs ne peuvent prétendre faire la preuve contraire à la présomption dont le législateur* s'*est servi*".[1332]

F. GÉNY também considera *inadmissível* que, no caso concreto individual, possa ser oferecida – no intuito de "sustar a aplicação" da lei – prova contrária à presunção que serviu ao legislador como elemento *simplesmente intelectual* por ocasião da criação da regra dispositiva ou imperativa de Direito Substantivo.[1333]

1331. Roger Decottignies, *Les Présomptions en Droit Privé*, Paris, 1950, p. 44 (grifou-se).

1332. Idem, p. 44 (grifou-se).

1333. F. Gény, in *Science et Technique en Droit Privé Positif*, vol. III, Paris, 1921; quanto às normas dispositivas observa que a presunção "s'y présente assurément à titre de procédé technique, produit d'un artifice de l'esprit s'ingéniant à dominer la vie. En même temps, elle peut être rapprochée de la présomption de droit proprement dite, simplifiant ou allégeant la preuve concrete à fournir dans un litige, dont elle emprunte la structure générale. Mais elle ne saurait se confondre avec celle-ci. Et elle en reste profondement distincte, d'une part, en ce que ses conditions conservent ordinairement un caractere plus général et plus abstrait, d'autre part, et surtout (c'est ici de trait distinctif essentiel), *en ce qu'elle ne permet même pas de poser ia question de preuve contraire*, pareille question se trouvant exclue *a priori* par l'injonction légale, dont la présomption n'est ici que le motif bien loin d'en constituer le contenu, voire même la présupposition nécessaire" (grifou-se) (op. cit., p. 340). No que tange às normas imperativas; "D'où il résulte, et *que ia question de la preuve contraire ne peut même pas être ici posée*, et que la portée du précepte légal *excède souvent* les resultats propres de la présomption à laquelle il s'étaie" (grifou-se) (op. cit., p. 347).

É curioso notar-se que no distante ano de 1866, H. Burckhard, dividindo as presunções em *materiais* (nas quais a presunção é o motivo e a pressuposição da norma) e *processuais* (nas quais a presunção não é a razão de ser, mas sim o conteúdo), já observara que as presunções *materiais* de direito substantivo não admitem prova em contrário (*Die civilistischen Präsumtionen*, Weimar, 1866, pp. 19-22, pp. 166-93, apud F. Gény, op. cit., p. 356, nota 2ª).

A impossibilidade de tal prova em contrário é demonstrada também por J. Dabin, cujas lúcidas conclusões são a seguir transcritas:

"En vue d'éviter un concept insuffisamment maniable faute de déterminabilité ou de reconnaissabilité, le juriste remplace ce concept mal commode par un autre, approximatif, mais plus maniable, antécédent ou *signe habituel* du précédent. Ainsi, le critère difficilement praticable de la non-maturité d'esprit, condition naturelle et logique d'un régime spécial de protection, est éliminé, sans contradiction possible, au profit du critère rigide, catégorique; de la minorité d'âge, fixée par le Code Napoléon au chiffre précis de vingt et un ans".[1334]

"Le même procédé se retrouve *dans tons les cas de 'défi-nitton par signe'*, lorsque le juriste, désespérant d'embrasser à plein um concept, s'efforce de le représenter au moyen de certains indices, traducteurs plus ou moins fi deles d'une réalité profonde et complexe, difficile à atteindre. Si le *signe* est pris pour la réalité, si *l'indice* est érigé en condition suffisante d'application de la règle, cette élaboration conceptuelle ne s'opere et elle ne se justifie que par le jeu d'une présomption, de droit."[1335]

"Il est clair, d'ailleurs, qu'aucune allusion n'est nécessaire et que la présomption se rencontre des que, *sans le dire ou non*, le droit s'arrête au concept indiciaire au lieu de pénétrer jusqu'au concept signifié".[1336] "*La plupart du temps*, cependant, les *présomptions* explicatives de la définition des règles ou, de manière plus concrete, les présomptions rendant compte du choix des déterminations diverses (types, chiffres, énumérations...) admises à l'intérieur, des règles, *demeurent latentes et inexprimées*. D'est que, précisément, toute définition juridique

1334. J. Dabin, *La Technique de l'Elaboration du Droit Positif*, Bruxelles, 1935, p. 244 (grifou-se),

1335. Idem, ibidem, p. 244 (grifou-se).

1336. Idem, ibidem, pp. 245-46 (grifou-se).

paraît bien impliquer présomption, que celle-ci semble être l'instrument nécessaire de la réglementation et que plus la réglementation entre dans le détail positif, plus augmentent les occasions de présomptions. Si bien qu'en définitive, règle signifierait, non seulement catégorie, mais aussi, comme support de la catégorie, présomption, celle-ci devenant alors moins l'agent technique de solutions particulières que la *demarche habituelle* de la pensée juridique."[1337]

"La technique du droit est alors obligée de *substituer à l'idée non-reconnaissable* une ou plusieurs *idées-signes* tenant lieu de la première. On parle de 'substitution de concepts', et c'est par là que l'hypothèse, tout en se rattachant au problème de la preuve, excède le champ de la technique probatoire en effet, la notion de preuve implique possibilité, au moins théorique, de combattre les *signes indiciaires* et de démontrer qu'en l'espèce, le signe ne correspond pas à la réalité. Au contraire, dans notre hypothese, l'idée signifiée *est radicalement exclue du contenu de la règle* au profit du seul *signe* promu au rang de l'idée, de telle sorte que la difficulté de preuve (qui fut sans doute la cause originaire de la mutation) se trouve maintenant supprimée, par la *suppression même de l'objet* de la preuve."[1338]

138. Ficção – impossibilidade de prova contrária à ficção que serviu ao legislador como elemento apenas intelectual

Na *presunção*, a lei estabelece como verdadeiro um fato que provavelmente é *verdadeiro*. Na *ficção*, a lei estabelece como verdadeiro um fato que provavelmente ou com toda a certeza é *falso*.[1339]

Adverte Fraçois Gény que a aceitação franca da criação de regras jurídicas pelo processo técnico da *ficção* faz com que

1337. Idem, ibidem, p. 247 (grifou-se).

1338. Idem, ibidem, p. 145 (grifou-se).

1339. Para melhor clareza na diferença entre presunção e ficção, ver nº 135.

desapareça todo o mistério que, tradicionalmente, costuma envolver a ficção jurídica.[1340] Uma vez que se tenha bem compreendido o que é a criação de regra jurídica pelo processo técnico da *presunção* que serve de elemento apenas intelectual ao legislador,[1341] *compreender-se-á que tudo o que ali foi dito também se aplica à regra jurídica em cuja embriogenia a ficção serviu de elemento intelectual ao legistador.*

Observe-se que a distinção entre a presunção e a ficção existe apenas no plano *pré-jurídico*, enquanto serviam de elemento intelectual ao legislador que estava construindo a regra jurídica. Uma vez criada a regra jurídica, desaparece aquela diferenciação porque tanto a presunção, quanto a ficção, ao penetrarem no mundo jurídico por intermédio da regra jurídica, *ambas entram como verdades* (*realidades jurídicas*).

Já se demonstrou a impossibilidade de oferecer prova contrária à presunção que serviu ao legislador como elemento intelectual.[1342] *Por idênticos fundamentos lógico-jurídicos, é inadmissível a apresentação de prova contrária à ficção que serviu ao legislador como elemento intelectual.*

A regra jurídica é a solução criada pelo legislador para resolver determinado conflito social ou satisfazer determinada necessidade social. Primeiro o legislador fixa o objetivo a atingir. Depois de fixado este objetivo ele cria o instrumento para atingir aquele objetivo visado. Este instrumento é a regra jurídica. A Ciência Jurídica mostra que a existência de *ficção* na embriogenia da regra jurídica é muito mais frequente do que se supõe.[1343]

1340. F. Gény, *Science et Technique en Droit Privé Positif*, vol. III, Paris, 1921, p. 264.

1341. Ver ns. 136-137.

1342. Ver nº 137.

1343. F. Gény, *Science et Technique en Droit Privé Positif*, Paris, vol. III, 1921, pp. 262-64; para melhor análise, ver p. 360 e ss.; J. Dabin, *La Technique de l'Elaboration du Droit Positif*, Bruxelles, 1935, pp. 284, 288, 299, nota 2; para o completo exame da arte de elaboração do direito pelo processo técnico da ficção, ver p. 275 e ss.

Muitas vezes, depois de fixado o objetivo a atingir (por ex.: arrecadação de tributos sobre o consumo ou sobre os rendimentos pagos por sociedades), o legislador verifica que é extremamente complexa ou impraticável a matéria-prima com a qual normalmente deveria criar a regra jurídica. Por exemplo: o legislador constata que, normalmente, o sujeito passivo da relação jurídica tributária do imposto de consumo deveria ser o consumidor. Todavia, isto tornaria impraticável a cobrança do imposto de consumo. Outras vezes, não há uma total impraticabilidade, porém uma maior ou menor dificuldade, como no caso da cobrança do imposto de renda sobre os rendimentos percebidos pelas pessoas físicas sócias de sociedade.

Ora, quer pela impraticabilidade, quer pela maior ou menor dificuldade, o legislador *abandona a realidade* que normalmente deveria figurar no polo negativo da relação jurídica tributária do imposto de consumo, a saber, o consumidor, e, abandonando esta realidade, cria conscientemente uma falsidade: põe, em lugar do consumidor, o produtor, criando a *ficção do consumidor*.

Outras vezes, o abandono da realidade dá-se na parte referente à composição da hipótese de incidência, por exemplo: o legislador em lugar de tomar como hipótese de incidência do imposto de consumo, o consumo *real* da mercadoria, estabelece que o fato dela sair da fábrica ou ser exposta à venda já realiza a hipótese de incidência; em síntese: cria a *ficção do consumo* nesta ou naquela oportunidade.

Tanto na substituição do consumidor pelo produtor, para sujeito passivo da relação jurídica tributária do imposto de consumo, como na substituição do fato real do consumo, por um outro qualquer fato que, para os efeitos jurídicos, será considerado consumo, há sempre a troca de uma realidade, por uma falsidade. Todavia, esta falsidade permanece no plano pré-jurídico. Esta falsidade não entra como falsidade no mundo jurídico porque no mundo jurídico (para todo e qualquer efeito jurídico dentro do sistema legal do imposto do consumo), o produtor é *verdadeiramente* (realidade jurídica) o consumidor e o consumo da mercadoria ocorreu *verdadeiramente* (realidade jurídica) quando ela foi exposta à venda ou quando saiu da fábrica.

139. A valorização dos interesses em conflito e o critério de referência que inspiraram a solução legislativa (regra jurídica), não podem ser reexaminados, nem suavizados pelo intérprete

A regra jurídica distingue-se das proposições teoréticas que enunciam um saber e são um fim em si mesmas como conhecimento de verdade. A regra jurídica não é um fim em si mesma, mas *instrumento* de convivência social que o legislador cria para ser a *solução* de um conflito de interesses.[1344]

A *praticabilidade* e a *certeza* são requisitos essenciais à juridicidade da regra jurídica.[1345] A fim de criar regra jurídica que reúna estes dois requisitos, o legislador trabalha na *redução e concentração* do instrumental jurídico.[1346]

A regra jurídica é um *instrumento* cuja estrutura lógica se decompõem em duas partes: a *regra* e a *hipótese de incidência*.[1347] Na criação da regra jurídica, o legislador se esforça para reduzir e concentrar os fatos que integrarão a *composição* da hipótese da incidência e reduzir e concentrar os *efeitos jurídicos* preestabelecidos pela regra. Com isto, o legislador obtém, na razão direta desta redução e concentração, maior praticabilidade e certeza:

1344. Emilio Betti, *Interpretazione della Legge e degli Atti Giuridici*, vol. II, Milano, 1949, p. 817. Ver também nossos ns. 17, 19.

1345. Ver ns. 21-22.

1346. Emilio Betti, *Interpretazione della Legge e degli Atti Giuridici*, Milano, 1949, vol. II, pp. 812-16. Ver também nossos ns. 133-138. J. Dabin, *La Technique de l'Elaboration du Droit Positif*, Bruxelles, 1935, p. 163 e ss.; p. 186 e ss.

1347. Ver nº 81.

a) na constatação dos fatos que realizam a hipótese de incidência;

b) no entendimento dos efeitos jurídicos preestabelecidos pela regra e condicionados à realização da hipótese de incidência;

c) na fiscalização da respeitabilidade a estes efeitos jurídicos;

d) no exercício da coação para alcançar a sujeição aos efeitos jurídicos.

Além disso, haverá uma natural limitação à natalidade das relações jurídicas. Quanto menor for o número de relações jurídicas, melhor se obterá a efetivação da respeitabilidade ao seu conteúdo jurídico de: direito, pretensão, coação e correlativos dever, obrigação, sujeição.

Na supra referida redução e concentração do instrumental jurídico, os dois principais processos técnicos da arte legislativa são: a *presunção* e a *ficção*.[1348]

Por isto, EMILIO BETTI ensina que o intérprete da lei deve conhecer:

a) o *conflito de interesses* com o qual se defrontava o legislador e cuja solução foi a regra jurídica que está sendo examinada pelo intérprete;

b) as *dificuldades* que o legislador encontrou para construir aquela determinada regra jurídica;

c) qual foi, dentre os múltiplos processos da arte de legislar, o *processo-técnico* utilizado pelo legislador ao criar aquela particular regra jurídica.[1349]

Adverte EMILIO BETTI que o método hermenêutico acima aconselhado não importa na inversão do processo de construção

---

1348. Para uma síntese destes dois processos técnicos legislativos, ver nossos ns. 133-138. Para um estudo mais desenvolvido: J. Dabin, *La Technique de l'Elaboration du Droit Positif*, Bruxelles, 1935, pp. 231-34, 235 e ss., 275 e ss.; F. Gény, *Science et Technique en Droit Privé Positif*; vol. III, Paris, 1921, pp. 259-64 e ss., 360 e ss.

1349. Emilio Betti, *lnterpretazione della Legge e degli Atti Giuridici*, vol. II, Milano, 1949, pp. 816-22.

da regra jurídica, inversão cuja finalidade seria a mais íntima adaptação da regra jurídica ao caso concreto individual. Inexistem tal inversão e finalidade porque, quando se aludiu à "intenção do legislador", não se aconselhou investigar o fantasma psicológico do legislador, mas, sim, três fatos essencialmente *objetivos*: um determinado conflito de interesses; as dificuldades deste conflito de interesses; e o processo-técnico legislativo utilizado na construção da regra jurídica que, por si mesma, é a solução objetiva e permanente ao referido conflito.[1350] Com agudíssima lucidez conclui EMILIO BETTI que as valorizações daqueles interesses em conflito e o critério de preferência que inspiram a *solução* legislativa (a regra jurídica criada para solucionar aquele conflito) *participam da objetividade desta solução* (a regra jurídica) e não podem ser reexaminados pelo intérprete sob o pretexto de uma melhor adequação à realidade histórica posterior (ao caso concreto que realizou a hipótese de incidência daquela regra jurídica).[1351]

E o fundamento científico-jurídico que comprova a veracidade daquela conclusão de EMILIO BETTI já foi exposto no presente livro quando se demonstrou que:

a) a presunção *juris et de jure* não é regra de prova de Direito Adjetivo, mas regra dispositiva ou imperativa de Direito Substantivo;[1352]

b) é inadmissível oferecer prova contrária à *presunção* ou à *ficção* que serviu ao legislador de elemento *apenas intelectual*.[1353]

A importância prática da fenomenologia jurídica acima exposta será mais bem compreendida depois de conhecidas algumas conclusões exemplificativas no campo do Direito Tributário.[1354]

1350. Idem, pp. 815-16, 818-19.

1351. Idem, pp. 815-16.

1352. Ver ns. 135-136.

1353. Ver ns. 137-138.

1354. Ver nº 140.

140. Conclusões exemplificativas no campo do Direito Tributário

No número anterior, foram expostos os fundamentos científico-jurídicos da seguinte conclusão: As valorizações dos interesses em conflito e o critério de preferência que inspiraram a *solução* legislativa (regra jurídica criada para solucionar aquele conflito) *participam da objetividade desta solução* (regra jurídica) e não podem ser reexaminados pelo intérprete sob o pretexto de uma melhor adequação à realidade histórica posterior (ao caso concreto que realizou a hipótese de incidência daquela regra jurídica).[1355]

Para a melhor compreensão da importância prática desta fenomenologia jurídica, indicar-se-ão diversas conclusões no campo do Direito Tributário. Primeiro, no tocante à composição da hipótese de incidência. Depois, com referência ao sujeito passivo da relação jurídica tributária.

Conclusões referentes à composição da hipótese de incidência – A renda e o capital são realidades essencialmente mutáveis, no tempo e no espaço, em quantidade e em qualidade, tanto de indivíduo para indivíduo, quanto em relação a um único indivíduo. A extrema mobilidade e a difícil captação desta realidade impõe ao legislador a necessidade de escolher (para a composição da hipótese de incidência das regras jurídicas tributárias) *fatos que sejam signos presuntivos* da existência de renda ou de capital, de modo que a incidência jurídica dos tributos percute o *prolongamento* da realidade econômica consistente na renda ou no capital.[1356] Estes fatos signos presuntivos tanto podem ser de natureza *econômica*, como de natureza *jurídica*, pois o fato *jurídico* é excelente signo presuntivo de renda ou de capital.[1357] Por outro lado, o fato não necessita ser uma presunção, mas pode

1355. Ver nº 139; para a perfeita compreensão, ver ns. 133 até 139.

1356. Ver ns. 133-134.

1357. Ver nº 134.

perfeitamente (com a única ressalva logo indicada) consistir numa *ficção* de renda ou capital.[1358]

Nos países cuja Constituição juridicizou o "princípio da capacidade contributiva" convertendo-o em regra jurídica constitucional, o *legislador* está juridicamente obrigado a escolher para a composição da hipótese de incidência das regras jurídicas tributárias, fatos que sejam signos presuntivos de *renda ou capital acima do mínimo indispensável.*[1359]

Primeira conclusão: O juiz não pode "deixar de aplicar" a lei ainda que no caso concreto individual exista prova evidente da inexistência de capacidade contributiva (renda ou capital abaixo do mínimo indispensável). Basta o acontecimento do *fato-signo presuntivo* de renda ou de capital acima do mínimo indispensável para o intérprete estar obrigado a reconhecer já ter ocorrido à incidência da regra jurídica e a irradiação dos efeitos jurídicos (ex.: relação jurídica e seu conteúdo de direito e seu correlativo dever, etc.).

Segunda conclusão: O acontecimento da *própria realidade presumida* não realiza a hipótese de incidência da regra jurídica porque em sua composição não entra a realidade presumida, mas sim e exclusivamente o fato signo *presuntivo* daquela realidade ou o *fato-ficção* daquela realidade.

Terceira conclusão: Quando o legislador escolheu um determinado fato *jurídico* para a composição da hipótese de incidência da regra jurídica tributária, a hipótese de incidência somente se realiza e a regra jurídica somente incide quando acontece o fato *jurídico* e desde que ele esteja revestido daquela *específica juridicidade* (ex.: determinada *espécie* de negócio jurídico) preestabelecida pelo legislador.

Conclusões referentes ao sujeito passivo da relação jurídica tributária – A fenomenologia do substituto legal tributário

1358. Ver ns. 135, 138.

1359. Ver nº 132.

consiste, em síntese, no seguinte: Existe substituto legal tributário, toda a vez em que o legislador escolher para sujeito passivo da relação jurídica tributária um *outro qualquer* indivíduo, em substituição daquele determinado indivíduo de cuja renda ou capital a hipótese de incidência é fato-signo presuntivo.[1360]

Primeira conclusão: Não existe qualquer relação jurídica entre substituído e o Estado. O substituído não é sujeito passivo da relação jurídica tributária, nem mesmo quando sofre a repercussão *jurídica* do tributo em virtude do substituto legal tributário exercer o direito de reembolso do tributo ou de sua retenção na fonte.

Segunda conclusão: Em todos os casos de substituição legal tributária, mesmo naqueles em que o substituto tem perante o substituído o direito de reembolso do tributo ou de sua retenção na fonte, o único sujeito passivo da relação jurídica tributária (o único cuja *prestação jurídica* reveste-se de natureza *tributária*) é o *substituto* (nunca o substituído).

Terceira conclusão: O substituído não paga "tributo" ao substituto. A prestação jurídica do substituído que satisfaz o direito (de reembolso ou de retenção na fonte) do substituto, não é de natureza *tributária*, mas sim de natureza "*privada*".[1361]

Quarta conclusão: Nos países cuja Constituição juridicizou o princípio da capacidade contributiva, o legislador, ao criar o substituto legal tributário, está obrigado a, simultaneamente, criar a repercussão *jurídica* do tributo sobre o

1360. Conceito de substituto legal tributário, ver nº 145.

1361. Na verdade, não existe critério científico-jurídico para se pretender sustentar uma classificação de direitos ("créditos") em: públicos e privados. E isto porque não há critério científico-jurídico onde basear a tradicional divisão: Direito Público e Direito Privado (ver nosso nº 9). Todo e qualquer direito ("crédito") é efeito de regra jurídica. O gênero direito ("crédito") subdivide-se em diferentes espécies: direito ao preço; direito à indenização; direito ao exercício profissional; direito ao voto; direito ao reembolso (ou à retenção) do valor do tributo pago; direito ao tributo; etc.

substituído, outorgando ao substituto o direito de reembolso ou de retenção na fonte.[1362]

Entretanto, o substituto legal tributário não poderá esquivar-se à relação jurídica tributária ainda que apresente (no seu caso concreto individual) prova evidente da impossibilidade da repercussão *econômica.* Para a constitucionalidade da regra jurídica tributária basta a existência da repercussão jurídica.

1362. Não confundir repercussão jurídica com repercussão econômica; ver nº 141.

Capítulo IV

SUBSTITUTO LEGAL TRIBUTÁRIO

141. Terminologia e conceitos de: incidência econômica, incidência jurídica, repercussão econômica, repercussão jurídica, contribuinte *de jure*, contribuinte "de fato"

Na construção das regras jurídicas o legislador trabalha sobre a matéria-prima (fatos, conceitos, diretrizes, conclusões, etc.) oferecida pelas ciências pré-jurídicas. Se a regra jurídica a construir é de natureza tributária, a principal matéria-prima utilizada pelo legislador é oferecida pela Ciência das Finanças Públicas e pela política fiscal e consiste principalmente nas diretrizes da repercussão econômica do tributo, contra a qual, ou a favor da qual, o legislador constrói a regra jurídica tributária.

O estudo do fenômeno econômico da repercussão dos tributos é da competência dos especialistas da Ciência das Finanças Públicas e da política fiscal, os quais servem-se, na investigação e análise deste fenômeno, de conceitos *econômicos* e de terminologia *econômica*. O jurista, para construir e interpretar a regra jurídica tributária, frequentemente necessita conhecer os conceitos e conclusões fundamentais do fenômeno econômico da repercussão do tributo. Neste momento o jurista assume o grave risco de contaminar sua atitude mental jurídica, pois estudará a repercussão, necessariamente, em livro de Ciência das Finanças Públicas e de política, cujos autores na exposição da matéria serve-se de conceitos econômicos e terminologia econômica.

Ora, os conceitos econômicos e terminologia econômica *são válidos exclusivamente no plano econômico* da Ciência das Finanças Públicas e da política fiscal. Por outro lado, a terminologia jurídica e conceitos jurídicos são válidos exclusivamente no plano jurídico do direito positivo. Este rigoroso cuidado na terminologia não é uma *exigência fundamental* – como aguda e exaustivamente demonstrou NORBERTO BOBBIO – *para se construir qualquer Ciência.*[1363]

O jurista que incorrer na imprudência de desprezar esta constante atenção quanto à pureza *científica* da terminologia, fatalmente contaminará sua atitude mental jurídica, sem dar-se conta desta hibridrez, a tal ponto que suas próprias conclusões e pareceres não serão válidos nem na Ciência das Finanças e nem no Direito Tributário.[1364]

Na exposição deste capítulo à investigação da fenomenologia do substituto legal tributário, existem locuções cujo abuso, quer pelos financistas, quer pelos juristas, foi tão generalizado que oferecem riscos de contaminação da atitude mental científica, seja no plano da Ciência das Finanças Públicas, seja no plano do Direito Tributário. Por esta razão, a seguir, estas locuções são indicadas com o respectivo conceito válido dentro da presente exposição científico-jurídica tributária.

Incidência econômica do tributo – O tributo é o objeto da prestação jurídica tributária e a consistência material deste objeto (dinheiro ou coisa ou serviço) consiste sempre num bem cujo valor econômico é relevante. A satisfação da prestação jurídica tributária tem como resultado a *perda* deste bem. A pessoa que satisfaz a prestação pela entrega do objeto da mesma, sofre, no plano econômico, um ônus econômico. Este ônus

---

1363. N. Bobbio, *Teoria della Scienza Giuridica*, Torino, 1950, especialmente pp. 200-36.

1364. Ver ns. 10-15.

econômico poderá ser repercutido, no todo ou em parte, sobre outras pessoas, segundo as condições de fato que regem o fenômeno econômico da repercussão econômica do tributo. Por sua vez, estas segundas pessoas que sofreram a repercussão total ou parcial do ônus do tributo procederão de modo a poder repercuti-lo no todo ou em parte. E assim sucessivamente. Na trajetória da repercussão econômica do tributo haverá uma pessoa que ficará impossibilitada de repercutir este ônus econômico sobre outra ou haverá muitas pessoas que estarão impossibilitadas de repercutir a totalidade do ônus tributário, em consequência, cada uma suportando definitivamente uma parcela do ônus econômico tributário. Esta parcela do ônus econômico tributário (ou a sua totalidade) que é suportada *definitivamente* por uma pessoa é a incidência econômica do tributo.

Incidência jurídica do tributo – No momento lógico-jurídico posterior à realização da hipótese de incidência, a regra jurídica tributária incide sobre esta hipótese de incidência realizada e, em consequência desta incidência, irradia-se a relação jurídica tributária. Dentro do conteúdo jurídico desta relação jurídica tributária existe o dever de efetuar uma prestação jurídica e o objeto desta prestação jurídica consiste no tributo. Em síntese: incidência jurídica do tributo significa o *nascimento do dever jurídico tributário* que ocorre após a incidência da regra jurídica sobre sua hipótese de incidência realizada.

Contribuinte de fato – A pessoa que suporta definitivamente o ônus econômico do tributo (total ou parcial), por não poder repercuti-lo sobre outra pessoa, é o contribuinte "de fato". Em síntese: contribuinte "de fato" é a pessoa que sofre a incidência econômica do tributo acima conceituada.

Contribuinte de jure – A relação jurídica tributária vincula o sujeito passivo (situado no seu polo negativo) ao sujeito ativo (situado no polo positivo). A pessoa que a regra jurídica localizar no polo negativo da relação jurídica tributária é o contribuinte *de jure*. Noutras palavras, o contribuinte *de jure* é o *sujeito passivo* da relação jurídica tributária. Em síntese: O contribuinte *de jure* é a pessoa que sofre a incidência jurídica do tributo acima conceituada.

Repercussão econômica do tributo – O contribuinte *de jure*, ao satisfazer a prestação jurídica tributária sofre um ônus econômico. O contribuinte *de jure* procurará transferir o ônus econômico do tributo a *outras* pessoas e isto ocorrerá na oportunidade em que o contribuinte *de jure* tiver relações econômicas ou jurídicas com estas outras pessoas. A repercussão do ônus econômico do tributo, do contribuinte *de jure* para uma outra pessoa, poderá ser total ou parcial, bem como poderá ser sobre uma só pessoa ou sobre diversas pessoas.

A pessoa que tiver sofrido a repercussão do ônus econômico do tributo procurará transladar este ônus econômico para outra pessoa. E assim sucessivamente. Este fenômeno da trajetória do ônus econômico do tributo que vai sendo transferido, sucessivamente, no todo ou em parte, sobre uma ou mais pessoas, denomina-se repercussão econômica do tributo.

Repercussão jurídica do tributo – A fim de contrariar, ou favorecer, a repercussão econômica de um determinado tributo, o legislador, ao criar a incidência jurídica do tributo, simultaneamente, cria regra jurídica que outorga ao contribuinte *de jure* o *direito* de repercutir o ônus econômico do tributo sobre outra *determinada* pessoa. Desde logo, cumpre advertir que esta repercussão *jurídica* do tributo, de modo algum, significa a realização da repercussão *econômica* do mesmo. Esta repercussão econômica pode ocorrer apenas parcialmente ou até não se realizar, embora no plano jurídico tenha se efetivado. A repercussão jurídica do tributo realiza-se por dois sistemas: ou por *reembolso* ou por *retenção na fonte*.

Repercussão jurídica por reembolso – A lei outorga ao contribuinte *de jure* o *direito* de receber de uma outra *determinada* pessoa o reembolso do montante do tributo por ele pago. Exemplo: A lei outorga ao fabricante (contribuinte *de jure*) o direito de por ocasião de celebrar o contrato de venda do produto, acrescentar ao direito de crédito do preço, mais o direito de crédito de reembolso do valor do imposto de consumo pago por ele, fabricante. Noutras palavras e com mais precisão científica: o legislador cria duas regras jurídicas.

A primeira regra jurídica tem por hipótese de incidência a realização de determinados fatos que, uma vez acontecidos, desencadeiam a incidência da regra jurídica tributária e o efeito jurídico desta incidência é o nascimento da relação jurídica tributária, vinculando o contribuinte *de jure* ao sujeito ativo, impondo-lhe o dever de uma prestação jurídico-tributária.

A segunda regra jurídica tem como hipótese de incidência a *realização da prestação* jurídico-tributária que se tomara juridicamente devida após a incidência da primeira regra jurídica. A realização daquela prestação jurídico-tributária realiza a hipótese de incidência desta segunda regra jurídica e, em consequência, desencadeia sua incidência. O efeito jurídico desta incidência é o nascimento de uma *segunda* relação jurídica que tem: em seu polo *positivo*, aquela pessoa que fora o *contribuinte de jure* no primeiro momento e, em seu polo *negativo*, uma outra determinada pessoa na condição de sujeito passivo. O conteúdo jurídico desta segunda relação jurídica consiste num *direito de crédito* do sujeito ativo (o contribuinte *de jure*) contra o sujeito passivo, tradicionalmente denominado contribuinte *de fato*, mas que, cientificamente, somente será contribuinte *de fato*, na medida em que não puder repercutir o ônus econômico do tributo sobre uma terceira pessoa.

Repercussão jurídica por retenção na fonte – A lei outorga ao contribuinte *de jure* o direito de compensar o montante do tributo com o determinado débito que o contribuinte *de jure* tiver com uma determinada pessoa. Exemplo: a sociedade anônima, ao ser aprovado o dividendo, tornar-se devedora desse dividendo para com o acionista titular de ação ao portador; entretanto, o sujeito passivo da relação jurídica tributária de imposto de renda sobre o dividendo da ação ao portador é a própria sociedade anônima, de modo que a lei outorga-lhe o direito de compensar com o débito do dividendo um imposto por ela pago ou devido, isto é, reter na fonte pagadora do rendimento o imposto de renda devido com referência ao mesmo.

Em última análise, a repercussão jurídica por reembolso distingue-se da repercussão jurídica por retenção na fonte apenas no seguinte: No reembolso, há o *acréscimo* do direito de crédito do tributo ao *crédito* que o contribuinte *de jure* possui com relação a uma outra pessoa em razão de um determinado negócio jurídico. Na retenção na fonte, há uma redução *num débito* que o contribuinte *de jure* tem perante uma determinada pessoa em virtude de um determinado negócio jurídico.

142. Classificação dos tributos em diretos e indiretos é falsa e impraticável

A mais divulgada classificação dos tributos divide-os em diretos e indiretos, fundamentando esta divisão no critério da *repercussão econômica* do tributo. Direto seria o tributo que o contribuinte *de jure* está impossibilitado de repercuti-la. Indireto seria o tributo que o contribuinte *de jure* pode repercuti-lo.

Esta classificação dos tributos em diretos e indiretos baseada no critério da repercussão econômica é muito antiga. Alguns dos precursores da Economia e das Finanças Públicas já utilizavam-na e a sua consagração e divulgação deve-se principalmente à obra dos fisiocratas. A antiguidade e simplicidade desta classificação, bem como a natureza político-fiscal de seu critério, com o decorrer do tempo, foram imprimindo a cada espécie de tributo o batismo de direto ou indireto, de tal modo que, pela simples enunciação do nome, uns tributos são imediatamente considerados diretos e outros indiretos. Por sua vez, a repercussão econômica do tributo indireto é aceita como um fato necessário e *óbvio*.

Esta aceitação da tradicional classificação de um tributo na categoria direta ou indireta e esta "obviedade" da repercussão econômica do tributo classificado como indireto, desencadeia reflexos condicionados que contaminam a atitude mental de juízes, advogados, ministros e legisladores. Por incrível que pareça, esta classificação dos tributos em diretos e indiretos baseada no critério da repercussão econômica é a classificação que, em todos os países, serve de fundamento *óbvio* para as decisões dos tribunais; para os relatórios sobre pesquisa político-fiscal; para a estruturação dos projetos de reforma tributária; para a discussão dos legisladores; para a classificação das leis orçamentárias; para o planejamento do órgão executivo; e para a terminologia e estruturação das leis tributárias num sistema orgânico.

A erronia das decisões dos tribunais em matéria tributária e a irracionalidade das leis tributárias são devidas, em grande parte, à classificação dos tributos em diretos e indiretos segundo o critério da repercussão econômica. Hoje, praticamente a totalidade da doutrina condena o critério da repercussão, considerando-o absolutamente artificial e sem qualquer fundamento científico. A Ciência das Finanças Públicas e a política fiscal têm demonstrado que aquele critério repousa na *simplicidade da ignorância*.

O critério da repercussão econômica como critério de classificação dos tributos em diretos e indiretos é considerado artificial e errado até mesmo pelos autores que ainda hoje procuram sustentar a praticabilidade e a conveniência *didática* ou *administrativa* da classificação dos tributos em diretos e indiretos sob *outros* critérios, todos diferentes do da repercussão econômica.[1365]

1365. Aliomar Baleeiro, *Introdução à Ciência das Finanças*, vol. I, 2ª ed., Rio de Janeiro, 1958, pp. 416-19; Fernando Sáinz de Bujanda, *Hacienda y Derecho*, vol. II, Madrid, 1962, p. 429 e ss.; L. Trotabas, *Science et Technique Fiscales*, Paris, 1958, p. 55 e ss.; M. Duvergers, *Institutions Financieres*, 2ª ed., Paris, 1957, p. 116; Gangemi, *Elementi di Scienza delle Finanze*, 4ª ed., vol. I, Napoli, 1948, p. 475; E. Albergo, *Economia della Finanza Pubblica*, vol. I, Bologna, 1952, pp. 235-36; Hugh Dalton, *Principios de Finanzas Públicas*, Buenos Aires, 1953 (trad. da 11ª ed., London, 1941), p. 39; M. Lauré, *Traité de Politique Fiscale*, Paris, 1956, p. 56; J. Laferrière, *Traité Elémentaire de Science et de Législation Financières*, em colaboração com M. Waline, Paris, 1952, pp. 260, 267.

A classificação dos tributos em diretos e indiretos com fundamento num critério *diferente* do da repercussão econômica, ainda hoje, alguns autores admitem-na, alegando razões didáticas ou conveniência orientadora para administração pública, embora todos esses autores continuem a achar tal classificação, sob qualquer critério, imperfeita, artificial e sem fundamento científico. Dentre estes outros critérios, os dois principais são: o critério do *lançamento* e o critério da *temporalidade da hipótese de incidência.*

O critério do lançamento consiste no seguinte: tributo direto seria o tributo cujo sistema de arrecadação é feito pelo sistema do lançamento nominativo. Tributo indireto seria aquele cuja arrecadação é feita sem o lançamento. Este critério não tem nenhum valor científico porque as modernas investigações sobre a natureza do lançamento revelam que o lançamento é um momento lógico que existe em todo e qualquer tributo.[1366] Além disso, tal critério não tem nenhum valor prático, porque a evolução da política fiscal determinou alterações na legislação tributária, de modo que, em determinadas hipóteses, o tributo é recolhido pelo sistema de lançamento nominativo e, noutras hipóteses, o *mesmo* tributo é recolhido sem aquela formalidade instrumental.

O critério da temporalidade da hipótese de incidência resume-se no seguinte: tributo direto seria o tributo cuja hipótese de incidência é uma situação permanente ou durável ou continuada no tempo. Tributo indireto o que teria por hipótese de incidência uma situação instantânea ou que possa ser isolada no tempo. Falta base científica e praticabilidade a este critério, porque a hipótese de incidência não é uma mônade; frequentemente a composição da hipótese de incidência é formada da *combinação* de atos, fatos e estados de fatos.[1367]

1366. Ver nº 100.

1367. Ver nº 89.

Conclusão – A verdade é que não existe nenhum critério científico para justificar a classificação dos tributos em diretos e indiretos e, além disto, esta classificação é impraticável.

No distante ano de 1882, PANTALEONI chegara a esta conclusão.[1368] Também SELIGMAN concluiu, em 1909, que, para o bem da Ciência Financeira, devia-se abandonar completamente a classificação dos tributos em diretos e indiretos e até usar outra terminologia.[1369] Em 1912 GASTON JÈZE reconheceu que "a verdade é que todas estas classificações não têm valor científico. É impossível de dizer o que é um imposto direto ou indireto".[1370]

Infelizmente, os estudiosos julgaram exageradas estas conclusões dos três velhos mestres e, durante a primeira metade deste século, continuaram a manter a classificação dos tributos em diretos e indiretos sob diferentes critérios, o que só serviu para aumentar a confusão e comprovar definitivamente sua impraticabilidade.

Hoje, a moderna doutrina dá plena razão às conclusões daqueles três veneráveis mestres, negando qualquer fundamento científico e qualquer interesse prático à classificação dos tributos em diretos e indiretos.[1371] A palavra definitiva sobre esta matéria foi proferida em 1954 por HENRY LAUFENBURGER, que dedicou à análise da classificação dos tributos em diretos e indiretos, um substancioso estudo. Adverte HENRY LAUFENBURGER que para hoje utilizar-se o critério obscuro e impreciso

1368. M. Pantaleoni, *Teoria della Traslazione del Tributi*, ed. 1882, reeditada em 1958 pela Giuffrè; Milano, pp. 31, 35.

1369. Seligman, *Théorie de la Répercussion et de L'Incidence de L'Impôt*, Paris, 1910, p. 518.

1370. Gaston Jeze, *Cours Elémentaire de Science des Finances et de Législation Financière Française*, 5ª ed., Paris, 1912, p. 782.

1371. L. Mehl, *Science et Technique Fiscales*, Paris, 1959, vol. I, p. 88; Earl R. Rolph, *Teoría de la Economia Fiscal*, Madrid, 1958 (trad. do *The Theory of Fiscal Economies*, California, 1954), p. 113; G. Ahumada, *Tratado de Finanzas Públicas*, Córdoba, 1956, p. 275.

da divisão dos impostos em diretos e indiretos, ainda que sob qualquer outro critério, é necessário uma boa dose de artificialismo e ilusão, pois esta famosa e velha distinção foi literalmente abolida no curso dos últimos trinta anos sob o tríplice plano: técnico, administrativo e jurídico. A experiência francesa contemporânea põe em evidência que, sob os ângulos técnicos, administrativos e jurídicos, a distinção entre imposto direito e indireto está definitivamente cancelada.[1372]

143. Repercussão econômica e a simplicidade da ignorância

O professor de Economia Política na Universidade de Columbia, New York, Seligman, em sua célebre: *Théorie de la Répercussion et de L'Incidence de L'Impôt*, escreve justamente à página nº 1, iniciando sua notável obra:

"La question de l'incidence de l'impôt est un des sujets les plus négligés, en même temps qu'il est l'un des plus compliqués, qe la science économique. A vrai dire, beaucoup d'écrivains l'ont traité, mais la discussion de ce problème, dans les livres scientifiques aussi bien que dans la vie jornalière, a été souvent marquée par ce que De Parieu appelle *'la simplicité de l'ignorance'*".[1373]

Toda a vez que o fenômeno da repercussão do tributo entra na linha de raciocínio de tribunais, legisladores e ministros, a argumentação desenvolvida caracteriza-se por aquela simplicidade de ignorância apontada por Seligman. Esta simplicidade de ignorância manifesta-se pela aceitação das "teorias" a seguir indicadas:

a) *Simplicidade da ignorância: Tributo indireto repercute.* É inacreditável que ainda hoje se proferem acórdãos e promulgam-se

1372. Henry Laufenburger, "La distinzione fra imposte dirette e indirette", in *Rivista di Diritto Finanziario e Scienza delle Finanze*, março, 1954, fasc. 1, parte 1, pp. 3-18, especialmente 4-5, 18.

1373. Seligman, *Théorie de la Répercussion et de L'Incidence de L'Impôt*, Paris, 1910, p. 1.

leis baseadas na "obviedade científica" desta teoria que, já no século passado, a Ciência condenou e que a doutrina, há cinquenta anos, vem demonstrando sua total erronia.[1374] Além disso, nos últimos trinta anos, a doutrina demonstrou que a classificação dos tributos em diretos e indiretos, sob qualquer critério, não tem fundamento científico nem é praticável e deve ser abolida no tríplice plano: técnico, administrativo e jurídico.[1375]

b) *Simplicidade da ignorância*: *Por sua própria natureza alguns tributos repercutem e outros não*. O raciocínio baseado nesta premissa é ingênuo e denuncia superficialíssima noção do fenômeno da repercussão, porque *todos* os tributos repercutem.[1376] Noutras palavras, os fatores decisivos da repercussão econômica do tributo são estranhos à natureza do tributo e determinados pela conjuntura econômico-social.[1377] Além disso, a previsibilidade da repercussão econômica e a constatação dos resultados efetivos da repercussão alcançam-se por aproximação ainda distante e nebulosa, mediante utilização de princípios financeiros extremamente complexos e cujos resultados ainda são de natureza macro-econômica.[1378]

c) *Simplicidade da ignorância*: O *acréscimo do tributo ao preço significa repercussão do mesmo*. "Em teoria positiva", esclarece Earl Rolph, "é comum tratar como fatos o que, depois de um cuidadoso exame, resulta serem realmente teorias. Os fatos visíveis aparecem matizados por teorias implícitas

1374. Ver nº 142.

1375. Ver nº 142.

1376. E. Albergo, *Economia della Finanza Pubblica*, Bologna, 1952, I, p. 236; M. Lauré, *Traité de Politique Fiscale*, Paris, 1956, pp. 55-67; H. Laufenburger, *Revenu, Capital et Impôt* (*Traité Econ. Lég. Fin.*), 4ª ed., Paris, 1950, p. 295; J. Laferrière, *Traité Elémentaire de Science et de Législation Financières*, em colaboração com M. Waline, Paris, 1952, p. 264.

1377. Ver nº 144.

1378. Ver nº 144.

do expositor. Assim, procedem aqueles que se julgam tributados quando se lhes apresenta uma fatura em que o vendedor põe o imposto como uma das parcelas. A prova pode parecer concludente. Contudo, se cuidadosamente estuda-se este fato 'óbvio', ele deixa de ser óbvio. O que o vendedor paga ao Estado, em última análise, de cada imposto, só por casualidade guarda relação com o montante calculado pela soma das parcelas que em tal conceito figuram nas faturas. Além disso, necessitaria saber-se qual seria o "preço" cotizado separadamente do imposto na ausência deste, e isto não é um fato observável".[1379]

d) *Simplicidade da ignorância: O exame da escrita comercial do produtor ou comerciante demonstrará se houve ou não a repercussão.* "Caso se tivesse de determinar a incidência de um imposto", esclarece HUGH DALTON, "por meio dos preços que aparecem nas estatísticas, o que dever-se-ia comparar com o preço da mercadoria gravada pelo imposto em um determinado momento e lugar não é o preço desta mercadoria excluído o imposto em um momento ou em um lugar *distinto*, mas sim o preço sem o imposto no *mesmo* momento e lugar. E é óbvio que não existirá nenhuma estatística deste último preço, porque ele não é um preço que existiu realmente; apenas 'teria existido' se determinadas circunstâncias tivessem sido distintas. Quase todos os argumentos estatísticos sobre a incidência não serve para nada, porque o imposto é só um dos muitos fatores que determinam o preço de uma mercadoria gravada e o efeito das modificações que o imposto imprime sobre o preço pode ser, e é a miúdo, reduzido, quando se o compara com o efeito das modificações de outros fatores".[1380]

1379. Earl R. Rolph, *Teoria de la Economía Fiscal*, Madrid, 1958 (trad. do *the Theory of Fiscal Economies*, California, 1954), p. 9; Seligman, *Théorie de la Répercussion et de L'Incidence de L'Impôt*, Paris, 1910, pp. 13-15.

1380. Hugh Dalton, *Principios de Finanzas Públicas*, Buenos Aires, 1953 (trad. da 11ª ed., London, 1941), p. 84; Seligman, *Théorie de la Répercussion et de L'incidence de L'Impôt*, Paris, 1910, pp. 13-15.

e) *Simplicidade da ignorância: A intenção do legislador prova a repercussão.* Frequentemente, o legislador outorga ao contribuinte *de jure* o direito de reembolso ou de retenção na fonte.[1381] Facilmente costuma-se concluir que a repercussão econômica do tributo seria uma decorrência necessária e óbvia desta estrutura jurídica; entretanto, a Ciência demonstra que a *intenção do legislador* não é prova de repercussão econômica do tributo.[1382]

A intenção do legislador que se concretiza na outorga ao contribuinte *de jure* do direito de reembolso ou de retenção na fonte, prova a repercussão *jurídica* do tributo, mas não a econômica.[1383] Recorde-se que toda a regra *jurídica* impõe às relações sociais um determinismo artificial[1384] e a regra jurídica que outorga ao contribuinte *de jure* o direito de reembolso ou retenção estabelece a certeza *jurídica* da repercussão *jurídica* do tributo, mas tudo isto unicamente no plano jurídico para *efeitos jurídicos*.

Noutras palavras, para o deslinde de possíveis direitos e deveres entre o Estado, o contribuinte *de jure* e a pessoa que sofreu a retenção na fonte ou foi obrigada a satisfazer o direito de reembolso, houve a repercussão do tributo e de nada valerá

1381. Conceito de reembôlso e de retenção na fonte, ver ns. 141, 149.

1382. J. C. Peirano Facio, *El Impuesto a las Ventas*, Montevideo, 1955, pp. 427-28; E. Blumenstein, *Sistema di Diritto delle Imposte*, Milano, 1954 (trad. da 2ª ed., 1951 – original), p. 68; G. Ahumada, *Tratado de Finanzas Públicas*, Córdoba, 1956, p. 274; H. Laufenburger, *Revenu, Capital et Impôt (Traité Econ. Lég. Fin.)*, 4ª ed., Paris, 1950, p. 292, Seligman, *Théorie de la Répercussion et de L'Incidence de L'Impôt*, Paris, 1910, p. 518; Gaston Jêze, *Cours Elémentaire de Science des Finances et de Législation Financière Française*, 5ª ed., Paris, 1912, p. 777; M. Duverger, *Institutions Financieres*, 2ª ed., Paris, 1957, p. 134; M. Lauré, *Traité de Politique Fiscale*, Paris, 1956, pp. 55-56; J. Laferrière, *Traité Elémentaire de Science et de Législation Financières*, em colaboração com M. Waline, Paris, 1952, p. 264; Hugh Dalton, *Principios de Finanzas Públicas*, Buenos Aires, 1953 (trad. da 11ª ed., London, 1941), p. 39.

1383. Distinção entre repercussão jurídica e repercussão econômica, ver nº 141.

1384. Ver nº 22.

provar-se que, no caso concreto singular, a repercussão *econômica* não correspondeu à repercussão *jurídica*. No plano jurídico, houve a repercussão *jurídica* do tributo para qualquer *efeito jurídico* e é inadmissível apresentar prova de a repercussão econômica não ter ocorrido, pois isto significa a inversão de toda a fenomenologia *juridical*.[1385]

Por outro lado, no plano econômico, a repercussão jurídica é totalmente insensível, nem como presunção científica. No plano econômico, a repercussão jurídica não é fato que deva ser levado em linha de conta pelo especialista em Ciência das Finanças Púbicas e Política Fiscal na investigação científica da repercussão econômica.

144. Repercussão econômica e a complexidade da Ciência

Após meio século de estudos e pesquisas, os especialistas em Ciência das Finanças Públicas e política fiscal continuam a achar o problema da repercussão econômica dos tributos um fenômeno extremamente complexo, obscuro, instável e de difícil previsão.

Em 1948, RICHARD W. LINDHOLM em sua *Introdução à política fiscal*, ao examinar o problema da repercussão econômica dos tributos, reconhece que, atualmente, constitui campo econômico muito necessitado de investigação, pois os conceitos que foram desenvolvidos com relação à determinação da incidência econômica do imposto foram baseados frequentemente sobre insuficiente conhecimento das mutações que têm lugar quando os impostos incluem uma parte muito grande da renda nacional, quando certos impostos chegam a ser muito altos e quando as uniões de trabalhadores são fortes e agressivas.[1386]

1385. Ver nº 139.

1386. R. W. Lindholm, *Introdución a la Política Fiscal*, Madrid, 1958 (original inglês, New York, 1948), pp. 91-92.

Em 1956, Maurice Lauré, em seu *Tratado de política fiscal* adverte que, abstratamente considerada, a noção de incidência econômica do tributo é clara, simples e imediata. Porém, no caso concreto, esta noção é complexa, obscura e instável. De seus estudos, Maurice Lauré concluiu que os fenômenos da incidência econômica não são governáveis, nem estáveis. Além disso, confessa que não existe, na época atual, um método de análise estatístico capaz de pôr facilmente em evidência a incidência econômica de um sistema de tributos em relação a uma determinada conjuntura econômica.[1387]

Formas da repercussão – Uma boa síntese das principais formas pelas quais se manifesta a repercussão, oferece Maurice Duverger:[1388]

a) *Repercussão econômica simples e por estágios.* Há repercussão simples quando uma pessoa transfere o ônus econômico do tributo sobre uma outra. Mas esta por sua vez poderá também transferir a uma terceira, a qual repercutirá o ônus sobre uma quarta e assim sucessivamente. O primeiro caso é a repercussão simples. Se ocorre a repercussão sucessiva, tem-se a repercussão em três ou mais estágios, pois, na realidade, o ônus econômico do tributo é suportado provisoriamente, durante algum tempo, por cada uma das referidas pessoas que, sucessivamente, o vão transferindo.

b) *Repercussão econômica para frente e para trás.* Existe a repercussão para a frente quando o contribuinte *de jure* transfere o ônus do tributo para o contribuinte *de fato.* Mas a trajetória da repercussão pode ser para trás, por exemplo: o comerciante, ao comprar a mercadoria que o obrigará ao pagamento de um imposto quando ele a revender, repercute este imposto sobre o fabricante da mercadoria, pedindo e obtendo uma redução do preço. Esta redução compensará o tributo que o comerciante, depois, irá pagar. A repercussão

1387. M. Lauré, *Traité de Politique Fiscale*, Paris, 1956, p. 55.

1388. M. Duverger, *Institutions Financieres*, 2ª ed., Paris, 1957, pp. 135-41.

para trás também pode ocorrer mediante a redução no volume de vendas, redução provocada pela elevação do preço unitário em virtude da adição do imposto.

c) *Dupla incidência econômica.* Dá-se o fenômeno da dupla incidência econômica quando a jurídica do tributo determina uma econômica mais elevada que o tributo, isto é, o contribuinte *de jure* adiciona ao preço o valor do imposto acrescido de mais uma parcela. Seja para perfazer um algarismo mais nítido e de melhor efeito psicológico sobre a venda. Seja porque, tendo o contribuinte *de jure* um critério percentual de lucro sobre o preço de venda e sendo este preço agora mais elevado em virtude do acréscimo do imposto, a aplicação de dita percentagem que corresponde ao lucro pretendido importará, consequentemente, em maior lucro e em maior desembolso do comprador.

d) *Capitalização e amortização.* Estes fenômenos são melhor conceituados, exemplificando-os. Tome-se um título da dívida pública cuja cotação na Bolsa esteja ao par. Se o Estado cria ou eleva um imposto de renda sobre o juro de dito título, simultaneamente, o seu preço de venda na Bolsa baixa na mesma proporção do imposto criado ou elevado, de modo que o ônus econômico do tributo é suportado pelo titular da apólice e não pelo futuro adquirente que juridicamente pagará o imposto. Por outro lado, se o Governo isentar ou reduzir o imposto juridicamente incidente sobre o juro de dita apólice, esta terá o seu preço de venda na Bolsa elevado na mesma proporção do imposto revogado ou reduzido. No caso da criação ou elevação do imposto, ocorre o fenômeno da "amortização" e que é também denominado "absorção" quando o ônus econômico do imposto recai integralmente sobre o vendedor do título. No caso da isenção ou redução do imposto, existe o fenômeno da "capitalização".

Fatores da repercussão – "Para uma previsão", Aliomar Baleeiro, "de como se desenvolverá o fenômeno em caso concreto, há necessidade do conhecimento de vários outros dados do problema, segundo o tipo do imposto, sua técnica, o fato de operar o vendedor em monopólio, oligopólio, ou livre competição, a rigidez ou a elasticidade da procura, etc. A pesquisa dessas condições de realização do fenômeno, estabelecimento das relações de causa a efeito, constituem as teorias da repercussão e de outros efeitos dos tributos. As observações e tentativas de construção dessas teorias datam de mais de dois séculos e sofrem contínua retificação em face do grande número de variáveis".[1389]

"Se as teorias da repercussão", prossegue ALIOMAR BALEEIRO, "absorção e outros fenômenos tributários tivessem alcançado absoluto grau de exatidão, a política financeira poderia servir-se delas a fim de guiar o legislador para aproveitar ou evitar efeitos da tributação relativamente aos diferentes lucros sociais ou sobre o nível de preços e outros problemas. Esse grau de segurança ainda não existe para todos os impostos em todos os casos".[1390]

O problema da repercussão – mostra SELIGMAN – é, antes de tudo, uma questão de *preço*. A solução é descobrir *se* e em que *medida*, a percepção de um tributo provoca modificações nas rendas e nas despesas dos indivíduos. Noutros termos, é determinar qual das duas partes, por ocasião de cada relação econômica, suportará o ônus econômico do tributo. A fim de poder verificar-se, por aproximação, a existência ou inexistência da repercussão econômica do tributo, SELIGMAN salienta que tudo dependerá do exame científico, em cada caso concreto, de múltiplos fatores e circunstâncias, principalmente dos seguintes:

"1. L'objet est-il durable ou périssable? 2. L'objet est-il soumis à la loi du monopole ou à la loi de la concurrence? 3. L'impôt est-il général ou exclusif? 4. Y a-t-il mobilité complète du capital? 5. La demande de l'objet est-elle élastique? 6. Dans

---

1389. Aliomar Baleeiro, *Introdução à Ciência das Finanças*, vol. I, 2ª ed., Rio de Janeiro, 1958, p. 219.

1390. Idem, ibidem, p. 235.

quelle mesure les avantages différentiels de la production affectent-ils l'offre? 7. L objet est-il produit suivant les lois de cout constant, du coût croissant ou du coût décroissant? 8. L'impôt est-il établi sur la marge ou sur l'excédent? 9. L'impôt est-il ou non élevé? 10. L'impôt est-il proportionnel ou gradué? 11. L'objet est-il un bien final ou seulement un bien intermédiaire?"[1391]

Juntamente com ALIOMAR BALEEIRO e MAURICE DUVERGER acima citados, também PAUL HUGON e LUCIEN MEHL oferecem boa síntese das formas e fatores da repercussão econômica dos tributos.[1392] Para um estudo mais desenvolvido da repercussão econômica dos tributos, um dos melhores e mais atualizados trabalhos é o de COSCIANI.[1393]

"Estas condições", observa PAUL HUGON, "estão longe de ser limitativa: são apenas as principais. Permitem simplesmente prever a *direção* e a *força* da repercussão nos casos mais gerais. Na verdade, não devem ser consideradas isoladamente e, sim, combinando-se as que dizem respeito ao imposto com as concernentes à matéria tributada. Estas condições se renovam e, pois, devem ser examinadas todas as vezes que se tratar de nova repercussão."[1394]

Infelizmente – diz EDGARD ALLIX – os dados em que se basear uma conclusão de incidência previsível são ditos dados muito *móveis* para que se possa formular leis fixas de incidência capazes de guiar na prática; tudo que se pode fazer é, em cada época, tentar descobrir como tende a se operar a repercussão dos impostos, e esta pesquisa deverá

1391. Seligman, *Théorie de la Répercussion et de L'Incidence de L'Impôt*, Paris, 1910, p. 297. A seguir, Seligman desenvolve minucioso e exaustivo estudo, de cada um dos fatores e circunstâncias acima transcritas, *in* op. cit. pp. 297-340.

1392. Paul Hugon, *O imposto*, 2ª ed., Rio de Janeiro, pp. 98-109; L. Mehl, *Science et Technique Fiscales*, vol. I, Paris, 1959, pp. 235-70.

1393. C. Cosciani, *Principii di Scienza della Finanze*, Torino, 1953, Terceira Parte, Capítulos I-V, pp. 355-494.

1394. Paul Hugon, *O imposto*, 2ª ed., Rio de Janeiro, p. 108 (grifou-se).

ser feita à luz das condições especiais do *tempo* e do *meio* existentes naquela determinada época.[1395]

Conclusão – Em cada país, sob determinadas condições de tempo e lugar, tendo-se presente a conjuntura econômica da época, após complexíssimo estudo, pode-se alcançar uma relativa previsibilidade da provável repercussão econômica do tributo. Esta relativa previsibilidade da provável repercussão econômica do tributo consiste no seguinte: a previsão nunca indicará a probabilidade da *verdadeira* incidência econômica do tributo, mas previsível é a probabilidade da *tendência* da repercussão econômica, de sua *velocidade,* de sua *forma,* de sua *graduação*, de sua *direção preferencial* a esta ou àquela *classe* econômica.

Impossível é conhecer a verdadeira incidência econômica do tributo. *A identificação do contribuinte "de fato" é impraticável.*[1396]

Em síntese: a Ciência das Finanças Públicas e a política fiscal, hoje, podem oferecer o instrumental científico que permitirá investigar apenas a *macro-visão* da trajetória econômica da repercussão do tributo.

145. Embriogenia e conceito de substituto legal tributário

O legislador constrói a regra jurídica, trabalhando sobre os "dados" oferecidos pelas ciências pré-jurídicas.[1397] Na

1395. Edgard Allix, *Traité Elémentaire de Science des Finances et de Législation Financières Française*, 6ª ed., Paris, 1931, p. 572.

1396. M. Lauré, *Traité de Politique Fiscale,* Paris, 1956, pp. 66-67; R. W. Lindholm. *Introducción a la Política Fiscal*, Madrid, 1958 (original inglês, New York, 1948), pp. 89-90; J. Laferrière, *Traité Elémentaire de Science et de Législation Financiere*, em colaboração com M. Waline, Paris, 1952, p. 264. É interessante notar que, já no ano de 1912, Stourn apontara a impraticabilidade de identificar o contribuinte "de fato", in Systèmes Généraux l'Impôst, 3ª ed., Paris, 1912, pp. 391-92.

1397. Ver ns. 6, 17, 23.

construção das regras jurídicas de natureza tributária, a principal matéria-prima é oferecida pela Ciência das Finanças Públicas e pela política fiscal. Ora, na investigação e análise dos "dados" que servirão de matéria-prima ao legislador tributário, estas duas ciências pré-jurídicas reconheceram:

a) A impraticabilidade de fazer com que a *realidade integral* da riqueza de cada indivíduo integre a composição da hipótese de incidência da regra jurídica tributária.[1398]

b) A possibilidade da repercussão econômica de qualquer tributo.[1399]

c) A natureza *macro-econômica* da previsibilidade da repercussão econômica do tributo.[1400]

d) A impraticabilidade da *identificação* do contribuinte *de fato*.[1401]

Recebendo os "dados" acima indicados, o legislador tributário, a fim de resolver aquele conflito de interesses econômicos e impraticabilidades científicas, criou a seguinte *solução*:

a) para a composição da hipótese de incidência da regra jurídica tributária, o legislador escolhe fatos que sejam *signos presuntivos* de renda ou capital de um determinado indivíduo;

b) para contribuinte *de jure* (sujeito passivo na relação jurídica tributária), toma *aquele determinado* indivíduo de cuja renda ou capital a hipótese de incidência é fato-signo presuntivo.

Note-se que, até aqui, ainda não ocorreu a fenomenologia da *substituição legal tributária*.[1402] O intelecto que tiver bem

1398. Ver ns. 133-140.

1399. Ver ns. 141-144.

1400. Idem.

1401. Idem.

1402. A expressão "substituto legal tributário" criada por Amílcar de Araújo Falcão (*Introdução ao Direito Tributário*, Rio de Janeiro, 1959, p. 111) é presente a nítida distinção entre: incidência econômica e incidência jurídica; entre repercussão econômica e repercussão jurídica; entre contribuinte *de fato* e contribuinte *de jure*,[1403] compreenderá que ainda não há o fenômeno da substituição legal tributária, quando o legislador escolhe para sujeito passivo da relação jurídica tributária aquele determinado indivíduo de cuja verdadeira renda ou capital a hipótese de incidência é um fato-signo presuntivo. Compreenderá também que contribuinte *de jure* é o *gênero* que abrange duas *espécies* de sujeito passivo da relação jurídico-tributária: este determinado indivíduo que acabou de ser apontado e o substituto legal tributário logo adiante conceituado.

A solução do legislador tributário acima apontada (embora já tenha simplificado em muito o nascimento, vida e extinção das relações jurídicas tributárias), hoje, está se tornando impraticável em setores cada vez mais numerosos.

O extraordinário desenvolvimento econômico-social nos últimos cinquenta anos atingiu tal ritmo vertiginoso que levou os historiadores à constatação do Princípio da Aceleração da História;[1404] a centripetação dos indivíduos ao redor dos centros urbanos formando enormes massas de indivíduos; a crescente multiplicidade de relações sócio-econômicas; a complexidade e a variedade cada vez maior de negócios são os principais fatores que estão tornando *impraticável* aquela solução do legislador, na parte referente à escolha do indivíduo que figurará no polo negativo da relação jurídica tributária.

Até há alguns decênios atrás, este indivíduo era, quase sempre, aquele determinado indivíduo de cuja renda ou capital

---

mais precisa que a tradicional "substituto de impost" (*sostituto d'imposta*), porque esta sugere erradamente que aquilo que sofre a substituição seria o imposto. Além disso, a substituição legal tributária pode também ocorrer no tocante ao sujeito passivo da relação jurídica de taxa.

1403. Ver nº 141.

1404. R. Savatier, *Les Métamorphoses Economiques et Sociales du Droit Civil d'Aujourd'hui*, 2ª ed., Paris, 1952, pp. 5-18.

a hipótese de incidência tributária fato-signo presuntivo. Entretanto, os fatores que acabaram de ser apontados estão induzindo o legislador a escolher um *outro* indivíduo para a posição de sujeito passivo da relação jurídica tributária. E este outro indivíduo consiste precisamente no *substituto legal tributário* cuja utilização, na época atual, já é frequentíssima, de tal modo que, dentro de alguns anos, o uso do substituto legal pelo legislador será "a regra geral".

Antes de se definir melhor o que é o substituto legal, apontar-se-ão dois exemplos de sua utilização, para melhor entendimento desta fenomenologia jurídica:

Primeiro exemplo: Na relação jurídica do imposto de consumo, o sujeito passivo, teoricamente, deveria ser o consumidor. Ora, criar regra jurídica que estabeleça relações jurídicas tributárias do imposto de consumo, vinculando o Estado *a cada um* dos indivíduos consumidores, é criar regra jurídica tributária absolutamente impraticável, pois jamais haverá órgão administrativo e órgão judiciário, ainda que equipados com cérebros eletrônicos, capazes de garantirem a respeitabilidade aos efeitos jurídicos daquela regra.

A solução criada pelo legislador foi a seguinte: em lugar do consumidor, o sujeito passivo, na relação jurídica do imposto de consumo, é o *produtor* do bem que será consumido.

Simultaneamente, o legislador outorga ao produtor, mediante *outra* regra jurídica, o direito de repercussão *jurídica* por reembolso do imposto de consumo por ele pago.[1405] A outorga deste direito de reembolso não é essencial à fenomenologia do substituto legal tributário. O legislador só estará juridicamente obrigado a outorgar este direito de reembolso quando legisla dentro de um sistema jurídico cuja constituição juridicizou o princípio da capacidade contributiva.[1406]

1405. Conceito de repercussão jurídica por reembolso, ver nº 141.

1406. Ver nº 132.

Segundo exemplo: O número de indivíduos que recebem rendimentos, na qualidade de sócios de sociedade, praticamente oscila entre algumas dezenas e algumas dezenas de milhares, com relação a uma *única* sociedade. Criar regra jurídica de imposto de renda que ponha *cada um* daqueles indivíduos sócios na posição de sujeito passivo da relação jurídica tributária do imposto de renda, é, no tocante aos títulos societários nominativos, *aumentar extraordinariamente* o trabalho dos órgãos administrativos incumbidos da arrecadação e fiscalização daquele imposto de renda. No tocante às ações ao portador seria criar regra jurídica *impraticável*.

Como solução, o legislador escolheu para sujeito passivo desta relação jurídica, em lugar de cada um dos sócios, a própria *sociedade*.

Simultaneamente, o legislador mediante outra regra jurídica outorga a esta sociedade o direito de repercussão *jurídica* mediante retenção na fonte do imposto de renda por ela pago.[1407] A outorga deste direito de retenção não é essencial para a existência do substituto legal tributário e o legislador só estará juridicamente obrigado a outorgar este direito de retenção, quando legisla dentro de um sistema jurídico cuja constituição juridicizou o princípio da capacidade contributiva.[1408]

Nos dois exemplos acima indicados opera-se a fenomenologia da substituição legal tributária. No primeiro caso, o substituto legal tributário é o produtor; no segundo caso, o substituto legal tributário é a sociedade. A fenomenologia jurídica da substituição legal tributária consiste, pois, no seguinte: Existe *substituto legal tributário* toda a vez em que o legislador escolher para sujeito passivo da relação jurídica tributária *um outro qualquer* indivíduo, em substituição daquele determinado indivíduo de cuja renda ou capital a hipótese de incidência é fato-signo presuntivo. Em síntese: se em lugar daquele

1407. Conceito de repercussão jurídica por retenção, ver nº 141.

1408. Ver nº 132.

determinado indivíduo (de cuja renda ou capital a hipótese de incidência é signo presuntivo) o legislador escolheu para sujeito passivo da relação jurídica tributária um *outro qualquer* indivíduo, este outro qualquer indivíduo é o *substituto legal tributário*.

A doutrina jurídico-tributária costuma introduzir na conceituação do substituto legal tributário uma série de elementos supostamente essenciais, mas que na verdade científico-jurídica do fenômeno são completamente *estranhos* e *indiferentes* à configuração da substituição legal tributária. Esta confusão e desentendimento da doutrina é provocada pela mistura de conceitos jurídicos com conceitos econômicos, ausência de terminologia científica, hibridez de raciocínio jurídico com raciocínio econômico, em síntese, *o fenômeno patológico da contaminação da atitude mental jurídica*.[1409]

Por isto, logo a seguir, demonstrar-se-á a perfeita normalidade da substituição legal tributária, como fenômeno jurídico comum em qualquer ramo do Direito.[1410] Também, para maior clareza, serão expostos diversos esclarecimentos sobre as dúvidas que costumam embaraçar a doutrina.[1411]

146. Normalidade do substituto legal tributário como fenômeno jurídico

Refletindo-se sobre a embriogenia jurídica do substituto legal tributário, compreende-se que a criação do substituto legal tributário tanto é um fenômeno jurídico perfeitamente normal, quanto é um processo técnico de criação do direito utilizado com muito mais frequência do que se imagina em todos os demais ramos do Direito.

1409. Para a investigação e análise do que é a contaminação da atitude mental dentro do Direito Tributário, ver ns. 10-15. Para a reeducação da atitude mental jurídico-tributária, ver ns. 10-45.

1410. Ver nº 146.

1411. Ver nº 147.

O sujeito passivo da relação jurídica tributária, normalmente, deveria ser aquela determinada pessoa de cuja renda ou capital a hipótese de incidência é um fato-signo presuntivo. Entretanto, frequentemente, colocar esta pessoa no polo negativo da relação jurídica tributária é impraticável ou simplesmente criará maiores ou menores dificuldades para nascimento, vida e extinção destas relações. Por isto, nestas oportunidades, o legislador como solução emprega uma *outra* pessoa em lugar daquela e, toda a vez que utiliza esta outra pessoa, cria o substituto legal tributário.[1412]

A utilização pelo legislador do *indivíduo humano* como instrumento para atingir um objetivo que é estranho a este indivíduo humano é procedimento normal e frequente. Por isso, J. Haesaert inicia o capítulo onde analisa a *relação jurídica* com a seguinte observação: "Les hommes poursuivent leurs fins de trois manières: par leurs seuls moyens, par l'emploi de choses, par l'emploi d'autrui. Le juridique relève de ce demier usage. La réduction de l'homme au rang de moyen en vue d'une fin étrangere est évidente dans les relations de droit public". E depois de demonstrar e exemplificar seu pensamento, J. Haesaert termina o capítulo da relação jurídica com a seguinte conclusão:

"Nous sommes amené ainsi à la conception du juridique comme une façon particulière de réaliser des fins sociales par le moyen d'activités humaines considérées comme instruments par ceux qui les emploient dans ce but."[1413]

Todo o mistério que a doutrina tradicional imagina circundar o substituto legal tributário desaparece quando, com mentalidade científico-jurídica, o estudioso reflete:

a) sobre a lúcida observação de J. Haesaert acima transcrita;

b) sobre a *ficção*, como processo técnico da arte legislativa. O substituto legal tributário é um exemplo típico do processo

1412. Embriogenia e conceito de substituto legal tributário, ver nº 145.

1413. J. Hesaert, *Théorie Générale du Droit*, Bruxelles, 1948, pp. 111-14.

técnico que utiliza a *ficção* como elemento estruturador da regra jurídica.[1414]

147. Esclarecimentos diversos sobre substituição legal tributária

O que segue pressupõe a leitura das duas exposições anteriores: "Embriogenia e Conceito de Substituto Legal Tributário" e "Normalidade do Substituto Legal Tributário como Fenômeno Jurídico".[1415]

Primeiro esclarecimento – O substituto legal tributário é uma *espécie* do gênero contribuinte *de jure*. Contribuinte *de jure* é a pessoa que a regra jurídica põe no polo negativo da relação jurídica tributária, assumindo a posição de sujeito passivo da mesma.[1416] Contribuinte *de jure* é o *gênero* que abrange duas espécies: o substituto legal tributário e aquela determinada pessoa de cuja renda ou capital a hipótese de incidência é fato-signo presuntivo.

O fenômeno da substituição opera-se no *momento político* em que o legislador cria a regra jurídica. E a substituição que ocorre neste momento consiste na escolha pelo legislador de *qualquer outro* indivíduo em substituição daquele determinado indivíduo de cuja renda ou capital a hipótese de incidência é fato-signo presuntivo. Neste ponto, equivocou-se ANTONIO BERLIRI ao julgar ver o fenômeno da substituição, também quando o legislador substitui a hipótese de incidência.[1417] Porém, com um pouco de reflexão, vê-se que o fenômeno do substituto legal tributário *ocorre justamente porque não há substituição da hipótese de incidência*. Quando o legislador substitui a hipótese de incidência, o que acontece é pura e simplesmente a substituição de um *tributo* por um outro *tributo* de natureza diferente.

1414. Ver ns. 135, 138 e 139.

1415. Ver ns. 145-146.

1416. Sobre o conceito de contribuinte *de Jure*. Ver nº 141.

1417. A. Berliri, *Principi di Diritto Tributario*, vol. II, Milano, 1957, tomo 1, p. 129.

Segundo esclarecimento – A maior parte da doutrina, quando estuda e procura explicar o fenômeno do substituto legal tributário, costuma dizer e erguer suas respectivas teorias sobre uma premissa totalmente falsa: haveria substituição quando o contribuinte *de fato* fosse substituído por outra pessoa.

Ora, aquele que tiver bem nítido o conceito de contribuinte *de fato*;[1418] que tiver abandonado a simplicidade da ignorância no tocante à repercussão econômica do tributo;[1419] que conhecer a verdadeira consistência da repercussão econômica, na fase atual da Ciência das Finanças Públicas e da política fiscal,[1420] compreenderá facilmente a ingenuidade deste raciocínio que pretende erguer a teoria do substituto legal tributário na substituição do contribuinte *de fato*, por uma outra pessoa.

Terceiro esclarecimento – Frequentemente, o legislador ao criar o tributo, embora se utilize do substituto legal tributário, não afasta do plano jurídico-tributário aquela determinada pessoa de cuja renda ou capital a hipótese de incidência é fato-signo presuntivo. O legislador põe aquela determinada pessoa no polo negativo de uma relação jurídica tributária referente àquele mesmo tributo que já foi pago pelo substituto.

Por exemplo: em alguns casos de substituição legal tributária de imposto de renda (*verbi gratia*: pagamento de remuneração aos advogados, médicos, engenheiros, etc.), a lei impõe ao substituído a obrigação de, em sua declaração de renda, oferecer à tributação aquele rendimento que percebera já descontado da retenção na fonte efetuada pelo substituto. O montante do imposto, então, é calculado sobre este rendimento como se não tivesse havido retenção na fonte. Só depois de verificado o montante total de imposto de renda devido é que

1418. Ver nº 141.

1419. Ver nº 143.

1420. Ver nº 144.

o substituído poderá descontar de seu débito aquela parcela que, antecipadamente, fora paga pelo substituto.

Aqui existe uma *única* hipótese de incidência e *duas* regras; isto é, a mesma e única hipótese de incidência integra a estrutura lógica de duas regras jurídicas. A identidade de hipótese de incidência não significa identidade de regra jurídica; as regras jurídicas se distinguem, ou porque distintas são as regras e as hipóteses de incidência; ou porque distintas são as hipóteses de incidência; ou porque distintas são as regras.[1421]

No exemplo acima indicado a mesma e única hipótese de incidência serve à estruturação lógica de duas regras jurídicas. A incidência da *primeira* regra jurídica irradia a primeira relação jurídica em cujo polo negativo figura o substituto legal tributário com o seu próprio e específico dever jurídico. A *segunda* regra jurídica, ao incidir, cria uma *outra* relação jurídica em cujo polo negativo figura o titular da renda, com o seu próprio e específico dever jurídico.[1422]

Quarto esclarecimento – Tendo-se bem presente a distinção entre substituído e contribuinte *de fato* indicada no segundo esclarecimento supra, compreende-se facilmente que o contribuinte *de fato* nunca tem qualquer relação jurídica com o sujeito ativo (Estado).

Quando a doutrina fala em relevância jurídica do contribuinte *de fato*, ela está se *referindo ao substituído*. Este, o substituído (ressalvando-se o caso indicado no terceiro esclarecimento supra), nenhuma vinculação jurídica mantém com o Estado. Entre o Estado e o substituído não existe qualquer relação jurídica.[1423]

1421. Sobre a diferenciação entre regras jurídicas de idêntica hipótese de incidência ou de idênticas regras, ver nº 88.

1422. No mesmo sentido: A. Berliri, *Principi di Diritto Tributario*, vol. II, Milano, 1957, tomo 1, p. 149.

1423. Para maior análise deste ponto, ver nº 150.

Quinto esclarecimento – Quando a lei outorga ao substituto o direito de reembolso ou retenção na fonte contra o substituído, esta relação jurídica entre substituto e substituído *não é de natureza tributária*. A prestação que o substituído deve ao substituto é prestação jurídica, porém não *jurídico-tributária*. Em síntese: o que o substituído paga ao substituto não é tributo.[1424]

Sexto esclarecimento – O direito de reembolso ou o direito de retenção na fonte não é elemento essencial à substituição legal tributária. Esta existe independente da repercussão *jurídica*, seja por reembolso, seja por retenção na fonte.

Ao criar o substituto legal tributário, o legislador somente estará obrigado a, simultaneamente, criar a repercussão *jurídica* (reembolso ou retenção na fonte) naqueles países cuja Constituição juridicizou o princípio da capacidade contributiva. Note-se que a exigência constitucional desta repercussão jurídica não é sobre o contribuinte *de fato*, mas *apenas* e *até* o substituído.

No sistema jurídico onde houver tal regra jurídica constitucional, a inexistência da repercussão jurídica não desfigurará a substituição legal tributária, mas, sim, a tornará juridicamente *inválida* (inconstitucional).[1425]

Sétimo esclarecimento – É possível distinguir entre *substituto* legal tributário e *responsável* legal tributário. Entretanto, na maior parte dos casos onde a doutrina julga ver um *responsável* legal tributário, existe o genuíno *substituto* legal tributário.[1426]

148. Conceito de responsável legal tributário

Investigar-se-á, agora, o que consiste a chamada *responsabilidade* legal tributária e quando ela se distingue da *substituição*

1424. Para melhor análise deste ponto, ver nº 149.

1425. Ver nº 132.

1426. Ver nº 148.

legal tributária. É lógico que para entender esta distinção, *antes* se deve ter bem compreendido o que é a *substituição* legal tributária.[1427]

Desde logo, cumpre fixar este ponto: não é juridicamente possível distinguir entre débito e responsabilidade, isto é, considerar que o responsável estaria obrigado a satisfazer débito de outro. O *responsável sempre é devedor de débito próprio*. O dever que figura como conteúdo da relação jurídica que vincula o Estado (sujeito ativo) ao responsável legal tributário (sujeito passivo) é dever jurídico *do próprio responsável legal tributário* e não de outra pessoa.[1428]

Para melhor compreender quando existe a responsabilidade legal tributária, antes é preferível saber quando ela *não* existe.

Não-existência de responsabilidade – Não existe responsabilidade legal tributária, nos casos em que o Estado pode exigir o tributo *somente de uma pessoa*. Nestes casos, não existe a figura do responsável legal tributário como figura específica que seria diferente do substituto legal tributário. Em todos estes casos, a denominação de responsável legal tributário é errônea porque na realidade científico-jurídica a pessoa vinculada ao Estado *é tipicamente um substituto legal tributário*. Por exemplo: em se tratando de imposto de transmissão de propriedade imobiliária, se o legislador vincula exclusivamente o Tabelião ao Estado, de modo que somente contra o Tabelião o Estado poderá agir, neste caso, o Tabelião é o próprio sujeito passivo da relação jurídica tributária, na condição de um verdadeiro substituto legal tributário.

1427. Ver ns. 145-147.

1428. Neste sentido: A. D. Giannini, *I Concetti Fondamentali di Diritto Tributario*, Torino, 1956, p. 251 e ss.; Enrico Allorio, *Diritto Processuale Tributario*, 3ª ed., Torino, 1955, p. 145 e ss.; A. Berliri, *Principi di Diritto Tributario*, vol. II, Milano, 1957, tomo I, p. 151 e ss.; B. Coeivera, "Il sostituto d'imposta", in *Rivista di Diritto Finanziario e Scienza delle Finanze*, dezembro 1959, fasc. 4, parte 1, pp. 327-28; Soares Martinez, *Estudos de Direito Financeiro – Da Personalidade Tributária*, vol. I, Lisboa, 1953, p. 347.

Também não existe o fenômeno da responsabilidade legal tributária, quando o Estado pode, *simultaneamente*, escolher entre dois indivíduos de qual deles exigirá a satisfação da prestação jurídico tributária. Noutras palavras, toda a vez que houver *solidariedade* jurídico-tributária, inexiste responsabilidade legal tributária.[1429] Por exemplo: se no caso acima indicado, o Estado pode escolher, para satisfação da prestação tributária, entre o Tabelião e o vendedor do imóvel (ou o comprador do imóvel), então, o Tabelião não é o responsável legal tributário, mas é substituto legal tributário.

Aqui existe uma única e mesma hipótese de incidência servindo à estrutura lógica de *duas* regras jurídicas tributárias. A realização desta hipótese de incidência provoca a incidência simultânea destas duas regras jurídicas tributárias com a consequente irradiação de *duas* relações jurídicas tributárias de existência independente, porém simultânea. Uma relação jurídica tributária tem como sujeito passivo o vendedor do imóvel. A outra relação jurídica tributária tem como sujeito passivo o Tabelião, na condição de um genuíno substituto legal tributário.

No exemplo em exame, a lei outorgou ao Estado a possibilidade de escolher qualquer uma destas duas relações jurídicas tributárias simultaneamente existentes. Escolhendo uma, e obtendo a satisfação da prestação jurídico-tributária desta que escolheu, *ipso facto extingue-se a outra*. Mais precisamente aqui existem não apenas duas, mas *três* regras jurídicas:

a) A primeira regra jurídica cria uma relação jurídica tributária em cujo polo negativo figura o vendedor na posição de sujeito passivo.

b) A segunda regra jurídica cria uma segunda relação jurídica em cujo polo negativo figura o Tabelião na posição de sujeito passivo da *espécie* substituto legal tributário.

1429. A. Berliri, *Principi di Diritto Tributario*, Milano, vol. II, 1957, tomo 1, pp. 158-59.

Estas duas regras jurídicas têm a mesma e única hipótese de incidência: a transmissão do direito real de propriedade.

Além disso, existe uma *terceira* regra jurídica cuja hipótese de incidência é precisamente o fato jurídico consistente na satisfação da prestação jurídica tributária de qualquer uma daquelas duas relações jurídico-tributárias. Uma vez realizada a hipótese de incidência desta terceira regra jurídico-tributária, o seu efeito jurídico é (não a criação de uma terceira relação jurídica) precisamente a *extinção* da relação jurídica remanescente, pois a outra se extinguiu pela satisfação da prestação jurídico-tributária. Recorde-se que o efeito jurídico da regra jurídica não é exclusivamente a criação de relações jurídicas, mas também poderá ser a extinção da uma relação jurídica preexistente.[1430]

Existência de responsabilidade – Há casos em que a lei outorga ao Estado o direito de exigir de outra pessoa a satisfação da prestação jurídico-tributária somente *depois* de ocorrer o fato da *não-satisfação* da prestação tributária pelo contribuinte *de jure*.

Por exemplo: A lei determina que o vendedor do imóvel, dentro de determinado prazo, deverá recolher o imposto de transmissão. Se, dentro deste prazo, o vendedor não recolheu o imposto de transmissão e se a lei, *somente depois* de ocorrer este fato (não recolhimento pelo vendedor em determinado prazo do imposto de transmissão), permite ao Estado exigir aquele imposto do Tabelião, então, neste caso, e *unicamente neste caso*: existe a figura do *responsável* legal tributário. Aqui existem duas regras jurídicas.[1431]

1430. É fenomenologia jurídica normal e muito frequente este encadeamento de regras jurídicas que se articulam, entre si, de tal modo que a hipótese de incidência de uma regra jurídica consiste precisamente no *efeito jurídico* decorrente da *anterior* incidência de outra regra jurídica sobre qualquer fato que constitua a hipótese de incidência desta outra regra. Neste sentido ver; J. Dabin, *Théorie Générale du Droit*, 2ª ed., Bruxelles, 1953, nº 42; C. du Pasquier, *Introduction à la Théorie Générale et à la Philosophie du Droit*, 3ª ed., Neuchâtel, 1948, nº 115.

1431. A. Berliri, *Principi di Diritto Tributario*, vol. II, Milano, 1957, tomo I, pp. 158-59; Enrico Allorio, *Diritto Processuale Tributario*, 3ª ed., Torino, 1955,

A primeira regra jurídica tem como hipótese de incidência a *transmissão do direito real* e a incidência dessa primeira regra jurídica tem, como efeito jurídico, a criação da relação jurídica tributária em que figura no polo negativo o vendedor.

A segunda regra jurídica tem por hipótese de incidência: uma *omissão*, isto é, a inadimplência da prestação jurídica naquela primeira relação jurídica. Realizando-se a hipótese de incidência desta segunda regra jurídica (a referida omissão), ela incide e o efeito jurídico irradiado consiste no seguinte: o nascimento de uma segunda relação jurídica em cujo polo positivo está o Estado e em cujo polo negativo figura o Tabelião na condição de *responsável* legal tributário.[1432]

Esta segunda relação jurídica não é de natureza tributária, mas sim de *natureza fiduciária*. O responsável legal tributário não é contribuinte *de jure*. Ele é sujeito passivo de uma relação jurídica de natureza fiduciária. O dever jurídico que o responsável legal tem perante o Estado é dever jurídico dele próprio, todavia é dever jurídico de prestação fiduciária, não de prestação tributária.[1433]

Se a lei outorga ao responsável legal tributário, contra o contribuinte *de jure*, um direito de reembolso ou retenção na fonte, daquilo que ele, responsável legal tributário, pagou ao Estado, isto não significa que pela outorga deste direito de reembolso ou retenção na fonte, o responsável legal tributário se transfiguraria em substituto legal tributário. Não ocorre tal metamorfose, porque o direito de reembolso ou

---

p. 148; Soares Martinez, *Estudos de Direito Financeiro – Da personalidade tributária*, vol. I, Lisboa, 1953, pp. 361-62.

1432. A. Berliri, *Principi di Diritto Tributario*, vol. II, Milano, 1957, tomo I, pp. 158-59; Enrico Allorio, *Diritto Processuale Tributario*, 3ª ed., Torino, 1955, p. 148.

1433. B. Cocivera, "Il sostituto d'imposta", *Rivista di Diritto Finanziario e Scienza delle Finanze*, dezembro 1959, fasc. 4, parte 1, p. 328; A. Berliri. *Principi di Diritto Tributario*, vol. II, Milano, 1957, tomo I, p. 158.

de retenção na fonte não é elemento essencial à configuração do substituto legal tributário.[1434]

149. Natureza da relação jurídica entre substituto e substituído

A falta de rigor científico no uso de locuções que prostituiu completamente a atitude mental jurídica da doutrina tributária[1435] alcança um dos seus momentos mais confrangedores quando ela procura investigar e explicar o fenômeno da substituição legal tributária. Ao se compulsar qualquer autor, deve-se, antes de tudo, procurar saber o que ele entende quando usa das seguintes expressões: contribuinte *de jure*, contribuinte *de fato*, sujeito passivo, responsável, substituto, substituído, repercussão, incidência. Por exemplo: quando analisam a substituição legal tributária, alguns autores, para designar o *substituído* (em contraposição ao substituto), utilizam-se da expressão: "contribuinte de fato". Outros, para designar a mesma coisa, utilizam-se da expressão "sujeito passivo". *Por isso, antes de se iniciar a leitura deste número é indispensável que o raciocínio esteja equipado com uma nítida e clara terminologia científico-jurídica a respeito deste problema.*[1436]

Estabelecido o acordo entre leitor e autor sobre a terminologia científico-jurídica desta exposição, é ainda indispensável que o leitor recorde-se da *embriogenia e conceito do substituto legal tributário*[1437] e abandone a atitude tradicional da doutrina que enxerga na substituição legal tributária um fenômeno *sui generis*, específico do Direito Tributário, pois todo este mistério desaparece quando se compreende a perfeita *normalidade* da substituição legal tributária, como fenômeno jurídico frequente em todos os ramos de Direito.[1438]

1434. Ver nº 145.

1435. Sobre este fenômeno patológico, ver ns. 10-15.

1436. Ver nº 141.

1437. Ver nº 145.

1438. Ver nº 146.

Todo o problema referente à natureza das relações jurídicas entre *substituto* e *substituído* resolve-se pelas três conclusões adiante indicadas. O fundamento científico-jurídico sobre o qual estão baseadas as três conclusões foi exposto quando se demonstrou que a *valorização dos interesses em conflito e o critério de preferência que inspiraram a solução legislativa (regra jurídica) participam da objetividade da regra jurídica e não podem ser reexaminados, nem suavizados pelo intérprete sob o pretexto de uma melhor adequação à realidade econômico-social.*[1439]

As três referidas conclusões são as seguintes:

Primeira conclusão: Não existe qualquer relação jurídica entre substituído e o Estado. O substituído não é sujeito passivo da relação jurídica tributária, nem mesmo quando sofre a repercussão *jurídica* do tributo em virtude do substituto legal tributário exercer o direito de reembolso do tributo ou de sua retenção na fonte.

Segunda conclusão: Em todos os casos de substituição legal tributária, mesmo naqueles em que o substituto tem perante o substituído o direito de reembolso do tributo ou de sua retenção na fonte, o único sujeito passivo da relação jurídica tributária (o único cuja *prestação jurídica* reveste-se de natureza *tributária*) é o *substituto* (nunca o substituído).

Terceira conclusão: O substituído não paga "tributo" ao substituto. A prestação jurídica do substituído que satisfaz o direito (de reembolso ou de retenção na fonte) do substituto, não é de natureza tributária, mas sim de natureza *privada.*

Na moderna doutrina de Direito Tributário, um número cada vez maior de autores têm se manifestado de acordo com aquelas conclusões primeira e segunda[1440] e também no mesmo

1439. Ver nº 139.

1440. Rubens Gomes de Sousa, *Revista de Direito Administrativo*, vol. 21, Rio de Janeiro, 1950, pp. 36, 38; Enrico Allario, *Diritto Processuale Tributario*, 3ª ed., Torino, 1955, p. 140 e ss.; A. Berliri, *Principi di Diritto Tributario*,

sentido da terceira conclusão.[1441] Entretanto, todos estes autores, para chegarem àquelas conclusões, percorreram um caminho mais de natureza *intuitiva*. Embora afirmem três conclusões verdadeiras, contudo a fragilidade dos argumentos que oferecem para sustentá-las não consegue dar uma demonstração convincente, sujeitando-as, em consequência, a múltiplas críticas. Todas as vacilações desaparecerão e a improcedência de todas as críticas ressaltará facilmente quando, com reeducada atitude mental jurídica, serenamente forem analisados os verdadeiros fundamentos científico-jurídicos que sustentam as três referidas conclusões. Estes fundamentos foram indicados no início da presente exposição.

A existência da repercussão *jurídica*, outorgando o direito de reembolso ou retenção na fonte ao substituto contra o substituído, é o principal foco das vacilações, dúvidas e críticas dos doutrinadores que ainda hoje se recusam a aceitar as três referidas conclusões. Estes autores veem no direito de reembolso ou retenção na fonte um direito de natureza *pública* que é exercido pelo substituto na qualidade jurídica de um *intermediário* que arrecada o tributo em nome e por conta do Estado. Em síntese: na qualidade jurídica de um órgão *sui generis* da Administração Estatal incumbido de arrecadar o tributo.

---

vol. II, Milano, 1957, tomo I, p.116 e ss.; A. D. Giannini, *I Concetti Fondamentali di Diritto Tributario*, Torino, 1956, p. 255 e ss.; Perulles, *La Relación Jurídica Tributaria*, Barcelona, 1957, p. 118-20, 156-57; Albert Hensel, *Diritto Tributario*, Milano, 1956 (trad. ital. da 3ª ed. alemã de 1933), p. 83, nº 1; E. Blumenstein, *Sistema di Diritto delle Imposte*, Milano, 1954 (trad. da 2ª ed., Suíça, 1951), pp. 62-65; 67-69.

1441. Rubens Gomes de Sousa, *Revista de Direito Administrativo*, vol. 21, Rio de Janeiro, 1950, pp. 36, 38; Enrico Allorio, *Diritto Processuale Tributario*, 3ª ed., Torino, 1955, pp. 143-44; A. Berliri, *Principi di Diritto Tributario*, vol. II, Milano, 1957, tomo I, p. 121, nota 1ª e principalmente p. 134; A. D. Giannini, *I Concetti Fondamentali di Diritto Tributario*, Torino, 1956, p. 269; E. Blumenstein, *Sistema di Diritto delle Imposte*, Milano, 1954 (trad. da 2ª ed., Suíça, 1951), pp. 67-69; Albert Hensel, *Diritto Tributario*, Milano, 1956 (trad. ital. da 3ª ed. alemã de 1933), p. 83, nº 1; Perulles, *La Relación Jurídica Tributaria*, Barcelona, 1957, pp. 156-57; G. Ingrosso, *Diritto Finanziario*, 2ª ed., Napoli, 1956, p. 616, nº 848.

Preliminarmente, convém recordar que não existe critério científico-jurídico para se pretender sustentar uma classificação de direitos ("créditos") em: públicos e privados. E isto porque não há critério científico-jurídico onde fundar a tradicional divisão: Direito Público e Direito Privado.[1442] Todo e qualquer Direito ("crédito") é efeito de regra jurídica. O gênero direito ("crédito") subdivide-se em diferentes espécies: direito ao preço; direito à indenização; direito ao exercício profissional; direito ao voto; direito ao reembolso (ou à retenção) do valor do tributo pago; direito ao tributo; etc.

Em segundo lugar, é preciso ter bem clara a noção de *Direito Subjetivo*. Direito Subjetivo nada mais é que o conteúdo mínimo de *toda e qualquer* relação jurídica: no polo positivo o direito (direito subjetivo) e no polo negativo o correlativo dever. O jurista que esquece esta fenomenologia jurídica deixa de ser jurista e torna-se um retórico ou um filósofo de Direito Natural.[1443] No plano científico-jurídico, Direito Subjetivo *privado* significa: o Direito que forma o conteúdo de uma relação jurídica, em cujo polo positivo, na condição de sujeito ativo, está qualquer pessoa não-estatal; em síntese: Direito cujo titular é qualquer pessoa não-estatal. Por sua vez, Direito subjetivo *público* significa: Direito cujo titular é pessoa estatal.

Isto posto, prossegue-se.

A circunstância de (quando o direito de reembolso ou retenção é outorgado por lei) o substituto não ter a faculdade, mas a obrigação de exigir o reembolso ou retenção, não deverá servir de critério para considerar atribuído ao substituto um Direito subjetivo público. Como mostra Jean Dabin, também as relações privadas (direta ou indiretamente, em maior ou menor extensão) são de interesse público e, por outro lado, o cuidado do bem público não é monopólio exclusivo do Estado ao encarnar "o político", isto é, ao encarnar o órgão de administração pública.

1442. Ver nº 9.

1443. Ver nº 97.

Artificial é o critério de certos autores que pretendem ligar ao Direito público toda a norma que – ditada para salvaguardar um interesse público não admite disposição de vontade contrária.[1444]

Para que o substituto tivesse um direito subjetivo *público* frente ao substituído, seria necessário que uma parcela do poder público tivesse sido transferida ao *substituto*. Esclarecedoras são as palavras de Ruy Cirne Lima:

"Em conexão, atenta a origem, deverão conumerar-se também, entre os direitos subjetivos públicos, os que surgem do exercício pela estado de seu poder de mando, como os créditos resultantes da imposição fiscal, ou os direitos sobre a pessoa resultante da circunscrição militar. Assim que, pode dizer-se, o direito subjetivo público invariavelmente nasce da transferência ou do exercício de uma parcela do poder estatal".[1445]

Ora, para que o substituto estivesse no exercício de uma parcela do poder estatal seria necessário que assumisse a qualidade jurídica de um intermediário a arrecadar tributo em nome e por conta do Estado; em síntese: a qualidade jurídica de um órgão da administração estatal incumbido de arrecadar o tributo. Porém o substituto não está no exercício de nenhuma parcela do poder estatal pelo fundamento que Enrico Allorio sintetiza no raciocínio seguinte:

Se a lei impôs o dever tributário a cargo de pessoa (ex.: o produtor) diversa daquela (o consumidor) sobre a qual a obrigação deveria cair, isto foi feito no interesse do próprio poder estatal (o órgão público arrecadador) e com a finalidade de eliminar o fatigante contato com múltiplos e esquivos contribuintes. Ora, *estaria frustrada a solução da norma tributária* se o contato afastado na primeira fase administrativa de imposição

1444. Dabin, *Théorie Générale du Droit*, 2ª ed., Bruxelles, 1953, nº 88.

1445. Ruy Cirne Lima, *Princípios de Direito Administrativo*, 3ª ed., Porto Alegre, 1954, p. 60.

(Estado *versus* substituto) retornasse na fase do reembolso (substituto *versus* substituído), pois se o direito de reembolso fosse um Direito subjetivo público, o substituto poderia e *deveria* chamar em seu auxílio os meios que o Direito confere ao Estado para melhor garantir a exigibilidade dos créditos públicos.[1446]

A demonstração científico-jurídica da absoluta veracidade daquele raciocínio que ENRICO ALLORIO estabeleceu sem maiores desenvolvimentos ou fundamentações, está cabalmente demonstrada no presente livro quando se explica a razão pela qual a valorização dos interesses em conflito e o critério de preferência que inspiraram a solução legislativa (regra jurídica), participam da *objetividade* da regra jurídica, não podendo, por isto, ser reexaminados pelo intérprete a pretexto de melhor adequação à realidade econômico-social.[1447]

Finalmente, é interessante notar que a natureza jurídica *privada* (não-estatal) do direito de reembolso ou retenção na fonte, exercido pelo substituto contra o substituído, determina consequências práticas importantes. Por exemplo: o exercício deste direito de reembolso ou retenção é disciplinado pelas regras jurídicas (substantivas e adjetivas) de Direito Civil que regulam o exercício dos direitos de crédito.[1448]

Se a lei tributária que criou o tributo também contiver regras disciplinadoras do exercício do direito de reembolso ou retenção na fonte, esta regra, embora seja uma fórmula literal legislativa enquadrada fisicamente dentro da lei (ou Código) tributária, ela não participa da natureza das regras jurídicas tributárias, mas é de natureza *civil*. Isto se mostra claro

1446. Enrico Allorio, *Diritto Processuale Tributario*, 3ª ed., Torino, 1955, p. 144.

1447. Ver nº 139.

1448. No mesmo sentido: Enrico Allorio, *Diritto Processuale Tributario*, 3ª ed., Torino, 1955, pp. 143-45; Perulles, *La Relación Jurídica Tributaria*, Barcelona, 1957, p. 156; E. Blumenstein, *Sistema di Diritto delle Imposte*, Milano, 1954 (trad. da 2ª ed., Suíça, 1951), p. 69.

quando se tem presente que a autonomia de qualquer ramo de Direito é problema falso[1449] quando se conhece o critério para aferir a natureza das regras jurídicas;[1450] e quando se compreendeu o fundamentalíssimo cânone hermenêutico da totalidade do sistema jurídico.[1451]

150. Inexistência de relação jurídica entre substituído e Estado

A inexistência de qualquer relação jurídica entre substituído e Estado é conclusão que decorre facilmente das duas premissas já analisadas. Primeira: embriogenia e conceito do substituto legal tributário.[1452] Segunda: natureza da relação jurídica entre substituto e substituído.[1453]

Entretanto, recentemente, surgiram duas curiosas teses. A primeira tese foi levantada em 1956 por Antonio Pesenti, pretendendo sustentar uma esdrúxula "relevância jurídica do contribuinte *de fato*.[1454] A segunda tese foi sustentada por Benedetto Cocivera, procurando demonstrar que a relação jurídico-tributária entre substituto e Estado teria como pressuposto necessário uma *preexistente* relação jurídico-tributária entre substituído e Estado.[1455]

A exposição e crítica destas duas teses serão feitas porque a tese de Antonio Pesenti é um exemplo notável do fenômeno patológico de atitude mental pseudojurídica. Por sua vez, a tese de Benedetto Cocivera é exemplo característico do

1449. Ver nº 9.

1450. Ver nº 69.

1451. Ver nº 31.

1452. Ver ns. 145-147.

1453. Ver nº 149.

1454. A. Pesenti, "La rilevanza giuridica del contribuinte di fatto", *Rivista di Diritto Finanziario e Scienza delle Finanze*, março 1956, fasc. 1, parte 1, pp. 58-66.

1455. B. Cocivera, "Il sostituto d'imposta", *Rivista di Diritto Finanziario e Scienza delle Finanze*, dezembro 1959, fasc. 4, parte 1, pp. 327-58.

tradicional erro dos doutrinadores tributários que inadvertidamente erguem suas teorias sobre fundamentos "óbvios".

A tese de ANTONIO PESENTI – Em 1956 escreveu ANTONIO PESENTI um ensaio, pretendendo demonstrar uma esdrúxula "relevância jurídica do contribuinte de fato"; relevância jurídica não apenas no sentido de que a lei tributária toma conhecimento do contribuinte "de fato" para escolher a hipótese de incidência, a graduação das alíquotas, as isenções; mas relevância jurídica principalmente no sentido de considerar o contribuinte "de fato" sujeito passivo da relação jurídico-tributária.[1456] ANTONIO PESENTI chega ao extremo de afirmar que, se a repercussão econômica é reconhecida e sancionada por um ato *administrativo,* o contribuinte "de fato" sai do plano econômico e entra no plano jurídico, assumindo a posição jurídica de sujeito passivo da relação jurídico-tributária.[1457]

Em apoio de sua tese, ANTONIO PESENTI analisa um parecer de 1956 da "Comissão de Finança e Tesouro do Senado Italiano", no qual a referida Comissão, quase por unanimidade, aceitou a sua tese.

Em síntese, a tese de ANTONIO PESENTI esposada pela referida Comissão do Senado Italiano resume-se no seguinte:

a) o contribuinte "de fato" teria uma relevância jurídica que o converteria no contribuinte *de fato et de jure*, fazendo-o assumir a posição do sujeito passivo da relação jurídico-tributária;

b) o outro contribuinte *de jure* (apenas *de jure*) seria um simples *intermediário arrecadador e depositário provisório* dos tributos que, no plano econômico e também jurídico, estariam sendo pagos pelo contribuinte *de fato et de jure.*

1456. A. Pesenti, "La rilevanza giuridica del contribuinte di fatto", *Rivista di Diritto Finanziario e Scienza delle Finanze*, março 1956, fasc. 1, parte 1, pp. 60-61.

1457. Idem, p. 65.

Crítica à tese de ANTONIO PESENTI – Desde logo, cumpre chamar a atenção sobre a grave confusão terminológica que contribuiu decisivamente para embaralhar todo o raciocínio de ANTONIO PESENTI, induzindo-o a fundamentar sua tese sobre uma premissa totalmente falsa. Esta confusão terminológica de ANTONIO PESENTI, e que constitui a premissa fundamental de toda a sua tese, é a *identificação do substituído com o contribuinte* "de fato". Ora, o conhecimento científico do que é a repercussão econômica do tributo demonstra irrefutavelmente que entre substituído e contribuinte "de fato" medeia um intervalo incomensurável e que a identificação do contribuinte "de fato" é sempre impraticável.[1458] Basta este fato comprovado pela moderna Ciência das Finanças Públicas e política fiscal para destruir toda a tese de ANTONIO PESENTI, pois este autor, tranquilamente e sem qualquer exame, parte da seguinte premissa falsa: o substituído seria o contribuinte "de fato". No próprio plano pré-jurídico da Ciência das Finanças Públicas e da política fiscal, a tese de ANTONIO PESENTI falece por falta de fundamento científico-financeiro. A seguir, mostrar-se-á que também lhe falta qualquer fundamento *científico-jurídico*.

A pretendida relevância jurídica que ANTONIO PESENTI procura emprestar ao contribuinte "de fato", sob fundamento de que dita relevância seria uma exigência decorrente de uma visão "*realística e funcional*" do Direito Tributário,[1459] na verdade, só poderá ser alcançada com a destruição precisamente da própria *realidade-jurídica* e *praticabilidade* do Direito Tributário.

Querer substituir a construção jurídica pelo simples dado realístico que lhe é imediatamente anterior é destruir a praticabilidade e a certeza do direito, complicando-o ao infinito. A supressão da sobrecarga técnica que os juristas impõem aos

1458. Ver ns. 141-144.

1459. A. Pesenti, "La rilevanza giuridica dei contribuinte di fatto", *Rivista di Diritto Finanziario e Scienza delle Finanze*, março 1956, fasc. 1, parte 1, pp. 60-61.

fatos, não tornará o Direito mais acessível, pelo contrário, convertê-lo-á num instrumento incompreensível e impraticável sob o emaranhamento e a variedade das espécies. Procurar a simplificação do Direito por um simples apelo à virtualidade pseudojurídicas que "*espontaneamente*" se irradiariam da realidade material dos fatos resultará na destruição de todo o direito e de toda a Justiça.

Na época atual, em todos os ramos do direito, existe uma corrente doutrinária que vê no fato pré-jurídico uma fonte "*espontânea*" de direitos e obrigações. Um exemplo fora do Direito Tributário é a união *de fato* entre amantes. Os juristas de Direito Civil sempre tiveram a visão "realística e funcional" que enxerga machos e fêmeas vivendo em concubinato e gerando filhos. Mas a relevância "jurídica" que eles atribuíram ao concubinato foi para dele fazer decorrer *irrelevâncias* jurídicas. (A responsabilidade jurídica dos pais concubinos no tocante aos filhos desta união de fato só existe como efeito jurídico preestabelecido *por determinadas regras jurídicas cuja incidência está condicionada à realização de determinadas hipóteses de incidência*).

O fenômeno pseudojurídico da exaltação do casamento *de fato* é idêntico ao da exaltação do contribuinte *de fato* defendida pelos filiados à escola de Griziotti e à qual Antonio Pesenti confessa pertencer. A visão "realística e funcional", com que os adeptos da referida escola olha o contribuinte "de fato", fá-los atribuir e fazer decorrer da existência, deste contribuinte (justamente porque é "de fato"), uma fonte espontânea de direitos e obrigações tributárias. Ora, os juristas do Direito Tributário nunca ignoraram que existe o contribuinte "de fato", mas também sabem que a Ciência das Finanças Públicas e a política fiscal declaram ser cientificamente impraticável a sua identificação; por isto, a relevância "jurídica", que atribuíram ao contribuinte "de fato" foi justamente a *irrelevância* jurídica, isto é, a sua exclusão da relação jurídico-tributária.

O caso de Antonio Pesenti é um exemplo notável do interessantíssimo fenômeno contemporâneo, do fato em rebelião contra o jurídico. *Para se compreender a absurdidade da tese de* ANTONIO PESENTI *e a sua total improcedência jurídica, deve-se ler o que foi exposto, no presente livro, quando se investigou e analisou: "O FATO EM REBELIÃO NO DIREITO TRIBUTÁRIO".*[1460]

Outra premissa falsa que inutiliza o raciocínio de ANTONIO PESENTI é a de que o substituto que pagou tributo *indevido* teria direito de reembolso deste perante o substituído. ANTONIO PESENTI não afirma expressamente esta tese, mas a sua aceitação tácita, como premissa, decorre do contexto de seu ensaio. Ora, basta ter uma nítida ideia do que é a estrutura lógica e atuação dinâmica de *qualquer* regra jurídica para concluir-se, sem maiores dificuldades, que o substituto, pagando tributo indevido, *não tem nenhum* direito de reembolso (ou retenção na fonte) contra o substituído. E o substituto não tem este direito de reembolso (ou retenção na fonte) justamente porque a regra jurídica, que lhe dá este direito, condiciona-o à seguinte hipótese de incidência: a satisfação, pelo substituído, de uma prestação jurídico-tributária, isto é, ao pagamento de um *tributo.* Ora, tributo *indevido* não é tributo. Não é tributo porque tributo indevido significa inexistência de relação jurídico-tributária. Noutras palavras, inexistência do dever jurídico de satisfazer uma prestação jurídico-tributária cujo objeto seria o tributo. Tributo indevido é simplesmente prestação indevida. Nunca tributo.

Tese de BENEDETTO COCIVERA – Em 1959, BENEDETTO COCIVERA escreveu um ensaio sobre o fenômeno da substituição legal tributária e chegou à seguinte conclusão: Existiria uma relação jurídico-tributária também entre o Estado e o substituído.[1461]

A tese de BENEDETTO COCIVERA repousa sobre os dois seguintes fundamentos:

1460. Ver ns. 26-29.

1461. B. Cocivera, "Il sostituto d'imposta", *Rivista di Diritto Finanziario e Scienza delle Finanze*, dezembro 1959, fasc. 4, parte 1, especialmente p. 348.

a) *Primeiro fundamento*: a substituição pressuporia uma derrogação aos princípios gerais do Direito Tributário, sendo, logicamente, impossível pensar-se em substituição de um indivíduo por outro indivíduo, no tocante ao pagamento de um tributo, sem que já preexista um sujeito passivo da relação jurídico-tributária.[1462]

b) *Segundo fundamento*: O dever jurídico tributário do substituto originar-se-ia e estaria subordinado à preexistência do dever jurídico tributário do substituído, porque o tributo pelo substituto pago em lugar do substituído tem seu sistema jurídico todo estruturado em relação ao substituído, isto é, a escolha da hipótese de incidência, as variações da alíquota, a progressividade, as isenções, etc., tudo isto é estabelecido em relação ao substituído e não ao substituto.[1463]

Crítica à tese de Benedetto Cocivera – A tese deste autor é improcedente pelos seguintes fundamentos jurídicos:

Primeiro fundamento: Benedetto Cocivera incorreu no erro comum entre doutrinadores do Direito Tributário e que consiste no erguimento de toda uma teoria sob a "obviedade" daqueles dois fundamentos. É lamentável que Benedetto Cocivera tenha incorrido em tal inadvertência neste seu estudo. E é lamentável porque Benedetto Cocivera é um verdadeiro jurista de Direito Tributário, dotado de uma sadia atitude mental jurídica, mostrando-se sempre preocupado em distinguir o plano econômico do plano jurídico e em dar ao Direito Tributário um tratamento científico-jurídico e não científico-financeiro. Para se compreender esta inadvertência de Benedetto Cocivera, convém recordar o que foi dito no presente livro sobre o "Sistema dos Fundamentos Óbvios".[1464]

1462. Idem, ibidem, p. 348.

1463. Idem, ibidem, p. 348.

1464. Ver nº 3.

Segundo fundamento: BENEDETTO COCIVERA confundiu relação *fática* com relação *jurídica*.[1465]

Terceiro fundamento: Confundiu o plano econômico (pré-jurídico) onde ocorre o fenômeno da substituição, com o plano jurídico onde *nenhuma* substituição existe.[1466]

Quarto fundamento: Incorreu no erro (aliás, comum a toda doutrina do Direito Tributário) que vê na *isenção* de um tributo a desconstituição de um dever jurídico tributário preexistente. O conceito jurídico de isenção aceito pela totalidade da doutrina, como proposição "*óbvia*" é, no plano *científico-jurídico*, *falsa*, porque não existe tal dever jurídico preexistente que estaria sendo desconstituído pela regra jurídica que estabelece a isenção.[1467]

Quinto fundamento: Viu no fenômeno da substituição legal tributária um fenômeno excepcional que estaria derrogando os princípios gerais do Direito Tributário. Ora, demonstrou-se que a substituição legal tributária é um fenômeno perfeitamente *normal* e muito frequente em qualquer ramo do Direito.[1468]

Sexto fundamento: Esqueceu que a arte legislativa utiliza frequentissimamente o processo técnico da *ficção*.[1469]

Sétimo fundamento: Esqueceu que a valorização dos interesses em conflito e o critério de preferência que inspiraram a solução legislativa (a regra jurídica que criou o substituto legal tributário) participam da *objetividade* desta regra jurídica e não podem ser reexaminados pelo intérprete a pretexto de uma melhor adequação à realidade econômico-social.[1470]

1465. Ver nº 94.

1466. Ver ns. 82, 139, 145.

1467. Ver nº 83.

1468. Ver nº 146.

1469. Ver ns. 135, 138, 139.

1470. Ver nº 139.

151. Restituição do tributo indevido – *Legitimatio ad causam* do substituto legal tributário

Antes de tudo, é indispensável que o leitor utilize como instrumento intelectual de seus raciocínios uma *terminologia científica* que lhe permita distinguir, com toda a nitidez, a diferença: entre incidência econômica e incidência jurídica; entre contribuinte *de jure* e contribuinte "de fato"; entre repercussão econômica e repercussão jurídica.[1471] Também é necessário conhecer, com toda a clareza, a embriogenia e conceito do substituto legal tributário.[1472]

Em se tratando de restituição de tributo pago indevidamente, o problema da *legitimatio ad causam* do contribuinte *de jure* surge quando existe presunção de repercussão *econômica* do tributo pago indevidamente. Esta presunção habitualmente resulta de qualquer um destes três fatores:

a) ou da natureza do tributo;

b) ou da circunstância de o contribuinte *de jure* ser substituto legal tributário;

c) ou da existência da repercussão *jurídica* do tributo efetuada mediante o exercício do direito de reembolso ou retenção na fonte.

A doutrina e a jurisprudência, tanto a que nega a *legitimatio ad causam* do contribuinte *de jure*, quanto a que reconhece esta legitimidade, tomam posições extremas e radicais. A corrente, que nega legitimidade ao contribuinte *de jure* fundamenta a sua negação na existência da repercussão econômica que estaria provada por *qualquer* um dos três supra indicados fatores. Por sua vez, a corrente que reconhece a legitimidade, fundamenta seu reconhecimento na tese da irrelevância jurídica, quer da repercussão econômica, quer da repercussão *jurídica* do tributo.

1471. Ver nº 141.

1472. Ver ns. 145-150.

Entretanto, para se alcançar a solução científico-jurídica deste problema, é necessário distinguir entre:

a) O caso da repercussão econômica cuja presunção decorre da natureza do tributo ou da existência do substituto legal tributário *sem* direito de reembolso ou retenção;

b) O caso da repercussão econômica cuja presunção resulta da existência da repercussão jurídica, isto é, substituto *com* direito de reembolso ou retenção.

Como se demonstrará, no primeiro caso, o contribuinte *de jure* tem legitimidade. Porém, no segundo caso, ela lhe falta.

Existência de legitimatio ad causam – O contribuinte *de jure* tem *legitimatio ad causam* para obter a restituição do tributo pago indevidamente, naqueles casos em que a repercussão econômica do tributo tem como fator presuntivo a natureza do tributo ou a existência de substituição legal tributária sem direito de reembolso ou retenção. E tal *legitimatio* existe pelos seguintes fundamentos:

Primeiro: A classificação dos tributos em diretos e indiretos é falsa.[1473]

Segundo: O tributo tradicionalmente classificado como "direto" também repercute do mesmo modo que o "indireto".[1474]

Terceiro: Todos os tributos repercutem e a repercussão independe da natureza do tributo.[1475]

Quarto: O acréscimo do tributo ao preço não oferece qualquer prova da repercussão do mesmo.[1476]

Quinto: O exame da escrita comercial do produtor ou comerciante não prova a repercussão.[1477]

1473. Ver nº 142.

1474. Ver nº 143.

1475. Ver nº 143.

1476. Ver nº 143.

1477. Ver nº 143.

Sexto: Ressalvado o caso em que a lei outorgou o direito de reembolso ou retenção, a intenção do legislador não prova a repercussão econômica.[1478]

Sétimo: Existe substituto legal tributário *sem* direito de reembolso ou retenção.[1479] Inexistindo tal direito, as relações jurídicas e seu conteúdo jurídico de direitos e deveres, entre substituto e substituído, resultam exclusivamente dos *negócios jurídicos* entre os mesmos celebrados.

Oitavo: A Ciência das Finanças Públicas e a política fiscal reconhecem a impraticabilidade da identificação do verdadeiro contribuinte "de fato".[1480]

Nono: Mesmo que seja possível provar a repercussão econômica do tributo, ainda assim, a negação da legitimidade ao contribuinte *de jure* importaria em decisão fundada num puro *arbítrio*. O julgador estará, segundo um critério *subjetivo* de lucro *razoável*, interferindo no lucro de negócio jurídico livremente ajustado entre as partes. Observe-se que não se pode nem falar em lucro lícito ou ilícito, pois para isto seria necessária a existência de uma lei que declarasse quando o lucro é lícito ou ilícito. No caso em exame, não existe *lei* que estabeleça um limite ao lucro e se existisse somente será ilícito o excesso de lucro ao *limite legal* e não o fato de o tributo indevido ter sido um dos elementos que contribuiu para a formação do preço do negócio jurídico.

Inexistência de legitimatio ad causam – O contribuinte *de jure* não tem legitimidade para pedir a restituição do tributo por ele pago indevidamente, no caso de repercussão *jurídica* do tributo, isto é, quando a lei outorga ao contribuinte *de jure* o direito de reembolso ou retenção do tributo perante uma terceira pessoa.

1478. Ver nº 143.

1479. Ver nº 145.

1480. Ver nº 144.

Recorde-se que o substituto é uma *espécie* enquadrada dentro do *gênero* contribuinte *de jure*.[1481] Por outro lado, cumpre esclarecer que a existência ou inexistência do direito de reembolso ou retenção não é elemento essencial à configuração da substituição legal tributária. Noutras palavras, ser substituto legal tributário não significa ter direito de reembolso ou retenção na fonte do tributo pago.[1482]

No caso agora analisado, a lei *outorga* ao contribuinte *de jure* o direito de reembolso ou retenção do tributo pago *devidamente*. Porém, como se trata de pagamento de tributo *indevido* cuja restituição é pedida ao Estado pelo contribuinte *de jure*, este, por sua vez, exigiu também *indevidamente* do substituído o reembolso ou retenção da quantia que entregara (ou fora ilegalmente coagido a entregar) ao Estado.

À primeira vista, poderia parecer que, no caso em foco, também existiria a legitimidade do contribuinte *de jure*, e esta conclusão decorreria, aparentemente, dos três seguintes fundamentos:

a) o único sujeito passivo da relação jurídico-tributária é o substituto;

b) a relação jurídica entre substituto e substituído, em cujo conteúdo existe o direito de reembolso ou retenção, é de natureza *privada*, isto é, o substituído, ao satisfazer o direito de reembolso ou retenção, não está pagando um tributo ao substituto;

c) não existe nenhuma relação jurídica entre Estado e substituído.

Já foi demonstrada, no presente livro, a veracidade científico-jurídica dos três referidos fundamentos.[1483] Entretanto, eles não conduzem à conclusão de que, no caso em foco, o

1481. Ver ns. 141, 145.

1482. Ver nº 145.

1483. Ver ns. 149-150.

contribuinte *de jure* teria legitimidade para exigir a restituição do tributo pago indevidamente. E o contribuinte *de jure* não tem esta legitimidade pelos seguintes fundamentos:

O substituto, no caso em foco, exigiu *ilicitamente* o reembolso ou retenção na fonte contra o substituído. Houve uma exigência ilícita por parte do substituto contra o substituído, porque *inexistia* direito de reembolso ou retenção. E inexistia tal direito porque o tributo era *indevido*.

Somente o pagamento de tributo *devido* realiza a hipótese de incidência da regra jurídica que outorga ao substituto direito de reembolso ou retenção contra o substituído. Pagamento de tributo *indevido* não é pagamento de tributo, mas simplesmente prestação indevida. No caso ora focalizado, o substituto pagou tributo *indevido* e, a seguir, *indevidamente* exigiu e recebeu do substituído o valor do mesmo.

O *nono* argumento, perfeitamente procedente no caso anterior, falece no caso em foco porque o direito de reembolso (ou retenção) exercido quer licita, quer ilicitamente, é direito cujo nascimento *independe* dos direitos decorrentes dos negócios jurídicos porventura celebrados entre substituto e substituído. Noutras palavras, naquele primeiro caso, a repercussão econômica do tributo, porventura existente, ocorria *dentro* do negócio jurídico e era exercida pela exigência dos direitos específicos ao negócio jurídico, por exemplo, preço, honorários, aluguel. Porém, neste segundo caso, a repercussão econômica, se processa *fora* do negócio jurídico, porque o direito de reembolso (ou retenção) não é elemento constitutivo do negócio jurídico, nem efeito jurídico específico deste negócio jurídico.[1484]

1484. O direito de reembolso ou retenção do tributo é outorgado por regra jurídica cuja hipótese de incidência é o pagamento do tributo *devido* (e não a celebração do negócio jurídico). Realizando-se o pagamento do tributo devido, o direito de reembolso ou retenção torna-se *existente*.

a) O direito de *reembolso* ("crédito") será exigido, *paralela* e simultaneamente, a *outro* direito ("crédito"), este último decorrente de um negócio jurídico (isto é, outorgado por *outra* regra jurídica cuja hipótese de incidência são os fatos e atos que realizaram o negócio jurídico).

A circunstância de o direito de reembolso ou retenção ter sido exigido *ilicitamente* pelo substituto contra o substituído não significa que aquilo que este estaria pagando àquele, não podendo ser satisfação de um *inexistente* direito de reembolso ou retenção, seria então *preço*.

É verdade que, se o contribuinte *de jure* tivesse sabido que o tributo era indevido, não teria incorrido no equívoco de exigi-lo a título de reembolso (ou retenção), mas teria incluído seu montante *dentro* do negócio jurídico e exigido do substituído a título de preço. Seu lucro, então, seria perfeitamente lícito.

Todavia, o contribuinte *de jure* pagou tributo indevido e exigiu, indevidamente, do substituído o seu reembolso ou retenção.

Com isto, *deixou* de incluir o seu montante dentro do negócio jurídico que celebrou com o substituído. Esse negócio jurídico é fato jurídico pretérito cuja eficácia jurídica independeu totalmente de qualquer existência ou inexistência de um simultâneo direito de reembolso de tributo ou de sua retenção. Por isto, o contribuinte *de jure* que pagou tributo indevidamente e obteve indevidamente o seu reembolso ou retenção do substituído, não pode alegar o prejuízo do menor lucro porque tal prejuízo, no plano *jurídico*, não existiu.

Exemplo prático – Sociedade anônima recolhe tributo indevido sobre rendimentos de ações ao portador e, ao pagar estes rendimentos, aos acionistas, retém na fonte o valor do tributo que recolheu indevidamente. Para pedir a restituição daquele tributo pago indevidamente, a *legitimatio ad causam*:

a) da *sociedade anônima* (substituto) está condicionada à apresentação de documento que prove já ter devolvido ao titular

---

b) Em se tratando de direito de *retenção* sua satisfação se processa mediante a *compensação* com um dever jurídico ("débito") do substituído perante o substituto, decorrente de *negócio jurídico* celebrado entre substituto e substituído e que por eles foi celebrado *paralelamente* à substituição legal tributária, isto é, *sem* assumirem a qualidade jurídica de substituto e substituído.

da ação ao portador (substituído) o valor da retenção. Ou, então, a prova de que não efetuou a retenção do tributo;

b) do *titular da ação ao portador* está condicionada à apresentação de documento que prove ter sofrido a retenção do imposto pela sociedade.

Observe-se que a *legitimatio ad causam* é daquele que for proprietário da ação ao portador, no momento em que *ingressa em juízo* com o pedido de restituição. A pessoa que fora a proprietária da ação ao portador, no momento em que ocorreu a retenção na fonte, perdeu a referida *legitimatio ad causam* quando vendeu aquela ação ao portador, porquanto o direito de obter a restituição do tributo indevido é um dos muitos direitos que foram transmitidos ao novo proprietário do título ao portador.

Capítulo V

TRIBUTAÇÃO EXTRAFISCAL

§ 1º REVOLUÇÃO SOCIAL E DIREITO TRIBUTÁRIO

152. As energias genéticas da nova civilização

Certas aspirações fundamentais do indivíduo humano, que lhe proporcionariam a felicidade material e espiritual, sempre estiveram presentes nas imagens, que através dos séculos foram esboçadas procurando criar uma ordem social onde o homem obtivesse aquela felicidade terrena.

Entretanto, apenas numa época relativamente recente, aquelas aspirações começaram a sair do domínio subjetivo, deixando de ser uma visão utópica, para adquirirem o valor objetivo de uma regra de conduta social obrigatória (em síntese: direito *positivo*).[1485]

Entre os múltiplos fatores que motivaram esta inibição, salientam-se três cuja importância Georges Burdeau mostra ter sido decisiva.[1486]

O primeiro fator foi a psicose da resignação. Aquela ordem social ideal seria um *bem terreno* cuja obtenção exigiria enorme

---

1485. Compare-se G. Burdeau, *Traité de Science Politique*, vol. VI, Paris, 1956, pp. 384-85.

1486. Idem, p. 385.

esforço; o homem conformava-se em não obtê-lo, pois julgava que deveria empregar todo aquele esforço, exclusivamente, na obtenção de bens *extraterrenos*.[1487]

O segundo fator foi o prolongado isolamento do indivíduo humano dentro do meio social: até a formação das massas operárias provocada pelo desenvolvimento da industrialização, o isolamento do indivíduo paralisava o nascimento duma consciência coletiva que projetasse as ideias dos direitos aceitáveis por todos.[1488]

O terceiro fator foi a errada mentalidade política dos súditos: os homens governados não podiam conceber que os governantes tinham por única obrigação satisfazer as exigências dos súditos.[1489]

Conclusão: aquelas aspirações permaneciam no plano da utopia porque os homens nelas não acreditavam com bastante esperança para que o sonho se convertesse em princípio de ação, nem com bastante confiança para que da intensidade de seu desejo nascesse a energia que lutaria para alcançar a felicidade terrena.[1490]

A fim de que os homens perdessem a primitiva timidez e assumissem a audácia de pensar que a sujeição não lhes era o destino, foi necessário outro estímulo que o simples conselho, embora persuasivo, dos filósofos e reformadores sociais.[1491]

Para que eclodisse a revolução espiritual foi necessária a renúncia aos antigos credos políticos, sociais e religiosos.[1492]

1487. G. Burdeau, *Traité de Science Politique*, vol. VI, Paris, 1956, p. 385.

1488. Idem, pp. 385-86.

1489. Idem, pp. 386-87.

1490. Idem, p. 387.

1491. Idem, p. 388.

1492. No setor religioso a principal modificação que se fazia necessária era na visão unilateral do destino do homem, que enxergava como *exclusivo* objetivo a felicidade extraterrena, quando na verdade os homens têm a obrigação moral de desejarem e promoverem *também* a felicidade terrena.

"Or, pour que ce renoncement fut concevable, le milieu de vie devait le préparer. Ce fut précisément la conséquence de la transformation industrielle du monde que de rendre l' existence matérielle tellement intolérable à des millions d'êtres qu'aucune compensation dans l'éternel ne pouvait encontre-balancer l'horreur...

Dans le moment même où la condition ouvriére rendait l'homme incapable, non pas seulement de suivre mais d'écouter le message divin, elle le libérait de tous les tabous, de toutes les croyances, de tous les respects ataviques; du fond de sa misère une seule pensée pouvait encore l'accrocher à la volonté de vivre; tout est permis dès lors que ce qui est en cause ce n'est pas un peu plus de bien être, mais l'élémentaire possibilité d'être un homme...

Ce sont tous ceux, incroyants ou chrétiens, qui ont la conviction que l'homme ne trahit pas sa vocation s'il cherche à retrouver son visage humain."[1493]

"De l'excès d'abjection où le tenaient le machinisme et l'inhumaine moral e qui s'en réclamait, *l'homme est promu au rang d'agent de création d'un monde* dont il serait le maître. La science qui l'avait avili pouvait aussi le libérer; la technique dont il fut la victime serait l'instrument de son élévation. Et cette technique libératrice, c' est la technique politique, l'utilisation du Pouvoir."[1494]

O mundo de hoje é um esboço e não uma obra concluída. Toda esta ebulição de forças antagônicas restituíram ao mundo sua juventude e o surto violento dos instintos elementares; "a ce climat de genèse ne manque même pas cette terreur diffuse qui dût, aux époques primitives, affoller les grands monstres lorsque l'esprit soufflait sur les eaux".[1495]

1493. G. Burdeau, *Traité de Science Politique*, vol. VI, Paris, 1956, pp. 388-89.

1494. Idem, ibidem, pp. 394, 420 e ss. (grifamos).

1495. Idem, ibidem, pp. 8-9.

Vivemos a idade mais interessante da história da humanidade, embora não a mais tranquila,[1496] pois nos alimentados das energias genéticas duma nova civilização.[1497]

153. Alternativa do homem artífice do novo mundo: ou o instrumental do comunismo soviético ou o Direito Positivo integralmente renovado – a dupla tarefa do Direito Tributário: agente revolucionário e financiador da revolução social

A época contemporânea se caracteriza por um espírito aceleradamente intenso de revolução social.[1498]

O homem elevado à dignidade de agente de criação do novo mundo[1499] deverá também criar o *instrumento útil* – atividade essencialmente *artística* – que pela sua eficácia destrua os bezerros de ouro e molde o barro incandescente da humanidade atual.

"Oh, este prazer sempre novo de emergir do barro

Quase ninguém ajudou aos que antes se atreveram;

E junto aos golfos, contudo, cidades se ergueram

E houve contudo água e óleo a encher cada jarro."[1500]

1496. R. Savatier, *Les Métamorphoses Economiques et Sociales du Droit Privé d'Anjourd'hui*, 2ª série, Paris, 1959 "L'universalisme renouvelé des disciplines juridiques", pp. 72-73.

1497. Compare-se G. Burdeau, *Traité de Science Politique*, vol. VI, Paris, 1956, p. 395.

1498. G. Burdeau, *Traité de Science Politique*, vol. VI, Paris, 1956, pp. 384-423; A. Angelopoulos, *Planisme et Progrès Social*, Paris, 1953, pp. 36-45; e os autores ali citados; Aliomar Baleeiro, *Limitações constitucionais ao poder de tributar*, 2ª ed., Rio de Janeiro, 1960, ns. 104-105, pp. 408-14. Também ver nossos ns. 61,152.

1499. Vide nº 152.

1500. Rainer Maria Rilke: "Sonetos a Orfeu", nº XXIV/2, tradução de Geir Campos, in *Poemas de Rainer Maria Rilkce*, Rio de Janeiro, 1953, p. 60.

Esta atividade artística é a atividade *jurídica* e este instrumento eficaz é o Direito *Positivo*.[1501]

"Difficile travail, pénétré d'humanisme, c'est-à-dire soucieux de respecter ce qu'il y a de permanent dans la nature et les aspirations humaines, au milieu même des métamorphoses du 'donné' social."[1502]

É verdade que a destruição das falsas ideologias poderá ser obtida pela força bruta, à maneira das revoluções comunistas; porém, este recurso não será trabalho de inteligência, mas de animalidade.

Naquelas sociedades humanas em que se utilizou o recurso da força bruta, houve apenas troca de posições:[1503] *alguns* do plano inferior subiram e todos os do plano superior (que são sempre um pequeno número) baixaram e foram unir-se ao saldo do "peuple réel" que, em sua maior parte, permaneceu no plano inferior da servidão humana abjeta.

Este recurso não conduz à solução,[1504] mas apenas ao desperdício das energias do "peuple réel" no momento em que atingem sua tensão incontrolável. Exaurida a energia, há uma pausa, durante a qual as energias sociais voltam a se acumular até à nova eclosão que não criará o novo ser social, mas apenas inverterá as posições.

A "paz" que sobrevém – não é a da satisfação daquelas fundamentais aspirações humanas – é a paz do esgotamento.

1501. Para a demonstração da natureza essencialmente *artística* da atividade jurídica, veja-se nosso nº 20, onde também se verifica que justamente a natureza instrumental do Direito *Positivo* é que o torna a mais genuína e radical obra de arte do gênio humano.

1502. R. Savatier, *Les Métamorphoses Economiques et Sociales du Droit Privé d'Aujpurd'hui*, 2ª série, Paris, 1959 – L'universalisme renouvelé des disciplines juridiques", p. 72.

1503. P. Jacques, *Da igualdade perante a Lei*, 2ª ed., Rio de Janeiro, 1957, p. 54.

1504. Na Rússia Soviética a distância entre os dirigentes e o operário é igual ou maior que nos países capitalistas, in J. Leclercq, *Leçons de Droit Naturel – II – L'Etat ou la Politique*, 4ª ed., Nammur, 1958, nº 70, pp. 228-29.

Aquelas energias sociais que restituíram à sociedade humana a sua juventude e que a conduziram a um clímax genético, foram desperdiçadas no mais triste organismo.

A verdadeira revolução que gerará o novo ser social deverá ser obra de humanismo cristão e seu principal instrumento um Direito Positivo integralmente rejuvenescido. E nesta obra, uma fundamental tarefa será atribuída ao Direito Tributário.

Não a um Direito Tributário nos moldes atuais, ainda rudimentar, porque cheio de inibições que paralisam e esterilizam muitas de suas genuínas potencialidades: os tributos *in natura* e *in serviços* e a tributação *extrafiscal*.[1505]

O homem elevado à dignidade de artífice do novo mundo encontra-se ante esta alternativa: ou a rebelião da força bruta ou a revolução humanista cristã que instaurará a democracia social;[1506] para a primeira, utilizará o instrumental do comunismo soviético, para a segunda, o do Direito Positivo integralmente renovado.[1507]

"L'idée de démocratie sociale a toujours été associée à celle de la fonction créatrice du droit".[1508]

1505. Demonstraremos a improcedência das críticas que negam natureza jurídica tributária às prestações in *natura* e in *serviços*, vide ns. 165-169. Sobre a tributação extrafiscal vide nossos ns. 154-159. Lembramos que R. Savatier demonstrou que, no ano de 1959, o jurista apenas começa a perceber "l'universalisme renouvelé des disciplines juridiques"; vide toda a interessante obra, *Les Métamorphoses Economiques et Sociales du Droit Privé d'Aujourd'hui*, 2ª série, Paris, 1959 – "L'Universalisme renouvelé des disciplines juridiques", especialmente p. 60.

1506. Para a análise da democracia social, vide G. Burdeau. *Traité de Science Politique*, vol. VI, Paris, 1956, pp. 341-23. Sobre a mobilização do cristianismo para a revolução social, vide G. Burdeau, op. cit., pp. 432-35.

1507. Sobre a natureza essencialmente instrumental do Direito Positivo, vide nº 19. Sobre a praticabilidade como condição vital da juridicidade, vide nº 21.

1508. G. Burdeau. *Traité de Science Politique*, vol. VI, Paris. 1956, p. 359.

"Avec la démocratie sociale, la règle de droit retrouve sa signification authentique. Elle n'est pas reflet, mais créatrice d'ordre; elle est donc l'instrument d'une politique".[1509]

Viu-se que a época contemporânea se caracteriza por um espírito aceleradamente intenso de revolução social. Toda a reforma social é efetuada mediante duas tarefas fundamentais: *destruição* da antiga e *reconstrução* da nova ordem social.

Ante a indicada alternativa, se o artífice escolher a primeira hipótese (o instrumental do comunismo soviético), a tarefa da destruição *precederá* à da reconstrução. Porém, se escolher a segunda hipótese, (o Direito Positivo integralmente renovado) a tarefa da destruição será *simultânea* com a da reconstrução.

Nesta obra de revolução humanista cristã (segunda hipótese), para instaurar a democracia social, um dos principais agentes revolucionários será o Direito Tributário que pelo impacto de seus tributos *destruirá* a antiga ordem social e, simultaneamente, *financiará* a sua reconstrução;[1510] aos demais ramos do Direito Positivo caberá a tarefa de *disciplinar* a reconstrução.

De tudo o que foi sucintamente analisado neste capítulo, concluímos que já ultrapassamos o período de decadência no qual mais uma civilização agonizou e morreu.

Agora ingressamos na fase de renascimento do mundo, cujo espírito revolucionário é a energia genética da nova civilização. Estamos vivendo a segunda renascença na história da

---

1509. Idem, p. 360; vide também as pp. 358-61, onde ele analisa: "La démocratie sociale et la fonction du droit".

1510. Para o exame da importância fundamental do Direito Tributário, ver nº 158.

"Caducidade precoce do Direito Tributário e necessidade de sua metamorfose jurídica", nº 12,7.

"Finalismo extrafiscal do tributo", ns. 154-159.

"Metamorfose jurídica do orçamento público", ns. 61 63.

humanidade. O MIGUEL ÂNGELO, o RAPHAEL, o DONATO, o RUBENS que serão admirados pelas gerações dos séculos futuros, hão de ser os juristas que, em nosso tempo, tiverem restituído ao homem *vivo* a sua face humana.

§ 2º FINALISMO EXTRAFISCAL DO TRIBUTO

154. Progressiva transfiguração dos tributos de finalismo clássico

Há cerca de cinco séculos, já eram percebidos os efeitos da tributação sobre redistribuição do capital e da renda entre os indivíduos e sobre a formação das classes sociais.[1511]

A ideia de revolução social pelo impacto dos tributos, em lugar da força das armas, começou realmente a definir-se na segunda metade do século passado.[1512]

Entretanto, somente um século depois, os "dados" coligidos e analisados pela Economia Política, Finanças Públicas e política fiscal, em vertiginoso progresso técnico, apresentam-se suficientes e idôneos[1513] para a elaboração do "construído": um Direito Tributário rejuvenescido que pelo impacto dos tributos

1511. Aliomar Baleeiro, *Introdução à Ciência das Finanças*, 2ª ed., Rio de Janeiro, 1958, I, p. 258.

1512. Idem, pp. 260-61; A. Wagner, *Traité de la Science des Finances*, Paris, 1909, I, pp. 64-70.

1513. Compare-se R. W. Lindholm, *Introducción a la Política Fiscal*, Madrid, 1958 (original inglês, New York, 1948), pp. 45-56; especialmente pp. 46, 52-54. Observa R. W. Lindholm que desde a depressão de 1929, aceitou-se, de um modo geral, a ideia de que o governo devia influir sobre os preços, consumos, emprego e distribuição de renda, inclusive mediante a tributação. Entretanto, adverte que a real importância da atividade fiscal, como um dos principais meios para atingir aqueles objetivos, "fué una consecuencia de J. M. Keynes (1883-1946) y de su revolucionario libro *The General Theory of Employment, Interest, and Money*. La importancia que Keynes atribuyó a Ia política fiscal es tan notoria que el cambio de actitud de los gobiernos hacia la política fiscal, a que antes nos hemos referido, ha sido llamada a veces la revolución Keynesiana" (op. cit., p. 53).

realize a revolução social e, simultaneamente, *financie* a tarefa de reconstrução social disciplinada pelos demais ramos do Direito Positivo.

"Las aplicaciones extrafiscales del impuesto no constituyen, por suerte o por desgracia, tiri fenómeno esporádico, ocasional, minúsculo, sino la expresión constante y consciente de los nuevos criterios que imperan en el manejo de la Hacienda pública."[1514]

"Mais il est certain que dès maintenant, *et dans une mesure qui, sans doute, est destinée à s'accentuer,* l'impôt est inspiré par des vues sociales. Il en résulte une modification profonde de son caractère."[1515]

A principal finalidade de muitos tributos (que continuarão a surgir em volume e variedade sempre maiores pela progressiva transfiguração dos tributos de finalismo clássico ou tradicional) não será a de um instrumento de *arrecadação* de recursos para o custeio das despesas públicas, mas a de um instrumento de *intervenção* estatal no meio social e na economia privada.[1516] Na construção de cada tributo não mais será ignorado o finalismo

1514. F. Sáinz de Bujanda, *Hacienda* y *Derecho*, Madrid, 1955, p. 97.

1515. J. Laferriere, *Traité Elémentaire de Science et Législation Financières*, em colaboração com M. Waline, Paris, 1952, p. 226 (grifamos).

1516. Ainda é relativamente pequeno o número de trabalhos que estudam a tributação extrafiscal sob os novos ângulos da moderna política fiscal; entretanto já existem estudos resumidos, porém muito bons; ver: Alberto Deodato, *Manual de Ciência das Financas*, 6ª ed., São Paulo, 1957, p. 155 e ss.; Aliomar Baleeiro, *Introdução à Ciência das Finanças*, 2ª ed., Rio de Janeiro, 1958, I, p. 254 e ss.; Delfim Silveira, *Orçamento e planificação*, Porto Alegre, 1960, ns. 26-37, 110; M. *Duverges Institutions Financières*, 2ª ed., Paris, 1957, p. 109 e ss.; J. Laferrière, *Traité Elémentaire de Science et de Législation Financières*, em colaboração com M. Waline, Paris, 1952, p. 223 e ss.; F. Sáinz de Bujanda, "El derecho, instrumento de política econômica", *Revista de Derecho Financiero* y *de Hacienda Pública*, vol. VIII, Madrid, 1958, p. 235 e ss.; e em sua *Hacienda* y *Derecho*, vol. II, Madrid, 1962, p. 141 e ss.; Neumark, "Les buts de l'impôt à la lumière de la théorie et pratique financières contemporaines", *Revue de Science et de Législation Financières*, 1949, p. 105 e ss.; A. Marchal, "Les rapports du droit et de l'économie politique",

extrafiscal, nem será esquecido o fiscal. Ambos coexistirão, agora de um modo consciente e desejado; apenas haverá maior ou menor prevalência deste ou daquele finalismo.[1517]

155. Intervencionismo do Estado como instrumento da liberdade do indivíduo

A história das civilizações mostrou que os postulados da escola clássica da economia política erguem-se para sinalizar o tráfego da humanidade na estrada da servidão.

Por isto, "la tradicional actitud de que el gobierno debe solamente ejecutar el oficio di vigilante, está completamente abandonada".[1518]

"A aplicação dos princípios liberais à ordem econômica para sustentar uma situação de luta primitiva, onde o mais fraco se torna a vítima cobiçada e o objeto do sacrifício, é um contra-senso, um ilogismo flagrante."[1519]

---

na obra coletiva *Introduction à l'Etude du Droit*, vol. II, Paris, 1953, p. 199 e ss., especialmente, pp. 202, 203, 205, 208-11, 218-19, 223, 229, 231-37; A. Angelopoulos, *Planisme et Progrès Social*, Paris, 1953, pp. 276-96; Buys de Barros, *Um ensaio sobre a parafiscalidade*, Rio de Janeiro, 1956, pp. 11-33; Alain Barrère, *Politique Financière*, Paris, 1959, especialmente pp. 439-40.

H. Laufenburger toma conhecimento da crescente utilização do tributo extrafiscal e analisa-o para, em última análise, negar-lhe importância decisiva e conveniência na sua utilização ampla (*Théorie Economique et Psychologique des Finances Publiques*, Paris, 1956, pp. 163-79; *Revenu, Capital et Impot (Traité Econ. Lég. Fin.)*, 4ª ed., Paris, 1950, pp. 228-77). Entretanto a análise feita por este autor *deixa transparecer saudosismo e revolta contra a necessidade de abandonar a sua tese clássica* (anteriormente por ele defendida), do sistema tributário *neutro* apenas adaptado passivamente à estrutura social e econômica (*Revenu, Capital et Impôt* (*Traité Econ. Lég. Fin.*), 4ª ed., Paris, 1950, especialmente p. 277.

1517. Ver nº 159.

1518. R. W. Lindholm, *Introducción a la Política Fiscal*, Madrid, 1958 (original inglês, New York, 1948), p. 46.

1519. Fábio Monteiro de Barros, *Finança pública e intervencionismo*, Sorocaba, 1958, p. 23. "Coserait une erreur grossière", diz A. Marchal, "Les rapports du droit et de l'éco nointe politique", na obra coletiva *Introduction à l'Etude du Droit*, vol. II, Paris, 1953, pp. 218-19.

E a forma racional do intervencionismo do Estado é o planejamento.[1520]

O liberalismo capitalista, ao criticar o planejamento intervencionista do Estado, esquece que o próprio liberalismo capitalista repousa também sobre um planejamento que as forças econômicas privadas estabelecem para manter sua hegemonia graças ao intervencionismo da força bruta (poderio econômico natural) orientada (ela também) pelas "leis" naturais da economia política. O planejamento intervencionista do Estado destrói estes planejamentos egoístas; estes são o instrumento da liberdade de alguns; aquele, o instrumento da liberdade de todos.[1521]

Um intervencionismo estatal muito maior na ordem social e na economia privada é necessidade inadiável, pois só deste modo se restituirá à pessoa humana a sua dignidade.[1522]

"Devant de telles injustices et un tel déséquilibre, l'Etat ne pouvait demeurer indifférent. Ainsi, toutes les mesures interventionnistes qui ont suivi la première guerre mondiale dérivent de la transfonnation de structure du régime capitaliste, ou été suscitées par l'évolution économique et sociale. Ce qui le prouve bien, c'est que tous les pays parvenus au même stade de développement économique ont vu surgir à peu près en même temps une législation analogue."[1523]

1520. G. Burdeau, *Traité de Science Politique*, vol. VII, Paris, 1957, p. 470; Delfin Silveira, *Orçamento e Planificação*, Porto Alegre, 1960, ns. 29, 31, 35, 37 e toda a Terceira Parte de sua obra (na. 108-154).

1521. G. Burdeau, *Traité de Science Politique*, vol. VII, Paris, 1957, p. 467-68; C. H. Bettelheim, *Problèmes Théoriques et Pratiques de la Planification*, 1951, p. 10.

1522. Fábio Monteiro de Barros, *Finança pública e intervencionismo*, Sorocaba, 1958, especialmente p. 23.

1523. A. Marchal, "Les rapports du droit et de l'économie politique", na obra coletiva *lntroduction à l'Etude du Droit*, vol. II, Paris, 1953, p. 231.

A seguir se investigará a embriogenia e a natureza desta legislação.

156. Regra jurídica como instrumento para o intervencionismo estatal estabelecer a democracia social

Seria obra vã e supérflua criar regra jurídica visando a *confirmação* dos fenômenos econômico-sociais, pois a finalidade imediata da regra jurídica é modificar o curso espontâneo dos fatos sociais, gerando consequentemente uma tensão ou, ao menos, possibilidade de tensão, entre a conduta que ela (a regra jurídica) impõe e o fato social.[1524]

A "lei" *natural* traduz, por si, um determinismo *real*; enquanto que a regra *jurídica* impõe um determinismo *artificial*. A aplicação da regra jurídica transforma o determinismo puramente social e espontâneo em um determinismo salutarmente artificial porque impõe aos fatos sociais uma distorção específica e um comportamento cuja estrutura e direção se apresentou ao legislador como necessária ao bem comum (autêntico ou falso).[1525]

As regras jurídicas compõem o Direito Positivo; "alors il n'est plus un reflet ou un écho, mais une puissance créatrice en se sens qu'elle agit pour imposer un ordre qui ne s'établirait pas spontanément.

C'est naturellement sur le plan des rapports économiques que cette conception est appellée à justifier son bien fondé puisque c'est là où une correction de l'état de choses existant apparait généralement la plus nécessaire.

Le droit est alors l'instrument qui permettrait d'effectuer cette correction en opposant au jeu des forces naturelles ou

---

1524. J. Haesaert, *Théorie Générale du Droit*, Bruxelles, 1948, pp. 404-5; E. Weil, *Philosophie Politique*, Paris, 1956, p. 83, letra *c*. Ver também nossos ns. 17, 22.

1525. Idem, pp. 404-5, 453; Pontes de Miranda, *Tratado de Direito Privado*, vol. I, Rio de Janeiro, 1954, § 2.0, nº 1. letra b e § 6º, nº 3. Ver também nossos ns. 17, 22.

des intérêts, des regles destinées à assurer une répartition équitable des biens".[1526]

A ideia da democracia social esteve sempre associada a esta ideia de função criadora do Direito Positivo e é na democracia social que a regra jurídica encontra sua significação autêntica de instrumento criador e disciplinador de uma nova ordem econômica social.[1527]

157. Regra jurídica como instrumento de intervenção indireta

Frequentemente o povo ou determinado grupo social não compreende as exigências do bem comum, não as pratica e nem está disposto a aceitá-las; isto acontece especialmente quando estão em jogo os tradicionais vícios da humanidade (luxúria, alcoolismo, avareza, etc.), ou quando o Estado procura introduzir, em uma sociedade de temperamento demasiado individualista, princípios de solidariedade social.[1528]

A imposição de regra jurídica que, de súbito e diretamente, proíba aqueles vícios ou obrigue a prática daqueles atos de solidariedade, poderá desencadear graves perturbações de ordem econômica, social ou moral, cujas consequências serão piores que aqueles vícios e egoísmo social.[1529]

Por mais justo que seja o preceito consagrado e imposto pela regra jurídica, esta deixa de servir quando, balanceados, em seu conjunto, os seus efeitos favoráveis e seus resultados prejudiciais, verifica-se que produziu mais dano que bem. Naturalmente, é o povo ou aquele grupo social que está em falta quando, desobedecendo à regra jurídica (regra de conduta), se nega ao sacrifício do vício ou do individualismo egoísta; todavia, também o Estado errou quando, por precipitação, disciplina

---

1526. G. Burdeau, *Traité de Science Politique*, vol. VI, Paris, 1956, pp. 358-59.

1527. Idem, ibidem, pp. 359-60.

1528. J. Dabin, *Théorie Générale du Droit*, 2ª ed., Bruxelles, 1953, nº 161.

1529. Idem, ibidem.

juridicamente (diretamente) aquelas condutas (impõe regra jurídica), sem o prévio trabalho de preparação psicológica.[1530]

É preciso dar muita atenção aos reflexos psicológicos dos indivíduos cuja liberdade será conservada ou cuja conduta será disciplinada (diretamente) pela regra jurídica.[1531] Por isto, antes de se criar uma regra jurídica (ex.: estabelecendo um ilícito) que poderá provocar grande reação contrária da opinião pública ou de determinado grupo social, é prudente esperar que esta opinião se modifique ou se neutralize. Para que tal aconteça, o Estado deverá agir e, nesta sua ação de reforma ou educação social, o tributo extrafiscal é excelente instrumento.[1532]

O dilema não está entre a liberdade, de um lado, e o bem comum, de outro lado; a alternativa está em escolher a *liberdade* ou a *regra jurídica* disciplinadora de um determinado fato social.[1533] Todavia, cumpre desde logo lembrar que o silêncio da regra jurídica (sobre aquele fato social) não equivale à abstenção da intervenção do Estado naquele fato social, visando o bem comum, pois há muitas maneiras do Estado alcançar um mesmo resultado.[1534]

Por exemplo: o Estado, para impedir ou desestimular determinado fato social, tem dois caminhos a escolher:

a) ou regra jurídica que declare *ilícito* aquele fato social;

b) ou tributo extrafiscal "proibitivo".

Optando pelo segundo, a intervenção do Estado será *indireta* porque, mediante o tributo extrafiscal, aquilo que pode ser exigido *juridicamente* é só o tributo e este é, precisamente, o objetivo *secundário*. Aliás, no tributo extrafiscal "proibitivo", a percepção do tributo contraria o objetivo do Estado, pois

1530. Idem, ibidem.

1531. Idem, nº 160.

1532. Idem, ns. 164, 162.

1533. Idem, nº 157.

1534. Idem, nº 162.

aquilo que o Estado realmente deseja não é o tributo, mas sim aquele específico *reflexo econômico-social* que resulta da circunstância dos indivíduos *evitarem ou se absterem* de realizar a hipótese de incidência do tributo "proibitivo".[1535]

Em síntese: o que importa é o *resultado* de bem comum que a regra jurídica proporciona e não o *conteúdo* de bem comum que a regra jurídica tenha diretamente consagrado.[1536]

158. Regra jurídico-tributária é o instrumento fundamental – o Direito Tributário não tem objetivo próprio: ou instrumento revolucionário, ou instrumento conservador

Nenhuma das reivindicações pleiteadas hoje sob o título de direitos sociais poderá alcançar seu objetivo sem uma intervenção do Estado na economia. A veracidade desta conclusão é demonstrada de modo irrefutável, em 1956-57, por Georges Burdeau, em seu magnífico *Traité de Science Politique*: "Aucune des revendications énoncées aujourd'hui sous le titre de droits sociaux ne peut atteindre son objet sans une direction de l'économie.

Qu'il s'agisse du droit au travail, du salaire vital, de la sécurité ou du droit aux loisirs et à la culture personnelle, il est clair que leur réalisation est subordonnée à une organisation de la production et de la consommation systématiquement conçue pour donner à chacun ce à quoi la démocratie sociale l'autorise à prétendre. Il serait illusoire de faire prendre l'individu en charge par la société si celle-ci ne pouvait planifier l'exploitation et l'utilisation des ressources coliectives. Et ceci est vrai aussi bien dans la prospérité que dans la pénurie".[1537]

1535. Sobre a natureza contraditória do finalismo do tributo extrafiscal "proibitivo", vide Alberto Deodato, *Manual de Ciência das Finanças,* 6ª ed., São Paulo, 1957, p. 168.

1536. J. Dabin, *Théorie Générale du Droit*, 2ª ed., Bruxelles, 1953, nº 163.

1537. Georges Burdeau, *Traité de Science Politique*, vol. VII, Paris, 1957, nº 179, p. 464. Para um estudo completo deste fenômeno social e sua solução, ver todo o volume VI (1956) e todo o volume VII (1957).

Ora, o Direito Tributário é justamente o instrumento fundamental do Estado para poder realizar sua intervenção na economia. A utilização do instrumental jurídico-tributário com esta finalidade *fez* surgir, nos últimos anos, uma nova Ciência: a política fiscal.

"Toda actividad fiscal", demonstra em 1948 R. W. LINDHOLM, "y particularmente la que varia con las oscilaciones de la economia privada, está relacionada con la determinación de *todas* las relaciones economicas fundamentales. Las relaciones fundamentales de nuestra economia pueden ser expresadas en multitud de formas, si bien los siguientes cuatro grupos incluyen la mayoría de las relaciones económicas importantes que afectan a la efíciencia de la actividade económica; 1º, el valor o precio de bienes y servicios; 2º, la parte de la renta que se gasta en consumo de bienes y servicios; 3º, el grado de empleo de mano de obra; 4º, la manera que es distribuída la renta nacional.

Estos conceptos están relacionados con la actividad económica de la nación y *la actividad fiscal representa una parte tan importante de aquélla que necesáriamente afecta a cualquier relación económica.*

La total actividad económica está incluída por lo que acontece a las distintas partes. El efecto que una parte tiene sobre la total actividad económica es realmente importante cuando aquélla representa aproximadamente un 25 por 100 de la total. *Por tener esta importancia relativa la actividad fiscal*, es razonable suponer que cualquier relación económica está afectada por la misma."[1538]

"Teniendo en cuenta que la actividad *fiscal* afecta a *todos* los aspectos de la vida diaria (económica, social, política y tecnológica), sus objetivos deben ser tan numerosos como los de todos los individuos y grupos de la nación. Además, como los

1538. R. W. Lindholm, *Introducción a la Política Fiscal*, Madrid, 1958 (original inglês, New York, 1948), pp. 48-49.

objetivos y deseos de los individuos y grupos varían, las metas de política fiscal están en constante cambio.

Si se examinan todas las diferentes metas posibles de la política fiscal, se ve que la mayoría son conseguidas a través de la acción sobre uno o todos de los cuatros objectivos.

La efectividad de los poderes fiscales tendentes a la consecución de un fin deseado se ve grandemente facilitada si los poderes monetários y administrativos del Estado son adecuados y están coordinados con la manera en que se utilizan las instrumentos fiscales."[1539]

Embora os objetivos imediatos de uma política fiscal sejam múltiplos e variantes, eles necessariamente estão sempre "*centrados*", isto é, *estão sempre convergendo a um único objetivo* "*absoluto*" que permanece comum a todos aqueles numerosos e cambiantes objetivos imediatos.

Toda e qualquer política converge para um "absoluto" que é autêntico ou falso, benéfico ou prejudicial. O Estado pratica uma política capitalista ou comunista, individualista ou coletivista, etc. Inclusive no caso em que pretextando *neutralidade* entre as doutrinas, o Estado afirma sua negativa em escolher o "absoluto", a sua neutralidade é apenas aparente, pois na verdade ele é logicamente obrigado a escolher um "absoluto" (autêntico ou falso) sob pena de condenar-se à inércia e a negar-se a si mesmo.[1540]

Por isso é importante observar que a tributação extrafiscal tanto pode ser utilizada como instrumento de *reforma social*, quanto instrumento para alcançar objetivo exatamente oposto: *impedir a reforma social* e conservar, ou melhor, salvar o regime capitalista liberal.

"Keynes não pretende levar a efeito nenhum objetivo reformista. Pelo contrário, o seu propósito é salvar o regime

1539. Idem, pp. 51, 52, 54.

1540. Dabin, *Théorie Générale du Droit*, 2ª ed., Bruxelles, 1953, ns. 143, 141. Ver também nossos ns. 46, 49.

capitalista-liberal. Consequentemente, o intervencionismo que preconiza há de ter um caráter meramente compensatório, corretivo ou suplementar, devendo deter-se quando seja alcançada a situação de pleno emprego. Mesmo nas oportunidades em que atue com maior intensidade, a intervenção do Estado não deve, além do que for inevitável, influir sobre a liberdade ou subverter os demais valores essenciais ao regime liberal."[1541]

Qual o objetivo do Direito Tributário?

A resposta a esta pergunta está implícita na exposição acima; a seguir será explicitada.

O Direito Tributário não tem objetivo (imperativo econômico-social) próprio;[1542] ou melhor, como todo o Direito Positivo, o Direito Tributário tem natureza instrumental e seu "objetivo próprio" (razão de existir) é ser *um instrumento a serviço de uma política*. Esta (a política) é que tem os seus próprios e específicos objetivos econômico-sociais.[1543] Por isso, cumpre lembrar que a tributação extrafiscal serve tanto para a reforma social, como para impedi-la.

A construção daquele instrumento (Direito Tributário) é uma arte,[1544] porém, como toda a arte útil é tanto mais perfeita, quanto melhor o seu rendimento humano (praticabilidade),[1545] o Direito Tributário que serve à política de reforma social deverá ter necessariamente um sistema diverso daquele que serve à política de conservação do capitalismo liberal.

1541. Amilcar de Araújo Falcão, "Keynes e a teoria geral", *Revista do Serviço Público*, janeiro 1957, vol. 74, p. 15.

1542. Rubens Gomes de Sousa, *Curso de Direito Financeiro*, Rio de Janeiro, 1958 (obra coletiva publicada pelo "Instituto Brasileiro de Direito Financeiro"), p. 58. Ver também nosso nº 19.

1543. Para o exame e clareza desta fundamentalíssima questão, ver ns. 6, 19, 46, 49.

1544. Ver nº 20.

1545. Ver nº 21.

159. Coexistência do finalismo fiscal com o extrafiscal em cada tributo

Toda a reforma social é efetuada mediante duas tarefas fundamentais: *destruição* da antiga ordem econômica social e *reconstrução* da nova.

O homem elevado à dignidade de artífice de um novo mundo, encontra-se ante esta alternativa: ou a rebelião da força bruta, ou a revolução humanista cristã.[1546]

Para a *primeira*, utilizará o instrumental do comunismo soviético e nesta hipótese a tarefa da destruição *precederá* à da reconstrução.

Para a *segunda*, utilizará o instrumental de todo o Direito Positivo radicalmente renovado e nesta hipótese a tarefa da destruição (da ordem econômica social vigorante) será *simultânea* com a da reconstrução.

Nesta segunda hipótese, um dos principais agentes revolucionários será o Direito Tributário rejuvenescido, que, pelo impacto de seus tributos, *destruirá* a antiga ordem social e, simultaneamente, *financiará* a reconstrução,[1547] esta última *disciplinada pelos demais ramos* do Direito Positivo.

Da observação de que os tributos extrafiscais estão continuamente crescendo em variedade e importância econômica, não se deve concluir que se chegará a uma fase em que a tributação extrafiscal sobrepujará a fiscal.

O que no passado ocorreu foi a prevalência absoluta da tributação simplesmente fiscal, ante uma tímida e esporádica tributação extrafiscal quase sempre exercida de um modo inconsciente ou rudimentar.[1548]

1546. Vide ns. 152-153.

1547. Vide ns. 154-158.

1548. Vide nº 154.

Neste ponto germinal da metamorfose jurídica dos tributos, a transfiguração que ocorre é, em síntese, a seguinte: na construção jurídica de todos e de cada tributo, nunca mais estará ausente o finalismo extrafiscal, nem será esquecido o fiscal. Ambos *coexistirão* sempre agora de um modo *consciente* e *desejado* – na construção jurídica de cada tributo; apenas haverá maior ou menor *prevalência* neste ou naquele sentido, a fim de melhor estabelecer o *equilíbrio* econômico-social do orçamento *cíclico*.[1549]

§ 3º TRIBUTAÇÃO DOS ATOS ILÍCITOS

160. Tributação dos atos ilícitos (doutrina e jurisprudência)

O problema jurídico da tributação dos atos ilícitos (penais, civis, administrativos) é dos mais curiosos em Direito Tributário e seu exame ajuda a pinçar o *lícito* como um dos elementos essenciais ao conceito jurídico de tributo.

Alguns, como E. Vanoni e B. Griziotti admitem, desde logo e como cousa óbvia, a tributação dos atos ilícitos, partindo do pressuposto que ao Direito Tributário interessaria apenas o fenômeno da vida sob o ângulo da relação econômica, sendo-lhe indiferente à forma externa jurídica; em síntese: o Direito Tributário sempre receberia os fatos e atos jurídicos meramente em seus efeitos econômicos, portanto, como fatos econômicos.[1550]

Outros, como Rubens Gomes de Sousa, Giorgio Tesoro e Francesco Forte, analisando o problema sob o ângulo do imposto sobre a renda e concluindo pela admissibilidade da tributação da renda ilícita, estendem esta conclusão a todos os demais tributos.

1549. Vide ns 62-63.

1550. E. Vanoni, *Natureza e interpretação das leis tributárias*, Rio de Janeiro, 1952. (trad. de Rubens Gomes de Sousa, do original italiano, ed. Padova, 1932), nº 31 *in fine*, pp. 163-64; B. Griziotti, *Saggi sul Rinnovamento dello Studio della Scienza delle Finanze e del Diritto Finanziario*, Milano, 1953, p. 92.

"Se isto afigura-se razoável para o imposto de renda", diz Francesco Forte, "onde é bastante compacta a doutrina e a jurisprudência que o sustenta, embora com argumentos nem sempre nítidos e para nós aceitáveis, devemos ter a coragem de extrair todas as consequências do princípio realístico e autonomistico e aplicá-lo à determinação daquilo que pode ser tributado por todos os outros tributos, enucleando o fato fiscal na sua nua essência econômico-social também lá aonde são mais firmes as vestes jurídicas e sociais da ilicitude e anormalidade com as quais se apresenta envolvido".[1551]

Francesco D'Angelillo admite a tributação da renda ilícita, mas silencia quanto aos demais tributos.[1552]

A posição de Antonio Berliri é singular; argumenta que "O art. 53 da Constituição dispõe que todos os cidadãos devem contribuir para a despesa pública na proporção de sua capacidade contributiva e, visto que a capacidade contributiva outra coisa não é que a possibilidade de suportar uma parte dos encargos públicos parece-nos que nada se opõe a que o legislador percuta a capacidade contributiva de um cidadão sem indagar se a riqueza gastável, na qual se substancia a capacidade, derive de uma atividade lícita ou ilícita". Este autor estende sua tese a todos os tributos; porém estabelece uma importante restrição: num sistema constitucional rígido, não seria possível, por lei ordinária, criar um tributo específico

1551. Rubens Gomes de Sousa, *Compêndio de Legislação Tributária*, 2ª ed., Rio de Janeiro, 1954, pp. 44-45; G. Tesoro, *Principii di Diritto Tributario*, Bari, 1938, p. 253; Francesco Forte, in *Rivista di Diritto Finanziario e Scienza delle Finanze*, vol. XI, 1952, parte II, p. 125. Entretanto G. Tesoro, op. cit., pp. 175, 145, faz uma importante ressalva: nega natureza jurídica tributária à *lei* que expressamente tomasse a ilicitude como um dos elementos constitutivos da hipótese de incidência (do fato gerador); para ele dita lei seria de natureza penal e estaria impondo uma sanção e não um tributo; infelizmente, G. Tesoro não aponta os fundamentos jurídicos desta sua conclusão. Esta dupla angulação do problema será logo adiante analisada.

1552. Francesco D'Angelillo, *Trattato della Imposta di Ricchezza Mobile*, vol. II, Bologna, 1936, pp. 162-63.

sobre ato ilícito (a ilicitude como elemento integrante da hipótese de incidência).[1553]

Por sua vez, A. D. GIANNINI admite a tributação dos atos ilícitos, inclusive quando a ilicitude surge como elemento integrante da hipótese de incidência e ainda que este não seja presuntivo de capacidade contributiva.[1554]

Manifestação doutrinária contra a tributação dos atos ilícitos e seus efeitos econômicos é a de PETRÔNIO B. ARAÚJO.[1555]

Os tribunais alemães e italianos mostram-se favoráveis à tributação dos atos ilícitos;[1556] porém a jurisprudência brasileira tem se pronunciado em sentido contrário.[1557]

Os argumentos, quer os favoráveis, quer os contrários, desenvolvidos pela jurisprudência e autores acima indicados, falecem todos, *no plano jurídico*, porque, em sua maioria, são fundamentos pré-jurídicos de natureza ética ou econômica; os poucos argumentos de natureza jurídica levantados (contra ou a favor) não são convincentes por insuficiência de fundamentação ou por incongruência com o sistema jurídico, como se demonstrará.

1553. A. Berliri, *Principi di Diritto Tributario*, vol. II, Milano, 1957, tomo I, pp. 229, 231; e vol. I, p. 244.

1554. A. D. Giannini, *Istituzioni di Diritto Tributario*, 7ª ed., Milano, 1956, p. 327, combinado com *I Concetti Fondamentali di Diritto Tributario*, Torino, 1956, pp. 159, 73-75, 58-62.

1555. Petrônio B. Araújo, O *imposto sobre a transmissão de propriedade*, Rio de Janeiro, 1954, pp. 50-52.

1556. E. Vanoni, *Natureza e interpretação das leis tributárias*, Rio de Janeiro, 1952 (trad. de Rubens Gomes de Sousa, do original italiano, ed. Padova, 1932), nº 31 *in fine*, p. 164; A. D. Giannini, *Istituzioni di Diritto Tributario*, 7ª ed., Milano, 1956, p. 327, nota 66.

1557. Os três acórdãos a seguir indicados são do Tribunal Federal de Recursos, negando a tributação de imposto sobre a renda do "jogo do bicho"; *Revista de Direito Administrativo*, vol. 22, ano 1952, p. 35; vol. 34, ano 1953, p. 80 e vol. 44, ano 1956, p. 65.

161. Dicotomia do problema no plano jurídico

O problema da tributação dos atos ilícitos, no plano jurídico, sofre uma dicotomia, pois deve ser analisado em dois momentos distintos.

Primeiro momento: *a lei*. O problema resume-se em investigar se é juridicamente possível que a lei tome a ilicitude como um dos elementos integrantes da hipótese de incidência ("fato gerador").

Segundo momento: *o lançamento*. Aqui, o problema que pede solução é o de se examinar se, juridicamente, a autoridade incumbida de proceder ao lançamento de um tributo (em cuja hipótese de incidência a lei *não* incluiu a ilicitude) pode abstrair ou ignorar a ilicitude porventura constatada quando examina a realização da hipótese de incidência.

Note-se que são duas posições jurídicas diametralmente opostas: no primeiro momento, há a prévia *Ciência* da ilicitude de ato futuro; no segundo momento, há o *desconhecimento* da ilicitude de ato passado ou presente. Lá se tributa porque se toma conhecimento da natureza ilícita do ato; aqui se tributa porque se ignora, deliberadamente, a natureza ilícita.

De todos os autores acima indicados, apenas três, Giorgio Tesoro, Francesco Forte e principalmente Antonio Berliri advertiram-se desta dicotomia do problema.[1558]

1558. G. Tesoro admite a tributação no segundo momento (lançamento), mas entende que no primeiro momento (lei) a lei teria natureza jurídica penal e o tributo converter-se-ia em sanção; a afirmação de G. Tesovo está certa, porém, como ele não expôs os fundamentos jurídicos que o levaram àquela conclusão, ela não convence, permanecendo simples alegação (*Principi di Diritto Tributario*, Bari, 1938, pp. 253, 175, 145). Contra esta metamorfose jurídica manifestou-se, expressamente, A. Berliri, *Principi di Diritto Tributario*, vol. II, Milano, 1957, tomo I, p. 232, nota 1. A. Berliri (op. cit., p. 231) admite a tributação no segundo momento (lançamento); mas no primeiro momento (lei) e dentro de sistema constitucional rígido, entende inadmissível por lei ordinária. F. Forte faz apenas uma ressalva: não admite a tributação no primeiro momento, se a lei não tiver finalidade extrafiscal. Noutras

Antes de se prosseguir, cumpre advertir que não existirá dicotomia do problema (nem mesmo problema) para aqueles que aceitarem a tese de que ao Direito Tributário interessaria apenas o fenômeno da vida sob o ângulo da relação econômica de modo que os fatos e atos jurídicos seriam recebidos como fatos econômicos; para eles a tributação dos atos ilícitos será admissível em qualquer um dos referidos momentos.

Entretanto, a indicada tese que o Direito Tributário receberia os fatos e atos jurídicos apenas como fatos econômicos é um dos mais funestos equívocos da doutrina jurídica tributária; ela esvazia o Direito Tributário de toda a *certeza* e de toda a *praticabilidade*; ela destrói precisamente o que há de *jurídico* dentro do Direito Tributário; em síntese: ela é a própria negação da utilidade do Direito Positivo, pois importa na *inversão* da fenomenologia jurídica.[1559]

Na verdade, o problema jurídico existe e também sua dicotomia, para aqueles que – com razão – reconhecem que a doutrina da hipótese de incidência ("fato gerador") não é específica do Direito Tributário, mas comum a todo o Direito e que frequentemente o *jurídico* (sem se converter em fato econômico, portanto justamente em virtude de sua juridicidade específica) é elemento integrante da hipótese de incidência da regra jurídica tributária.[1560]

162. Ato ou fato ilícito é jurídico – natureza da sanção

Desde que há regra jurídica, há a hipótese (hipótese de incidência, suporte fáctico, "fato gerador") que ela previu; realizando-se a hipótese com *todos* os elementos previstos pela

---

palavras, admite que a *lei* tome ciência da ilicitude do ato, desde que para tributá-lo extrafiscalmente (*Rivista di Diritto Finanziario e Scienza delle Finanze*, vol. XI, 1952, parte II, p. 123).

1559. Para a demonstração do acerto desta crítica, vide nº 36.

1560. Ver ns. 87, 89.

regra jurídica; ela (a regra jurídica) *incide* sobre a hipótese *realizada, juridicizando-a*: convertendo-a num fato jurídico.[1561]

Os atos humanos, se alguma regra jurídica incide sobre eles, tornam-se jurídicos. O ato humano que só é objeto de regra moral ou princípio religioso ou político ou econômico ou financeiro não é fato jurídico. *Sem a incidência da regra jurídica, não há ato jurídico* e para que haja esta incidência é absolutamente necessário que a hipótese se realize com *todos* os elementos previstos pela regra jurídica.[1562]

Agora, deve-se fixar um ponto de capital importância para o deslinde do problema jurídico da tributação dos atos ilícitos e que é o seguinte: *os atos ilícitos são atos jurídicos.* Noutras palavras, para que um ato seja ilícito é imprescindível que seja jurídico; ou melhor, *o ato é ilícito porque é jurídico*, caso contrário será apenas imoral ou irreligioso ou anti-econômico.

"Tem-se insistido, demais", diz Pontes de Miranda, "em separar os atos *ilícitos* e os atos *jurídicos*. Em verdade, a regra jurídica incide sobre aqueles como sobre esses; cobre-os; dá-lhes entrada no mundo jurídico. Esses são atos cuja eficácia é ativa, aqueles, atos cuja eficácia é reativa. Falar-se de atos jurídicos como se só fossem tais os atos humanos que não importam em reação, já é diminuir o sentido de atos jurídicos, isto é, reduzi-las aos atos não-contrários ao direito, em vez de os considerar como classe de atos sobre que incide a regra jurídica. Nesse sentido, o crime, o ato ilícito, é ato + incidência da regra jurídica; e essa é a definição mesma do ato jurídico."

"Os crimes são atos jurídicos; porque atos jurídicos não são somente os atos conforme o direito, os atos (lícitos) sobre os quais a regra jurídica incide, regulando-os; são-no também os atos ilícitos, sobre os quais incidem regras penais, ou de

---

1561. Pontes de Miranda, *Tratado de Direito Privado*, vol. I, Rio de Janeiro, 1954, §§ 22-24. Ver também nosso nº 81.

1562. Idem, § 24, nº 1.

ofensa aos direitos absolutos, ou de reparação de danos; ou de violação dos direitos de crédito, ou outros."[1563]

É interessante, finalmente, fixar certos detalhes que costumam embaralhar o conceito jurídico do ilícito:

a) Também *existe fato* ilícito. Quando o fato contrário ao Direito aconteceu independente de ato humano e alguém é responsável por ele, não há "ato" ilícito, mas "fato" ilícito.[1564]

b) Há atos ilícitos sem obrigação de indenizar e há obrigação de indenizar decorrente de ato sem ilicitude.[1565]

c) Tudo o que não está proibido, é permitido.[1566] O lícito é *ausência* de regra jurídica proibitiva, pois a regra jurídica permissiva pressupõe a existência de regra jurídica proibitiva; o advento da regra permissiva importa numa revogação ou redução do campo ilícito criado pela regra proibitiva.[1567]

Natureza da sanção – Com toda a razão, adverte FERNANDO SÁINZ DE BUJANDA: "Me parece poco fecunda, desde el punto de vista de la construcción jurídica, diferenciar un Derecho penal tributario de *infracciones formales*, y un Derecho penal tributario de infracciones *sustantivas*, para extraer de ahí la conclusión de que son penales las primeras y administrativas las segundas. Creo que todas esas infracciones son 'penales' y, por tanto, se definen y sancionan en un Derecho unitario".[1568]

"En rigor", esclarece FERNANDO SÁINZ DE BUJANDA, "la única separación entre las infracciones contenidas en el Código penal y las contenidas en otras leyes – cualquiera que sea la naturaleza de estas últimas – es de tipo formal. Las infracciones y las

1563. Idem, ibidem, § 24, nº 2.

1564. Idem, ibidem, § 162, nº 1.

1565. Idem, ibidem, § 164, nº 1.

1566. J. Dabin, *Théorie Générale du Droit*, 2ª ed., Bruxelles, 1953, nº 158.

1567. N. Bobbio, *Teoria della Norma Giuridica*, Torino, 1958, pp. 154-60.

1568. Fernando Sáinz de Bujanda, *Hacienda y Derecho*, Madrid, 1962, vol. II, p. 213, nota 4 (grifou-se).

sanciones aparecen comprendidas en el Código penal o en leyes administrativas atendiendo exclusivamente a valoraciones político-sociales. Existen infracciones que se incorporan al Código penal para destacar la especial gravedad que se les atribuye, con arreglo a ese tipo de valoración político-social. Otras quedan subsumidas en el cuadro de la legislación administrativa por reputarse inferior su gravedad para el cuerpo social, o de inferior rango los bienes jurídicos lesionados. Pero entre unas y otras no es posible señalar una línea divisoria sustancial.

Pues bien, con arreglo a estas ideas, estimo que lo que ha dado en llamarse el Derecho tributario sancionador, o Derecho tributario penal, debe denominarse 'Derecho *penal* Tributario'. Efectivamente, las infracciones tributarias constituyen, lisa y llanamente, una especie de infracción del orden jurídico, de naturaleza *sustancialmente idéntica* de las incorporadas al Código penal y a las leyes penales especiales. La circunstancia de que esas infracciones, y las sanciones inherentes a ellas, se contengan en leyes de tipo tributario, no altera la validez de la anterior afirmación. Efectivamente, las normas en que se definen las infracciones y se establecen las sanciones son de naturaleza 'jurídico *penal*', *cualquiera que sea el texto positivo en que se encuentren incorporadas.*"[1569]

"Indudablemente", conclui FERNANDO SÁINZ DE BUJANDA, "siempre que una norma jurídica contempla una posible conculcación del orden jurídico, y asocía a la conducta infractora una pena, estamos en presencia, a mi entender, de una norma *penal,* y como tal la hemos de calificar. Es indiferente, por tanto, que la norma apararerca alojada en una ley de las que se llaman administrativas, en una ley de las que se llaman penales, o en una ley de las que llaman tributarias. El modo de calificar la ley es, en cierto modo, algo accesorio y formal. Lo sustantivo es la naturaleza de la norma. *Esta será jurídico-penal, donde quiera que se formule, si contempla una infracción*

1569. Idem, ibidem, pp. 210-11 (grifou-se).

y asocía a esa infracción una sanción o pena. E neste sentido, pienso que las normas penales están distribuidas en el ordenamiento positivo en toda clase de leyes, y que son penales, aunque no aparezcan formuladas en las leyes que ahí se designen, precisamente porque son normas que contemplan infracciones y que establecen penas."[1570]

163. Ilícito como elemento integrante da hipótese de incidência ("fato gerador") – distinção jurídica entre sanção e tributo "proibitivo"

Demonstrou-se que o problema jurídico da tributação dos atos e fatos ilícitos sofre uma dicotomia: o problema jurídico no momento da *lei* é diametralmente oposto ao problema jurídico no momento do *lançamento* do tributo.[1571]

Agora, a questão será examinada exclusivamente *no momento da lei*: a lei (regra jurídica) tributária toma o ilícito como elemento integrante da sua hipótese de incidência ("fato gerador"); o problema a resolver é investigar se a obrigação (decorrente da incidência daquela regra jurídica sobre o "fato gerador" ilícito) tem natureza jurídica *tributária* ou tem natureza jurídica de *sanção*; concluindo-se pela segunda hipótese da alternativa, então, a obrigação – desde seu nascimento até sua extinção – deverá ser disciplinada pelas regras jurídicas específicas às sanções e não pelas regras jurídicas que disciplinam as obrigações tributárias.

Desde logo, cumpre distinguir o caso da lei tributária *anterior* à lei que confere ilicitude a um ato ou fato, do caso da lei tributária *posterior* à lei conferidora da natureza ilícita.

a) Lei tributária *anterior* à lei conferidora da natureza ilícita. Note-se que a regra jurídica tributária escolheu, como hipótese de incidência ("fato gerador"), fato ou ato lícito, pois

---

1570. Idem, ibidem, p. 211, nota 3 (grifou-se).

1571. Ver nº 161.

ao tempo de sua promulgação ainda não existia a lei que veio declarar ilícito dito fato ou ato. A lei posterior que veio atribuir natureza ilícita àquele ato ou fato não revogou a lei tributária, esta apenas deixa de incidir porque não mais se realizará a sua hipótese de incidência, pois, agora, sempre que ocorrer dito ato ou fato, ela surgirá com uma natureza jurídica fundamentalmente distinta: *ilícito*.[1572] Por isto, neste caso (lei tributária anterior à lei que conferiu natureza ilícita) o problema da tributação dos atos ilícitos surge no segundo momento: no lançamento.[1573]

b) Lei tributária *posterior* à lei conferidora da natureza ilícita. A lei tributária não "legaliza" (toma lícito) aquele fato ou ato ilícito que escolheu como elemento integrante de sua hipótese de incidência, pois se ela tivesse "legalizado" dito fato ou ato, ela não poderia incidir sobre os mesmos, de vez que estaria ausente um dos elementos (a ilicitude) integrantes da sua hipótese de incidência. No exemplo em exame, o elemento integrante da hipótese de incidência é um ato ou fato juridicizado precisamente ilícito.

O dever (que nasce da incidência daquela regra jurídica tributária sobre a indicada hipótese de incidência) tem natureza jurídica tributária ou tem natureza jurídica de sanção?

Pelos fundamentos a seguir expostos, conclui-se que o dever em foco tem natureza jurídica de *sanção*. Em consequência – desde seu nascimento até sua extinção – está sujeito à disciplina jurídica específica às sanções e não às regras jurídicas que disciplinam as obrigações tributárias. Eis os fundamentos:

No *tributo extrafiscal* coexistem ambos os finalismos: o fiscal e o extrafiscal, com prevalência, entretanto, do finalismo

1572. O ilícito é uma natureza essencialmente jurídica, vide Pontes de Miranda em nosso nº 162.

1573. Para o exame do problema no momento do lançamento, vide nº 164.

extrafiscal;[1574] o fiscal fica relegado a um plano secundário, de tal sorte que há tributos extrafiscais (ex.: "proibitivos" ou desestimulantes) "cuja finalidade não é render: é deixar de render; é nada arrecadar para o fisco".[1575]

Ora, na *sanção* a situação é *idêntica* à anterior: coexistem ambos os finalismos, com prevalência do extrafiscal.

Por isto, pergunta-se: como os tributos extrafiscais "proibitivos" se distinguem das sanções, ou melhor, o que confere natureza jurídica *tributária* ao tributo extrafiscal "proibitivo"?

Os três exemplos a seguir apontados, mostrando a dificuldade da distinção, ajudam a pinçar o *lícito* como um dos fatores genéticos específicos do conceito jurídico de tributo.

Primeiro exemplo, pergunta-se: Por que os impostos de importação "proibitivos" têm natureza tributária e por que as *sanções* decorrentes da importação de mercadorias proibidas por lei não têm natureza tributária?

Segundo exemplo, pergunta-se: É possível distinguir, no plano jurídico, o tributo extrafiscal "proibitivo" (cuja hipótese de incidência é um fato ilícito) da *sanção* penal decorrente da incidência da regra jurídica penal que escolheu como sua hipótese de incidência aquele mesmo fato ilícito?

Terceiro exemplo, pergunta-se: Como distinguir a *sanção* por violação de determinada lei tributária (multa fiscal), de um tributo extrafiscal "proibitivo" cuja hipótese de incidência seria precisamente aquele ilícito fiscal?

A. D. GIANNINI e ANTONIO BERLIRI pretendem resolver as dificuldades acima apontadas, com o seguinte fundamento: "A qualificação de uma receita", diz A. D. GIANNINI, "não pode ser outra senão aquela resultante da sua disciplina legislativa e por isso modifica-se, modificando-se esta. Em consequência,

1574. Ver nº 159.

1575. Alberto Deodato, *Manual de Ciência das Finanças*, 6ª ed., São Paulo, 1957, p. 158.

deve reconhecer-se o caráter de tributo a qualquer receita de um ente público que a lei regule no campo das relações jurídicas tributárias".[1576]

Tendo-se presente o conceito jurídico de tributo no pensamento de A. D. GIANNINI e o de imposto no de ANTONIO BERLIRI,[1577] verifica-se que este argumento padece daquela "obviedade" já criticada,[1578] não resolve o problema e até o esconde sob uma "disciplina jurídica tributária" muito nebulosa. Estes dois autores dizendo que uma receita é tributo porque a lei subordinou-a à disciplina jurídica do lançamento e arrecadação dos tributos, *inadvertidamente incorreram no elementar sofisma da petição de princípio*, pois tomaram como princípio de argumento precisamente aquilo que pretendem demonstrar: O que confere a natureza *tributária* a uma disciplina jurídica de lançamento e arrecadação de receita?

Na verdade, o conceito jurídico de tributo decorre da estrutura lógica (regra e hipótese de incidência) daquela regra

---

1576. A. D. Giannini, *I Concetti Fondamentali di Diritto Tributario,* Torino, 1976, p. 61. No mesmo sentido: A. Berliri, *Principi di Diritto Tributario*, vol. I, Milano, 1952, pp. 221-22; vol. II, ed. 1957, p. 232, nota 1ª; embora já admita certas restrições: op. cit., vol. II, p. 231 e pp. 222-25, especialmente p. 224, nota 1ª.

1577. Define A. D. Giannini: "os tributos têm a tríplice característica: que são devidos a um ente público; que encontram seu fundamento jurídico no Poder de Império do Estado; que são impostos com a finalidade de fornecerem os meios para a necessidade financeira do mesmo" (A. D. Giannini, *I Concetti Fondamentali di Diritto Tributario,* Torino, 1956, p. 58). Note-se que A. D. Giannini, in op. cit., pp. 58-60, procurou enquadrar o tributou extrafiscal no seu conceito jurídico de tributo; porém sua tentativa resultou inútil porque os tributos extrafiscais – *que mostrou-se* (ver nosso nº 154) *crescerem em variedade e importância cada vez maior* – não se ajustam ao último dos três requisitos acima apontados por A. D. Giannini. "Concluindo, portanto", diz Antonio Berliri, "se em relação a sua função o imposto pode definir-se como "*a quota de concurso individual para a despesa pública*", sob um ponto de vista formal ele pode definir-se ao contrário, a saber, "*a obrigação que o legislador sujeita a disciplina própria de um imposto*" (A. Berliri, *Principi di Diritto Tributario*, vol. I, Milano, 1952, vol. 1, p. 225).

1578. Ver. nº 3.

jurídica que cria o dever cuja natureza jurídica se investiga. O conceito jurídico de tributo é conferido pela coexistência de determinados efeitos preestabelecidos pela regra em harmonia com determinados elementos integrantes da composição da hipótese de incidência, *coexistência* esta que é sempre presente num determinado gênero de relações jurídicas e ausente nas demais relações jurídicas.[1579]

A natureza jurídica da sanção distingue-se, perfeitamente, da natureza jurídica do tributo extrafiscal, "proibitivo" porque:

Sanção é o dever preestabelecido por uma regra jurídica que o Estado utiliza como instrumento jurídico para impedir ou desestimular, *diretamente*, um ato ou fato que a ordem jurídica *proíbe*.[1580]

Tributo extrafiscal "proibitivo": é o dever preestabelecido por uma regra jurídica que o Estado utiliza como instrumento jurídico para impedir ou desestimular, *indiretamente*,[1581] um ato ou fato que a ordem jurídica *permite*.[1582]

O *ilícito*, como elemento integrante da hipótese de incidência, é o *único* elemento que distingue, no plano jurídico, a

---

1579. Conceito jurídico de tributo, ver ns. 71-80.

1580. "Os atos jurídicos, que consistem em declarações ou manifestações de vontade reguladas por lei, foram suporte factício de regras jurídicas, que os classificaram e lhes regulam a *eficácia jurídica*. Os atos *ilícitos*, penais ou civis, são tratados como reprovados e regulados pelas regras jurídicas as suas *consequências*. As consequências dos atos ilícitos *são criações das regras jurídicas, para os reprovar*. Tais atos ilícitos são, por vezes, simples infrações de obrigações pessoais" (grifamos) (Pontes de Miranda, *Tratado de Direito Privado*, vol. I, Rio de Janeiro, 1954, § 24, nº 2). "Os atos ilícitos *lato sensu* são atos humanos que entram no mundo *jurídico* para serem superadas as suas consequências danosas" (Pontes de Miranda, op. cit., vol. II, § 165, nº 1).

1581. Regra jurídica como instrumento de intervenção indireta, ver nº 157.

1582. Tudo o que não está proibido, está permitido; vide J. Dabin, *Théorie Générale du Droit*, 2ª ed., Bruxelles, 1953, nº 158. O lícito é *ausência* de regra jurídica proibitiva, pois a regra jurídica permissiva pressupõe a existência de regra jurídica *proibitiva*; o advento da regra permissiva importa numa revogação ou redução do campo ilícito criado pela regra proibitiva (N. Bobbio, *Teoria della Norma Giuridica*, Torino, 1958, pp. 154-60).

sanção do tributo extrafiscal "proibitivo". Noutras palavras, somente fatos *ilícitos* podem integrar a composição da hipótese de incidência da regra jurídica *tributária*.

164. Abstração do ilícito na fase do lançamento

Verificou-se que o problema da tributação dos atos ilícitos sofre, no plano jurídico, uma dicotomia e os dois problemas dela resultantes são diametralmente opostos.[1583]

Na fase do lançamento, o problema que pede solução é o de saber se, no plano jurídico, a autoridade incumbida de proceder ao lançamento de um tributo (em cuja hipótese de incidência a lei *não* incluiu a ilicitude) pode abstrair ou ignorar a ilicitude porventura constatada quando investiga a realização da hipótese de incidência, isto é, quando analisa diversos fatos a fim de saber se aconteceram todos os fatos previstos pela lei como elementos integrantes da hipótese de incidência.

Antes de se prosseguir, cumpre ter bem presente que:

Primeiro: A hipótese de incidência da regra jurídica tributária pode ser *fato econômico* ou ato *humano* ou fato *jurídico*.[1584]

Segundo: A hipótese de incidência não é um fato ou ato singular, mas um conjunto de atos e fatos em harmonia atômica, de tal modo que um fato ou ato constitui o *núcleo* e os demais fatos e atos formam os *elementos adjetivos*. O núcleo confere o *gênero* jurídico ao tributo; exemplo: venda, renda. Os elementos adjetivos conferem as diferentes *espécies* jurídicas àquele gênero de tributo.[1585]

Terceiro: O núcleo pode ser um fato econômico e todos ou alguns de seus elementos adjetivos podem ser fatos jurídicos; e vice-versa.[1586]

1583. Ver nº 161.

1584. Ver nº 89.

1585. Ver nº 90.

1586. Ver nº 89-90.

Quarto: A composição da hipótese de incidência pode estar integrada: ou com o fato jurídico e também seus efeitos jurídicos (eficácia jurídica); ou só com o fato jurídico (ex.: o fato jurídico, ainda que nulo ou ineficaz, realiza a hipótese de incidência); ou só com o seu efeito jurídico (ex.: com o acontecimento do fato jurídico nulo ou ineficaz a hipótese de incidência continua hipótese irrealizada).[1587]

Quinto: Quando a regra jurídica tributária prevê, como elemento integrante da sua hipótese de incidência, um efeito *econômico* condicionado a determinado fato *jurídico*, e aquele efeito *econômico* ocorre embora este fato jurídico tenha nascido *ineficaz* (ex.: por nulidade), então a hipótese de incidência continua hipótese irrealizada. Ela continua irrealizada porque o efeito econômico não foi causado pelo fato jurídico ineficaz, mas pelo fato *físico* ou ato *humano* (não-jurídico) subjacente ao fato jurídico ineficaz e a regra jurídica, ao escolher os elementos integrantes de sua hipótese de incidência, preferiu escolher a *causação* de fato jurídico (portanto, *eficaz*), em lugar da causação de fato físico ou ato humano.[1588]

Sexto: Para que nasça o dever tributário é necessário que a regra jurídica incida sobre a sua hipótese de incidência. Porém, esta incidência só ocorrerá quando tiverem acontecido *todos* os elementos previstos pela regra jurídica como integrantes de sua hipótese de incidência. Se *faltar* um só; ou se existir algum com *natureza* (econômica ou jurídica) distinta da prevista; ou se existir com *causação* (econômica ou jurídica) distinta da prevista; continuará irrealizada a hipótese de incidência e por isso não haverá incidência daquela regra jurídica. Entretanto, poderá ocorrer a incidência de *outra* regra jurídica cuja hipótese de incidência previra exatamente aquela falta de elemento; ou a distinta natureza; ou a distinta causação do elemento.

1587. Ver nº 89-90; 120-126.

1588. Ver nº 17, 22, 125, 126.

Sétimo: A incidência da regra jurídica é *infalível* (automática) e ocorre no instante lógico posterior à realização da hipótese de incidência. A regra jurídica incide *independente* de qualquer ação da autoridade pública incumbida do lançamento ou do órgão judiciário ou do contribuinte. O órgão executivo e o órgão judiciário, na verdade, não aplicam a lei, mas apenas fiscalizam e constatam a sua incidência, assegurando o respeito e a obediência às consequências (eficácia ou efeito jurídico) da incidência da regra jurídica.[1589]

Oitavo: O lançamento ("accertamento") tributário consiste na série de atos *psicológicos e materiais* e/ou *jurídicos* praticados pelo sujeito passivo (contribuinte), ou pelo sujeito ativo (Estado) da relação jurídica tributária, ou por ambos, ou por um terceiro, com a finalidade de, investigando e analisando fatos *pretéritos*:

a) constatar a *realização* (núcleo e elementos adjetivos) da hipótese de *incidência* e a incidência infalível (automática) da regra jurídica tributária que ocorreu no momento em que aquela sua hipótese de incidência se realizou;

b) captar o *fato* que realizou o *núcleo (base de cálculo)* daquela hipótese de incidência e que já estava predeterminado pela regra jurídica ao indicar a base de cálculo do tributo;

c) proceder a *transfiguração* daquele núcleo (base de cálculo) em uma *cifra aritmética,* mediante a aplicação do *método de conversão* (peso, medida ou valor) já preestabelecido pela regra jurídica;

d) calcular a *quantidade aritmética* do tributo, mediante a aplicação da *alíquota* (que fora prefixada pela regra jurídica) sobre o *núcleo* da hipótese de incidência (base de cálculo) *agora já transfigurado* numa cifra aritmética.[1590]

1589. Ver ns. 84-85.

1590. Ver nº 100.

Nono: Finalmente, também é indispensável ter bem nítidos os conceitos de *inexistência, nulidade, anulabilidade e ineficácia* dos fatos jurídicos.[1591]

Havendo-se bem recordado, os nove supra indicados pressupostos, pergunta-se:

Por ocasião do lançamento do tributo (em cuja hipótese de incidência a lei *não* incluiu a ilicitude) pode-se abstrair a ilicitude porventura constatada?

a) *Resposta afirmativas*: Quando a hipótese de incidência tem como elemento integrante fato *econômico* ou ato *humano*, considerados em sua realidade fácticia. Se a ilicitude ocorre naquele fato econômico ou ato humano, ela não impede que o acontecimento daquele fato ou ato realize a hipótese de incidência tributária, porque aquilo que o legislador escolheu para a composição desta foi o fato *econômico* ou ato *humano* com abstração de sua natureza jurídica (lícita ou ilícita). Exemplo: O fato *material* consistente no consumo, importação ou produção de bens materiais. O ato *humano* consistente no exercício de profissão, indústria ou comércio.

Outro exemplo: o fato *econômico* consistente na renda, porém desde que uma ilicitude (causadora de nulidade ou ineficácia) não ocorra no negócio jurídico (contrato de compra e venda; emissão de ação ao portador) que esteja integrando a composição da hipótese de incidência tributária como elemento *adjetivo* daquela renda. Ocorrendo aquela ilicitude não poderá haver realização da hipótese de incidência tributária porque embora exista um dos seus elementos (a renda), falta ainda um elemento: negócio jurídico *eficaz* causador daquela renda.

Se a ilicitude determina a nulidade ou ineficácia do negócio jurídico, este é ineficaz e aquela renda não pode originar-se do negócio jurídico, pois este é ineficaz. A origem (causa)

1591. Ver ns. 120-126.

daquela renda é exclusivamente o ato humano subjacente àquele negócio jurídico ilícito. Porém, este ato humano não é o elemento integrante da hipótese de incidência em foco, porque o legislador escolheu um negócio *jurídico* como elemento adjetivo da renda.

Por outro lado, se o elemento integrante da hipótese de incidência fosse um ato *humano* então a hipótese de incidência poderá realizar-se ainda que tal ato humano venha acontecer ilícito. Exemplo: imposto de renda sobre remuneração de serviços médicos, advocatícios, engenheiros, etc. Nestes casos, haverá realização da hipótese de incidência tributária do imposto de renda, ainda que a prestação dos serviços venha a ser ilícita (exercício ilícito de advocacia ou medicina, etc.).

B) *Resposta afirmativa*: Quando a hipótese da incidência tem como elemento integrante um efeito *jurídico* de um fato jurídico, porém a ilicitude deste fato não impede a irradiação do efeito jurídico. Exemplo: morte por suicídio é fato jurídico ilícito. Entretanto, a ilicitude deste fato não impede a irradiação do efeito jurídico consistente na transmissão de propriedade para os herdeiros do suicida. Em consequência, realiza-se a hipótese de incidência do imposto de transmissão de propriedade *causa mortis*.

C) *Resposta afirmativa*: Quando a hipótese de incidência tem como elemento integrante o *efeito jurídico* de um fato jurídico, porém a ilicitude deste fato determina apenas a sua anulabilidade, ainda não decretada por sentença transitada em julgado (enquanto não decretada aquela sentença o ato jurídico anulável é eficaz). Exemplo: distribuição de dividendo por deliberação assembleiar anulável.

D) *Resposta negativa*: Quando a hipótese de incidência tem como elemento integrante o *efeito jurídico* de um determinado fato jurídico e a ilicitude deste fato determina a sua nulidade ou ineficácia. Exemplo: morte por assassinato, sendo o assassino o único herdeiro. Neste caso, não há o efeito jurídico consistente na transmissão de propriedade.

A inexistência da transmissão da propriedade deixa irrealizada a hipótese de incidência do imposto de transmissão de propriedade *causa mortis*.

E) *Resposta negativa*: Quando embora o efeito *econômico* seja o elemento integrante da hipótese da incidência, aquele efeito econômico deva ser *causado por um fato jurídico* e a ilicitude deste fato determina sua nulidade ou ineficácia. Exemplo: emissão ilícita de ações ao portador e renda percebida por intermédio deste título.[1592]

F) *Resposta negativa*: Quando a hipótese de incidência tem como elemento integrante um fato jurídico e este ocorre, porém *ilícito*. Exemplo: tanto a compra e venda lícita, quanto a ilícita, são fatos jurídicos. Entretanto, tem natureza jurídica distinta, justamente porque uma é lícita e a outra ilícita. A ocorrência ilícita de um fato jurídico não realiza a hipótese de incidência tributária que esteja integrada com aquele fato jurídico, porque a regra jurídica tributária, quando escolhe para composição de sua hipótese de incidência, um fato jurídico, refere-se implicitamente a fato jurídico *lícito*.[1593]

1592. Ver no início do texto deste número, o pressuposto "*quinto*".

1593. Ver ns.162-163.

Capítulo VI

TRIBUTOS *IN NATURA* E *IN LABORE*

165. Contradição aparente – inadvertência da doutrina

Parecerá contradição afirmar e procurar demonstrar, na época atual, que a expansão dos tributos *in natura* e *in labore* seja um dos pontos germinais da metamorfose jurídica do Direito Tributário. É fato, por demais conhecido, que, na Antiguidade[1594] e mesmo em épocas mais recentes,[1595] os tributos *in natura* e *in labore* eram largamente utilizados e assumiam, frequentemente, importância quase igual à dos tributos pecuniários.

A história do Direito Tributário denunciaria uma contradição na tese ora defendida, pois estaria mostrando que utilizar, hoje, as prestações *in natura* e *in labore* como objeto de dever de natureza jurídica tributária, não seria evoluir, mas regredir ao Direito Tributário primitivo ou medieval. Demonstrar-se-á que a contradição é apenas aparente.

Os juristas que, nos últimos cem anos, acompanharam a gestação do Direito Tributário dentro de seu útero materno

---

1594. F. Renzo, *La Finanza Antica*, 2ª ed., Milano, 1955, pp. 11, 205-7.

1595. A. Berliri, *L'Ordinamento Tributario della Prima Metà del Sec XIV nell'Opera di Bartolo di Sassoferrato*, Milano, 1952, p. 15. É interessante observar que para Bartolo di Sassoferrato e Baldo Degli Ubaldi os deveres de prestação *in natura* e *in labore*, a favor do Estado, participavam do mesmo gênero jurídico dos pecuniários (apud A. Berliri, op. loco cit.).

(Direito Administrativo) e auxiliaram o seu parto (embora alguns, como G. Zanobini, F. D'Alesio e A. D. Giannini ainda se recusam a cortar o cordão umbilical),[1596] dedicaram atenção exclusivamente às prestações em dinheiro, esquecendo-se das prestações *in natura* e *in labore*.

Esta inadvertência é explicável, pois, nos últimos cem anos, ainda predominavam os princípios *liberais* na Economia política (e consequentemente nas finanças públicas) e, em tal clima, os deveres de prestação *in natura* e *in labore* a favor do Estado eram, relativamente, pouco frequentes e insignificantes. Ora, aqueles princípios liberais na economia política revelaram-se contraditórios e ruíram.[1597]

Simultaneamente, foram crescendo, em importância e variedade, os deveres de prestação *in natura* e *in laborem* do indivíduo para com o Estado, tais como: entrega coativa, sem contraprestação, de cereais, alimentos, gado, lã, etc.; desapropriação (entrega coativa mediante contraprestação) de bens móveis ou imóveis; empréstimo compulsório, gratuito ou não, de bens fungíveis ou infungíveis; requisição de mão-de-obra civil, masculina ou feminina, para serviços de natureza militar ou civil (construções de estrada, combate às secas, às inundações, auxílio à colheita dos cereais, etc.), a obrigação de votar, para eleição de presidente do Estado, membros do Congresso; participar e julgar, como membro do corpo de jurados, no Tribunal do Júri; etc.

É digno de nota que A. C. Pigou, Professor de Economia Política da Universidade de Cambridge e filiado à "escola clássica",[1598] escrevendo em 1946, adverte que, embora a regra geral continua dos tributos pecuniários, nos tempos modernos

1596. Ver nº 8.

1597. Sobre a ruína dos princípios liberais na Economia Política, ver nº 155.

1598. Foi J. M. Keynes quem classificou A. C. Pigou, dentro da "escola clássica" da Economia Política e Finanças Públicas; ver *Teoría General de la Ocupación, el lnterés y el Dinero*, México, 1958 (trad. da 1ª ed. inglesa, 1936), Capítulo 1 (p. 17 da tradução e p. 3 do original).

há um recrudescimento dos tributos *in natura* e *in labore*, por ocasião de crises sócio-econômicas de âmbito nacional ou internacional. E acrescenta que a utilização desse instrumental, nos tempos modernos, não é alternativo como o instrumental pecuniário, mas integrativo, isto é, não exclui o tributo pecuniário, mas é simultâneo e harmônico com ele.[1599]

Ora, já se demonstrou que o mundo atravessa, hoje, a maior crise sócio-econômica possível. Crise do surgimento de uma nova civilização que nasce da morte da civilização materna e onde as forças genéticas atuam sob a forma de revolução social.[1600] Por isto não será estranhável, nem teratológico, que modernamente haja uma expansão, em variedade e importância, dos tributos *in natura* e *in labore*. Esta expansão não será alternativa com os tributos pecuniários, porém integrativa.

Os tributos pecuniários continuarão sempre a ter importância muito maior que os tributos *in natura* e *in labore*; entretanto, o que se observa é que estes últimos sairão do estado embrionário e perderão a aparência de confisco ou de entidade jurídica rara e enigmática ou de instrumental jurídico tributário que deveria ser arquivado em museus.

Aquele esquecimento, no início apontado, e a costumeira visão *parcial* do fenômeno jurídico tributário, geraram na *atitude*

1599. A. C. Pigou, *Uno Studio sulla Finanza Pubblica*, Milano, 1959 (trad. da 3ª ed., London, 1949), pp. 3 e 4. Antigamente, tais tributos se caracterizavam com frequência pela alternativa, isto é, o sujeito passivo podia escolher entre uma prestação em dinheiro ou uma prestação *in natura* (ex.: gado, cereais); outras vezes, a alternativa era entre uma prestação *in labore* (serviço militar). Esta natureza alternativa era sugerida pela função econômica do dinheiro que pode servir de substitutivo de toda e qualquer prestação de outra natureza. Desta função econômica do dinheiro decorreu a sua função jurídica que é a de ser o meio geral de satisfação das prestações da obrigação jurídica; sobre este assunto ver nossos ns. 167-158. Giuliani Fonrouge admite o tributo *in natura* e lembra que, na Argentina, durante o período 1930-1940 existiram numerosos tributos *in natura*, com a finalidade de regular a economia (*Derecho Financiero*, vol. I, Buenos Aires, 1962, p. 201, nota 70).

1600. Ver ns. 152-153.

mental jurídica da maioria dos estudiosos do Direito Tributário um *reflexo condicionado* errôneo,[1601] de modo que os referidos deveres de prestação *in natura* e *in labore* saltam diante do jurista, desafiando-lhe a imparcialidade e a reflexão, e exigem-lhe a imediata decifração de sua natureza jurídica.

Ora, aquele errôneo reflexo condicionado não o deixa classificá-las como deveres de natureza jurídica tributária;[1602] por isto os deveres de prestação *in natura* e *in labore,* à medida que vão surgindo, vão recebendo as mais díspares classificações e são jogados, regra geral, dentro do Direito Administrativo. Ali, ficam girando como asteróides enigmáticos sem órbita definida e pondo em perigo, com suas incongruências, a estrutura jurídica do Direito Administrativo e a constitucionalidade de suas próprias e respectivas estruturas, pois as regras jurídicas *fundamentais* que os devem reger e disciplinar, conferindo-lhes segurança e certeza às suas órbitas jurídicas, estão no Direito Tributário.

166. Vacilações da doutrina

Pelo motivo já indicado[1603] a doutrina tem se mostrado muito vacilante em aceitar ou recusar a natureza jurídica

1601. Sobre a atitude mental jurídica, o perigo dos reflexos condicionados errôneos e o prejuízo enorme que tais reflexos tem causado à doutrina do Direito Tributário, ver ns. 10-15.

1602. Um caso típico é o de F. D'Alessio; este autor lealmente confessa que os princípios jurídicos que regem os deveres de prestação *in natura* e *in labore* são dificilmente diferençáveis dos que regem os deveres do Direito Tributário; contudo insiste em classificar como tributárias exclusivamente os deveres de prestação pecuniária e por isto vê-se obrigado a negar autonomia jurídica ao Direito Tributário, enquadrando-o dentro do Direito Administrativo (in *Rivista Italiana di Diritto Finanziario*, Bari, 1937, nº 2, pp. 113, 121-122). Outro exemplo é o de J. Laferrière, que sinceramente declara: "l'idée d'une prestation en argent n'est pas inhérente à la notion de l'impôt, mais elle lui est tellement *habituelle* que, pratiquement, on peut s'en tenir à elle" (grifamos), in *Traité Elémentaire de Science et de Législation Financieres*, em colaboração com M. Waline:, Paris, 1952, p. 220.

1603. Ver nº 165.

tributária aos deveres de prestação *in natura* e *in labore* do indivíduo para o Estado. Os que aceitam dita natureza, ou fazem-no implicitamente, ou, quando expressamente, a fundamentação é insuficiente e frágil. O mesmo se pode dizer dos que a recusam.

Aa) Favoráveis à natureza jurídica tributária das prestações *in natura*

Os autores a seguir indicados mostram-se favoráveis em classificar, como de natureza jurídica tributária, os deveres de prestação *in natura*, do indivíduo para o Estado.

Gilberto de Ulhoa Canto e Giuliani Fonrouge manifestam-se de modo incisivo e expresso.[1604] Rubens Gomes de Sousa é implicitamente favorável.[1605]

Giorgio Tesoro, R. Lucifredi, G. Zingali admitem, expressamente, a natureza jurídica tributária das prestações *in natura*.[1606]

Antonio Berliri admite expressamente numa bela exposição para, depois, contradizer-se. Com efeito, Antonio Berliri conclui sua referida exposição dizendo que todos os deveres do indivíduo para o Estado, quer os pecuniários, quer os *in natura* e *in laborem*, devem ser enquadrados dentro do Direito

1604. Gilberto de Ulhoa Canto, *Curso de Direito Financeiro*, Rio de Janeiro, 1958 (obra coletiva publicada pelo "Instituto Brasileiro de Direito Financeiro"), p. 104; Giuliani Fonrouge, *Derecho Financiero*, vol. I, Buenos Aires, 1962, p. 201.

1605. "A expressão *tributo* é uma expressão genérica que abrange todos os tipos de exações, isto é, todos os tipos de prestações que o Estado pode exigir dos cidadãos em virtude da sua soberania tributária, isto é, do seu poder de criar prestações obrigatórias para a obtenção de fundos para a realização dos fins do Estado" (Rubens Gomes de Sousa, "Curso de introdução ao Direito Tributário", *Revista de Estudos Fiscais*, São Paulo, 1949, fascs. 8-9, p. 328).

1606. G. Tesoro, *Principii di Diritto Tributario*, Bari, 1938, pp. 153-55; R. Lucifredi, *Le Prestazioni Obbligatorie in Natura dei Privati alle Pubblische Amministrazioni*, vol. I, Padova, 1934, pp. 33-35; G. Zingali, *Studi in Memoria di Benvenuto Griziotti*, Milano, 1959, pp. 512, 515.

Tributário porque "todos aqueles institutos que têm princípios gerais comuns e que, sob um ponto de vista jurídico, apresentam uma destacada analogia, devem vir reconduzidos a um mesmo ramo, ainda que seu respectivo conteúdo material seja profundamente diverso. E logo adiante, ANTONIO BERLIRI mostra-se ainda mais incisivo:

"De resto, a oportunidade de enquadrar os tributos em uma disciplina que abrace todas as prestações que o súdito, como tal, deve ao Estado, na qualidade de titular da Soberania, para fornecer-lhe os meios necessários à obtenção de seus fins, é tão manifesta e preponderante que foi pressentida mesmo quando a sistemática era ainda por vir."[1607]

As conclusões, acima transcritas, de ANTONIO BERLIRI, são muito judiciosas, juridicamente certas e merecem todo o apoio. Por isto, é com surpresa que o leitor, num outro capítulo bem distante, vai encontrar uma afirmação totalmente contraditória com as suas conclusões anteriores.[1608]

J. LAFERRIÈRE, L. TROTABAS e H. LAUFENBURGER reconhecem, em princípio, que a natureza pecuniária não é essencial à configuração da natureza jurídica do tributo; entretanto consideram a utilização dos tributos *in natura* uma técnica rudimentar

---

1607. A. Berliri, *Principi di Diritto Tributario*, vol. I, Milano, 1952, pp. 11-12.

1608. Diz A. Berliri: "Também as relações enquadradas na segunda categoria – que compreende a desapropriação e alguns atos de requisição – não interessam ao Direito Tributário; e isto deve-se, seja em vista de seu objeto (que é sempre um bem instrumental diverso do dinheiro ou das estampilhas fiscais), seja em vista de sua disciplina jurídica. Considerando-se que no atual estágio de civilização os tributos in *natura* estão, agora, quase completamente desaparecidos, o Direito Tributário ocupa-se quase que unicamente daquelas prestações que têm por objeto o dinheiro ou as estampilhas fiscais. A diferença de objeto corresponde, por outro lado, ainda uma diferença de disciplina jurídica pela qual, embora havendo ressaltado antes (por incrível que pareça, aqui, A. Berliri faz referência às suas conclusões anteriores, já transcritas no texto e em flagrante contradição com o que agora está dizendo), afinidade entre requisição e desapropriação, de um lado, e imposto, do outro lado, a diferenciação dos institutos não parece arbitrária" (A. Berliri, *Principi di Diritto Tributario*, vol. I, Milano, 1952, pp. 205-6).

já superada e admissível, hoje, somente em raras e determinadas circunstâncias.[1609]

A. C. PIGOU declara que "teoricamente o objeto da imposição incluso em uma fórmula tributária *pode ser qualquer coisa*. Na prática, para a maior parte das fórmulas tributárias é uma soma de dinheiro".[1610] Aliás, A. C. PIGOU inicia sua obra com a seguinte advertência:

"Embora nos tempos modernos a Finança Pública se manifeste principalmente por intermédio do instrumento monetário, as transações monetárias não lhe constituem a substância: e, frequentemente, a diversidade de substância nascem pela similaridade das formas."[1611]

Ab) Favoráveis à natureza jurídica tributária as prestações *in labore*

Os autores, adiante nomeados, mostram-se inclinados a admitir que os deveres de prestação *in labore*, do indivíduo para o Estado, participam da mesma natureza jurídica dos tributos.

R. LUCIFREDI, G. ZINGALI, A. C. PIGOU, manifestam-se favoráveis à tese ora focalizada.[1612]

A. BERLIRI admite, expressamente, para depois se contradizer.[1613]

1609. J. Laferrière, *Traité Elémentaire de Science et de Législation Financièrs* em colaboração com M. Waline, Paris, 1952, pp. 219-20; L. Trotabas, *Science et Technique Fiscales*, Paris, 1958, p. 52, nº 48; H. Laufenburger, *Revenu, Capital et impôt* (*Traité Econ. Lég. Fin.*), 48 ed., Paris, 1950, pp. 160-164.

1610. A. C. Pigou, *Uno Studio sulla Finanza Pubblica*, Milano, 1959 (trad. da 3ª ed., London, 1949), p. 61 (grifamos).

1611. A. C. Pigou, *Uno Studio sulla Finanza Pubblica*, Milano, 1959 (trad. da 3ª ed., London, 1949), p. 3 (grifamos).

1612. R. Lucifredi, *Le Prestazioni Obbligatorie in Natura del Privati alle Pubbliche Amministrazioni*, vol. I, Padova, 1934, pp. 33-35; G. Zingali, *Studi in Memoria di Benvenuto Griziotti*, Milano, 1959, pp. 512, 515; A. C. Pigou. *Uno Studio sulla Finanza Pubblica*, Milano, 1959 (trad. da 3ª ed., London, 1949), pp. 3-5; 61-62.

1613. Ver no texto deste número, letra Aa.

G. TESORO aceita, explicitamente, com referência às obrigações acessórias do dever tributário principal; entretanto, silencia no tocante à possibilidade do dever principal ser *in labore*.[1614]

B) Contrários à natureza jurídica tributária das prestações *in natura* e *in labore*.

Os autores a seguir indicados exigem que a prestação seja pecuniária; se for *in natura* ou *in labore*, o dever jurídico perderia ou não teria natureza jurídica tributária. Neste sentido: AMILCAR DE A. FALCÃO, B. COCIVERA, A. D. GIANNINI, E. BLUMENSTEIN, F. D'ALESSIO, G. ZANOBINI, E. VANONI, G. INGROSSO, J. LAFERRIEÈRE e G. JÈZE.[1615]

Entretanto, dentre os referidos autores, aqueles que dedicaram um pouco mais de atenção ao problema em análise, não puderam levantar argumento de natureza jurídica que fosse convincente.

F. D'ALESSIO exigiu a prestação em dinheiro, a fim de que o dever a favor do Estado tivesse a natureza tributária; porém, depois se viu obrigado a confessar que os princípios jurídicos que regem os deveres de prestação *in natura* e *in labore* são

---

1614. G. Tosoro, *Principi di Diritto Tributario*, Bari, 1938, pp. 153-55.

1615. Amilcar de Araújo Falcão, *Introdução ao Direito Tributário*, Rio de Janeiro, 1959, pp. 34-36; B. Cocivera, *Principii di Diritto Tributario*, vol. I, Milano, 1959, pp. 4-6; A. D. Giannini, *I Concetti Fondamentali di Diritto Tributario*, Torino, 1956, pp. 76-77; E. Blumenstein, *Sistema di Diritto delle Imposte*; Milano, 1954 (trad. da 2ª ed., 1951, – original), pp. 1, 3, 4; F. D'Alessio, *Rivista Italiana di Diritto Finanziario*, Bari, 1937, fasc. 2, p. 113; G. Zanobini, *Corso di Diritto Amministrativo*, 4ª ed., vol. IV, Milano, 1955, pp. 352, 354-55; E. Vanoni, *Natureza e interpretação das leis tributárias*, Rio de Janeiro, 1952 (trad. de Rubens Gomes de Sousa, do original italiano, ed. Padova, 1932), pp. 142-43; G. Ingrosso, *Diritto Finanziario*, 2ª ed., Napoli, 1956, p. 98; J. Laferrière, *Traité Elémentaire de Science et de Législation Financières*, em colaboração com M. Waline, Paris, 1952, p. 220; Gaston Jèze, *Principio Generales del Derecho Administrativo* (trad. da 3ª ed. francesa, Paris, 1930), vol. II, Buenos Aires, 1949, tomo I, p. 252.

dificilmente diferençáveis dos que regem os deveres de prestação em dinheiro; então, em lugar de incluí-las, juntamente com as pecuniárias, dentro do Direito Tributário – o que seria lógico e acertado –, fez o inverso: incluiu todo o Direito Tributário dentro do Direito Administrativo.[1616]

A. D. Giannini não apontou os elementos dos deveres de prestação *in natura* e *in labore* que ele considera essenciais ou fundamentais, para poder demonstrar que elas tenham uma estrutura jurídica fundamental diversa da estrutura jurídica do dever tributário; por isto sua alegação é simples afirmação dogmática.[1617]

G. Zanobini, procurando demonstrar a suposta fundamental diferença entre os deveres de prestação em dinheiro e as de prestação *in natura*, alega que destas: "algumas importam num verdadeiro direito real do ente público sobre a coisa de outrem; outras, embora lhes faltem esta característica, têm também sempre um conteúdo real, enquanto subtraem ao proprietário uma parte daquela faculdade que, abstratamente, concorrem para formar o conteúdo do seu direito. Igual conteúdo real tem, como veremos, a desapropriação por utilidade pública. A imposição dos tributos, ao contrário, tem apenas um efeito puramente obrigatório: o ente positor nenhum direito por ela adquire sobre a coisa privada; nenhuma faculdade é por ela (imposição) inibida ao proprietário privado sobre sua coisa, mas somente lhe vem imposto um dever público de prestação. Nenhuma *relação real* se estabelece entre o ente público e a riqueza percurtida pelo imposto, mas só uma *relação pessoal* entre o ente público e o indivíduo privado titular de tal riqueza".[1618]

1616. F. D'Alessio, *Rivista Italiana di Diritto Finanziario*, Bari, 1937, fasc. 2, pp. 113, 121-22. Ver também nosso nº 165.

1617. A. D. Giannini, *I Concetti Fondamentali di Diritto Tributario*, Torino, 1956, p.76.

1618. G. Zanobini, *Corso di Diritto Amministrativo*, 4ª ed., vol. IV, Milano, 1955, p. 355 (grifamos).

G. Zanobini deixou-se impressionar, demais, com o "conteúdo real" (*portata reale*) da prestação *in natura*, de tal modo que sua tese fundamenta-se, em última análise, em dois argumentos: *Primeiro*: no dever de prestação *pecuniária* haveria "só uma relação pessoal entre o ente público e o indivíduo privado titular de tal riqueza" (*solo un rapporto personale fra l'ente stesso e il privato titolare di tale ricchezza*); ao passo que no dever de prestação *in natura* estabelecer-se-ia também uma relação jurídica entre o Estado e a *causa corpórea*. *Segundo*: alguns deveres de prestação *in natura* estariam revelando a existência de um direito real cujo titular seria o Estado.

Incorreu G. Zanobini em dois lamentáveis esquecimentos que inutilizam sua tese. *Primeiro*: esqueceu-se que *toda e qualquer* relação jurídica é, sempre e necessariamente, "solo un rapporto personale". *Segundo*: esqueceu-se que é de natureza *pessoal* o direito que o Estado (sujeito ativo) tem, na relação jurídica com um determinado indivíduo (sujeito passivo), para exigir deste a prestação *in natura*. Somente *depois de satisfeita* esta prestação, o Estado (agora, na condição de proprietário) terá direito de natureza *real* (porém, já não mais exigível apenas daquele primeiro e determinado indivíduo), mas exigível de *todos* os indivíduos. (Na relação jurídica que confere um direito real ao Estado, o sujeito passivo é a totalidade dos indivíduos).[1619]

B. Cocivera desenvolve argumentação análoga à de A. D. Giannini e G. Zanobini;[1620] sujeita-se, pois, às críticas que foram feitas a estes dois autores.

Amilcar de Araújo Falcão, em apoio de sua tese contrária à natureza jurídica tributária das prestações *in natura* e *in labore*, desenvolve a seguinte argumentação:[1621]

1619. Sobre estes dois esquecimentos, ver ns 93, 98.

1620. B. Cocivera, *Principi di Diritto Tributario*, vol. I, Milano, 1959, pp. 4-6.

1621. Amilcar de Araújo Falcão, *Introdução ao Direito Tributário*, Rio de Janeiro, 1959, pp. 35-36.

A) O que caracterizaria a relação jurídica tributária seria:

Aa) o fato de que ela constitui uma relação obrigacional de débito, nascida pela verificação de um fato econômico, fato imponível, ou fato gerador;

Ab) a prévia autorização orçamentária;

Ac) o lançamento;

Ad) a generalidade da tributação;

Ae) a sua finalidade;

Af) outras peculiaridades.

B) O que caracterizaria a relação jurídica irradiadora da obrigação de prestação *in natura* e *in labore* seria:

Ba) a excepcionalidade de sua ocorrência;

Bb) não haveria uma relação obrigacional de débito, mas um direito ou poder de supremacia especial, em síntese: uma relação especial de sujeição;

Bc) não ter as peculiaridades (Aa até Af) por ele consideradas específicas das obrigações pecuniárias de natureza jurídica tributária.

Entretanto, equivocou-se Amilcar de Araújo Falcão, como a seguir se demonstra:

Aa) A embriogenia jurídica de todo e *qualquer* direito e correlativo dever jurídico é sempre idêntica.

A hipótese de incidência ("fato gerador") do dever tributário pode ser um fato econômico ou um fato jurídico; quando fato jurídico, não é tratado pelo Direito Tributário como fato econômico, mas ainda e sempre como fato jurídico. Os deveres de prestação *in natura* e *in labore*, por serem jurídicos, lógica e necessariamente pressupõem existência de regra jurídica e de hipótese de incidência e incidência daquela sobre esta.[1622]

1622. Ver ns. 81, 89, 95, 96.

Aliás, na desapropriação a hipótese de incidência é um fato econômico: a existência de um bem (ex.: imóvel) determinável geograficamente.

Ab) A autorização orçamentária não é elemento essencial ao conceito jurídico de tributo e *nem* é o *efeito jurídico específico* da natureza jurídica do orçamento público.[1623]

Ac) O lançamento ("acertamento") é um momento lógico-jurídico que existe na fenomenologia jurídica de toda e qualquer regra jurídica.[1624] Aliás na desapropriação, a aprovação do laudo pericial realiza o lançamento. No serviço militar, o prévio exame médico do convocado é, juridicamente, o lançamento.

Ad) O verdadeiro sentido do princípio da generalidade da tributação não é o de todos os indivíduos serem obrigados a pagar o tributo, mas obrigado será unicamente aquele indivíduo que regra jurídica predeterminou. Ora, o mesmo fenômeno se passa nos deveres de prestação *in natura* e *in labore*.

Ae) A existência dos tributos extrafiscais demonstra que a finalidade dos deveres tributários pode não ser arrecadar meios para satisfazer a despesa pública, mas sim satisfazer determinada necessidade político-fiscal.[1625]

Af) O referido autor não disse quais eram as outras peculiaridades que considera essenciais.

Ba) Em todo e qualquer Estado, não existe sujeição especial à Soberania; ou melhor, existe, porém sempre e unicamente sob a forma de *direitos* (jurídicos) e *deveres* (jurídicos); estes, por sua vez, pressupõem regra jurídica que incidiu sobre hipótese de incidência.[1626]

1623. Ver ns. 71-80; 68.

1624. Ver nº 100.

1625. Ver ns. 154, 79.

1626. Ver ns. 81, 74.

Bb) Nos tributos extrafiscais "proibitivos", a ocorrência do respectivo dever jurídico tributário também é excepcional, pois, a finalidade é não haver dita ocorrência (não arrecadar).[1627]

Bc) Nos deveres de prestação *in natura* e *in labore* do indivíduo para o Estado encontram-se todos os elementos essenciais à configuração do conceito jurídico de tributo.[1628]

167. Conceito jurídico do dinheiro

Em excelente e erudita monografia, G. Scaduto, Professor na Universidade de Perugia, mostra a necessidade de se revisar o conceito de dinheiro, *no plano jurídico*, a fim de se fixar seus elementos essenciais e de dar justo valor relativo aos fenômenos de natureza passageira e, pois, acessória.[1629]

A economia política atua num plano distinto do plano do Direito; em consequência, o conceito *econômico* de dinheiro deve ser distinto do conceito *jurídico* de dinheiro; entretanto, a doutrina tem se mostrado de uma hibridez esterelizante. Como observou G. Scaduto, a doutrina *econômica* do dinheiro tem se deixado impregnar de critérios jurídicos; por sua vez, a doutrina *jurídica* do dinheiro acha-se demasiadamente turvada por critérios econômicos.[1630]

O que importa determinar é a função ou as funções essenciais do dinheiro, porque de tal determinação decorre logicamente a conclusão de que será dinheiro aquele bem que exerça tal ou tais funções.[1631]

1627. Alberto Deodato, *Manual de Ciência das Finanças*, 6ª ed., São Paulo, 1957, p. 158. Ver também nosso nº 163.

1628. Ver fls. 71-80.

1629. G. Scaduto, *I Debiti Pecuniari e il Deprezzamento Monetario*, Milano, 1924, pp. 1-2.

1630. Idem, ibidem, pp. 3-4.

1631. Idem, ibidem, p. 4.

No estado atual da economia monetária, o dinheiro desempenha as seguintes três funções:

a) meio geral de escambo;[1632]

b) meio de transporte, no tempo e no espaço, da medida comum (unidade ideal ou abstrata) de valor;[1633]

c) meio geral de pagamento[1634] ou mais precisamente: meio geral de satisfação das prestações de dever jurídico.

Ora, em um regime monetário, econômica e juridicamente bem regulado, as três funções coexistem num só e mesmo bem. Mas se as funções são analisadas, com vagar e reflexão, constata-se que as duas primeiras funções têm um conteúdo prevalentemente *econômico*, enquanto que a terceira guarda um conteúdo *prevalentemente jurídico*.[1635]

Por isto, há a possibilidade de um dualismo, ao conceituar o dinheiro, entre a Economia e o Direito; pois, se o regime monetário estiver desregulado, é possível que, no plano econômico, a primeira ou as duas primeiras funções sejam desempenhadas por um bem diverso daquele bem que exerça, no plano jurídico, a terceira, e será dinheiro, *juridicamente*, só aquele bem que exercer a terceira função. Naturalmente, será útil que o Direito considere dinheiro aquele bem que a Economia esteja considerando como dinheiro. Entretanto, uma diferença de tratamento é possível; quando ela ocorre, o *jurista* não poderá desconhecer a natureza de dinheiro àquele bem que a regra jurídica atribui a função de meio geral de pagamento, ou melhor, meio geral de satisfação das prestações de dever jurídico.[1636]

1632. Idem, ibidem, pp. 4, 16.

1633. Idem, ibidem, p. 16, combinado com Pontes de Miranda, *Tratado de Direito Privado*, vol. XXII, Rio de Janeiro, 1958, § 2.696, nº 1, especialmente pp. 95-96.

1634. G. Scaduto, op. cit., p. 4.

1635. Idem, ibidem, p. 6.

1636. Idem, ibidem, pp. 6-7; 16-18.

A) *Conceito econômico: dinheiro é o meio geral de escambo.*

Superada a fase primitiva da troca ("barato"), e dividido o ato único da permuta em dois atos distintos de permuta, havendo cada uma – das duas permutas – uma prestação com conteúdo material idêntico, deu-se o nome de dinheiro ao conteúdo desta prestação comum que serve de meio intermediário e geral do escambo. Esta foi a primeira função do dinheiro; função de natureza essencialmente econômica.[1637]

B) *Conceito econômico: dinheiro é o meio de transporte, no tempo e no espaço, da medida comum (unidade ideal ou abstrata) de valor.*

O uso generalizado de um determinado bem no desempenho da primeira função econômica (meio intermediário e geral de escambo), naturalmente procedeu a referência daquele bem a todos os demais bens, atribuindo àquele um poder de aquisição destes e, em consequência, indicando-lhes o preço, ou seja, *o valor, de cada um daqueles bens, traduzido em uma ou mais unidades daquele determinado bem*, cujo uso – como meio intermediário de escambo – generalizara-se. Esta foi a segunda função econômica do dinheiro.[1638]

"O que se sabe", esclarece Pontes de Miranda, "é que o dinheiro é coisa fungível e serve à vida de relações econômicas, com certa abstração do valor intrínseco. Porém isso não basta. Já se distingue de muitas coisas fungíveis em que o valor de *matéria* não é o que o determina, ainda levado em conta o fator *trabalho*: não é o metal em que se cunhou, nem o mérito do esforço artístico, que concorre para que ele valha; tampouco, a substância com que foi feito, posto que essa substância possa valer *por si*. Não raro se põe de lado o valor do dinheiro amoedado, porque vale mais a coisa fungível que ele e do que ele como dinheiro. Há, nele, indicação, que lhe confere valor seu, num sistema de signos monetários, a partir de unidade *ideal*

1637. Idem, ibidem, p. 5.

1638. Idem, ibidem, pp. 5-6.

de valor. Na tela célebre, o valor da coisa e o da pintura são diferentíssimos, mas o valor da pintura é *real*, no sentido de que é o valor que as coisas obtêm, pelo que fisicamente representam, e a pintura é valor físico. Na cédula de dinheiro, não: o valor do papel ou do que ele fisicamente representa é inconfundível com o valor *ideal* que se lhe confere como dinheiro."[1639]

Melhor se compreende o conceito econômico de dinheiro como o meio geral que *transporta, no tempo e no espaço*, da unidade ideal (ou abstrata) de valor, tendo-se presente que "o dinheiro *conduz* o valor da unidade abstrata; não se identifica com esta...

O que importa frisar-se é que a unidade abstrata *existe* sem o dinheiro, por sua natureza abstrata, como se verifica na fixação dos preços máximos, podendo as mercadorias serem trocadas sem que se precise do dinheiro em que a unidade abstrata se concretize e, até certo ponto, se realize; sendo sem razão e, de algum modo, incoerente, dizer A. NUSSBAUN que a unidade ideal não tem existência material fora do dinheiro. *Ela se incorpora na cédula.* Os *signos monetários é que precisam referir-se à unidade ideal*".[1640]

Do exposto, conclui-se que este segundo conceito do dinheiro é de natureza essencialmente econômica; basta refletir-se sobre o seguinte fato: nos países de moeda fraca, a unidade ideal é conduzida por um dinheiro estrangeiro (dólar norte-americano), embora o pagamento do preço continue a ser na moeda fraca nacional.

C) *Conceito jurídico: meio geral de satisfação das prestações de dever jurídico.*

Tudo o que, até agora, foi neste número exposto, são premissas das quais decorre, como conclusão, o conceito jurídico de dinheiro e o conceito jurídico de dever de prestação em dinheiro.

1639. Pontes de Miranda, *Tratado de Direito Privado*, vol. XXII, Rio de Janeiro, 1958, § 2.696, nº 1, p. 95.

1640. Idem, ibidem, p. 96 (grifamos).

Dinheiro, no plano jurídico, é o meio geral de satisfação das prestações de dever jurídico. Há, pois, a necessidade de o Direito atribuir a determinado bem o desempenho desta função essencialmente jurídica; e o bem escolhido pelo direito pode não ser o bem que, no plano *econômico* e em determinadas condições de tempo e espaço, esteja desempenhando as funções econômicas do dinheiro".[1641]

Dever jurídico de prestação em dinheiro é dever de dar determinada quantidade de unidade *ideal* de valor conduzidos (ou incorporados) pelo dinheiro.

"A dívida pecuniária é dívida de *valor* da quantidade devida, e não dívida de determinada moeda, ou de quantidade de determinada espécie monetária".[1642] Se a dívida for de determinada moeda, ou de quantidade de determinada espécie monetária, *não* é dívida pecuniária, não é dever de prestação em dinheiro".[1643]

Finalmente, cumpre notar que a dívida pecuniária (dever de prestação em dinheiro) pode derivar da *transformação* de uma prestação, originariamente, *in natura* ou *in labore*. Esta transformação é motivada pela função econômica do dinheiro que pode servir de substitutivo de toda e qualquer prestação de outra natureza.[1644]

168. Irrelevância da natureza material do objeto da prestação

Tomando-se, como premissa maior, a análise da embriogenia da relação jurídica e respectivo conteúdo[1645] e, como

---

1641. G. Scaduto, *I Debiti Pecuniari e il Deprezzaniento Monetario*, Milano, 1924, p. 17.

1642. Pontes de Miranda, op. cit., vol. XXII, § 2.696, nº 2, p. 97.

1643. Pontes de Miranda, op. loco cit.

1644. G. Scaduto, *I Debiti Pecuniari e il Deprezzamento Monetario*, Milano, 1924, p. 1; Pontes de Miranda, op. cit., vol. XXII, p. 2.696, nº 1.

1645. Ver ns. 81, 92-100.

premissa menor, a exposição até aqui feita neste parágrafo,[1646] chega-se à conclusão de que é simples afirmação gratuita considerar de natureza jurídica tributária unicamente os deveres de prestação em dinheiro.

Esta conclusão poderá parecer exagerada. Por isto, é indispensável que previamente se proceda ao exame minucioso das duas premissas acima apontadas. Eis a síntese dos fundamentos que conduzem à conclusão de que as prestações *in natura* e *in labore* não desvirtuam a natureza *tributária* da prestação jurídica.

A relação jurídica que atribui ao sujeito passivo um dever de prestação *in natura* não confere ao sujeito ativo um direito real, mas um direito *pessoal*.[1647]

Todas as prestações jurídicas (inclusive a de prestação *in natura* e em dinheiro) têm como conteúdo jurídico um prestar: *facere* ou *non facere* (inclusive nos deveres de dar ou não dar, pois estes, em última análise, são deveres de fazer ou não fazer).[1648]

Dinheiro, no plano jurídico, é um meio geral de satisfação das prestações de dever jurídico. Há, pois, necessidade de o Direito conferir a determinado bem o desempenho desta função essencialmente jurídica. O bem escolhido pelo Direito pode não ser o bem que, no plano econômico, em determinadas condições de tempo e espaço, esteja desempenhando as funções econômicas do dinheiro.[1649]

O dever jurídico de prestação em dinheiro é dever de dar determinada quantidade de *unidade ideal de valor* conduzida (ou incorporada) pelo dinheiro. Por sua vez, este dever jurídico de prestação em dinheiro pode não ser originário, mas derivado da transformação de um dever, originariamente, *in*

1646. Ver ns. 165-167.

1647. Ver nº 93.

1648. Ver nº 96.

1649. Ver nº 167.

natura ou *in labore;* transformação sugerida pela função econômica do dinheiro que pode servir de substitutivo de toda e qualquer prestação de outra natureza.[1650]

Portanto, a fim de que a relação jurídica tenha natureza jurídica *tributária,* pouco importa que a obrigação, por ela gerada, seja satisfeita por uma prestação em dinheiro ou *in natura* ou *in labore,* pois, nas três hipóteses, o conteúdo *jurídico* da prestação será sempre o mesmo: um *prestar*, isto é, um ato positivo (*facere*) ou um ato negativo (*non facere*) do sujeito passivo na relação jurídica. Por sua vez, o sujeito ativo, no outro polo da relação jurídica, terá, nas três hipóteses, sempre o mesmo direito de natureza *pessoal.*

O *objeto* da prestação é que poderá variar segundo o critério da política fiscal; esta poderá escolher (mediante criação de regra jurídica) em lugar do dinheiro, um outro bem (ex.: imóvel) ou um serviço pessoal. Aliás, em última análise, a prestação em dinheiro não deixa de ser também uma prestação *in natura*: unidade ideal de valor.

Outros são os elementos que conferem natureza tributária à prestação jurídica.[1651]

169. Desapropriação – requisição – serviço militar

A seguir se analisarão os exemplos clássicos de prestação jurídica tributária *in natura* e *in labore:* desapropriação, requisição, serviço militar, a respeito de cuja natureza jurídica a doutrina costuma vacilar, alguns autores enquadrando-os dentro do Direito Tributário, outros dentro do Direito Administrativo. A compreensão e aceitação racional do que segue pressupõe a leitura dos números anteriores.[1652]

1650. Ver nº 167.

1651. Ver ns. 71-80.

1652. Ver ns. 165-168.

a) *Desapropriação*

A relação jurídica da desapropriação é de natureza tributária porque nela coexistem os elementos essenciais que configuram o conceito jurídico de tributo.[1653]

O sujeito ativo (Estado) não tem um direito *real* contra o sujeito passivo (proprietário do bem objeto da desapropriação), mas sim um direito pessoal. O Estado torna-se titular do direito real só *depois* de o sujeito passivo (proprietário) da preexistente relação jurídica (tributária) houver, voluntária ou coativamente, satisfeito o direito *pessoal* do Estado de receber o direito real. Uma vez transmitido o direito real, extinguiu-se a relação jurídica tributária pela realização da respectiva prestação jurídica. Em momento lógico-jurídico *posterior*, surge uma *nova* relação jurídica em cujo polo positivo figura o Estado, cujo conteúdo jurídico é um direito real e em cujo polo negativo situa-se o sujeito passivo *total* (todas as pessoas existentes no mundo, com exceção do próprio sujeito ativo).[1654]

Na desapropriação existem duas relações jurídicas de natureza distinta.

A primeira relação jurídica é de natureza *tributária*, gerando para o sujeito passivo (proprietário) o dever de transmitir ao sujeito ativo (Estado) o direito real de propriedade. O sujeito passivo, oferecendo resistência, sofre o exercício da coação e a transmissão da propriedade (satisfação da prestação jurídica tributária) se efetiva mediante ato ou fato independente da vontade do sujeito passivo. Na desapropriação o objeto da prestação jurídica é a transmissão do direito de propriedade e isto a distingue da *requisição*, pois, nesta, o objeto da prestação jurídica consiste na transmissão da posse.

A segunda relação jurídica é de natureza *administrativa*, gerando para o sujeito passivo (o Estado) o dever de dar ao

---

1653. Ver ns. 71-80.

1654. Ver nº 98.

sujeito ativo (a pessoa que fora sujeito passivo na relação jurídica tributária anterior) a indenização. Na fórmula literal legislativa da desapropriação coexistem duas regras jurídicas: uma de natureza tributária, outra de natureza administrativa. Na hipótese de incidência da regra jurídica *administrativa* entra, como elemento integrante, a satisfação da prestação jurídica *tributária*.

Nos sistemas jurídicos em que se exige a *prévia* indenização para se efetivar a desapropriação, então, o elemento integrante da hipótese de incidência da regra jurídica administrativa não é a satisfação da prestação da obrigação tributária (a efetiva entrega da propriedade), mas a simples *existência* do dever jurídico de transmitir propriedade.

b) *Requisição*

A requisição poderá ser de bens ou serviços. No tocante à requisição de serviços a ela se aplica o que se dirá mais abaixo sobre o serviço militar. A requisição de bens móveis ou imóveis, gratuita ou não, enquadra-se na análise jurídica da desapropriação, com a seguinte diferença: na desapropriação o objeto da prestação jurídica é a transmissão do direito real; na requisição o objeto da prestação jurídica é a transmissão da *posse*.

c) *Serviço militar*

O serviço militar é um caso típico de dever jurídico de prestação *in labore*. Também a relação jurídica, pela qual um indivíduo se vê obrigado a prestar ao Estado o serviço militar, é de natureza tributária pois nela coexistem os elementos essenciais à configuração do conceito jurídico de tributo.[1655]

No que concerne à hipótese de incidência, sua composição consiste num fato jurídico (a nacionalidade), mais um fato físico (determinada idade e grau de saúde). Por ocasião do exame médico (que, no "plano jurídico, é o ato final do *lançamento*"), os que não atingiram determinados índices de saúde são

1655. Ver ns. 71-80.

"dispensados" do serviço militar; a rigor, não são dispensados porque nunca chegou a existir o dever jurídico de prestar o serviço militar. O exame médico constatou a inexistência de um dos elementos integrantes da hipótese de incidência: fato físico da saúde.

O dever do sujeito ativo (Estado) pagar ao sujeito passivo (o conscrito) uma remuneração, não desfigura a natureza jurídica tributária da prestação *in labore* do sujeito passivo, porquanto existem duas relações jurídicas, com distintas natureza jurídicas. A primeira é de natureza tributária (sujeito ativo: Estado, sujeito passivo: conscrito). A segunda é de natureza administrativa (sujeito ativo: o conscrito, sujeito passivo: o Estado). A relação jurídica tributária e um *prius*; a relação jurídica administrativa é um *posterius*. A satisfação da prestação do dever gerado pela relação jurídica *tributária* irá constituir o núcleo da hipótese de incidência de *outra regra jurídica (a que disciplina o dever de o Estado remunerar) que, incidindo sobre sua hipótese de incidência determinará a irradiação de outra (a segunda) relação jurídica, esta de natureza administrativa. Não se deve esquecer que, numa única fórmula legislativa, pode existir uma ou duas ou mais regras jurídicas de distinta natureza.*[1656]

Contrato de locação de serviços não há, de vez que o elemento vontade inexiste em ambas as partes pseudocontratantes. O sujeito ativo (Estado) é obrigado a exigir a prestação in labore porque existe uma regra jurídica que incide, independente de sua vontade, tão logo se realiza a hipótese de incidência. A mesma coagibilidade jurídica existe no tocante ao sujeito passivo.

1656. Ver nº 31.

Bibliografia

(somente dos livros consultados)

AHUMADA, G., *Tratado de Finanzas Públicas*, Córdoba, 1956.

ALESSI, R., *Monopoli Fiscali, Imposta di Fabbricazione, Dazi Dognali*, Torino, 1956.

ALLIX, Edgard, *Traité Elémentaire de Science des Finances et de Législation Financiere Française*, 6ª ed., Paris, 1931.

ALLORIO, Enrico, *Diritto Processuale Tributario*, 3ª ed., Torino, 1955.

ALMIRO, Affonso, *Questões de técnica e de Direito Financeiro*, Rio de Janeiro, 1957.

ANDRADE, Oliveira, *Da compra e venda*, Belo Horizonte, 1960.

ANGELOPOULOS, A., *Planisme et Progres Social*, Paris, 1953.

AÑOVEROS, J. G., "Desarrollo económico y ordenamiento jurídico", *Revista de Derecho Financiero y de Hacienda Pública*, vol. XI, Madrid, dezembro 1961, nº 44, p. 1.211 e ss.

ANTONINI, E., *Studi di Diritto Tributario*, Milano, 1959.

ARAÚJO, Petrônio B., *O imposto sobre a transmissão de propriedade*, Rio de Janeiro, 1954.

ARCHE-DOMINGO, Fernando, "Consideraciones sobre el Hecho Imponible", *Revista de Derecho Financiero y de Hacienda Pública*, vol. X, Madrid, setembro 1960, nº 39, p. 529 e ss.

ASCARELLI, Tullio, *Saggi Giuridici*, Milano, 1949.

———. *Problemi Giuridici*, Milano, 1959.

AZAMBUJA, Darcy, *Decadência e grandeza da democracia*, Porto Alegre, 1945.

BALEEIRO, Aliomar, *Limitações constitucionais ao poder de tributar*, 1ª ed., Rio de Janeiro, 1951.

———. *Limitações constitucionais ao poder de tributar*, 2ª ed., Rio de Janeiro, 1960.

———. *Introdução à Ciência das Finanças*, 1ª ed., Rio de Janeiro, 1955.

———. *Introdução à Ciência das Finanças*, 2ª ed., Rio de Janeiro, 1958.

———. *Cinco aulas de finanças e política fiscal*, São Salvador, 1959.

BARTOLINI, Salvatori, *Il Principio di Legalità dei Tributi in Materia di Imposte*, Padova, 1957.

BARRÈRE, Alain, *Politique Financière*, Paris, 1959.

BARROS, Buys de, *Um ensaio sobre a parafiscalidade*, Rio de Janeiro, 1956.

BARROS, Fabio Monteiro de, *Finança pública e intervencionismo*, Sorocaba, 1958.

BERLIRI, A., *L'Ordinamento Tributario della Prima Meta del Séc. XIV nell'Opera di Bartolo di Sassoferrato*, Milano, 1952.

———. *Principi di Diritto Tributario*, vol. I., Milano, 1952.

———. A. Berliri, *Principi di Diritto Tributario*, vol. II, Milano, 1957.

———. *Le Leggi del Registro*, 3ª ed., Milano, 1952.

BERLIRI, Luigi Vitorio, *L'Imposta di Ricchezza Mobile*, Milano, 1949.

BETTI, Emilio, *Interpretazione della Legge e degli Atti Giuridici*, Milano, 1949.

———. *Teoria Generale della Interpretazione*, vol. II., Milano, 1955.

BLUMENSTEIN, E., *Sistema di Diritto delle Imposta*, Milano, 1954 (trad. da 2ª ed., Berna, 1951).

BOBBIO, N., *Teoria delle Scienza Giuridica*, Torino, 1950.

———. *Studi sulla Teoria Generale del Diritto*, Torino, 1955.

———. *Diritto e Stato nel Pensiero di Emmanuele Kant*, Torino, 1957.

———.*Teoria della Norma Giuridica*, Torino, 1958.

BONNIER, *Tratado de las Pruebas en Derecho Civil*, Madrid, 1929.

BONUMÁ, Bonumá, *Direito Processual Civil*, São Patilo, 1946.

BURDEAU, G., *Traité de Science Politique*, vol. I, Paris, 1949.

———. *Traité de Science Politique*, vol. II, Paris, 1949.

———. *Traité de Science Politique*, vol. IV, Paris, 1949.

———. *Traité de Science Politique*, vol. VI, Paris, 1949.

———. *Traité de Science Politique*, vol. VII, Paris, 1949.

———. *Droit Constitutionnel et Institutions Politiques*, Paris, 1959.

———. *Méthode de la Science Politique*, Paris, 1959.

CALASSO, Francesco, "Autonomia", in *Enciclopedia del Diritto*, vol. IV, Milano, 1959, pp. 349-55.

CAMPOS, Francisco, *Direito Constitucional*, Rio de Janeiro, 1956.

CANINA, A. G., "L'opera scientifica di Benvenuto Griziotti", in *Studi in Memoria di Benvenuto Griziotti*, Milano, 1959, p. 195 e ss.

CANTO, Gilberto de Ulhoa, *Temas de Direito Tributário*, Rio de Janeiro, 1955.

———. *Curso de Direito Financeiro*, Rio de Janeiro, 1958 (obra coletiva publicada pelo "Instituto Brasileiro de Direito Financeiro").

CARNELUTI, F., *Sistema de Derecho Procesal Civil*, Buenos Aires, 1944.

———. *Teoria General del Derecho,* Madrid, 1955 (trad. da 3ª ed., Roma, 1951).

CAVALCANTI, José Paulo, *Sobre diversas questões de Direito Civil*, Recife, 1960 (separata do *Arquivo Forense*, vol. 38).

COCIVERA, B., "Accertamento tributario", in *Enciclopedia del Diritto*, vol. I, Milano, 1958.

———. *Principi di Diritto Tributario*, vol. I, Milano, 1959.

———. "Il sostituto d'imposta", *Rivista di Diritto Finanziario e Scienza delle Finanze*, dezembro 1959, fasc. 4, parte I, pp. 327-58.

COSCIANI, C., *Principi di Scienza delle Finanzo*, Torino, 1953.

COSTA, Moacir Lôbo da, "Da analogia no Direito Tributário", *Revista de Direito Administrativo*, vol. 35, Rio de Janeiro, 1954, p. 28 e ss.

COUTURE, Ed., *Estudos de Derecho Procesal Civil*, Buenos Aires, 1949.

DABIN, J., *La Philosophie de l'Ordre Juridique Positif*, Paris, 1929.

———. *La Technique de L'Elaboration du Droit Positif*, Bruxelles,1935.

———. *Le Droit Subjectif*, Paris, 1952.

———. *Théorie Générale du Droit*, 2ª ed., Bruxelles, 1953.

———. *L'Etat ou le Politique*, Paris, 1957.

———. *Une Nouvelle Définition du Droit Réel*, Paris, 1961 (separata do nº 1, de 1962, da *Revue Trimestrielle de Droit Civil*, Paris, Sirey).

D'ALBERGO, E., *Economia delle Finanza Pubblica*, Bologna, 1952.

DALTON, Hugh, *Principios de Finanzas Públicas*, Buenos Aires, 1953 (trad. da 11ª ed., London, 1941).

D'ANGELILLO, A., *Le Frodi Fiscali*, vol. II, Milano, 1952.

———. *Le Frodi Fiscali*, vol. III, Milano, 1955.

D'ANGELILLO, Francesco, *Trattato delle Imposta di Ricchezza Mobile*, Bologna, 1936.

DECOTTIGNIES, Roger, *Les Présomptions en Droit Privé*, Paris, 1950.

DEL VECCHIO, Giorgio, *Philosophie du Droit*, Paris, 1953.

———. *La Justice – La Verité*, Paris, 1955.

———. *Teoria do Estado*, São Paulo, 1957 (trad. *Lo Stato*, Roma, 1953).

DEODATO, Alberto, *Manual de Ciência das Finanças*, 6ª ed., São Paulo, 1957.

DE PAGE, Henri, *L'Obligation Abstraité en Droit Iterne et en Droit Comparé*, Bruxelles, 1957.

DERTILIS, "Le principe de la justice fiscale dans les constitutions helléniques", in *Archirio Financiario*, vol. II, 1951, p. 94 e ss. Ver também *in Studi in Memoria di Benvenuto Griziotti*, Milano, 1959, p. 65 e ss.

DUS, Angelo, *Teoria Generale dell'Illecito Fiscale*, Milano, 1957.

DUVERGER, M., *Institutions Financières*, 2ª ed., Paris, 1957.

EINAUDI, L., *Principios de Hacienda Pública*, Madrid, 1955 (trad. da ed. italiana, 1940).

———. *Miti e Paradossi della Giustizia Tributaria*, Torino, 1959.

ESMEIN, P., "La place du Droit dans la vie sociale", na obra coletiva: *Introduction à l'Etude du Droit*, vol. I, Paris, 1951, p. 110 e ss.

FALCÃO, Amilcar de Araújo, "Keynes e a teoria geral", *Revista do Serviço Público*, janeiro 1957, vol. 74, p. 5 e ss.

———. *Introdução ao Direito Tributário*, Rio de Janeiro, 1959.

———. *Direito Tributário Brasileiro* (*aspectos concretos*), Rio de Janeiro, 1960.

FALZEA, Angelo, "Accertamento", in *Enciclopedia del Diritto*, vol. I, Milano, 1958, pp. 205-19.

FARIA, Santos, *Aspectos da parafiscalidade*, Bahia, 1955.

———. *Problemas jurídicos e econômicos da tributação*, Bahia, 1958.

FONROUGE, Giuliani, *Derecho Financiero*, Buenos Aires, 1962.

GANGEMI, *Elementi di Scienza delle Finanze*, vol. I, 4ª ed., Napoli, 1948.

———. "Manicomio tributario italiano", in *Studi in Memória di Benvenuto Griziotti*, Milano, 1959, p. 125 e ss.

GARCÍA, H. García, *La Autonomía de Derecho Tributario*, Buenos Aires, 1957.

GÉNY, F., *Science et Tectunique en Droit Privé Positif*, vol. III, Paris, 1921.

GIAMPIETRO, Borrás, *Las Tasas en la Hacienda Pública*, Montevideo, 1959.

GIANNINI, A. D., *Il Rapporto Giuridico d'Imposta*, Milano, 1937.

———. *Istituzioni di Diritto Tributario*, 7ª ed., Milano, 1956.

———. *I Concetti Fondamentali di Diritto Tributario*, Torino, 1956.

GIANNINI, Massimo Severo, "Autonomia", in *Enciclopedia del Diritto*, vol. IV, Milano, 1959, p. 356 e ss.

GIARDINA, Emilio, *Le Basi Teoricite del Principio della Capacità Contributiva*, Milano, 1961.

GONTIJO, P. D., *A parafiscalidade*, Rio de Janeiro, 1958.

GRIZIOTTI, B., *Principios de Politica, Derecho y Ciência de la Hacienda*, Madrid, 1935 (trad. da 1ª ed. italiana, 1929).

———. *Principios de Ciencia de las Finanzas*, Buenos Aires, 1949 (trad. da *Primi Elementi di Scienza delle Finanze*, 2ª ed., Milano, 1946).

———. *Saggi sul Rinnovamento delle Studio delle Scienza delle Finanze e del Diritto Financiario*, Milano, 1953.

———. *Primi Elementi di Scienza delle Finanze*, 5ª ed., Milano, 1955.

———. *Studi di Scienza delle Finanze e Diritto Finanziario*, Milano, 1956.

GUGLIELMI, G. & Azzariti, G. *Le Imposte di Registro*, Torino, 1959.

HAESAERT, J., *Théorie Générale du Droit*, Bruxelles, 1948.

HENSEL, Albert, *Diritto Tributario*, Milano, 1956 (trad. italiana da 32ª ed. alemã de 1933).

HUGON, Paul, *O imposto*, 2ª ed., Rio de Janeiro, s.d.

IANNITTO, Giuseppe, "Limiti costituzionali alla legge di bilancio", in *Archivio Finanziario*, vol. IX, Padova, 1960.

INGROSSO, G., "I tributi nella Nuova Costituzione Italiana", in *Archivio Finanziario*, vol. I, 1950, p. 158 e ss.

———. *Diritto Finanziario*, 2ª ed., Napoli, 1956.

JACQUES, P., *Da igualdade perante a lei*, 2ª ed., Rio de Janeiro, 1957.

JARACH, D., *Principi per L'Applicazione delle Tasse di Registro*, Padova, 1937.

———. *Curso Superior de Derecho Tributario*, vol. I, Buenos Aires, 1957.

———. "La teoria finanziaria di Benvenuto Griziotti", in *Studi in Memoria di Renvenuto Griziotti*, Milano, 1959, p. 211 e ss.

JÈZE, Gaston, *Cours Elèmentaire de Science des Finances et de Législation Financiere Française*, 5ª ed., Paris, 1912.

———. *Principios Generales del Derecho Administrativo*, Buenos Aires, 1949 (trad. da 3ª ed. francesa, Paris, 1930).

KELSEN, *Teoría General del Estado*, Madrid, 1934.

———. *Teoría General del Derecho y del Estado*, 2ª ed. da trad., México, 1958 (ed. original Berkeley, 1944).

KEYNES, J. M., *Teoría General de la Ocupación, el Interes y el Dinero*, México, 1958 (trad. da ed. inglêsa, 1936).

LAFERRIÈRE, J., *Traité Elémentaire de Science et de Législation Financières*, em colaboração com M. Waline, Paris, 1952.

LAUFENBURGER, H., *Traité d'Economie et de Légisiation Financières*, vol. III, Paris, 1948, "Budget et Trésor".

———. *Revenu, Capital et Impôt* (*Traíté Econ. Lég. Fin.*), 4ª ed., Paris, 1950.

———. *Théorie Economique et Psychologique des Finances Publiques*, Paris, 1956.

———. "La distinzione fra imposte dirette e indirette", *Rivista di Diritto Finanziario e Scienza delle Finanze*, março, 1954, fasc. 1º, parte I, p. 3 e ss.

LAURÉ, Lauré, *Traité de Politique Fiscale*, Paris, 1956.

LECLERCQ, J., *Leçons du Droit Natural – I – Le Fondement du Droit et de la Société*, 4ª ed., Nammur, 1957.

———. *Leçons du Droit Naturel II – L'Etat ou la Politique*, 4ª ed., Nammur, 1958.

LESSONA, *Teoría General de la Prueba en Derecho Civil*, Madrid, 1942.

LIGUORI, R., *La Riforma Tributaria*, Padova, 1951.

LIMA, Ruy Cirne, *Princípios de Direito Administrativo*, 3ª ed., Porto Alegre, 1954.

———. *Preparação à dogmática jurídica*, 2ª ed., Porto Alegre, 1958.

LINDHOLM, R. W., *Introducción a la Política Fiscal*, Madrid, 1958 (original inglês, New York, 1948).

LUCIFREDI, R., *Le Prestazione Obbligatorie in Natura dei Privati alle Pubbliche Amministrazioni*, Padova, 1934.

LUNA, Everardo da Cunha, *Abuso do Direito*, Rio de Janeiro, 1959.

MACHADO, Aníbal, *Cadernos de João*, Rio de Janeiro, 1957.

MAFFEZZONI, F., *Gli Effetti Giuridici degli Atti soggetti all'Imposta di Registro*, Padova, 1947.

MARCHAL, A., "Les rapports du droit et de l'économie politique", na obra coletiva *Introduction à l'Etude du Droit*, vol. II, Paris, 1953.

MARITAIN, Jacques, *La Poesia y el Arte*, trad. esp., Buenos Aires, 1955 (original inglês: *Creative Intuition in Art and Poetry*).

MARTlNEZ, Soares, *Estudos de Direito Financeiro – Da personalidade tributária*, vol. I, Lisboa, 1953.

MATA-MACHADO, Edgar Godói da, *Direito e coerção*, Rio de Janeiro, 1957.

MAXIMILIANO, Carlos, *Comentários à Constituição Brasileira*, 5ª ed., Rio de Janeiro, 1954.

MAYER, Otto, *Derecho Administrativo Alemán*, vol. II, Buenos Aires, 1950.

MEHL, L., *Science et Technique Fiscales*, Paris, 1959.

MICHOUD, L., *La Théorie de la Personnalité Morale*, 3ª ed., Paris, 1932, atualizada por Louis Trotabas.

MIRANDA, Pontes de, *Tratado de Direito Privado*, vol. I, Rio de Janeiro.

———. *Tratado de Direito Privado*, vol. II, Rio de Janeiro, 1954.

———. *Tratado de Direito Privado*, vol. III, Rio de Janeiro, 1954.

———. *Tratado de Direito Privado*, vol. IV, Rio de Janeiro, 1954.

———. *Tratado de Direito Privado*, vol. V, Rio de Janeiro, 1955.

———. *Tratado de Direito Privado*, vol. XXII, Rio de Janeiro, 1958.

———. *Comentários a Constituição* de 1946, 3ª ed., Rio de Janeiro, 1960.

MYRDAL, Gunnar, *Los Efectos Económicos de la Política Fiscal*, Madrid, 1956.

NOGUEIRA, Ruy Barrosa, "Problemática do Direito Tributário no Brasil", *Revista Fiscal e de Legislação de Fazenda*, Rio de Janeiro, 1961, nº 1, pp. 1-2.

OÑATE, L., *La Certeza del Derecho*, trad. esp., Buenos Aires, 1953.

ORTEGA, J. Ortega y Gasset, *La Rebelión de las Masas,* in *Obras Completas*, 4ª ed., vol. IV, Madrid, 1957.

———. *Una Interpretación de la Historia Universal* (*En torno a Toynbee*), Madrid, 1960.

PANTALEONI, M., *Teoria della Traslazione del Tributi,* ed. 1882 reeditada em 1958 pela Giuffrè, Milão.

PASQUIER, C. Du, *Introduction à la Théorie Générale et à la Philosophie du Droit*, 3ª ed., Neuchâtel, 1948.

PEIRANO, J. C., *El Impuesto a las Ventas*, Montevidéu, 1955.

PERULLES, *La Relación Jurídica Tributaria*, Barcelona, 1957.

PESENTI, A., "La rilevanza giuridica del contribuinte di fatto", *Rivista di Diritto Finanziario e Scienza delle Finanze*, março 1956, fasc. I, parte I, pp. 59-66.

PIGOU, A. C., *Uno Studio sulla Finanza Pubblica*, Milano, 1959 (trad. da 3ª ed., London, 1949).

PINTO, Bilac, *Estudos de Direito Público*, Rio de Janeiro, 1953.

POMINI, R., *La "Causa Impositionis" nello Svolgimento Storico della Dottrina Finanziaria*, Milano, 1951.

PUGLIESE, M., *La Prova nel Processo Tributario*, Padova, 1935.

———. *Instituciones de Derecho Financiero*, México, 1939, trad. da 1ª ed. italiana, 1937.

RAMPONI, *La Teoria Generale delle Presunzioni*, Torino, 1890.

REALE, Miguel, *Filosofia do Direito*, 2ª ed., São Paulo, 1957.

RENZO, F., *La Finanza Antica*, 2ª ed., Milano, 1955.

RIBEIRO, Assis, *Análise jurídica do crédito público*, Rio de Janeiro, 1954.

RILKE, Rainer Maria, "Sonetos a Orfeu", nº XXIX/2, tradução de Geir Campos, in *Poemas de Rainer Maria Rilker*, Rio de Janeiro, 1953, p. 60.

RIVALTA, "L'esecuzione forzata sul denaro dello Stato", *Rivista di Diritto Finanziario e Scienza delie Finanze*, Milano, 1953, parte I, fasc. 2, p. 155 e ss.

ROLPH, Earl R., *Teoria de la Economia Fiscal*, Madrid, 1958 (trad. do *The Theory of Fiscal Economies*, Califomia, 1954).

ROMANELLI-GRIMALDI, "Metodologia del Derecho Financiero", *Revista de Derecho Financiero y de Hacienda Pública*, vol. XI, Madrid, junho 1961, fasc. 42, pp. 731-80.

ROTONDI, Aster, "Spigolature di giurisprudenza in rapporto alla cosiddetta interpretazione funzionale delle leggi tributarie", in *Archivio Finanziario*, vol. II, Padova, 1951, p. 447 e ss.

———. *Introduzione allá Tecnica Tributaria*, Padova, 1957.

ROUBIER, P., *Théorie Générale du Droit*, 2ª ed., Paris, 1951.

SÁINZ, F. de Bujanda, *Hacienda y Derecho*, vol. I, Madrid, 1955.

———. *Hacienda y Derecho*, Madrid, vol. II, 1962.

———. "Estrutura jurídica del sistema tributario", *Revista de Derecho Financiero y de Hacienda Pública*, vol. XI, Madrid, 1961, fasc. 41.

———. "El Derecho, instrumento de política económica", *Revista de Derecho Financiero y de Hacienda Pública*, vol. VIII, Madrid, março 1958, nº 29, p. 235 e ss.

SANTI ROMANO, *Frammenti di un Dizionario Giuridico*, Milano, 1947.

———. *Principii di Diritto Costituzionale Generale*, 2ª ed., Milano, 1947.

SANTOS MOACYR, Amaral, *Prova judiciária no cível e comércio*, São Paulo, 1942.

SAVATIER, R. Savatier, "Réalisme et idéalisme en Droit Civil d'aújourd'hui", na obra coletiva *Le Droit Prívé Français au Milieu du XXe Siècle*, vol. I, Paris, 1950, p. 75 e ss.

———. *Les Métamorphoses Economiques et Sociales du Droit Civil d'Aujourd'hui*, 2ª ed., Paris, 1952.

———. *Les Métamorphoses Economiques et Sociales du Droit Privé d'Aujourd'hui*, 2ª série, Paris, 1959 – "L'universalisme renouvelé des disciplines juridiques".

———. *Les Métamorphoses Economiques et Sociales du Droit Privé d'Aujourd'hui*, 2ª série, Paris, 1959 – "Approfondissement d'un droit renouvelé".

SCADUTO, G., *I Debiti Pecuniari e il Deprezzamento Monetario*, Milano, 1924.

SCELLE, G., "Le droit public et la théorie de l'Etat", na obra coletiva *Introduction à l'Etude du Droit*, vol. I, Paris, 1951.

SELIGMAN, *L'Impôt Progressif en Théorie et en Pratique*, Paris, 1909.

———. *Théorie de la Repercussion et de L'Incidence de L'Impôt*, Paris, 1910.

SILVEIRA, Delfim, *Orçamento e planificação*, Porto Alegre, 1960.

SOUSA, Rubens Gomes de, "Curso de introdução ao Direito Tributário", *Revista de Estudos Fiscais*, São Paulo, 1949.

———. *Estudos de Direito Tributário*, São Paulo, 1950.

———. *Compêndio de Legislação Tributária*, 2ª ed., Rio de Janeiro, 1954.

———. *Compêndio de Legislação Tributária*, 3ª ed., Rio de Janeiro, 1960.

———. *Curso de Direito Financeiro*, Rio de Janeiro, 1958 (obra coletiva publicada pelo "Instituto Brasileiro de Direito Financeiro").

———. *As modernas tendências do Direito Tributário*, Conferência de 7-6-1962 no "Forum Roberto Simonsen", em São Paulo.

STOURM, *Systèmes Généraux d'Impôts*, 3ª ed., Paris, 1912.

TESORO, G., *Principii di Diritto Tributario*, Bari, 1938.

TROTABAS, L., *Institutions Financiéres*, 2ª ed., Paris, 1957.

———. *Science et Technique Fiscales*, Paris, 1958.

———. & Cérèze, J., *L'Imposition Forfaitaire des Bénéfices Industriels et Commerciaux*, Paris, 1958.

UCKMAR, Antonio, *Scritti Vari di Diritto Tributario*, Padova, 1932.

UCKMAR, Victor, *La Tassazione degli Stranieri in Italia*, Padova, 1955.

———. *Principi Comuni di Diritto Costituzionale Tributario*, Padova, 1959.

UDINA, *Il Diritto Internazionale Tributario*, Padova, 1949.

VALÉRY, Paul, *Variété*, Gallimard, 1953.

VALLES, Arnaldo de, "Limiti costituzionali alle leggi tributarie", *Rivista di Diritto Finanziario e Scienza delle Finanze*, Milano, 1958, parte I, p. 7 e ss. Ver também *in Studi* in *Memoria di Benvenuto Griziotti*, Milano, 1959, p. 87 e ss.

VANONI, E., *Natureza e interpretação das leis tributárias*, Rio de Janeiro, 1952 (trad. de Rubens Gomes de Sousa do original italiano, ed. Padova, 1932).

VIANA, Arizio, *Orçamento brasileiro*, 2ª ed., 1950.

VILLEY, Michel, *Leçons d'Histoire de la Philosophie du Droit*, Paris, 1957.

WAGNER, A., *Traité de la Science des Finances*, Paris, 1909.

WALINE, M., *Traité Elémentaire de Science et de Législation Financières*, em colaboração com J. Laferrière, Paris, 1952.

WEIL, Eric, *Philosophie Politique*, Paris, 1956.

ZANOBINI, G., *Corso di Diritto Amministrativo*, vol. IV, 4ª ed., Milano, 1955.

ZINGALI, "L'art. 23 della Costituzione nel pensiero di Benvenuto Griziotti", in *Studi in Memoria di Benvenuto Griziotti*, Milano, 1959, p. 501 e ss.

Índice alfabético dos autores citados

(Os algarismos se referem aos números que dividem o índice sistemático. Os algarismos em *itálico* dentro do parêntese se referem às notas)

A

B

C

D

E

F

G

H

I

J

K

L

M

R

S

T

U

V

W

Z

Índice alfabético das matérias

(Os algarismos se referem aos números que dividem o índice sistemático)

A

B

C

D

E

F

G

H

I

K

L

M

N

O

P

Q

R

S

T

U

V